Wolfgang Kanert
Lessingstr. 41
6367 Karben 6

Im Preußenjahr 1981

Pierre Gaxotte · Friedrich der Große

Pierre Gaxotte

Friedrich der Große

Mit 130 Bilddokumenten

INHALT

VATER UND SOHN

Zu einer Zeit, da Ludwig XIV. in der Pracht von Versailles sein ruhmreiches Leben beschloß, war Berlin-Cölln eine Stadt aus Holz und Ziegeln, die schläfrig an den langsamen, schwarzen Wassern der Spree lag. Um ihr den Rang einer königlichen Residenz zu verleihen, mußten erst die beiden alten Orte Berlin und Cölln zu einer Stadt zusammengezogen werden (1709). Beide hatten in der ersten Hälfte des dreizehnten Jahrhunderts von den askanischen Markgrafen Johann I. und Otto III. Stadtrecht erhalten und waren dazu bestimmt, den Spreeübergang zwischen Barnim und Teltow zu sichern. Basteien und Gräben umschließen die Altstadt: das Zeughaus, die Münze, die Brücken, das Schloß, den Dom, vier bis fünf Kirchen und die ganz neue Reiterstatue des Großen Kurfürsten Friedrich Wilhelm. Außerhalb der Umwallung stößt die Stadt ihre ersten Ausläufer vor, in sandige Felder, Heideland und sumpfige Wiesen, in denen die Pfähle Mühe haben, auf Grund zu stoßen.

Das Land scheint noch feucht von den Gletschern, die es einst bedeckten. Als sie sich zurückzogen, hinterließen sie Schlamm, Kiesel, halb in den lockeren Boden eingesunkene Granitblöcke. Diese öde weite Landschaft hat keinen Horizont, ihre Formen sind undeutlich und ordnungslos. Flüsse verlieren sich träge und zögernd in eine Unzahl von Seen, deren Umrisse unbestimmt sind. Wenn der Wind Harzduft herüberbringt, ahnt man die Nähe des Waldes. Es gibt Birken, Buchen und Eichen, vor allem Kiefern – Kiefern mit roten Stämmen und schwarzgrünen Nadeln. Selbst in der schönsten Jahreszeit schleichen am Abend kalte Nebel über den wie ein Schwamm mit Feuchtigkeit vollgesogenen Boden.

Zwischen zwei Spreearmen erhebt sich das Schloß, ein gewaltiger, unvollendeter Bau. Sein Stil ist uneinheitlich, auf der einen Seite ist es noch schlicht-niederländisch gehalten, auf der anderen bereits barockrepräsentativ. Gegen den Fluß zu: Glockentürmchen mit Kupferhauben, auf dem Platz: eine symmetrische wirkungsvolle Fassade, zwei mächtige Portalrisaliten mit riesigen Säulen, vier übereinanderliegende Fensterreihen, zuoberst ein flaches Dach, das von einer geradlinigen Balustrade

1. Das verschönerte und erweiterte Berlin um die Wende vom 17. zum 18. Jahrhundert

Silbermedaille von Raimund Faltz, 1700. Nürnberg, Germanisches Nationalmuseum

verdeckt wird. Die Prunkappartements im Innern, geräumig, mit guten Möbeln und schönen Gobelins ausgestattet, bilden lange Zimmerfluchten; die Deckengemälde der Säle zeigen Darstellungen aus der heroischen Mythologie; die Türen sind geschnitzt und vergoldet; Friese voller Amoretten, Ruhmesgöttinnen, Girlanden und Kränze laufen längs der Wände. Die Besucher wundern sich über die ungeheure Menge von silbernen Gegenständen. Im Rittersaal steht ein kostbares Buffet, über dem sich bis zur Attika des Raumes die Silberschätze des Schlosses türmen: ein Monument der so beliebten Tafelfestlichkeiten. Kurz, ein höchst beträchtlicher Luxus und Aufwand für einen Herrscher, der über kaum zwei Millionen Untertanen gebietet und dessen Königstitel erst aus dem Jahre 1701 stammt. Aber man hätte sich schwere Unannehmlichkeiten zugezogen, wenn man Friedrich I. vorgestellt hätte, daß eine königliche Majestät sich nach der Höhe der Einkünfte und nach der Anciennität bemißt.

Immer geldbedürftig, immer verschuldet, stand der Potentat des Morgens frühzeitig auf, um das Vergnügen König zu sein um so länger auszukosten. Von Natur häßlich und verwachsen, mit einem ziemlich gewöhnlichen, aber freundlichen Gesicht und einem Ausdruck von Gravität und Gutmütigkeit, wußte er die Äußerlichkeiten des Herrschertums würdig zu wahren. Er schmückte sich mit vielen Diamanten, speiste bei Trompetenschall, ging in feierlichem Aufzug zu Bett und ließ sich aus Paris ungeheure spanische Perücken kommen, die unter reichem Lockenschwall am Nacken eine garstige Geschwulst verdeckten. Er besaß einen Oberkämmerer, einen Oberheroldmeister, Schweizergarden, ein halbes Hundert Köche und eine Akademie der Wissenschaften. Zwei Mal verwitwet, tröstete er sich, indem er für die verstorbenen Königinnen prunkvolle Begräbnisse veranstaltete. In dritter Ehe heiratete er Sophie Luise von Mecklenburg, eine erst dreiundzwanzigjährige Prinzessin, die ein wenig wirr im Kopfe war. Er war Calvinist, sie Lutheranerin strengster Observanz. Während ihrer fünfjährigen Ehe zankte sie mit ihm über die Kraft der Gnade und die Prädestination. Er ertrug sie mit christlicher Langmut, denn er besaß alle Tugenden eines guten Ehegatten. Nichtsdestoweniger hatte er es über sich gewonnen, eine Maitresse zu halten, denn er war diese Nachahmung Ludwigs XIV. seiner königlichen Ehre schuldig. Sie hieß Catharina und war die Gemahlin des Oberkämmerers und Leitenden Ministers, Reichsgraf Johann Kasimir Colbe von Wartenberg. Ihr Name wurde im Hofkalender gedruckt, und die Herausgeber verzeichneten sie in der hierarchischen Pyramide der 141 Hofchargen mit dem ihrem Amte gebührenden ehrenvollen Range.

Zwei Enkel des Königs waren in zartestem Alter gestorben. Ein dritter Enkelsohn wurde am Sonntag, dem 24. Januar 1712, zwischen elf und zwölf Uhr vormittags geboren. Der König wollte, daß man ihn nach ihm selber Friedrich nenne. »Sie wissen«, schrieb er, »daß dieser Name meinem Hause glückbringend gewesen ist.« Die Taufe fand eine Woche später statt. Die Glocken läuteten eine volle Stunde. Das Kind, in ein silbergewirktes, mit Brillanten besetztes Kleid gehüllt, dessen Schleppe sechs Gräfinnen hielten, wurde unter einem karmesinroten, von einer Prinzessin und zwei Prinzen getragenem Himmel in die Schloßkapelle gebracht. Dort wartete der König seiner unter einem Baldachin, dessen vier Stangen von vier Kämmerern und dessen Seidenquasten von vier Rittern des Schwarzen-Adler-Ordens gehalten wurden. Die Paten und Patinnen, die ihre Vertreter geschickt hatten, waren: Kaiser Karl VI., Zar Peter I., der Große, die Generalstaaten der Vereinigten Niederlande, der Kanton Bern, der Kurfürst Georg Ludwig von Hannover, die Kaiserin-Witwe Wilhelmine Amalie, die Kurfürstin Sophie Dorothea und die Kurfürstin-Mutter Sophie von Hannover, die Herzogin-Witwe Eleonore von Braunschweig-Celle und die Herzogin-Witwe Wilhelmine Christine von Mecklenburg. Die Kanonen auf den Wällen Berlins ließen drei Mal ihren Donner ertönen, um einer getreuen Bürgerschaft zu verkünden, daß die königliche Familie um einen Christenmenschen mehr zähle.

Der kleine Fritz besaß einen zähen Lebenswillen. Der überglückliche Großvater benachrichtigte davon die ganze Familie. »Er ist recht fet und frisch ... Er ist ein rechtes gesundes Kind ... Er sauget brav an seiner Amme ...« Die Zähne kamen sehr früh und ohne Schmerzen, und am 30. August 1712 konnte er nach Hannover melden, »daß Fritz nunmehro 6 Zähne hat und ohne die geringste Incommodität. Daraus kann man auch die Prädestination sehen, daß alle seine Brüder daran haben sterben müssen, dieser aber bekömmt sie ohne Mühe ...«

Doch war es Friedrich I. nicht beschieden, sich seines Enkels lange zu erfreuen. Der Kurfürst von Brandenburg und erste König in Preußen starb schon am 25. Februar 1713 an einer Lungenkrankheit.

Sein Sohn Friedrich Wilhelm I. scheute bei dessen feierlicher Beisetzung keine Kosten. Der Verstorbene selbst hätte es nicht besser machen können. Die Vorbereitungen dauerten zwei Monate. Von Goldstück und Hermelin strotzend, auf dem Haupte die Krone, unter den Händen Zepter und Schwert, um die Schultern die Kette des Schwarzen-Adler-Ordens, so war der tote König sieben Tage lang auf dem rotsamtenen, mit Perlen bestickten Paradebett ausgestellt. Der Überführung seiner sterblichen Reste in die Domkirche wohnte beinahe die ganze preußische Armee bei. Die Regimenter präsentierten dem Leichenzuge das Gewehr. Der neue König trug einen langen Trauermantel, dessen Schleppe der Oberstallmeister hielt. Ihm folgte der Hofstaat in mächtigen schweren Perücken und prunkvollen Kostümen. Nach Beendigung der kirchlichen Feier gab Friedrich Wilhelm allerhöchstpersönlich das Kommando zum Abfeuern der Salven, dann kehrte er stumm und drohend ins Schloß zurück.

2. Die Aufbahrung des am 25. Februar 1713 verstorbenen Königs Friedrich I. im Berliner Dom

Kupferstich von Johann Georg Wolffgang

Daß er noch acht Wochen lang an einem Zeremoniell festgehalten hatte, das er haßte und das ihn so viele Dukaten kostete, war fürwahr ein außerordentlicher Beweis seiner Sohnesliebe. Doch schon am folgenden Tage verschwanden die Goldbrokate und Tressenhüte. Pagen, Hofjunker, Kammerherren, Leibsoldaten, die Zeremonienmeister, der Hofmarschall, der Oberpostmeister, der ›Grand-maître de la garderobe‹, die Herolde, die Musikanten – sie alle wurden zum Teufel geschickt oder unter die Soldaten gesteckt. Übrig blieben allein: ein Trompeter, zwei Pagen und vier Offiziere, die mit einem Dutzend Lakaien und Ordonnanzen den ganzen Hofstaat des Souveräns ausmachten. Für sich selbst behielt er eine Wohnung von fünf Räumen. Sie bestand aus dem Fahnensaal, in dem die Fahnen der Garnison aufbewahrt wurden, einem Vorzimmer, einem Audienzsaal, der zugleich als Speisesaal diente, einem Arbeitszimmer und einem Schlafzimmer mit einer Kleiderkammer. Das Erdgeschoß des Schlosses enthielt nun die Arbeitsräume der Ministerien; der Staatsschatz kam in den Keller. Friedrich Wilhelm brauchte nur eine Türe zu öffnen und die Treppe hinunterzugehen, um sich zu überzeugen, ob gearbeitet wurde und ob das Geld noch auf seinem Platz war. Das Silbergeschirr, die Medaillen, die feinen Weine, die Diamanten, die überflüssigen Karossen wurden veräußert, um die Gläubiger zu bezahlen. Der König von Polen kaufte die wilden Tiere, die Bürger von Frankfurt die Wagen. Die Hofjüdin Esther Liebmann, die aus der Schmuckliebe Friedrichs übermäßigen Vorteil gezogen hatte, wurde unter Hausarrest gestellt. Die Stufenleiter der Würden wurde neu geregelt. Zuoberst das Militär, die Feldmarschälle, Landesgouverneure, Generäle, nach ihnen in weitem Abstand die Minister.

Da Friedrich Wilhelm es liebte, sich und seine Familie abkonterfeien zu lassen, behielt er die Hofmaler. Jedoch er mißtraute ihnen. Künstler sind Lumpen und Nichtstuer, darum muß jeder von ihnen sich kontraktlich verpflichten, zu regelmäßigen Terminen eine festgesetzte Anzahl von Gemälden abzuliefern.

Bei seiner Thronbesteigung ist Friedrich Wilhelm 25 Jahre alt. Er ist etwas mehr als mittelgroß, dabei breit und stark, sein Gesicht ist rot, das Kinn schon etwas zu fett, der Mund mit den verächtlich herabgezogenen Mundwinkeln viel zu klein für das volle Gesicht, die Nase zu kurz, aber sehr gerade. Seine großen runden, etwas vorstehenden grauen Augen lachen, wenn er guter Laune ist, und glotzen entsetzlich stier, wenn er Schrecken einjagen will. Als Kind soll er ein Engelsköpfchen besessen haben. Seine Haare sind noch immer blond und seidig, doch schämt er sich ihrer und läßt sie ratzekahl abscheren.

Den kahlen Kopf bedeckt er mit braunen Perücken, die ›à la cavalière‹ gebunden sind, später mit kleinen flachen weißen Perücken. Als er die bürgerliche Kleidung endgültig abgelegt hat, sieht man ihn nur noch in zwei Kostümen: im grünen Jagdanzug mit schwarzen Schnüren oder in der Uniform seines Leibregiments von dunkelblauem Tuch mit roten Aufschlägen, Messingknöpfen, chamoisfarbener Weste und ebensolchen Beinkleidern, hohen Stiefeln oder weißen Gamaschen. Unter der zur Schau getragenen Majestät seiner offiziellen Porträts fühlt man, wie er vor Wut und Ärger innerlich kocht. Seinen Kommandostab hält er wie einen Knüttel.

Er ist mißtrauisch, brutal, geizig, despotisch und pedantisch genau, verträgt weder Saumseligkeit noch Widerspruch. Er neigt dazu, seine und der anderen Natur zu vergewaltigen. Aber die Natur zahlt es ihm hundertfach heim. In der Pflege seines Körpers ist er äußerst reinlich und wechselt täglich die Wäsche, doch lebt er im übrigen höchst unhygienisch, ißt zu viel und zu schnell, fast ohne richtig zu kauen, kennt kein Maß im Bier- und Schnapsgenuß und raucht wie ein Schlot. Schon in der Jugend beklagt er sich über rasende Kopfschmerzen, er schläft schlecht und unruhig, hat oft Alpträume, bei denen ihm der Schaum vor dem Mund steht und die in einem Zustand völliger Stumpfheit enden. Bei Tag leidet er an Schlafsucht und nickt zuweilen ein, doch plötzlich treibt es ihn, sich aufs Pferd zu werfen und stundenlang ziellos dahinzugaloppieren. Seine Gichtanfälle werden von Jahr zu Jahr heftiger. Sein aufgedunsenes Gesicht bedeckt sich mit einem Netz blauer und roter Äderchen. Auch sein Gehör versagt. Er leidet an fürchterlichen Schmerzen. Ein Gesandter erzählt, daß die Haut an der Unterseite seiner Schenkel sich zuweilen ablöste und einer frischen Schweinsblase glich. Im Herbst, während der Jagdsaison, ließ er in der Hoffnung, durch die körperliche Bewegung und das Schwitzen abzumagern, jeden Morgen und jeden Abend sein Gewicht feststellen. Trotzdem wog er schließlich 125 Kilogramm. In seinen letzten Lebensjahren war er durch die Wassersucht aufgetrieben und glich einer Tonne, jedes seiner Beine war so dick »wie ein Leib«. Sein Taillenumfang betrug 2,60 Meter.

Am Gelde hing er wie ein rechter Filz. »Wer über die Finanzen verfügt«, sagte er, »hat auch die Liebe der Offiziere und Zivilbedienten und wird überdies von der ganzen Welt respektieret und bewundert werden.« Demnach mußte das Königreich in einer Weise exploitiert werden, daß es jährlich wachsende Erträge abwarf. »Ein Plus machen«, darin lag alles. Mit dem Plus bewaffnet man Soldaten, mit dem Plus kauft man nötigenfalls welche. Denn die Soldaten »machen die Könige fürchterlich«.

Nach einem Bericht des französischen Gesandten soll er geäußert haben, daß ihn die schönste Frau oder das schönste Mädchen völlig kalt lasse, aber die Soldaten, da liege seine schwache Stelle, und damit könne man ihn soweit bringen, wie man wolle.

3. König Friedrich Wilhelm I. Gemälde aus der Werkstatt von Antoine Pesne. Ehem. Berlin, Schloß

4. Königin Sophie Dorothea Gemälde von Antoine Pesne, 1737 Berlin, Schloß Charlottenburg

Dieser schreckenverbreitende, lächerliche, ja hassenswerte Mann besitzt eine Reihe von Tugenden, die Achtung erzwingen: Offenheit, Rechtschaffenheit, Abscheu vor Hinterlist und Angeberei, treue Erfüllung seiner hausväterlichen Pflichten, vor allem die Liebe zu seinem Vaterland und die Aufopferung für das Gemeinwohl. Nach einem treffenden Wort des französischen Historikers Ernest Lavisse war der König von Preußen für ihn ein ideales Wesen von ewiger Dauer, dem er, Friedrich Wilhelm, als erster Diener untertan war.

»Ich bin der Feldmarschall und der Finanzmann des Königs von Preußen«, sagte er.

Unter den Augen dieses anspruchsvollen und unerbittlichen Gebieters arbeitete er sein ganzes Leben lang. Um ihn zufriedenzustellen, scheut er weder Mühe noch Beschwer. Seine Begier, alles zu kennen, ist unersättlich, sein Fleiß setzt niemals aus, er möchte allgegenwärtig sein, um alles zu sehen, seine genaue Sorgfalt, seine Pünktlichkeit und Schnelligkeit sind unübertrefflich, seiner stets angespannten Aufmerksamkeit entgeht nichts – kurz, er rackert sich zu Tode, aber es muß alles vorwärtsgehen, alles geregelt sein »wie Notenpapier«.

Dieses Sklavendasein des Herrschers zieht den unbedingten Gehorsam der Untertanen zwangsläufig nach sich. Sie haben die Befehle des Königs, ohne zu säumen, ohne sie einer Kritik zu unterziehen, ja nötigenfalls wider ihr besseres Wissen, auszuführen. Seine Regierungszeit steht unter der Devise: »Nicht raisonnieren!«

»Wir bleiben doch der Herr und König und tun was wir wollen.«

Wehe den Übelgesinnten, »wir werden sie exemplarisch und auf gut russisch züchtigen«.

Zwei Jahre nach seiner Thronbesteigung entdeckte er die Insubordination gewisser Beamter. Sofort wütet er gegen diese »Canailles«, die »nach seiner Pfeife tanzen« müssen, sonst wird er sie »hengen und braten«, wie Rebellen behandeln, »als tirang mit ihnen verfahren«.

»Ich habe Comando bei meine Armee und soll nit Comando haben bei die 1000 cacramentze Blakisten [Schimpfname für alle Schreibenden]! So müßte ich ein hundespfott sein, wenn ich das litte.«

Und im Jahre 1716, als sich der Adel widersetzlich zeigt, bemerkt er:

»Ich komme zu meinen Zweg und stabiliere die Suverenitet und setze die Krohne fest wie ein Rocher von Bronse und lasse die Herren Juncker den Windt von Landtdahge. Man lasse die Leutte Windt wen man zum Zweg kommet.«

Die Beamtenschaft und das Heer warten darauf, daß der Kronprinz unter ihnen den Platz einnehme, der ihm von der Wiege an vorherbestimmt ist. Gleich einem ›Würklichen Geheimen Etatsrath‹, gleich einem Kriegskommissarius oder einem Auditeur bei der Domänenkammer ist er ein Rad im Getriebe der Staatsmaschine. Er hat, wie die übrigen, ohne mit der Wimper zu zucken, seine Schuldigkeit zu tun.

Wie Friedrich Wilhelm sich die Heranbildung seines Sohnes zu seinem Pflichtenkreise vorstellte, hat er des langen und breiten in der Instruktion ausgeführt, die er den Hofmeistern übergab, als Fritz sein siebentes Lebensjahr erreicht hatte. Diese Instruktion stammte noch vom Großen Kurfürsten. Sie hatte zur Erziehung Friedrichs I. und – wohl unter dem Einfluß von Gottfried Wilhelm von Leibniz ein wenig verbessert – auch Friedrich Wilhelms selbst gedient. Sie vertrat im Grunde das Ideal des ›honnête homme‹ im Sinne des Hofes von Versailles: ein guter Christ, ein eleganter Kavalier, ein Mann von Ehre, stoisch, höflich, fromm ohne Bigotterie, ein kundiger Beurteiler der Werke des Geistes, mit all den Manieren und Annehmlichkeiten, der Leichtigkeit und dem Taktgefühl, wie ihn der Verkehr in der guten Gesellschaft verleiht, kurz, eine seltene Mischung von wirklichen Tugenden und liebenswürdigen Eigenschaften.

Diese Instruktion modelt Friedrich Wilhelm auf seine Weise um. Das Kapitel über das weltmännische Benehmen erfährt eine beträchtliche Kürzung. Es genügt, daß der Prinz »anständige Sitten und Geberden habe«. Die körperlichen Übungen sollen sorgfältig abgestuft werden, so daß sie die Kräfte des Knaben niemals übersteigen. Aber die Erzieher sollen dessen eingedenk sein, daß er für ein hartes Leben bestimmt ist, und sollen ihm Abscheu vor der Faulheit einflößen, welche eines der größten Laster ist. Er ist »von den Opern, Comedien und andern weltlichen Eitelkeiten abzuhalten ...« und soll sich an »Menage, Sparsamkeit und Demuth« gewöhnen.

Das Kapitel über die Geistesbildung ist gleichfalls gekürzt. »Was die lateinische Sprache anbelangt, so soll Mein Sohn solche nicht lernen.« Friedrich Wilhelm gibt keine Gründe für dieses Verbot an, aber da er annimmt, daß man ihn danach fragen könnte, fügt er hinzu: »Ich will auch nicht, daß mir einer davon sprechen soll.« Der Geschichtsunterricht soll sich auf die genaueste Kenntnis der europäischen Politik der letzten anderthalb Jahrhunderte beschränken. Der Prinz soll wissen, wie seine Vorgänger gehandelt haben und über ihr Verhalten nachdenken, um ihre Vorzüge und Schwächen unterscheiden zu lernen. Er soll auch die Archive besuchen, um sich an Staatsdokumente und Berichte zu gewöhnen und um aus ihnen die wirkliche Geschichte ohne rhetorische Floskeln und literarische Ausschmückungen zu erlernen. Ferner wird er, ohne etwas zu überspringen, das ›Theatrum Europaeum‹ lesen, jene ungeheure, unverdauliche Materialsammlung, in der Schlachten, Verträge, Regierungswechsel seit 1618 Jahr für Jahr aufgezählt sind, samt den dazugehörigen Landkarten, Plänen und Hinweisen. Was die »alte Historie« betrifft, so soll von ihr »nur überhin« die Rede sein.

Man lächle nicht zu früh. Im Zeitalter Friedrich Wilhelms, das zugleich das von Pierre Bayle ist, gibt es noch keine eigentliche Geschichte des Altertums. Die Sagen und Überlieferungen, die man einst geduldig hingenommen hatte, sind nun von einer Generation von Zweiflern zerpflückt worden. Kenntnisreiche und gelehrte Männer suchen tastend nach einer sicheren Methode, die sich auf authentische Zeugnisse statt auf leere Phrasen stützt. Wie könnte auch ein Sammelsurium von Fabeln und Irrtümern Aufmerksamkeit verdienen? Und welche Belehrung könnte vor allem ein preußischer König aus ihnen ziehen?

Friedrich soll sich sowohl im Französischen wie im Deutschen eine elegante kurze Schreibart aneignen. Auch soll er öffentlich sprechen lernen: Er soll vor einem Knaben von gutem Hause etwas vortragen, und dieser wird ihm auf seine kleinen Reden die entsprechende Antwort geben. Derlei Aufgaben waren: Danksagungen, Gratulationen und die Antworten darauf, Ansprachen an eine Truppe vor der Schlacht ... Er soll das Völkerrecht studieren (damals eine große Neuheit) und die Wirtschaftsverhältnisse auf dem Lande, auch genug Mathematik, um ein Lager aufzuzeichnen und um »die fortificationen und anderen Kriegeswissenschaften« zu verstehen.

Die Lehrer und Gouverneure werden seinen Umgang beaufsichtigen. Sie werden ihn nie allein lassen, selbst in der Nacht nicht. In der Zeit der Pubertät müssen sie ihre Wachsamkeit verdoppeln, »widrigenfalls sie Mir mit ihren Köpfen dafür haften sollen«.

Mit Hilfe des Hofpredigers Johann Ernst Andreä werden sie aus dem Kronprinzen einen frommen, die zehn Gebote achtenden, gottesfürchtigen und tugendliebenden Prinzen machen. Er soll im Abscheu vor dem Atheismus, dem Arianismus, dem Sozinianismus und der katholischen Religion erzogen werden, »als welche mit gutem Fug mit unter denenselben gerechnet werden kann«, weil sie »Ungrund und Absurdität« ist. Hier offenbart sich eine dogmatische Schwierigkeit. Die protestantische Kirche wurde durch den Streit der Lutheraner und Calvinisten gespalten. Diese lehrten, daß Gott vom ersten Tage an den einen Teil der Menschen zum Heile, den andern zur Verdammnis bestimmt habe; jene hingegen, daß die Gnade allen zugänglich sei. Die Calvinisten waren Partikularisten, die Anhänger Martin Luthers Universalisten. Aber es gab auch Universalisten in der Herde Johann Calvins. Zu ihnen gehörte Friedrich Wilhelm. Das Dogma von der Prädestination erschien ihm staatsgefährlich, weil es die Verantwortlichkeit der Untertanen aufhob. Er verbot den Pastoren, es vor den Soldaten zu predigen, weil er fürchtete, sie würden sich für die Desertion vorherbestimmt halten und in der Tat ausrücken. Und außerdem mochte er selbst nicht zur Verdammnis prädestiniert sein. Er wünschte leidenschaftlich die Vereinigung der reformierten Bekenntnisse und ärgerte sich über die Hindernisse, die sich diesem Bestreben in den Weg stellten.

»Der Unterschied zwischen unser beiden evangelischen Religionen«, schrieb er an den Prediger Michael Roloff, einen Schüler August Hermann Franckes, »ist wahrlich ein Pfaffengezänk, denn äußerlich ist ein großer Unterschied, wenn man es examiniret, so ist es derselbige Glaube in allen Stücken, sowohl der Gnadenwahl, als heilige Abendmahl, nur auf die Kanzel, da machen sie eine Sauce, eine saurer als die andre. Gott verzeihe allen Pfaffen, denn die werden Rechenschaft geben am Gericht Gottes, daß sie Schulratzen aufwiegeln, das wahre Werk Gottes in Uneinigkeit zu bringen ...« (10. September 1726.)

Christus ist für alle Menschen gestorben, und der Kronprinz hat an die universale Gnade zu glauben. Man soll ihn in die Kirche zu den Predigten führen und auf dem Rückweg feststellen, ob er sich etwas davon gemerkt hat.

Bleibt schließlich die Hauptsache: die militärische Erziehung.

Von Kindesbeinen an soll Friedrichs Heranbildung zum Offizier und General im Auge behalten werden. »Die Erzieher haben sich angelegen sein zu lassen, Meinem Sohne die wahre Liebe zum Soldatenstande einzuprägen, und ihm zu imprimieren, daß gleichwie nichts in der Welt, was einem Prinzen Ruhm und Ehre zu geben vermag, als der Degen, er vor der Welt ein verachteter Mensch sein würde, wenn er solchen nicht gleichfalls liebte und die einzige Glorie in demselben suchte.«

Als Friedrich 13 Jahre alt war, vervollständigte der König die Instruktion durch einen genauen Stundenplan. An Wochentagen wird um sechs Uhr aufgestanden. Der Prinz darf sich nicht im Bette umdrehen, sondern soll sich sofort erheben, niederknien und mit lauter Stimme folgendes kurze Gebet hersagen: »Herr Gott heiliger Vater! Ich danke Dir von Herzen, daß Du mich diese Nacht so gnädlich bewahret hast; mache mich geschickt zu Deinem heiligen Willen und daß ich nichts möge heute, auch alle mein Lebetage tun, was mich von Dir scheiden kann, um unseres Herrn Jesu, meines Seligmachers, Willen, Amen!« Nach beendigtem Gebet wird Friedrich sich Strümpfe und Schuhe anziehen, sich ohne Seife Gesicht und Hände waschen, sich ankleiden und hierauf sich kämmen, jedoch nicht pudern lassen. Während ihm ein Diener die Kleidungsstücke hinreicht, trinkt er seinen Tee oder Kaffee. Um sechseinhalb Uhr betreten die Lehrer und die Bedienten das Zimmer. Es folgt Lektüre der Bibel, großes Gebet und Kirchenlied. Von sieben Uhr bis ein Viertel vor elf: Unterricht. Hierauf wäscht sich der Prinz »geschwind und hurtig« das Gesicht und die Hände, diesmal die Hände mit Seife. Er zieht seinen Anzug an, läßt sich pudern und ist um elf Uhr beim König, um mit dem Vater zusammen zu sein und im Familienkreise das Mittagessen einzunehmen. Um zwei Uhr beginnen die Unterrichtsstunden von neuem und dauern bis fünf. Über die Zeit bis zum Schlafengehen darf der Prinz frei verfügen, er soll frische Luft schöpfen und kann tun, was er will, »wenn es nur nicht gegen Gott ist«. Nachdem er seinem Vater gute Nacht gewünscht, sich Hände und Gesicht gewaschen, gebetet und ein frommes Lied gesungen hat, legt er sich um halb elf zu Bett. Der Gouverneur, der im gleichen Zimmer mit ihm schläft, hat unverzüglich das Licht auszulöschen. Am Samstag Generalrevision. Am Sonntag steht Friedrich um eine Stunde später auf und arbeitet nicht. Der Vormittag wird durch die religiösen Pflichten ausgefüllt: Lektüre und Erläuterung des Evangeliums, Abhören des Katechismus, Gottesdienst in der Kirche.

So hatte Friedrich Wilhelm alles überlegt und bedacht, alles und jedes befohlen und angeordnet, von der Art an Gott zu glauben bis zum Benehmen bei Tische und war nun fest überzeugt, daß alles den erwünschten Verlauf nehmen und sein treuer Sohn und Nachfolger, jedes Jahr ein ›Plus‹ machend, ihm in allen Stücken ähnlich werden würde. Aber dieser so überaus mißtrauische König besaß gar keine Menschenkenntnis. Er wiegte sich in dem trügerischen Glauben, daß man sich mit starker Stimme und erhobenem Stock auf jedem Gebiete pünktlichsten Gehorsam verschaffen kann. Allein die meisten der mit der Ausführung seines Programms Betrauten waren nicht im geringsten dazu geeignet, ihn zufriedenzustellen. Sie waren nämlich in ihrem Innern anderer Meinung als er und waren ihm, ohne sich etwas Böses dabei zu denken, in jeder Minute ungehorsam.

Bis zu seinem siebenten Jahre hatte Fritz eine Gouvernante, Madame Marte du Val de Rocoulle, die schon den König erzogen hatte. Sie war eine bei der Widerrufung des Ediktes von Nantes (1685) emigrierte Französin, eine kluge, taktvolle Person, der man allerdings eine Vorliebe für Intrigen nachsagte. Sie verstand es, kleine Verse zu drechseln, liebte wohl auch ein derbes Wort und hielt einen Salon. Ein schönes Bildnis zeigt sie in hohem Alter: zahnlos und ganz verrunzelt, den Kopf in Spitzen eingemummelt, mit viel Güte und ein wenig Ironie im Gesicht. Obwohl sie in Preußen seit 30 Jahren ansässig war, konnte sie kein Wort deutsch. Die ersten Koseworte, vielleicht die einzigen, die Friedrich je hörte, waren französisch. Frau von Rocoulle blieb bis zu ihrem Tode für ihn »la chère bonne maman«.

Auch der Lehrer des Kronprinzen war ein Franzose. Er hieß Jacques Egide Duhan und war im Jahre der Aufhebung des Ediktes zu Jandun in der Champagne geboren. Sein Vater Philippe, ehemals Sekretär von Henri Turenne und Staatsrat, war zwei Jahre später aus Frankreich ausgewandert und hatte sich in Berlin niedergelassen, wo er Sekretär des Großen Kurfürsten wurde. Der junge Duhan fiel Friedrich Wilhelm bei der Belagerung von Stralsund (1715) durch seine Kühnheit in der Gefahr auf. Der König engagierte ihn aus dem Laufgraben weg. Allein der tapfere junge Reitersmann war in Wirklichkeit ein Humanist, ein glühender Verehrer der Wissenschaften und Künste, vor allem der unvergleichlichen Antike.

Die Gouverneure, die nach der Verabschiedung der Frau von Rocoulle ihr Amt antraten, waren wackre Soldaten. Der General Reichsgraf Albrecht Konrad Finck von Finckenstein, ein Ehrenmann vom Scheitel bis zur Sohle und wegen seiner Rechtschaffenheit allgemein geachtet, gehörte einem alten ostpreußischen Adelsgeschlecht an. Sein Kopf war grobschlächtig, seine Nase und seine Gesichtszüge ebenfalls. Er hatte sich auf mancherlei europäischen Kriegsschauplätzen geschlagen, im Dienste der Niederlande gegen Frankreich und im Dienste Frankreichs gegen Spanien gekämpft. Dann war er in sein Vaterland zurückgekehrt und hatte sich bei Malplaquet (1709) mit Ruhm bedeckt. Im Laufe seines wechselvollen Kriegerdaseins war er mit Wilhelm III. von Oranien, mit Prinz Eugen von Savoyen, mit Herzog John Churchill von Marlborough, Herzog François Henri von Luxembourg und mit dem Marquis François Michel Louvois zusammengetroffen, ja, er hatte einst davon geträumt, in Versailles sein Glück zu machen (ist es nicht, als ob die Kindheit Friedrichs auf allen Seiten von Frankreich umgeben wäre?). Der Untergouverneur, Oberst Christoph Wilhelm von Kalkstein, ist 36 Jahre alt. Als Jesuitenschüler ist er kenntnisreich und hat gute Manieren, doch soll es ihm nicht gelingen, die Liebe seines Pflegebefohlenen zu gewinnen und auf ihn wirksamen Einfluß auszuüben. Dazu kommt noch, in alles hineinredend und alles durcheinanderwirrend, Sophie Dorothea, die als Mutter eine Art Oberaufsicht führt. »Fiekchen«, wie sie der König in zärtlichen Momenten nennt, ist eine Dame von ansehnlicher Leibesfülle und ohne eigentliche Bosheit. Keineswegs dumm, vielmehr gebildet und kultiviert, aber eitel, eigensinnig, verschwenderisch, schwatzhaft und intrigant, liebt sie Geheimnisse und verbotene Korrespondenzen, zudem spielt sie in Preußen die Verbannte, seitdem ihr Vater König von England geworden ist. Von vierzehn Kindern, die sie geboren hat, sind zehn am Leben geblieben. Doch behindern die vielen Schwangerschaften, die sie durchmacht, sie nicht in ihrer Lust an Kabalen. Aus Angst vor dem König verwickelt sie sich in ein Gewirr von versteckten Machenschaften, die ihr fürchterliche Auftritte, Demütigungen und Tränenausbrüche eintragen, sie aber nicht von ihrem Laster zu heilen vermögen. Friedrich wächst zwischen Zänkereien und Geschrei auf, umgeben von Menschen, die zittern und lügen.

Er war ein ruhiger und schweigsamer Knabe, der oft kränkelte und ziemlich schwer lernte. Antoine Pesne hat ihn im Alter von drei Jahren zusammen mit seiner Schwester Wilhelmine gemalt, die damals doppelt so alt war. Sie sind alle beide niedlich. Er trägt ein dekolletiertes Kleid aus blauem Samt mit goldener Verschnürung, eine Kindertrommel

5. Kronprinz Friedrich und seine Schwester Wilhelmine mit dem Kammermohr

Gemälde von Antoine Pesne, 1714 Berlin, Schloß Charlottenburg

hängt an seinem Gürtel, eine Toque mit wallenden Federn sitzt ihm auf dem blonden Haar. Wilhelmine hält seine Hand und hindert ihn am Trommeln. Sie ist als Marquise gekleidet, mit langen Locken, einer Rose im Haar und Blumen in einer Falte ihres Schleppenmantels. Hinter den beiden steht mit einem Sonnenschirm der Kammermohr, der einen Papagei auf der Hand trägt. Obgleich Pesne den kleinen Prinz mit Band und Stern des Schwarzen-Adler-Ordens dargestellt hat, sieht er auf dem Bilde wie ein dickes pausbackiges Baby mit großen träumenden Augen aus. Sein Kinn mag etwas schärfer sein als das der

Schwester. Aber wenn man die Kostüme der beiden Kinder vertauschen wollte, ließe sich nicht sagen, welches der Junge und welches das Mädchen ist.

Friedrich Wilhelm liebte seinen Sohn und wünschte, von ihm »mit gleicher Liebe und Vertrauen« geliebt zu werden, als derjenige, der ihm von allen Menschen auf der Welt am wohlsten will.

»Und müssen sie ihn mit der Königin allezeit schrecken mit Mir aber niemahlen«, schrieb er an die Erzieher des Knaben.

Doch es gelingt ihm nicht, den Weg zu seines Sohnes Herzen zu finden, noch den Zugang zu seinem Geiste. Die beinahe heroische Idee, die er sich von der preußischen Monarchie macht, vermag er nicht zum Ausdruck zu bringen. Ja, es kann ihm passieren, daß er sie ins Groteske verzerrt. Das Große, das er anstrebt, wird durch seine Wutausbrüche und Brutalitäten besudelt. Er macht die Autorität verhaßt, weil er ihre kleinlichen Schikanen und Härten in ihrer ganzen Peinlichkeit fühlen läßt, niemals aber ihre Vernünftigkeit und Würde zur Geltung bringt. Die ›frommen Herrn‹ und ›guten Wirte‹, die mit Friedrich über seine Pflichten sprechen, geben ihm von dem Amt eines Königs einen eingeengten pedantischen Begriff. Mit eintöniger Unablässigkeit trachten sie ihm den Mechanismus, die harte Fron, die schwere Bürde seines Standes einzuprägen, ohne ihm den Sinn für den Glanz seines Schicksals einzuflößen und die Begier, es schön zu erfüllen. Wörter wie ›honnête homme‹, General, Vater des Volkes, die er täglich und stündlich zu hören bekommt, müssen ihm diese Ideale wie eiskalte drohende Gottheiten erscheinen lassen. Sie sind wie die Götzen einer abstoßenden Religion, in deren tiefere Bedeutung er nicht einzudringen vermag. Fritz wird gedrillt, nicht gebildet.

In seinem fünften Lebensjahr beginnt er die 54 Bewegungen des preußischen Exerzierreglements zu lernen. Alle seine Spielsachen sind militärisch: Bleisoldaten, Gewehre, Trommeln, Zelte, Fahnen, kleine Kanonen. Man hält ihn zum Pistolenschießen an, damit er sich an den Knall gewöhnt, der ihn anfangs erschreckt.

Friedrich Wilhelm hatte in Potsdam ein Regiment von Riesen, für das er phantastische Summen ausgab. Mit sechs Jahren erhält auch Friedrich seine Kompanie, die ›Kompanie der Kronprinzlichen Kadetten‹, 131 ausgewählte junge Männer, die allmählich zu einem Bataillon verstärkt werden, das beste Schrot und Korn, Junker und Söhne von Junkern, Soldaten und Söhne von Soldaten. Fritz wurde zuerst unter dem Kommando des siebzehnjährigen Kadettenunteroffiziers Christoph Friedrich von Rentzell einexerziert. Später kommandierte er selbst. Er hatte die Ehre, seine Kadetten Peter dem Großen und seinem Großvater, dem König von England, vorzuführen und erntete großes Lob. An seinem Geburtstage im Jahre 1721 schenkte ihm der König ein kleines Zeughaus, das in einem der Säle des Berliner Schlosses untergebracht wurde.

Der Prinz litt unter der Tyrannei des Vaters, aber seine empfindsame, freiheitsliebende, melancholische Natur ertrug sie schweigend. Friedrich Wilhelm, von Arbeit überlastet, immer unterwegs, immer mit irgendeiner Inspektion beschäftigt, fühlte sich außerstande, die Studien seines Sohnes persönlich zu überwachen. Sowohl die Mutter wie die Gouverneure suchten ihn zu beruhigen und schilderten ihm einen Sohn nach seinem Geschmack. »Fritz sagt«, schreibt die Königin, »daß er mit der großen Kanone, die im Zeughaus ist, dem Papa nachreisen und ihm helfen will, den König von Schweden zu töten.« (5. Juli 1715) »Ich lasse alle Tage die Kanone abfeuern, damit Fritz sich daran gewöhnt ...« – »Ich lasse Fritz mit einer kleinen Pistole schießen. Ich hoffe sehr, daß Sie ihn, wenn Sie ihn wiedersehen, nicht mehr so feig finden werden ...« – »Heute nachmittag sah ich Fritz zu Pferde, was ich seit langem nicht gesehen hatte.« (10. Juni 1718) – »Fritz lernt alles, was er kann aus dem ›Theatrum Europaeum‹.« Wie man sieht,

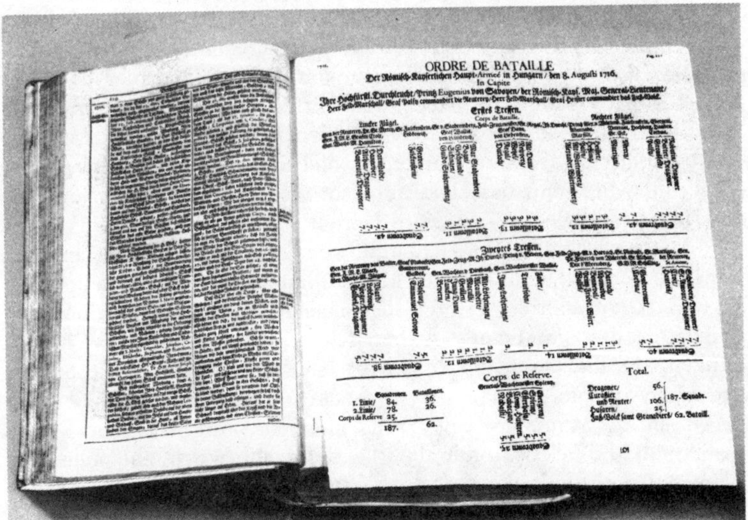

6. Letzter Band des ›Theatrum Europaeum‹, des von Johann Philipp Abelin begründeten, einundzwanzig Bände umfassenden Sammelwerkes zur Zeitgeschichte von 1618 bis 1718, Frankfurt am Main 1633 bis 1738

ein braves Kind! Wenn er das vorgeschriebene Pensum nicht erledigt hat, verfehlen seine Lehrer niemals, ihn in ihrem Wochenbericht zu entschuldigen: »Seine Königliche Hoheit lernt schwer, wie alle Geister, die tief zu werden versprechen und mit großer Urteilskraft begabt sind.«

Als kleiner Junge hat sich Fritz zweifellos bemüht, seinen polternden Vater, den alle Welt fürchtete, der aber ihm gegenüber zuweilen eine brummige Zärtlichkeit zeigte, zufriedenzustellen. Wir besitzen Briefe des Prinzen aus dieser Zeit. Eines Tages schickt er ihm eine Liste seiner Kompanie und dankt ihm für die Zusendung eines neuen Offiziers. Ein anderes Mal erzählt er, daß er einen Hasen geschossen hat. Er lernt fleißig im ›Theatrum Europaeum‹, ohne etwas auszulassen. Wilhelmine und Fritz »... denken Tag und Nacht an ihren lieben Papa« und erwarten seine Rückkehr mit Ungeduld. Fritz hat seine Kompanie in Köpenick besichtigt und ist nicht nur mit ihren Griffen zufrieden, sondern »sie haben auch so gut gefeuert, daß es unmöglich besser sein kann«. Ein anderes Mal ist er mit seinen Kadetten so zufrieden, daß er ihnen eine Tonne Bier spendiert. Die Tonne Bier muß auf das Herz des Königs tiefen Eindruck gemacht haben. Doch ist der Verdacht ausgesprochen worden, daß der Gouverneur dem Prinzen diese Idee souffliert hat.

Im Jahre 1720 verfaßte Friedrich in französischer Sprache einen Aufsatz: ›Lebensweise eines Prinzen von hoher Geburt‹. Der hochtrabende Titel klingt für einen achtjährigen jungen Herrn ziemlich lächerlich. Aber der Inhalt in unbeholfenem Französisch mit einigen orthographischen Fehlern mußte den lieben Papa mit großer Freude erfüllen: »Man muß das Herz auf dem rechten Fleck haben, und die reformierte Religion haben, muß Gott fürchten, nicht auf eine Weise wie die Leute, die es für Geld tun, nicht für diese Welt. Man muß seinen Vater und seine Mutter lieben. Man muß dankbar sein. Man muß Gott von ganzem Herzen lieben, denn wenn man ihn liebt, tut man alles, um ihm Freude zu bereiten ... Man muß Jesus Christus danken, für die Güte, die er gehabt hat, sich für uns arme Sünder kreuzigen zu lassen. Man darf niemals die reformierte Religion abschwören ... Man darf eine Sache nicht zu sehr lieben, man muß gefällig und höflich sein, mit allen Leuten reden. Wenn man weiß, was richtig ist und tut es nicht, so ist es eine Sünde. Man muß tun, wie in den zehn Geboten steht: nicht stehlen, sich nicht schmutzig machen und immer denken, alles Gute, was ich tue, kommt von Gott. Man muß immer an nichts Böses denken, alles Böse, was uns in den Sinn kommt, das kommt vom Teufel. Man muß an eine Stelle aus der Heiligen Schrift denken, die heißt: ›Seid nüchtern und wachet; denn euer Widersacher, der Teufel, gehet umher wie ein brüllender Löwe, und suchet, welchen er verschlinge. Dem widerstehet, fest im Glauben‹.«

Kalkstein versichert, daß er in diesem Aufsatz seines Prinzen nicht einen Buchstaben gestrichen oder hinzugefügt habe. Das ist Hofschranzentum. Er wird, zum mindesten, die Rechtschreibung verbessert und der Wahrscheinlichkeit halber einige Fehler stehengelassen haben. Denn selbst viel später noch war Friedrichs Orthographie so mangelhaft, daß es auf den ersten Blick schwerfällt, seine Sätze zu verstehen. Übrigens hat der Knabe wahrscheinlich nur die Lektionen des Religionsunterrichts wiederholt, und zwar vermutlich Wort für Wort. Man lehrte ihn, die Bibel zu lesen, und ließ ihn ganze Stücke aus ihr abschreiben, bis er sie auswendig konnte.

»Inzwischen«, so schreibt Lavisse, »fand während der Unterrichtsstunden und im täglichen vertrauten Zusammensein mit Duhan, von allen unbemerkt, eine allmähliche Entwicklung statt, die mit den Übungen des jungen Christenmenschen und angehenden Soldaten nicht das geringste zu tun hatte. Der Rahmen der vom König vorgeschriebenen Erziehung wurde gesprengt. Duhan wurde zwar seinen Instruktionen nicht vorsätzlich ungehorsam, doch geschah es, daß er fast unwillkürlich gewisse Abänderungen vornahm. Er befolgte die erhaltenen Vorschriften nicht dem Buchstaben nach, sondern korrigierte sie durch den Geist.« Um es deutlich zu sagen: Er mogelte. »Tatsachen, sämtliche Tatsachen«, hatte der König anbefohlen. Duhan ließ aus, rundete ab, ersetzte Einzelheiten durch Ideen, durch verstandesmäßige Überlegungen und allgemeine Gesichtspunkte. »Recht viele Gedächtnisübungen«, hatte der König gesagt. Duhan vernachlässigte das Auswendiglernen und ließ seinen Zögling das Gelernte in freier Rede wiederholen. »Nichts von der alten Historie«, hatte der König angeordnet. Das Altertum stellte sich mit ›Les avantures de Télémaque‹ von François Fénélon ein.

Friedrich Wilhelm erhob gegen dieses Buch keine Einwendungen; hatte er es doch in seiner Kindheit selbst gelesen. Aber Telemach entführt Friedrich weit von den Ufern der Spree hinweg in eine besonnte Landschaft, in der es weder den märkischen Sand, noch hünenhafte Rekruten, noch das kronprinzliche Kadettenkorps gibt. Er folgt dem Helden auf das veilchenfarbene Meer, bewundert mit ihm Kalypso in ihrer von jungem Weinlaub überhangenen Felsgrotte, in der die Zephyre eine köstliche Frische verbreiten. Er hört auf den mit Sammetblumen besäten Wiesen die Quellen mit sanftem Gemurmel rauschen. Von Venus verfolgt, flüchtet er durch die Wolken auf einem Rosenwagen, den zwei Tauben ziehen. Er schlürft aus goldenen, mit Blumen umkränzten Bechern den Wein der Nymphen, der süßer ist als Nektar. Mentor belehrt ihn zärtlich über eine liebenswürdige Tugend. Er steigt hinab ins Totenreich und erfährt, daß nicht den Eroberern, Helden und Kriegern der erste Platz im Elysium gebührt, sondern den friedfertigen und wohltätigen Fürsten, die, befreit von dem Treiben der Erde, in duftenden Gehölzen lustwandeln, von Strahlen gedämpften Lichts wie von einem Kleid umhüllt.

»Idomeneus«, sagte Mentor zu Telemach, »ist klug und verständig. Aber er geht zu sehr ins einzelne und erwägt bei der Fassung seiner Pläne das Ganze seiner Angelegenheiten nicht genügend. Die Tüchtigkeit eines Königs, der über den andern Menschen steht, liegt nicht darin, daß er alles selber tut; es wäre grobe Überheblichkeit von ihm, zu denken, daß er damit fertig werden kann... Die höchste und vollkommenste Regierung besteht darin, über die Regierenden zu regieren.«

»Wie glücklich«, rief der gefangene Telemach aus, »wie glücklich sind diejenigen, welche die heftigen Vergnügungen verabscheuen und sich mit den sanften Freuden eines schuldlosen Lebens zu begnügen wissen... Glücklich, der sich darin gefällt, seinen Geist zu bilden. Glücklich die Menschen, die zu lesen lieben, und nicht wie ich der Bücher beraubt sind.«

Und Telemach tröstete sich, indem er die Flöte blies. Seine Stimme hatte einen göttlichen Wohlklang. Er besang die anmutigen Reize, mit denen die Natur die Landschaft geschmückt hat, und die Schäfer vergaßen, um ihm zu lauschen, ihre Hütten und Herden und hingen regungslos an seinen Lippen. Die Wildnisse schienen ihre Rauheit zu verlieren, alles in ihnen ward sanft und lächelnd; die Gesittung ihrer Bewohner hatte die Erde gesänftigt.

Das war nun allerdings sehr weit von Potsdam und vom preußischen Exerzierreglement entfernt. Überdrüssig den Soldaten zu spielen, und ermuntert von seiner Schwester, einem kleinen, sehr gescheiten, über sein Alter hinaus gereiften Frauenzimmer, begann Friedrich Romane zu verschlingen, die er sich heimlich auslieh. Sein erster war die französische Romanfassung der Sage von der schönen Magelone und Peter von der Provence. Das ist die Geschichte von der Liebe eines edlen Ritters zu der schönen Magelone, der Tochter des Königs von Neapel. Es wimmelt von Entführungen, Turnieren, Korsaren und Seestürmen, und der Schluß ist eine Heirat.

»Man wollte mir das Lesen verbieten«, hat er selbst erzählt, »ich tat es heimlich. Mein Bett stand zwischen dem des Generals Finck, meines Gouverneurs, und dem meines Kammerdieners. Sobald sie beide fest schliefen, stieg ich über das Bett des Dieners hinweg und begab mich in ein anderes Gemach, wo ich auf dem Kamin eine Lampe fand. Dort hockte ich mich nieder und las. Aber eines Nachts bekam der Marschall einen Hustenanfall. Er hört mich nicht neben sich atmen, tastet im Dunkeln nach mir, findet mich nicht und ruft. Schnell kam ich gelaufen. Ich sagte, daß ich irgendein Bedürfnis gehabt hätte. Ich versteckte mein Buch und ließ mich nicht wieder erwischen. ›Nehmen Sie sich in acht, mein Prinz!‹ sagte der Marschall, und ich nahm mich in acht.«

Seine schönsten Stunden verbrachte Fritz mit seiner Mutter und seiner Schwester fern von den Wachtparaden. Beide liebten ihn, Wilhelmine mit leidenschaftlicher Zärtlichkeit, die Mutter auf ihre Weise, mit gebieterischer Eifersucht. Sie trug dazu bei, daß er seinen Vater nicht liebte, indem sie ihn vor die Wahl zwischen ihm und ihr stellte. Sie sprach sehr viel und fast immer, um sich zu beklagen. Die ausländischen Diplomaten bezeugen, daß ihre Konversation eine einzige Jeremiade war. Sie beklagt sich über ihren brutalen Gatten, über das schlechte Leben, zu dem er sie zwingt – sie, die Tochter des Königs von England. Sie beklagt sich über die Minister, die ihn gegen sie aufhetzen, und, um ihre Herrschaft zu sichern, ganz gewiß vorhaben, den Kronprinzen zu ermorden. Sie kennt alle Intrigen bei Hofe und in der Stadt und erzählt sie des langen und breiten ihrer Tochter, der sie häßliche Dinge offenbart, die sie ihr besser verschwiegen hätte.

Die beiden Geschwister sehen, daß die Eltern nicht im Einvernehmen miteinander leben und daß die Mutter die Härte des Königs gegen Fritz mißbilligt. Ist der Hausvater verreist, so herrscht sofort ein anderer Ton. In ihrem Schlößchen Monbijou, einem Geschenk Friedrichs I., das ganz vollgestopft ist mit kostbaren Chinoiserien, veranstaltet die Königin Cercle, Spiel, Konzert und Ball. Eines Tages gerät der unverhofft zurückgekehrte König mitten in die Schar der Tänzer. Er dreht sich wütend um und geht wortlos weg, während die Hofgesellschaft vor Schreck zu Stein erstarrt. Nach einer solchen Demütigung geschah es, daß Sophie Dorothea ganz öffentlich Pläne spann für den Fall, daß der König sterben sollte. Und Fritz fühlt nur zu wohl, daß das Eintreten dieses Falles für seine Mutter eine Befreiung und für ihn, den Sohn, ein angenehmeres Dasein bedeuten würde.

Die Kinder spielen und schwatzen miteinander. Der kleinere Bruder macht den Zuträger. Die Schwester vertraut ihm ihrerseits an, was sie an Neuigkeiten aufgeschnappt hat: die Klagen der Mutter, das Gerede der Domestiken, der hohen wie der niederen. Der General Grumbkow, der allmächtige Günstling des Königs, ist ein Feigling, er hat sich bei

7. Schloß Monbijou in Berlin nach dem Umbau durch Georg Wenzeslaus von Knobelsdorff
Kupferstich von Johann David Schleuen

Malplaquet in einem Graben totgestellt, um nicht am Sturm teilnehmen zu müssen. Der König hat die ganze Nacht mit seinen Generälen beim Trunke zugebracht. Die Königin hat heute morgen schon wieder geweint. Ein Astrologe hat prophezeit, Friedrich werde einer der größten Fürsten werden, die jemals regiert haben. Der König hat gesagt, eine Frau verlieren sei das gleiche, wie sich einen hohlen Zahn ziehen lassen, beim Reißen spüre man den Schmerz, aber eine Weile später sei man höchst vergnügt, ihn los zu sein.

Friedrich und Wilhelmine sondern sich ab. Sie bestärken sich gegenseitig in ihren Vorlieben und in ihren Abneigungen. Sie gewöhnen sich beide, die häßlichen Dinge im Leben zu sehen, und die Menschen, die sie umgeben, zu verachten. Bei Tische sitzen sie schweigend und verschlossen da und tauschen Blicke, durch die sie einander ihren Abscheu zu erkennen geben; sie verstehen sich ohne Worte. Der König, der diese stumme Mißbilligung spürt, ärgert sich.

Um die Königin und den Kronprinzen passieren so manche Dinge, die Friedrich Wilhelm mißfallen und die man vor ihm verbirgt. Einmal hatte er den Lehrer in flagranti ertappt, wie er den Sohn Latein lehrte. Man glaubte ihn fern, plötzlich trat er in den Studiensaal ein.

»Was macht ihr da?«

»Papa, ich dekliniere mensa, mensae.«

»Ha, der Schuft! Gibt meinem Sohn Lateinunterricht. Mir aus den Augen!«

Und er jagte Duhan mit Stockschlägen und Fußtritten in den Hintern hinaus. Als er ins Zimmer zurückkam, fand er Fritz unter dem Tisch kauernd. Er zog ihn hervor und ohrfeigte ihn.

In diesem »Damoiseau«, diesem verschlossenen, versteckten, scheuen Burschen, diesem »begossenen Huhn«, diesem Kerl, der sich nichts mehr aus Soldaten macht und für romantische Narreteien schwärmt – »Wind! Blaue Luft!« –, erkennt der König sein Fleisch und Blut nicht wieder. Fritz geht mit einem gelangweilten Gesicht und einer Märtyrermiene umher, die den Vater außer Rand und Band bringt. Wieviel besser gefällt ihm Friedrichs Bruder, der 1722 geborene Prinz August Wilhelm, ein braver Junge, der einem forsch in die Augen schaut und froh ist, wenn er exerzieren darf. Und er denkt, daß Preußen, wenn der Ältere stürbe, in weit bessere Hände käme.

Im März 1724, im Hause des Vizepräsidenten des Generaldirektoriums (seit 1723) Friedrich Wilhelm von Grumbkow, sagt der König plötzlich, auf den Kronprinzen zeigend: »Ich möchte wohl wissen, was in diesem kleinen Kopfe vorgeht. Ich weiß, daß er nicht so denkt wie ich; es gibt Leute, die ihm andere Gesinnungen beibringen und ihn veranlassen, alles zu tadeln; das sind Schufte.«

Er wiederholt das Wort Schufte und wendet sich an seinen Sohn:

»Fritz, denke an das, was ich dir sage. Halte immer eine gute und große Armee, du kannst keinen besseren Freund finden und dich ohne sie nicht halten. Unsere Nachbarn wünschen nichts mehr, als uns über den Haufen zu werfen, ich kenne ihre Absichten, du wirst sie auch noch kennenlernen. Glaube mir, denke nicht an die Eitelkeit, sondern halte dich an das Reelle. Halte immer auf eine gute Armee und auf Geld; darin besteht die Ruhe und die Sicherheit eines Fürsten.«

Während er dieses sagte, versetzte er dem Knaben kleine Schläge ins Gesicht, die schließlich Backpfeifen verzweifelt glichen.

Tag für Tag denkt der König an sein gefährdetes Lebenswerk. Was wird nach seinem Tode aus seinem Reiche werden? Was aus dem Heer, was aus dem Staatsschatz? Worin hat er sich gegen Gott versündigt, um in seiner Nachkommenschaft so heimgesucht zu werden? Warum widersetzt sich Fritz seinen Bemühungen? Er liebt ihn doch, hat bei seiner Erziehung weder Geld noch Mühe gescheut. Doch sowohl seinen Ratschlägen wie seinen Donnerwettern setzt der Damoiseau ein verstocktes Gesicht entgegen. Er ist sicher, daß der Taugenichts heimlich über seinen Vater lacht.

Friedrich Wilhelm ist ganz allein ausgeritten, wie gewöhnlich, wenn die Unrast ihn quält. Er käut seinen Ärger wieder. Fritz ist faul. Er arbeitet nicht. Er schreibt ein abscheuliches Deutsch voll grober Fehler. Er ist hochmütig. Er träumt. Er weiß mit den Offizieren nicht umzugehen. Beim Reiten sitzt er zusammengekrümmt im Sattel wie ein Lumpen. Er ist unsauber und ein Zieraffe. Er wäscht sich zwar nicht, trägt aber Spitzen, kräuselt sein Haar und schwärmt für allerlei Flitterkram. Er ist weichlich wie ein Frauenzimmer. Beim Jagen trägt er Handschuhe. Er schießt schlecht. Er geht auf den Zehenspitzen wie ein ›petit maître‹. Er räkelt sich auf seinem Stuhle. Statt zur Orgel Kirchenlieder zu singen, bläst er die Flöte. Mit so etwas verbringt er seine Mußestunden. Bei Tisch steckt er immer die Nase in den Teller und schneidet alberne Grimassen. Hat er sich nicht vermessen, mit einer silbernen Gabel mit drei Zinken essen zu wollen, statt wie sein Vater mit einer zweizinkigen? An diesem Tage hatte ihn Friedrich Wilhelm geohrfeigt. Aber Schläge verfangen bei diesem Knaben ebensowenig wie Ermahnungen. Die Londoner Verwandten haben die Königin um ein Porträt von Fritz gebeten. »Soll die Königin eine große Meerkatze malen lassen«, hat der König gesagt. Diese schurkischen Gouverneure sind durch ihre dumme Nachsicht an allem schuld. Sie verdienten Stockprügel oder in Spandau festgesetzt zu werden. Am besten wäre noch, wenn Fritz ständig bei seinem Vater bliebe. Vielleicht ließe er sich dann noch geradebiegen . . .

Wir konnten uns diesen Gedankengang Friedrich Wilhelms leicht vergegenwärtigen, denn er war nicht der Mann, der zu schweigen verstand. Wir brauchten nur die grimmigen Bemerkungen, die ihm bei dieser und jener Gelegenheit entfuhren, nebeneinander zu stellen. Das Mißverhältnis zwischen dem Könige und seinem Sohne ist jetzt öffentlich bekannt, und die auswärtigen Gesandten berichten darüber an ihre Höfe. Am 1. Mai 1725 beschließt Friedrich Wilhelm, den Kronprinzen unter seine persönliche Aufsicht zu nehmen. Er wird mit 13 Jahren zum Hauptmann des Königlichen Leibregimentes in Potsdam ernannt. Der Schulunterricht wird eingeschränkt und durch eine umfassende militärische Ausbildung ersetzt. Die Armee soll die Seele des Kronprinzen retten: Sie soll ihn den Respekt vor seiner Uniform und das Pflichtbewußtsein lehren.

Potsdam war Friedrich Wilhelms Lieblingsresidenz. Er fand Berlin zu ministerlich, dort gab es zu viele Räte, zu viele Diplomaten, zu viele Zivilisten. In Potsdam war er nichts als Soldat, der Oberst seiner großen Grenadiere. Jeden Tag wohnte er der Wachtparade und dem Exerzieren bei. Fritz muß ihn begleiten. Haben die Leute ihre Sache gut gemacht,

8. Exerzierende Soldaten auf dem Kasernenhof
Kupferstich im Lehrbuch
›Der vollkommene teutsche Soldat‹ von Hans Friedrich von Fleming, Leipzig 1726

so nennt er sie seine »lieben blauen Kinder« und hört ihre Beschwerden leutselig an. Er betrachtet sie als seine zweite Familie. Eines Tages, als er krank ist, läßt er, um seine Schmerzen zu vergessen, 200 Grenadiere durch sein Schlafzimmer defilieren. Er kennt sie fast alle beim Namen und kann bei den Größten auf Heller und Pfennig angeben, was sie ihn gekostet haben. Aus Sparsamkeit hätte er am liebsten im eigenen Lande mit geringen Spesen Riesen gezüchtet. Er verheiratete zwangsweise Riesen mit Riesinnen, und wenn aus solchen Ehebünden ein männlicher Sprößling mit großen Händen und großen Füßen hervorging, ließ er sich die Mutter mit dem Kinde alsbald schicken. Aber diese Zuchtversuche mißrieten meist. Darum entsandte er Werber nach dem Ausland: nach Schweden, in die Ukraine, nach Irland, nach Ungarn und in die Walachei, überallhin, wo er die Erlaubnis dazu erhält. Sowie die Rekruten eintreffen, mißt er sie eigenhändig ab. Einmal bereiteten ihm die Werber mit einem Norweger, der

2,65 Meter maß, eine freudige Überraschung. Das war für ihn ein Festtag. In seinem Schlafzimmer sind die Brustbilder aller Hauptleute seines Regimentes aufgehängt, damit er sie gleich beim Aufwachen vor Augen hat. Zwei andere Säle enthalten die Porträts der Obersten seiner Armee, unter jedem dieser Porträts liegt auf einem hölzernen Tisch eine vollständige Soldatenausrüstung des betreffenden Regimentes. Sobald ein Oberst stirbt, wird sein Bild von der Wand abgenommen und feierlich im Totensaal aufgestellt, während das Bild des Nachfolgers an seine Stelle rückt. Endlich sind in seiner Galerie die Riesengrenadiere in Lebensgröße abkonterfeit. Wenn der König durch einen Gichtanfall verhindert ist auszugehen, läßt er sich in einem Rollstuhl vor diese stumme Kolossalgarde fahren. Auf diese Weise genießt er sein Leben. Fritz soll nun lernen, was ein preußischer Offizier ist.

Aber die schwächliche Konstitution des Prinzen ist den Anforderungen, die der König an ihn stellt, nicht gewachsen. Der Knabe wird so überanstrengt und ermüdet, daß er nach dem Bericht eines Gesandten »bei seinen jungen Jahren so ältlich und steif aussiehet, als ob er schon viele Campagnen getan hätte.« Als schlechter Soldat fällt er in Gegenwart der Generäle vom Pferd und verletzt sich am Knauf seines Degens. Als schlechter Christ präpariert er sich so ungenügend für die Konfirmation, daß der reformierte Hofprediger Johann Arnold Noltenius ihm Nachhilfestunden geben muß, damit er das Examen recht und schlecht bestehen kann. Jedes Jahr wird Fritz vor Übermüdung krank: 1726 ist er nach einem Fieber »matt und mager wie ein Stock«, ein Jahr später hat er die Gelbsucht. Allmählich wird das Familienleben unerträglich, eine Art Terror schwebt über dem Schloß, die Königin weint alle Tage, der Prinz sieht zum Erbarmen aus. Seine Niedergeschlagenheit wird allgemein bemerkt, und man bedauert ihn insgeheim. »Sein Vater«, berichtet ein sächsischer Diplomat, »hat ihn zu früh aus dem Unterricht genommen. Der Knabe muß ihm auf Schritt und Tritt folgen, ohne daß der Vater ihn mit den Staatsgeschäften vertraut macht. So lernt er alles auf mittelbare Weise, ohne eigentlichen Zusammenhang und ohne die richtigen Grundlagen zu besitzen ... Alle seine Neigungen und alle seine Passionen durchkreuzt der Vater ... Die Tatsache, daß irgend etwas seinem Sohn Vergnügen macht, genügt, um es ihm zu verbieten.« Freilich, er will ihm seine eigenen Vergnügungen aufzwingen.

Bei Einbruch der Nacht begibt er sich in die sogenannte ›Abendgesellschaft‹. Man kommt im Tabakskollegium, an einem langen Holztisch zusammen. Der König sitzt an dem einen Ende auf einem hohen vierbeinigen Schemel ohne Rückenlehne, aber mit Stützen für beide Arme.

Die Eingeladenen und die Stammgäste nehmen zu beiden Seiten auf Bänken oder Stühlen Platz. Vor jedem steht ein Krug Bier, ein Glas, eine Pfeife und ein Körbchen mit ordinärem Tabak. In kleinen Kupferpfannen glimmt Torf zum Anzünden der Pfeifen. Nach ein oder zwei Stunden wird Butterbrot und Käse, auch Schinken und kalter Kalbsbraten aufgetragen. Den Salat macht der König persönlich an. Anläßlich besonders illustrer Besuche wurde auch Ungarwein getrunken. Die Gesellschaft war seltsam zusammengewürfelt: Generäle, Minister, fremde Gesandte, der alte Fürst Leopold von Anhalt-Dessau, der Organisator der Armee, der unausbleibliche Friedrich Heinrich von Seckendorff, der Gesandte des Kaisers, der Hofhistoriograph und einstige Präsident der Akademie der Wissenschaften Jakob Paul von Gundling, der sich abscheulich besäuft und zugleich den Hofnarren spielt, zuweilen auch ein oder zwei Pastoren.

Der König rauchte und trank ohne Unterlaß. Dazwischen ließ er sich wohl auch eine Zeitung oder einen Bericht vorlesen. Er kramte Erinnerungen an Malplaquet aus, sprach von seinen Ambitionen, brachte die

9. Das Tabakskollegium König Friedrich Wilhelms I. Gemälde vermutlich von Ditmar Daegen Ehem. Berlin, Schloß Monbijou

Gesundheit der Majestäten aus, mit denen er an diesem Tage gerade zufrieden war, und gab, das Glas in der Hand, seine Meinung über diesen und jenen kund. Das Gespräch sprang von einem Gegenstand zum andern. Man redete von der Jagd, von Strategie, von Politik und Religion. Man benahm sich wie in einer Wachtstube, polterte, fluchte, machte derbe Witze über das weibliche Geschlecht. Es gab auch althergebrachte Possen. Sie bestanden darin, einen neuen Gast auf einem Ehrenstuhl Platz nehmen zu lassen, dessen Beine durchsägt waren, oder ihn plötzlich einem dressierten Bären gegenüberzustellen. Ein Gemälde stellt das Tabakskollegium dar, Friedrich zur Rechten seines Vaters sieht ganz winzig und verloren aus. Diese Sitzungen bedeuteten für ihn eine furchtbare Plage, und er machte dabei eine jämmerliche Figur. Der König nannte ihn einen Hasenfuß, der an männlichen Vergnügungen keinen Geschmack finde.

Jeden Mai unterzieht Friedrich Wilhelm die Berliner Garnison einer Musterung. Jedes Regiment hat seinen bestimmten Tag. Nach dem Exerzieren nimmt sich der König Mann für Mann vor. »Mein Sohn«, fragte er den einen oder den anderen, »hast du auch alles richtig bekommen?« Am letzten Tag ist Generalrevue. Friedrich muß von zwei Uhr morgens an zu Pferde sein, und die Parade währt bis in die Nacht. Hierauf bereist der König die Provinzen. In den Jahren 1725 und 1726 begleitet ihn Friedrich nach Magdeburg, Preußen und Westfalen. Es wird schnell gereist, um möglichst viel zu sehen. Ohne Eskorte, außer in der Nähe der polnischen Grenze. Fünf oder sechs Postwagen mit Vorspann, keine Vorhänge, selbst bei schlechtestem Wetter. Es handelt sich darum, die Obersten, die Richter, die Steuereinnehmer, die Domänenpächter zu überraschen. Der König prüft die Rechnungen, kontrolliert die Kassen, stellt hunderterlei Fragen. Wenn er nicht zufrieden ist, erfolgt ein furchtbares Donnerwetter, und der Rohrstock saust auf die geduckten Rücken nieder. Eines Tages läßt er einen pflichtvergessenen Krieges- und Domainenrath hängen und zwingt dessen Kollegen, den am Galgen baumelnden Leichnam des Gerichteten zu betrachten. Er hat auch Zeiten heiterer Laune. Er liebt es, gut zu essen, besonders, wenn andere die Kosten tragen. Auf der Reise lädt er sich bei diesem oder jenem ein und stopft sich voll. Er hat eine Vorliebe für Gänse- und Schweinefleisch in allen Zubereitungsarten, aber auch für Leckerbissen wie Trüffel in Öl oder Austern, von denen er mühelos acht Dutzend verschlingen kann. Wenn er irgendwo ein gutes Gericht entdeckt, zum Beispiel Kaldaunen mit Kohl, geht er selbst in die Küche, fragt nach dem Rezept und erkundigt sich gleichzeitig nach den Lebensmittelpreisen.

Fritz, wiewohl er den ›petit maître‹ spielt und für kulinarische Raffinements schwärmt, ist kein schwacher Esser und beginnt schon, sich auf Weine zu verstehen. In Magdeburg und in Staßfurt hat er, um sich seinem Vater gegenüber aufzuspielen, die Dukaten, die ihm der Stadtrat als Willkomm bot, zurückgewiesen und befohlen, sie unter die Armen zu verteilen. Und als der höchst entrüstete König ihn zwingt, die Goldstücke anzunehmen, besitzt er die Dreistigkeit zu erklären, daß er sie bis zu seiner Thronbesteigung behalten und dann den unglücklichen, von Steuern bedrückten Stadtbewohnern zurückerstatten werde. In Wesel ist er mit dem König bei dem Festungskommandanten, Konrad Heinrich von der Mosel, zu Mittag eingeladen. Nach der Mahlzeit will man auf die Jagd reiten. Doch dem Offizier, der, um seinen Gästen Bescheid zu tun, ein wenig über den Durst getrunken hat, gelingt es nicht, in den Sattel zu kommen. Der Prinz hat ihm den üblen Streich gespielt, ihm seine Steigbügel zu hoch schnallen zu lassen, und sieht der Szene lachend zu. Nun war der König zwar ein Freund von Foppereien, doch nur den Professoren gegenüber, Militärpersonen mußten respektiert werden.

Aus derartigen kleinen Begebnissen ersieht man, daß Friedrichs Charakter sich verhärtet, je mehr der König ihn zu brechen versucht. Unter dem steten Druck lernt er sich besser beherrschen, seine Demütigungen verbergen. Er lügt, drängt seine Tränen zurück, jedoch er beugt sich nicht. »In seinen Entschlüssen fest bis zum Starrsinn«, so wird er damals von einem scharfsichtigen Diplomaten charakterisiert. Den Vater verachtet er wegen seines Mangels an Selbstbeherrschung. Zuweilen legt er es absichtlich darauf an, ihn aufs äußerste zu reizen, und setzt dabei eine Unschuldsmiene auf. Eines Tages in der Kirche brechen er und Wilhelmine mitten in einer Predigt in Lachen aus. Später spielt er auf die Rüge des Pastors hin den Zerknirschten. Vor allem führt er in seinen freien Momenten ein zweites Leben, das zwar nicht genauer bekannt ist, doch dürfen wir manche heimliche, von Mitwissern begünstigte Durchbrennereien vermuten. Mit 15 Jahren hatte er bereits bei einem Berliner Bankier eine Schuld von 7000 Talern anlaufen lassen, eine bei dem damaligen Geldwert höchst beträchtliche Summe. Es ist kaum anzunehmen, daß sie nur für Notenpapier und die Entlohnung der Kopisten ausgegeben wurde. In der Tat besaß er in der Stadt nahe dem Schlosse in dem Hause des Geheimen Finanzrates Julius von Pehnen heimlich eine Bibliothek, die im Jahre 1730 auf über dreieinhalb Tausend Bände angewachsen war. Aus der Liste, die im Buch von Ernst Bratuschek elf Seiten umfaßt, erwähnen wir: die großen französischen und englischen Zeitschriften, eine englische Enzyklopädie, Wörterbücher und Grammatiken der französischen, englischen, italienischen und spanischen Sprache, ein französisches Reimlexikon, Anekdotensammlungen, Lehrbücher der Poetik, der Konversation und der Stilkunst, die antiken Schriftsteller in französischer Übersetzung, eine große Menge von historischer Literatur, Memoiren, Reisebeschreibungen, zumeist in französischer Sprache, einen Abriß der Brandenburgischen Geschichte, gleichfalls französisch, mehrere Atlanten, Werke der berühmten französischen Schriftsteller, von François Rabelais bis zu den letzten Veröffentlichungen Voltaires, mathematische, physikalische und naturwissenschaftliche Werke, zumeist in Paris und den Niederlanden gedruckt, Bücher politischen Inhalts, Niccolò Machiavelli, Thomas More, Jean Bodin, der Abbé von Saint-Pierre, Moraltraktate, die Werke von René Descartes, Pierre Bayle und John Locke. Der Prinz hat den Katalog seiner ersten Bibliothek eigenhändig geschrieben. Doch ist es klar, daß er nicht imstande war, diese Sammlung allein anzulegen, die beinahe alle menschlichen Wissensbereiche umfaßte. Duhan hat die Bücher für ihn ausgewählt. Und Friedrich wird aufs Geratewohl in ihnen geblättert und wie von einer verbotenen Frucht von ihnen gekostet haben.

Er benutzte das entliehene Geld auch zur Befriedigung seiner Eitelkeit. Er ließ sich Hofkleider anfertigen, die er heimlich anzog, nachdem er den ›Sterbekittel‹ – so nannte er seine Uniform – abgelegt hatte. Eines Abends überraschte ihn der König in einem brokatnen Schlafrock, den er ihm vom Leibe riß und ins Feuer warf. Vielleicht hat sich Friedrich auch Schmuckstücke, Tabatieren und Ringe gekauft, wofür er eine Zeitlang schwärmte. Vielleicht erkaufte er die Gefälligkeit der Diener.

Im Jahre 1727, nach der Konfirmation des Prinzen entließ der König, der vieles wußte und noch mehr ahnte, Duhan und ersetzte ihn durch einen verdienten Invaliden, den Major Johann von Senning, der mit der militärischen Erziehung Friedrichs betraut wurde. Einige Monate später gab er Fritz noch andere neue Gefährten, vier junge Offiziere, die zugleich Aufsichtspersonen sein sollten. Er sagte ihnen, sein Sohn befinde sich in einem gefährlichen Alter und sei allerhand schlechten Neigungen unterworfen, sie sollten ein Auge auf seine Aufführung haben, und er mache sie für jede Ausschweifung oder Unregelmäßigkeit, die sie nicht zu verhindern gewußt oder dem König angezeigt hätten, mit ihrem Kopfe verantwortlich.

Friedrich Wilhelm hielt diese Rede in Gegenwart des Prinzen, man kann sich kein demütigenderes Vorgehen denken. Aber der König kannte seinen Sohn sehr schlecht. Friedrich verstand sich vortrefflich auf jene Kunst der Schwachen, welche darin besteht, ihre Schwäche auszunutzen, um sich bemitleiden und lieben zu lassen. Etwa ein Dutzend Briefe, die der Prinz an einen der vier, den Leutnant Friedrich Ludwig Felix von Borcke, den Bruder des Präsidenten der Domänenkammer in Minden und Cleve, Friedrich Wilhelm von Borcke, gerichtet hat, sind gedruckt worden. Das Herz des Aufsehers ist gewonnen, er ist zum liebsten Vertrauten, zum teuersten Gefährten geworden, von dem der Prinz die Wonnen einer leidenschaftlichen Freundschaft erwartet, wie es in jenem Alter, da die Liebe sich noch nicht zu erkennen gegeben hat, zuweilen geschieht. Eines Tages hat der König von Borcke in lobendem Ton gesprochen, Fritz beeilt sich, es ihm mitzuteilen: »Das hat mir aus Liebe zu Ihnen eine so große Freude gemacht, daß ich es nicht sagen kann.« Als Borcke erkrankt, beunruhigt er sich: »Immer, wenn ich an Sie denke, was sehr häufig geschieht, kann ich nicht umhin, in eine Melancholie zu verfallen, aus der Sie allein mich befreien können ... Sterben Sie nicht, denn der Tod ist dasjenige auf der Welt, das ich für meine Freunde am meisten, für mich selbst am wenigsten fürchte.« Als es Borcke besser geht, dankt er ihm dafür wie für ein Geschenk: »Sie allein waren imstande mir eine solche Freude einzuflößen und niemand anderer kann es so tief empfinden, als ich allein.« Fast demütig bittet er um Entschuldigung, daß er ihn belästigt: »Ich habe Angst, Sie mit meiner unbequemen Freundschaft zu langweilen, die niemand anderen zu unterhalten fähig ist als mich selbst ... Mit einem Wort, meine langweilige Zärtlichkeit ergießt sich und enthüllt Ihnen die Gefühle eines Herzens, das von Ihnen erfüllt ist und sich nur beruhigen kann, wenn es weiß, daß Sie völlig von der zärtlichen Freundschaft, mit der es Sie bewundert, überzeugt sind.«

Fritz hatte bald Gelegenheit, seine Verführungskünste unter Umständen spielen zu lassen, die besonders geeignet waren, den König zu verstimmen. Zu Anfang des Jahres 1728 bereitete sich der König zur Reise nach Dresden vor, wo sein Besuch erwartet wurde. Er unterhielt mit dem Kurfürst-König von Sachsen-Polen August II., dem Starken, herzliche Beziehungen. August, ein wahrer Koloß, nahm es mit ihm im Tabakskollegium und beim Pokulieren auf. Die beiden Potentaten gründeten zusammen eine Gesellschaft, die ›Gesellschaft der Nüchternheitsfeinde‹, und schenkten einander zum Zeichen gegenseitiger Achtung mächtige Humpen, die die Ehre in einem Zuge zu leeren gebot. Sie trieben auch Handel miteinander. August hatte Friedrich Wilhelm die Antikensammlung seines Vaters abgekauft, und das Gerücht will wissen, daß er mit zwei Dragonerregimentern dafür bezahlt hat. Nun war aber Dresden der glänzendste, prunkvollste und sittenloseste Hof Deutschlands. Darum hatte der König beschlossen, Fritz nicht mitzunehmen, worüber Fritz sehr unglücklich war. Indessen wußte Wilhelmine den kursächsischen außerordentlichen Gesandten in Berlin Ulrich Friedrich von Suhm so geschickt zu bearbeiten, daß dieser schließlich den König August selbst dazu bewog, den Besuch des preußischen Kronprinzen zu fordern, und Friedrich Wilhelm mußte dem Wunsche seines Gastgebers wohl oder übel willfahren. Um den Sohn vorteilhaft zu präsentieren, ließ er ihm ein goldverschnürtes Hofkleid machen, auch die Dienerschaft erhielt eine neue Livree.

Nun sind sie beide in einem Taumel von Festen, Balletten und Maskeraden, in einer eleganten und kultivierten Gesellschaft, umgeben von geistreichen, leichtlebigen Frauen; sie tanzen, soupieren und konversieren, besuchen die Oper und das Schauspiel. Fritz nahm alle Einladungen an. Endlich enthüllte sich ihm die Welt, von der er so lange geträumt hatte. In dieser Atmosphäre von großartiger Pracht, in der er achtungsvoll als Prinz behandelt wurde, fühlte er sich wohl. Geschwellt von dem Bewußtsein seines Wertes, das hier von keiner barschen Zurechtweisung beeinträchtigt wurde, bemühte er sich, die Menschen, mit denen er zusammentraf, für sich einzunehmen. Er spielte öffentlich in einem Orchester ausgezeichneter Künstler die Flöte und erntete Beifall. Er gefiel und bezauberte. An seine Schwester schickte er freudetrunkene Berichte »aus der großen Welt«, und unterzeichnete mit: »Frédéric le filosophe«. Auch Friedrich Wilhelm, vom schweren Ungarwein in guten Humor versetzt, gab sich redlich Mühe, liebenswürdig zu sein. Doch widerfuhren ihm allerlei Mißgeschicke, unter anderem platzte ihm seine Ballhose. Da er nur diese eine mitgebracht hatte, mußte er sich eine andere mit einem reitenden Eilboten aus Berlin holen lassen. Er sah, daß sein Sohn in dieser Gesellschaft besser reussierte als er und rächte sich dafür, indem er ihn anfuhr.

Dabei wußte er noch nicht einmal alles; August der Starke unterhielt eine Art Serail der schönsten Frauen seines Landes. Als er starb, sagte man ihm etwa 350 Kinder von seinen Mätressen nach. Gerne hätte er seinem erlauchten Gaste einige dieser Damen zur Verfügung gestellt. Eines Abends, so erzählt Wilhelmine, führte er ihn in ein reichgeschmücktes Zimmer. Plötzlich hob sich ein Vorhang und zeigte Friedrich Wilhelm einen völlig ungewohnten Anblick. »Ein Mädchen im Zustand unserer ersten Eltern vor dem Sündenfall lag lässig auf einem Ruhebett. Dieses Wesen war schöner als man Venus und die Grazien beschreibt. Ihr Elfenbeinleib war weißer als Schnee und trefflicher gebildet als die berühmte Statue der Venus von Medici in Florenz. Das Gemach, das diesen Schatz umschloß, war mit so viel brennenden Kerzen geziert, daß ihr Licht die Augen blendete und der Schönheit der

10. Tanz in einem Pavillon
Aus einem Gemälde von *Nicolas Lancret, um 1720*
Berlin, Schloß Charlottenburg

Göttin neuen Glanz verlieh. Die Urheber dieses Scherzes hegten nicht den geringsten Zweifel, daß der entzückende Gegenstand auf das Herz des Königs Eindruck machen werde, doch sollte es ganz anders kommen.« Friedrich Wilhelm war als Gatte mehr treu als zärtlich. Kaum hatten seine Augen die Schöne erblickt, als er entrüstet kehrtmachte und Fritz, der ihm gefolgt war, mit harten Stößen aus dem Zimmer puffte. Doch hatte diesem die Venus keineswegs den gleichen Abscheu eingeflößt, und Wilhelmine versichert, daß König August ihm die Gunst der reizenden Formera verschafft habe. »Sie war«, erzählt sie, »seine erste Geliebte.«

Was sollen wir von diesem Begebnis denken? Hofklatsch ist selten zuverlässig. Und Wilhelmine hatte eine zu böse Zunge, als daß man ihr aufs Wort glauben dürfte. Andererseits war Fritz durchaus imstande, ihr aus purer Prahlsucht, um sich als ›Garçon à la mode‹ aufzuspielen, erfundene Ausschweifungen aufzutischen. So wenig erforscht dieses Gebiet ist, so kann man es doch für wahrscheinlich halten, daß Friedrichs

Sinne erst spät geweckt wurden, und daß er den Freuden der Liebe nie besonders zugetan war.

Nach der Rückkehr aus Dresden wurde er von einem schleichenden Fieber befallen, das ihm den Appetit benahm und ihn zusehends abmagern ließ. Eine Krankheit, so hat man später erklärt, die schlecht behandelt wurde und ihn für immer impotent machte (wir haben keinen Anlaß, diese unbewiesene Annahme für wahr zu halten). Verzweiflung darüber, sich nicht mehr der Ausschweifung hingeben zu können, schreibt Wilhelmine, an ihrer Auffassung beharrlich festhaltend. Eine tuberkulöse Erkrankung, sagten die Ärzte, und hatten vermutlich recht. Doch überdies wohl auch noch, da er wieder unter die Fuchtel zurückkehren mußte, Entmutigung, Weltschmerz, Lebensüberdruß. Der König glaubte sein Leben in Gefahr und machte sich schwere Sorgen. »Mein el[t]ster Sohn ist sehr krank und wie [in] eine [Ab]zehrung«, schrieb er an den Fürsten Leopold von Anhalt-Dessau, »Sie können sich einbilden wie mir zu muthe ist. Ich will bis Montag abwarten. Wo es [dann] nit besser wierdt ein konsilium aller Doctor halten, denn sie nit sagen können wo es Ihm sitzet und er Mager als ein schatten wierdt doch nit hustet . . . Wenn die Kinder gesundt sein dan[n] weiß man nit das man sie lieb hat.« Friedrich Wilhelm hörte die Vorwürfe der Königin geduldig an, ja er ging so weit, seine Strenge zu bereuen und suchte sie durch Liebkosungen vergessen zu machen.

Doch war in diesen Tagen der Aussöhnung zwischen Vater und Sohn der Vater allein aufrichtig. Mit Hilfe eines Arztes, der zur ›guten Partei‹ gehörte, übertrieb Fritz seine Krankheit, um ein wenig Ruhe zu haben; und auch Sophie Dorothea war mit im Komplott, da es ihr ja die Befriedigung gewährte, den Gatten nach Herzenslust auszanken zu dürfen. Als der König von Polen im Mai und Juni desselben Jahres nach Berlin kam, um den Besuch zu erwidern, wollte Friedrich anfangs nicht an der Hoftafel erscheinen. Das tat er nicht etwa, weil er sich matt fühlte, sondern aus Eitelkeit, um dem Kurprinzen nicht seinen Platz einräumen zu müssen. Doch wohnte er den Festlichkeiten und Illuminationen bei. Es wird auch erzählt, daß er bei dieser Gelegenheit insgeheim mit einer polnischen Gräfin zusammentraf, die sich, um nicht erkannt zu werden, als Mann verkleidete. Eine Fortsetzung des angeblichen Dresdener Liebesromans, die ebensowenig Glauben verdient.

Die venezianischen Nächte waren verrauscht. Der König begab sich wieder auf Inspektionsreisen, ohne Fritz mitzunehmen, der noch immer mager und bleich war. In der Abwesenheit des lästigen Tyrannen schwelgte er in Musik. August der Starke hatte der Königin sein Kammerorchester geliehen. Täglich gab es in Monbijou Konzert mit dem vorzüglichen Flötenspieler Johann Joachim Quantz. Friedrich und Wilhelmine spielten Duos. Wilhelmine nannte ihre Laute ›Principe‹ und Fritz seine Flöte ›Principessa‹.

Wie alle Jahre kam der König im Herbst zurück, und die Familie mußte ihm nach Wusterhausen zu den Jagden folgen. Wilhelmine gibt von dieser von Friedrich Wilhelm bevorzugten Residenz eine höchst boshafte Schilderung: »Dieses Märchenschloß«, schreibt sie, »dieser sogenannte Palast . . . bestand gleichsam nur aus einem Nebengebäude, dessen Herrlichkeit noch durch einen alten Turm erhöht wurde, in dem eine hölzerne Wendeltreppe hochging. Rings um das Gebäude lief ein Erdwall und dahinter ein Graben, dessen schwarzes stehendes Wasser dem Styx glich und einen wahren Pesthauch ausströmte. Auf jeder Seite des Hauses stellte eine Brücke (im ganzen drei) die Verbindung mit der Außenwelt her: mit dem Hof, mit dem Garten, und mit der Mühle, die gegenüberlag. Der Hof war auf zwei Seiten von zwei Flügeln eingerahmt, in denen die Herren der königlichen Suite wohnten. Den Abschluß des Hofes bildete ein Zaun, an dessen Eingang zwei weiße Adler, zwei schwarze Adler und zwei Bären angebunden waren, recht bissige Tiere, nebenbei gesagt, die alle Welt anfielen. Mitten in dem Hofe befand sich ein Brunnen, aus dem man mit vieler Kunst eine Wasserleitung für den Küchengebrauch gemacht hatte. Diese Prachtgruppe war von einem eisernen Gitter umgeben und einige Stufen führten hinauf. Das war nun das angenehme Plätzchen, das der König dazu ausersehen hatte, dort am Abend seine Pfeife zu rauchen.«

Das Schloß existiert noch heute. Wenn man zwischen den Bäumen den Glockenturm, die steilen Dächer, die hohen Giebel und Mauern erblickt, ist der Eindruck nicht unfreundlich. Es wirkt wie der Sitz eines Landjunkers, der wohl auf den Fundamenten einer alten Festung erbaut wurde. Im Erdgeschoß sind die Mauern so dick, daß sie einer Belagerung standhalten könnten. Die Fassade wird durch den Turm in zwei ungleiche Teile geteilt: Auf der rechten Seite gibt es drei Fenster, auf der linken nur ein oder zwei. Ebenso steht es mit der Anordnung der Räume im Innern, die zu beiden Seiten eines Korridors liegen, der gleich an der Treppe beginnt. Das Erdgeschoß ist überall gewölbt. Friedrich Wilhelm schlief in einem sehr schmalen Eckzimmer, in welchem in einer Nische der dicken Mauer noch der tiefe Gußstein erhalten ist, in dem der König sich das Gesicht wusch. Die Königin hatte ein geräumigeres Zimmer, doch war auch dieses wie alle andern einfach mit Kalk geweißt. Der Fußboden war sehr primitiv, und die Stühle hatten Holzsitze. Man hätte im ganzen Hause vergeblich nach einem gepolsterten Sessel gesucht. Im ersten Stock war die Tabagie, ein kleiner

Spielsaal und sechs bis sieben Zimmer, in denen in qualvoller Enge Kinder, Ehrendamen, Gouvernanten und Offiziere untergebracht waren.

Die Ausschmückung des Schlosses wird wohl aus Hirschgeweihen, Eberköpfen, Jagdgewehren, Sauspießen samt anderem Zubehör des fröhlichen Weidwerks und messingnen Armleuchtern bestanden haben. An den grauen September- und Oktobertagen lassen die kleinen, tiefliegenden Fenster das trübe Licht nur spärlich herein. Die Nacht bricht bald an, und die Abende sind kalt. Da es zum Heizen im ganzen nur drei Kamine gab, mußte Fritz sich oft ins feuchtkalte Bett schlafen legen. Das Unerträglichste aber war, daß man in einem Zustand steter gegenseitiger Bespitzelung lebte. War die Gesellschaft sehr zahlreich, so speiste man im Freien unter einem Zelte. Bei starkem Regen saß man bis an die Waden im Wasser. Das Essen war schlecht, weil man niemals wußte, wann der König zurückkehren würde, und er verlangte, daß man zwanzig Minuten nach seiner Ankunft zu Tische ging. Die Königin wartete oft brummig und verdrossen viele Stunden auf ihn und vertrieb sich die Zeit damit, mit drei Damen Tokadille zu spielen. Die Töchter mußten bei ihr bleiben, sie wagten nicht, draußen Luft zu schöpfen oder in den Garten zu gehen, weil sie es verbot.

In Preußen und Pommern jagte Friedrich Wilhelm Bären und Auerochsen, bei Wusterhausen Hirsche, Wildschweine, Fasanen, Reiher, Hasen und Rebhühner. Er widmete sich diesem Vergnügen mit einer wahren Raserei, gab im Tage bis zu 600 Schüsse ab und blieb oft zwölf Stunden hintereinander in Wald und Feld. Seine Bücher verzeichneten in den Jahren 1717 bis 1738 bei Wusterhausen den Abschuß Hunderter von Fasanen und Hasen sowie Tausender von Rebhühnern. Aber sein Hauptvergnügen war die Treibjagd auf den Hirsch, die mindestens wöchentlich drei Mal stattfand. Der König samt seinen Gästen wurde nach dem verabredeten Treffpunkt in einer Art langem Break gefahren, in dem man Rücken an Rücken saß, doch war es eigentlich nur ein langer Balken auf Rädern ohne Dach und ohne Leitersprossen. Dafür war die Meute sehr zahlreich und sorgfältig ausgesucht; die Piqueure in Scharlachröcken mit grünen Aufschlägen sahen sehr prächtig aus. Beim Halali präsentierte der Oberjägermeister dem König auf einem silbernen Teller den Lauf des Tieres. Der Hirsch wurde auf einem mit Laubwerk geschmückten Wagen nach dem Schloßhof gebracht, und nachdem ein Hofbeamter die für die königliche Küche bestimmten Fleischstücke herausgeschnitten hatte, wurde in Gegenwart der Damen das Wildpret den Hunden preisgegeben. Friedrich Wilhelm wünschte, daß es bei dieser Gelegenheit wahrhaft königlich zugehe. Nur in diesem Falle liebte er den Luxus und die Etikette. Sein

Briefwechsel mit dem alten Dessauer ist voll von Jagdberichten und Erkundigungen nach den üblichen Bräuchen.

Fritz haßte dieses Leben. Oft zog er sich aus der Gesellschaft zurück und setzte sich einsam unter einen Baum, um dort trotzig die Flöte zu blasen – wie Telemach. Abends bei Tisch tat er nicht den Mund auf. »Lieber Borcke«, schrieb er an seinen Freund, ». . . wir haben hier das dümmste Sammelsurium einer bunt zusammengewürfelten und schlecht ausgesuchten Gesellschaft, denn weder die Gemüter, noch die Jahre, noch die Neigungen derer, die sie zusammensetzen, stimmen überein . . .

11. König Friedrich Wilhelm I. mit dem Kronprinzen und Gefolge auf der Hirschjagd bei Wusterhausen

Gemälde eines Unbekannten Ehem. Königs Wusterhausen, Jagdschloß

Ich könnte Ihnen wohl noch manches sagen, doch bin ich um fünf Uhr morgens aufgestanden und jetzt ist es Mitternacht . . . Ich bin der Dinge, die ich sehe, so überdrüssig, daß ich sie aus meinem Gedächtnis auslöschen möchte, als wären sie nie darin gewesen. Immerhin kann ich Ihnen sagen, daß mein Vergnügen im Tabakskollegium darin besteht, Nüsse zu knacken – ein Vergnügen der Stätte, an der wir uns befinden, durchaus würdig.«

Zwei Pastoren, die im Jahre 1727 einige Tage in Wusterhausen verbrachten, haben beide Tagebücher geführt, die uns einen tiefen Einblick in das Leben Friedrich Wilhelms gewähren: Johann Anastasius Freylinghausen kam im September und Gotthilf August Francke im Oktober. Beide – Schwiegersohn und Sohn August Hermann Franckes und dessen Nachfolger in Halle – trafen besonders bei den zwei Stunden dauernden Mahlzeiten mit dem König zusammen. Prinz Wilhelm spricht das Tischgebet und Friedrich schneidet das Fleisch. Nur Wilhelm gegenüber ist der Vater liebevoll. Eines Tages ergreift er seine Hand und tut, als ob er ihm mit einem großen Messer die Finger abschneiden wollte. Der Prinz erbleicht ein wenig, faßt sich aber bald und sagt mit überzeugter Miene: »O Papa, Sie haben mich ja viel zu lieb, als daß Sie das tun sollten.« Der König lacht von ganzem Herzen und alle Anwesenden stimmen ein.

Friedrich Wilhelm, der krank gewesen ist, nutzt die Gegenwart der beiden Gottesmänner aus, um sie mit Fragen über den Himmel, die Propheten, die erlaubten Vergnügungen, die Voraussetzungen des Heils, die Gefahren der Komödie, die Meinungsverschiedenheiten der protestantischen Kirchen, die christliche Ergebung und zu guter Letzt auch noch über die Ausgaben des Waisenhauses in Halle, das sie leiten, zu bedrängen.

»Ja«, sagt er zu Pastor Francke, »es ist schwer in den Himmel zu kommen.«

»Was bei den Menschen unmöglich ist, das ist bei Gott möglich«, erwidert Francke.

»Ja, meine Krankheit kenne ich so wohl als einer«, fährt der König fort. »Ich bin ein böser Mensch, und wenn ich einen Tag gut bin, so bin ich doch hernach gleich wieder böse. Das weiß ich wohl, aber ich kann nicht anders werden.«

Und bei Tische vor allen Anwesenden:

»Ich kann noch eine Weile leben, und ich werde in meinem Christentum besser, welches Gott gebe, oder schlimmer; wenn ich aber schlimmer werden sollte, so halte ich alle die Priester, die es sehen und mir nicht sagen, für Erzschelme.«

Worauf er sich erhebt und an die Hofdamen der Königin Andachtsbücher verteilt. Während eines dieser erbaulichen Gespräche kommt Gundling schwer betrunken herein. Er zeigt ein wunderliches Gebaren, steht schwankend vom Tische auf, gerät torkelnd unter die Pagen, kommt wieder, brüllt und läuft wieder weg.

Die beiden Theologen wünschen eine Unterhaltung mit dem Kronprinzen zu haben, den Freylinghausen auf Befehl des Königs öffentlich über die Heilige Schrift examinieren mußte. Dem einen von ihnen läßt Friedrich sagen, daß er den ganzen Tag besetzt sei, dem anderen gewährt er am fünften Tag acht unfreundliche Worte. Vor seiner Abreise muß der unglückliche Francke noch erfahren, daß der Prinz ihn einen Pharisäer genannt hat und sich über ihn mokiert, weil er an Gespenster glaubt.

Die Zornesausbrüche Friedrich Wilhelms werden immer schlimmer. Fast in jedem seiner Briefe an Borcke beklagt sich Friedrich darüber. Der König, so heißt es in ihnen, ist immer noch schlecht gelaunt, der König schimpft mit aller Welt, der König ist furchtbar ärgerlich. »Wir erleben hier alle Tage die abscheulichsten Auftritte, ich bin dessen so müde, daß ich lieber um mein Brot betteln möchte, als in diesem Zustand weiter zu leben.« Er wagt es nicht einmal mehr, auf eine Aussöhnung zu hoffen, sondern nur noch auf eine »Pause im Gezänk«.

Mitte September macht er den Versuch, einen solchen Waffenstillstand herbeizuführen. Da er es nicht wagt, mit dem König zu sprechen, schreibt er an ihn. Er entschuldigt sich zuerst, daß er zu seinem lieben Papa nicht komme, da er fürchte, noch schlechter empfangen zu werden als sonst. Aus diesem Grunde bittet er den lieben Papa schriftlich, ihm gnädig zu sein. Er versichert, daß sein Gewissen ihm nach langem Nachdenken nicht das mindeste sagt, »worin ich mich etwas zu reprochieren haben sollte«. »Hätte ich aber wider mein Wissen und Willen gethan, das meinem lieben Papa verdrossen habe, so bitte ich hiermit unterthänigst um Vergebung, und hoffe, daß mein lieber Papa den grausamen Haß, den ich aus allem seinen Thun genug habe wahrnehmen können, werde fahren lassen; ich könnte mich sonsten garnicht darin schicken, da ich sonsten immer gedacht habe, einen gnädigen Vater zu haben und ich nun das Contraire sehen sollte. Ich fasse dann das beste Vertrauen, und hoffe, daß mein lieber Papa diese Alles nachdenken, und mir wieder gnädig sein wird, indessen versichere ich Ihn, daß ich doch mein Tage nicht mit Willen fehlen werde und ungeachtet seiner Ungnade mit unterthänigstem und kindlichstem Respect bin meines lieben Papa getreuester und gehorsamster Diener und Sohn Friedrich.«

Dieser zuckersüße und devote Brief, voller »lieber Papa« und verlegener Weitschweifigkeit reizte den König noch mehr. Er antwortete darauf in verächtlichem Ton: »Sein eigensinniger, böser Kopf, der nit seinen Vater liebet, denn wenn man nun Alles thut, absonderlich seinen Vater liebet, so thut man was er haben will, nit wenn er dabei steht, sondern wenn er nit alles sieht. Zum andern weiß er wohl, daß ich keinen efeminierten Kerl leiden kann, der keine menschliche Inclinationen hat, der sich schämt, nit reiten noch schießen kann und dabei mal-propre an seinem Leibe, seine Haare wie ein Narr sich frisiret und nit verschneidet und ich Alles dieses tausendmal repremandiret, aber alles umsonst und keine Besserung in nits ist. Zum andern hoffährtig, recht baurenstolz ist, mit keinem Menschen spricht, als mit welche [einige], und nit popular und affabel ist, und mit dem Gesichte Grimassen macht, als wenn er ein Narr wäre, und in nits meinen Willen thut, als mit der Force angehalten; nits aus Liebe und er alles dazu nits Lust hat, als seinem eigenen Kopf folgen, sonsten alles nits nütze ist. Dieses ist die Antwort. Friedrich Wilhelm.«

Nein, Fritz war nicht die fügsame Natur, der weiche, knetbare Teig, zu dem ihn Friedrich Wilhelm mit sturer Hartnäckigkeit machen wollte. Aber alles, was in dem Vater an Herrschsucht, an Gewaltsamkeit, ja an Wahnwitz war, bäumte sich auf bei dem Gedanken, daß in diesem schwächlichen Körper eine Empörerseele wohne, daß dieser spindeldürre Damoiseau, dieses weibische Bürschlein, dieser Flötenbläser seit Jahren seinen Befehlen trotzte und seinen Zorn verlachte, daß er, der Herr und König, in seiner unmittelbaren Nähe bei seinem eigenen Fleisch und Blut Ungehorsam finden mußte. In solchen Augenblicken kannte er sich nicht mehr. Er schlug seinen Sohn aus Eifersucht, aus Haß, aus Wut darüber, von ihm verachtet zu werden, er schlug ihn, um ihn zu demütigen, um sich an seiner Schmach zu weiden.

Sechs fürchterliche Wochen vergingen. Da griff Friedrich, wie Lavisse sagt, zu einem heroischen Mittel. Zu Ehren des Hubertusfestes fand eine feierliche Hoftafel statt. Der Prinz saß dem König gegenüber, neben dem sächsischen Gesandten Suhm, der uns diese Szene berichtet hat. Gegen seine Gewohnheit trank Friedrich zu viel. »Ich werde sicher morgen krank sein«, sagte er zu Suhm. Bald stieg ihm der Wein zu Kopf, und er begann, sich seinem Nachbarn gegenüber über sein Sklavendasein zu beklagen. Er spricht so laut, daß man es auf der andern Seite des Tisches hört, und die Königin, die ängstlich wird, Suhm ein Zeichen macht, den Prinzen zu beruhigen. Doch Friedrich läßt sich in der Erzählung seiner Leiden nicht hemmen und unterbricht sich immer wieder, um auf den König deutend zu sagen: »Und dennoch liebe ich ihn.«

»Was sagt er da?« fragt der König.

Suhm erwidert, daß der Prinz betrunken sei und man ihn für seine Reden nicht verantwortlich machen könne.

»Pah!« sagt der König, »er tut nur so. Aber was sagt er eigentlich?«

»Der Prinz sagt, daß er den König, obwohl er ihn zwingt, zuviel zu trinken, innig liebt.«

»Alles Verstellung«, wiederholt der König.

Die Königin ist sichtlich peinlich berührt, sie hat sich erhoben, und alles macht Miene, ihr zu folgen. Auf einen Wink des Königs setzen sich die Männer wieder. Suhm erbietet sich, den Prinzen, der nicht mehr geradestehen kann, wegzuführen, aber Fritz erklärt, er werde nicht eher gehen, als bis er des Vaters Hand geküßt habe. Der König findet schließlich an dieser Szene Gefallen und streckt ihm lachend die Hand hin. Fritz ergreift auch die andere und bedeckt beide mit Küssen, dann sucht er seinen Vater an sich zu ziehen. Die Umstehenden brechen in Beifallsrufe aus, man ruft: »Hoch der Kronprinz!« Da kommt Fritz schwankend um den Tisch herum, wirft sich dem König zu Füßen, umfaßt seine Knie und beteuert unaufhörlich, daß er ihn von ganzem Herzen liebe, daß er verleumdet worden sei, daß es Leute gebe, die sie auseinanderbringen wollten, daß er ihn aber sein ganzes Leben lang lieben und ihm mit Hingebung dienen werde.

»Nun, das ist schon gut«, sagt der König, »werde du nur ein ehrlicher Kerl, sei du nur ehrlich.«

Am Abend im Tabakskollegium war Friedrich Wilhelm sehr vergnügt.

Diese Besserung des Verhältnisses zwischen Vater und Sohn dauerte aber nicht lange an, weil man den König zu überzeugen wußte, daß Fritz nur Komödie gespielt hatte, was möglich, ja wahrscheinlich ist. Der Geschichte kann die Aufhellung dieser Frage gleichgültig sein, denn die Schwüre eines Berauschten hätten dem unerbittlichen Gang des Schicksals nicht Einhalt geboten.

DER DESERTEUR

Das nun folgende Drama ist ohne den Anteil der Politik nicht denkbar. Dieser Anteil ist groß, ja beinahe entscheidend. Denn, wenn es auch nicht die Politik allein ist, die zu dem Mißverhältnis zwischen Vater und Sohn geführt hat, so wird sie es doch verschärfen und zu seinen äußersten Konsequenzen treiben.

Wir müssen ziemlich weit zurückgreifen. Die Königin Sophie Dorothea war die Tochter Georgs I., des Kurfürsten von Hannover und seit 1714 Königs von England. Seit langem waren Hannover-England und Brandenburg-Preußen übereingekommen, die nahe Verwandtschaft der beiden Herrschergeschlechter durch weitere Familienbande zu festigen. Es war beschlossen worden, daß Wilhelmine sich mit ihrem Vetter, dem Herzog Friedrich Ludwig von Glocester, ältesten Sohn des Prinzen von Wales und Enkel Georgs I., und daß Friedrich sich mit der Prinzessin Amalie, der Schwester des Herzogs von Glocester, vermählen sollte. Die beiden Mütter korrespondierten über diesen Plan, und sogar ihre Kinder tauschten Briefe und kleine Geschenke.

Für Sophie Dorothea stand es wie ein Glaubensartikel fest, daß ihre Tochter in England regieren werde. Sie schmeichelte sich, dereinst von zwei Reichen geehrt zu werden, sowohl als Mutter eines preußischen Königs als auch als Mutter einer englischen Königin. Aber diese Doppelheirat war keine bloße Familienaffäre, sondern eine politische Angelegenheit, die Preußen zu einer langwährenden Bindung an die Seemächte verpflichtete, das heißt, zum Eintritt in das eine der beiden Staatensysteme, in die das damalige Europa zerfiel. Dadurch hätte es sich auf der Seite Frankreichs und Englands gegen den Kaiser und Spanien gestellt. Zu den Heiratsverhandlungen gesellte sich alsbald das Ränkespiel der Diplomaten: für die Staatskanzleien, die sich in Ligen und Gegenligen bekämpften, wurde das preußische Königshaus zum Schlachtfeld.

Durch den Charakter des Königs wird dieser Handel noch verworrener, weil er sprunghaft, ohne System und Plan vorgeht und von einem Extrem ins andere fällt. Friedrich Wilhelm hat für die Reichtümer des Vereinigten Königreichs die allergrößte Hochachtung, aber eine sehr

12. König Georg I. von England, als Georg Ludwig Kurfürst von Hannover, im Kreis der Familie. Aus dem Wandgemälde ›Das goldene Zeitalter unter Georg I.‹ von Sir James Thornhill
Greenwich, Royal Naval College

geringe für das Haus Hannover, das er trotz des sprichwörtlichen Hochmuts dieses Geschlechtes in recht kümmerlichen Verhältnissen gekannt hat. Zudem verdankte es seine Erhebung auf den englischen Thron dem bloßen Zufall einer weitläufigen Verwandtschaft, weil nämlich das Parlament den Prinzen Jakob Eduard aus dem Hause der Stuarts, den wahren Erben, als ›Papisten‹ nicht anerkannt hatte.

Als im Jahre 1727 Georg I. stirbt, wird die Sache noch schlimmer. Friedrich Wilhelm hat mit Georg II. als Knabe gespielt, als dieser bloß ein deutscher Prinz war. Er hat ihn damals sogar verprügelt. Wie soll er es ertragen, daß sein Spielkamerad von ehedem jetzt den Gewichtigen herauskehrt? Darum nennt er ihn den ›Komödianten‹, den ›petit maître‹, den ›Rotkohl‹, und wenn er in Wut ist, wird alles, was mit seinem

Schwager zusammenhängt, zur ›englischen Kanaille‹. Was würde er, genau genommen, bei diesem Bündnis gewinnen? Etwa die Erbschaft von Jülich und Berg, die er anstrebt? Die Niederlande werden sich nie dazu verstehen, unmittelbar vor ihren Toren einen so gut bewaffneten Nachbarn zu haben, und Frankreich wird keine Gefahren auf sich nehmen wollen, um Preußen in Düsseldorf zu installieren. Der Rotkohl, der in Deutschland eine große Rolle zu spielen wünscht, denkt nicht daran, der Vergrößerung eines rivalisierenden Kurfürstentums gutwillig Vorschub zu leisten. Auf der anderen Seite steht das Heilige Römische Reich, und der Kaiser ist ein mächtiger Herr. Die Sorge um seine eigene Nachfolge, die auf eine Tochter übergehen soll, wird ihn zweifellos eher zum Entgegenkommen bewegen als den Engländer. Was tun? Auf welcher Seite ist der Profit?

Lavisse hat den Fall in eine treffende Formel gebracht. Friedrich Wilhelm will nicht allein handeln und fühlt sich doch in jeder Gesellschaft unbehaglich. Er fürchtet die Isolierung, aber kaum ist er einer Koalition beigetreten, so wünscht er auch schon abzuspringen. Er spottet über die Großmächte, die er die ›Quadrilletänzer‹ nennt. Trotzdem möchte er recht gerne mit ihnen tanzen, doch fürchtet er, nicht für voll genommen zu werden. Vor allem fürchtet er geprellt zu werden. Er wünscht Barzahlung, in »guten Schaufeln voll Sand«, »in einem rechten Stück gut bevölkerten Bodens«. Ohne Land keine Preußen, das ist einer seiner Wahlsprüche. Wenn er sich entlarvt fühlt, wird er wütend, zieht sich zurück, kommt wieder, verliert die Fassung, nimmt sich wieder zusammen. Dann wird er zum Gespött Europas. Man mokiert sich über seine Grenadiere, die so sauber sind, daß er sie niemals in den Krieg schicken wird aus Angst, sie schmutzig zu machen. Man mokiert sich über seine so peinlich genau geführten Finanzen, daß er es nicht wagt, ein Regiment marschieren zu lassen aus Angst, seine Buchhaltung in Unordnung zu bringen. Man mokiert sich über sein eisenfresserisches Gebaren und über die zahllosen Widersprüche, in die er sich verwickelt. »Er möchte gerne fischen«, sagt Peter der Große von ihm, »doch ohne sich die Füße naß zu machen.« Und ein englischer Minister äußert: »Der König von Preußen ist nur in seinem eigenen Schafstall ein Wolf.«

Als Preußen am 3. September 1725 das Bündnis zu Herrenhausen mit Hannover geschlossen hatte, nahmen die Heiratsprojekte deutlichere Gestalt an. Beim Verlassen von Herrenhausen, wo er mit seinem Schwager, dem späteren König Georg II., zusammengetroffen war, überließ es Friedrich Wilhelm der Königin, über den Termin der Verlöbnisse zu verhandeln. Unter der Begründung, die Angelegenheit seinem Parlament unterbreiten zu müssen, wich Georg I. einer Entscheidung aus. Und als Friedrich Wilhelm die Gründe dieses Aufschubs nicht verstehen wollte, ließ London ihm sagen: »Man wolle den Roman nicht von hinten anfangen«, erst müßten die Geschäfte in Ordnung gebracht werden, dann könne man an die Ausstattung denken. Doch um diese Zeit war der preußische König vor lauter Überlegungen und Befürchtungen dem hannoverschen Bündnis schon untreu geworden, hatte mit Rußland einen Neutralitätsvertrag geschlossen (6. März 1726) und mit dem Kaiser ein geheimes Abkommen getroffen (12. Oktober 1726).

Dieser Umschwung war das Werk des Grafen von Seckendorff, den Karl VI. und Prinz Eugen in geschickter Berechnung nach Berlin entsandt hatten. Friedrich Wilhelm hatte ihn schon im Krieg gegen Frankreich und in den Niederlanden kennengelernt und empfand für ihn eine große Sympathie. Seckendorff, seinem Äußeren und seinem Auftreten nach ein biederer Landadeliger, war intelligent, verschlagen, ein unterhaltender Gesellschafter, ein tüchtiger Soldat und ein eifriger Protestant. Im Tabakskollegium, dessen ständiger Besucher er war, trank und rauchte er mit Todesverachtung, wußte dem König gegenüber über alles und jedes Bescheid, zitierte mit Francke Bibelsprüche und rühmte mit dem alten Dessauer die Vorzüge des Bajonetts mit Tülle. Im Verlaufe einiger Monate kannte er seinen Friedrich Wilhelm in- und auswendig und verstand es, indem er des Königs Jähzorn verrauchen ließ, seinen Eigenheiten schmeichelte und seinen Argwohn einlullte, ihn zu leiten und zu lenken, ohne daß jener es bemerkte.

Überdies war am preußischen Hof jedermann käuflich. Seckendorff informierte sich über die Bestechungssummen, die Frankreich zu zahlen pflegte, und bot mehr. Er versicherte sich der Helfershelferschaft Grumbkows, des ersten Ministers, der das Kriegsressort unter sich hatte. »Herr von Grumbkow«, schreibt Wilhelmine, »ist ein sehr höflicher Mann, der gewandt und geistreich zu konversieren weiß. Hochgebildet, von geschmeidigem und einschmeichelndem Benehmen, gefällt er besonders durch seine unbarmherzige Satire, eine Kunst, die in unserem Jahrhundert sehr im Schwange ist. Er weiß das Tiefsinnige mit dem Angenehmen zu verbinden. Alle diese schönen Hüllen umschließen ein arglistiges, eigennütziges und verräterisches Herz. Seine Lebensführung ist äußerst liederlich, sein ganzer Charakter ist ein Gewebe von Lastern.« Der kursächsische Gesandte Suhm sagt von ihm: »Er ist ein Gemisch von Bosheit, Verleumdungssucht, Niedertracht, Lüge und Unverschämtheit.« In der Tat war Grumbkow ein in Geschäften jeglicher Art äußerst beschlagener Mann. Ein Patenkind des Großen Kurfürsten und Sohn des kurbrandenburgischen Geheimen Rates Joachim

13. *Friedrich Heinrich Graf von Seckendorff*
Aus einem Schabkunstblatt von Johann Jakob Haid

14. *Friedrich Wilhelm von Grumbkow*
Aus einem Kupferstich von Johann Martin Bernigeroth

Ernst von Grumbkow wurde er mit 31 Jahren General und schon mit 35 Minister. Er war kenntnisreich, verbindlich, weltgewandt und besaß eine ungewöhnliche Arbeitskraft. Zugleich war er einer der abgefeimtesten und unredlichsten unter den damaligen Ministern Europas. Friedrich I. hielt ihn für einen großen Schurken. »Bessern Sie sich«, sagte er auf seinem Totenbett zu ihm, »sonst werden Sie niemals in das Himmelreich kommen, in das ich jetzt einzugehen hoffe.« Grumbkow hatte sich nicht gebessert. Er lieferte Seckendorff gegen Geld die Geheimnisse des königlichen Familienlebens und sogar die diplomatischen Korrespondenzen aus. Er ließ ihn den günstigen Moment für gewisse Schritte wissen, soufflierte ihm die Kunst, Jupiter (das war der König) die Dinge »schmackhaftig« zu machen und die Batterien Olympias (das war die Königin) zu stürzen. Seckendorff versäumte nichts. Er bestach auch Gundling, der in betrunknem Zustand starke Sachen sagen konnte, sowie den Kammerdiener und Schloßkastellan Rudolf Wilhelm Eversmann, einen vorzüglichen Spion, dem Friedrich Wilhelm gerne seine Sorgen anvertraute.

Das Sonderbarste war, daß der König die Verrätereien, von denen er umgeben war, so ziemlich kannte und sich doch nicht darüber entrüstete. Oft schreibt er quer über den Bericht eines Ministers: »Ihr liebt die Louisdors zu sehr« oder: »Ihr liebt die Guineen zu sehr.« Trotzdem entließ er den Betreffenden nicht aus dem Amt. In der festen Überzeugung, daß es niemals jemandem gelingen werde, auf seine Entschließungen einzuwirken, findet er es furchtbar komisch, daß die fremden Mächte seinen Ratgebern Jahresrenten aussetzen, denn diese freigebigen Zuwendungen erlauben ihm doch, sie weniger hoch zu bezahlen und bringen Geld ins Land.

Im Grunde wünscht er leidenschaftlich die Vermählung seiner Tochter. Doch hält er es für geschickt, nicht als erster davon zu reden und den Geringschätzigen zu spielen. »Das Fräulein ist des Herrn wert«, sagt er, »ich will mich nicht für Birnen und Äpfel verkaufen.« Sind die Nachrichten aus London gut, dann erhöht er seine Ansprüche. Das Fräulein soll keine Mitgift mitbekommen, allerhöchstens »etwas an Juwelen, Hausrat und Geld«. Wenn Friedrich Ludwig, der Prinz von Wales, sich nicht entschließen will, nun, es gibt der Freier genug. Schließlich kann es ihm völlig gleichgültig sein, ob Wilhelmine Königin wird oder nicht. Das Haus Brandenburg ist erlaucht genug, es braucht die neue Krone nicht.

Sind die Berichte ungünstig und hat er mit seiner Bauernschlauheit keinen Erfolg gehabt, dann wettert er. Die englische Kanaille will ihn mit dem Kaiser veruneinigen und ihn prostituieren, um ihm »den Untergang zu bereiten«. Aber er wird sich nicht wie einen Schubbejack behandeln lassen, und er läßt seine schlechte Laune an seiner Familie aus: an der Königin, mit der er vierzehn Tage nicht spricht, weil sie ihre Kinder nicht richtig zur Geltung zu bringen weiß, an der Tochter, weil sie eine liederliche Weibsperson, eine Hure ist, die kein rechtschaffener Mann jemals zur Frau nehmen wird, an seinem Sohn, dem er den Affront anrechnet, daß ihn der Rotkohl zum Narren hält.

In der Tat hatten sich die Verhandlungen seiner Meinung nach festgefahren. Georg II. bestand darauf, daß die Hochzeiten Friedrichs und Wilhelminens gleichzeitig abgehalten wurden. Er befürchtete, daß Friedrich Wilhelm, wenn er einmal seine eigene Tochter unter die Haube gebracht habe, nicht mehr auf die englische Schwiegertochter Wert legen würde. Das war eine durchaus richtige Überlegung, denn der König in Preußen dachte nicht daran, sich mit einer hochnäsigen Prinzessin zu belasten, die im Aufwand erzogen war und wahrscheinlich splendide Gewohnheiten nach Berlin mitbringen würde. Und dann fand er Fritz noch recht jung, und wollte ihm nicht das Vergnügen bereiten, ihn mündig zu sprechen.

»Ich will keine Schwiegertochter haben«, erklärte er eines Tages der

Königin, »die sich großartig vorkommt und meinen Hof wie Sie mit Intrigen erfüllt. Ihrem Sohn, diesem Rotzjungen, werde ich eher die Peitsche geben als ihn verheiraten. Er ist mir ein Greuel, aber ich werde ihn schon zur Raison bringen. Der Teufel soll mich holen, wenn ich ihn nicht zu seinem Vorteil umstülpe. Ich werde ihn auf eine Weise traktieren, auf die er nicht gefaßt ist.«

Während des Jahres 1729 schleppen sich die Verhandlungen hin. Die Königin sucht bald den Bruder, bald den Gatten zu beschwichtigen, Georg II. hält an der Doppelheirat fest, Friedrich Wilhelm will nur für Wilhelmine eine Erklärung abgeben, Grumbkow und Seckendorff sind bemüht, den Zwist zu schüren.

»Wenn du und deine englische Familie todkrank wären«, schreit Friedrich Wilhelm seine Gattin an, »ich gäbe dir meinen Arzt nicht.«

Erklärte sich aber Wilhelmine, des Haders müde, bereit, aus der Hand des Vaters einen anderen Bräutigam entgegenzunehmen, so begann die Mutter sie zu verfluchen. »Lieber würde ich dich mit meinen eigenen Händen erwürgen«, sagte sie, oder Fritz stachelte sie mit den Worten auf: »Lieber alles erdulden, als in die Macht unserer Feinde fallen. Wir haben keine andere Stütze als England, und wenn deine Heirat mit dem Prinzen von Wales zunichte wird, dann sind wir alle verloren.« Es kam zu häufigen und so heftigen Auseinandersetzungen, daß die beiden Gouverneure Finckenstein und Kalkstein es nicht mehr mit ansehen konnten und ihre Entlassung erbaten. An ihrer Stelle wurden zwei andere Offiziere zum Prinzen kommandiert, der Oberstleutnant Friedrich Wilhelm von Rochow wegen seines gediegenen Charakters und der Leutnant Dietrich Freiherr von Keyserlingk, weil er »alerter« und ein guter Reiter war (1729).

Friedrich Wilhelm hatte eine Vorliebe für das Schriftliche. Also verfaßte er eine neue Instruktion, die er Rochow einhändigte. Darin wiederholt er, daß der Prinz ein Lump sei, der die Beschäftigungen und Vergnügungen der Faulenzer liebe. Der Oberst soll ihm vorhalten, »daß alle effeminierte, laszive, weibliche Occupationes einem Manne höchst unanständig wären«, das sei für die Gecken, die Damoiseaux; »ein Damoiseau aber ist ein Lump und ein schurkischer Kerl, zu nichts nutz in der Welt als zu Nasenstübern«. Er soll ihn ferner lehren, wie man sich beim Reiten hält, auch daß er den Leuten in die Augen schauen soll und nicht beim Gehen tänzeln und beim Sprechen und Lachen grimassieren. Er soll ihm »die Schlafmütze aus dem Kopp vertreiben, ihm ein aufrichtiges ouvertes Humeur einsprechen, daß er die Leute, groß und klein, fein frägt, dadurch erfahret man alles und wird klug«.

Friedrich Wilhelm kehrt wieder einmal den enttäuschten Erzieher hervor. Doch seine Klagen und Beschwerden sind völlig wirkungslos. Mit 17 Jahren ist Fritz ein für allemal für jede Einwirkung, die er nicht selbst erbeten hat, unzugänglich. Im übrigen hat die Natur des Konflikts zwischen Vater und Sohn sich wesentlich verändert. Seit zwei Jahren schon hat sich der Prinz auf Betreiben seiner Mutter und seiner Schwester tief in die diplomatische Intrige eingelassen. Er, der künftige Träger der Krone, hat sich zum Werkzeug der englisch-französischen Partei gegen die österreichische gemacht.

Sicherlich war es Wilhelminens und ihres Bruders gutes Recht, gegen die Machenschaften des Wiener Hofes Widerstand zu leisten, es war auch ihr gutes Recht, Seckendorff und Grumbkow zu verachten und zu hassen. Aber sie begaben sich damit auf ein heikles Terrain. Da es sich um eine hochpolitische Angelegenheit handelte, mußten sie sich vor Eingriffen in die Rechte der königlichen Majestät hüten, um die Gefahr des Abgleitens in den Hochverrat zu vermeiden. Zum Unglück war ihre Mutter nicht die Frau, die Maß halten konnte. Diese dicke Dame verlor, wenn sie die Eitelkeit stach, jede Zurückhaltung und ließ sich hemmungslos zu gefährlichen Schritten verleiten.

Sie setzt sich alsbald mit den Gesandten Englands und Frankreichs, Charles Du Bourguay und Graf Konrad Alexander von Rottembourg, in vertraute Verbindung. Sie fragt sie um Rat, zeigt ihnen die Briefe, die sie nach England schreibt, und läßt sie durch die Kuriere der Gesandtschaften bestellen, um sie dem Zugriff der preußischen Polizei zu entziehen. Die Berichte, die sie durch ihre bezahlten Spione in der Umgebung des Königs erhält, teilt sie ihnen mit. Dafür wiederholen sie ihr, was ihnen Friedrich Ernst von Knyphausen, der von Frankreich bestochene Minister, hinterbracht hat.

Auf Veranlassung der Königin wendet sich Friedrich an Rottembourg mit der Frage, wie man sich beim Volke beliebt macht. Und Rottembourg rät ihm, soviel Güte an den Tag zu legen, als sein Vater Strenge zeige. Zutraulich geworden, erzählt Fritz dem Franzosen von den Gesprächen im Tabakskollegium, von den Ränken der kaiserlichen Partei, von allem, was er von den Plänen seines Vaters aufschnappt. Er überschüttet ihn mit Liebenswürdigkeiten, versichert ihn seiner Ergebenheit, ergreift vor aller Augen seine Hand und bittet ihn bei jeder Gelegenheit, »sich der guten Sache weiter anzunehmen«. Nachdem Rottembourg den Prinzen des öfteren zur Vorsicht und Zurückhaltung ermahnt hat, schreibt er dennoch eines Tages nach Versailles: »Der König wird von allen Ständen des Königreiches gehaßt. Um den Vater zu entwaffnen, müßte man eine Partei des Kronprinzen gründen und ihm eine Anzahl von Offizieren beigesellen ... Ich glaube, daß dieser Plan gelänge.« Eine

Partei? Wozu? Die Königin hatte sich mit dem Gedanken befreundet, daß Friedrich Wilhelm nicht mehr lange leben werde. Der König selbst sprach in Augenblicken des Überdrusses davon, abzudanken und sich mit einer Pension von zehntausend Talern nach Wusterhausen zurückzuziehen. Aber damit die Krone auf den rechtmäßigen Erben überging, war keine Partei nötig. Wozu also?

Es hat Komplotte gegen den König gegeben. Einmal hatten 40 große Grenadiere den Plan gefaßt, Potsdam in Brand zu stecken und ihn bei lebendigem Leibe zu schmoren. Beim Exerzieren hat Friedrich Wilhelm manchmal Kugeln an seinem Kopf vorüberschwirren hören ohne zu wissen, woher sie kamen. Hatten Mutter und Sohn eine Palastrevolution im Sinne? Beabsichtigten sie etwa, ihn als geisteskrank erklären und internieren zu lassen? Bei den heimlichen Zusammenkünften, die Fritz mit den beiden Gesandten abhielt und deren Inhalt Rottembourg nicht einmal dem Papier anzuvertrauen wagte, mag es wohl zu manchen Andeutungen doppelsinniger und verfänglicher Art gekommen sein. Doch es besteht nicht das geringste Anzeichen dafür, daß man über Worte hinausgegangen ist. Gewiß, Friedrich haßte seinen Vater von ganzer Seele und wünschte seinen Tod. Auf der Reise nach Sachsen brach in dem Hause, das Friedrich Wilhelm bewohnte, Feuer aus, die Flammen verbreiteten sich mit solcher Schnelligkeit, daß man alle Mühe hatte, den König zu retten. Man weckte Fritz, der im Hause des Grafen Jakob Heinrich von Flemming wohnte, damit er zum König eile. »Wozu?« antwortete er, »ich kann den Brand doch nicht löschen.« Und er schlief wieder ein. In einem Brief an Borcke erzählt er in einer sonderbar gefühllosen Art von einem Unfall, der seinen Vater beinahe das Leben gekostet hätte. Es war bei der Rückkehr von der Jagd, »eines der vor die Halbkutsche gespannten Pferde scheute und drängte den Wagen so nah an den Graben, daß er um Haaresbreite samt König und Bagage im Wasser verschwunden wäre«. Aber trotz seines Hasses und seiner frühreifen Verstellungskunst war Friedrich zu leichtsinnig und zu unerfahren, um einen guten Verschwörer abzugeben. Noch ungeschickter war seine Mutter. Impulsiv, leichtgläubig, bald weinerlich, bald hochfahrend, immer bereit, sich zu entrüsten oder andere zu verletzen, stieß sie durch ihren Hochmut ihre ergebensten Freunde zurück und brachte dadurch, daß sie ihr Vertrauen Unwürdigen schenkte, ihre Komplizen zur Verzweiflung. Ihre Kammerfrau, der sie allabendlich ihre »geheimsten Gedanken« anvertraute, war von Seckendorff gekauft und spionierte überdies noch für den König. Friedrich und Wilhelmine hatten ihre Feinde mit Spitznamen aus dem ›Roman comique‹ von Paul Scarron ausstaffiert. Grumbkow war

15. Soldatenwerbung
Kupferstich im Lehrbuch
›Der vollkommene teutsche Soldat‹
von Hans Friedrich von Fleming,
Leipzig 1726

›la Rancune‹, Seckendorff ›la Rapinière‹, und der König ›Ragotin‹. In alledem steckt viel Kinderei und Literatur. Wenn Fritz konspiriert haben sollte, so war es eine Konspiration, die aus vergeblicher Briefschreiberei und müßigen Palavern bestand.

Er schrieb entschieden zuviel. Zwischen Preußen und Hannover war es zu einem Grenzzwischenfall gekommen: Preußische Werber hatten hannoversche Bauernburschen mit Gewalt entführt, England hatte dafür preußische Soldaten, die mit einem ordnungsgemäßen Paß versehen waren, festgenommen und als Geiseln zurückbehalten. In diesem Punkt war Friedrich Wilhelm besonders empfindlich. Er mobilisierte 44000 Mann, der Krieg schien unvermeidlich. Diesen Augenblick hielt Friedrich für geeignet, um dem König von England und dem Prinzen von Wales »ganz insgeheim« die Versicherungen seiner Freundschaft zukommen zu lassen und ihnen mitzuteilen, daß er in der Überzeugung lebe, man werde seiner Gesinnung trotz der gegenwärtigen Umstände Gerechtigkeit widerfahren lassen. Eine offenbare Äußerung persönlicher Politik! Im übrigen hofft er zwischen dem Vater und dem Onkel zu vermitteln. England wünscht die Doppelheirat, Preußen die einfache. England soll sich vorläufig mit Wilhelmine begnügen, dafür gibt er sein Ehrenwort, keine andere zu heiraten als die Prinzessin Amalie.

Friedrich Wilhelm war nicht in alle diese Einzelheiten eingeweiht, doch wußte er durch Grumbkow und durch Benjamin Friedrich von Reichenbach, den preußischen Gesandten in London, der sich gleichfalls von Österreich bezahlen ließ, genug, um aus der Wut nicht mehr herauszukommen. Wilhelmine berichtet über beängstigende oder groteske Szenen. Eines Tages befand sie sich mit ihrem Bruder im Schlafzimmer der Königin, zu dem ihnen der König den Zutritt verboten hatte. Infolge der Nachlässigkeit der Leute, die aufpassen sollten, wurden sie von Friedrich Wilhelm beinahe ertappt. Das Zimmer hatte nur einen Ausgang. Fritz verbarg sich im Wandschrank, der den Nachtstuhl enthielt, Wilhelmine kroch unter das Bett. Der König, der von der Jagd kam, warf sich ermüdet in einen Lehnsessel und nickte ein. Friedrich erstickte beinahe in seinem engen Gelaß, Wilhelmine steckte zuweilen den Kopf unter dem Bett hervor, um einen tiefen Atemzug zu tun. Diese Qual dauerte zwei Stunden. Dann ging der König endlich.

Als bei Tisch eine seiner Töchter sich beklagt, daß sie nicht genug zu essen bekommt, gerät er in Wut, aber sein ganzer Zorn ergießt sich auf die beiden Ältesten. Er wirft erst Fritz, dann Wilhelmine einen Teller an den Kopf, beide weichen noch rechtzeitig aus. Nach dieser Einleitung der Feindseligkeiten hagelt es Schimpfwörter. Dann erteilt er dem Prinzen folgende moralische Belehrung:

»Sie müßten Ihrer Mutter fluchen, denn sie trägt die Schuld, daß Sie so schlecht erzogen sind. Ich hatte einen Erzieher, einen rechtschaffenen Mann, ich werde mich immer an eine Geschichte erinnern, die er mir in meiner Jugend erzählt hat. In Karthago war ein Mensch wegen mehrerer Verbrechen, die er begangen hatte, zum Tode verurteilt worden. Auf dem Weg zum Richtplatz bat er, mit seiner Mutter sprechen zu dürfen. Man ließ sie kommen. Er trat ganz nahe an sie heran, als wollte er ihr etwas zuflüstern und biß ihr ein Stück ihres Ohres ab. ›Dies tue ich‹, sagte er zu seiner Mutter, ›zum abschreckenden Beispiel für alle Eltern, die ihre Kinder nicht mit aller Sorgfalt in der Übung der Tugend aufziehen.‹ Nehmen Sie sich daran eine Lehre.«

Da ihm niemand antwortet, fängt er wieder an, gegen seinen Sohn Beschimpfungen auszustoßen, bis ihm schließlich der Atem ausgeht. Endlich wird die Tafel aufgehoben. Friedrich Wilhelm, der an der Gicht leidet, sitzt in einem Rollstuhl, aus dem er mit seiner Krücke so heftig nach der vorbeigehenden Wilhelmine schlägt, daß er sie, wie sie erzählt, umgebracht hätte, wenn sie nicht rechtzeitig zur Seite gesprungen wäre. Er verfolgte sie noch eine Weile in seinem Rollwägelchen, aber dank den Dienern, die ihn schoben, entkam sie glücklich aus dem Zimmer.

Wilhelmine behauptet in ihren Memoiren, der König habe in die Schüsseln gespuckt, die man Fritz und ihr servierte, auch habe er die beiden Geschwister genötigt, Speisen und Getränke zu sich zu nehmen, vor denen sie sich ekelten, »was sie oftmals zwang, in seiner Gegenwart alles, was sie im Leibe hatten, von sich zu geben.« Das klingt ziemlich unglaubwürdig. Allerdings enthalten die Berichte der Gesandten noch schlimmere Dinge. Der König prügelte seinen Sohn von jeher, aber diese Behandlung wird um so verdammenswerter, je mehr Fritz heranwächst. Eines Tages – es war im Dezember 1729 – als der Prinz sein Zimmer betrat, schlug er ihn mit dem Stock, packte ihn dann an der Gurgel, warf ihn zu Boden und zwang ihn, ihm die Füße zu küssen und um Verzeihung zu bitten. Derlei abscheuliche Auftritte kamen öfter vor. Der König legte es darauf an, seinen Sohn öffentlich zu demütigen. Er verhöhnte ihn vor anderen und drohte ihm mit unerhörten Strafen. »Und ihr wisset, daß ich mein Wort halte«, fügte er hinzu.

In diesem Höllendasein wären die Königin und Wilhelmine, die sich beide oft krank gestellt hatten, beinahe wirklich gestorben: die Königin an einer schweren Entbindung, Wilhelmine an den Pocken, die der Vater durch Einflößen sehr kräftigen Rheinweins zu heilen versuchte. Inzwischen fand Fritz ein wenig Trost in seiner Freundschaft zum Pagen Peter Christoph von Keith. Er liebte ihn leidenschaftlich und schenkte ihm sein ganzes Vertrauen. Wilhelmine warf ihrem Bruder vor, daß er sich zu sehr mit Keith einließe. Doch er entschuldigte sich immer damit, daß er sagte, dieser junge Mann sei sein Späher, und er habe allen Grund, ihn gut zu behandeln, da er ihm durch seine Mitteilungen so manchen Kummer erspare.

Im März 1730 wurde der Zwist wegen der Werber durch einen Schiedsspruch beigelegt, und der Hof von Saint James kündigte, von Sophie Dorotheas Bitten bewogen, die Ankunft eines außerordentlichen Gesandten, Sir Charles Hotham, an. Friedrich Wilhelm war immer geschmeichelt, wenn man ihm Aufmerksamkeiten erwies. Sir Charles war ein angesehener Herr von sehr altem Adel und – welch glücklicher Zufall! – überdies Oberst der berittenen Grenadiere Seiner Britischen Majestät. Friedrich Wilhelm wechselte von einem Tag auf den andern die Laune und die Partei. Er lud Du Bourguay ins Tabakskollegium ein, trank auf König Georgs Wohl, vergaß dasjenige des Kaisers und machte plumpe Witze über die Bettelhaftigkeit des armen Karls VI., den er Karl den Schmutzigen nannte.

Hotham hatte die Mission, das Abkommen über die beiden Heiraten unter Dach und Fach zu bringen. Für den äußersten Fall war er ermächtigt, in den Aufschub der Vermählung der Prinzessin Amalie zu willigen, doch nur unter der Bedingung, daß das Verlöbnis öffentlich verkündigt und der Vertrag festgelegt würde. Im Laufe der Verhandlungen erhielt er auch noch die Erlaubnis, Amalie eine Mitgift von 100000 Pfund Sterling und bis zur Besteigung des Thrones durch Friedrich dem neuvermählten Paar die Statthalterschaft in Hannover zuzusichern. Friedrich Wilhelm seinerseits hatte seinen unverrückbaren Plan, der darin bestand, Wilhelmine möglichst schnell zu verheiraten, ohne hinsichtlich Friedrichs eine Entscheidung zu treffen.

Die Angelegenheit gab Anlaß zu einer tollen Komödie. Charles Hotham kam am 2. April an. Am vierten wurde er an die Hoftafel nach Charlottenburg gebeten. Als das Gespräch auf die Prinzessin Friederike Luise kam, die vor kurzem den Markgrafen Karl Wilhelm Friedrich von Ansbach geheiratet hatte (1729), fing der König an zu schreien: »Die Mädchen müssen heiraten. Auf das Wohl Wilhelminens und des Prinzen von Wales!« Worauf sich alle erhoben und in beifällige Rufe ausbrachen, Grumbkow mit den anderen aber grün vor Angst wurde. Hotham selbst war äußerst überrascht. Friedrich Wilhelm, der eifrig dem Wein zusprach, erzählte ihm, daß Wilhelmine häßlich und blatternarbig sei, doch werde sie dieser kleine Schönheitsfehler nicht daran hindern, eine brave treue Frau zu sein, mit der ihr Ehemann zufrieden sein werde. Übrigens hätte er (der Prinz von Wales) sie in besserem Zustand gekriegt, wenn er sie drei Jahre früher genommen hätte. Zum Abschluß packte er seinen Nachbarn und tanzte mit ihm herum.

Sir Charles war verblüfft und beunruhigt. Um so mehr, als er einige Brocken eines Gesprächs zwischen Grumbkow und dem König aufgefangen hatte.

»Darf man Eurer Majestät also gratulieren?« hatte Grumbkow gefragt.

»Ja.«

»Doppelt?« hatte Grumbkow halblaut hinzugesetzt.

»Nein.«

Bei der am nächsten Tage stattfindenden Unterredung bemühte sich der Brite, die Sachlage klarzustellen. Friedrich Wilhelm schien nicht abgeneigt, auf die englischen Vorschläge einzugehen. Hotham hatte den Eindruck, daß er den Schwierigen spiele, um aus England als Entgelt für Friedrich irgendeinen fetten Bissen zu ziehen. »Wollen sie die Doppelheirat und wollen sie, daß ich mich vom Kaiser lossage, so sollen sie mir etwas für Jülich und Berg bieten.« Oder: »Ich hasse meinen Sohn und er mich. Am besten, wir kommen voneinander. Mag man ihn doch mit seiner Prinzessin zum Statthalter von Hannover machen.« König Georg von England ist ein äußerst konziliänter Mann: Er erklärt sich sogar bereit, Wilhelmine ohne Mitgift zu nehmen. Ohne Mitgift! Friedrich Wilhelm hat jetzt wirklich keinen Grund mehr, sich zu drücken. Trotzdem dreht und wendet er sich noch immer. Sein unentschlossener Sinn ist nicht imstande, sich festzulegen. Von Unruhe verzehrt, hält er Beratung über Beratung ab. Die Minister erwägen das Für und das Wider, freilich mit Bevorzugung des Wider, denn die Kaiserlichen haben wieder Oberwasser gewonnen und spielen ihre besten Trümpfe aus. Seckendorff hat eine große pathetische Szene gespielt. Von Grumbkow angestiftet, schickt Reichenbach aus London die Nachrichten, die am geeignetsten sind, den König zu ärgern und herumzukriegen. Die Engländer, so versichert er, bilden sich ein, ihn an der Nase herumführen zu können, sobald sie seine treuesten Diener von ihm entfernt haben. Amalie sei eine Intrigantin, die in Berlin das Zepter schwingen wolle. König Georg sei nur darum so entgegenkommend, weil er die Hoffnung habe, später alles wieder zurücknehmen zu können. Übrigens sitze er durchaus nicht fest auf seinem Throne, die hannoveranische Dynastie sei sehr unbeliebt, eine Restauration der Stuarts nicht ausgeschlossen. Endlich – und dieses Argument ist durchschlagend – enthüllt Reichenbach Friedrichs Versprechen, nie eine andere zu heiraten als die Prinzessin Amalie.

Das genügte, um alles umzuwerfen. Friedrich, der dem Lauf der Verhandlungen, die über sein Schicksal und seine Freiheit entschieden, voller Aufregung folgte, erschrak, als er Seckendorffs Triumphmiene sah. Zwei Mal schrieb er an Hotham und bat ihn flehentlich, sich vorläufig mit der Vermählung des Prinzen von Wales zu begnügen. »Was meine Heirat anbetrifft«, fährt er fort, »so liegt der wahre Grund, daß der König seine Hand dazu nicht bietet, darin, daß er mich immer niederhalten, mich sein Leben lang bis aufs Blut quälen will.« Er sei für seine Person auf die »fürchterlichsten Dinge« gefaßt, doch werde er seinem Worte treu bleiben.

Die Verhandlungen zerschlugen sich endlich im sächsischen Mühlberg, wohin der preußische Hof sich begeben hatte, um dem von August dem Starken im Juni 1730 veranstalteten Lustlager in Zeithain beizuwohnen. Revuen, Manöver, Gelage, Paraden folgten in wildem Taumel aufeinander. Für das Heer gab es ein Festmahl von 30 000 Gedecken. Die Könige ritten zwischen den Tischen umher. Als Nachtisch wurde ein mächtiger Kuchen enthüllt, der aus 600 Eiern, drei Tonnen Milch und einer Tonne Butter hergestellt war. 60 Kanonen wurden zur Begleitung der königlichen Trinksprüche abgefeuert. In der Zwischenzeit tauschten Hotham und Friedrich Wilhelm Denkschriften aus, aber der König von Preußen war ärgerlich und verbissen, eine Aussicht auf Verständigung gab es nicht mehr. Getreu seiner Gewohnheit, sich an seiner Familie zu rächen, erniedrigte er seinen Sohn in aller Öffentlichkeit. Eines Tages verprügelte er ihn in Gegenwart anderer, warf ihn zu Boden, zerrte ihn an den Haaren und brachte ihn in besudelten Kleidern zur Parade mit. »Wäre ich von meinem Vater so behandelt worden, so hätte ich mich totgeschossen«, rief er ihm zu. »Aber du achtest nichts, du läßt dir alles gefallen.« Erschreckende Worte, die den Gedanken nahelegen, daß Friedrich Wilhelm seinen Sohn zum Selbstmord oder wenigstens zu einer Verzweiflungstat treiben wollte, die ihn zugrunde richten mußte.

Sir Charles hatte in Berlin nichts mehr zu tun. Der neue Gesandte Melchior Guy Dickens war eingetroffen; ihm oblag es, die Verhandlungen fortzusetzen. Doch da beschloß Hotham als Abschluß seiner Mission einen großen Schlag zu führen. Die englische Post hatte mehrere Briefe Grumbkows an Reichenbach abgefangen, und Guy Dickens hatte just einen bei der Hand. Das Dokument war überführend: Es bewies, daß und auf welche Weise Friedrich Wilhelm von den beiden Gaunern hintergangen worden war. Charles Hotham und Guy Dickens wurden am 10. Juli mittags empfangen. Nach der Vorstellung des neuen Gesandten sprach man von diesem und jenem. Der König scherzte in bester Laune. Hotham wurde plötzlich ernst und erinnerte ihn an den Verdacht, von dem er ihm schon gesprochen habe. »Da General Grumbkow stets geleugnet hat«, schloß er, »habe ich vom König, meinem Gebieter, Befehl, in die Hände Eurer Majestät einen Originalbrief des Generals zu übergeben.« Er reichte ihm den Brief. Der König nahm ihn, warf einen Blick hinein, erkannte Grumbkows Schrift, wurde puterrot vor Wut und schleuderte ihn zu Boden, indem er ausrief: »Meine Herren, ich habe genug von dem Zeug.« Dann ging er und knallte die Tür hinter sich zu.

Diese Manieren mochten in Preußen hingehen, einem englischen Edelmanne gegenüber waren sie nicht am Platz. Hotham hatte im Namen und auf Befehl seines Königs und Gebieters gehandelt. Die Beleidigung traf also Georg II. Es war für den außerordentlichen Botschafter unmöglich, länger zu bleiben. Aber Friedrich Wilhelm bedauerte sein Benehmen: »Die Galle ist mir zu Kopf gestiegen«, sagte er, »ich war schlechter Laune, und wenn mich die packt, muß meine Natur sich Luft machen.« Die Empfindlichkeit Hothams begriff er nicht. Wieviel Lärm um einen zerknitterten Brief! Wenn es noch ein Brief des Königs von England selbst gewesen wäre! Aber ein Brief von diesem schuftigen

Grumbkow! Zwei Mal schickte er den Kabinettsminister Graf Adrian Bernhard von Borcke zu Hotham, um ihm seine Entschuldigungen zu übermitteln und ihn zur Hoftafel einzuladen. In beiden Fällen lautete die Antwort unabänderlich: Es war Hotham unmöglich, wieder bei Hofe zu erscheinen. Am 12. Juli 1730 reiste er ab. Friedrich war nun fest entschlossen, zu fliehen.

Seit mindestens zwei Jahren träumte Friedrich davon, sich in eine Zuflucht außerhalb Preußens zurückzuziehen, teils um den Mißhandlungen zu entgehen, teils um andere Himmelsstriche kennenzulernen. Vielleicht war es sogar der Vater selbst, der ihm diese Gedanken eingegeben hatte, als er ihm eines Tages in einem Augenblick guter Laune sagte, er wolle Fritzens Hofmeister sein und ihn in fremde Länder führen. Im Sommer 1729 lief das Gerücht um, der König werde den Kronprinzen zur Vervollständigung seiner Erziehung nach Italien, Frankreich oder England schicken. Die Rivalität zwischen Vater und Sohn war bei den Hohenzollern beinahe die Regel. Und immer war die Trennung als das unauffälligste Mittel befunden worden, um Reibungen zu vermeiden. Der Große Kurfürst hatte vier Jahre in den Niederlanden verbracht und kehrte erst nach dem Tode seines Vaters Georg Wilhelm nach Berlin zurück. Sein Sohn, der Kurprinz Friedrich, hatte sich mit seiner jungen Gemahlin Elisabeth Henriette nach Kassel zurückgezogen, und auch Friedrich Wilhelm selbst war glücklich gewesen, zwei Mal die Niederlande besuchen zu dürfen. Aber er wollte sich jetzt nicht von seinem Sohne trennen: erstens, weil er Angst hatte, daß er nicht wiederkommen werde, und zweitens, weil es ihm ein zu großes Vergnügen machte, ihn zu quälen.

Die ersten ernsthaften Fluchtpläne datieren von November oder Dezember 1729. Friedrich eröffnete sich Keith, dem Pagen, den Wilhelmine verabscheute; aber das Komplott beschränkte sich auf die Bestellung zweier Koffer und eines Wagens durch Vermittlung des Leutnants Freiherr Alexander Schweder von Spaen. Keith wurde sehr bald in die Garnison von Wesel in das Regiment des Oberst Friedrich Wilhelm von Dossow versetzt, und Fritz blieb allein. Nicht lange, denn der Zufall verschaffte ihm bald einen neuen Vertrauten. Eines Abends, als er sich mit seiner Mutter zu Schiff nach Potsdam begab, hörte er in der Nacht das Lied einer Flöte. Er hatte sich dem Künstler leise genähert und mit ihm gesprochen. Es war ein Offizier von 25 Jahren, der Leutnant Hans Hermann von Katte. Sohn des Generalmajors Hans Heinrich von Katte und durch Familientradition dem Dienste der Hohenzollern geweiht, schien er wie geschaffen, der Gefährte des Kronprinzen

16. Hans Hermann von Katte
Aus einem Gemälde von
Georg Lisiewsky, 1730
Perleberg, Privatbesitz

zu sein. Fritz hatte anfangs gewisse Vorurteile gegen ihn, aber sie schwanden nach der Abreise Keiths, und er machte Katte zu seinem Freunde.

Katte war keineswegs schön, er hatte ein sehr gebräuntes blatternarbiges Gesicht mit dichten Augenbrauen, unter denen, wie Wilhelmine fand, ein unheilvoller Blick glühte. Doch gab es vieles, was für ihn einnahm: seine große Belesenheit, sein Geist, seine Eleganz, seine guten

Manieren, sein blendendes Gespräch. Er spielte Flöte und Klavier, zeichnete, malte, schrieb ein ausgezeichnetes Französisch, schwärmte für die Freiheit, plauderte und lachte ungezwungen über alle Dinge und umgab seinen Freund mit einer blinden, eifersüchtigen Liebe. Unter den jungen Offizieren gab es einige, die nur auf den Prinzen schwuren. Spaen äußerte eines Tages, die Liebe, die er zu ihm hege, sei so groß, daß es ihm eine wirkliche Schmerzempfindung bereite, von ihm getrennt zu sein. Und Katte fügte hinzu, des Prinzen Unglück rühre ihn so sehr, daß er ihm nichts versagen könne.

Am Abend des 30. Mai 1730 während der sächsischen Reise sprach Friedrich das erste Mal zu Katte von seinen Absichten. Der Freund erschrak anfangs heftig. Im Lager von Mühlberg kam der Prinz noch zwei Mal auf diesen Plan zurück: Die Zeit dränge, er wolle den allgemeinen Tumult nutzen und sofort abreisen. Eines Tages ersuchte er den sächsischen Minister, den Grafen Adolf Magnus von Hoym, ihm Postpferde für zwei Offiziere zu verschaffen, die incognito nach Leipzig zu reisen wünschten. Hoym, der unschwer erriet, um welche Offiziere es sich handelte, verweigerte die Erlaubnis. Katte selbst hatte ihn gebeten, Schwierigkeiten zu machen, doch kaufte er, um die Ungeduld des Prinzen zu beschwichtigen, mehrere Landkarten. Am 16. Juni verließ der englische Abgesandte Guy Dickens, nachdem er im Zelte eine lange Unterredung mit Friedrich gehabt hatte, das Lager mit einem geheimen Schreiben von ihm. Der Kronprinz setzte seinem königlichen Oheim auseinander, daß er die unwürdige Behandlung nicht länger zu ertragen vermöge. Der preußische Hof werde sich demnächst zum Besuche des Markgrafen Karl Wilhelm (der des Königs zweite Tochter geheiratet hatte) nach Ansbach begeben, sodann nach Stuttgart und Cleve. Er gedenke, im Laufe dieser Reise zu entfliehen und Straßburg zu erreichen. In Frankreich wolle er sechs bis acht Wochen bleiben und dann nach London gehen. Der Prinz sprach in dem Briefe ferner seine Hoffnung aus, daß England die nötigen Maßnahmen treffen werde, damit seiner Schwester kein Leid geschehe und er selbst in Frankreich eine gute Aufnahme finde.

Katte, von dem Inhalt dieser Botschaft verständigt, erbot sich, den Prinzen zu begleiten, ja nötigenfalls ihm, als Postillon verkleidet, von Ort zu Ort zu folgen, bis der für die Flucht günstige Augenblick gekommen sei. Ein in seiner Unvorsichtigkeit an Wahnsinn grenzender Plan! Indessen war Friedrichs Entschluß noch so wenig gefestigt, daß er zwölf Tage später bei einer Jagd August den Starken anflehte, vom König die Erlaubnis einer Reise für ihn zu erbitten.

Die Antwort aus London traf in Berlin am 9. Juli ein. Um zehn Uhr abends hatte Friedrich unter dem Portal des Schlosses an der Stechbahn mit Guy Dickens eine Zusammenkunft, während Katte den Aufpasser machte. Mittels einer in offizieller Form abgefaßten Note gab König Georg II. seinem Neffen die ausdrückliche Versicherung seines Mitgefühls, empfahl ihm aber, im Augenblick nichts zu unternehmen. Vor allem bat er ihn, an den politischen Charakter seiner Flucht zu denken und an die internationalen Folgen, die sie unfehlbar nach sich ziehen würde. Fritz erfaßte die schwerwiegende Bedeutung dieses Einwandes nicht. Da der König sich andererseits erboten hatte, seine Schulden zu zahlen, gab er dreist das Doppelte an, nämlich 15 000 Taler. In der Nacht vom 14. auf den 15. Juli kam es zu einer letzten Unterhaltung mit Katte im Garten des Schlosses von Potsdam. Zwischen den Büschen versteckt flüsterten die beiden lang und fieberhaft. Fritz war wieder geprügelt worden und fürchtete nun für sein Leben. Er bat seinen Freund, ihm zu helfen. Katte versuchte nochmals, ihn von der Flucht abzuhalten. Doch gab er schließlich nach und tat den Schwur, ihn niemals im Stich zu lassen. Da er aber nicht zur Reise nach Ansbach abkommandiert war, mußte er seinen Oberst um Urlaub bitten. Erhielt er ihn, so gedachte er Fritz nicht in Stuttgart, sondern in Wesel zu treffen. Von dort wollten sie gemeinsam nach den Niederlanden entfliehen. Sie trafen noch die Verabredung, durch Vermittlung eines Vetters von Katte, des Rittmeisters Johann Friedrich von Katte, der damals Franken als Werbeoffizier bereiste, zu korrespondieren. Erst nach Mitternacht gingen sie auseinander. Katte bestieg sein Pferd und ritt nach Berlin zurück. Am nächsten Tage erhielt er von seinem Freunde ein Billet, in welchem der Ort des Zusammentreffens genauer angegeben und einige kleine Gegenstände genannt waren, die der Prinz in der Fremde nicht missen wollte. Um Geld zu beschaffen, hatten sie die Brillanten von Fritzens polnischem Orden verkauft. Auch hatte Katte bei seinen Kameraden Schulden gemacht. Ihre Mittel beliefen sich auf etwa 3000 Taler.

Umgeben von Spähern und Fallen, waren die unglücklichen jungen Leute nicht mehr Alleinwisser ihres Geheimnisses. Schon war das Gerücht von der bevorstehenden Flucht der Gesprächsstoff der Gesandtschaften. Der mitleidige Rochow war auf einen verzweifelten Streich des Prinzen gefaßt und hielt gut Wache. Eines Abends, nach einem neuerlichen Auftritt mit dem König, hatte er ihn vollständig außer sich zurückkommen sehen und ihm in freundschaftlichen Ausdrücken dringlich vorgestellt, ja im Zorn nichts zu unternehmen, was er doch früher oder später bitter bereuen müsse. Friedrich Wilhelm hatte sich erst nach langem Zögern entschlossen, seinen Sohn auf die Reise mitzunehmen, um ihn besser zu überwachen. Sein Mißtrauen ging so weit, daß er befahl, Oberst von Rochow, Generalmajor Wilhelm Dietrich von Buddenbrock und Oberst Arnold Christoph von Waldow sollten mit dem Prinzen im selben Wagen sitzen und ihn nicht aus den Augen lassen.

Am 15. Juli bei Tagesanbruch setzte sich die königliche Reisegesellschaft in Bewegung. Vor der Abfahrt hatte der König liebevoll seine Gattin umarmt und zu ihr gesagt, daß er seine törichte Schroffheit gegen Hotham bedaure. Worauf ihm die Königin erwidert hatte:

»Sie sprechen heute etwas vernünftiger als sonst. Aber sobald Sie den Kirchturm des Gutes Herrn von Seckendorffs erblickt haben werden, das Ihr nächstes Ziel ist, werden Sie schon ganz anders denken. Und nach Ihrer Rückkehr werden Sie Ihre Familie wieder peinigen und mich auch und uns alle quälen wie gewöhnlich.«

»Nein, nein«, sagte der König. »Wo denkst du hin, Fiekchen? Dazu habe ich dich viel zu lieb. Gib mir einen Kuß.«

Trotz eines furchtbaren Unwetters, das die Straßen zum Teil zerstört hatte, erreichte man am ersten Abend Meuselwitz, das Gut des Grafen Seckendorff. Am 18. Juli setzte der König seine Reise in Begleitung Seckendorffs, der sich ihm angeschlossen hatte, fort. Am 20. Juli fuhr der Hof nach Ansbach, wo der König eine Woche bei seinem Schwiegersohn blieb. Fritz, der sich beunruhigte, von Katte keine Nachricht zu haben, hatte mehrmals vergeblich nach dem Rittmeister gefragt. Endlich erhält er von diesem einen Brief seines Freundes: Der Urlaub ist verweigert worden, Katte kann nicht kommen. Fritz verbrennt sofort den Brief und schreibt unverzüglich eine Antwort, die auf demselben Wege bestellt werden soll: Katte soll sich ruhig verhalten und weitere Befehle abwarten. Aber in der Hast, sich um jeden Preis eines Helfers zu versichern, fragt er plötzlich den Rittmeister auf den Kopf zu, ob er ihn auf einer Reise begleiten wolle. Kattes Vetter tut erst, als ob er das Ansinnen für einen Scherz halte, dann, als Friedrich von der Reiseroute zu reden beginnt, ihn bittet, Pferde zu besorgen und ihm einen Wechsel auf 2000 Taler, der schnell in Nürnberg begeben werden soll, in die Hand drückt, beruft er sich auf seinen Offizierseid und beschwört den Prinzen, zur Besinnung zu kommen. Ganz verstört zieht er sich zurück. Ohne Rochow Enthüllungen zu machen, rät er ihm doch »als guter Freund«, seinen »hohen Untergebenen« nicht aus den Augen zu lassen und spricht die Hoffnung aus, daß Gott jedes Unglück abwenden möge.

An wen konnte sich der Prinz nun wenden? Unter den Pagen des Königs befand sich ein jüngerer Bruder Keiths, der ebenso dumm war als der ältere klug. Während einer Rast winkt ihn Friedrich heran und spricht unbemerkt mit ihm.

»Kann man überall Pferde bekommen?«

»An einigen Orten bleiben noch Pferde übrig«, antwortet Keith, »an anderen aber nicht.«

»Mußt du immer bei dem Wagen bleiben? Oder darfst du eine halbe Stunde hinten bleiben oder so weit vorausreiten?«

»Ich muß bei dem Wagen bleiben; denn wenn der König aussteigt, so fraget er allezeit nach allen Leuten, so bei dem Wagen gehören.«

»Bestelle mir Pferde.«

»Wo soll es denn hingehen?«

»Was denkst du, wo es hingehen wird?«

»Ich weiß es nicht.«

»Wenn ich einmal weggehe, so komme ich nicht wieder.«

In der Meinung, alles Nötige veranlaßt zu haben, schreibt Fritz am 29. Juli an Katte, sich in den Haag zu begeben, wo er selbst sich unter dem Namen eines Comte d'Alberville zu verbergen gedenke. Gleichzeitig schickt er ihm zur Information der Öffentlichkeit eine Art Manifest, in dem er seine Handlungsweise rechtfertigt, und befiehlt Keith, dem Freund in Wesel, sein Regiment zu verlassen und schleunigst nach Holland überzutreten.

Am 31. Juli erreichte der königliche Wagenzug Augsburg. Selbstverständlich wurden im Vorbeigehen die Schlachtfelder besichtigt, auf denen sich Prinz Eugen und Marlborough hervorgetan hatten. Von dort ging es nach Ludwigsburg in Württemberg, wo Herzog Eberhard Ludwig den König erwartete. Friedrich, der zur Desertion wie auf einen Ball ging, benutzte diesen Aufenthalt, um sich einen roten Surtout-Rock machen zu lassen. Er fand noch öfter Gelegenheit, sich mit dem jungen Keith in Verbindung zu setzen, sei es, daß er mit ihm sprach, sei es, daß er ihm einen Zettel in die Hand drückte. Bei Heilbronn verließen die Wagen das Neckartal, um die Richtung nach dem Rhein einzuschlagen. Fritz hatte seine Flucht auf den nächsten Tag, den 5. August, zweieinhalb Uhr früh, festgesetzt. Keith, der benachrichtigt war, sollte sich am nächsten Halteplatz die Pferde verschaffen.

Friedrich meinte, es werde Sinsheim sein, aber der König hatte sich unerwarteterweise dafür entschieden, wenige Kilometer davor in Steinsfurt zu übernachten. Wie gewöhnlich zerstreuten sich die Reisenden, um Unterkunft in verschiedenen Scheunen zu suchen. »Wir haben nicht weit nach Mannheim. Wenn wir des Morgens früh fünf Uhr wegfahren, kommen wir tausend genug hin«, sagte der König.

Gegen ein Viertel nach zwei Uhr erhebt sich Fritz vom Lager, steckt sein Geld zu sich, zieht seinen roten Mantel an und geht leise aus dem Hause. Er hofft, Keith mit den Pferden draußen vorzufinden. Aber

Keith hat sich verspätet. Der Prinz steht eine halbe Stunde lang vor dem Tor und wartet. Carl Gummersbach, sein Kammerdiener, hat gehört, wie er aufstand und ihn gefragt, wohin er zu so früher Stunde gehe.

»Ich will zum König gehen«, hat Fritz gesagt.

Gummersbach kommt die Antwort verdächtig vor. Durch einen Jäger läßt er den Oberst von Rochow wecken. Dieser, der in seinen Kleidern geschlafen hat, eilt schnell herbei und findet den Prinzen neben seinem Wagen stehend, als ob er die baldige Abfahrt erwarte. Der Oberst sagt ihm guten Morgen. Fritz begreift, daß der Streich mißlungen ist, und geht in die Scheune zurück. Rochow und Gummersbach bleiben vor der Türe und passen auf. Währenddem kommt Keith mit den Pferden.

»Guten Morgen!« ruft Rochow, »was sind das für Pferde?«

»Es sind die so die Pagen reiten sollen«, antwortet Keith.

»Scheren Sie sich zum Teufel mit Ihren Pferden.«

Schon dämmert der Morgen. Seckendorff, Buddenbrock und Waldow erscheinen auf der Bildfläche:

17. Das im Sommer 1730 von Friedrich Wilhelm I. und dem Kronprinzen bereiste Gebiet in Süd-West-Deutschland

Aus einem Blatt der ›Reichskreise‹-Karte von Tobias Conrad Lotter, Augsburg 1759 Stuttgart, Hauptstaatsarchiv

»Exzellenz«, fragt Rochow den Österreicher, »wie gefällt Ihnen des Kronprinzen Aufzug?«

Verzweifelt wirft der Prinz den Mantel ab und geht, um seine Worte an Gummersbach wahr zu machen, in der Tat zum König hinein. Dieser befiehlt ihm mit seinem Wagen, der sehr schwer sei, vorauszufahren. Fritz trinkt gemächlich Tee, hält sich abseits, vertrödelt so viel Zeit als möglich und kommt in Mannheim zwei Stunden nach dem König an. Doch ist es ihm gelungen, mit Keith zu sprechen, und abermals hat er ihm befohlen, beim Morgenanbruch mit den Pferden zu erscheinen.

Aber Keith hat schon allzu große Angst ausgestanden, um noch einmal rückfällig zu werden. Am Sonntag, dem 6. August, nach dem Gottesdienst, wirft er sich dem König zu Füßen und entledigt sich seines lastenden Geheimnisses. Da man gerade im Begriffe ist, zur kurfürstlichen Tafel zu gehen, beherrscht sich der König. Im Vorsaal bemerkt er Rochow, winkt ihn an ein Fenster und redet schnell auf ihn ein: »Friedrich hat desertieren wollen«, sagte er, »ich wundere mich, daß man mir dieses nicht gesaget hat. Er, Rochow, wird mir mit seinem Kopf, Hals und Kragen respondiren, woferne er ihn nicht in Wesel lebendig oder tot liefert. Hier ist nicht lange Zeit, davon zu sprechen. Und weil ich vielleicht den Generalmajor von Buddenbrock und Obristen von Waldow nicht allein sprechen kann, so soll Er in des Königs Namen ihnen sagen und befehlen, daß sie dafür mit responsabel sein sollen.« Rochow antwortet nur: »Er soll uns nicht wegkommen, und würde uns auch nicht weggekommen sein, denn ich schon meine praecaution genommen hatte und der Prinz hat einen getreuen Kammerdiener und Laquayen, auf die man sich verlassen konnte.«

Fritz wird von nun an streng bewacht. Aber die Reise wird fortgesetzt, als wäre nichts geschehen. Darmstadt, Frankfurt, Mainz, Bonn, Köln – sechs qualvolle Tage lang schleppt sich der preußische Hof von Duodezfürstentum zu Duodezfürstentum. Der König, der in seinem dicken hitzigen Schädel wilde Gedanken wälzt, will, um seine Gastgeber nicht zu verletzen, das im voraus festgesetzte Besuchsprogramm nicht abändern. Er bemüht sich, seine Natur zu vergewaltigen, aber innerlich kocht er. Als er am 6. August in Mannheim den Gouverneur von Landau mit seinen französischen Offizieren erblickt, die über den Rhein gekommen sind, um ihn zu begrüßen, bildet er sich ein, daß sie seinem Sohn zur Flucht verhelfen wollen. Am Abend kann er nicht mehr an sich halten und sagt zum Prinzen: »Ich wundere mich, Sie hier zu sehen. Ich glaubte, Sie seien schon in Paris.« Worauf Friedrich, der noch nicht ahnt, daß er verraten wurde, dreist erwidert: »Wenn ich gewollt hätte, könnte ich sicherlich schon in Frankreich sein.« Keith aber steckt er beunruhigt noch einen Zettel zu: »Es sieht schlecht um uns aus. Mache, daß wir fortkommen.« Am 8. August kommt der Zug des Königs in Frankfurt am Main, der Wahl- und Krönungsstadt der römisch-deutschen Könige, an. Beim Aussteigen aus dem Wagen, um sieben Uhr morgens, befiehlt er, den Kronprinzen auf das Schiff zu führen, das die königliche Reisegesellschaft nach Wesel bringen soll. Er selbst begibt sich in das Rathaus, den Römer, wo er die Bürgerschaft empfängt und sich die ›Goldene Bulle‹ zeigen läßt. Um neun Uhr fährt er zu Schiffe weiter.

Am 10. August erreicht man Bonn, wo der Kurfürst-Erzbischof von Köln, Clemens August von Wittelsbach, seinen mächtigen Nachbarn empfängt. Der Kronprinz durfte bei diesem Empfang nicht fehlen. Beim Verlassen des Schiffes erteilt der König mit schallender Stimme Rochow und seinen Offizieren den Befehl, Fritz nicht einen Augenblick allein zu lassen und lebendig oder tot wieder an Bord zu bringen. Fritz hat alles gehört und nicht mit der Wimper gezuckt, aber seine Angst wächst. In der Annahme, daß Seckendorff schon alles weiß, zieht er ihn beiseite und spielt ihm eine Komödie vor. Er appelliert an den Edelmut und an die Ehre des alten Widersachers. Wahrheit und Lüge mischend, gibt er zu, daß er habe entfliehen wollen, doch habe ihn die Liebe zu seiner Mutter und seiner Schwester davon abgehalten. Am Verluste seines Lebens sei ihm wenig gelegen, doch quäle ihn die Sorge um Katte und um seine Freunde. »Wenn der König mir versprechen will, ihnen Pardon zu geben, so werde ich ihm alles klar entdecken. Wenn aber nicht, so mag man mir den Kopf abschlagen. Ich werde niemand verraten.« Er schließt, indem er Seckendorff bittet, ihm aus »diesem Labyrinth« zu helfen und ihn seiner lebenslangen Erkenntlichkeit versichert. Der Österreicher antwortet ihm mit unverbindlichen Worten des Mitgefühls. Am 11. August, in Geldern, erfährt der König von Keiths Flucht, und eine erste Untersuchung enthüllt ihm, daß Fritz in Ansbach einen Brief aus Berlin erhalten hat. Seine Ungeduld nicht länger bemeisternd, läßt er seinen Sohn nach Wesel vorausschicken. Am 12. August abends trifft er selbst auf preußischem Gebiet ein und unterwirft um halb neun Uhr den Prinzen in der Festung dem ersten Verhör.

Er fordert ihn vor Gott auf, die ganze Wahrheit zu sagen und »alle Umstände der vorgehabten Desertion auf Pflicht und Gewissen zu gestehen«. Dann stellt er ihm die furchtbare Frage: »Warum er einen so bösen Vorsatz geffasset?«

Friedrich antwortet: »Warum? Weil Seine Königliche Majestät ihm immer ungnädiger geworden, und ihm davon viele empfindliche

Marquen gegeben; daher ihn die Desperation auf die Gedanken der Flucht gebracht.«

Friedrich Wilhelm ist am Rande des Wahnsinns. Überzeugt, daß sein Sohn ihn habe umbringen wollen, entreißt er ihm Stück für Stück die ersten Geständnisse: den Ankauf des Wagens durch Spaen, den Verkauf der Brillanten, die mit Katte getroffene Verabredung, die Befehle an den jüngeren Keith, den roten Surtout-Rock . . . Endlich wird Friedrich in sein Zimmer geführt und eingeschlossen. Zwei Posten mit aufgepflanztem Bajonett stehen vor seiner Tür Wache.

Am nächsten Tage findet durch den Oberstleutnant Christian Reinhold von Derschau ein zweites Verhör statt, dessen Fragen der König angegeben hat. Wann wurde Katte von dem Fluchtplan unterrichtet? Gab es noch andere Mitwisser? Welche Summe hat der Verkauf der Brillanten dem Prinzen gebracht? Was ist aus dem Geld geworden? Wem hat er davon gegeben? Auf die Frage, »ob auch jemand anders ihm diesen Katte recommandiret habe«, antwortet Fritz, er habe ihn aus eigenem Antrieb gewählt, ». . . weil er ihn vor étourdi gehalten und dergleichen Leute eher gefährliche Sachen wageten, als andere, so recht Nachdenken hätten«. Schon in den ersten Verhören zeigt er sich so, wie er während der ganzen Untersuchung bleiben wird: wortkarg, gerissen, stets Meister seiner Nerven, unverschämt, wenn er es sich erlauben darf, scheinbar empfindungslos, ohne jemals Reue oder echtes Gefühl zu verraten. Am 19. August schreibt er an seinen Vater: »Mein lieber Papa, ich nehme mihr noch mahlen die freiheit meinen lieben Papa zu schreiben und ihm hierbei aller unterthänigst umb erlassung meines arests zu bitten, versihrende das alles was ich meinen lieben Papa gesaget oder sagen lasen wahr sei, wohr ferner noch soupsons gegen mihr sein so wird die tzeit weisen das solche nicht gegründet sein, und versichere das ich eine solche böse intentziohn wie gemeinet wird nimer gehabt habe, ich bitte also meinen lieben Papa umb seine gnade und verbleibe zeit lähbens mit unterthänigsten respect Meines lieben Papas Gehorsamster Diener und Sohn Friedrich.« Statt aller Antwort übergibt Friedrich Wilhelm, der finstre Machenschaften wittert, seinen Sohn dem General von Buddenbrock mit dem Auftrag, ihn in die Festung Küstrin zu bringen. Dort sollen zwei ineinandergehende Zimmer mit »guten Türen« für ihn vorbereitet und strenger Bewachung unterstellt werden.

Buddenbrock wird mit einer genauen Instruktion von 14 Punkten versehen. Friedrich, der fortan der Sohn des Königs oder der Arrestant genannt wird, soll mit Buddenbrock, Waldow und Rochow in einem Wagen fahren, ein anderer mit einem Major und drei Hauptleuten soll in kleinem Abstand folgen. Sie sollen gute Pistolen und Degen haben. Die Wagen sollen in früher Morgenstunde insgeheim ausfahren. Sie haben Proviant und Wein für die ganze Reise mitzunehmen. Die Gebiete von Hessen und Hannover, wo der Prinz vielleicht Helfershelfer finden könnte, sollen sie vermeiden. Bis Halle, wo sie die erste preußische Garnison finden werden, sollen sie Tag und Nacht fahren und im Wagen essen, trinken und schlafen. »Auf der Reise sollet ihr alle menschmögliche praecautiones nehmen, daß der Prinz nicht echapiret; und sollt Ihn nicht aus dem Wagen steigen lassen, in ein Haus zu gehen. Hat er seine Nothdurft zu verrichten, so muß solches auf freiem Felde geschehen, woselbst man sich weit umher sehen kann und da keine Hecken noch Sträucher sind.« Buddenbrock soll den Prinzen lebendig oder tot nach Küstrin bringen. Im Falle eines Angriffs durch eine Übermacht soll er dafür sorgen, daß die Angreifer nur einen Leichnam in die Hände bekommen.

Der König reiste wenig später ab, brauchte aber eine ganze Woche bis Berlin. Diese Langsamkeit ist ein Zeichen für seine Verwirrung und Unschlüssigkeit.

Sophie Dorothea hatte ihrer Gewohnheit gemäß die Abwesenheit des Königs dazu benutzt, um sich in Monbijou einige angenehme Tage zu gönnen. Es gab Soupers, Bälle und Musik. Katte spielte, von Wilhelmine am Klavier begleitet, die Flöte. Er war heiter und ruhig, denn er war überzeugt, daß Friedrich ohne ihn und den Schatz keinen Fluchtversuch machen werde. Am 15. August hatte er Urlaub erbeten und verbrachte einen Tag auf dem Lande, am folgenden Morgen zwischen sechs und sieben Uhr wurde er verhaftet. Am gleichen Tage kamen zwei Briefe des Königs an: der eine, der verlorengegangen ist an die Königin, der andere an die Oberhofmeisterin. Friedrich Wilhelm schrieb ihr: »Meine liebe Madame de Kamke, ich habe leider das Unglück, daß mein Sohn hat desertiren wollen mit den pagen Keut, ich habe ihn aretiren lassen, ich habe meine Frau geschrieben, sie mus ihr von weiten vohrbringen, wan es auch ein par tage tauern sollte, das sie nicht von krank wird, der ich stehts ihr ergebener Freund bin.«

Die Königin und Wilhelmine verbrachten in Erwartung des Herrn und Gebieters bange Stunden. Sie zitterten für Friedrich, aber auch für sich selbst. In ihrer fürchterlichen Aufregung besaßen sie immerhin die Geistesgegenwart, gewisse kompromittierende Briefe zu verbrennen. Die Ankunft verlief, wie man sich wohl denken kann. »Wir eilten herbei, um ihm die Hand zu küssen«, erzählte Wilhelmine, »aber kaum war er meiner ansichtig geworden, als sein Herz in Zorn und Wut schwoll. Er wurde ganz schwarz im Gesicht, seine Augen funkelten und der Geifer kam ihm aus dem Munde. ›Niederträchtige Kanaille‹, sagte er zu mir, ›wagst du es mir unter die Augen zu treten? Scher dich zu deinem Schuft von Bruder!‹ Indem er diese Worte aussprach, hielt er mich mit der einen Hand fest und versetzte mir mit der anderen mehrere Faustschläge ins Gesicht, von denen einer mich so heftig an die Schläfe traf, daß ich auf den Rücken fiel ... Der König, der außer Rand und Band war, wollte noch weiter auf mich einschlagen und mich mit Füßen treten. Die Königin, meine Brüder und Schwestern und alle jene, die anwesend waren, hinderten ihn daran. Sie bildeten einen Wall um mich ... Es ist unmöglich, die gräßliche Lage zu schildern, in der wir uns befanden. Die Königin stieß schrille Schreie aus, rang die Hände und lief völlig verstört im Zimmer hin und her. Das Gesicht des Königs war von Wut so verzerrt, daß er zum Fürchten aussah. Meine Brüder und Schwestern, von denen der jüngste nur vier Jahre alt war, lagen vor ihm auf den Knien und suchten ihn durch ihre Tränen zu erweichen. Frau von Sonsfeld hielt meinen schmerzenden, von den Schlägen angeschwollenen Kopf auf ihrem Schoß. Kann man sich ein ergreifenderes Bild vorstellen?«

Friedrich Wilhelm ließ sich Katte sofort im Schloß vorführen. Er hatte nicht damit gerechnet, ihn zu fangen. Da es Keith gelungen war, nach England zu flüchten, richtete sich seine ganze Wut auf Katte. Ohne das Dazwischentreten Grumbkows hätte er gegen ihn und Friedrich die Tortur angewendet, um ihnen das Geständnis irgendwelcher imaginärer Missetaten zu entreißen. Katte beantwortete alle Fragen mit voller Offenheit. Er schrieb sogar eigenhändig ein langes Bekenntnis (27./28. August 1730), in welchem er erzählte, was sich seit den Vorkommnissen in Sachsen ereignet hatte, und zu seiner Entlastung nur anführte, daß er stets sein möglichstes getan habe, um den Prinzen von seinem Vorsatz abzubringen und im übrigen, da er ja im Besitze des Geldes gewesen sei, an der Rückkehr Friedrichs nie gezweifelt habe. Einen Anschlag gegen den Staat hätten sie niemals geplant, auch keinen Anschlag gegen den König, ihr Wunsch sei nur gewesen, Fritz dem Machtbereich seines Zornes zu entziehen. Im letzten Verhör am 20. September wurde an ihn die Frage gestellt, »ob er nicht gestehen wolle, daß, wann er nicht verhindert worden, er würde weggegangen sein?« Worauf Katte antwortete: »Wann der Kronprinz würde weggewesen sein, so hätte er nachgehen wollen, und würde ihm gefolgt sein, er habe aber geglaubt, der Kronprinz werde gewiß wieder hieher kommen.«

Fritz war in engem Gewahrsam ohne Feder und Tinte, seine einzige Gesellschaft waren eine Bibel und ein Psalter. Jeden Morgen um

18. Die Festung Küstrin an der Oder
Lavierte Zeichnung von
Johann Friedrich Nagel

Berlin, Staatliche Museen Preußischer
Kulturbesitz, Kupferstichkabinett

acht Uhr öffnete sich die Tür seines Gefängnisses und zwei Offiziere traten ein, um nachzusehen, ob alles in Ordnung sei. In ihrer Gegenwart brachte ein Soldat dem Prinzen Waschwasser, ein Becken und etwas zum Essen. Die Ordonnanz entfernte den Schmutz und trug das Geschirr vom Vortag heraus. All dies durfte nicht länger als eine halbe Viertelstunde dauern. Die Offiziere gingen wieder hinaus, schlossen mit dem Schlüssel die Tür ab und schoben die beiden Riegel vor. Sie kamen erst am Mittag wieder, die Ordonnanz brachte dann das Mittagessen herein und trug das Frühstücksgeschirr heraus. Der König hatte den Gebrauch von Messern und Gabeln verboten. Das Fleisch wurde Fritz vorgeschnitten, und er mußte mit einem Löffel essen. Die gleiche Vorschrift galt für das Abendessen. »Also daß des Tages dreimal die Thüre aufgeschlossen wird, und jedesmal nicht länger auf bleiben muß als vier Minuten und allemal zwei Capitains bei dem Auf- und Zuschließen sein sollen, was die Schildwachen anlangt, sollen Sie so viel setzen als nöthig ist, denn Sie davor responsable sein sollen. Die beiden Capitains, die auf- und zuschließen lassen, sollen bei größester Ungnade mit dem Gefangenen nicht sprechen, wenn Er Ihnen was frägest, was hier und dort passiret, was Neues wäre in der Welt, sollen Sie Ihm nicht antworten, und dieses ist meine stricte Ordre, da Sie sich beiderseits sollen nach conformiren, und mit Ihren Köpfen responsable sein.«

Fritz fürchtete damals noch nicht für sein Leben, doch war er in tödlicher Unruhe wegen Katte und seiner anderen Freunde. Er blieb fast den ganzen Tag im Bett, versuchte zu schlummern, hatte nicht einmal mehr die Kraft, seine Kleider anzuziehen. Die Einsamkeit und das Schweigen waren ihm fürchterlich. Er versuchte mit seinem Gefängniswärter zu sprechen, erbot sich neue Enthüllungen zu machen, wünschte sogar zum Abendmahl zu gehen. Doch wurde ihm dies unter rätselhaften, furchteinjagenden Andeutungen verweigert: »Es ist jetzo noch keine Zeit, es muß erstlich das Krieges-Recht ausgemachet sein, so dann ist schon Zeit.«

Der König hatte eine Untersuchungskommission eingesetzt, die aus dem Generalleutnant und Staatsminister Friedrich Wilhelm von Grumbkow, dem Generalauditeur Geheimer Justizrat Christian Otto Mylius, dem Protokollführer Geheimer Justizrat Gustav Friedrich Gerbet, dem Generalmajor Kaspar Otto von Glasenapp und dem Oberst Ägidius Ehrentreich von Sydow bestand. Diese Kommission erließ einen Verhaftungsbefehl gegen den Leutnant Freiherr Alexander Schweder von Spaen, der in Leipzig den Wagen gekauft hatte, und den Leutnant Johann Ludwig von Ingersleben, der während der nächtlichen Unterredung im Potsdamer Garten Kattes Pferd gehalten hatte. Sie verhörte die vier Gefangenen, die Diener Kattes, den Oberstleutnant Friedrich Wilhelm von Rochow, den Rittmeister Johann Friedrich von Katte und den Kammerdiener Carl Gummersbach. Der König selbst diktierte einen Bericht über das, was er auf der Reise gesehen und erfahren, und stellte ihn den Untersuchungsrichtern zur Verfügung. Auf diese Weise gelang es ohne viel Mühe, den Fluchtversuch in allen Einzelheiten festzustellen. Bloß die Geldangelegenheiten Friedrichs blieben ziemlich unklar.

Das große Verhör fand am 16. September statt. Die 185 Fragen, die Friedrich gestellt wurden, hatte der König entweder selbst verfaßt oder wenigstens ausdrücklich gebilligt.

1. »Wer ist sein Vater?«

2. »Wer ist sein Landesherr?«

3. »Wer ist sein Kriegesherr?«

4. »Weiß Er sich zu erinnern, daß Se. Königliche Majestät in Preußen als sein Vater und Landesherr Ihm in seiner Jugend alle Liebe erwiesen?«

Die Reihenfolge der Fragen entspricht ziemlich genau dem Gang der Ereignisse, zugleich wird aber das Ziel verfolgt, den Prinzen sooft wie möglich wiederholen zu lassen, daß er allein an seiner unglücklichen Kindheit die Schuld trägt, weil er die Hilfe, die Freundschaft und die guten Ratschläge seines Vaters böswillig zurückgewiesen hat.

Der König versäumt nicht die Gelegenheit, sich als großmütigen Mann hinzustellen:

32. »Ob Er nicht auch ... als der Prinz eine Rechnung gemacht, gesprochen: ›Ich bezahle es mit Plaisir, denn an Gelde fehlet es Mir nicht und am Gelde ist ein Dreck daran gelegen, soferne Ihr nur Eure Conduite und Aufführung ändert und ein honnetes Herz bekommt und Ihr mir davon ein Wort saget, soll es Euch an Gelde nicht fehlen‹.«

Die Antwort lautet: »Ja.« Woran sich passend folgender Vorwurf anschließt, der eine erstaunliche Mischung von Stolz und Geiz enthüllt:

38. »Ob es nicht auch in solchen Puncten gewesen, welche Sr. Königl. Majestät Willen zuwider gelaufen zur größten Blâme des Vaters, daß sein Kind fremde Puissancen um Geld betteln müssen, als wenn sein Vater kein Geld hätte?«

Zuweilen schweigt Friedrich, gewöhnlich aber antwortet er mit einem simplen Ja, als stimme er einer Erzählung, die ihn nichts angehe, zu. Er spricht nur manchmal mehr, um auf seine Jugend als einen mildernden Umstand hinzuweisen. Auf die Frage 178, was er zu seiner Entschuldigung anzuführen habe, erwidert er, er habe nichts weiter zu sagen und bekenne sich schuldig. Es folgen sieben Fragen, die im Justizverfahren so unerhört sind, daß der Generalauditeur Mylius sie nur auf ausdrücklichen schriftlichen Befehl des Königs stellte:

179. »Was er meritire und für eine Strafe gewärtig sei?«

»Ich unterwerfe mich des Königs Gnade und Wille.«

180. »Was ein Mensche, der seine Ehre bricht und zur Desertion complot macht, was der meritiret?«

»Ich habe meine Ehre nicht gebrochen, nach meiner Meinung.«

181. »Ob er leider nicht Exempel genug gesehen bei dem Regiment, da er gestanden?«

»Ja.«

182. »Ob er meritire sein Tage mehr mit ehrlichen Leuten umzugehen?«

»Was ich getan, ist mir sehr leid, aber auf solche Art habe ich die Sache nicht angesehen.«

183. »Ob er meritire, Landesherr zu werden?«

»Ich kann mein Richter nicht sein.«

184. »Ob er sein Leben wolle geschenkt haben oder nicht?«

»Ich submittire mich des Königs Gnade und Wille.«

185. »Dieweil er sich der Succession unfähig gemacht hätte, durch

Brechung seiner Ehre, sein Leben zu behalten, ob er wolle die Succession abtreten und renunciiren, daß es vom ganzen Römischen Reiche confirmiret werde, um sein Leben zu behalten?«

»Mein Leben ist mir so lieb nicht, aber Se. Königl. Majestät werden so sehr ungnädig auf mich nicht sein.«

Bei diesen letzten Fragen war Friedrich wohl am Ende seiner Kräfte angelangt. Doch wird er zugleich begriffen haben, daß der König auf diese völlige Erschöpfung spekulierte, um ihm in diesem Zustand die Abdankung zu entreißen. Seine Antworten sind in unübertrefflicher Weise würdig, maßvoll und klar. Dennoch sah er sich veranlaßt, noch folgendes zu Protokoll nehmen zu lassen: »... daß er wohl erkenne, ganz und gar und in allen Stücken unrecht zu haben; am meisten beklage er, daß Seine Königliche Majestät Chagrin darum hätten, bäthe Dieselbe aber, zu glauben, daß seine Intention niemals criminel gewesen, noch er gesuchet, Sr. Königlichen Majestät das geringste zu leide zu thun; er submittire sich in allem des Königs Willen und Gnade, Se. Majestät möchten es mit ihm machen, wie Sie es gut finden würden, und bäthe Dieselbe um Vergebung.«

Als man Friedrich Wilhelm das Protokoll vorlegte, riß er das Blatt, auf dem dieses Gnadengesuch stand, bis zur Hälfte ein. Während des ganzen Monats September wälzte er in seinem Kopf die fürchterlichsten Pläne. Nach einem Abend im Tabakskollegium schrieb der niederländische Gesandte Reinhard Baron van Reede tot Ginckel, er habe es nicht für möglich gehalten, daß ein Mensch sich »mit so abscheulichen und gottlosen Absichten tragen könne«. »Wenn der König in dieser Gesinnung verharrt«, fuhr er fort, »so werden wir die blutigsten Szenen erleben, die sich seit Beginn der Welt begeben haben.« Die Untersuchung hatte einen harmlosen Liebeshandel Friedrichs mit Dorothea Elisabeth Ritter, der Tochter eines Potsdamer Kantors, zutage gefördert. Er hatte sie eines Abends erblickt, als er mit Leutnant von Ingersleben durch die Straßen schlenderte, dann mehrmals unter ihrer Haustüre mit ihr gesprochen, und sie auch einige Male in Abwesenheit ihrer Eltern besucht. Sie musizierten dann miteinander. Er schenkte ihr einen geblümten Schlafrock, ein Hauskleid von »bleumouranten Gros de Tour«, zwei Bracelets und einige Ellen Orangeband. Als der König von der Geschichte erfährt, schickt er zu Doris Ritter einen Wundarzt und eine Hebamme, die ihre Unschuld feststellen. Nichtsdestoweniger unterzeichnet er folgende grausame Order: »S.K.M. befehlen den Hof-Rath Klinte, daß er morgen die in Arrest allhier sitzende Kantors Tochter soll auspeitschen lassen ... Erstlich soll dieselbe vor dem Rat-Hause gepeitschet werden, hernach vor des Vaters Hause, und denn auf allen Ecken der Stadt.« (6. September 1730) Hierauf soll sie nach Spandau »auf ewig« in das Spinnhaus gebracht werden. Das Mädchen war kaum 17 Jahre alt. Sie wurde im Juli 1733 auf das Bittgesuch ihres Vaters hin wieder freigegeben.

Mit sinnloser Erbitterung wütet Friedrich Wilhelm gegen alles, was irgendwie mit seinem Sohne in Beziehung steht. Ein Verhör Kattes hat zur Entdeckung der von Duhan ausgewählten Bibliothek geführt. Die Bücher werden beschlagnahmt, in Fässer verpackt und zum Verkauf nach Hamburg spediert. Der König läßt sich den Wächter der Bibliothek vorführen, verhört ihn höchstpersönlich anderthalb Stunden lang und fragt ihn schließlich, welche Bezahlung er erhalten habe. »Zwanzig Heller in der Woche«, erwidert der arme Schlucker. »Das ist wirklich nicht zu viel«, ruft der König mit sichtlicher Befriedigung aus. Der Bibliothekar und Duhan werden nach Memel verbannt. Gleichzeitig werden Friedrichs Diener entlassen, seine Pferde verkauft, das Regiment, dessen Oberst er ist, seinem Bruder August Wilhelm gegeben. Fast sieht es so aus, als ob seine Nachfolge eröffnet wäre.

Friedrich Wilhelm hat sich sicherlich mit dem Gedanken getragen, seinen Sohn hinrichten zu lassen. In seinen von Gespenstererscheinungen heimgesuchten Nächten mag er die Leichen des Zarewitsch Alexej und des Infanten Don Carlos vor sich gesehen haben. Allein er schreckt vor der Gräßlichkeit des Verbrechens zurück. Schon haben die Niederlande, Schweden und England im Namen der protestantischen Religion zugunsten des Prinzen interveniert. Auch der Kurfürst von Sachsen und König von Polen hat ein Fürbitteschreiben eingesandt. Der Kaiser selbst schickt sich an, als Oberhaupt des Reiches das Wort zu ergreifen. Und St. Petersburg gesellt sich den Bittenden bei. Der König hat ferner die Ausschließung des Kronprinzen von der Thronfolge lange ernstlich erwogen. Doch mag auch Fritz sich jetzt bereit erklären, auf die Krone zu verzichten, so wird sein Verzicht doch nicht aufrichtig sein. Nach dem Tode des Vaters wird er auf seinem Recht bestehen und das Königreich in Unruhen stürzen. Dazu kommt, daß Friedrich Wilhelm nicht nur König in Preußen ist, er ist auch Kurfürst von Brandenburg und Mitglied des Heiligen Römischen Reiches. Friedrichs Thronentsagung wäre nur mit Einwilligung des Reichstags gültig. Das gäbe eine langwierige und aufsehenerregende Prozedur, die vor den Augen der deutschen Fürsten die verborgenen Triebfedern des Dramas, die Mißhandlungen, Familienszenen und Verrätereien bloßstellen würde. Vielleicht fürchtete Friedrich Wilhelm, daß nicht sein Sohn, sondern er selbst dabei zum Angeklagten geworden wäre.

Je mehr die Untersuchung fortschreitet, desto klarer erkennt er, wie

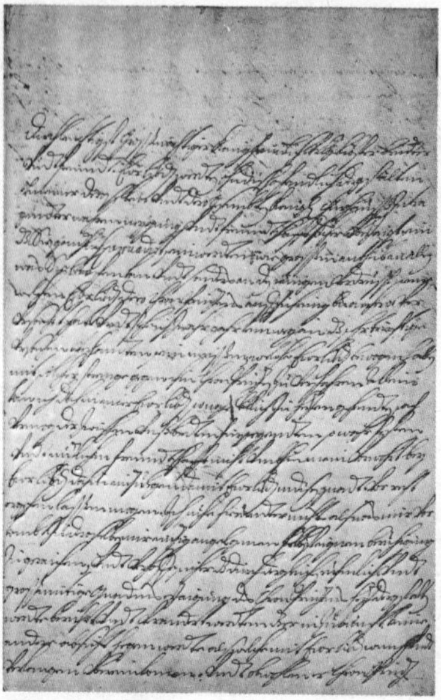

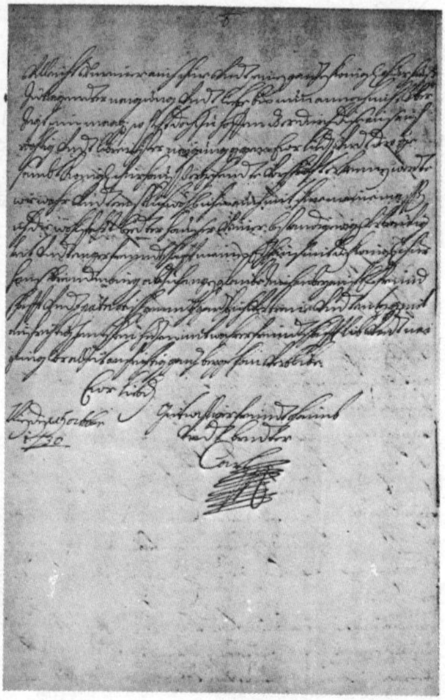

19. und 20. Fürsprache Kaiser Karls VI. zugunsten des inhaftierten Kronprinzen Friedrich Schreiben an König Friedrich Wilhelm I. vom 11. Oktober 1730
Berlin, Geheimes Staatsarchiv Preußischer Kulturbesitz

wenig begründet seine ersten schweren Verdächtigungen waren. Die Untersuchungskommission hat weder einen Mordplan gegen den König, noch ein militärisches Komplott, noch eine Einwirkung des Auslandes zu entdecken vermocht. Mag auch Friedrich Wilhelm noch so sehr gegen den Taugenichts, die Kanaille, den Schurken wettern, der sich mit solcher Unverfrorenheit verteidigt, mag er noch so sehr betonen, daß sein Sohn für ihn »ein gefährlicher Rivale« ist, der Prozeß nimmt in den Augen der Öffentlichkeit mehr und mehr die Gestalt einer Familienrache an, so daß der König daran denkt, ein Manifest an die regierenden Fürsten zu erlassen, das den Nachweis der Wohlbegründetheit seiner Beschwerden liefern soll. Am 11. September schreibt er an den Fürsten von Anhalt-Dessau: »Was die inquisicio anlagt die gehet fordt. Katte ist fertig. Des Böhsen Friderich seine müssen sie noch nach Kustrin hin zu verhöhren, alsden über gesprochen kan werden. Indessen ist gewis das Engeland von allen gewußt aber die desercion abgerahten. Der Böhs Mensch [hat] an könig von Enge[land] geschrieben sich über mir beschwehret das er so übell und nit [nach] sein karacter gehalten würde ... Der könig [hat] Ihn angerahten nit zu Desertiren ... Gott bewahre alle erl[ichen] leutte vor ungerahtene kinder. Es ist ein grohs chagrin doch ich habe vor Gott [und] vor der weldt ein reines gewissen. Ich habe vermahnet, ich habe gest[r]affet mit guthes und mit quat: es hat alles nits geholfen. Ich habe mehr als 100 Zeugen da Euer Lieben mit davon sein, dieses ist meine consolacion.« Aus diesen letzten Sätzen spricht beinahe ein Bedürfnis, sich zu rechtfertigen, das sich noch deutlicher in den Empfehlungen an Mylius kundgibt. Der Auditeur soll mit aller Schärfe hervortreten lassen, daß »Se. Königl. Majestät zu dem, was geschehen, Ursach gehabt und Recht gethan ... Es möchten sonst Zehn wohl dem König Recht geben, aber auch Zehn und wohl mehr dem Kronprinzen«. Die Leute sollen nicht glauben, »der König habe dem Prinzen nicht das Brot gegeben, daß er solche Dinge aus Not hätte thun müssen, da er, der König, seine Gründe gehabt, dem Prinzen nicht mehr als er gebraucht, zu freier Disposition zu lassen«. Friedrich Wilhelm verhält sich beinahe so, als wäre er der Angeklagte, man hat den Eindruck, daß er nicht mehr weiß, was er will.

Immerhin mußte man trachten, mit diesem ›Hexenprozeß‹ schnell fertig zu werden. Von Anfang an hatte der König die Tat seines Sohnes als Desertion bezeichnet. Unter der Anklage der Desertion und Mitschuld wurden demnach der Oberst Prinz Friedrich und seine vier Komplizen, die Leutnants von Katte, von Spaen, von Ingersleben und der flüchtige von Keith dem Kriegsgericht überwiesen. Durch Kabinettsordre (Wusterhausen, 22. Oktober 1730) bestellte der König den Generalleutnant Graf Achatz von der Schulenburg zu seinem Präsidenten und berief es nach Köpenick ein. Das Kriegsgericht trat am 25. Oktober zusammen und leistete einen Eid. Ihm gehörten drei Generalmajore, drei Obersten, drei Oberstleutants, drei Majore und drei Kapitäne an. Je drei Offiziere derselben Rangklasse haben zusammen eine Stimme, der Präsident hat gleichfalls eine, die im Falle der Stimmengleichheit den Ausschlag gibt.

Am 25. und 26. Oktober hörte das Gericht die Verlesung der Untersuchungsakten an. Am 27. Oktober trennten sich die Richter, um zu beraten, eine jede Rangklasse für sich. Gegen Keith war das Urteil einstimmig. Er wird mit allen Stimmen der schimpflichen Fahnenflucht für schuldig erklärt. Er soll durch dreimaligen Trommelschlag zum Erscheinen aufgefordert werden; stellt er sich nicht, so wird sein Degen zerbrochen und »er selbst in effigie am Galgen gehenket«. Was nun Ingersleben betrifft, so halten die Kapitäne, Majore und Generäle die Beschuldigung für erwiesen, er habe der Potsdamer Kantorstochter

Aufträge ausgerichtet, die seiner Majestät nicht genehm waren. Die Oberstleutnants und Obersten hingegen bringen in Erinnerung, daß der Leutnant auf Befehl des Prinzen Katte nach Potsdam kommen ließ, jedoch von seinen Plänen nichts wußte. Als Strafe werden zwei bis sechs Monate Festung vorgeschlagen. Betreffs Spaen stellen alle Mitglieder des Gerichtshofes den Ankauf des Wagens in Leipzig fest. Die Kapitäne, Majore und Oberstleutnants fügen hinzu, daß Spaen auf der Reise nach Ansbach einen Brief des Prinzen an Katte gelesen, demnach die Vorbereitungen zur Flucht gekannt habe und dadurch, daß er sie nicht angezeigt, eine Pflichtverletzung begangen habe. Vorgeschlagene Strafe: Kassation, zwei bis sechs Jahre Festung.

Was Katte betrifft, so war der Spruch der Majore der eingehendste und ausführlichste. Sie zählen elf Anklagepunkte auf: Vorbereitungen zur Desertion (das Wort wird ausdrücklich gebraucht), Beziehungen zu ausländischen Gesandten, geheime Korrespondenz. Unter Punkt neun legen sie Katte zur Last, daß er zu seiner Verteidigung die schlechte Behandlung des Prinzen durch den König angeführt habe. Nun sei aber Katte »als Offizier und Vasall garnicht befugt, darin zu entriren, noch weniger, sich zwischen Vater und Sohn, seinem König und seinem Nachfolger zu meliren, sondern hätte es beizeiten angeben sollen«. Katte hat nach ihrer Meinung den Tod verdient. Die Obersten und die Oberstleutnants stimmen auch für den Tod. In der Erwägung jedoch, daß der Angeklagte seine böse Absicht nicht ausgeführt hat, daß diese so genau ausgesonnene Unternehmung ohne Erfolg geblieben ist, daß der Angeklagte aufrichtige Reue bekundet und daß im Falle seiner Enthauptung der Kronprinz niemals wieder seinen Seelenfrieden finden wird, bitten sie den König, die Strafe zu mildern. Die Kapitäne und die Generäle führen an, daß Katte mehrmals versucht hat, den Prinzen zurückzuhalten, daß es ihm in Sachsen sogar gelungen ist, seine Flucht zu verhindern. Sie sprechen sich darum für lebenslängliche Festung aus.

In bezug auf Friedrich sind Kapitäne, Majore, Oberstleutnants, Obersten und Generäle der Meinung, daß er schlecht beraten war und schlechte Absichten hatte. Doch machen sie, ohne es ausdrücklich hervorzuheben, keinen Unterschied zwischen dem Obersten Friedrich und dem Kronprinzen, zwischen dem schuldigen Offizier und dem von seinem Vater beleidigten Sohn. Sie geben zu verstehen, daß sie nicht nur gegenüber dem regierenden König persönlich zur Treue verpflichtet sind, sondern gegenüber dem ganzen Königshause. Sie erklären, daß sie als Vasallen und Untertanen sich nicht »erkühnen« dürfen, über den Sohn und die Familie ihres Königs ein Urteil zu sprechen und überweisen die Entscheidung »Seiner Königlichen Majestät Gnade«.

Blieb noch das Votum des Präsidenten, in dessen Händen das Schicksal Kattes lag. Er schließt sich in bezug auf Keith der Todesstrafe, in bezug auf den Prinzen der Erklärung der Unzuständigkeit an, in bezug auf Ingersleben entscheidet er sich für sechs Monate Festung (abzüglich der schon verbüßten Haft), in bezug auf Spaen für Kassation und drei Jahre Festung. Im Falle Katte endlich legt er dar, daß der Leutnant zwar versprochen habe, Friedrich bei seinem Vorhaben zu helfen, doch sei weder Ort noch Zeit festgesetzt gewesen, und daß zwischen der Vorbereitung einer Tat und ihrer Ausführung wohl zu unterscheiden sei. Aus diesem Grunde spricht er sich nicht für die Todesstrafe, sondern für lebenslängliche Festungshaft aus. Beim Empfang dieses Urteils schrieb der König eigenhändig folgende Randbemerkung: »sie sollen recht sprech[en] u[n]d nit mit den Flederwisch vorüber gehn da [es] Katte also wohll gethan soll das Krichgerich wieder zusammenkomen u[n]d eine ande[re]s sprechen. F. W.« (29. Oktober 1730.)

Einige Tage später bei der Hoftafel zeiht der König in Gegenwart Seckendorffs, der es berichtet hat, die Richter niedriger Absichten:

»Ich hätte geglaubt, ehrliche und solche Leute erwählt zu haben, so ihre Pflicht nicht vergessen, die aufgehende Sonne nicht anbeten und bei dem Kriegsrecht allein ihr Gewissen und des Königs Ehre beobachten. Allein, nun lerne ich sie besser kennen, indem sie den Fuchsschwanz streichen und dem meineidigen Katte das Leben nicht absprechen wollen, welcher doch als ein Verbrecher der verletzten Majestät den Tod hundertmal verdient gehabt . . .«

Erste Ursache seines Zornes: Der König hatte darauf gezählt, daß die Richter ihm aus der Verlegenheit helfen würden, aber sie hatten sich gedrückt, indem sie sich weigerten, die Verantwortung des Vaters auf sich zu nehmen. Zweitens hatten sie die Absicht Friedrichs, ins Ausland zu fliehen, zwar ausdrücklich festgestellt, aber ihm trotzdem weiter die Titel Prinz und Königliche Hoheit gegeben, auch für sein Verbrechen Worte wie ›Retirade‹, ›Echapade‹, ›Absentirung‹ gebraucht, die es verkleinerten. Endlich hatten sie zu verstehen gegeben, daß bei alledem viel jugendliche Unbesonnenheit mit im Spiele gewesen war.

»Sie haben das Vorhaben von dem Kronprinzen und dessen Anhängern vor lauter Kinderspiel in den Augen der ganzen Welt wollen passiren machen, welches keine so harte Strafe verdiente.«

Das Kriegsgericht trat am 31. Oktober noch einmal zusammen, beharrte aber einstimmig auf seinem ersten Spruch. Es stand nicht in der Richter Macht, das Urteil, das sie gemäß ihrem feierlichen Eid und nach bestem Wissen und Gewissen gefällt hatten, abzuändern. Am folgenden Tage erklärte der König seine Willensmeinung. Mit den Urteilen über Keith, Spaen und Ingersleben war er zufrieden und ließ letzteren sogar unverzüglich in Freiheit setzen. ». . ., was aber den Lieutenant Katten und deßen Verbrechen auch die von dem Kriegsrecht deshalb gefällte Sentenz anbelanget, so seind Seine Königl. Majestät zwar nicht gewohnet, die Kriegsrechte zu schärfen, sondern vielmehr, wo es möglich zu mindern. Dieser Katte aber ist nicht nur in Meinem Dienst Offizier bei der Armée, sondern auch bei die Guarde Gens d'armes. Und da bei der ganzen Armée alle meine Offiziere Mir getreu und hold sein müssen, so muß solches um so viel mehr geschehen von den Officiers von solchen Regimentern; indem bei solchen ein großer Unterschied ist, denn Sie immediatement an Sr. K. M. allerhöchsten Person und Dero Königliche Hause attachiret sein, Schaden und Nachteil zu verhüten, vermöge seines Eides. Da aber dieser Katte mit der künftigen Sonne tramiret zur Desertion, mit fremden Ministren und Gesandten allemal durch einander gestecket . . . So wissen Se. K. M. nicht was vor kahle Raisons das Krieges-Recht genommen und Ihm das Leben nicht abgesprochen hätten. S. K. M. werden auf die Art sich auf keinen Officier noch Diener, die in Eid Und Pflicht sein, sich verlassen können, denn solche Sachen, die einmal in der Welt geschehen seind, öfters geschehen können, es würden aber alsdann alle Thäter den Praetext nehmen, wie es Katten wäre ergangen, und weil der so leicht und gut durchgekommen wäre, ihnen dergleichen geschehen müßte. S. K. M. seind in Dero Jugend auch die Schule durchlaufen und habe das Lateinische Sprichwort gelernet fiat justitia et pereat mundus. Also wollen Sie hiermit und zwar von Rechts wegen, daß der Katte, ob er schon nach denen Rechten verdienet gehabt, wegen des begangenen crimen laesae Majestatis mit glühenden Zangen gerissen und aufgehänget zu werden, Er dennoch nur, in Consideration seiner Familie, mit dem Schwert vom Leben zum Tode gebracht werden soll. Wann das Kriegs-Recht dem Katten die Sentenz publiciret, soll Ihm gesaget werden, daß Sr. K. M. es leid thäte, es wäre aber besser, daß er stürbe als daß die Justiz aus der Welt käme.« (Wusterhausen, 1. November 1730.)

In diesem Schreiben atmet eine Tugend, eine schlichte Größe, die nicht erkünstelt sind. Friedrich Wilhelm hatte von seinem harten, pflichtbewußten Leben einen sehr hohen Begriff. Und er dachte an sein Preußen und an die Zukunft. Doch ist er auch zutiefst in seine Seele hinabgestiegen? Hat er sich eingestanden, daß er Kattes Tod wollte, weil die schwerste Strafe zugleich seine eigene Rechtfertigung bedeutete? Verzeihung wäre dem Eingeständnis seines schlechten Gewissens gleichgekommen. Er brauchte das Wort »die aufgehende Sonne«, weil

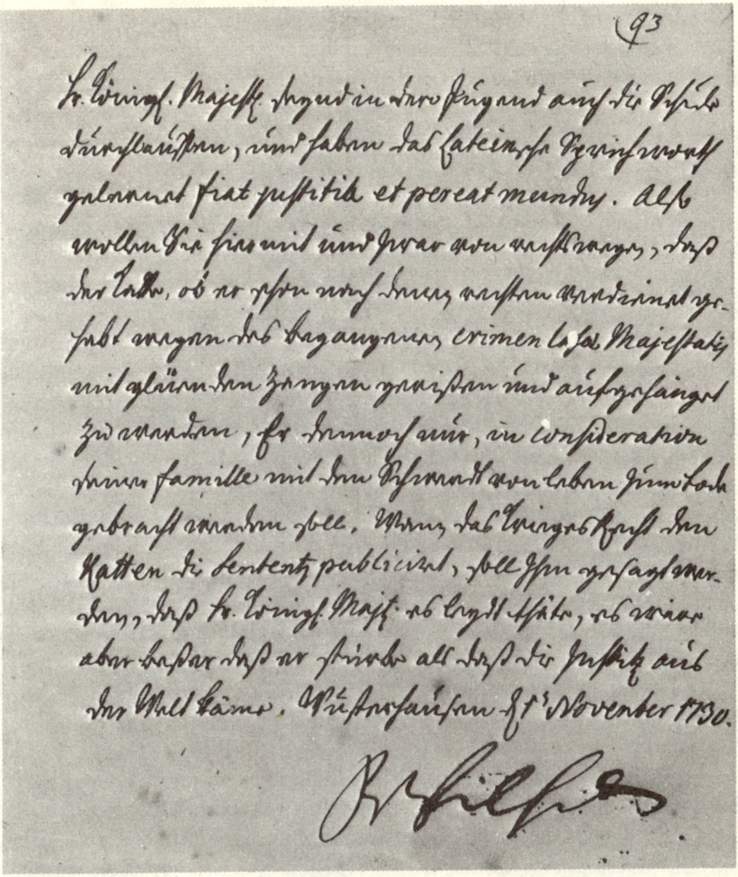

*21. Umwandlung des lebenslänglichen Hafturteils gegen Hans Hermann von Katte in die Todesstrafe
Besondere Kabinettsordre König Friedrich Wilhelms I. vom 1. November 1730
Berlin, Geheimes Staatsarchiv Preußischer Kulturbesitz*

er sich schon im Grabe liegen sah und sich vorstellte, wie Fritz, der neugebackene König, dem Freunde die Pforten des Kerkers zu öffnen lief, wie er ihn in die Arme schloß und ihn mit sich nach Berlin an den Hof führte.

Die nun folgenden Tage sind voller Grauen. Am 2. November wird Katte vor das Kriegsgericht geführt und ihm das Urteil vorgelesen.

»Ich füge mich«, sagte er, »in den Willen der Vorsehung und des Königs. Ich habe keine Schlechtigkeit begangen, und wenn ich sterbe, so ist es um einer guten Sache willen.«

Katte versuchte immerhin seinen Kopf zu retten. Noch am selben Tage bat er seinen Großvater, den greisen Generalfeldmarschall Alexander Hermann Reichsgraf von Wartensleben, Seiner Majestät eine Bittschrift zukommen zu lassen, in der sich des jungen Leutnants leidenschaftlicher Lebenswille äußert: »Meiner Jugend Irrtum, Schwachheit, Unbedachtsamkeit, mein nichts Böses meynender Sinn, mein durch Mitleid und Liebe eingenommenes Herze, ein eitler Wahn der Jugend, der keine verborgene Tücke im Schilde geführt, sind es, mein König! die demüthigst um Gnade, Erbarmen, Mitleiden, Barmherzigkeit und Erhörung bitten und flehen.« Diesem Verzweiflungsschrei gesellte der Generalfeldmarschall das flehentliche Bitten eines sehr alten Mannes. Er hatte sein Leben und nach ihm das seines Sohnes dem Vaterland geweiht. Beide hatten im Dienste des Königs ihr Blut vergossen. So erkühnt er sich denn, sich Sr. Königlichen Majestät zu Füßen zu legen und flehentlich zu bitten, nicht geschehen zu lassen, daß »ich am Ende meines achtzigsten Jahres auf eine so betrübte Art noch müsse Blut triefen sehen von demjenigen, der von mir abgestammet, und dadurch mein graues Haar mit Herzeleid in die Grube gebracht werde.« Der König schrieb an den Vater und Großvater gleichlautende Antworten und erwiderte, er könne kein Pardon gewähren, er habe, indem er dem Verurteilten die Folter und das Hängen erspart, alle mögliche Gnade geübt, ein Exempel müsse statuiert werden. (Wusterhausen, 3. November 1730.)

Zur gleichen Zeit befahl er seinem Gesandten in London, dem Grafen Christoph Martin von Degenfeld, am dortigen Hofe laut und deutlich zu erklären, daß er (der König), auch wenn es 100 000 Kattes gäbe, sie alle miteinander köpfen lassen würde: ». . . solange Gott mir das Lehben gehbe, ich mir als Herr dispoticke suteniren werde wan ich auch sollte 1000 der vornehmste die Köppe abschlagen lassen denn die Engelle[nder] solten wissen daß ich keine Nehben Regenten nit würde bei meiner seite zulassen . . .« (24. November 1730.)

Am 3. November beauftragte Friedrich Wilhelm den Generalmajor Otto Gustav von Lepel und den Oberst Gottfried von Reichmann, den verurteilten Katte in Küstrin in Empfang zu nehmen und die Hinrichtung zu vollstrecken. Die Todesstrafe soll am 6. November vollzogen werden: »Den Montag als den 6. dieses früh um 7 Uhr, sollet ihr von der Garnison 150 Mann commandiren lassen, die den Kreis schließen sollen vor die Fenster des Kronprinzen, oder woferne, ja daselbst nicht

Platz genug dazu wäre, müßet Ihr einen anderen Platz nehmen, so daß der Kronprinz aus dem Fenster selbigen gut übersehen kann. Wenn der Kreis geschlossen ist, soll die 30 Gensdarmes ... nebst dem Prediger dem Lieut. Katte im Kreis bringen und soll ihm der Ober-Auditeur Gerbet alsdann das Todes-Urteil vorlesen.« Nach einem Gebet soll ihm der Scharfrichter den Kopf abschlagen. Der Leichnam soll, von Posten bewacht, bis zwei Uhr nachmittags auf dem Richtplatz liegenbleiben. Hierauf wird er in einen Sarg getan » ... und vor das Thor auf den Armen-Kirchhof in der Stille eingesenkt«.

Zur Zurücklegung des Weges von Berlin nach Küstrin brauchte man damals zweieinhalb Tage. Am 3. November kam Major Otto Bogislaw von Schack zu Katte ins Gefängnis:

»Ich habe Befehl von Sr. Majestät«, sagte er, »bei Ihrer Hinrichtung zugegen zu sein. Zwei Mal habe ich mich geweigert, aber ich habe zu gehorchen, Gott weiß es, was es mich kostet. Gebe der Himmel, daß das Herz des Königs sich noch wenden und ich in letzter Stunde noch die Freude haben möchte, Ihnen Ihre Begnadigung anzukündigen!«

»Sie sind zu gütig«, antwortete Katte, »aber ich bin mit meinem Schicksal zufrieden. Ich sterbe für einen Herrn, den ich liebe, und habe den Trost, ihm durch meinen Tod den stärksten Beweis meiner Anhänglichkeit zu geben.«

Als man am Abend Rast machte, bat er, an seinen Vater schreiben zu dürfen, doch war er so erregt, daß ihm die Worte nicht zu Gebote stehen wollten. Endlich, nachdem er in dem Zimmer lange auf und ab gegangen war, schrieb er: »In Tränen möchte ich zerrinnen, wenn ich daran denke, mein Vater! daß dieses Blatt Ihnen die größte Betrübnis, so ein treues Vaterherz empfinden kann, verursachen soll, daß die gehabte Hoffnung meiner zeitlichen Wohlfahrt und Ihres Trostes im Alter mit einem Mal verschwinden muß, daß Ihre angewandte Mühe und Fleiß in meiner Erziehung ... umsonst gewesen ... Wie dachte ich nicht in der Welt mich emporzubringen ... Wie glaube ich nicht, daß es mir an meinem zeitlichen Glück und Wohlfahrt nicht fehlen könnte, wie war ich nicht eingenommen von der Gewißheit eines großen Ansehens! Aber alles umsonst. Wie nichtig sind nicht der Menschen Gedanken, mit einem Mal fällt alles über den Haufen, und wie traurig ändert sich nicht die Szene meines Lebens. Wie gar unterschieden ist mein jetziger Stand mit dem, womit ich in meinen Gedanken schwanger ging. Ich muß, anstatt den Weg zur Ehre und Ansehen, den Weg der Schmach und eines schändlichen Todes wandern, aber wie unbegreiflich, o Herr! sind Deine Wege und unerforschlich Deine Gerichte. Wohl recht heißet es, Gottes Wege sind nicht der Menschen Wege, und der

Menschen Wege sind nicht Gottes Wege.« Er unterwirft sich dem Willen Gottes, ohne den auf Erden nichts geschieht. »Ist gleich die Art und Weise meines Todes bitter und herbe, so ist die Hoffnung und die Gewißheit der künftigen Seligkeit desto süßer und angenehmer, ist er gleich mit Schimpf und Schmach verknüpfet, ist es doch nichts im Vergleich der künftigen Herrlichkeit . . . Trösten Sie sich, mein Vater! Hat Ihnen doch Gott mehr Söhne beschert, denen er vielleicht mehr Glück in dieser Welt geben wird, und Ihnen mein Vater, die Freude an denenselben erleben zu lassen, die Sie vergeblich an mir gehoffet, welches ich Ihnen vom Grund meiner Seele wünsche. Unterdessen danke ich mit kindlichem Respekt für alle mir erwiesene Vatertreue von meiner Kindheit an bis zu jetziger Stunde. Gott der Allerhöchste vergelte Ihnen tausendfach die mir erzeigte Liebe . . .« Er fügt noch einige Worte für die zweite Frau seines Vaters hinzu, die er wie seine eigene Mutter geliebt hat und für seine Geschwister, die er zu verzeihen bittet, daß er ihnen nicht sein ganzes Herz offenbaren könne: »Ich stehe vor der Pforte des Todes, muß also bedacht sein, mit einer gereinigten und geheiligten Seele einzugehen, kann also keine Zeit versäumen.« In dieser und der folgenden Nacht schlief er ruhig und sanft. Auf der Fahrt nach Küstrin unterhielt er sich mit dem Pastor Johann Ernst Müller und verwahrte sich dagegen, jemals Gott geleugnet zu haben, es sei denn, aus Übermut und um in Gesellschaft zu glänzen. Er lebt des Glaubens, dem Strafgericht mit Freuden entgegenzugehen.

Am 5. November gegen Mittag wurde in der Ferne die Stadt Küstrin sichtbar. Man ließ ihn alsbald wissen, daß die Hinrichtung auf den folgenden Tag anberaumt sei. »Es ist mir lieb, je eher, je lieber«, antwortete er. Es kam zu erbaulichen Gesprächen mit dem Feldprediger Müller und dem Garnisonsprediger von Küstrin Besser. Nachts brachte man ihm ein Mahl, der Präsident der Domänenkammer in Küstrin Christian Ernst von Münchow hatte Ungarwein gesandt. Dann kamen Schack und einige andere Offiziere, um mit dem Verurteilten zu beten. Am selben Abend schrieb er an den Prinzen ein Billett, dessen Inhalt uns aus dem Bericht des Pastors bekannt ist. Er beschwor Friedrich, sich dem Willen Gottes und des Königs zu unterwerfen. Schack, der nicht schlafen konnte, blieb bis drei Uhr morgens bei Katte. Sie beteten miteinander und flehten Gott an, Katte die Kraft zu einem würdigen Tode zu verleihen. Katte war bleich. Er fühlte, wie sein Fleisch und sein Blut sich gegen den Tod empörten. Endlich schlief er ein, doch um fünf Uhr morgens schrak er auf, als draußen die Schildwache abgelöst wurde. Es geschah im gleichen Augenblick, daß Oberst von Reichmann das Zimmer Friedrichs betrat.

Der Prinz, der von den Ereignissen der letzten Tage nichts wußte, lag ruhig schlafend auf seinem Bett. Seine Gefangenschaft war beträchtlich erleichtert worden. Präsident von Münchow verschaffte ihm unter Mitwissen der Wächter, die ein Auge zudrückten, Messer, Gabeln und Kerzen. Trotz des väterlichen Verbots hat er nun auch Bücher, Bleistifte und Papier, und seine Gefangenenkost erfährt eine Bereicherung durch kalten Braten, Früchte und allerhand Leckerbissen, die der Sohn Münchows ihm zuträgt. Er steht in Verbindung mit der Außenwelt und fängt wieder an, Unverschämtheiten zu sagen. Als man ihm mitteilt, daß seine tägliche Ausgabe vom König auf acht Groschen herabgesetzt worden ist, antwortet er:

»Ob ich in Küstrin oder in Potsdam hungere, ist gleich.«

Selbstverständlich ist er zu äußerster Vorsicht gezwungen. In seinen Briefen an Wilhelmine empfiehlt er ihr öfters, sympathetische Tinte zu benutzen: »Gibt es denn in Berlin keine Zitronen mehr?« Doch schreibt er auch, er werde ihr demnächst sein Porträt schicken. Auf den glücklichen Ausgang des Abenteuers vertrauend, ist er schlimmstenfalls auf den Verlust seines Oberstenranges und auf eine Abgeschiedenheit von einigen Monaten in einem nicht unbehaglichen Gefängnis gefaßt. In seinen Verhören hat er sehr wohl gemerkt, daß Grumbkow die Dinge nicht bis zum äußersten treiben will, sondern vielmehr im Bewußtsein, die Partie gewonnen zu haben, die Möglichkeit einer Aussöhnung ins Auge faßt. Vielleicht hatte zwischen ihm und dem Minister eine geheime Unterredung stattgefunden. Auf jeden Fall haben sie sich verstanden. Im September schreibt Friedrich wieder an seine Schwester: »Alle Bücher erhalten, zurückgegeben oder verbrannt. Ich antworte und wünsche, daß man ein Gleiches tue. Ich lebe, befinde mich wohl und amüsiere mich schlecht und recht.« Dann nach vielen Versicherungen brüderlicher Liebe: »La Rancune [Grumbkow] macht Miene, mit mir zu brechen. Wenn dem so ist, stehen meine Aktien schlecht. Sollten Sie etwas darüber erfahren, so bitte ich, daß es durch unsere Mauern bis zu mir durchsickere.« Einige Wochen später glaubt er, das Schlimmste überstanden zu haben: »Ich habe kräftig auf Ihre Gesundheit getrunken. Lassen Sie mich bitte wissen, wie es Ihnen geht. Suchen Sie, wenn es Ihnen möglich ist, die Königin zu bewegen, Grumbkow zu menagieren, denn er ist imstande, alles in Ordnung zu bringen und benimmt sich mir gegenüber sehr honnett. Die Königin soll ihm Konfidenzen machen! . . . Ich weiß noch gar nicht, was über mein Schicksal beschlossen werden wird, doch will ich lieber in Küstrin vermodern als so weiter leben wie zuvor. Ich habe jetzt zu meinem Schmerz so recht erfahren, daß ein feindseliger Vater das Furchtbarste ist, was es gibt . . . Ich lebe hier in völliger Ungewißheit, einzig von Ihrer Freundschaft bin ich überzeugt. Lieben Sie mich immer und seien Sie versichert, daß weder Gefängnis noch Freiheit, weder Fürstentum noch Throne, weder Tod noch Leben mich von den Gefühlen der Achtung und Freundschaft abwenden können, die ich stets für Sie hege und hegen werde.«

Einige Tage vor der Sitzung des Kriegsgerichtes schickt er seiner Schwester einen gezierten Brief, in dem er seine Hoffnung auf gelinde Bestrafung nicht verhehlt:

»Liebste Schwester, man wird mich in der Sitzung des Kriegsgerichtes, die nun stattfinden soll, verketzern; denn, um als Erzketzer zu gelten, genügt es, daß man mit der Meinung des Herrn und Gebieters nicht in allen Stücken übereinstimmt. Sie können sich also unschwer vorstellen, wie hübsch man mich zurichten wird. Was mich betrifft, so mache ich mir nichts aus Bannflüchen, die gegen mich geschleudert werden, vorausgesetzt, daß meine liebenswürdige Schwester dem Anathem nicht beipflichtet. Welches Vergnügen für mich, daß weder Riegel noch Eisengitter mich zu hindern vermögen, Ihnen meine vollkommene Freundschaft zu bezeugen! Jawohl, meine liebe Schwester, es gibt in diesem fast völlig verderbten Jahrhundert noch redliche Leute, die mir die Mittel verschaffen, um Ihnen meine Ergebenheit zu bezeugen. Jawohl, meine liebe Schwester, wenn ich nur weiß, daß Sie glücklich sind, dann wird mir das Gefängnis zu einem glückseligen und vergnügten Aufenthalt. Chi ha tempo ha vita: trösten wir uns mit diesem Spruch. Ich wünschte vom Grunde meines Herzens, keines Dolmetschers zwischen uns zu bedürfen. Möchten uns jene glücklichen Tage wieder beschieden sein, wo Ihr Principe und meine Principessa einander küßten. Oder, um deutlicher zu reden, wo ich Ihnen mündlich sagen kann, daß nichts in der Welt meine Liebe zu Ihnen zu vermindern vermag. Adieu! Der Gefangene.« Wie anders sah die Wirklichkeit aus!

Als ihm mit knappen Worten eröffnet wurde, daß Katte, nur wenige Schritte von ihm entfernt, gefangen sei und vor seinen Augen sterben werde, stieß er einen fürchterlichen Schrei aus: »Herr Jesus, bringen Sie doch lieber mich ums Leben!« Zwei Stunden lang jammerte und weinte er, lief in seinem Gefängnis auf und ab, rang die Hände und bat den Freund, der ihn nicht hören konnte, um Verzeihung. Der König möge ihn enterben, ihn töten, ihn im Kerker vermodern lassen, wenn nur Katte gerettet würde! Wenn nur sein Freund am Leben bliebe!

Um sieben Uhr hatten die Truppen Aufstellung genommen, das Tor der Festung wurde geöffnet. Zwei Offiziere führten Friedrich ans Fenster. Katte, der mit großer Andacht das Abendmahl genommen hatte, schritt ungefesselt zwischen zwei betenden Geistlichen dahin. Er ging sehr ruhig und in ungezwungener Haltung, den Hut trug er unter dem Arm. Der Weg zum Richtplatz führte um das Gebäude herum auf den Wall, unter dem die Oder hinfließt. Dort hob er die Augen auf, und sein Blick suchte im trüben Licht des Novembermorgens das Fenster des Prinzen. Als der Prinz ihn sah, rief er ihm zu: »Mein lieber Katte, ich bitte Sie tausendmal um Verzeihung. Um Gotteswillen, Verzeihung, Verzeihung!« Und er warf ihm einen Kuß zu. Katte grüßte ehrerbietig und erwiderte mit klarer Stimme: »Nichts von Verzeihung, mein Prinz, ich sterbe mit tausend Freuden für Sie.«

22. Die Hinrichtung Hans Hermann von Kattes in Küstrin am 6. November 1730 vor den Augen des inhaftierten Kronprinzen Friedrich
Kupferstich eines Unbekannten

Katte hörte die Verlesung des Todesurteils gefaßt an. Dann nahm er von den Offizieren und allen Anwesenden Abschied. Er reichte dem Burschen Schacks seine Perücke, setzte eine weiße Mütze auf den Kopf, zog den Rock aus, öffnete weit den Kragen seines Hemdes und kniete auf dem für die Hinrichtung bestimmten Sandhaufen nieder. »Herr Jesus . . .«, begann er zu beten. Doch unterbrach er sich, als ihm der Scharfrichter die Augen verbinden wollte. Er bat, dies nicht zu tun. »Herr Jesus . . .« Sein Kopf fiel beim ersten Streich.

Droben am Fenster fiel Friedrich bewußtlos in die Arme seiner Wächter.

LEHRJAHRE

Als Friedrich wieder zu sich kam, setzte er sich in einem Zustand völliger Niedergeschlagenheit ans Fenster, den Blick unverwandt auf das schwarze Tuch geheftet, das seinen gerichteten Freund bedeckte. So in seinen Schmerz versunken, verharrte er, jede Nahrung verweigernd, bis zum Abend. Er sah, wie man den Leichnam davontrug, und bat den Festungskommandanten, auch den blutbefleckten Sand wegschaffen zu lassen.

Pastor Müller betrat unmittelbar nach der Hinrichtung sein Zimmer. Doch als er ihn so matt und verstört sah, verließ er ihn wieder. Er kam nach Einbruch der Dunkelheit zurück und ein zweites Mal um sieben Uhr früh. Der König hatte diese Verzweiflung gewollt, und um sie herbeizuführen, den Verlauf des Trauerspiels bis in die kleinsten Einzelheiten geregelt, wie ein Regisseur auf dem Theater. Er hatte sich den Geistlichen vorgestellt, der des Prinzen Zelle betrat, bevor der Henker noch sein Schwert vom Blut gereinigt hatte, und er sah Friedrich im Geiste vor sich, entsetzenstarr – vor Furcht und Grauen schwankend. »Mein Sohn wurde geopfert«, schrieb Kattes Vater in einem verzweifelten Brief. Jawohl, Katte ist geopfert worden, um des Prinzen Herz zu zerreißen und seinen Geist gefügig zu machen.

Müller hatte vom König eine ausführliche Instruktion erhalten: »Würdiger, lieber Getreuer. Ich kenne Euch zwar nicht, aber ich habe von Euch viel Gutes gehöret, Daß Ihr ein frommer rechtschaffener Prediger und Diener des Wortes Gottes seid. Also da Ihr bei occasion der Execution des Lieutenant Katt nach Cüstrin kommet, so befehle Ich Euch gleich nach der Execution oben bei den Kronprinzen zu gehen, mit Ihm zu raisonniren . . . Er möchte in sich gehen, Gott recht von Herzen um Vergebung bitten vor die schwere Sünde, so er begangen und Leuthe mit verführet, davon jetzo einer sein Leib und Leben hätte müssen einbüßen. Woferne Ihr nun den Kronprinz zerknirschet findet, sollet Ihr Ihn animiren, auf die Knie mit Euch zu fallen, und auch die Officiers, die bei Ihm sein, und Gott mit tränendem Herzen um Vergebung bitten. Ihr müsset aber alles mit guter Arth und Vorsicht thun, denn Er ein verschlagener Kopf ist, und müsset Ihr wohl acht geben, ob alles auch mit einer wahren Reue und gebrochenem Herzen geschehe ...

... Da ich nun hoffe, daß der jetzige Umstand, und die in frischem Andenken alsdenn seiende Execution Ihm das Herz rühren und weich machen wird, daß Er auf bessere Gedanken komme, so gebe Ich Euch auf Euer Gewissen, ... Findet Ihr aber keinen Ingreß, so sollet Ihr weggehen und es Mir schreiben, auch wenn Ich nach Berlin komme, selber sagen. Findet Ihr aber ein zerknürschtes Herz, so sollet Ihr es mir auch schreiben und da bleiben.« (Wusterhausen, 3. November 1730.)

Der Pastor blieb. Bei seinen beiden ersten Besuchen hatte er Friedrich schluchzend vorgefunden. Er sprach beständig von seinem Freunde, klagte sich an, seinen Tod verursacht zu haben. Müller übergab ihm Kattes Testament. Das führte zu einem neuen wilden Tränenausbruch. Die Nacht verbrachte er in gräßlichen Phantasien. Der Pastor, ein Offizier und ein Kammerdiener lösten sich an seinem Lager ab. Am Morgen sagte er: »Der König meine, Er habe mir Katten genommen, ich sehe ihn aber ja vor meinen Augen stehen.« Doch ließ er, gleichsam als Zeichen seiner Rückkehr ins Leben, einen Arzt kommen, von dem er sich ein Pulver verschreiben ließ, das er gewöhnlich nahm.

Die Wege unserer Seele sind so dunkel und widerspruchsvoll, daß es schwerhält, was in ihr vorgeht, durch Worte auszudrücken, die doch eines das andere auslöschen. Während Fritz sich ganz einer tiefen inneren Wirrnis ergab, während sein Geist sich aufzulösen und abzudanken schien, rief er mit dem ganzen Ungestüm seiner 18 Jahre das Vergessen und die Befreiung herbei. Zwei Mal zwölf Stunden hatte er in gräßlicher Einsamkeit gestöhnt – einer Öde voller Selbsthaß, voller Rufe ins Leere, voll blutsaugender Gespenster, voll überreizter erschöpfender Phantasmen. Und nun, mit schmerzenden Lidern, hob er sich aus dem Schlafe wie aus einem Grabe empor und fühlte in sich seine Kraft, seinen Stolz, den anderen nicht gleich zu sein. Er beschloß zu siegen, indem er für dieses Mal nicht gegen den Strom schwamm, um eines Tages der Herr und ganz er selbst zu sein. Doch was konnte er von seinem Gefängnis aus tun, um des Königs Zorn zu besänftigen und ihn zur Gnade zu bewegen?

Friedrich Wilhelm hatte die Beziehungen seines Sohnes zu England als einen Versuch persönlicher Politik, ja sogar als eine Art Revolte aufgefaßt: »Es bedurfte der harten Faust des Königs«, schreibt der Biograph Friedrichs Gerhard Ritter, »um dieses Intrigengewirr zu zerstören, die königliche Souveränität gegen alle höfischen Parteiungen sicherzustellen, den unreifen Jüngling vor der Gefahr direkten Hochverrats zu bewahren. Das fürchterliche Ungewitter seines Zornes erscheint, so besehen, fast als ein Akt wohlüberlegter Staatsräson.« Doch hat Friedrich – darin müssen wir Arnold Berney recht geben – die politische Tragweite seines Fluchtversuchs nicht erfaßt. Unfähig, die Mißhandlungen länger zu ertragen, wollte er sich den Schlägen entziehen und war zugleich der Meinung, daß die von seiner Mutter gewünschte englische Heirat ihm mit einem Male Geld, Vergnügen und Freiheit verschaffen würde. Von seiner angeblichen Desertion hat er immer wie von einer Unbedachtsamkeit, einem tollen Jugendstreich gesprochen. Ein Verbrechen des Hochverrats darin zu erblicken, wäre ihm nie eingefallen. Und seine Reue kam ihm immer nur von den Lippen, nie aus dem Herzen.

Wenn er übrigens in der Armee und unter den Junkern Sympathien und Freundschaften gefunden hat, so lag das nicht an einer Verschwörung, sondern daran, daß in einer absoluten Monarchie die Mißvergnügten und Schwärmer ihre Blicke naturgemäß auf den Thronfolger richten. Daraus entsteht eine Art heimlicher Opposition, die sich zwangsläufig aus dem Gegensatz der Generationen ergibt. Doch das, was eine alte Monarchie wie Frankreich ohne Schaden ertragen konnte, brachte das Dasein Preußens in Gefahr. Denn Preußen war ein ganz neues, gewissermaßen noch unfertiges Land, bestehend aus zerstreuten Stücken, die durch Heiraten und den Zufall einiger Todesfälle unter ein Zepter gebracht worden waren, ein Staat ohne Grenzen, ohne geographischen Zusammenhang, ohne Tradition, ohne gemeinsame Erinnerungen, bevölkert von Untertanen, die einander von Provinz zu Provinz als Fremde betrachteten – ein Land, das einzig und allein zusammengehalten wurde durch die Person und die starke Hand des Herrschers. Selbst die ohnmächtigsten, selbst die unwirksamsten Intrigen der Königin und Friedrichs untergruben Preußen, weil sie das Prinzip des unbedingten Gehorsams zerstörten, in dem ja eigentlich ganz Preußen bestand.

Friedrich Wilhelms felsenfeste Überzeugung ist sogar, daß der Kronprinz nicht das Recht auf eine besondere Persönlichkeit besitzt, wenn sie der Natur seines Reiches widerspricht. Indem Fritz seine eigenen Wünsche zu befriedigen strebt, geistigen Freuden und einem uneigennützigen Bildungsideal nachjagt, lehnt er sich gegen die Notwendigkeiten des preußischen Staates auf. Denn weder das Lesen guter Bücher, noch die bildenden Künste, weder die Musik, noch Luxus und Eleganz, weder die Vergnügungen des Geistes, noch verfeinerte Sitten haben mit der Definition, mit dem Wesen Preußens etwas zu tun. Alles, was Friedrich sich selber zuwendet, ist also ein Diebstahl am Staat, und sein Bemühen, seine Persönlichkeit zu entwickeln, ein Attentat auf den Bestand und die Entwicklung Preußens.

Jahr um Jahr hat Friedrich Wilhelm an seiner Seite einen künftigen König von Preußen heranwachsen sehen, der seiner Meinung nach niemals ein echter Preuße sein wird, und hat sich um so mehr darüber geärgert, als er ja alles, was er nun seinem Sohne verweigert, in seiner Jugend besessen und bei seinem Regierungsantritt mit Abscheu von sich geworfen hatte. Er hatte einen glänzenden, prunkvollen Hof gekannt, der in seinem Geschmack, seiner Etikette und seiner Sprache französisch war. Er hatte seine Mutter in einem Kreis von Gelehrten, Schriftstellern, Musikern und bildenden Künstlern den Vorsitz führen sehen. Er hörte zu, wie sie von Bayle und Fénélon sprach, mit Leibniz philosophierte und ihn mit ihrem ›Warum‹ ermüdete. Doch hatte er auch das ganze Ausmaß des Elends erkannt, das sich hinter dieser bestechenden Fassade verbarg. Überschuldung, Zerrüttung der Finanzen, Darniederliegen des Ackerbaues, Armut und Elend auf dem Lande – das ist in seinen Augen der Preis, mit dem man die Hoffeste und die Schöngeisterei bezahlen muß. Preußen kann keinen Herrscher brauchen,

23. bis 25. Grenadiere vom Regiment der Langen Kerls Drei Gemälde vermutlich von Johann Christof Merck, um 1714 Ehem. Potsdam, Stadtschloß

der nicht nach seinem Ebenbilde geformt ist: Hart und soldatisch muß er sein wie dieses Land, ein Bauer, karg, rauh und fromm, ein Wirklichkeitsmensch und ein Machtgläubiger, der nach allem anderen nicht fragt. Als am 7. November der Kronprinz seinen Arzt rufen läßt, ist über seine nächste Zukunft schon entschieden. Friedrich Wilhelm erwartet von der Hinrichtung Kattes, daß Fritz, geläutert durch das Blut des Enthaupteten, ein Preuße nach dem Sinne seines Vaters werde. Und Fritz hat aus jener harten Prüfung die Lehre gezogen, daß er um Leben und Krone zu retten, tun muß, als eigne er sich die Anschauungen seines Vaters an. Er muß sich mit ihnen bekleiden, sie allerorten zur Schau tragen wie eine Uniform.

In den Augen des Königs bestand die nächste Aufgabe darin, Friedrich zur wahren Religion zurückzuführen. Denn inkonsequent, wie er gewöhnlich war, hatte er, um seinem Sohn die menschliche Freiheit zu lehren, an die er glaubte, einen Pastor gewählt, der nicht an sie glaubte. Und Friedrich war der Lehre von der Vorherbestimmung treu geblieben, die ihm eine bequeme Handhabe zum Verständnis des Weltlaufs bot. Als er nun Müller wiederkommen sah, lag ihm nichts ferner als der Gedanke, daß der Pastor ihm mit der göttlichen Vorsehung, der Gnade und der Fatalität zu Leibe gehen wollte. Ohne recht zu begreifen, ließ er sich auf den theologischen Disput ein, kam aber jedesmal, wenn der Pfarrer von der Gnade Gottes redete, auf die Gnade des Königs zu sprechen. Endlich konnte er nicht mehr an sich halten und fragte ihn geradezu: »Muß ich nicht aus Ihrem als eines Predigers Besuch schließen, daß Sie mich auch zum Tode bereiten?« Müller verwahrte sich dagegen. Wie könne von so etwas die Rede sein! Es handle sich einzig darum, den Prinzen zur Erkenntnis seines Fehltritts und zur Reue zu bewegen. Friedrich begreift nun: Man will ihn zwingen zu erklären, daß sein Fluchtversuch nicht von aller Ewigkeit im göttlichen Willen lag, so daß er für seine Tat die volle Verantwortung trägt. Weiter nichts? Er ist bereit, die Prädestination preiszugeben, aber geschickt genug, sich nicht zu schnell zu ergeben. Er argumentiert noch, um an seine Aufrichtigkeit glauben zu machen. Endlich erklärt er sich für besiegt:

»Es ist also keine Fatalität, sondern ich alleine habe Schuld an Kattens Tode und meinem eigenen Unglück.«

Am gleichen Abend sendet der Pastor dem König die frohe Botschaft, daß Fritz kein Ketzer mehr sei, und bezieht am nächsten Morgen ein Zimmer im Schloß. Fritz braucht nur an die Wand zu klopfen, und schon eilt er herbei. In seinen Berichten versichert er, daß er in der Seele des Gefangenen nicht die geringste Spur von Falschheit entdeckt habe, sondern nichts als aufrichtige Reue. So bittet er denn »aufs allerunterthänigste und demüthigste, Ew. Majestät wolten nach dem Exempel des Großen Gottes barmherzig sein; denn ich sonst immer mehr befürchte, daß er ... wegen anhaltender und zunehmender Traurigkeit in eine schwere Gemüthskrankheit, daraus keine Rettung sein dürfte, verfalle«.

Die Antwort lautet: »Hiernächst habet Ihr mir auf Euer Gewissen, so wie Ihr es dermaleinst vor Gott verantworten könnet, gemeldet, daß der Prinz in Cüstrin sich zu Gott bekehre, und seinen König, Herrn und Vater tausentmal um Vergebung bäte, über alles, was Er gethan und verbrochen hätte, und daß es Ihm von Herzen leid thäte, daß Er sich nicht allemal seines Vaters Willen, willigst unterworfen hätte: Woferne Ihr nun den Kronprinz also findet, daß Er dieses Erste vor Gott verspricht, und Ihm seine Sünden von Herzen leid sind, es auch seine wahre Intention ist, sich, versichertermaßen, und auf die Art, wie Ich es hier gesetzet, zu bessern, so sollet Ihr in Meinem Namen Ihm andeuten, daß Ich Ihn zwar noch nicht gänzlich pardonniren könnte; aber Ich würde Ihn dennoch aus unverdienter Gnade aus dem scharfen Arrest lassen, und wiederum Leute bei Ihn geben, die auf seine conduite acht haben sollten. Es sollte Ihm die ganze Stadt zum Arrest sein, so daß Er nicht aus der Stadt gelassen werde. Ich würde Ihm auch vom Morgen bis Abend occupationes geben, bei der Krieges- und Domainenkammer und Regierung, so wohl in occonomischen Sachen zu arbeiten als Rechnungen abzunehmen, Akten nachzulesen und Extracten zu machen; ehe und bevor aber solches geschähe, würde Ich Ihn einen körperlichen Eid ablegen lassen, Meinem Willen und Ordres stricte und gehorsamlich nachzuleben, und in allen Stücken zu thun, was einem getreuen Diener, Unterthan, und Sohn gehöret und gebühret. Woferne Er aber wieder umschlagen und auf die alten Sprünge kommen würde, solle er der Krone und Chur bei der Succession verlustig sein, auch nach denen Umständen wohl gar das Leben verlieren ...«

Den Eid muß Fritz mit lauter deutlicher Stimme ohne ›Reservationes mentales‹ oder sonstige Umschweife ablegen. Er möge dieses wohl bedenken, »weil dieses eine sehr wichtige und schwere Sache wäre«. Friedrich Wilhelm schließt mit den Worten: »Gott, der Allerhöchste gebe seinen Segen, und da Er oft durch wunderbare Leitungen, wunderliche Wege und saure Tritte die Menschen ins Reich Christi zu bringen weiß, so helfe unser Heiland, daß dieser ungerathene Sohn zu seiner Gemeinschaft gebracht, sein gottloses Herz zerknirscht, erweicht und geändert, auch dem Satan aus denen Klauen entrissen werden möge. Das helfe der allmächtige Gott und Vater, um unseres Herrn Jesu Christi und seines Leidens und Sterbens willen! Amen!«

Kaum hatte Müller diesen Brief empfangen, als er sich zum Prinzen begab, der ihn nichtsahnend mit erbaulichen Ergüssen empfing. Der Pastor ließ ihn reden und zog dann das Begnadigungsschreiben des Königs hervor.

»Ist's möglich?« rief Friedrich und brach in Tränen aus.

Da aber eine zu schnelle Annahme kein Vertrauen eingeflößt hätte, antwortete er, daß ein Eid reiflich überlegt werden müsse, daß er den seinen sehr ernst nähme und daher den König bitte, ihm die Eidesformel vorher vorzulegen, damit er sie sich einpräge und sich um so gewissenhafter auf seine Verpflichtungen vorbereiten könne.

Der Gedanke, Friedrich in Küstrin zu lassen, war Friedrich Wilhelm durch Grumbkow und Seckendorff eingegeben worden, die sich seit der Gefangensetzung des Kronprinzen bemühten, dem »entlaufenen Obersten« aus der Klemme zu helfen, um sich dadurch die Erkenntlichkeit der »aufgehenden Sonne« zu sichern. War doch jetzt, da die Heiratsverhandlungen abgebrochen, die englische Partei zerschmettert, der in Ungnade gefallene Friedrich Ernst von Knyphausen durch Grumbkows Schwiegersohn Heinrich von Podewils ersetzt war, ihr Triumph vollständig. Aber der König konnte unvermutet sterben. Wenn sie sich den Thronfolger zum Freunde machten, stärkten sie ihren Einfluß und befestigten ihre Politik. Im übrigen war der Ausweg, den sie gewählt hatten, der einzig richtige. Friedrichs Rückkehr nach Berlin hätte zu neuen Gewittern geführt. Da Vater und Sohn miteinander nicht auskamen, war es angezeigt, sie zu trennen, und die weitere Ausbildung des Sohnes fern vom Vater vorzunehmen. Auf Friedrich Wilhelms Ersuchen regelte Seckendorff in allen Einzelheiten die weitere Behandlung des Begnadigten. Er versuchte sogar, sich mit den Kommissaren, die dem Kronprinzen den Eid abnehmen sollten, nach Küstrin schicken zu lassen. Aber der König, der nicht wünschte, daß ein Fremder gewissermaßen als Schiedsrichter in einer so wichtigen Staatshandlung auftrete, wählte Grumbkow, fünf andere Generäle und einen Geheimrat. Sie trafen am 17. November in Küstrin ein. Am Nachmittag des darauffolgenden Tages hatte Grumbkow mit Friedrich eine lange Unterredung. Was sie gesprochen haben, wissen wir nicht, soviel ist sicher, daß die beiden trotz des beträchtlichen Altersunterschieds sich ohne viel Worte verstanden. Als Unterpfand des Friedens und des neugeschlossenen Bundes machte Friedrich, in Tränen zerfließend, Grumbkow das Testament Kattes zum Geschenk – eine etwas theatralische Manier, sich eines Andenkens zu entledigen, das ihn vielleicht zu drücken begann.

Am nächsten Morgen, einem Sonntag, schwor Friedrich »Sr. Königl. Majestät Seinem Allergnädigsten Könige, Vater und Herrn, wie er ohne

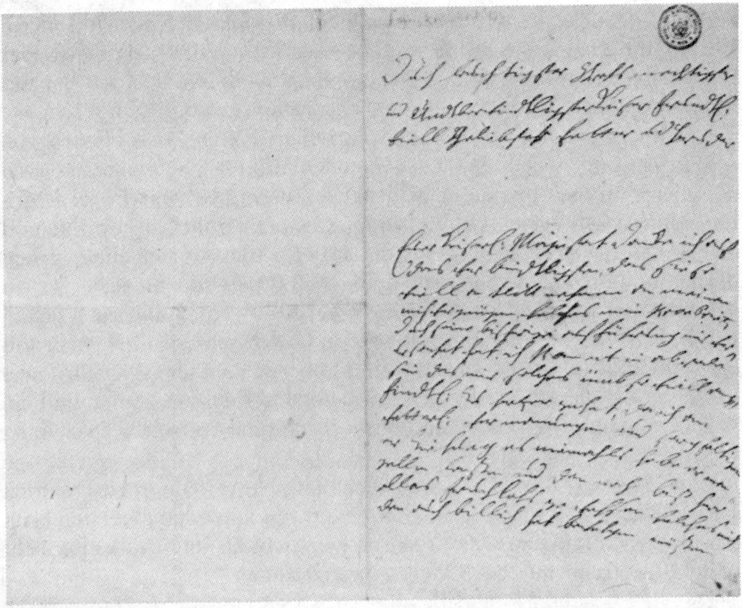

26. Die Antwort König Friedrich Wilhelms I. auf die kaiserliche Fürsprache vom 11. Oktober 1730 zugunsten des Kronprinzen Friedrich Schreiben an Kaiser Karl VI. vom 20. November 1730 Wien, Haus-, Hof- und Staatsarchiv

dem, bei Verlust seiner Seelen Heil und Seeligkeit, schuldig und verbunden ist, allemal getreu, gehorsam und unterthänig« zu sein. Hierauf gab der Gouverneur der Festung, der Generalmajor Otto Gustav von Lepel, dem Kronprinzen den Degen wieder, jedoch ohne das Offiziersportepee, denn er gehörte nicht mehr der Armee an. Die Posten durften nicht vor ihm das Gewehr präsentieren, noch die Militärpersonen ihm salutieren. Friedrich, den diese Demütigung sehr schmerzte, bat den König, ihn wieder zum Soldaten zu machen. Der aber antwortet, daß ein Deserteur das Recht, die Uniform zu tragen, verwirkt habe. »Überdem ist es auch nicht nöthig, daß alle Leuthe von einem Metier seind, indem der eine zum Soldaten, der andere aber zur Gelehrsamkeit und andern Sachen emploiret werden muß.« Dann aber folgten, wie Reinhold Koser sagt, »wahrhaft königliche Worte«: Der Prinz soll nun den Fürstenberuf erlernen, Er »soll anjetzo aus den Affairen selbst überzeuget werden, daß kein Staat bestehen könne sonder Wirtschaft und gute Verfassungen und daß ohnstreitig das Glück und Heil des Landes davon dependire, wenn der Landes-Herr alles selbst verstehet und ein Wirth und oeconomus ist. Sonsten wenn dieses nicht geschiehet, das Land denen Favoriten und premiers ministres zur Disposition bleibet, welche den Vorteil davon ziehen und alle Sachen in Confusion setzen.«

Friedrich Wilhelm schrieb auch an seinen Freund, den Fürsten von Anhalt-Dessau: »Ich habe Euer Liebden nit eher schreiben können den[n] ich so viell mit die ungelückliche kustrinnische sache zu Reguliren gehat. Ich setze Wolden und zwey kamerjuncker bey Ihn und [er] muhs den gantzen dag auf der kri[eg]s und Domenkamer gehen die sie Ihn informiren sollen von allen. Will [er] es sich nit selber lernen so wierdts es Ihn doch 1000 Mahll vorgebettet werden und doch behalten muhs. Wo er ein Honettome wierdt, da Ich sehr zweifell istvor Ihn ein gelück. Wo krieg wierdt soll er mit den ersten granadirunteroffi[cier] aus die zappe springen zu Rekognosciren den graben und die gallerie Baue[n]. Wo er es de bonne grâce tuet und bleibet ist völlig Pardon.«

Am Montag, dem 20. November 1730, trat Kronprinz Friedrich seinen Dienst in der Domänenkammer an. Er erhielt den untersten Platz am Amtstisch und hatte die Aktenstücke gleichfalls ›untenan‹, also nicht in derselben Linie mit den Räten zu unterzeichnen.

Die Kriegs- und Domänenkammern waren eine sieben Jahre zuvor von Friedrich Wilhelm geschaffene Einrichtung, welche den Zweck hatte, Ordnung und Einheit in die Provinzialverwaltung zu bringen, die bis dahin äußerst verwickelt und verworren gewesen war und sich unter miteinander rivalisierende Kollegien verteilt hatte, die sich gegenseitig die Einkünfte streitig machten. Vor die Domänenkammern gelangten demnach Tag um Tag die ökonomischen und fiskalischen Angelegenheiten, als da sind: Pachtzinse, Steuern, Akzisen, Manufakturen, Forst- und Wasserverwaltung, Wege- und Brückengelder, Mühlen- und Brauwesen, Märkte, innere Zölle – kurz alles, was die finanzielle Macht eines Staates ausmacht und die Voraussetzung seiner militärischen Macht bildet. Friedrich ging vormittags und nachmittags ins Amt. Er hörte die Erörterungen mit an, schrieb Briefe ab, ordnete die Berichte, lernte, wie man einen Pachtvertrag aufsetzt oder Steuern einzieht.

Bisher hatte er ohne eigentliche geistige Leitung und ohne Prinzip in fast völliger seelischer Vereinsamung dahingelebt und zugleich die hochmütige Überzeugung gehegt, zu großen Dingen berufen zu sein. In jener Zeit hatte er keine ausgesprochenen Neigungen gezeigt, weder für die Politik, noch etwa für die schönen Wissenschaften. Sein hervorstechendster Zug war die Zähigkeit seines Charakters gewesen, sein hartnäckiger Wille zu persönlicher Unabhängigkeit. Allerdings vertat er diese Kraft in Heimlichtuereien und Intrigen, die einzig dem Zwecke dienten, ihm die oberflächlichen Vergnügungen eines gelangweilten jungen Müßiggängers zu verschaffen. Die Hinrichtung Kattes hat ihn gereift. Der Stunde der Herrschaft harrend, verbannt er die Rachewünsche auf den Grund seines Herzens. Schon versteht er zu lügen: Er hat gelernt, zugleich ein anderer zu scheinen und doch er selbst zu bleiben, er weiß sich trefflich zu verstellen, verbirgt seine Gedanken hinter Lächeln und Schweigen, gleich weit von der wahren Unterwerfung entfernt, wie von der kleinen geschwätzigen Lüge.

Noch eine andere Umwandlung findet in seinem Geiste statt. In demselben Maße, als er die Kränkungen seines Jünglingsalters hinter sich zurückläßt, entdeckt er die preußische Monarchie und den Platz, der ihm in ihr gebührt. Gewiß, diese Einführung vollzieht sich ganz unfeierlich, ohne einheitlichen Plan, ohne große Gesichtspunkte, sie geht ihren Weg über den alltäglichen Dienst, über die kleinen praktischen Erfahrungen in der Verwaltung des Landes. Aber die preußische Monarchie wirkt aus der Froschperspektive weit imposanter als von Potsdam aus. Dort Schläge, Gezeter und Hofkabalen, hier, im bescheidenen Städtchen der Neumark, die stumme, methodische, produktive Arbeit, das zähe Bemühen, öde Landstrecken zu bevölkern, die Natur zu meistern, der Erde das ›Plus‹ abzuringen, auf dem sich Jahr um Jahr die Macht der Hohenzollern aufbaut.

Nach dem Gefängnis erschien Friedrich der erste Arbeitsmonat wie ein Paradies. »Seine Königliche Hoheit ist lustig wie ein Buchfink«, schreibt ein Zeitgenosse. Aber Friedrich kann sich seiner Sache nicht halb widmen. Unwillkürlich treibt ihn sein reger Geist, sich über das Einzelne zu erheben, zu den Prinzipien emporzusteigen und die Dinge von oben her in ihrer Verkettung und in ihrer Einheitlichkeit zu überblicken. Doch das gerade will der König nicht. Der Prinz ist nicht in Küstrin, um nachzudenken, sondern um zu lernen, wie schwer es einem Bauern fällt, einen Taler zu verdienen. Außer der Bibel, dem Gesangbuch und den ›Vier Büchern vom wahren Christentum‹ von Johann Arndt darf er keine Bücher besitzen, weder juristische noch verwaltungstechnische, noch historische Werke, keine Romane, keine Gedichte, nichts vom Altertum. »Aus Büchern lernt man nichts, sondern die Pratique muß es machen.« Verbot sich mit Taktik zu befassen, Verbot Pläne zu machen, Verbot über Politik zu sprechen, Verbot Austern aus Hamburg kommen zu lassen, Verbot zu räsonnieren, Verbot zu tanzen, Verbot allgemeine Begriffe zu haben, Verbot Sommerkleider zu kaufen, Verbot Musik zu hören, Verbot nach neun Uhr abends noch Licht zu haben, Verbot auswärts zu essen, Verbot Gäste einzuladen. Der Prinz ist zur Gesellschaft seines Mentors und Hofmarschalls Gerhard Heinrich von Wolden und zweier junger in der Domänenkammer beschäftigter Adliger, Karl Dubislaw von Natzmer und Wilhelm von Rodwedell, verurteilt. Mit diesen drei Herren hat er über die Verfassung des Landes, Manufakturen, Polizeisachen, Landwirtschaft, Buchhaltung und das Wort Gottes zu sprechen. Sollte Friedrich von Krieg und Frieden oder anderen Seiner Königlichen Majestät vorbehaltenen Gegenständen sprechen wollen, so haben ihm die Herren den Mund zu verbieten.

In Wirklichkeit schnitt Friedrich besonders mit Natzmer die verbotenen Materien an. Aber der Nutzen dabei war gering, denn sein Partner besaß zwar Schwung und Phantasie, konnte ihn aber nur wenig lehren. Ihre Unterhaltungen dienten nur dazu, Fritzens Eitelkeit zu schmeicheln, der sich einen Abend lang das Vergnügen leistete, als Kronprinz behandelt zu werden. Fruchtbringender wirkte auf ihn der Präsident von Münchow und weit mehr noch der Kammerdirektor Christoph Werner Hille. In einem Briefe spendet ihm Friedrich reiches Lob und entwirft von ihm ein äußerst vorteilhaftes Porträt. Er besitze einen scharfen Verstand, klare, reiflich überdachte Ideen und einen besonderen Sinn für Handel und Gewerbe, auch sei er in seinem Leben mäßig, habe strenge Sitten, ›schöne‹ Kenntnisse und ein Talent, sich sowohl in der französischen wie in der deutschen Sprache zierlich auszudrücken. Immerhin wirft er ihm vor, nicht zum Heiligen Abendmahl zu gehen, überheblich, satirisch und nach Beifall lüstern zu sein. In diesen letzten Worten mag ein wenig Ressentiment durchschimmern. Denn Hille, der Friedrichs Begabung und seinen Trieb zur Größe anerkannte, äußerte sich doch sehr abfällig über dessen Unwissenheit: »Der Prinz«, schrieb er, »kann die Regeln der Poetik des Aristoteles an den Fingern herzählen, weiß aber nicht, ob seine Vorfahren Magdeburg im Kartenspiel oder auf andere Weise gewonnen haben.« Der Herr Direktor kanzelt seinen erlauchten Untergebenen geistvoll ab. Aber er beginnt auch, ohne seine Instruktionen allzusehr zu überschreiten, ihm die Rolle zu erklären, die das Haus Hohenzollern in Deutschland gespielt hat.

Eines Tages gibt er ihm in großen Zügen einen Abriß der Geschichte des brandenburgischen Handels. Er spricht ihm davon, wie durch die Entdeckung der Route um das Kap der Guten Hoffnung der Handelsweg nach Indien ein anderer wurde, wie das Mittelmeer dadurch an Bedeutung verlor, wie die Waren aus dem Orient seitdem durch die Nord- und Ostsee nach Deutschland gelangen und wie Frankfurt an der Oder, das sie früher über Venedig und Augsburg eingeführt hatte, seine Bedeutung als Umschlagsplatz einbüßte. Aber die Eroberung von Schwedisch-Pommern hat Frankfurt wieder hochgebracht. Bedauerlich ist, daß die Oder in ihrem Oberlauf in Schlesien durch österreichisches Gebiet fließt. König Friedrich Wilhelm, der, um dem Kaiser entgegenzukommen, die Zölle an dieser Grenze gesenkt hat, ermöglicht dadurch den österreichischen Händlern die Konkurrenz mit seinen eigenen Untertanen: »Kein rechtschaffener Handel«, schließt Hille, »in der Mark Brandenburg ist zu hoffen, solange die Schlesier von ihrem Immediathandel durch dieselbe nicht debusquiret sind, welches, wie es zu effektuieren, man höhern und klügern Männern billig überlässet.« In solcher Weise betrieben, hätte der Küstriner Ausbildungskurs von eingreifender Wirkung auf Friedrich sein können. Aber Hille wagte sich nur selten über die erlaubten Grenzen. Friedrich Wilhelm ruft ihn von Berlin aus immer wieder zur Ordnung. Und Münchow, der dem König eine von seinem Zögling verfaßte Denkschrift über die Hebung der Leinenindustrie überreicht hat, zieht sich den wütenden Verweis zu: »Es nimmt mir aber sehr wunder, wenn Ihr Euch einbildet, als sollte ich glauben, als wann der Kronprinz solches Projekt gemachet, da ich doch besser weiß, was dazu gehöret. Es ist auch solches wider meine Intention, daß er soll anfangen, Projekte zu machen, indem ich Euch angewiesen habe, Ihr sollet denselben auf solide Sachen führen, weil ich von keinen windigen Sachen etwas wissen will, denn zum Windmachen brauchet man keine Anführung.«

In dieser Weise verbringt Friedrich sein Leben. Einige Stunden am Tag ist er über Arbeiten gebeugt, die ihn mit der Zeit anöden, im übrigen ist er beschäftigungslos und dazu verdammt, seine Jugend mit Leuten zu vergähnen, denen der Zwang jede Natürlichkeit nimmt. So verfällt er bald in tödliche Langeweile. Sie wohnen zu viert in einem kleinen Bürgerhaus, wissen nicht mehr, was sie einander sagen sollen, verbringen die gemeinsamen Mahlzeiten damit, krampfhaft nach Gesprächsgegenständen zu suchen oder einander beim Essen in den Mund zu schauen. Nach Amtsschluß gehen sie an die Oder und schauen zu, wie sie fließt, dann kehren sie durch dieselben Straßen zurück, finden auf denselben Plätzen dieselben verschlafenen oder erstarrten Gesichter. Vor dem Zubettegehen nimmt Friedrich die Haushaltsbücher vor, dann rechnet er mit dem Koch ab. Grau in grau, wesenlos und träge vergehen so die Tage. »Wir Klosterleute«, schreibt Wolden, »werden alle vor Langeweile umkommen, wenn dies Leben so weitergeht.«

Der Hofmarschall hat den Auftrag, den König durch ständige Berichte auf dem laufenden zu halten. Anfangs hatte er versucht, aufrichtig zu sein. Unter anderem beging er die Unvorsichtigkeit, dem Vater zu schreiben, daß Friedrich noch immer an die Prädestination glaube. In der Tat ist für Friedrich, der sich sein Leben lang mit dem Problem der

Willensfreiheit herumschlägt, der Glaube an die Prädestination fast gleichbedeutend mit dem Glauben an seinen Stern. Aber der König gerät in Wut. »Ich habe Euren Brief wohl erhalten«, schreibt er, »und daraus ersehen, daß der Bösewicht von seiner falschen Prädestination nicht abgehe; will er zum Teufel, so fahre er hin. Ich habe mir nichts zu reproschieren . . .« Die drei Herren sollen ihn seines Irrtums überführen und ihm die Schrift gehörig auslegen. »Enfin, Ihr werdet Euren Heiligen mit der Zeit noch besser kennen, daß nichts Gutes in ihm ist; aber seine Zunge ist gut, da fehlet nichts daran.«

Wie ist denn der Schurke in die Ketzerei geraten? Durch Lesen? »Bücher haben keine Flügel oder Füße, es muß sie ihm jemand zugetragen haben.« Wer? Wer? Man meldet ihm eine Erkrankung des Prinzen. Wird schon was Rechtes sein! »Wie er prädestinieret ist, wird alles gehen; wo was Gutes an ihm wäre, würde er sterben, aber davon bin ich gewiß, daß er davon nit stirbet, denn Unkraut vergehet nit.« Friedrich schwört hastig ein zweites Mal ab, und Wolden, der nicht mehr ein noch aus weiß, wendet sich in seiner Not an Grumbkow, der ihm einen friedlichen Winter zusichert. Die Gefangenen haben nur noch den einzigen Wunsch, »dieser Galeere zu entrinnen«, aber der König verhält sich gegen alle Reisevorschläge ablehnend: »Wenn ich das gethan hätte, was er gethan hat, würde ich mich totschämen und mich vor niemand sehen lassen.« Im Sommer 1731 aber kündigt Friedrich Wilhelm plötzlich unvermutet seinen Besuch für den 15. August an: »Sodann will ich ihn sehen, und wenn ich demselben nur in die Augen sehen werde, will ich gleich urtheilen, ob er sich gebessert hat oder nicht.«

Von Grumbkow und Derschau begleitet, traf er am festgesetzten Tage ein. Gefolgt von einer großen Volksmenge, begab er sich in das Haus des Gouverneurs, wo er sich seinen Sohn samt den drei Herren vorführen ließ. Friedrich warf sich dem König zu Füßen. Dieser gebot ihm aufzustehen und hielt ihm mit sehr ernsthafter Miene folgende Rede:

»Ihr werdet Euch zu besinnen wissen, was nunmehro vor Jahr und Tag passiret ist und wie schändlich Ihr Euch aufgeführet, auch was vor ein gottloses Vornehmen Ihr gehabt. Da Ich Euch nun von Jugend auf bei mir gehabt und Euch also wohl kennen müssen, habe ich alles in der Welt gethan, mit Guten und Bösen um Euch zum ehrlichen Manne zu machen, und da Ich Euer böses Vornehmen schon einiger Maßen soupçonniret, habe ich Euch aufs aller rudeste und härteste im sächsischen Lager tractiret, in Hoffnung, Ihr würdet in Euch gehn und eine andere Conduite annehmen, mir Eure Fauten offenbaren und um Vergebung bitten, aber alles umsonst, und seid Ihr immer verstockter geworden. Wenn ein junger Mensch Sottisen thut in courtoisiren, liederliche Händel anfängt und dergleichen, solches kann man noch als Jugendfehler pardonniren, aber mit Vorsatz Lacheteéen und dergleichen garstige Action zu thun, ist impardonnable. Ihr habt gemeint, mit Eurem Eigensinne durchzukommen, aber höre, mein Kerl, wenn Du auch sechzig und siebzig Jahre alt wärst, so sollst Du mich nichts vorschreiben. Und da ich mich bis dato gegen Jedermann souteniret, wird es mir an Mitteln auch nicht fehlen, Dich zur Raison zu bringen.«

Den Ton wechselnd, erinnert er ihn daran, wie ehrlich er es immer mit ihm gemeint hat. Dann hält er ihm vor, daß er Schulden gemacht und sich von Wucherern habe betrügen lassen: »Ihr habet kein Vertrauen zu Mihr gehabt, da Ich doch alles, was zum aggrandissement des Hauses, der Armee und Finanzen thue, nur für Euch sein wird, wenn Ihr Euch dessen würdig machet.« Warum habe er die Vaterliebe zurückgestoßen? Bei diesen Worten fällt Friedrich weinend auf die Knie.

»Wäre Eure Intention nicht gewesen, nach England zu gehen?«

»Ja.«

»Nun höret die suiten an! Eure Mutter würde in das größte Unglück gerathen sein, weil ich sie naturellement soupçonniret haben würde, als wenn sie von der Sache gewußt, Eure Schwester hätte ich lebenslang an einen Ort gesetzet, wo sie weder Sonne noch Mond beschienen hätten. In das Hannoversche wäre ich mit einer Armee gezogen und hätte alles brennen und sengen lassen, sollte ich auch mein Leben, Land und Leute sacrificiret haben . . . Und da ich Euch sonsten in allerhand Krieges- und Civil-Commissionen wollen employiren, wie dürft Ihr Euch nun nach einer solchen Action vor meinen Officiren und übrigen Bedienten zeigen? Das Einzige, was dieses reparieren kann, ist, daß Ihr mit Hintersetzung Eures Blutes suchet, diese faute zu repariren.«

Bei diesen Worten fällt Friedrich wieder auf die Knie:

»Hast Du Katten verführt, oder hat Katte Dich verführt?«

»Ich habe ihn verführt.«

»Es ist mir lieb, daß Ihr einmal die Wahrheit gesagt.«

Die Unterredung geht weiter. Der König fragt den Prinzen, wie ihm das Leben in Küstrin gefiele. Ob ihm Wusterhausen noch immer so abscheulich vorkomme? Ob er seine Uniform noch immer einen Sterbekittel nenne? Des Königs Gesellschafter und ihre Manieren ständen ihm wohl nicht an? Er wolle wohl den ›petit maître‹ spielen, Bonmots hervorbringen und französische Haarbeutel tragen? Da habe er nun die Früchte davon! In Preußen und in Berlin habe seit etlicher Zeit keiner nach ihm gefragt, ob er in der Welt wäre oder nicht. Ob er noch immer an die Prädestination glaube? Nein? Das sei wohlgetan. Doch möge er sich vor Gottlosen hüten und Gott inbrünstig bitten, ihn von bösen Gedanken zu befreien und Jesus, der »alle Menschen selig haben will«, werde ihn erhören. Zum Schluß sagte er:

»Ich vergebe gänzlich das Vergangene, in Hoffnung auf bessere Aufführung.«

Worauf sich der kniende Friedrich neigte und die Füße seines Vaters küßte.

Man begab sich nun in ein anderes Zimmer. Es war Friedrich Wilhelms Geburtstag, aber Fritz wagte nicht, ihm seine Glückwünsche darzubringen. Kurz darauf ließ der König seinen Wagen holen. Vor dem versammelten Volk küßte ihm Fritz noch einmal die Füße. Der König hob ihn auf, schloß ihn in seine Arme und sagte, weil er nun glaube, daß seine Treue aufrichtig sei, wolle er auch weiter für ihn sorgen. Damit bestieg er den Wagen und fuhr weg.

»Ich hätte bisher nie geglaubt«, sagte der Prinz zu Hille, »daß der König die geringste Regung von Liebe für mich empfindet. Zu dieser Stunde bin ich davon überzeugt ...«

Etliche Tage später machte sich die Wirkung der königlichen Verzeihung durch eine Milderung der Vorschriften bemerkbar. Von nun an braucht der Prinz nur an drei Vormittagen in der Woche aufs Amt zu gehen und darf obenan neben dem Präsidenten sitzen. Er erhält die Erlaubnis, nach vorhergehender Anmeldung beim Gouverneur die Stadtgrenze zu überschreiten, darf aber nur gewisse, namentlich aufgeführte Domänen besuchen. Diese Ausfahrten sollen ihn bis an die polnische und sächsische Grenze führen. Ein Mitglied der Domänenkammer wird ihn begleiten, um ihm über das Düngen, das Stallwesen, die Brauerei, das Säen und das Ernten die nötigen Aufklärungen zu geben. Wolden soll den Prinzen dazu anhalten, die Leute selbst zu befragen und sich gründlich zu unterrichten. Weltliche Bücher, Musik, Spiel und Tanz bleiben weiter verboten. Friedrich darf mit niemand allein sprechen, die drei Herren werden einander bei ihm ablösen, dergestalt, daß er niemals bei Tag noch bei Nacht allein bleibt. Doch darf er zweimal wöchentlich in der Stadt speisen und bei sich zu Hause zu jeder Mahlzeit zwei Gäste einladen, aber niemals Frauen. Wolden soll ihm ab und zu eine Jagd oder eine Wasserfahrt gönnen. Des Morgens und des Abends soll das ganze Kloster Gott danken, beten und singen und mit gebührender Andacht ein Kapitel aus der Bibel lesen.

Friedrich hatte an seinen Vater noch einmal die Bitte gerichtet, wieder Soldat zu werden, er tue dies, versicherte er, nicht um ihm zu schmeicheln, sondern aus dem Grunde seines Herzens: »Machen Sie mich zu

27. Das Alaunwerk von Freienwalde an der Oder
Lavierte Zeichnung von Johann Friedrich Nagel
Berlin, Staatliche Museen Preußischer Kulturbesitz, Kupferstichkabinett

was in der Welt Sie wollen, ich werde mit Allem zufrieden und vergnügt sein, wenn es nur Soldat ist.« Dieser Wunsch war echt. Während er selbst zu dem öden, verkümmerten, tatenlosen Leben der Küstriner Bürger verurteilt war, fühlte Fritz so recht, daß auf den anstrengenden Dienst des Offiziers mit seinem mechanischen Einerlei ein Abglanz von Ehre fällt. Zudem verleiht die Atmosphäre bewußter Selbstverleugnung und kaltblütiger Todesbereitschaft, die diesen Beruf gleichsam umweht, den drückenden Strapazen den Schein der Tugend. Doch Friedrich hatte seine Bitte zu früh gestellt. Der Prinz war allein nicht imstande, den schwierigen Pfad zu seiner Rehabilitierung ohne die Anleitung eines Führers zu finden. Wieder mußte er sich an den einzigen Mann wenden, der in der Lage war, ihm zu helfen, an Grumbkow. Eigentlich haßte er den Günstling seines Vaters, in seinen Briefen an Wilhelmine nannte er ihn einen Narren, einen Besessenen, klagte ihn der finstersten Pläne an. Aber er brauchte ihn. Aus der trockenen Anrede »Mein Herr!« wird bald »Lieber Freund!«, »Mein lieber General!«, »Mein sehr lieber General und lieber Freund!«. In der Tat war es Grumbkow, der dem Prinzen die besten oder wenigstens die nützlichsten Ratschläge gab. Er legte sie am 26. Augugst 1731 in einer richtigen Instruktion nieder:

»Da ich nichts sehnlicher hoffe und wünsche als Seine Königliche Hoheit recht bald wieder in die Gnade und das Vertrauen des Königs, Ihres Vaters, eingesetzt zu sehen, glaubte ich meine ländliche Muße nicht besser nutzen zu können als durch eine schriftliche Niederlegung dessen, was meiner Ansicht nach am meisten geeignet ist, zu diesem Glück der Einigkeit und des Vertrauens beizutragen; denn wie gering auch das Maß der von mir gesammelten Erfahrungen sein mag, so hat es mir doch den genauen Einblick in einen Hof verschafft, wo jeder Schritt die äußerste Gefahr des Ausgleitens in sich birgt. Da ich die fromme Gesinnung des Kronprinzen kenne, brauche ich nicht ausdrücklich auf die Pflichten gegenüber dem höchsten Wesen und der Religion zurückzukommen, die ja die Quelle bilden, von der alles Glück im Leben und unser seelischer Friede ausgehen. Was nun das Betragen betrifft, das der Kronprinz dem König gegenüber einzuhalten hat, so glaube ich, daß es dem König um so besser gefallen wird, als es schlicht, ungezwungen und achtungsvoll ist.« Der Prinz soll ein heiteres Gesicht zur Schau tragen und in seinem Auftreten sicher und ohne Verlegenheit sein. Er soll seinen Vater mit »Majestät« anreden und seine Fragen klar und gleichbleibend beantworten.

Im Verkehr mit dem König muß er »jede Art von Spottsucht sowie eine spielerische Ausdrucksweise vermeiden . . . andererseits soll er sich auch einer abweisenden, verschlossenen oder düsteren Miene enthalten, worüber sich der König so oft beklagt hat. Man kann lustig sein, ohne zu spotten, und ein lachendes Gesicht zu gelegener Zeit gefällt dem König sehr wohl. Was die politischen, militärischen und häuslichen Angelegenheiten betrifft, so soll er sich in keiner Weise, weder direkt noch indirekt in sie einmischen, noch diesbezüglich die geringste Neugier bekunden . . . Wenn der Kronprinz mit jemanden spricht und der König kommt dazu, so soll er nicht wie ehemals weggehen, sondern bleiben und stets bereitwillig antworten, wenn der König fragt: ›Was saget Er?‹ Im übrigen soll der Prinz bei allem, was er in Gegenwart des Königs tut, Vergnügen bezeugen, selbst wenn er es nicht empfinden sollte.«

Alle Diener der Krone soll er auf gleichem Fuße behandeln. »Da aber unser Jahrhundert ganz militärisch ist, so täte der Prinz meiner Ansicht nach gut daran, wenn er sich den Anschein gäbe, an der Gesellschaft der Generäle und Offiziere mehr Gefallen zu finden als an derjenigen der anderen; eine leutselige Miene und ein verbindliches Lächeln gegenüber den Zivilisten wird diese Bevorzugung der Militärpersonen wieder gutmachen.« Die schlichte Vernunft verlangt, daß der Kronprinz sich denjenigen gegenüber, die der König auszeichnet, entgegenkommender verhält oder zu verhalten scheint. »Was diejenigen betrifft, die das

Unglück haben, des Königs Mißfallen zu erregen, so glaube ich, daß man ihnen, ohne ihr Unglück noch größer zu machen, ausweichen und es vermeiden kann, ihnen zu viel Mitleid zu zeigen.« Mit den auswärtigen Gesandten wird der Prinz nur Höflichkeitsbeziehungen haben und sich im übrigen in der Gesellschaft gesetzter, erfahrener, gereifter Männer gefallen. Seinen Brüdern soll er mit ungezwungener Zärtlichkeit und Liebe entgegenkommen.

»Was Ihre Majestät die Königin betrifft, so glaube ich, daß die natürliche Liebe und Hochachtung, die der Kronprinz dieser erlauchten Fürstin entgegenbringt, einer besonderen Regelung nicht bedarf. Da indessen immer mit reiflichem Vorbedacht gehandelt werden soll, braucht nicht ausdrücklich darauf hingewiesen werden, daß in diesen Dingen eine Bevorzugung der Königin gegenüber dem König nicht angebracht erscheint; die Erfahrungen der Vergangenheit werden ja Seine Königliche Hoheit gelehrt haben, daß der eben wegen dieser Bevorzugung gehegte Verdacht der erlauchten Mutter und ihrem heißgeliebten Sohne viel Kummer bereitet hat. So groß die Zärtlichkeit, das Vertrauen und die Freundschaft auch sein mögen, welche die älteste Prinzessin zu beanspruchen ein Recht hat und die ihr auch aus tausend gewichtigen Gründen gebühren, so glaube ich doch, daß man sich im Anfang eine gewisse Zurückhaltung wird auferlegen müssen . . . Im übrigen ist der Kronprinz mit Geist und scharfem Urteilsvermögen so reich begabt, daß es ihm ein Leichtes sein wird, das etwa hier Fehlende zu ergänzen . . . Ansonsten setze ich mein Vertrauen auf Gott allein. In te, Domine, speravi, non confundar in aeternum.«

Friedrich besaß in der Tat genug Geist, um diese Anleitung für einen vollkommenen Hofmann in allen Teilen gebührend zu schätzen. Der Plan war klug, und der Prinz richtete sich in jeder Beziehung nach ihm. Seine Bitte, wieder in die Armee eingestellt zu werden, hatte ihm eine neue Lawine von Vorwürfen eingetragen. »Du hast eine Compagnie gehabt, die gewiß schön, gut und tüchtig war, und doch habet Ihr Euch gar nicht darum bekümmert, daher Ich glaube, wenn Ich Dich ja wieder zum Soldaten machte, daß es Dir doch nicht von Herzen gehen werde. Aber, was gilt es, wenn Ich Dir recht Dein Herz kitzele, wenn Ich aus Paris einen maître de flûte mit etlichen zwölf Pfeifen und Musique-Büchern, imgleichen eine ganze Bande Komödianten und ein großes Orchester kommen ließe; wenn Ich lauter Franzosen und Französinnen, auch ein paar Dutzend Tanzmeister nebst einem Dutzend petits-maîtres verschriebe, und ein großes Theater bauen ließe; so würde Dir dieses gewiß besser gefallen, als eine Compagnie Grenadiers; denn die Grenadiers sind doch, nach Deiner Meinung, nur Canailles, aber ein petit-maître, ein Französchen, ein bon mot ein Musiquechen und Komödiantchen, das scheint was Nobleres, das ist was Königliches, das ist digne d'un prince.« Friedrich wiederholte seine Bitte nicht. Bevor er wieder Soldat wird, muß er sich mit der Verwaltung bekanntmachen. Von nun an erhält der König von ihm nur noch Briefe, die nach seinem Herzen sind. Folgende Neuigkeiten erfahren wir von Woche zu Woche:

Friedrich hat die Domäne Wollup besichtigt, die 1600 Taler eintrug und heute 2000 einträgt. Trotzdem ist es noch möglich, vielerlei landwirtschaftliche Verbesserungen vorzunehmen. Die dringendste Arbeit wäre die Trockenlegung der Moräste, die niemanden etwas einbringen, und einen guten Boden für Getreide abgäben. Der Verwalter hat eine neue Scheune gebaut und seinen Viehbestand erneuert. In Carzig ist das Land bei weitem nicht so fruchtbar. Es gibt viel Sand und stellenweise Kalk. An dem ›Brand‹ genannten Orte ist der Wald abgebrannt. Wenn man wieder Bäume anpflanzt, wird man erst in

28. Brandenburgische Landschaft mit Gehöft
Aus einer lavierten Zeichnung von Antoine Pesne, 1754
Berlin, Staatliche Museen Preußischer Kulturbesitz, Kupferstichkabinett

25 bis 30 Jahren einen Ertrag erhalten. Der Verwalter ist der Meinung, dort ein Vorwerk zu errichten, das ist sicherlich das beste. In Quartschen macht die Schäferei und die Brauerei einen guten Eindruck. In Golzow ist die Erde gut, in Lebus ist sie besonders schön. Aber man konnte nichts Rechtes sehen, denn es hatte sehr geregnet. Die Gebäude scheinen alt und verfallen.

Der Plan, der Anschlag und der Pachtvertrag des neuen Vorwerks von Carzig sind fertig. Man wird dort Roggen, Weizen und Futterpflanzen bauen. Das wird zehn Prozent tragen. In Himmelstädt ist alles baufällig. Die Brauerei ist so wacklig, daß niemand wagt, hineinzugehen, aus Angst, daß ihm das Dach über dem Kopf zusammenstürzt. Gleich daneben befindet sich eine verlassene Kirche, man könnte sie mit geringen Kosten in eine Brauerei verwandeln. Die Ställe sind in erbärmlichem Zustand. Zudem liegen sie 300 Schritte abseits. Das ist zu weit, der Verwalter kann nicht so, wie er will, ein Auge auf sie haben. Da die Ställe ja doch völlig neu gebaut werden müssen, könnte man die Gelegenheit benutzen, um sie näher zu rücken. Friedrich wundert sich, daß die Saatarbeiten noch nicht beendet sind. Die Schuld liegt an den Frühlingsfrösten. Er hat einen Achtender geschossen und in der Heide ein Rudel Rehe gesehen. In Marienwalde wird die neue Pacht ein Plus von mehr als 640 Talern einbringen. Wenn man überdies einen überflüssigen Wald abschlägt und urbar macht, wird der allergnädigste Vater noch ein weiteres Plus von 200 Talern erhalten. Friedrich ist einem Vermessungsfehler auf die Spur gekommen, die Arbeit muß von neuem vorgenommen werden.

Er hat die Beobachtung gemacht, daß die Bauern im Frondienst täglich mit einem Pferde arbeiten, was für sie den Ruin bedeutet. Wäre es nicht besser, wenn sie nur dreimal in der Woche Dienst leisten würden, aber mit zwei Pferden? Alle Beteiligten würden dabei gewinnen. Die Bauern wären jeden andern Tag völlig frei, und der Verwalter braucht sie gar nicht täglich und zieht die Arbeit mit zwei Pferden vor. Der Verwalter will auch 40 Stück Großvieh kaufen. Er hat recht, denn es gibt genug Weide für sie. In Marienwalde müßten die beiden Glashütten einen größeren Ertrag liefern und der allergnädigste Vater darf auf ein Plus von 857 Talern, 21 Groschen und 3 Pfennigen hoffen. Im Wildpark von Neumühle hat Friedrich acht Eber, zwei Wildsäue und etliche Frischlinge erlegt. In Tornow trägt die Glashütte ein Plus von 204 Talern, 10 Groschen. Dort ist eine Besitzung zu verkaufen. Die Domäne hoffte sie für 6000 Taler zu erwerben. Es werden aber 10000 verlangt, das ist zuviel.

In diese knappen sachlichen Berichte flicht Friedrich Komplimente,

Schmeicheleien, Beteuerungen der Hochschätzung, Dankbarkeit und Sohnesliebe sowie unterwürfige Kundgebungen der Reue. Gewiß, der aufsässige Sohn hat lange, allzulange im Bösen verharrt, doch jetzt stürzt er sich mit einem wahren Feuereifer auf den Pfad der Tugend: »Ich halte mich an Sie allein und verlange kein Glück, keine Ehre, als welche ich durch Sie empfange.« In Wollup war Schweineschlachten. Sobald Fritz davon erfährt, läßt er sich ein recht fettes Stück herausschneiden, von dem er weiß, daß der Vater es liebt. Er nimmt sich die Freiheit, es ihm zu übersenden. Er für seine Person hat auf den Champagner verzichtet (was nicht wahr ist) und auf die Petit-maître-Vergnügungen (was gleichfalls nicht wahr ist). Er ist ein Freund vom Bier und vom Marionettentheater. Der König würde ihm ein unendliches Vergnügen bereiten, wenn er ihm das neue Infantriereglement mitteilen wollte. »Da aber unser Jahrhundert ganz militärisch ist . . .« hatte Grumbkow geschrieben.

Friedrich Wilhelm ließ sich durch diesen Eifer nicht täuschen. Er wußte, was er davon zu halten hatte. Als er von seinem Sohne ein sehr sorgfältig ausgearbeitetes Projekt über den Handel mit Schlesien erhält, merkt er sehr wohl, daß man dem Prinzen geholfen hat. Aber schließlich arbeitet Friedrich. So oder so lernt er und behält etwas. Früher liebte er das Geld, um es auszugeben, jetzt findet er Geschmack daran, welches zu verdienen. Und dann wünscht Friedrich Wilhelm die Bekehrung seines Sohnes so sehnlich! Zwar brummt er noch, doch wird er schon weich. Kümmert sich Friedrich auch ordentlich um den Haushalt? Ist sein Koch gut? Ist er haushälterisch? Geht er nicht zu verschwenderisch mit der Butter um? Anfangs hat Friedrich alle Rechnungen überprüft, aber da er nicht in Person die Einkäufe machen konnte, wurde er im kleinen, in den Preisen, im Gewicht und in der Warenmenge betrogen. Darauf machte er eine bestimmte Summe pro Mahlzeit und pro Kopf ab. Aber auch das war dem König nicht recht. Darum schickte er seinem Sohn Speisezettel und einen Haushaltungsplan ein, nach dem er sich richten solle.

Über den Vorschlag bezüglich der Frondienste ist Friedrich Wilhelm entzückt, »sehr content«. »Wenn Ihr dasjenige, vor Euch alleine beobachtet und ausfindig gemachet habt, seid Ihr schon weit in der Wirthschaft gekommen; denn das ist ein sehr nötiger Punct, daß die Dienste auf einen solchen Fuß, wie Ihr vorgeschlagen habet, geführet werden; dahero approbire Ich denselben vollkommen . . .« Er billigt auch den Neubau in Himmelstädt und bewilligt einen Kredit von 3592 Talern. Er verspricht ihm Geschenke: zuerst ein Pferd, »ein recht gut Pferd«, dann sogar drei, einen Wagen, eine Equipage, ein Silbergeschirr: »Ich lasse Messer, Löffel, Gabeln, Schüsseln noch zu machen, auch Leuchter, daß ein Esel alles in einem Kasten tragen kann.« Er fügt sogar hinzu: »Brauchet Ihr was, so schreibet mir.«

Das Leben in der Verbannung von Küstrin gestaltete sich nun ganz erträglich. Einige Tage nach dem Besuch seines Vaters hatte Friedrich zum ersten Mal auf Tamsel, kaum eine Stunde vor den Toren der Stadt, bei dem Obersten Adolf Friedrich von Wreech gespeist. Die Lage in einer Landschaft aus Wasser und Himmel, die an Holland erinnert, ist sehr hübsch. Das Schloß mit seinen Parkettfußböden, seinen hohen Fenstern und seinem getäfelten Treppenhaus machte einen vornehmen Eindruck. Die Hausherrin Luise Eleonore war charmant, viel jünger als ihr Gemahl, geistvoll, mit einem blendenden Teint, heiterem Gemüt und einem Anflug von Koketterie. Die Dreiundzwanzigjährige und der Neunzehnjährige standen bald in bestem Einvernehmen. Schon nach einigen Tagen erhielt er die Erlaubnis, sie ›ma Cousine‹ zu nennen und ihr französische Verse zu schicken. Auf seine erste poetische Liebeserklärung erwiderte die Oberstin gleichfalls in gebundener Sprache, aber mit einer kleinen boshaften Spitze am Ende: »Das ganze Haus hat bei der Verfassung dieses Poems mitgeholfen!« Das ganze Haus?, das heißt auch der Herr Oberst selbst! In der Tat haben wir keinen Anlaß anzunehmen, daß Frau von Wreech vor ihrem Gatten etwas zu verbergen hatte. Sie fand an diesem Getändel Geschmack, das war alles. Friedrichs Werbung ist noch recht schülerhaft: »Madame, die Heuschreckenschwärme, die diese Gegend verwüsteten, waren bisher immer so rücksichtsvoll, Ihre Landgüter zu verschonen. Eine Unzahl von Insekten, garstiger und gefährlicher als die eben genannten, werden sich zu Ihnen begeben, Madame . . . Man heißt sie Verse; sie besitzen vier Füße, scharfe Zähne und einen langgestreckten Körper; ein gewisser Rhythmus ist ihr Grundprinzip und flößt ihnen Leben ein . . .« Und nun beginnt die Ode. Man kann sich nicht leicht etwas Ungeschickteres vorstellen: »Permettez-moi, madame, en vous offrant ces lignes, / Que je vous fasse part de cette vérité; / Depuis que je vous vis, j'ai été agité, / Vous êtes un objet quienêtes bien digne.« (Gestatten Sie Madame, daß ich mit Widmung dieser Zeilen / Ihnen die Wahrheit mitteile: / Seitdem ich Sie gesehen, treibt es mich hin und her / Sie sind ein Gegenstand, der dessen sehr würdig ist.)

Fritz bringt der Cousine Wertschätzung, die zärtlichsten Gefühle, ja Bewunderung entgegen. An ihrer Seite verlebt er glückliche Stunden und verdankt ihr, vielleicht als der einzigen Frau in seinem Leben, köstliche Eindrücke.

Der Aufenthalt in der freien Natur, der tägliche Ritt aufs Land machen ihn zu einem anderen Menschen. Bei seiner Ankunft in Küstrin war er ein schmächtiger, blasser und melancholischer Jüngling mit schmalen Schultern und dem Blick einer gehetzten Hindin. Jetzt hat er ein volles Gesicht mit frischen Farben, seine Gestalt ist breiter geworden, seine Haltung und seine Art zu sprechen selbstsicherer. Er rühmt sich, ein Poet, ein Musiker, ein Moralist und ein Naturforscher zu sein, aber Hille, der ihn beobachtet, schreibt an Grumbkow: »Er wird sich nicht mit Reimeschmieden begnügen, sobald er etwas anderes tun kann.« Und Graf Adolf Friedrich von der Schulenburg, der ihn besucht und von ihm zu einer Jagd eingeladen wird, bemerkt, daß er seine Gäste wie ein König empfangen habe: »Es ist sicher, daß er sich seines Wertes bewußt ist.«

In mancher Beziehung ist er allerdings noch recht kindlich. Eines Tages fragt ihn Hille, wie er sein Leben einrichten würde, wenn er der Herr wäre. »Ich versichere Ihnen«, antwortet er, »aber sagen Sie es niemand weiter, daß mein liebstes Vergnügen die Lektüre ist. Ich liebe auch die Musik, aber weit mehr noch das Tanzen. Die Jagd hasse ich, aber das Reiten macht mir große Freude. Wenn ich der Herr wäre, so täte ich all das, wozu mich gerade die Lust packte; doch würde ich einen großen Teil meiner Zeit meinen Geschäften widmen.« Er würde auf eine feinbesetzte Tafel Wert legen, Konzerte und kleine Soupers veranstalten. Er würde immer die Uniform tragen, aber mit sehr prächtigen ›Surtout-Röcken‹. In der Politik hält er noch bei ›Télémaque‹. Er wird sich bemühen, gute Minister zu haben und sie dann gewähren lassen, ohne sich selbst mit den Einzelheiten abzugeben: »Darin würde ich mich auf Euch verlassen«, meint er. Das Programm ist recht ungenau. Eingehender hat er über die geographischen Bedürfnisse des preußischen Staates nachgedacht. Wie wir aus einem seiner Briefe an Natzmer (Februar 1731) entnehmen, gibt er sich darüber Rechenschaft, daß die der preußischen Herrschaft unterworfenen Territorien vom Rhein bis an die Weichsel verzettelt liegen und von verschiedenen Seiten angegriffen werden können. Die verstreute Lage erlaubt ihm andererseits Ausdehnungsgelüste nach allen Himmelsrichtungen, ohne daß er seiner Eroberungsphantasie die Fesseln einer natürlichen Grenze aufzuerlegen braucht. Um die einzelnen Teilstücke zusammenzuflicken, plant oder erträumt er sich vielmehr unendlichen Landgewinn. Doch all dies ist wesenloses Wünschen, denn er tut als existierten die anderen Staaten nicht. Er weiß nichts von ihren Kräften, ist nicht in der Lage, ihren Widerstand abzuschätzen. Noch weniger ist er imstande, den Gedanken zu fassen, sie untereinander zu entzweien.

Fritz stand wieder in eifrigem Briefwechsel mit Wilhelmine. Sie hatte ihm wenig Erfreuliches mitzuteilen, denn, während er seiner Liebe zu Frau von Wreech nachhing oder Stallungen inspizierte, spielten sich in Berlin Dutzende von Auftritten ab, die den früher geschilderten aufs Haar glichen. Die Königin, die von ihren Hoffnungen nicht lassen will, spricht wieder und wieder von der englischen Heirat. Der König entbrennt in Wut und will alldem ein Ende machen. Wilhelmine, gänzlich zermürbt, schickt sich darein, den Erbprinzen Friedrich von Bayreuth zum Gemahl zu nehmen. Dieser, ein Hohenzoller der fränkischen Linie, ist ein schöner Mann, liebenswürdig und freundlich, von ausgezeichneten Manieren und gewinnendem Äußeren. Aber kaum ist das Verlöbnis öffentlich erklärt, als der König bedauert, keinen wohlhabenderen Schwiegersohn gewählt zu haben, und seine schlechte Laune darüber an dem unglücklichen Bräutigam ausläßt, dem auch noch die Königin tausend Ungelegenheiten bereitet.

Die Hochzeit war für den 20. November 1731 anberaumt. Am Abend vor der Hochzeit nimmt Sophie Dorothea ihre Tochter beiseite: »Versprich mir«, sagte sie zu ihr, »Dich mit dem Prinzen nicht in vertrauten Verkehr einzulassen, sondern mit ihm wie Bruder und Schwester zu leben, denn das wäre das einzige Mittel, Eure Ehe wieder aufzulösen. Sie wäre nichtig, wenn sie nicht vollzogen ist.« Die Königin hoffte nämlich noch immer auf das Eintreffen eines englischen Kuriers. Aber Wilhelmine war es müde, weiter zu kämpfen. Sie dachte nur an das Wiedersehen mit ihrem Bruder, dem ganz zu verzeihen der König ihr versprochen hatte.

Entfernt von ihr, leidet Friedrich unter der Mediokrität des künftigen Schwagers. Aber, da er die Nutzlosigkeit jedes Widerstandes einsieht, läßt er das in seinen Briefen kaum durchblicken. Er rät Wilhelmine ihrem Herzen zu gehorchen und bedauert, daß ihr in Europa nicht der Platz beschieden ist, der ihren hohen Fähigkeiten gebührt hätte. Wenn aber der Erbprinz wirklich so anziehend sei, wie sie sage, dann würde sie vielleicht in Bayreuth glücklicher leben als in England unter der Kontrolle eines stolzen anmaßenden Parlaments.

Die Hochzeitsfeierlichkeiten dauerten mehrere Tage, doch erst am dritten durfte Friedrich in Berlin erscheinen. Er traf völlig unerwartet ein, niemand war von seinem Kommen benachrichtigt worden. Er trug Zivilkleider, sah aus wie ein Beamter aus der Provinz, der sich in die große Welt verirrt hat. Wilhelmine sah ihn nicht eintreten. Sie liebte den Tanz und gab sich ihm nach Herzenslust hin. Unzählige Paare drehten und wendeten sich hinter ihr, als ob es niemals einen Kronprinzen gegeben hätte. Mitten in einem Menuett rief ihr Grumbkow zu: »Mein Gott, Königliche Hoheit, Sie scheinen mir heute von der Tarantel gestochen. Sehen Sie denn jene Fremden nicht, die eben eingetreten sind?« Sie hielt im Tanzen inne und erblickte einen jungen Mann in Grau, der ihr unbekannt vorkam. »So umarmen Sie doch den Kronprinzen, der dort steht!« sagte Grumbkow wieder. Sie zögerte immer noch, man mußte sie zu dem Fremden hinführen. Sie fand ihren Bruder »ungeheuer viel dicker, er hatte einen ganz kurzen Hals bekommen, sein Gesicht war auch verändert, nicht mehr so schön wie früher«. Vor Freude außer sich, schloß sie ihn lachend und weinend in die Arme, streichelte ihn und schwatzte viel närrisches Zeug. Friedrich erwiderte gezwungen und ohne Wärme (»man wird sich eine gewisse Zurückhaltung auferlegen müssen«, hatte Grumbkow geschrieben). Er sprach wenig, musterte alle Welt und richtete an einige ziemlich kalte Höflichkeiten. Am nächsten Tage fand zwischen ihm und seiner Schwester eine längere und liebevollere Unterredung statt. Sie erzählten einander ihre Mißgeschicke und trösteten sich gegenseitig. Endlich verabschiedete er sich von seinem Schwager und zog sich zurück. Kaum ist er nach Küstrin zurückgekehrt, als zwischen ihm und Wilhelmine wieder ein Austausch überschwenglicher Briefe anhebt: »Ich konnte Ihnen meine Gefühle nicht so zeigen, wie ich gewünscht hätte, ich hatte zu viel Rücksicht auf den König zu nehmen . . . Sollte ich jetzt die Freude haben, Sie wiederzusehen, so werden Sie in mir einen Bruder finden, der sich nicht scheut, seine zärtliche Liebe in voller Natürlichkeit zu zeigen, und Sie werden sehen, daß ich immer der Gleiche geblieben bin . . .« – »Noch nie hat ein Bruder so zärtlich seine Schwester geliebt, noch nie war eine Schwester so reizend wie die meine.« – »Denken Sie an einen Bruder, der nur für Sie lebt.« – »Adieu, teurer, unvergleichlicher Bruder.« – »Mein Herz ist ganz erfüllt von Ihnen.« – »Ich liebe Sie mehr als mein Leben.« – »Ich denke nur an Sie.« – »Ich ziehe das Glück, von Ihnen geliebt zu werden, allen Königreichen und Kronen der Welt vor, und wenn ich einst der Verwesung anheimfalle, verlange ich mir keine andere Grabschrift als diese: ›Mich hat meine Schwester geliebt‹.«

In Berlin hatte Friedrich allen Grund gehabt, beunruhigt zu sein. Seckendorff hatte sich wieder an die Arbeit gemacht. Die Vereitelung der englischen Heirat war für ihn und den Prinzen Eugen nur ein erster Erfolg gewesen, nun galt es durch die Vermählung Friedrichs mit einer gefügigen Prinzessin aus einem den Habsburgern ergebenen Fürstenhaus den Bruch irreparabel zu machen. Zu diesem Behufe hatte Prinz Eugen eine Nichte der Kaiserin, Elisabeth Christine von Braunschweig-Bevern, ausersehen. Schon Ende April 1731 läßt der vorher gehörig bearbeitete König seinen Sohn durch Wolden wissen, daß er bereit sein müsse, auf Kommando zu heiraten. Immerhin sichert er ihm die Wahl zwischen einigen Prinzessinnen zu. Wolden erwidert, daß der Prinz die Sache mit völliger Ergebenheit in den Ratschluß der Vorsehung und mit blindem Gehorsam gegenüber den Befehlen des Königs aufgenommen habe. Mitte Juni überbringt Grumbkow die Heiratsvorschläge: Der Prinz soll sich in den Häusern Sachsen-Gotha, Sachsen-Eisenach und Braunschweig-Bevern umsehen. Friedrich befand sich in einer Zwangslage. So entschied er sich denn für die Bevern, wenn der König es verlange und unter der Bedingung, daß die Erwählte weder dumm noch widerwärtig sein dürfe. Aber allen denen gegenüber, die mit ihm zusammenkommen, äußert er jetzt laut und deutlich seinen Abscheu vor der Heirat. Graf von der Schulenburg ist darüber höchlich entrüstet.

»Wenn der König durchaus will, daß ich mich verheirate«, hat er zu ihm gesagt, »werde ich gehorchen; aber später werde ich meine Frau sitzenlassen und auf meine Weise leben.«

Schulenburg protestiert im Namen der Gebote Gottes und der Wohlanständigkeit.

Worauf der Prinz erwidert: »Ich werde ja meiner Frau dieselbe Freiheit lassen.«

Dann bemängelte er die Abkunft seiner Zukünftigen. Sie sei aus geringem Hause. Weit lieber würde er eine Erzherzogin mit großem Landbesitz oder die Prinzessin Anna von Mecklenburg, eine Nichte Peters des Großen, nehmen. Grumbkow gegenüber drückt er sich noch offener aus: »Solange man mich Junggesell bleiben läßt, werde ich Gott danken, es noch zu sein; und wenn ich mich verheirate, werde ich sicher ein recht schlechter Ehegatte sein, denn ich fühle weder genug Beständigkeit, noch Anhänglichkeit an das weibliche Geschlecht in mir . . . der bloße Gedanke, eine Frau zu haben, ist mir so peinlich, daß ich ohne Widerwille nicht daran zu denken vermag.«

Während seines Aufenthalts bei Hofe (23. November bis 4. Dezember 1731) hatte Friedrich in der Gunst seines Vaters große Fortschritte gemacht. Der König gestattete ihm, einer Parade beizuwohnen, und das Volk jubelte dem Kronprinzen zu. Drei Tage später stellte Friedrich Wilhelm auf die Bitte sämtlicher Generäle, die unter der Führung des alten Dessauers bei ihm vorgesprochen hatten, den Prinzen als Oberst wieder in die Armee ein und versprach ihm das in Nauen und Ruppin stationierte Infantrieregiment. Allein das Regiment ist an die Verlobung gebunden. Und Friedrich entdeckt plötzlich seine Vorliebe für Küstrin, für die Meierhöfe und die Glashütten. In der Hoffnung, seine Zuflucht nicht verlassen zu müssen, spricht er von der Inangriffnahme »eines Wirtschaftsplanes, der seine Anwesenheit dringend erfordert.« Auch klagte er über seine Gesundheit, über Magenverstimmung und Kopf-

29. Kronprinz Friedrich in der Gala-Uniform seines Infantrieregiments Gemälde von Georg Wenzeslaus von Knobelsdorff, um 1735 Potsdam, Neue Kammern

schmerzen. Kindische Ausflüchte! Der König beginnt wieder zu knurren. Im Januar 1732 erhält Wolden einen sehr bösen Brief voll dunkler Drohungen. Fritz, der gerade an einem Concerto für Flöte und Oboe arbeitet, gerät aufs neue in große Angst und fleht Grumbkow an, ihm aus der verfahrenen Situation herauszuhelfen. Dann kommen die Geschenke an Silbergeschirr, die Versprechen ihn zu etablieren, die Versicherungen väterlicher Liebe. Diese Gnadenbeweise erschrecken ihn noch mehr als die Drohungen, denn sie künden die nahende Katastrophe an. Noch einen letzten Ausweg versucht er: »Was die Prinzessin von Bevern anbelangt, so kann man darauf rechnen, daß sie, wenn man mich zwingt, sie zur Gemahlin zu nehmen, verstoßen werden wird, sobald ich der Herr bin ... Niemand wird mir diese Handlungsweise verübeln können, weil ich gegen meinen Willen gezwungen worden bin.« Doch im Grunde gibt er jede Hoffnung auf.

Am 4. Februar 1732 um Mitternacht wird er durch einen Eilboten geweckt, der ihm ein Schreiben des Königs überbringt. Eine Nachricht um diese Stunde? Sie kann nur von schwerwiegendster Bedeutung sein:

»Mein lieber Sohn Fritz,

Es freuet Mich sehr, das Ihr keine Arzenei mehr brauchet. Ihr müßt Euch noch etliche Tage schonen vor der großen Kälte, denn Ich und alle Menschen schrecklich von Flüssen incommodiret sind; also nehmet euch hübsch in Acht. Ihr wißt, Mein lieber Sohn, daß, wenn Meine Kinder gehorsam sind, Ich sie sehr lieb habe, so, wie Ihr zu Berlin gewesen, Ich Euch Alles von Herzen vergeben habe und von der Berliner Zeit, Daß Ich Euch nicht gesehen, auf nichts gedacht, als auf Euer Wohlsein und Euch zu etabliren, sowohl bei der Armee, als auch mit einer ordentlichen Schwiegertochter, und Euch suchen bei Meinen Leben noch zu verheirathen. Ihr könnt wohl persuadiret sein, daß Ich habe die Prinzessinnen des Landes durch andere, so viel als möglich ist, examiniren lassen, was sie für Conduite und Education; da sich denn die Prinzessin, die älteste von Bevern, gefunden, die da wohl aufgezogen ist, modeste und eingezogen; so müssen die Frauen sein. Ihr sollt Mir cito Euer Sentiment schreiben. Ich habe das Haus von Katsch gekauft, das bekommt der Feldmarschall als Gouverneur, und das Gouvernements-Haus werde lassen zu recht bauen und meubliren, und Euch so viel geben, daß Ihr allein wirthschaften könnt, und will Euch bei der Armee im April commandiren. Die Prinzessin ist nicht häßlich, auch nicht schön. Ihr sollt keinem Menschen was davon sagen, wohl aber der Mama schreiben, daß Ich Euch geschrieben habe, und wenn Ihr einen Sohn haben werdet, da will Ich Euch lassen reisen; die Hochzeit aber vor zukommendem Winter nicht sein kann. Indessen werde sehen, Gelegenheit zu machen, daß Ihr Euch etliche Mal sehet in allem Honneur, doch damit Ihr sie noch lernet kennen. Sie ist ein gottesfürchtiges Mensch, und dieses ist Alles, und comportable sowohl mit Euch als mit den Schwiegereltern. Gott gebe seinen Segen dazu, und segne Euch und Eure Nachfolger, und erhalte Dich als einen guten Christen, und habet Gott allemal vor Augen und glaubet nicht den verdammlichen Particular-Glauben, und seid gehorsam und getreu, so wird es Dir hier zeitlich und dort ewiglich gut gehen, und wer das von Herzen wünscht, der spreche Amen. Dein getreuer Vater bis in den Tod. Fr. Wilhelm.

PS. Wenn der Herzog von Lothringen herkommt, so werde ich Dich kommen lassen. Ich glaube, Deine Braut wird hier kommen. Adieu; Gott sei mit Euch.«

Beim Lesen dieses absonderlich verschnörkelten Schreibens, das offenbar in der Absicht verfaßt war, ihn mit Anwendung von Überredungskünsten mit dem über ihn verhängten Schicksal bekannt zu machen, begriff Friedrich sofort, daß die ganze Angelegenheit schon publik war und daß ein Versuch, gegen den Strom zu schwimmen, heller Wahnsinn gewesen wäre. Er antwortete also seinem Vater »in aller Unterwürfigkeit«, daß er nicht verfehlen werde, seinen Befehlen zu gehorchen. Da aber die Hochzeit erst für den Winter vorgesehen war, hatte er noch sieben bis acht Monate Zeit, um zu überlegen und – zu fluchen. Zunächst wird er von einer wahren Schreibwut erfaßt. Er füllt zahllose Blätter mit Ausfällen gegen die Ehe und die Muckerinnen. Die Prinzessin Elisabeth Christine erhält darin die liebenswürdigen Beinamen: »das Gezücht«, das »Corpus delicti«, »die Ware« oder auch »der abscheuliche Gegenstand meiner Wünsche«. »Ich wollte mich immer mit dem Degen hervortun, und nur ihm allein des Königs Gnade verdanken, nun soll ich sie in einer Bettschlacht erringen. Ich bedaure diese arme Person, denn dadurch wird es eine unglückliche Prinzessin mehr in der Welt geben ...« – »Wenn ich mich durch Vertretung verheiraten könnte und der Vertreter bliebe der Gatte, wäre ich glücklich.« – »Ich möchte lieber Hahnrei sein ... als Gatte einer Gans, die mich durch ihre Dummheiten außer sich bringt und die ich mich schämen muß, vorzuzeigen...« »Lieber die größte Hure von Berlin, als eine Betschwester, die ein halb Dutzend Mucker am Bändel hat.«

Zwei Wochen später kam die Familie Bevern am Berliner Hofe an. Der König sah die Braut und war sofort von ihr sehr eingenommen. Er beschrieb sie seinem Sohn in rühmenden Ausdrücken und meinte, er stehe dafür ein, daß sie ihm gefallen werde. Friedrich antwortete, indem er seine Genugtuung bezeigte, fügte aber hinzu, daß er auf jeden Fall dem Willen seines Vaters gehorsam sein werde. Der König war darüber so zufrieden, daß er den Brief Grumbkow zu lesen gab, der in die Worte ausbrach: »Nun, was sagen Majestät zu diesem folgsamen Sohn? Kann man noch mehr verlangen?«

Der König antwortete tief gerührt und mit Tränen in den Augen, es sei der glücklichste Tag seines Lebens. Und er zog den Herzog von Bevern in ein Nebenzimmer, um ihn nach Herzenslust küssen und tätscheln zu können.

Zwei Tage später erhält Grumbkow aus Küstrin einen Brief ganz anderer Art: »Ich werde sie niemals nehmen ... Mag kommen, was will, ich habe mir nichts vorzuwerfen. Ich bin für ein Vergehen, dessen Bedeutung man übertrieben hat, genug bestraft worden, und will mich nicht dazu verpflichten, auch noch ein Unglück für künftige Zeiten auf mich zu nehmen. Für mich gibt es nur einen Ausweg, ein Pistolenschuß kann mich von meinen Leiden und vom Leben befreien. Ich glaube, der liebe Gott würde mich dafür nicht verdammen, sondern Erbarmen mit mir haben und mir zum Entgelt für ein elendes Leben die Seligkeit gewähren. So weit kann die Verzweiflung einen jungen Menschen hinreißen, dessen Blut noch nicht so abgekühlt ist wie das eines Siebzigjährigen.«

Grumbkow fühlte entsetzt die Gefahr, in die er durch sein Doppelspiel geraten war und antwortete noch am gleichen Tage: »Beim Erwachen erhalte ich Ew. Königlichen Hoheit sehr wertes Schreiben, das mich aus der Fassung bringt. Wie! während Ew. Hoheit dem Könige alles zusichert, wendet sie sich an mich im Tone der Verzweiflung und wünscht, daß ich mich in Angelegenheiten stecke, die mir den Kopf kosten können? Nein, Monseigneur, das Hemd ist mir näher als der Rock. Und wenn Sie den Don Carlos spielen wollen, möchte ich nicht der Herzog von Grammont sein ... Ich bin keineswegs verpflichtet, mich und meine arme Familie Ew. Königlichen Hoheit zuliebe zu Grunde zu richten, da Ew. Königliche Hoheit nicht mein Herr sind und, wie ich sehe, in Ihr Verderben rennen ... Ich begreife sehr wohl, daß ich nach allem, was ich hier schreibe, die Gewogenheit Ew. Königlichen Hoheit einbüßen werde, doch bin ich völlig darauf gefaßt. Gestatten Sie, Königliche Hoheit, daß ich mich aus Ihren Angelegenheiten gänzlich zurückziehe.« Es mag sein, daß Friedrich seinem ehemaligen Feind einen bösen Streich hat spielen wollen. Aber die beiden hatten sich zu tief miteinander eingelassen, um sich trennen zu können. Und bald darauf beginnt wieder der Austausch von Komplimenten und Flaschen guten Weines.

Herzog Franz Stephan von Lothringen war am 23. Februar 1732 in Berlin eingetroffen und blieb einen Monat. Man ließ Friedrich drei Tage später aus Küstrin kommen, bei dieser Gelegenheit lernte er seine Braut und seine künftigen Schwiegereltern kennen. Der Herzog Ferdinand Albrecht II. von Braunschweig-Bevern schien ihm ein wackrer Mann zu sein, die Herzogin Antoinette Amalie »ein kurzes dickes Weibstück« und die Tochter ein Wesen ohne jeden Reiz. In zwei Briefen an seine Schwester beschreibt er sie: weder schön noch häßlich, blondes Haar, eine frische Gesichtsfarbe, ein angenehmer Busen, tiefliegende Augen; der Mund ist häßlich, sie verzieht ihn geistlos beim Lachen und zeigt dabei ihre schwarzen Zähne. Sie ist schlecht gekleidet und hat keine Lebensart, wagt nicht, die Augen aufzuschlagen, watschelt den Bauch voran wie eine Ente, ist im gesellschaftlichen Verkehr höchst befangen und daher gewöhnlich stumm. »Es läßt sich voraussehen, daß diese Ehe sehr schlecht sein wird.« Die arme »bevernsche Prinzeß« hätte wahrlich ein liebevolleres Konterfei verdient. Sie besaß kornblumenblaue Augen, aschblondes Haar, ein allerliebstes Mündchen und einen kindlichen Reiz, der eine schöne Entfaltung versprach. Aber sie hatte eine harte Erziehung durch strenge Eltern hinter sich, vor denen sie sich fürchtete. Wenn ihr wohl und freudig zumute war, konnte sie sich munter und geistreich ausdrücken. Doch stieß sie am Berliner Hofe leider nur auf Haß. Eines Tages bei Tische sagte die Königin im Beisein der Dienerschaft zu Wilhelmine:

»Dein Bruder ist verzweifelt, daß er sie heiraten muß, ich kann ihm nicht unrecht geben. Sie ist eine ganz dumme Person, auf alles, was man zu ihr spricht, antwortet sie mit einem Ja oder einem Nein und hat dabei ein albernes Lachen, daß einem schlecht vom Magen wird.«

Worauf Prinzessin Philippine Charlotte, ein sechzehnjähriger Engel mit himmelblauen Augen, die Mutter noch überbietet:

»Oh! Ew. Majestät kennt noch nicht ihre sämtlichen Meriten! Eines Morgens wohnte ich ihrer Toilette bei. Ich glaubte, zu ersticken. Sie stinkt wie ein Aas. Sie muß mindestens zehn bis zwölf Fisteln haben, denn das kann nicht mit rechten Dingen zugehen! Ich habe auch bemerkt, daß sie verwachsen ist. Die Schnürbrust an ihrem Rock ist auf einer Seite ausgestopft. Die eine Hüfte ist höher als die andere.«

Kein Wunder, daß die Unglückselige von so viel Bosheit eingeschüchtert wurde.

Am 10. März 1732 fand das feierliche Verlöbnis statt. Das Paar empfing die üblichen Glückwünsche. Dann wendete der Prinz Elisabeth den Rücken, sprach mit diesem und jenem und schenkte ihr keinen Blick mehr. Am 4. April reiste er nach Nauen ab, um das Kommando seines Regiments zu übernehmen.

Bis zur Hochzeit verging noch mehr als ein Jahr. Prinz Eugen und Seckendorff fanden, man habe die Sache ungeschickt aufgezäumt, man sei zu schnell vorgegangen, habe die Dinge nicht reifen lassen, darum könne im letzten Augenblick alles noch schief gehen. Man müsse der Prinzessin noch Schliff geben, ihr Bildung und die Lebensart der großen Welt beibringen, den König bei Wohlwollen erhalten, den Prinzen besänftigen, damit er keinen tollen Streich begehe. Was hätte auch der Kaiser für einen Nutzen von dieser Verbindung, wenn die künftige Königin dazu verdammt wäre, ohne jeden Einfluß auf ihren Gatten zu sein?

Aus seiner Garnison schreibt Fritz noch weiter verärgerte und drohende Briefe. Der König beanstande, daß er seiner Dulcinea nicht häufig genug schreibe, das liege daran, daß es ihm an Stoff fehle, daß er nicht wisse, womit er auch nur eine Seite füllen soll: »Man will mich mit Stockschlägen verliebt machen, doch da ich zum Unglück nicht die Gemütsart der Esel besitze, fürchte ich sehr, daß dies mißlingen wird ... Ich bin in meinem Hause Herr und meine Frau hat darin nichts zu befehlen ... Ich halte den Mann, der sich von Weibern regieren läßt, für den größten Kujon von der Welt, unwürdig, den würdigen Namen eines Mannes zu führen.« Jedoch aus Angst, daß dieser Widerwille eine bösartige Deutung erfahren könnte, kehrt er den Liederlichen heraus: »Ich liebe das weibliche Geschlecht, bin aber flatterhaft, ich verlange von ihnen nur den Genuß und hinterher verachte ich es. Urteilen Sie selbst, ob ich aus dem Holze bin, aus dem man die guten Ehemänner schnitzt.«

All das klang nicht sehr beruhigend. Seckendorff, dem Prinz Eugen zwecks guter Beendigung seines Unternehmens einen neuen Kredit eröffnet hatte, kam auf den Gedanken, Friedrich »eine Pension auszuwerfen«. Das schien ihm ein prächtiges Mittel, den Prinzen für die kaiserliche Majestät günstig zu stimmen. Ja, der österreichische Gesandte in geheimer Mission schmeichelte sich sogar, dank seiner ausgezeichneten Beziehungen Friedrich die schlimmen Ideen auszutreiben, die ruchlose Menschen ihm in den Kopf gesetzt hatten. Immerhin war größte Vorsicht am Platze, denn die ganze Umgebung des Prinzen, Kammerdiener, Lakaien, Küchenjungen spionierten für den König. »Da ich befürchte«, schrieb Seckendorff an Friedrich, »daß man während des Aufenthaltes in Küstrin nicht umhin konnte, etliche Schulden zu machen, wird es durchaus notwendig sein, dieselben zu zahlen, bevor der König von ihrer Existenz erfährt ... Doch, da es Aufsehen erregen könnte, wenn die Schulden alle auf einmal beglichen würden, dürfte es ratsam sein, Monat für Monat einen Teil derselben zu bezahlen.« Sogar seinen vertrauten Freunden soll er weismachen, daß es sich um Ersparnisse von seinem Gehalt handle. Friedrich leuchtete dieses Verfahren trefflich ein. Da er das Geld durch Vermittlung eines Dieners von Grumbkow erhielt, der ihm gewöhnlich Bücher überbrachte, spricht er in seinem Briefe mit Entzücken von diesem neuen Werke, daß er immer wieder lesen möchte. »Das Buch, welches Sie die Güte hatten, mir zu schicken, ist reizend. Ich sende Ihnen in einem Kuvert das Lied, um das Sie mich baten.« Das Lied ist die Quittung. Seckendorff suchte seine Zuwendungen möglichst zu verbrämen. Friedrich, der kein Blatt vor den Mund nahm, erwiderte ihm unverfroren, daß er »auf dem Trockenen« sei. Indessen versicherte er gleichzeitig dem Gesandten, daß er es sich zur heiligen Pflicht machen werde, dem Kaiser stets seine »Anhänglichkeit und hohe Verehrung« zu bezeigen.

Er bettelt für sich, für seine Freunde und seine Schwester. Der König hat die Kantorstochter aus dem Spinnhaus in Spandau befreit, aber Duhan schmachtet noch in Memel. Seckendorff interveniert, setzt durch das Ansehen seiner Person die Begnadigung durch und schickt ein wenig Geld. Wilhelmine lebt im Mangel. Ihr Schwiegervater hat sie schlecht empfangen, schlecht untergebracht, schlecht behandelt. Nachdem sie eine Tochter geboren hat, ist sie nach Berlin zurückgekehrt, »um sich an Papas Futterkrippe zu trösten«. Vergeblich hat Friedrich ihr den guten Rat gegeben, eine bescheidene Dienerschaft zu halten, die tüchtige Hausfrau zu spielen, vor allem das Kind mitzubringen, um den König zu rühren. Die Markgräfin hat zwar dieses Programm befolgt, aber Friedrich Wilhelm hält weiter die Hand auf der Tasche. Zu allem Unglück kann Friedrich Wilhelm den Gatten seiner Tochter nicht ausstehen, und er nennt ihn öffentlich einen Dummkopf, Esel und Einfaltspinsel. Friedrich schreibt bittend: »Diese beiden Unglücklichen irren ohne Heim und Herd umher . . . Ich begreife nicht, wie es möglich ist, diesen vom Schicksal Geschlagenen, die an ihrem Unglück keine Schuld tragen, die Hilfe zu verweigern . . .« Seckendorff versteht den Wink. Er wird alles tun, um die hochverehrte Königstochter zu trösten. Doch muß Wilhelmine als Entgelt für die kaiserlichen Taler die Vorzüge der bevernschen Prinzessin rühmen und sich befleißigen, zwischen den beiden künftigen Ehegatten ein harmonisches Verhältnis herzustellen, das geeignet ist, die Freundschaft und das vollkommene Einvernehmen zwischen dem österreichischen Kaiserhaus und den Hohenzollern zu befestigen.

Im Sommer 1732 nimmt Friedrich in Ruppin, etwa 65 Kilometer nordwestlich von Berlin, Wohnung, wo das zweite Bataillon seines Regimentes in Garnison liegt. Eine Landschaft, die nur aus Wasser und Sand zu bestehen scheint: schleichende Flüsse, rauhe Winde, Torfmoore, Wiesen und Wald. Ein Städtchen, dessen Stille nur durch das Plätschern des Regens auf den Dächern und durch den Gleichschritt der marschie-

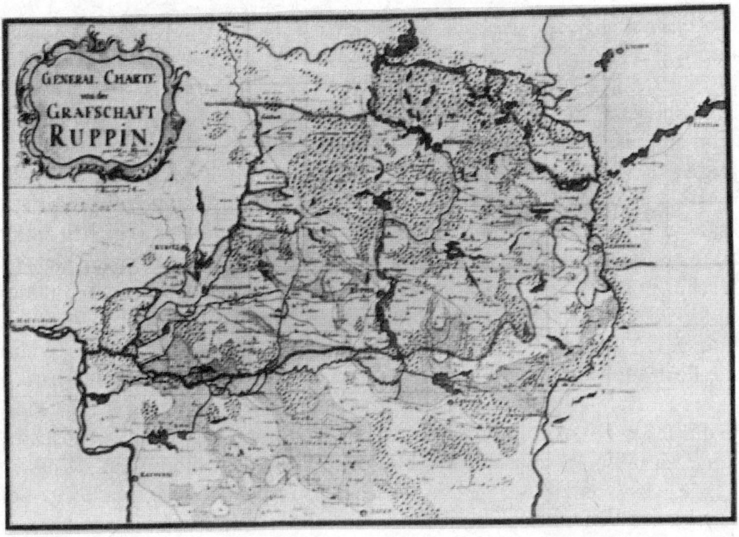

30. Ruppin und Umgebung
Generalkarte der Grafschaft Ruppin
von Sotzmann, 1772

Berlin, Staatsbibliothek Preußischer
Kulturbesitz, Kartenabteilung

renden Soldaten in den Straßen unterbrochen wird. Ein Ort der Eingezogenheit und der Langeweile, aber für Fritz auch der Freiheit, der Arbeit, der Besinnlichkeit und des Träumens. Er trägt jetzt wieder Uniform und Degen. »Hier fühle ich mich mehr geehrt als anderswo«, sagt er. Und er liebt es, geehrt zu werden.

In seinen Briefen macht er sich über seine neuen militärischen Funktionen lustig: »Ich komme vom Exerzieren, ich exerziere, ich werde exerzieren, das sind die Neuigkeiten, die ich mitzuteilen habe.« Aber auf dem Exerzierplatz witzelt er nicht, sondern erfüllt gewissenhaft die Pflichten seines Kommandos. Ohne es zu sagen, fühlt er sich wohl unter diesen großen, schlichten, gesunden Burschen, die einst das Werkzeug seiner ehrgeizigen und vielfältigen Seele sein werden. Er liebt ihre derben, in der strammsitzenden Uniform steckenden Körper, die unter seinem Blick erstarren. Er liebt das Regiment, diese prächtige Masse mit ihrer Disziplin, ihrer mächtigen Animalität, und ihrer unkomplizierten Schicksalsergebenheit. Er ist der Wille dieser gehorsamen Leiber. Den Kopf voll unvollendeter Verse atmet er mit Vergnügen den starken Geruch der Lederkoppeln und der zusammengepferchten Menschheit ein. Und dann kehrt er in sein Haus zurück, hüllt sich in seinen Pelz, setzt die Flöte an die Lippen oder liest. »Wir leben hier in tiefem Frieden, und ich wünschte, in meinem ganzen Leben nie glücklicher, noch weniger glücklich zu sein. Ein Zuviel an Größe wird zur Last und ermüdet unendlich, die Bedürftigkeit erniedrigt zu sehr einen gewissen adeligen Sinn in uns, der zumeist die Grundlage unserer Charakterstärke ausmacht ... Ich rühre mich fast nicht vom Hause fort, ich unterhalte mich mit den Toten, und mein stummes Gespräch mit ihnen ist mir ersprießlicher als jedes, das ich mit den Lebenden führen könnte.« Er bekritzelt auch viel Papier, hat aber Urteil genug, seine Gedichte ins Feuer zu werfen. Er nennt das: die Hervorbringungen Apollons dem Vulkan opfern. Der Aufzug der Wache findet spät statt, denn manchmal arbeitet er die Nacht durch und steht erst um neun oder zehn Uhr auf. Wenn die Post aus Hamburg die feisten Kapaunen und die englischen Austern gebracht hat, lädt er einige Offiziere zum Souper ein; nur drei oder vier, denn seine Finanzen erlauben ihm nicht, eine zahlreiche Gesellschaft mit kostbaren Speisen zu füttern. Von Zeit zu Zeit gibt es eine Wasserpartie, es wird Karten gespielt oder im Garten vor der Stadt ein bescheidenes Feuerwerk abgebrannt. Im Winter gibt es Schlittenfahrten. Am Dreikönigstag zieht Friedrich die Bohne und veranstaltet eine Tombola und zwei Bälle. Bei dem ersten, der ein Kostümball ist, erscheint er als Scaramouche. Bei dem zweiten, maskierten, als Dame gekleidet, »sogar als Witwe«.

In jedem seiner Briefe erkundigt sich Friedrich nach der Stimmung des Königs. Sobald er von Grumbkow erfährt, was bei Hofe oder im Tabakskollegium über ihn gesprochen wurde, beeilt er sich, dem Vater ausführliche Berichtigungen zu schicken: Er ist kein Atheist; er hat nicht heimlich die Garnison verlassen; er war nicht der Geliebte von Frau von Wreech; er hat Natzmer nicht wiedergesehen, seitdem der König ihn entfernt hat; er hat in Nauen keine Possen gespielt; er hat keine gottlosen Reden gehalten; er hat nicht Spinoza gelesen; es ist ihm niemals in den Sinn gekommen, in die Rechte Seiner Majestät einzugreifen; er will auf der Stelle sterben, wenn er sich einen Plan für die Zukunft gemacht hat; er wünscht nur eines, das dornenvolle Berlin zu meiden und inkognito in seiner geliebten Garnison zu leben. Doch mag er auch zur Besänftigung des Königs auf die Entführung eines hünenhaften mecklenburgischen Schafhirten sinnen, ganz ruhig kann er niemals sein. Eines Tages schickt ihm der Vater einen militärischen Mentor, den Oberstleutnant Kaspar Ludwig von Bredow, dessen offizielle Aufgabe darin besteht, über den Haushalt des Kronprinzen zu wachen und die jungen Offiziere in Respekt zu halten. In Wahrheit ist er eine Aufsichtsperson. Ein andres Mal kommen aus Potsdam Fragebogen oder landwirtschaftliche Kommissionen, ja sogar der Befehl an Friedrich, ganz allein und ohne Hilfe den General-Anschlag vom Amt Ruppin aufzustellen und ein Plus aus den Pachtgeldern herauszubringen. Das ist eine Arbeit von vier Monaten, die der Herr und Gebieter boshafterweise noch dadurch erschwert, daß er aus dem Archiv die alten Inventare entfernen läßt. Zum Glück springt der brave Grumbkow ein und schickt ihm einen Helfer, worauf der Prinz sich schlecht und recht aus der Affäre zieht. »Unter uns gesagt«, schreibt er dem Minister, »die Kameralien werden niemals mein Fach sein, ich weiß davon gerade so viel, wie ich brauche, aber die Preise und die Schätzungen selbst machen, das kann ich nicht. Es genügt, wenn man einen allgemeinen Überblick hat, die ganze Masse dirigiert, und auch der Handel nicht vergessen wird.«

Im Herbst hatte Seckendorff Friedrich einen Besuch abgestattet, um seine Stimmung zu erforschen. Er fand ihn ruhig und ziemlich wortkarg. Auf alle politischen Anspielungen erwiderte der Prinz nur mit allgemeinen Phrasen oder begegnete ihnen mit Schweigen. Nicht ein Wort von dem vorgeschossenen Geld, nicht ein Wort von der Dulcinea. Viel Höflichkeiten, nichts Sachliches. Seckendorff kam ziemlich bestürzt zurück. Indessen hatte Friedrich sich mit allem abgefunden. Er setzte sich nicht mehr zur Wehr, begnügte sich mit salzlosen Witzeleien über seine Braut: »Meine Prinzessin hat mir eine Porzellantabatiere geschickt, die ich zerbrochen in ihrer Schachtel fand. Ich weiß nicht, ob sie damit die Zerbrechlichkeit ihrer Jungfernschaft, ihrer Tugend oder gar der ganzen menschlichen Gestalt andeuten wollte.«

Aber dieses ›Heirathsgeschäfte‹ sollte noch reich an unverhofften Umschwüngen sein. Am Ende des Jahres 1731 hatte sich der Kaiser den Seemächten genähert. Prinz Eugen, der sich der Fügsamkeit Friedrich Wilhelms ganz sicher glaubte, kam auf den Gedanken, die preußisch-braunschweigischen Heiratsversprechungen aufzulösen und sie durch andere, den neuen österreichischen Allianzen entsprechendere zu ersetzen. Da Wilhelmine schon unter der Haube war, sollte ihre dem Erbprinzen Karl von Bevern zugesagte Schwester Charlotte den Prinzen Friedrich Ludwig von Wales heiraten, und der Prinz von Bevern als Ersatz die Prinzessin Anna von England bekommen. Gegebenenfalls konnte Charlotte den bevernschen Prinzen behalten, Friedrich würde dann die ihm schon ehemals versprochene Amalie bekommen, und die bei dem Austausch übriggebliebene unglückliche Elisabeth müßte anderweitig versorgt werden. Das Ganze erinnert an die Verwirrungen und Verwechslungen einer Posse. Als Grumbkow durch Seckendorff davon erfährt, schlägt er die Hände über dem Kopf zusammen. Wie man sich nur auf solche Hirngespinste einlassen könne! Nach alldem, was geschehen! Nachdem der König geschworen habe, sein Blut nicht mit dem des englischen Herrscherhauses zu vermischen! Der König sei nicht so dumm und so beeinflußbar, wie man in Wien zu glauben scheine! »Er wird bald genug sehen, worauf man abzielt, und daß das Ganze nur darauf ausgeht, die Freundschaft zwischen dem Kaiser und England zu befestigen und dem Hause Bevern Vorteil zu bringen . . . Alles, was ich versprechen kann, ist, daß ich, wenn der König davon spricht, weder dafür noch dawider sein werde. Aber mich in diese Dinge einzumischen, da sei Gott vor!« Selbst durch das Versprechen, Grumbkow ein Gut im Werte von 40000 Talern zu schenken, gelang es nicht, ihn umzustimmen.

Grumbkow hatte recht. Der König nahm die Sache um so schlimmer auf, als er mit dem Kaiser unzufrieden war. Im Juni 1732 war er in Böhmen mit ihm zusammengetroffen. Voll abergläubischer Ehrfurcht vor der kaiserlichen Majestät, dem erlauchten Haupt der deutschen Nation, war er im Schloß von Kladrub angekommen. Und man hatte ihn dort mit einer Liebenswürdigkeit empfangen, die ihn entzückte. Aber gar bald bemerkte er, daß man ihn mit Nichtigkeiten hinhielt und daß alle Gnadenbezeigungen nur dazu dienten, ein Gespräch über das Wesentliche zu vermeiden. Er kam enttäuscht und beunruhigt zurück. Mochte Seckendorff versuchen, der Sache einen scherzhaften Anstrich zu geben, und durchblicken lassen, daß die Vermählung Charlottes für Preußen von großem Vorteil sein würde, der König geriet in eine Art Raserei und nachher in einen Zustand von Verzweiflung. Er zog sich nach Potsdam zurück, sprach nur noch davon zu sterben, und alle Welt erwartete die Entfernung Seckendorffs und Grumbkows vom Hofe. Die Markgräfin von Bayreuth teilte ihrem Bruder mehrmals mit, daß beide in völliger Ungnade seien. Nachdem es noch im Tabakskollegium zu heftigen Auftritten gekommen war, beruhigte sich endlich des Königs Gemüt. Auf das Ersuchen des Herzogs von Bevern setzte er fest, daß die Vermählungsfeierlichkeiten am 12. Juni 1733 auf dem Lustschloß Salzdahlum bei Wolfenbüttel abgehalten werden sollten. Friedrich sah das Ereignis, das er das ärgerlichste seines Lebens nannte, ohne Vergnügen herannahen. Aber er war entschlossen, im Gehorsam durchzuhalten. »Ich werde so gut Komödie spielen, daß nichts fehlen soll.«

Noch am Tage vor der Hochzeit versuchte Seckendorff einen letzten Schritt. Der König von Polen, August der Starke, war gestorben. Österreich bedurfte Englands, um die Wahl des französischen Kandidaten Stanislaus Leszczyński zu verhindern. Nach dem neuesten Vorschlag sollte Amalie Königin von Preußen werden. Friedrich Wilhelm lag im Bett, als er Seckendorff empfing, und hörte ihn geduldig an:

»Wenn Ich Euch nicht so wohl kennete und wüßte, daß Ihr ein ehrlicher Mann, so glaubte ich, Ihr träumtet. Hätte man vor drei Monaten so gesprochen, so wüßte nicht, was aus Liebe vor Ihro kaiserliche Majestät nicht gethan, ohnerachtet wider dero, auch wider mein Interesse, daß mein ältester Sohn sollte an eine englische Prinzessin vermählt sein, aber nun, da ich mit der Königin schon hier, und ganz Europa weiß, daß morgen das Beilager geschehen soll, so ist es abermals eine englische Finesse, mich vor der ganzen Welt vor einen wankelmüthigen Menschen ansehn zu machen, der weder Ehre noch Parole zu halten gewohnt ist.«

Seckendorff stellte dem König vor: Zwar sei die bevorstehende Heirat schon in sämtlichen preußischen Landen kundgemacht, doch könne man ja insofern eine Abänderung treffen, als statt des Kronprinzen Vermählung die der Prinzessin Charlotte mit dem Prinzen von Bevern eingeschoben werden könne. Die Hochzeit zwischen Friedrich und Amalie würde man später und andernorts feiern. Dieses unverschämte An-

Ao. 1733 Berlinische No. 72
Privilegirte Zeitung

Dienstag, den 16 Jun.

Haag, den 6 Jun.

Die Herren General-Staaten bezeigen schlechte Zufriedenheit, daß der Churfürst zu Cöln die zu Kayserswehrt niedergerissene Festungs-Wercke wieder aufzubauen gesonnen ist. Als etwas merckwürdiges ist dieses zu gedencken, daß der Englis. Minister, Herr von Finch, Ihro Hochmögenden die Nachricht von der getroffenen Heyrath des Printzen von Oranien eben zu der Zeit hinterbracht, als man beschäftiget gewesen, sich über des Printzen Angelegenheiten, wegen Auslieferung derer ihm zu Theil gewordenen Staaten, zu berathschlagen. Es waren selbigesmal 4 Puncte im Vortrage, welche insgesamt dem Printzen zu schlechtem Vortheile würden gereichet haben, nemlich 1) solle der Printz das sonst gewöhnliche Lehn-Geld, wenn die Güter auf eine Seiten-Linie fallen, 5 von hundert, und 2) alle die Abgaben, die

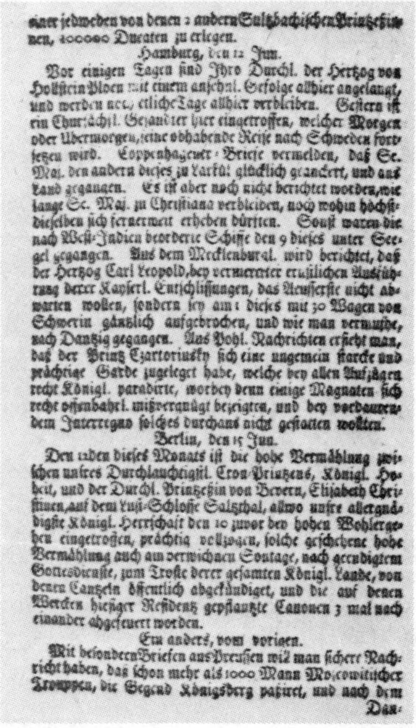
einer jedweden von denen 2 andern Sultzbachischen Printzessinnen, 100000 Ducaten zu erlegen.

Hamburg, den 12 Jun.

Vor einigen Tagen sind Ihro Durchl. der Hertzog von Hollstein-Ploen mit einem ansehnl. Gefolge allhier angelangt, und werden noch etliche Tage allhier verbleiben. Gestern ist ein Chursächsl. Gesandter hier eingetroffen, welcher Morgen oder Ubermorgen, seine obhabende Reise nach Schweden fortsetzen wird. Coppenhagener Briefe vermelden, daß Se. Maj. den andern dieses zu Larkül glücklich geancert, und ans Land gegangen. Es ist aber noch nicht berichtet worden, wie lange Se. Maj. zu Christiana verbleiben, noch wohin höchstdieselben sich fernerweit erheben dürften. Sonst waren die nach West-Indien beorderte Schiffe den 9 dieses unter Seegel gegangen. Aus dem Mecklenburgl. wird berichtet, daß der Hertzog Carl Leopold, bey vermerckter ernstlichen Ausführung derer Kayserl. Entschliessungen, das Aeusserste nicht abwarten wollen, sondern sey am 1 dieses mit 30 Wagen von Schwerin gäntzlich aufgebrochen, und wie man vermuthe, nach Dantzig gegangen. Aus Pohl. Nachrichten ersieht man, daß der Printz Czartorinsky sich eine ungemein starcke und prächtige Garde zugeleget habe, welche bey allen Aufzügen recht Königl. paradirte, worbey denn einige Magnaten sich recht offenbahrl. mißvergnügt bezeigten, und bey vorhandenem Interregno solches durchaus nicht gestatten wollten.

Berlin, den 15 Jun.

Den 12ten dieses Monats ist die hohe Vermählung zwischen unsres Durchlauchtigst. Cron-Printzens, Königl. Hoheit, und der Durchl. Printzeßin von Bevern, Elisabeth Christinen, auf dem Lust-Schlosse Saltzthal, allwo unsre allergnädigste Königl. Herrschaft den 10 zuvor bey hohen Wohlergehen eingetroffen, prächtig vollzogen, solche geschehene hohe Vermählung auch am verwichenen Sontage, nach geendigtem Gottesdienste, zum Troste derer gesamten Königl. Lande, von denen Cantzeln öffentlich abgekündiget, und die auf denen Wercken hiesiger Residentz gepflantzte Canonen 3 mal nach einander abgefeuert worden.

Ein anders, vom vorigen.

Mit besondern Briefen aus Preussen will man sichere Nachricht haben, daß schon mehr als 1000 Mann Moscowitischer Trouppen, die Gegend Königsberg passiret, und nach dem Dan-

31 und 32. Pressemeldung über die Hochzeit des Kronprinzen Friedrich mit Prinzessin Elisabeth Christine von Braunschweig-Bevern am 12. Juni 1733 in der ›Berlinischen Privilegirten Zeitung‹ Nr. 72 unter dem 15. Juni 1733 Berlin, Ratsbibliothek

sinnen trug der Graf mit großem Wortschwall vor und verbrämte es mit Achtungsbezeigungen und Freundschaftsversicherungen. Friedrich Wilhelm blieb Herr seiner selbst und ließ Seckendorff sich in gewundenen Phrasen erschöpfen. Dann erklärte er seinerseits, daß er nichts sehnlicher wünsche, als mit England wieder in gutem Einvernehmen zu leben, daß er ja noch andere Söhne und Töchter habe und mancherlei Verbindungen möglich seien, daß er aber sein einmal gegebenes Wort halten werde. Als man ihm später Briefe zum Unterzeichnen brachte, ließ er seinem lange zurückgehaltenen Zorn freien Lauf. Er behauptete, daß seine Frau und sein Sohn mit im Komplotte seien. Aber Fritz verteidigte sich mit Geschick und der Vater beruhigte sich bald wieder. Der Tag ging friedlich zu Ende. Am Abend gab es bei Hofe ein Schäferspiel, indem der Kronprinz als verliebter Bauer auftrat und von Apollon den Kranz erhielt. Die Hochzeit wurde am nächsten Tage, dem 12. Juni, gefeiert.

DIE REPUBLIK VON RHEINSBERG

Am 27. Juni 1733 zog der Kronprinz mit seiner Gemahlin feierlich in Berlin ein. Vor dem Köpenicker Tor nahmen sie die Musterung von vier Kavallerieregimentern, elf Infantrieregimentern und dem Husarenkorps vor. Sodann bewegte sich der Zug, der aus 60 sechsspännigen Wagen bestand, in die Stadt. Einige Wochen später kehrte Friedrich allein nach Ruppin zurück.

Er ließ sich auf dem alten Wall einen schattigen Park mit korbtragenden Satyrgestalten, großen Bäumen, einer Grotte und einem kleinen, mit Malereien ausgezierten Tempel anlegen, in welchem man an schönen Tagen speiste. Aber die beiden in Ruppin bereitgestellten Häuser waren zu klein, um die Kronprinzessin mit ihren Hofdamen aufzunehmen. Auch wünschte der König nicht, daß die militärische Ausbildung seines Sohnes längere Zeit unterbrochen werde und Friedrich selbst sehnte sich nach der geistigbelebten Einsamkeit seiner geliebten Garnison zurück. Dort lebte er nach seinem Belieben fern von Jupiter, fern vom Hof, fern von Späheraugen und nun auch fern von Elisabeth. »Um sich das Glück des Vergessenwerdens zu verschaffen, ist das Regiment just der richtige Ort«, schriebt er damals.

Er hatte Voltaires Werk ›Karl XII.‹ gelesen, das Grumbkow ihm gleich nach dem Erscheinen geliehen hatte, und las es immer wieder. Voltaire zeigt seine Figur als Tragödienfürsten in einer Theaterbeleuchtung. Aber gerade diese Darstellungsweise war am geeignetsten, Friedrichs Einbildungskraft zu entflammen und in ihm die Begier nach Gefahren zu wecken, nach heldischen Taten, die im Gedächtnis der Menschen bleiben. Indem er mit seinem Heros lebte, empfand er um so schmerzlicher die Nichtigkeit seiner gegenwärtigen Beschäftigungen. Dann träumte er vom Krieg. In einem solchen Augenblick schrieb er: »Der Krieg ist ein Heilmittel gegen Üppigkeit und Prunksucht, er lehrt uns Nüchternheit und Enthaltsamkeit, alles Verweichlichte rottet er mit Stumpf und Stiel aus.« Und er seufzte: »Ein Handwerk wie das des Krieges verlangt mehr als Altersfleiß.«

Indessen fehlte es in Europa nicht an Streitobjekten. Fast jedes Jahr war von dem Vereinigten Herzogtum Jülich und Berg die Rede, auf das der König in Preußen ein Anrecht besaß, das er bei jeder Gelegenheit in Erinnerung brachte. Dieses Herzogtum war Teil der 1539 für 70 Jahre geeinten Territorien Cleve/Mark und Jülich/Berg/Ravensberg. Aus Mangel an Leibeserben kam es zu Beginn des siebzehnten Jahrhunderts zum Streit zwischen den beiden Haupterben Brandenburg und Pfalz-Neuburg. Im Vertrag von Xanten (1614) erbte Kurfürst Johann Cicero Cleve, Mark, Ravensberg und Pfalzgraf Wolfgang Wilhelm Jülich, Berg. Gegenwärtig aber hatte der Kurfürst von der Pfalz Karl Philipp trotz dreimaliger Verehelichung keine männlichen Erben, und Friedrich Wilhelm lauerte auf dessen Tod, um noch die letzten Brocken der Erbschaft einzuheimsen.

Im Jahre 1732 wird Karl Philipp krank und in Ruppin langt die Order ein, sich bereit zu halten. Friedrich ist darüber hoch erfreut. Die Anstalten zum Aufbruch versetzen die ganze Stadt in Aufruhr. »Ein jeder läuft wie ein Verrückter umher; die Soldaten nehmen Abschied von ihren Hauswirten, die Offiziere von ihren Mätressen, die Marketender von ihren Familien.« Der Prinz führt »mit aller erdenklichen Genauigkeit« die erhaltenen Befehle aus. Er läßt seine Zelte aufspannen und veranlaßt alles Nötige. Endlich wird er die »schöne Armee des Königs in Aktion sehen«, endlich »inmitten ihrer siegreichen Waffen« das Kriegshandwerk wahrhaft erlernen. Schon versetzt ihn seine Phantasie in die Gefilde von Jülich und Berg, schon sieht er die Tore der eroberten Städte sich öffnen und die neuesten Untertanen sich ihrem neuen Herrn zu Füßen legen.

Jedoch der Kurfürst starb nicht; er lebte noch bis 1742. Die Zelte wurden wieder zusammengelegt, und die Offiziere widmeten sich wieder ihren Mätressen. Aber das damalige Europa hatte nie lange Ruhe. An die Stelle der Erbfolge in Berg trat die in Polen. Im Herbst 1733 überschritten die Franzosen den Rhein und bemächtigten sich Kehls, um ein Ablenkungsmanöver zugunsten Stanislaus Leszczynskis, des gewählten Königs (1733), durchzuführen, gegen den sich Rußland, Sachsen und Österreich verbündet hatten. Kehl war eine kaiserliche Stadt. Mit seiner gewohnten Langsamkeit griff das Reich zu den Waffen, und der König in Preußen schickte sich an, Karl VI. das versprochene Kontingent von 10000 Mann zu stellen. Friedrich hoffte dabeizusein. »Ich will in den Krieg ziehen«, schrieb er an seine Schwester, »und den Herren Franzosen beweisen, daß es da hinten in Deutschland junge, reichlich unverschämte Burschen gibt, die sich ohne zu zittern gegen ihre ganze Heeresmacht wagen.« Das war allerdings etwas voreilig, denn die Soldaten zogen im Winter nicht ins Feld. Friedrich, gezwungen, die ganze schlechte Jahreszeit im Mauseloch Ruppin zu verbringen, fluchte auf den Wiener Hof und die Untätigkeit der österreichischen Generäle. Er hatte 1732 den berühmten Sänger und Komponisten Johann Graun kommen lassen, unter dessen Leitung er arbeitete und Flötensolos komponierte. Im November erhielt er den Besuch des Königs, der ihn in gnädiger Laune mit einem Landgut beschenkte, das 7000 Taler wert war. Endlich, am 1. Juli 1734, nach einer in Monbijou, dem Schlosse der Königin, vertanzten Nacht, brach er, begleitet von dem General von der Schulenburg und von dem Oberstleutnant von Bredow, auf. Bredow trug in seiner Tasche eine in gebührender Form abgefaßte Instruktion, in welcher der König wieder einmal seine verworrenen Gedankengänge peinlich genau niedergelegt hatte.

Friedrich soll sich so aufführen, »wie es einem Prinzen aus altem Brandenburgischen Geblüte und einem ehrlichen, braven und rechtschaffenen Soldaten gehöret und gebühret«. Er soll Gott jederzeit fürchten, auch den Herren Jesum beständig in seinem Herzen behalten, ohne dessen Hilfe der Mensch nur ein tönend Erz und eine klingende Schelle ist. Er soll alles den Dienst Betreffende erlernen, »nicht nur allein von dem großen Dienste, sondern auch von dem ganzen Detail«. Zum Beispiel, wie die Schuhe der Musketiere beschaffen sind, und wie lange ein Soldat sie in einer Kampagne tragen kann, »und so ferner bis zur hundertpfündigen Kanone, auch endlich bis zu dem großen Dienste und und bis zu des Generalissimi dispositiones«. Er soll alles sehen, alles beobachten, sich über das Warum und Weshalb erkundigen, »und fleißig davon raisonniren.« In einer Armee finden sich allerhand Menschen, unter ihnen auch Fürstensöhne, junge Grafen, »und andere junge Leute von Extraction«. Die meisten von ihnen taugen nicht viel, er soll diesen Herren höflich begegnen, aber sie mit Guten Tag ihren Weg gehen lassen. Dagegen soll er sich zu den Leuten halten und mit ihnen umgehen, die im Kriegshandwerk erfahren sind, am allermeisten mit den alten Generälen und ganz besonders mit dem kommandierenden General, dem Prinzen Eugen. »Allemal und so oft des Prinzen Eugenii Durchl. ausreitet, es sey nun um etwas zu rekognosciren oder aber wenn er in Approchen oder in Bataille reitet, so soll des Kronprinzen Liebden sich bei ihm einfinden und ihm accompagniren ...«

Er soll im preußischen Korps kampieren. Der Generalleutnant Eberhard Ernst von Roeder, der Befehlshaber dieser Truppen, wird ihn über die Befehle des Königs auf dem laufenden halten und ihn alles wissen lassen. Der Prinz soll vor allem mit den preußischen Offizieren verkehren; sie werden ihn die Subordination lehren, die »das Hauptfundament vom Soldatenstand« ist. Er soll sie alle bis zu den Fähnrichen herab kennen und bei Namen zu nennen wissen. Wenn es zum Schlagen kommt, soll der Kronprinz sich bis zur Hälfte der Aktion beim Prinzen Eugen, dann aber bei den preußischen Truppen aufhalten. Er soll beständig »in Montur« gehen und sich niemals in anderen Kleidern sehen lassen, er soll nie ein Wort gegen Gott oder die Heilige Schrift reden. Auch »Huren, Saufen und Spielen« ist verboten. Sollte aber der Kronprinz »wider alles Verhoffen in Sünden und Laster verfallen«, so wird von der Schulenburg den König durch eine Stafette davon benachrichtigen. Wenn . . . »Officiers von der Armee sich mit den Feindlichen pistolettiren; so wollen Se. Königliche Majestät, daß so wenig des Kronprinzen Liebden, als Dero Vettern sich dabei finden lassen, noch sich darin meliren und unnützlicher Weise kanoniren sollen«. Selbstverständlich muß der Prinz »ménageux« sein. Wenn er zu Gast geladen ist, so soll er seine Offiziere mitnehmen, so daß an diesem Tage in der Küche kein Feuer angezündet zu werden braucht. Die Zahl der Gerichte ist genau geregelt, aber wenn er Generäle bewirtet, »alsdann könnten wohl ein paar Schüsseln mehr wie ordinär gegeben werden« und sechs Schüsseln mehr für »des Prinzen Eugenii Durchl.«. Des Abends genügt kalter Braten. Die Kosten für die Tafel sollen 4400 Taler für die ganze Kompanie nicht überschreiten.

Friedrich ärgerte sich über die Unzahl von Empfehlungen und Ermahnungen, aber er hatte Geld beiseite gelegt, und seine Freude, ins Feld ziehen zu dürfen, überwog. Am 7. Juli 1734 stellte er sich dem Prinzen Eugen im Lager von Wiesenthal vor, in der Nähe des von den Franzosen belagerten Philippsburg, das die Kaiserlichen entsetzen sollten. Er richtete an den berühmten Feldherrn die schmeichelhaften Worte: »Ich bin gekommen, um zuzusehen, wie ein Held Lorbeeren erringt.« Jedoch der greise Eugen pflückte in diesem Jahre keine Lorbeeren. Er ließ es kampflos zu, daß die Franzosen Philippsburg einnahmen, und Friedrich zog aus diesem Feldzug nur eine kärgliche Ausbeute. Strapazen, schlechte Wege, etliche Trinkgelage, zahllose Wagenbrüche, ein paar Soldatenlieder, die er im Vorbeireiten aufgeschnappt hatte, das Schauspiel der österreichischen Saumseligkeit, unnützes Hin- und Hermarschieren, Scharmützel ohne Sinn und Zweck, – Friedrich nennt es in seinen Aufzeichnungen »die übliche Konfusion«. Eine Woche nach seinem Sohn traf auch der König ein. In Anbetracht der Umstände befliß er sich einer noch größeren Unausstehlichkeit als gewöhnlich. Und der Kronprinz schrieb an seine Schwester: »Wir haben hier einen Virtuosen, der ein Instrument spielt, welches das ganze Lager rasend macht. Ich beschwöre Sie, beten Sie mit uns zu Gott, daß wir seiner bald entledigt werden. Sollte er noch länger bleiben, so bitte ich ein Tollhaus bauen zu lassen, und mir darin eine Zelle vorzubereiten, denn

33. *Prinz Eugen von Savoyen*
Aus einem Gemälde von
Jacob van Schuppen
Sammlung des Ex-Königs Umberto

34. *König Friedrich Wilhelm I.*
Aus dem Gemälde eines Unbekannten
Berlin, Schloß Charlottenburg

es wird mir ergehen, wie so vielen anderen, die den Verstand zu verlieren beginnen.« Zum Glück reiste Friedrich Wilhelm, der sich unpäßlich fühlte, Anfang August wieder ab. »Unser Dickwanst geht in acht Tagen wieder«, schrieb Friedrich an Wilhelmine. Der Respekt war nicht seine Stärke.

Trotz alledem war es dem Prinzen eine unaussprechliche Freude gewesen, den Krieg, den er bisher nur aus Büchern gekannt hatte, nun wirklich zu erleben. Er hatte sich im feindlichen Feuer erprobt und eine gute Haltung gezeigt: weder furchtsam, noch übererregt, sondern ungezwungen heiter. Österreichische Offiziere lobten seine Kaltblütigkeit in der Gefahr. Auch lernte er durch stetes Fragen richtig zu sehen, mit einem Blick die Besonderheit einer Truppenbewegung oder einer Stellung zu erfassen. Gerne hätte er einige Zeit als Beobachter und Freund auf der Seite der Franzosen verbracht. »Ich kann Ihnen versichern«, hatte er später zum französischen Botschafter Joachim Jakob de La Chetardie gesagt, »daß, wenn auch mein Leib bei den Kaiserlichen ist, mein Herz doch immer auf Ihrer Seite sein und Ihnen das Beste wünschen wird.« Aber man brachte ihn von diesem phantastischen Plane ab. Er entschädigte sich dafür, indem er die Schwächen der Österreicher aus nächster Nähe betrachtete.

Bei jeder Rekognoszierung trägt er in seine Hefte Skizzen ein und schickte an seinen Vater regelmäßig Berichte von größter Präzision. Prinz Eugen enttäuscht ihn. Dem durch sein Alter Überbedächtigen fehlt es an Großzügigkeit in seinen Operationen, und er versäumt die Gelegenheiten, den Feind zu attackieren.

Schon Ende September begann die Armee sich aufzulösen, um die Winterquartiere zu beziehen. Und Friedrich schickte sich an, nach Berlin zurückzukehren. Der König war schwer krank. In dem Bestreben, als echter Soldat das Lagerleben zu teilen, hatte er sich zu viel zugemutet, und sein Leiden hatte sich auf dem Rückweg noch verschlimmert. Mitte September gaben ihn sein Leibarzt Johann Theodor Eller und die anderen Ärzte auf. Er litt dauernd an Erstickungsanfällen und an Stechen in der Seite, kaum nahm er noch Nahrung zu sich. Um den Tabak wenigstens zu riechen, befahl er den Generälen, an seinem Lager zu rauchen. Manchmal ging ihm der Atem aus, und sein Gesicht wurde schwarz. Dann öffnete man weit alle Fenster und schob ihn in seinem Rollstuhl an eines, während er: »Luft! Luft!« röchelte. Sein Leib war bis über den Nabel angeschwollen, und »wenn man den König ein wenig geschwind mit dem Rollwagen fährt, so höret man das Wasser im Leibe poltern«. Nur selten traten ruhigere Augenblicke ein. Als es ihm anfing besser zu gehen, zankte er mit den Ärzten und drohte, sie ins Gefängnis werfen zu lassen, wenn sie ihn nicht bis zu einem bestimmten Termin gesund machten. Er wetterte gegen seinen Sohn, nannte ihn aber kurz drauf wieder zärtlich Fritzchen. Ein andres Mal kündigte er seinen baldigen Tod an und ließ sich an den Kamin rücken, um zu schwitzen. Plötzlich befahl er dem Kammermohren: »Bete nur fleißig. Ich sterbe nicht.«

Auf die Nachricht der Mutter von der gefährlichen Erkrankung des Königs hatte Friedrich eine höchst erbauliche Ergebung in den Willen der Vorsehung an den Tag gelegt. Allen und jeden versicherte er, wie er sich dem lieben Gott unterwerfe, der alles in dieser Welt leite, ohne daß der Mensch sich gegen seine Ratschlüsse auflehnen dürfe. »Die Neuigkeiten über das Befinden des Königs sind sehr schlecht«, schrieb er aus Heidelberg an seine Schwester, »er ist in einer schlimmen Lage, und man prophezeit ihm kein langes Leben. Wie dem auch sei, ich bin entschlossen, mich mit allem, was da kommt, zufrieden zu geben; denn schließlich und endlich bin ich fest überzeugt, daß ich bei seinen Lebzeiten keine gute Stunde haben werde . . . Sie denken weichherziger über ihn, weil Sie ihn seit langem nicht gesehen haben; aber, wenn Sie ihn wiedersähen, würden Sie ihn sicher gern in Frieden ruhen lassen, ohne sich darob zu betrüben.« Einige Tage später schrieb er: »Mit dem König geht es zu Ende; er wird den Schluß dieses Jahres wohl nicht überleben . . . Wir müssen uns darauf vorbereiten, liebste Schwester und, obgleich mein Herz auf eine gewisse Art darunter leidet, so bin ich doch andererseits sehr froh, dann in der Lage zu sein, Ihnen zu helfen . . .«

Der Prinz traf am 12. Oktober 1734 nachmittags in Potsdam ein und fand den Vater in einem erbarmungswürdigen Zustand. Seine Arme und sein Gesicht waren von erschreckender Magerkeit, seine Gesichtsfarbe war aschfahl mit bläulichen Flecken auf den Backen, sein Atem ging kurz. Der Bauch war aufgetrieben und hängend, die Beine ungeheuer dick und voller Eiter. Friedrich Wilhelm empfing seinen Sohn so liebevoll, daß dieser in Tränen ausbrach.

»Ich bin erst sechsundvierzig Jahre alt«, sagte der König, »Ich habe alles, was ich auf der Erde wünschen kann, und der liebe Gott hat mich zu einem glücklichen Monarchen gemacht. Jetzt leide ich die fürchterlichsten Schmerzen von der Welt, aber ich will alles mit Geduld tragen. Mein Erlöser hat für mich und meine Sünden noch viel mehr gelitten. Ich habe die Strafe Gottes verdient. Sein Wille geschehe. Möge er mit mir nach seinem heiligen Ratschluß verfahren! Immer werde ich seinen Namen loben und benedeien, denn nach dieser Prüfung, die er mir schickt, bin ich sicher, daß meine Todesstunde glücklich sein wird, und daß er mir jene unaussprechliche Seligkeit schenken wird, die kein Tod zu rauben vermag.«

Täglich beschied der Vater den Sohn zu sich, öffnete ihm sein Herz und machte ihm vertrauliche politische Mitteilungen. Er fluchte über sein erbärmliches Ministerium, das ihn so schlecht beraten habe. Er beklagte sich über den Kaiser, der ihn, einen alten Freund, wie einen Schubiack traktiere, und zählte die Vorteile auf, die er aus einem guten Bündnis mit Frankreich hätte ziehen können. Er riet Fritz, diesen zu verbannen, jenen henken zu lassen. Zuweilen wurde das alte Mißtrauen gegen den Sohn wieder in ihm wach: »Wenn du es nicht recht anfangen wirst, und alles drunter und drüber gehen wird, so werde ich im Grabe über dich lachen.« Friedrich bemühte sich um den Kranken und versuchte ihm Linderung zu verschaffen. Zweimal wöchentlich wurde der Prinz von fünf Mitgliedern des Generaldirektoriums über den Stand der Staatsgeschäfte unterrichtet. Und der König ließ ihn statt seiner die weniger wichtigen Unterschriften vollziehen.

Um diese Zeit ist der Prinz Tag und Nacht mit Plänen beschäftigt. Die fremden Gesandten umschwirren ihn, und er vertraut seinem Freunde Alexander von Wartensleben in allen Einzelheiten an, was er,

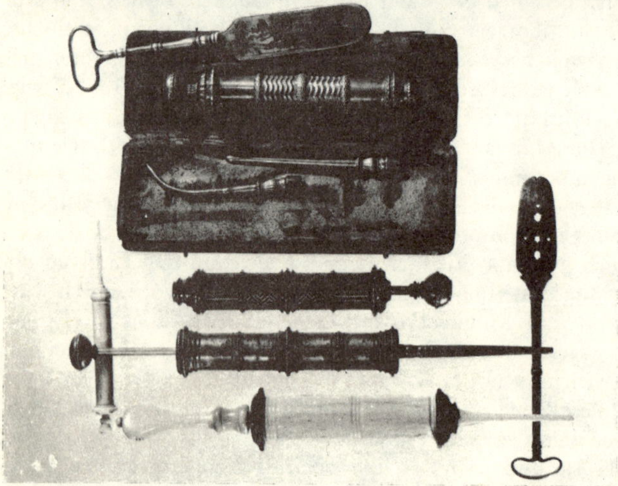

falls der König stirbt, zu tun beabsichtigt: Wohin er sich zunächst begeben wird; wie er die Huldigung empfangen wird; ob er sich krönen lassen wird; in welcher Weise er die Hoftrauer anordnen wird; wie er die Minister und die fremden Abgesandten behandeln wird; ob er die Günstlinge seines Vaters behalten wird; ob er das Regiment der langen Kerls weiter bestehen lassen wird; ob er die Rekrutenwerbungen im Ausland fortsetzen wird; an welchem Ort die Königin wohnen und welche Pension sie beziehen soll; welche neuen Verordnungen bezüglich der Armee und bezüglich der Verwaltung er erlassen wird. »Ja, mein liebes Gräflein«, schreibt er an ihn, »ich werde eines Tages viel Arbeit haben, aber ich hoffe, damit fertig zu werden; und es soll doch eine Lust sein, ganz allein in Preußen König zu sein.« Er betrachtet das Königreich schon so sehr als sein eigen, daß er Grumbkow Auftrag gibt, die schwebenden Verhandlungen einzustellen.

Jedoch der König starb nicht. Während Wilhelmine schon Anstalten traf, sich auf die Reise zu begeben, um den letzten Augenblicken des Vaters beizuwohnen, schickte der König Friedrich nach Ruppin zur Inspektion. Nach seiner Rückkehr fand der Prinz den Vater weit wohler. Er atmete leichter und schlug von seinem Rollstuhl aus mit dem Rohrstock nach den Dienern. In seinen Beinen und seinen Füßen hatten sich Risse gebildet, aus denen das Wasser lief, aber die Ärzte wollten nicht an eine dauernde Besserung glauben. »Er wird den Neujahrstag nicht überleben«, wiederholte sich Friedrich immer wieder, der in diesen Wochen die Schwester mit Berichten über die Krankheit des Vaters, über den Hofklatsch und über seine eigenen Gefühle versorgt. Beim Durchblättern dieser Briefe durchlebt man das ganze Drama. Zuerst scheint die Besserung nicht anzuhalten: Der König verfällt in ein böses Fieber, er hat an der linken Wade eine Geschwulst, die in ein bis zwei Tagen aufgehen wird. Die Ärzte warten auf ihre Öffnung, um sich deutlicher auszusprechen. Wenn der Eiter eine gewisse Farbe hat, so wird der König noch in dieser Woche sterben; sonst wird er vielleicht noch einen Monat leben bleiben, jedenfalls wird er von dieser Krankheit nicht mehr aufstehen. Dann ein Durcheinander verschiedenartiger Bemerkungen, vermischt mit erheucheltem Mitleid. Die Königin ist sehr rei-

35. Johann Theodor Eller,
der Leibarzt Friedrich Wilhelms I.
Aus einem Kupferstich von
Georg Friedrich Schmidt
nach einem Gemälde
von Antoine Pesne

36. Medizinisches Besteck:
Spritzen und Salbenspachteln
aus Silber und Bein,
17. und 18. Jahrhundert
Nürnberg, Germanisches National-
museum

zend und schon ganz getröstet. Das Wasser ist jetzt im rechten Arm. Der König ist in bärbeißigster Laune. Auf einmal wird das Ende eintreten, denn der heiße Brand kann nicht ausbleiben. Es ist ein Jammer, seinen Vater so leiden zu sehen. Man hat einen Einschnitt im linken Bein gemacht, doch vorläufig ist nur ein wenig Blut und Wasser herausgekommen. Sein Bauch ist aufgetrieben, das Fieber will nicht weichen, vielleicht kann er sich noch bis zum Ende des Jahres so hinschleppen. Da die Ärzte an der Heilung des Königs immerhin nicht völlig verzweifeln, erheben die Feinde Friedrichs wieder ihr Haupt, wenn das traurige Ereignis nicht eintritt, werden viele fürchterliche Rache an ihm nehmen. »Die Genesung des Königs wäre mein Verderben«, schreibt er. Prinzessin Sophie ist mit dem Markgrafen Friedrich Wilhelm von Schwedt vermählt worden (1734). In Anbetracht der Umstände waren die Hochzeitsfeierlichkeiten nur bescheiden. Die klügsten und besten Ärzte halten den König für verloren; diejenigen, welche von Wiederherstellung reden, tun das sicherlich auf Befehl der Minister. Es geht dem König besser, aber das ist vermutlich die scheinbare Besserung vor dem Ende. Nein. Es handelt sich um eine neue Krankheit. Erst hatte er die Wassersucht, jetzt hat er die Schwindsucht. Ein bösartiges Fieber zehrt an ihm, seine Unterleibsorgane funktionieren nicht mehr, seine Leber geht in Fäulnis über. Es ist unmöglich, daß er wieder gesund wird!

Wilhelmine ihrerseits zieht die Bayreuther Ärzte zu Rate. Sie haben das Beispiel etlicher Personen angeführt, die sich noch übler befanden als der König und sich dennoch recht lange hinschleppten. Aber diese Leute schonten sich sehr, wozu sich der König niemals verstehen wird. Auch sie hat Hoffnungen. Ihr Schwiegervater Markgraf Georg Friedrich Karl ist gleichfalls krank. Sein Leiden ist allerdings bekannt, es führt unweigerlich zum Tode. Zwischen Bruder und Schwester scheint eine geheimnisvolle Übereinstimmung der Schicksale zu bestehen. Beide sind durch dieselben Widerwärtigkeiten hindurchgegangen, beide werden sich am gleichen Tage die Krone aufs Haupt setzen. Der König, dem es zur Zeit besserzugehen scheint, wird in dem Augenblick an einem plötzlichen Rückfall sterben, in dem der Markgraf seinen letzten Seufzer aushaucht. »Nur noch ein wenig Geduld, teurer Bruder, und meine Prophezeiungen werden in Erfüllung gehen.« Worauf Friedrich verbindlich erwidert: »Ich bin entzückt über die Beständigkeit, mit welcher der Tod den alten Markgrafen belagert . . . Ich hoffe bald die freudige Nachricht der Übergabe der Festung zu erhalten.« Der Markgraf verschied nach tapferer Gegenwehr im Mai 1735, und Friedrich bezeigte der Schwester »seine lebhafteste Freude darüber«, aber wiewohl der letzte Termin erreicht und sogar überschritten war, lebte der König immer noch. Friedrich, der immer zwischen Potsdam und Ruppin hin- und herreiste (in welch letzterem Ort er ein Kammerorchester hielt), sollte eines Tages die Überraschung erleben, den Vater auf den Beinen und gänzlich abgeschwollen zu sehen. »Was den König anbelangt«, schrieb er an seine Schwester, »so habe ich Ihnen zu meinem allergrößten Erstaunen zu melden, daß er sich wieder ganz erholt, zu gehen beginnt und sich besser befindet als ich. Ich habe heute mit ihm gespeist und kann Ihnen sagen, daß er für Viere ißt und trinkt. In acht Tagen will er nach Berlin, und ich halte es für sicher, daß er in zwei Wochen wieder reisen kann. Das ist ein so außerordentliches Wunder, als es jemals gegeben . . . Wir müssen glauben, daß der liebe Gott seine sehr guten Gründe hatte, ihm das Leben zu verlängern.« Einige Tage später schreibt Friedrich: »Unser Wunder blüht und gedeiht!« Und als Wilhelmine im Sommer von einem geheimnisvollen Rückfall meldet, erwidert Fritz: »Des Königs Krankheit ist nur politischer Natur, er befindet sich wohl, wenn er Lust dazu hat, und ist kränker, sobald es ihm paßt. Im Anfang habe ich mich darüber getäuscht, aber jetzt ist mir das Geheimnis klar. Sie können, liebste Schwester, fest darauf zählen, daß er Gott sei Dank die Natur eines Türken hat und seine Nachkommenschaft, wenn er Lust dazu hat, überleben wird.«

Fritz fiel aus den Wolken. Als guter Sohn mußte er seine Freude bezeigen und der Vorsehung danken. Aber hatte ihn nicht alle Welt voll fieberhafter Ungeduld die Hand nach der Krone ausstrecken sehen? Jetzt war er nichts als ein übereiliger Erbe, den das Schicksal genarrt hatte. Er war im Sprechen und Schreiben zu unvorsichtig gewesen. Wieder einmal hatte er sich als törichter Jüngling aufgeführt, dem weder die Bücher noch das Denken, weder die Erfahrung noch die Eingezogenheit zu irgend etwas dienlich gewesen waren. Vielleicht hatte er in Betrachtung seiner nutzlos bekritzelten Papiere vor Zorn und Scham geweint. Nachdem er geglaubt hatte, alles zu besitzen, fühlte er sich jetzt betäubt und verloren, ohne auch nur die Kraft zu einer Hoffnung aufzubringen, denn der König konnte ja noch ein Vierteljahrhundert leben. »Mein Gott«, schrieb er anläßlich des Todes seines Schwiegervaters (3. September 1735) an seine Schwester: »Ich bin von dem Betragen des Herzogs von Braunschweig entzückt, er hat die Höflichkeit und den Geschmack besessen, rechtzeitig zu sterben, um seinem Sohn ein Vergnügen zu bereiten. Ich finde, daß er auf den Höhen dieser Welt nicht übermäßig lange verweilt hat.« Friedrich Wilhelm war stolz auf seine Kraft. Nun, da er wieder ins Leben zurückgekehrt war, wollte er sich gleichsam an seinem Sohne dafür rächen, daß er sich ihm gegenüber schwach und zaghaft gezeigt hatte. Er schien es darauf abgesehen zu haben, ihn seine harte Hand um so drückender fühlen zu lassen. Friedrich in seiner Seelennot strebte danach, dem Hofe zu entfliehen. Er bat, wieder zur Rheinarmee zukehren zu dürfen. Jedoch der Vater versagte ihm diese Gunst, weil er sich nicht wieder mit den Österreichern kompromittieren wollte, aber auch, um den Kronprinzen besser in seiner Gewalt zu haben. Solcher Ablenkungsmöglichkeit beraubt, blieb Friedrich nur übrig, die Kraft zum Durchhalten und zum geduldigen Abwarten in sich selbst zu finden.

Die Krise des Jahres 1734 ist in seinem Leben ebenso bedeutsam wie die Hinrichtung Kattes. Nach der Meinung von Gustav Berthold Volz sogar noch bedeutsamer; denn, wenn Friedrich die grauenvollen Küstriner Eindrücke mit der seiner Jugend eigenen Leichtigkeit vergaß, so hat die Krankheit und Genesung des Königs auf die Richtung seiner Gedanken und seiner Studien dauernd eingewirkt. In seinen Briefen aus dieser Zeit klingt ein neuer Ton von Ernst und Bitterkeit an: »Der Welt und aller ihrer Seiten überdrüssig, wie ich es bin, widme ich mich aufs angelegentlichste jenen Betrachtungen, die mich mehr und mehr erkennen lassen, daß hienieden kein stetiges und dauerndes Glück zu finden ist . . . Je besser man die Welt kennt, desto mehr wird sie einem verleidet; da man in ihr mehr Kummer und Unglück als Anlaß zur Freude und zum Glück findet.« Nach Ruppin zurückgekehrt, verzichtet er immerhin nicht auf seine gewöhnlichen Vergnügungen. »Um Körper und Geist zu beruhigen«, liest und schreibt er »wie ein Sträfling«. Er spielt Quartett und rühmt sich, im Komponieren so weit fortgeschritten zu sein, daß er eine Symphonie schreiben kann. Doch sagt er des öfteren, er müsse, da er ziemlich sicher sei, vor dem König zu sterben, in seiner Vernunft und in seinem inneren Gefühl jene Glückseligkeit und Ruhe finden, die ihm die Ungunst des Geschicks versagt hat. Was er »wie ein Sträfling« liest, sind die Philosophen und die Moralisten, die Werke, die sich mit dem Rätsel des Menschen und der Schöpfung befassen.

Indessen lag dem König nichts ferner, als Friedrich seinen Betrachtungen zu überlassen. Anfang September 1735 schlug er ihm als Ersatz für die Kampagne eine ›Lustreise‹ vor. Er schrieb ihm: »Inzwischen habe ich Euch hierdurch fragen wollen, ob Ihr Lust habt, auf fünf oder sechs Wochen eine Lustreise nach Preußen zu thun, um die dortige Oekonomie- und Landesart zu examiniren und kennen zu lernen, auch dabei zu sehen, woran es fehlt, daß es bisher dort nicht recht gehen wolle; welches Euch sehr nützlich sein kann. Alles was dorten sowohl bei den Städten, als auf dem Lande und in den Aemtern vorfällt, recht einzusehen, weil Ihr doch dereinst dies Land beherrschen müsset und überaus übel daran sein werdet, wenn Ihr bloß denen specieusen Berichten derer meistentheils eigennützigen Bedienten glauben müsset. Ich habe solches mehr als zu viel erfahren, und da es eines von Meinen schönsten Ländern ist, so muß Ich doch gestehen, daß es noch in schlechter und miserabler Ordnung ist. Wenn Ihr nun Lust habet, dahin zu gehen, so werde ich Euch eine völlige Instruction geben, auf welche Stücke Ihr eigentlich Acht zu geben habet, wie Ich die dortige Wirtschaft einzurichten befohlen und was noch daran zu desideriren ist. Ihr sollet auch autorisiert werden, Euch bei der Krieges- und Domainenkammer und überall, wo es nötig, von allen Umständen genau zu informiren. Die Regimenter, so in Preußen sind, sollet Ihr bei dieser Gelegenheit gleichfalls besehen, ob sie so in Ordre sind, wie Ich es haben will, da Ihr denn Alles redressiren könnet, was etwa in der Ordre fehlet. Ich erwarte darüber Eure Meinung zu vernehmen und bin alle Zeit . . .« Friedrich erwiderte, daß er sich dem Willen seines Vaters »treugehorsamst« füge, schrieb aber an seine Schwester: »Er will mich nach Preußen schicken. Das ist ein wenig anständiger als nach Sibirien, aber nicht viel.«

Preußen lag außerhalb des römisch-deutschen Reiches, umgeben von den der Krone Polens untertanenen Territorien. Nur dort war Friedrich Wilhelm König. In Berlin war er Markgraf von Brandenburg, an anderen Orten Fürst, Graf, Herzog oder Markgraf. Der Königstitel bezog sich nur auf jene entfernte Provinz, in der die Krönungsstadt Königsberg lag. Das halbwilde Land war während zahlreicher Feldzüge seit den Zeiten des Großen Kurfürsten, durch Pest und durch Hungersnöte furchtbar verheert worden. Bei seinen ersten Besuchen hatte Friedrich Wilhelm dort nur verlassene Dörfer, zusammengestürzte Häuser, brachliegende Felder, eine verelendete Bevölkerung und Rudel von Wölfen vorgefunden. Um die öden Landstrecken, deren Anblick ihm wehtat, zu bevölkern, unternahm der König ein kolonisatorisches Werk, bei dem er sein Gold, seine Mühe, seine Begabung für praktische Kleinarbeit und sein außerordentliches Talent als Organisator in unerhörter Weise einsetzte. Ein Jahr war besonders glücklich: Er konnte 15 000 aus Salzburg vertriebene Protestanten aufnehmen, wofür er Gott von Herzen dankte. Aber seine eigene Leistung ist in der Tat heldenhaft gewesen. Ohne sich von Mißerfolgen, Zwischenfällen und immer wieder auftauchenden Schwierigkeiten abschrecken zu lassen, hat er zäh und unermüdlich sein Werk vorwärts gebracht. Indem er diese Provinz, die seine Schöpfung und sein Stolz war, seinem Sohne zeigte, wollte er vielleicht dessen Achtung erringen. Immerhin schreibt er, daß sie noch schlecht und elend sei, als hielte ihn eine Art Scham davon ab, sein Verdienst zu betonen. Hat Friedrich empfunden, wie achtenswert diese

Bescheidenheit eines tüchtigen Arbeiters war? Auf jeden Fall hat er seine Aufgabe vortrefflich erfüllt.

Selbstverständlich mokierte er sich über sich selbst und seine Mission. In einem Brief an Grumbkow vergleicht er sich mit einer mit Purpur bekleideten Puppe, die man durch die Felder trägt, um zu verkünden, daß Gott der Herr lebt und demnächst erscheinen wird, um zu strafen oder loszusprechen. Trotzdem befolgte er Punkt für Punkt die Instruktion des Königs. Er inspizierte die Regimenter, ließ sie exerzieren, unterzog Soldaten und Pferde einer strengen Musterung. Er besichtigte die Domänen und die Dörfer, kostete das Brot, verglich die Höhe des Bodenzinses mit dem Stand der Feldbebauung, ließ sich die Berichte übergeben und versah sie mit väterlichen Ermahnungen. Auf der Hin- und Rückreise kam er durch Polnisch-Preußen, das ihm wie eine Wüste erschien. Er sah Polen »schmutzig und verkommen zum Erschrecken.« In Königsberg traf er den von den Russen vertriebenen königlichen Flüchtling Stanislaus Leszczyński. Er fand zwei- bis dreimal Gelegenheit, mit dem umherirrenden Herrscher zu speisen, der ihm ein großer Mann zu sein schien: im Unglück gleichermaßen ein König wie auf dem glorreichsten der Throne. Friedrich Wilhelm war mit den Leistungen seines Sohnes zufrieden. Er lobte ihn, daß er ins Detail gehe und sich bemühe, den Dingen auf den Grund zu kommen. Das sei die Hauptsache. Aber das Auge des Sohnes sah schärfer als das des Vaters. Aus Königsberg sandte Friedrich an Grumbkow einen schonungslosen Bericht, über den er selbst erschrak. »Über meine Reise«, schreibt er, »möchte ich Ihnen in kurzen Worten sagen, daß ich ganz Preußen besucht habe. Ich habe das Gute dort gesehen, aber auch das Elend in seiner ganzen Nacktheit. Wenn der König sich nicht dazu versteht, gegen Neujahr die Vorratskammern zu öffnen, können Sie darauf rechnen, daß die Hälfte des Volkes an Hunger stirbt, so schlecht sind die Ernten in den letzten Jahren gewesen. In meinen ersten Briefen an den König gab ich nur eine oberflächliche Beschreibung, aber nach dem Abschluß meiner eingehenden Untersuchungen habe ich ihm meine Meinung ganz frei heraus und natürlich geschrieben, so wie ich vor Gottes Antlitz sprechen würde. Man erteilt mir einen Auftrag, man will, daß ich Dinge prüfe und einen Bericht über sie erstatte – ja würde ich mich denn nicht gegen König und Vaterland, gegen Gewissen und Ehre versündigen, wenn ich mir nicht alles vom Herzen redete, wenn ich die Dinge nicht genau so schilderte, wie sie mir erschienen sind?« Der König gab den Vorschlägen seines Sohnes gemäß entsprechende Befehle. Er war seinem Sohne so wenig böse, daß er die für ihn bereits im Oktober 1733 begonnenen Bauarbeiten beschleunigen ließ.

37. Ansicht von Rheinsberg
Am See-Ufer eine Hofgesellschaft
mit dem Kronprinzenpaar
Aus einem Gemälde von
Georg Wenzeslaus von Knobelsdorff,
um 1735
Berlin, Schloß Charlottenburg

Etwa 20 Kilometer nördlich von Ruppin liegt die Domäne Rheinsberg. Still ist die Straße dorthin, die durch Felder und Wälder führt; nur wenige mit Knüppelholz, Reisig oder Torf beladene Wagen begegnen dem Wanderer. Das Städtchen ist ganz klein. Es war damals fast ausschließlich von Franzosen bewohnt. Nach einem Brand hatte man es im Residenzstil wiederaufgebaut, und die Häuser sind von der majestätischen Leere der Straßen wie erdrückt. Zum Park und zum Schloß gelangt man ein wenig außerhalb der Stadt über einen sehr großen, mit Linden bepflanzten Platz. Man durchschreitet ein Gittertor, geht über eine Brücke, durchquert einen Hof und befindet sich am Ufer eines Sees, des Grinericksees. Von hier aus überblickt man die Gegend, in der Friedrich seine glücklichste Zeit verlebt hat: eine Wasserweite, grau und grün, sanft verschleiert, Sand, der unter dem Fuß zerrinnt, hohe gelbe Schilfgräser, schneidend wie Schwerter, silbrige Birken, Buchen, schwarzgrüne Kiefern, die stoisch den Herbststürmen standhalten, überall Weiher unendlich verzweigt, durch schmale, mit Wasserpflanzen verstopfte Kanäle untereinander verbunden, ein Land von Dünen, von grasigen Inseln, von Wäldern, Flüssen und stehenden Gewässern – Zusammenklang von Reinheit und Verwesung, die das Spätjahr in Nebel und Regen taucht, als würden die Wasser der Erde und die Wasser des Himmels eins. Der Winter ist windig und eisig, ein Feind. Nach einem hastigen, von Lebensdrang rauschendem Frühling stellt sich der Sommer ein. Er hüllt sich in milchige Helle und feuchte Klarheit, und am Tagesende, wenn der untere Horizont sich mit Kupferglanz überzieht, färben sich die Weiher rosig, und auf die Wipfel der Bäume fällt ein flammender Widerschein.

Es gab dort einen alten Herrensitz, den Friedrich mit des Königs Erlaubnis nach Belieben umformen durfte. Johann Gottfried Kemmeter und sein Schüler Georg Wenzeslaus von Knobelsdorff rissen nieder, modelten, bis schließlich ein zierliches symmetrisches Schlößchen im französischen Geschmack erstand. Knobelsdorff war um dreizehn Jahre älter als der Prinz. Er hatte als Hauptmann in der preußischen Armee gedient, hatte gemalt, die Architektur der Antike und die von Versailles studiert. Im Jahre 1736 schickte ihn Friedrich zur Vervollständigung seiner Ausbildung nach Italien. Er kam als überzeugter Klassizist zurück. Er liebte die einfachen Linien, die regelmäßigen Fassaden, das Ebenmaß der Verhältnisse. Rheinsberg besteht aus drei Gebäudetrakten, welche die drei Seiten eines quadratischen Hofes bilden, während die vierte, dem See zugewendete, durch eine doppelte Säulenreihe abgeschlossen wird, die in Stockwerkhöhe eine Terrasse trägt. Etwa zehn Stufen führen zum Landungsplatz hinab. Zu beiden Seiten der Kolonnade endet jeder der Schloßflügel in einem Turm. Diese beiden völlig gleichen Türme sind oben mit einer Balustrade versehen und überragen das Hauptgebäude nur um einige Fuß. Die Fassaden sind sehr einfach gehalten. Auf der der Stadt zugewendeten Seite stehen auf einer Attika und einem Kranzgesims vier Götterstatuen, und über der Eingangspforte liest man die Inschrift: ›Friderico tranquillitatem colenti MDCCXXXIX‹. Auf der Brücke tragen hölzerne Standbilder Laternen. Im übrigen machen geschwungene Giebel über den Fenstern, schmiedeeiserne Fensterbrüstungen mit Lyrenornamenten, einige Balkone und etliche Vasen die ganze Verzierung aus.

Das Obergeschoß des rechten Flügels wird von einem großen Saal in Weiß und Gold eingenommen, der Rest ist in kleine intime Räume aufgeteilt: sieben Zimmer für den Prinzen, fünf für die Prinzessin. Bei der Durchsicht der Pläne seines Hauses dachte Friedrich an Dresden und träumte von Versailles, vom vielgerühmten Versailles, von dem er so viele Bilder gesehen und so begeisterte Schilderungen gehört hatte. In die sandige Mark hat er ein Stück Frankreich verpflanzen wollen, einen Teil des Trianon mit seinem festlichen Dekor, seinen Deckengemälden, seinen Marmorverkleidungen, seinen Steinfiguren, seinen duftigen mythologischen Darstellungen und seinen Reigen pausbackiger Genien. Die Wände seines Schlafzimmers sind mit grüner Seide austapeziert, in welche weiße und gelbe Papageien eingewebt sind. Er schläft in einem Bett, dessen Baldachin von korinthischen Säulen getragen wird, und auf der Zimmerdecke seiner in dem alten Turm des linken Flügels gelegenen Bibliothek hält Minerva, die von flatternden Amoretten umgeben ist, ein Buch, auf dessen aufgeschlagenen Seiten einzig die Namen Horaz und Voltaire zu lesen sind. Die Holztäfelungen über den Türen und Fenstern zeigen in erhabener Arbeit Darstellungen von Büchern, Weltkarten, Zirkeln, Leiern und Winkelmaßen. Das mit Atlas ausgeschlagene Zimmer der Kronprinzessin ist in Blau und Silber gehalten. In den übrigen Räumen sind die Vorhänge, die Fauteuils und die Kanapees gris de lin, seladonblau, violett, rosa, karmesinrot, und beinahe überall sind silberne Litzen und silberne Umrandungen.

Die Arbeiten dauerten Jahre. Als Friedrich im August 1736 einzog, waren sie noch nicht beendet. Der große Musiksaal wurde nie fertig; mit der Anlage des Parkes begann man 1734, und erst im November 1739 konnte Friedrich seiner Schwester schreiben: »Alles ist möblirt, zwei Zimmer sind voller Bilder, die anderen sind mit Spiegeln und mit vergoldeten oder versilberten Holzschnitzereien ausgestattet. Die meisten meiner Gemälde sind von Watteau und Lancret, beide Meister der Brabanter Schule.« Diese Bilder, 22 an der Zahl, findet man im Inventar des Schlosses nach den Porträts und den Blumenstücken unter der Bezeichnung ›holländische Gemälde‹ ohne jede Angabe des Gegenstandes. Sie zauberten einen Traum von Jugend und Frühling auf die Wände.

In der Tat waren die Bilder von Jean Antoine Watteau der köstlichste Schatz von Rheinsberg. Nun, da sie verschwunden sind, wird man bald genug gewahr, daß man sich nicht in Trianon befindet. Aus Mangel an Geld mußte Knobelsdorff minderwertiges Material verwenden. Schon im Jahre 1739 mußte die Küche, deren Wände rissig wurden, erneuert und morsche Balken ausgewechselt werden. Die Wandverkleidungen sind aus Stuck, und die Parkette aus Fichtenholz, richtige Wirtshausfußböden. Die Innendekoration hat etwas Unfertiges, Bäurisches, zugleich Unbeholfenes und Aufdringliches. Sie erweckt zugleich den Eindruck von Protzerei und Sparsamkeit. Pesne, im übrigen ein guter Porträtist, geriet durch diese neue Aufgabe in arge Verlegenheit, und sein Schwager Augustin Dubuisson zog sich nicht besser aus der Affäre. Maler und Bildhauer füllten die Räume mit einer Welt allzu deutlicher Allegorien: Apollon auf seinem Wagen, Aurora die Wolken zerteilend, die Ruhmesgöttinnen, die die Zukunft verkünden, die aufgehende Sonne, die die Dämonen der Nacht vertreibt – überall auf den Wänden und an den Balustraden ruft der Olymp den Tod des Königs herbei. Die Götter, die unsterblich sind, hätten ihren Wünschen eine gewisse Zurückhaltung auferlegen können!

In Rheinsberg war eine zahlreiche Gesellschaft versammelt. Vor allem die Kronprinzessin Elisabeth, verschönert und umgewandelt, immer gleichmäßig freundlich, immer in Anbetung vor ihrem Gemahl, der sie im Reitkostüm malen läßt; dann Christine Elisabeth von Katsch, die Oberhofmeisterin (60 Jahre alt, voll Würde, mit einer besonderen Eignung, in heiklen Augenblicken die Situation durch tiefe Knickse zu retten); hierauf die beiden Ehrendamen Fräulein Anna Elisabeth von Schack (keineswegs schön, aber im Besitze niedlicher Füße) und Fräulein Juliane von Walmoden (eine Blondine, allgemein Iris genannt); endlich der Schloßgeistliche, Pastor Jean Deschamps, Sohn eines französischen Flüchtlings, sehr belesen und ein großer Dialektiker, zugleich Gelehrter und Weltmann.

Um den Prinzen gibt es drei Persönlichkeiten: den wackeren Radoteur Wolden, der wie in Küstrin auch in Rheinsberg Hofmarschall ist, den lästigen Bredow, auch der Gazettier oder der Argus genannt, und den alten Major von Senning, den Mann mit dem Holzbein. Zu diesen, Friedrich vom König zugeteilten Gefährten, kommen noch selbstgewählte Freunde hinzu. Da ist der gescheite und knorrige Knobelsdorff, ein echter Deutscher, der aber nur auf Griechenland schwört; da ist Antoine Pesne, beinahe ein Sechziger, von einem Schwarm von Töchtern, Schwägern und Schwägerinnen umschwirrt, die alle malen; da sind die beiden Brüder Johann Gottlieb und Karl Heinrich Graun, die sich als Tenöre, Komponisten, Violinisten, Musikprofessoren und Kapellmeister hervortun, Franz Benda, der erste Geiger, Johann Joachim Quantz, der Flötist, der Major Christoph Ludwig von Stille, sanftmütig, gelehrt, fromm, polyglott und musikalisch, der Baron Heinrich August de La Motte-Fouqué, ein Protestant, Sohn französischer Emigranten, geboren im Haag, Page des alten Dessauers, ein tapferer und hochgebildeter Offizier, und endlich der Jüngste von allen, Isaac François Edmond de Chasot, kaum 20 Jahre alt, aus einem normannischen nach Burgund verpflanzten Geschlecht. Friedrich hatte ihn, ebenso wie Fouqué, am Rhein kennengelernt, aber dieser diente auf preußischer, Chasot auf französischer Seite. Er mußte nach einem Duell sein Vaterland verlassen, Friedrich hatte ihn damals eingeladen, später in Mecklenburg wiedergetroffen und ganz bei sich behalten. Chasot hatte eine Stupsnase, pfiffige Augen, spielte Flöte, schrieb Friedrichs Manuskripte ab und lachte gern.

Noch mehr in der Gunst seines Herrn und Gebieters stand Charles Etienne Jordan, Sohn französischer Emigranten, geboren im Jahre 1700 zu Berlin, Student in Genf und Lausanne, mit 25 Jahren Pastor. Als er Friedrich vorgestellt und unter die Bürger von Rheinsberg aufgenommen wurde, kam er gerade von einer Reise durch Frankreich, Deutschland, England und Holland. Er hatte der Natur keinen Blick geschenkt, jedoch nicht ein Kuriositätenkabinett zu besuchen vergessen. Von Straßburg an begeisterte er sich für Frankreich, in Paris mißfielen ihm die religiösen Schwärmer und die Koketten, die zu viel Rot auflegten. Aber alles übrige bewunderte er: die geräuschvolle, lebendige Stadt, das gutmütige, dienstfertige, gegen die Fremden zuvorkommende Volk, die freundlichen und gefälligen Verkäuferinnen und die Schauspieler, welche die besten der Welt sind. In dem kleinen Buche, in dem er seine Eindrücke aufgezeichnet hat, bezeigt er seine Verwunderung darüber, so elegante Frauen, so reichbestellte Bibliotheken und endlich so geistvolle, höfliche und gelehrte Schriftsteller zu sehen, wie Bernhard Fontenelle, wie den Abbé von Saint-Pierre, den Abbé Jean Baptiste Dubos, Charles Rollin und den Pater Bernard de Montfaucon, der so viel Griechisch kann, nicht zu vergessen den Herrn von Voltaire, »einen mageren jungen Mann, der an der Schwindsucht zu leiden und von einem blindwütigen Feuer verzehrt zu sein scheint«. Jordan war klein, aber wohlproportioniert, brünett, mit buschigen Brauen und pechschwarzem Haar. Er war, was der Tag auch bringen mochte, immer der gleiche: der sanfte, der wohlwollende, der dienstfertige, der gottesgelahrte, der untadelige, der in allen Dingen beschlagene, der tiefgründige Jordan, der Mann, den Friedrich in seinen Briefen ›Ami Jordan‹, ›Doctissime doctor‹, ›Dive Jordane‹ nennt, und dem er immer wieder versichert, »daß er sich unter das Schattendach seiner Weisheit begebe, wie sich die scheue Turteltaube in der Höhlung alter Eichen birgt«. Mit einem Wort, der Mann, der der unersättlichen Wißbegier des Prinzen als Lexikon diente.

Endlich Dietrich von Keyserlingk, der wirbelnde, rätselhafte Baron aus baltischen Landen. Sein Briefwechsel ist verlorengegangen, das ist bedauerlich, denn er wurde von allen am meisten geliebt. Er war schon vor dem Fluchtversuch dem Prinzen zugeteilt, mußte aber nach der Katastrophe zum Regiment zurückkehren. Friedrich wünschte ihn in Ruppin an seiner Seite zu haben, allein der König verbot es. Er gestattete dann endlich, ihn nach Rheinsberg zu berufen, wo seine Ankunft gefeiert wurde »gleich dem Aufgang einer Sonne, die die Finsternisse einer Winternacht durchbricht.« Aus Kurland gebürtig, war er ein Mann von einer anderen Rasse: fast gelb, mit platter Nase, kleinen Augen, einem breiten Gesicht und kurzem Wuchs. Nach seinem dreijährigen Studium in Königsberg hatte er an der dortigen Universität den Ruf eines Weltwunders hinterlassen, da er seine Thesen in deutscher, französischer, lateinischer und griechischer Sprache verfochten hatte. Er verlebte zwei Jahre in Paris, war ein wackerer Zecher, zog sich wie ein Operettenschäfer an und konnte sich nicht einen Augenblick lang stille halten. Als Jakob Friedrich von Bielfeld, der über diesen ganzen Kreis saftige Geschichten hinterlassen hat, Keyserlingk zum ersten Mal sah, kam dieser gerade mit großem Lärm von der Jagd. »Ich war äußerst überrascht«, erzählt Bielfeld, »ihn im Schlafrock mit einem Gewehr über der Schulter zu sehen. Er redete mich höchst ungezwungen an und seine ersten Worte schienen in der Absicht gesprochen, mich davon zu überzeugen, daß ich schon längst die Ehre hätte, sein intimer Freund zu sein. Er nahm mich beim Arm und entführte mich in sein Zimmer. Während er sich ankleidete, deklamierte er Stücke aus der ›Henriade‹ von Voltaire und Tiraden aus deutschen Gedichten, sprach von Pferden und von der Jagd, machte dazwischen einige Luftsprünge und ein paar Tanzschritte und erging sich über Politik, Mathematik, Malerei, Architektur und das Militär.« So ging es den ganzen Tag. Keyserlingk betete seinen Prinzen an, sprach aller Welt von ihm und wollte, daß alle Welt ihn liebe. Friedrich hatte ihm den Beinamen Césarion gegeben und nannte ihn »seinen besten Freund«, »sein Alles«.

Die Republik empfing auch Besuche: die ehrenwerte Baronin Charlotte von Kannenberg und ihren ritterlichen Gemahl Friedrich Wilhelm, die junge, reizende, lebhafte Baronin Charlotte von Morrien geborene von der Marwitz, genannt Madame Tourbillon, die wundervolle Luise von Brandt, la Belle genannt, die Friedrich ein zärtliches Gefühl einflößte und die, scheinbar davon völlig unberührt, den schlechtesten Ruf am Hofe hatte; dann der dänische Gesandte Andreas August von Prätorius, der die Theateraufführungen leitete, und schließlich der französische Gesandte La Chetardie »der göttliche Marquis«, dessen Reden Friedrich feinschmeckerisch mit den Worten charakterisierte: »Das ist Bonbon für uns!« Am meisten aber galt die kleine Tettau mit ihrem spritzigen Wesen; auch war sie eine bewunderte Schauspielerin.

Man schrieb auch eifrig Briefe. Friedrich für sein Teil hatte vier oder fünf ständige Korrespondenten und bemühte sich unablässig, seinen Kreis zu erweitern. Der Major und nachmalige Oberst Paul Heinrich von Camas, Sprößling einer französischen Emigrantenfamilie, war feingebildet, ein guter Mathematiker und keineswegs ein Höfling. Friedrichs schriftliche Unterhaltung mit ihm war durchaus offenherzig. Suhm, der sächsische Gesandte in Berlin, war dem Prinzen zur Zeit seiner Mißgeschicke, so gut er konnte, behilflich gewesen. Zartfühlend, melancholisch und schmächtig war er der ideale Vertraute, der ›cher Phénix‹, der ›cher Diaphane‹ (der Durchscheinende). Als Suhm seine Ernennung zum Botschafter in St. Petersburg erhielt, schrieb ihm Friedrich: »An diesem barbarischen Hofe braucht es Männer, die tüchtig saufen und kräftig huren. Ich glaube nicht, daß Sie sich in dieser Schilderung erkennen. Ihr schlanker Leib ist das Behältnis einer feinen, geistvollen, zarten Seele . . . Mein teurer Diaphane, begehen Sie mir ja keinen Mord an Ihrer eigenen Person. Was finge ich nach Ihrem Sterben mit Ihrer unsterblichen Seele an? Die kostbaren Überreste eines so geliebten Körpers wären mir von keinem Nutzen.« Graf Ernst Christoph von

38 und 39. Freunde des Rheinsberger Kreises bei Tanz und Konzert im Freien

Zwei Gemälde von Georg Wenzeslaus von Knobelsdorff, 1739. Berlin, Schloß Charlottenburg

Manteuffel, ein Preuße, der in sächsische Dienste übergetreten war und nun nach einer langen politischen Laufbahn in Berlin im Ruhestand lebte, war Vorsitzender der ›Gesellschaft der Alethophilen‹, die sich der Suche nach der Wahrheit widmete. Er war ein scharfer Denker, ein guter Schriftsteller, ein Mann von Welt und Bildung, dazu ein ganz klein wenig Spion. Den Bescheidenen spielend, nannte er sich einen Quinze-Vingt (einen ›Blinden‹), nach dem von Ludwig IX., dem Heiligen, gegründeten Blindenhospital ›Quinze-Vingts‹ (1260). Friedrich und er führten lange Zeit einen spaßhaften Argumentenkrieg für und wider die christliche Moral.

Die Kolonie von Rheinsberg war ganz französisch, man sprach dort keine andere Sprache, und Friedrichs sehnlichster Wunsch war, einen berühmten Schriftsteller zur Seite zu haben, der in das märkische Städtchen einen Hauch von Paris brachte. Durch Vermittlung von La Chetardie ließ er bei Jean-Baptiste-Louis Gresset anfragen, versprach ihm jährlich 500 Taler, Kost und Wohnung, das Reisegeld sowie die Wiedererrichtung eines katholischen Bischofssitzes in Preußen, »sobald es in seiner Macht liegen werde, über alle Dinge zu verfügen«. Von diesen Anerbietungen geködert, traf Gresset schon seine Reisevorbereitungen, als der König durch die im Tabakskollegium vorgelesenen Neuigkeiten von seinem Kommen erfuhr. Die Reise mußte aufgeschoben werden, und Gresset, dem Friedrich Wilhelms Brutalität bekannt war, zog es vor, seine Freiheit zu behalten.

Friedrich wohnte nicht das ganze Jahr in Rheinsberg. Zu den großen Musterungen begab er sich nach Berlin, ebenso im November oder Dezember zu den Hoffesten; im Sommer begleitete er den König fast regelmäßig auf eine Inspektionsreise, und zu Ostern war er in Potsdam, um daselbst im Familienkreise seine religiösen Pflichten zu erfüllen. Er fand diese Dinge besonders komisch. »Ich weiß nicht, was sie getan haben«, schrieb er, »aber sie sagen zu mir, daß sie am Sonntag bereuen wollen ... Als guter Junge bin ich mit allem einverstanden, obwohl ich mich gar nicht zerknirscht fühle.« Der Preußenkönig beschäftigte seinen Geist weit mehr als der Himmelskönig. In seinem Innern war er niemals ganz ruhig. Mochte er auch in Prosa und in Versen die Wonnen der Abgeschiedenheit und den Frieden der Felder preisen, so mußte er doch unausgesetzt sein Augenmerk auf Berlin richten, um sich über die Stimmung seines Vaters zu vergewissern. Noch im Januar 1739 schrieb er an Camas: »Neben einem Vater, der so reizbar ist, darf ich mich nie der Hoffnung hingeben, ein Leben in Frieden führen zu können. Ich muß ihn als meinen schlimmsten Feind betrachten, der mich unaufhörlich belauert, um mir im geeigneten Augenblick den tödlichen Streich zu versetzen. Ich muß unablässig auf der Hut sein; der geringfügigste Fehltritt, die kleinste Unvorsichtigkeit, eine Bagatelle, ein Nichts, das aufgebauscht und übertrieben wird, kann mein Verderben sein.« Aber während der König sich bemühte, ihn öffentlich in Verruf zu bringen, wußte Friedrich sich bewunderswert zu beherrschen und bei jeder Gelegenheit eine stoische Gelassenheit zu bewahren. Er hörte, ohne eine Miene zu verziehen, die bittersten Verhöhnungen, die beleidigendsten Anzüglichkeiten an, als ob er sie nicht verstände, und konnte gleich darauf das Wort ergreifen, als wäre nichts geschehen.

Zu seiner Verteidigung standen ihm noch andere Waffen zur Verfügung: seine Fähigkeiten als Oberst, die Vortrefflichkeit des von ihm befehligten Regiments und der hohe Wuchs seiner Rekruten. »Ich habe Befehl, Donnerstag in Berlin einzuziehen. Mein Regiment ist mit sechs Fuß hohen Beweisstücken versehen, daß es eine wahre Freude ist. Wenn man durch genaue Beobachtung der Vorschriften gerettet werden kann, werden wir es sein. Wenn man durch ein korrektes Exerzieren dem König hofiert, werden wir es tun. Wenn man durch die fürsprecherische Gewalt heranmarschierender Kolosse in Berlin sein Glück machen kann, so kann ich fest auf das meine vertrauen.« (An Camas, Dezember 1739.) Um der Manie seines Vaters zu schmeicheln, ließ er in ganz Europa Nachforschungen anstellen. Die Markgräfin, Suhm, Seckendorff, alle seine Freunde mußten mithelfen. Dank ihrer Bemühungen brachte er eine herrliche Sammlung von Ungetümen in Uniform zusammen, eine wahre Menagerie, Deutsche, Lothringer, Polen, Litauer, Tartaren, Kurländer, Bosniaken und einen zwanzigjährigen, sehr wohlgebildeten Türken. Eines Tages kam einer seiner Korrespondenten einem sechs Fuß vier Zoll hohen Holländer auf die Spur, den er »mittels der Anziehungskraft von 6000 Talern« nach Ruppin dirigierte, allwo er ebenso aufsehenerregend glänzte »wie ein Komet«.

20 bis 24 Personen bei Tisch, ein Orchester, zahlreiche Dienerschaft, Baukosten, Rekruten zu 6000 Talern – all das verschlang Unsummen. Wenn Friedrich Wilhelm die Einkünfte seines Sohnes auch dadurch vermehrte, daß er ihm einmal die Domäne Zernikow, ein andersmal die Gestüte in Ostpreußen schenkte, die 12000 Taler einbrachten, so war Friedrich doch immer in Geldverlegenheit. Suhm, der seine Anleihen vermittelte, erhielt pathetische Hilferufe: »Ich werde von meinen Gläubigern allerseits bedrängt. Haben Sie die Güte, mich aus der Klemme zu ziehen, sonst geht es mir übel.« Der Hauptgeldgeber war der Günstling der Zarin Anna Iwanowna, der Stallknecht Ernst Johann Biron, den sie zum Herzog von Kurland gemacht hatte (1737). Aber Biron selbst war schwer verschuldet, und die beiden

Freunde waren genötigt, zu fragwürdigen Auskunftsmitteln zu greifen. So versuchte Friedrich, seinen Vater zum Ankauf einer Biron gehörigen Herrschaft zu bestimmen, die dieser für 130000 Taler hergeben wollte. Von diesem Betrage hätten 30000 Taler heimlich wieder an Friedrich zurückerstattet werden sollen, der seinerseits Suhm eine Provision von 3000 zugesichert hatte. Das Geschäft kam nicht zustande, weil Friedrich Wilhelm überdies noch die Erlaubnis, in Rußland Soldaten anzuwerben, verlangte, und die Kaiserin sich darauf nicht einlassen wollte.

Wenn Friedrich chiffriert oder auf geheimem Wege schreiben konnte, legte er sich in seinen Äußerungen keinen Zwang an. Sonst aber befleißigte er sich der größten Vorsicht und benutzte das mit Seckendorff verabredete Vokabular. Wieder erscheint, um das Geld zu bezeichnen, jene »Geschichte des Prinzen Eugen« auf dem Plan, um die sich angeblich ein Dutzend Personen mit solcher Gier reißen, daß sie kaum angezeigt verschwindet und die Bibliothek Rheinsberg sie überhaupt noch nie zu Gesicht bekommen hat. Im Briefverkehr mit Biron bediente man sich auch der Wörter ›Rauchwerk‹, ›Pelze‹ und ›Marderfelle‹. Eines Tages trifft der Bericht der Akademie in drei nach englischer Art gebundenen Bänden ein. »Ich habe sie mit viel Profit gelesen«, schreibt Friedrich, »und die Wahrheiten, die sie enthalten, zu praktischer Anwendung höchst geeignet gefunden.« Es handelt sich um 3000 Taler. Der Prinz wußte die peinlichen finanziellen Dienste, die er von Suhm verlangte, in mythologische Liebenswürdigkeiten zu kleiden: »Teurer Phönix dieses Jahrhunderts! Lassen Sie die gesegneten Zeiten des Orestes und Pylades, des guten Pirithous, des liebevollen Nisus und des weisen Achates wieder erstehen. Möchten doch die Menschen unserer Tage die segensreiche Wirkung wechselseitiger Freundschaft wieder erleben!« Doch brauchte er zu Zeiten auch eine realistischere Sprache: »Dem König geht es sehr schlecht. Bedienen Sie sich dieses Arguments, um mir diesen Sommer eine anständige Summe vorschießen zu lassen; denn wer mich verpflichten will, muß sich beeilen.«

Der König kam nur zweimal nach Rheinsberg, einmal, um sich das Schlößchen anzusehen, als Friedrich dort einzog, und später noch ein andres Mal. Es gab Fischfang, Treibjagd, Tabakskollegium, Taubenschießen, eine Wasserfahrt und ein Bankett. Es wurde tüchtig getrunken, und der König reiste recht zufrieden wieder ab. »Ce joug que l'on nomme devoir / M'apprend comme il faut recevoir / Celui que trois je révère / Comme souverain, maître et père.« (Dieses Joch, das man Pflicht heißt / lehrt mich, wie ich zu empfangen habe / ihn, den ich dreifach verehre / als Herrscher, Gebieter und Vater.)

40. Friedrichs Gemahlin Elisabeth Christine, Prinzessin von Braunschweig-Bevern
Gemälde aus der Werkstatt von Antoine Pesne, um 1740
Berlin, Schloß Charlottenburg

41. Friedrichs Lieblingsschwester Wilhelmine, Markgräfin von Bayreuth
Gemälde aus der Werkstatt von Antoine Pesne, um 1740
Bayreuth, Neues Schloß

Noch im August 1736 stellte sich auch die Kronprinzessin mit ihrem Hofstaat in Rheinsberg ein. Friedrich empfing die Damen mit Entzücken: »Jetzt, da das schöne Geschlecht hier eingetroffen ist, scheint der Ort von einem neuen Glanz verklärt; das Gespräch wird dadurch belebter und das Vergnügen reizvoller.« Und Manteuffel pflichtet ihm bei: »Es ist sicher, daß ein gewisser Anteil des schönen Geschlechts auf dem Lande eine vortreffliche Wirkung tut.« Alle Staatskanzleien der Welt interessierten sich für Friedrichs Eheleben und der König animierte ihn unaufhörlich »zum Kindermachen«. Um seinen Eifer zu erhöhen, versprach er, ihn ins Ausland reisen zu lassen, sobald er einen Thronerben gezeugt habe. Auch ließ er ihm »eine sammetnes Ehebett machen«. Doch mochte auch Friedrich dichten, »Et la nuit, nous payons nos tributs à Vénus.« (Und nachts zollen wir der Venus unseren Tribut.), so hörten doch die bösen Mäuler nicht auf zu tuscheln, daß das kronprinzliche Paar wie Bruder und Schwester miteinander lebe. Indessen haben die von den fremden Höfen zur Ergründung dieser Alkovengeheimnisse eigens angestellten Kundschafter entschieden und mit aller Deutlichkeit das Gegenteil behauptet. Friedrich selbst rühmte seinen Freunden gegenüber Elisabeths Reize: »Sie hat einen schönen Körper«, sagte er, »und eine schöne ...« (Das fehlende Wort ist nicht wiederzugeben.) Allerdings gestand er auch, daß er seine Pflicht nicht mit Leidenschaft erfülle. Manteuffel hielt ihm über diese heikle Materie eine kleine Vorlesung.

»Eure Hoheit sollten mehr Aufmerksamkeit darauf verwenden, Kinder zu haben. Ihre Lage gestaltete sich dadurch weit günstiger und Sie würden sich für die Zukunft viel Kummer ersparen ... Die Leidenschaft ist dazu nicht immer notwendig. Wie viele Kinder kommen auf die Welt, ohne daß ihre Erzeuger einander geliebt haben!«

Friedrich lebte damals noch in Ruppin, während seine Frau in Berlin war.

»Ew. Königliche Hoheit kommen hier wie der Wind an und fahren ebenso schnell wieder fort. Aber Ew. Königliche Hoheit müßten sich die nötige Zeit nehmen und es wie die Bauern machen, die mit ihren Weibern ganze Nächte lang schlafen.«

»Wenn ich in Berlin bin«, antwortete der Prinz, »bin ich immer unruhig und ängstlich, weil man mir dort immer Vorwürfe macht und mich scheel ansieht. In Rheinsberg werde ich ruhiger sein ... und ich verspreche Ihnen dann an das, was Sie mir gesagt haben, zu denken.«

Nach der Übersiedelung kam Manteuffel erneut auf das Thema zurück. »Ich bin überzeugt, daß Ew. Königliche Hoheit das Werk vortrefflich zu Ende führen werden ... Nichts würde den gegenwärtigen Interessen Ew. Königlichen Hoheit mehr zugute kommen als ein von Ihr erzeugter Erbe. Die Meinung aller Ihnen treu ergebenen Personen stimmt in diesem Punkte überein. Vielleicht wird die ungestörte Gelegenheit, die Ew. Königlichen Hoheit in Rheinsberg zur Verfügung stehen wird, von besserer Wirkung sein als alle die flüchtigen und eiligen Besuche in Berlin ...«

Am 23. September 1736 schreibt Friedrich triumphierend: »Ich teile das Schicksal der Hirsche, die gegenwärtig ihre Brunftzeit haben. In neun Monaten könnte sich ereignen, was Sie so sehr wünschen.« Und Manteuffel erwidert »Gott gebe, daß der Aufenthalt auf dem Lande nach neun Monaten seine Wirkung tut!« Und Grumbkow wie ein Echo: »Der Mensch muß sich bemühen, seine Pflicht auf allen Gebieten zu erfüllen ... Gott gebe, daß nach neun Monaten die Landluft ihre Wirkung tut.« Die Landluft tat ihre Wirkung nicht und Friedrich wurde es wohl müde, ihr nachzuhelfen.

Bei alledem fühlte er sich glücklich, seine Stimmung war ausgeglichener, seine Seele weniger erregt. Unter den verschiedenen Lesarten für den Namen Rheinsberg hatte die Interpretation des Rostocker Professors Eilhardus Lubin (gest. 1621) am meisten Anklang gefunden: Er führte Rheinsberg auf ›Remusberg‹, ›Mons Remi‹, zurück. Demnach hatte die Geschichte gelogen: Romulus hatte seinen Bruder nicht erschlagen, und der entwichene Remus sich auf die Insel im Grinericksee geflüchtet, wo sich just ein Grabhügel befand. So wurde Rheinsberg zu Remusberg und Friedrich unmittelbar mit der Wölfin verknüpft, die die Zwillinge säugt. Welche Vorbedeutung! – Auch die Prinzessin fühlte sich glücklich. In einem Briefe an ihre Mutter hat sie »von dem Klosterleben« eine reizende Beschreibung gegeben: »Wer auf der Suche nach der Kunst, nach der wahren und richtigen Philosophie, nach dem Geiste ist, der komme hierher: Er wird alles in Vollkommenheit vorfinden, da unser Herr und Gebieter an unserer Spitze steht. Ich habe noch nie jemand so fleißig gesehen wie ihn. Von sechs Uhr morgens an bis ein Uhr mittags widmet er sich der Lektüre, der Philosophie und allen schönen Dingen. Von halb zwei Uhr bis drei Uhr nehmen wir das Mittagmahl ein. Dann trinken wir bis vier Kaffee, und er ist wieder fleißig bis um sieben Uhr. Nun beginnt die Musik, die bis neun Uhr dauert. Darauf schreibt er Briefe, geht auch wohl zum Spiel und um halb elf Uhr wird gewöhnlich zu Abend gespeist ... Man kann allen Ernstes sagen, daß er der größte Fürst unserer Zeit ist.« Sie nennt ihn gelehrt und so reich an Geist, daß man gar nicht mehr haben kann; sie nennt ihn gerecht, mildtätig, großmütig und edel. Kurz, »er ist ein wahrer Ausbund und ich bin überglücklich, die Frau eines so großen Fürsten zu sein, der so viele vortreffliche Eigenschaften besitzt. Man muß ihn lieben, wenn man ihn kennt ...«

Um der Wahrheit die Ehre zu geben: Das Leben in Rheinsberg verlief nicht immer so maßvoll und geregelt. So gab es ein Jahr, in welchem Friedrich auf einmal 800 Flaschen Champagner, 100 Flaschen Volnay und 100 Flaschen Pommard kommen ließ. Man trank zuweilen über den Durst und zerschmetterte die Gläser. Die Diener mußten herbeigerufen werden, um die torkelnden Gäste auf ihre Zimmer zu geleiten. Eines Abends fiel Bielfeld, als er schlafen gehen wollte, die Treppe hinunter und brach sich beinahe den Hals. Er kam mit zwei Wochen Bettruhe davon. Es gab auch Maskeraden und sogenannte ›Fledermaus-Partien‹. Letztere gaben zu so anstößigen Berichten von seiten des sächsischen Gesandten Anlaß, daß der Dresdner Archivar vor ihrer Veröffentlichung zurückschreckte. Andererseits gründete Friedrich für seine Freunde einen Ritterorden, dessen Mitglieder sich in altertümlich verschnörkeltem Französisch Briefe von komischer Feierlichkeit schrieben. Zum Schutzpatron des Ordens wählte er den Seigneur des Bayard, Held der französischen Geschichte »Ohne Furcht und ohne Tadel«. Zuweilen machte die ganze lustige Gesellschaft in einem benachbarten Schlosse Besuch. Wenn Friedrich die Lästigen nach Möglichkeit floh, so war er doch genötigt, mit dem Prinzen Karl von Mecklenburg in Mirow, dem Bruder des regierenden Herzogs Adolf Friedrich von Mecklenburg-Strelitz, gute Nachbarschaft zu halten. Er bewohnte ein verwahrlostes Schloß mit einem verfallenen Turm, litt an Geldmangel, konnte aber alle adeligen Familienbeziehungen Deutschlands auswendig. Er hätte sich gerne recht oft in Rheinsberg eingeladen, weil er sicher war, dort seinen großen Durst stillen zu können. Friedrich wurde ihn dadurch los, daß er ihn an einem Tage, an dem er seinen besten Anzug angezogen hatte, bei strömendem Regen mit auf die Jagd nahm.

Man führte in Rheinsberg auch Tragödien auf. Friedrich spielte die Titelrolle in Jean Baptiste Racines ›Mithridate‹ und den Philoktet in Voltaires ›Oedipe‹. Aber das Hauptvergnügen der Republik war das Gespräch, ein Gespräch à la française, zu dem jeder sein bestes beitrug: Jordan seine vielseitige Gelehrsamkeit, Keyserlingk seine Verse, Isaak Franz von Chasot die Drolligkeit seiner Antworten, Senning die Erfahrung des reifen Mannes. Und Friedrich zog aus jedem an Wissenschaft, Esprit oder Heiterkeit, was er konnte.

Am liebsten hätte er zu seiner geistigen Ausbildung die besten Schriftsteller Frankreichs herbeigerufen. Von Zeit zu Zeit schickte er an Fontenelle und an Rollin bewundernde Episteln. Aber sowohl der Historiker als auch der Patriarch dankten ihm mit so überströmender Ehrerbietung, daß er nicht weiter in sie drang. Übrigens hatte er es auf den berühmtesten und aufrührerischsten unter ihnen abgesehen, auf Voltaire. Am 8. August 1736 schrieb er an ihn seinen ersten Brief. Dieses Schreiben, das ihn viel Mühe gekostet hatte (doch Jordan hatte es korrigiert und geglättet), begann folgendermaßen:

»Mein Herr – obgleich ich nicht das Vergnügen Ihrer persönlichen Bekanntschaft habe, so sind Sie mir doch durch Ihre Werke bekannt. Es sind Schätze des Geistes, wenn dieser Ausdruck erlaubt ist, und zugleich mit so viel Geschmack, mit so viel Sorgfalt und Kunst ausgearbeitete Stücke, daß ihre Schönheiten bei wiederholtem Lesen immer wieder neu erscheinen. Ich glaube in diesen Werken den Charakter ihres scharfsinnigen Verfassers zu erkennen, der unserem Jahrhundert und dem menschlichen Geiste Ehre macht.« Es folgen einige Seiten ziemlich plumper Schmeicheleien: »Ohne Ihnen einen Weihrauch spenden zu wollen, der Ihrer nicht würdig wäre, kann ich doch sagen, daß ich in Ihren Werken Schönheiten ohne Zahl finde.

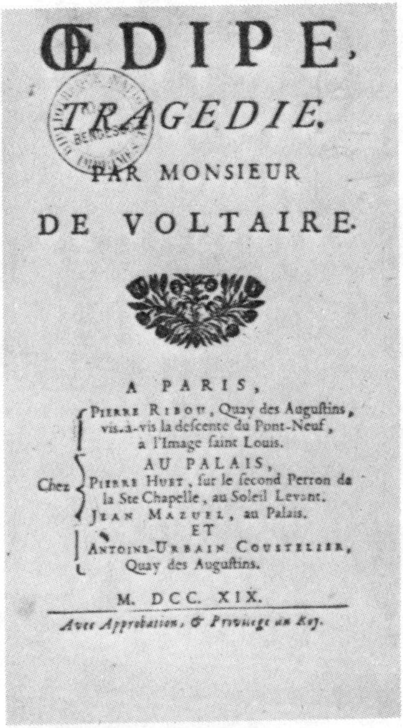

ŒDIPE,
TRAGEDIE.
PAR MONSIEUR
DE VOLTAIRE.

A PARIS,
Chez
PIERRE RIBOU, Quay des Augustins, vis-à-vis la descente du Pont-Neuf, à l'Image saint Louis.
AU PALAIS,
PIERRE HUET, sur le second Perron de la Ste Chapelle, au Soleil Levant.
JEAN MAZUEL, au Palais.
ET
ANTOINE-URBAIN COUSTELIER, Quay des Augustins.

M. DCC. XIX.
Avec Approbation, & Privilege du Roy.

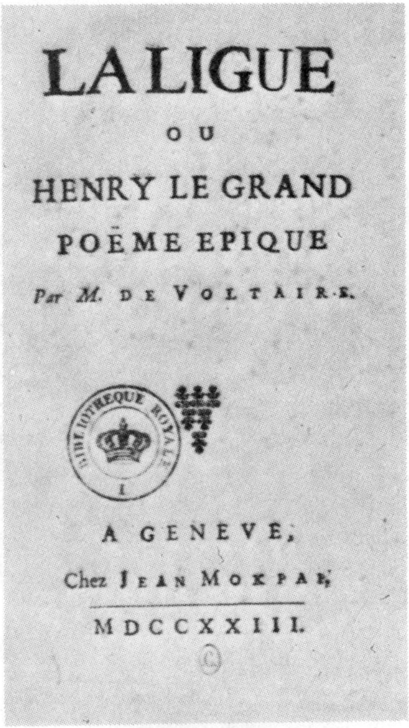

LA LIGUE
OU
HENRY LE GRAND
POËME EPIQUE
Par M. DE VOLTAIRE.

A GENEVE,
Chez JEAN MOKPAP,
MDCCXXIII.

42 und 43. Titelseiten der Erstausgaben von Voltaires Tragödie ›Œdipe‹ (1718) und von seinem 1723 noch ausführlich betitelten Epos ›La Henriade‹
Paris, Bibliothèque Nationale

Ihre ›Henriade‹ entzückt mich ... ›César‹ zeigt uns trefflich durchgeführte Charaktere, alle Gesinnungen in diesem Stück sind groß und erhaben ... Corneille, der große Corneille, der die Bewunderung seines ganzen Jahrhunderts auf sich zog, würde, wenn er in unseren Tagen auferstände, mit Staunen, ja vielleicht mit Neid sehen, daß die tragische Göttin Ihnen im Überfluß die Gunstbezeigungen gewährt, mit denen sie ihn nur karg bedacht hat. Im Besitze Ihrer Werke werde ich mich reicher dünken, als wenn ich alle die vergänglichen und verachtungswürdigen Güter Fortunas besäße, die ein Zufall ebenso schnell schenkt wie entreißt ... Ihre Dichtungen haben Vorzüge, die sie respektabel machen und würdig der aufmerksamen Beachtung und des Studiums rechtschaffener Leute. Sie sind ein Kompendium der Moral, aus dem man lernen kann, wie man denken und handeln soll ...« Für Friedrich gibt es keinen Ruhm als den Voltaires, und die Geburt ist Schall und Rauch. So spricht er denn die Hoffnung aus,

44. Voltaires Physiognomie nach Porträtstudien von Jean Huber
Zustandsdruck einer Radierung Paris, Bibliothèque Nationale

daß der bewunderungswürdige Voltaire nicht abschlagen werde, mit ihm in brieflichen Verkehr zu treten, »der für jedes denkende Wesen nur vorteilhaft sein kann«, und schließt mit den Worten: »Ich bin mit aller Hochachtung und Wertschätzung, die denjenigen gebühren, welche, ihre Arbeiten der allgemeinen Wohlfahrt widmend, der Fackel der Wahrheit nachfolgen, Ihr wohlaffektionierter Freund.«

Voltaire war entzückt. Er war 42 Jahre alt. Er lebte in Cirey (Champagne) bei der Marquise Emilie du Châtelet. Er hatte ›Zaïre‹, ›Oedipe‹, die ›Henriade‹, die ›Histoire de Charles XII‹, den ›Temple du goût‹, den ›Mondain‹ und die ›Lettres anglaises‹ geschrieben. Er besaß glühende Bewunderer und eine beträchtliche Anzahl von Feinden. Man hatte ihn in die Bastille (1717) gesperrt und die ›Lettres anglaises‹ waren von Henkershand verbrannt worden. Sein Vermögen war groß und sein Ruhm fest begründet. Und nun bewarb sich ein Prinz in fast unterwürfigen Ausdrücken um seine Freundschaft. Der Dichter war eitel und liebte das Aufsehen: er stürzte sich ungestüm in dieses Abenteuer. »Monseigneur«, schrieb er, »ich müßte fühllos sein, wäre mir der Brief, mit dem Ew. Königliche Hoheit mich zu beehren geruht hat, nicht tief zu Herzen gegangen. Meiner Eigenliebe ward dadurch gar sehr geschmeichelt; aber meine Liebe zum Menschengeschlecht, die ich stets im Herzen trage und die, wenn ich so sagen darf, meinen Charakter ausmacht, hat mir ein tausendfach edleres Vergnügen beschieden als ich sah, daß es auf dieser Erde einen Prinzen gibt, der als Mensch denkt, einen philosophischen Prinzen, der die Menschen glücklich machen wird ...« Während Voltaire nichts Eiligeres zu tun hatte, als durch Nicolas Claude Thieriot, seinen Korrespondenten, Friedrichs Brief in ganz Paris in Umlauf zu bringen, ließ der Prinz allgemein verbreiten, daß er mit dem berühmtesten Schriftsteller seiner Zeit in vertrautem brieflichem Verkehr stehe. Somit kam jeder auf seine Kosten.

Noch nie sind zwischen zwei Menschen in Prosa und in Versen eine solche Menge von Schmeicheleien ausgetauscht worden. Voltaire nennt Friedrich einen Mark Aurel, einen Titus, einen Antonius, Caesar, Julian, Alkibiades, den Salomon des Nordens, einen erhabenen Geist, einen liebenswürdigen Leib, eine heldische und zärtliche Seele. Er ist ein Denker wie Trajan und schreibt wie Plinius. Der Himmel hat ihn auf die Erde versetzt, damit er den Aberglauben zertrete, den Fanatismus fälle, der Tugend wieder zur Herrschaft verhelfe und den Königen Lehren erteile.

»Les lauriers d'Apollon se fanaient sur la terre, / Les beaux arts languissaient ainsi que les vertus; / La Fraude aux yeux menteurs et l'aveugle Plutus / Entre les mains des rois gouvernaient le tonnerre. / La Nature indignée élève alors sa voix: / Je veux former, dit-elle, un règne heureux et juste, / Je veux qu'un héros naisse et qu'il joilgne à la fois / Les talents de Virgile et les Vertus d'Auguste, / Pour l'ornement du monde et l'exemle des rois. / Elle dit; et du ciel les Vertus descendirent, / Tout le Nord tressaillit, tout l'Olympe accourut; / L'olive, les lauriers, les myrtes reverdirent, / Et Frédéric parut.« (Apollons Lorbeeren welkten auf der Erde, / die schönen Künste und die Tugenden siechten dahin; / der scheeläugige Betrug und der blinde Plutus / lenkten durch die Hände der Könige Jupiters Blitz. / Darob entrüstet erhebt Natur ihre Stimme: / Ich will, sagt sie, ein glückliches, gerechtes Reich schaffen / ich will, daß ein Held geboren werde, der in seiner Person / Vergils Begabung und die Tugenden des Augustus vereinigt, / der Welt zur Zierde, den Königen zum Vorbild. / Sie sprach's und vom Firmament stiegen die Tugenden hinab, / der ganze Norden erbebte, die Olympier alle strömten herbei; / Ölbaum, Lorbeer und Myrthe grünten aufs neue / Und Friedrich erschien.)

Mit welcher Wonne muß Friedrich diesen Weihrauch eingeatmet, diese zierlich gedrechselten Schmeicheleien aufgenommen haben! Welche Rehabilitierung seines Selbstgefühls, welch Balsam auf die alten Wunden! Er, der in Berlin Mißhandelte, in Ruppin von Spähern Umlauerte, immer gezwungen, sich unterwürfig zu zeigen und seinen Abscheu und Ärger herunterzuwürgen, erfährt nun endlich das königliche Hochgefühl, von dem größten Dichter des Jahrhunderts gelobt zu werden, von dem Manne, der in seinen Schriften den Ruhm austeilt und dessen geringste Geste Rom, Paris und Versailles in Aufregung versetzt. Friedrich schreibt ihm: »Der unergiebigste Gegenstand wird fruchtbar unter Ihren Händen. Sie sprechen von mir, und ich erkenne mich nicht wieder; alles, was Sie berühren, verwandelt sich in Gold.« – »De tes vers immortels un pied, un hémistiche, / Où tu places mon nom comme un saint dans sa niche, / Me fait participer à l'immortalité, / Que le nom de Voltaire avait seul mérite.« (Ein Fuß, ein Halbvers Deiner unsterblichen Dichtung, / in die Du meinen Namen stellst wie ein Heiligenbild in seine Nische, / läßt mich teilhaben an der Unsterblichkeit, / die der Name Voltaires allein verdient.)

Remusberg wartet auf die Nachrichten aus Cirey mit der Ungeduld eines Verliebten. An den Posttagen gerät die ganze Dienerschaft in Bewegung, um die Briefschaften zu holen. »Bald werde ich selbst von der Ungeduld erfaßt, ich stürze zum Fenster ... Höre ich Lärm im Vorzimmer, schon bin ich draußen: ›Nun, was gibt's? Her mit meinen Briefen! Keine Nachrichten?‹ Meine Einbildung ist weit schneller als der eilende Bote ... Endlich, endlich kommen meine Postsachen an. Geschwind löse ich die Siegel, suche Ihre Schrift, und wenn ich sie erblicke, kann ich vor lauter Erregung den Brief nicht öffnen. Nun lese ich, doch so hastig, daß ich es oft dreimal tun muß, bevor mein Gemüt sich so weit beruhigt hat, um zu verstehen, was ich lese, ja manchmal gelingt mir das erst am folgenden Tage.« Zum Danke tut er ihm nach Kräften schön. Unter Friedrichs Feder wird Voltaire bald Cicero, bald Demosthenes, bald Sokrates, bald Platon, Vergil, Aristoteles, Anakreon, Thukydides, Terenz, Quintilian, Sallust, je nachdem auch Apollon und Jupiter. Weder Corneille noch Racine können vor ihm bestehen. Er überragt sie himmelhoch. Seine Episteln sind wie von den Händen der Grazien gewoben. »Ihre Briefe atmen lauter Tugend und Redlichkeit.« – »Je länger ich Sie kenne, desto mehr finde ich, daß Sie ein einzigartiger Mensch sind. Ihr persönliches Verdienst genügt, um Sie geachtet, beneidet und bewundert zu machen. Ich hingegen bedarf dazu der Titel, der Wappen und der Revenuen ... Ah! mein lieber Freund, wie recht haben Sie doch, mit Ihrem Lose zufrieden zu sein! Ich werde schrecklich müde, Sie nur mit den geistigen Augen zu kennen. Ich wünsche sehnlich, daß auch die körperlichen zu ihrem Rechte kämen. Wenn man Sie jemals entführt, dann denken Sie, daß ich der Paris bin ... Ich habe, indem ich Sie betrachte, eine vorteilhaftere Meinung von der Vollkommenheit der Menschen ... Nur ein Gott oder ein göttliches Wesen kann in ein und derselben Person alle die Vortrefflichkeiten vereinen, die Sie besitzen.«

Während Voltaire sich den Untertan des ›Divus Fredericus‹ nennt, weil nach seiner empfindsamen Geographie »das Marquisat von Cirey ein altes Lehen von Brandenburg ist«, bekennt sich Friedrich als Schüler Voltaires: »Seien Sie mein strenger Zensor, so wie Sie schon mein Vorbild sind ... ich sehe schon, daß ich niemals einen anderen Lehrer haben werde als Herrn von Voltaire ...«

In alledem steckt viel Übertreibung, viel Selbstgefälligkeit und Affektation, trotzdem enthält es zugleich auch die Wesenszüge einer wahren Freundschaft. Im Anfang bewunderten die beiden Männer einander in aufrichtiger Begeisterung, und zwar aus durchaus verständlichen Gründen. Friedrich bewunderte Voltaire von ganzer Seele, wie eben ein junger Mensch den nicht viel älteren Freund und doch schon vom Glanz europäischer Berühmtheit umstrahlten Schriftsteller bewundert, die blendende Darstellung von Ideen, die ihm teuer sind, und die er im Glauben, sie stammten von ihm selbst, als seine eigenen betrachtet. Voltaires Bewunderung für Friedrich andererseits war von einer Kraft der Dankbarkeit befeuert, wie sie ein Mann der Feder für den Fürsten empfinden muß, in den er die Hoffnung setzt, er werde seine (des Dichters) Ideen in die wirkliche Welt der Ereignisse umsetzen und durch seinen Eifer, durch seine Erfolge und dank der ihm vom Schicksal beschiedenen Stellung ihre Vortrefflichkeit erweisen.

Beide waren gleichermaßen an diesem Geistesbunde interessiert. Der Dichter war entzückt, einen zum Herrscher berufenen Jünger gefunden zu haben, und er gedachte, sich seiner gelegentlich als Schutz und Schild zu bedienen. Auch genoß er, indem er seine Freundschaft mit dem Kronprinzen laut hinausposaunte, die bittere Befriedigung einer Rache an seinem Vaterlande. Aus diesem Grunde haben seine Briefe manchmal beinahe einen kriecherischen Beigeschmack. Er gefällt sich allzusehr darin, Frankreich gegenüber Preußen herabzusetzen und Ludwig XIV. schlechtzumachen, um auf dessen Kosten seinen Schüler Friedrich herauszustreichen. Er treibt dies so weit, daß der Schüler sich veranlaßt fühlt, dem Meister die kleine Demütigung einer Zurechtweisung zuzufügen. »Ludwig XIV.«, schreibt Friedrich, »war als Fürst in unendlich vielen Beziehungen groß; ein Verstoß gegen die Grammatik, ein orthographischer Fehler konnte den Glanz eines Ruhmes nicht trüben, der durch so viele Taten, die ihn unsterblich gemacht haben, begründet war ...«

Friedrich erwartete freilich noch mehr von Voltaire. »Wir Fürsten«, schrieb er ihm ohne Umschweife, »haben alle eine interessierte Seele und machen niemals Bekanntschaften, ohne damit besondere Absichten zu verbinden, die geradeswegs auf unsern Vorteil abzielen.« Als eifriger Bücherleser hatte er vollkommen begriffen, welche Dienste die Schriftsteller, die Verteiler des Ruhmes, den Mächtigen dieser Erde zu leisten vermögen. Hatte nicht Ludwig XIV. seinen Ruhm fest verankert, indem er den Männern, von denen er ihn erwartete, seinen Schutz angedeihen ließ? »Wer wüßte etwas von Alexander dem Großen, wenn Quintus Curtius und einige andere bedeutende Historiker sich nicht die Mühe gegeben hätten, uns die Geschichte seines Lebens zu überliefern?« Voltaire, den der König von Frankreich nicht zu halten wußte, soll also der Herold Friedrichs werden und die Gemüter zu dessen Gunsten beeinflussen. Um seiner ganz sicher zu sein, befleißigt sich der Kronprinz, ihn gegen seine Landsleute aufzuhetzen: »Wie, der gleiche Voltaire, dem wir mit unseren Händen Altäre und Standbilder bauen würden, wird in seinem Vaterlande vernachlässigt und lebt als Einsiedler in der Champagne? Das ist ein Paradox, ein Rätsel ...« Und als eine Schmähschrift gegen Voltaire erscheint, stachelt er schlau seinen Groll an: »Ihre Nation ist recht undankbar und recht leichtfertig, wenn sie duldet, daß irgendein Lästerer, irgendeine unbekannte Feder den Versuch wagt, Ihre Lorbeeren zu besudeln.« Oder: »Ich bin entrüstet über Ihre Nation und deren Oberhäupter, weil sie der grausamen Wut Ihrer Neider nicht Einhalt tut. Frankreich beschmutzt sich selbst, indem es Sie beschmutzen läßt, und es zeugt von einer niedrigen Gesinnung, diese Straflosigkeit zu dulden ...«

45. Dietrich Freiherr von Keyserlingk
Gemälde von Antoine Pesne, um 1738
Berlin, Schloß Charlottenburg

Friedrich läßt eine neue Ausgabe der ›Henriade‹ mit silbernen Lettern drucken und leitet sie durch eine Vorrede ein. Er zittert für die Gesundheit seines berühmten Freundes, beschwört ihn, die chemischen Experimente zu unterlassen, versammelt die Ärzte, damit sie über seine Krankheiten beraten, und überschüttet ihn mit Geschenken, die meist keinen großen Wert haben, aber den Anlaß zu Gefühlsergüssen geben. So schickt er ihm einen Spazierstock, dessen Griff ein Sokrateskopf ist, einen Ring, allerhand Dosen, Federn, ein Schreibzeug, ein Fäßchen Tokaierwein und, nachdem er sich hat lange bitten lassen, sein von Knobelsdorff gemaltes Porträt. Im Juli 1737 kommt als Überbringer des kostbaren Konterfeis der stürmische Keyserlingk in Cirey an und wird wie ein Engel des Herrn empfangen. Bei dem ihm zu Ehren veranstalteten Feuerwerk leuchtet in feurigen Buchstaben der Name des Prinzen auf mit dem Wahlspruch: »Der Hoffnung des Menschengeschlechtes«. Keyserlingk reist beladen mit dem goldenen Vlies wieder ab, nämlich mit den noch unveröffentlichten Werken Voltaires: den ersten Kapiteln des ›Siècle de Louis XIV‹, der ›Philosophie de Newton‹ und einigen Gedichten. Doch hat es der ganzen Klugheit der Marquise bedurft, um der Unersättlichkeit des Himmelsboten die ›Pucelle‹ zu unterschlagen. Überdies setzt Friedrich Suhm in Bewegung, damit er die Materialien zu einer neuen verbesserten Ausgabe von ›Charles XII‹ zusammenbringt, und als sie erscheint, erhält er schnell nacheinander die ersten Exemplare von ›Mérope‹, ›Mahomet‹ und ›La Dévote‹ zum Dank.

Friedrich hat in der Person Voltaires die politische Bedeutung der Schriftsteller erkannt, die, indem sie Philosophen wurden, aufhörten, reine Künstler zu sein und auf die öffentliche Meinung, den Staat und die Gesellschaft einen wachsenden Einfluß ausübten. »Die Schriftsteller«, schreibt er, »sind in einem gewissen Sinne Männer der Öffentlichkeit; ihre Schriften verbreiten sich in allen Teilen der Erde, werden überall bekannt und vermitteln den Lesern die Ideen, mit denen sie durchtränkt sind. Sie, Herr Voltaire, veröffentlichen Ihre Gefühle und Gesinnungen. Deren Schönheit, der Zauber des Ausdrucks und der Redekunst, mit einem Wort, alles, was das Feuer des Gedankens und die Kraft der Sprache an Vollendetem hervorbringt, wirkt tief auf Ihre Leser ein. Die Gemüter Ihrer Leser werden von Rührung ergriffen, und bald atmet dank Ihrem Auftrieb eine ganze Welt jene Liebe zum Menschengeschlecht. Durch Ihre Schriften werden gute Bürger, treue Freunde und jeder Rebellion abholde Untertanen geformt, die nur um die allgemeine Wohlfahrt bemüht sind. Was schuldet man Ihnen nicht alles!« (An Voltaire, 4. November 1736.) Zwischen den Philosophen und Friedrich entsteht demnach eine Art Bündnis. Die Philosophen kommen dem künftigen König von Preußen mit ihren Schriften zu Hilfe. Sie orchestrieren seinen Ruf, bereiten die Öffentlichkeit auf seine Regierung vor und umgeben ihn mit einem Nimbus. Sie rechnen darauf, daß er ihnen zum Entgelt dafür zur Herrschaft verhelfen und sie im Kampfe gegen die Kirche unterstützen wird. Dieser Pakt wird am 14. August 1738 in Braunschweig durch die Aufnahme Friedrichs in den Freimaurerorden besiegelt.

Nach dem Besuche Keyserlingks, der ihn über die philosophische Entwicklung des Prinzen vollständig aufgeklärt hat, schreibt Voltaire nach Remusberg: »Sie können sich gar nicht vorstellen, Monseigneur, welcher Trost für Madame du Châtelet und mich darin liegt, daß Sie so ganz als Philosoph denken und den Aberglauben so tief verabscheuen. Wenn die meisten Könige den religiösen Fanatismus gefördert haben, so lag das daran, daß sie Ignoranten waren und nicht wußten, daß die Priester ihre schlimmsten Feinde sind ... Ich bin fest überzeugt, daß ein Herrscher heutzutage die Macht besitzt, in seinem Lande alle Keime der Glaubenswut und der religiösen Zwietracht zu ersticken. Unter einem frömmelnden König gibt es nur Heuchler, ein König der honnête homme ist, bildet Menschen, die ihm gleichen, heran.« Durch denselben Haß geeint, von der gleichen Leidenschaft getrieben, als Kämpfer für dieselbe Sache, ziehen der Preuße und der Franzose gemeinsam über die Jesuiten, über das Pfaffengesindel, über die alten prophezeienden Juden her, deren kindliche Schwärmereien einst die Welt bewegt haben. Da Voltaire anscheinend der Meinung ist, daß die protestantischen Geistlichen besser sind als die katholischen, erhebt Friedrich Einspruch. Sie sind alle gleich! Die Freiheit wird in Rom verdammt, in Genf verflucht. Zweifellos sind die nordischen Fürsten Luther und Calvin sehr verpflichtet, weil sie durch sie vom Joch der Priester befreit wurden und durch die Verstaatlichung der Kirchengüter ihre Einkünfte beträchtlich erhöhen konnten. Aber die reformierte Religion hat, genauso wie die katholische, ihre Frömmler, Mucker und Gleisner und ihre starrköpfigen Eiferer, die um so bösartiger sind, als »ihre dumme Ignoranz ihnen den Gebrauch der Vernunft verbietet.« Und er spricht eine feierliche Verwünschung aus: »Mögen die Mönche in ihren dunklen Zellen ihre erbärmliche Denkungsart in ihrer schmutzigen Niedrigkeit begraben! Mögen unsere Nachkommen von den Kindereien und Albernheiten des Glaubens und des Kultus, von all den Zeremonien der Priester und Mönche nichts mehr wissen!« Welch ein Jünger! Voltaire konnte nicht umhin, allen seinen Freunden gegenüber laut seiner Genugtuung Ausdruck zu geben: »Er ist ein philosophischer

Prinz, er ist ein Mensch ... Er verachtet den Thron und seine Annehmlichkeiten. Er liebt nur das Wissen und die Tugend ...«

Aber während Friedrich die Briefe Voltaires öffnete, in denen er mit Trajan verglichen wurde, erhielt er andere, in denen Grumbkow ihn Hermann dem Cherusker gleichsetzte. Mit derselben Feder, die die Reime niederschrieb: »Le trône n'est pour moi qu'une image illusoire, / Qu'un fantôme trompeur d'une frivole gloire ...« (Der Thron ist für mich nur ein täuschend Bild, / das trügerische Phantom eines eitlen Ruhms ...) schrieb er an seinen allergnädigsten König und Vater: »Bei dem Regiment ist noch in so weit Alles richtig, bis auf ein Complott, so in Nauen ist entdeckt worden; der Urheber davon ist von des Majors Quadt Compagnie ... Sobald das zweite Bataillon hier einrückt, so werde Kriegsrecht halten lassen, und weilen der Kerl sehr graviret ist, so glaube, daß sie ihm das Leben absprechen werden. Dieses Exempel wird nicht undienlich sein und will ich hoffen, daß dardurch andere schlimme Gemüther von ihrem Vorhaben mögen gestöret werden.«

Dem vertrauensseligen Voltaire zum Trotz bereitete sich Friedrich auf ganz andere Dinge vor als darauf, der weltliche Arm der enzyklopädischen Sekte zu werden.

DER TRIUMPH DES WILLENS

Friedrich war Literat und Franzose. Sein ganzes Leben lang wurde er von dem Drang zu schreiben gequält, sein ganzes Leben lang beschwichtigte er seine Erregtheit durch Reimeschmieden. Er brannte vor Ehrgeiz, der Nachwelt ein großes poetisches Werk zu hinterlassen, gleich Voltaire eine Tragödie wie ›Oedipe‹ oder ein Epos wie die ›Henriade‹ zu schaffen. Im Jahre 1738 begann er an einem dreiaktigen Theaterstück in Versen zu arbeiten, das nach dem aus der ›Aeneis‹ gezogenen Stoff »die zärtliche und beständige Freundschaft zwischen Nisus und Euryalus« behandeln sollte. Da er aber nicht sicher war, ob seine Kraft dazu ausreichte, gab er diese Arbeit wieder auf und widmete sich der Widerlegung Niccolò Machiavellis. Immer wieder versichert er höflich, daß niemand sich mit Voltaire messen, geschweige denn es ihm gleichtun könne, und bittet um Entschuldigung, daß er, »ein bescheidenes Fröschlein des heiligen Tals«, in Gegenwart des Gottes zu quaken wage. Immerhin versucht er, vom Apollon von Cirey nicht nur Französisch zu lernen, sondern auch die Geheimnisse seiner Kunst abzugucken, ja ein Fünkchen seines Genies zu entreißen. Zwar hat er in Rheinsberg seinen bestallten Korrektor Jordan, von dem er singt: »Jordan, mon critique et copiste, / Vous qui poursuivez à la piste / Mes fautes en digne limier, / De grâce, daignez corriger, / Raturer, effacer, transcrire . . .« (Jordan, mein Kritiker und Kopist, / Ihr, die Ihr auf der Fährte folgt / meinen Fehlern als würdiger Spürhund, / ich bitte, geruhet zu korrigieren, / zu streichen, zu wischen, zu transkribieren . . .)

Doch Jordan allein genügt ihm nicht. In fast allen Briefen bittet er Voltaire um Kritiken und Ratschläge. Voltaire würde es vorziehen, Friedrich nur Komplimente zu machen, denn der Fürst interessiert ihn mehr als der Zögling. Warum nicht einfach annehmen, daß der preußische Kronprinz zu Füßen der Madame de Sevigné gesessen und Bossuet zum Lehrer gehabt hat, daß er ausgezeichnet französisch spricht und, indem er sich dieser Sprache bedient, Frankreich eine hohe Ehre antut? Doch der Prinz besteht auf seiner Bitte, und der Meister muß ihm von Zeit zu Zeit willfahren: »Ich finde in Ihrer ›Epître à Pesne‹

keinerlei Vergehen gegen die Sprache, vielmehr allenthalben guten Geschmack. Der Maler der Vernunft schreibt an den gewöhnlichen Maler. Ich kann Ihnen versichern, Monseigneur, daß zum Beispiel die letzten sechs Verse ein Meisterstück sind:

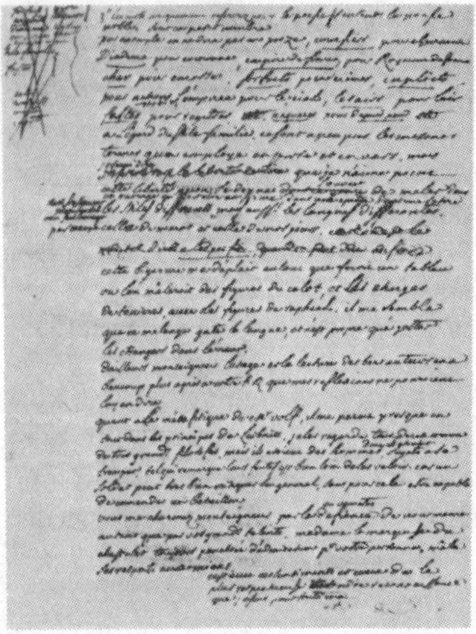

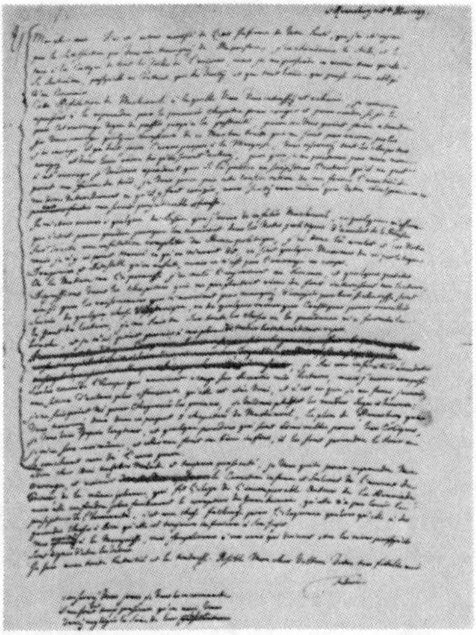

46 und 47. Zwei eigenhändige Briefe aus der Korrespondenz zwischen dem Kronprinzen Friedrich und Voltaire
Schlußseite des Schreibens an Friedrich vom 20. Dezember 1737 und Schreiben an Voltaire vom 6. November 1739
New York, Pierpont Morgan Library, und Berlin, Geheimes Staatsarchiv Preußischer Kulturbesitz

›Abandonne tes saints entourés des rayons / Sur des sujets brillants exerce tes crayons; / Peins-nous d'Amaryllis' les grâces ingénues, / Les nymphes des forêts, les Grâces demi-nues, / Et souviens-toi toujours que c'est au seul amour / Que ton art si charmant doit son être et le jour.‹ [Laß deine Heiligen mit dem Glorienschein, / versuche deine Stifte an glänzenderen Gegenständen; / male uns der Amaryllis keusche Anmut, / die Nymphen der Wälder, die halbnackten Grazien, / und erinnere dich immer, daß der Liebe allein / Deine holde Kunst ihr Sein und Leuchten dankt.] Nicht anders hätte Boileau gedichtet. Sie werden das für eine Schmeichelei halten. Sie sind allzu geneigt, Monseigneur, Ihren Wert zu verkennen.

Die ›Epître à Monsieur Duhan‹ ist Ihrer durchaus würdig, sie rührt von einem hohen Geiste und einem dankerfüllten Herzen her ... Beim

Lesen all der Blätter, die Sie mir zu schicken geruhten, merke ich, daß dieselben nicht einen einzigen falschen Gedanken enthalten. Ich finde wohl ab und zu gewisse kleine Verstöße, die nicht vermieden werden konnten. Wie hätten Sie beispielsweise erraten können, daß ›nourricier‹ drei Silben hat und nicht vier, daß ›aient‹ einsilbig, nicht zweisilbig ist? Die ›Epistel‹, die Sie an mich zu richten geruhen, Monseigneur, ist eine sehr schöne Rechtfertigung der Poesie und eine große Ermutigung für mich . . . Wollte ich wagen, diese Epistel zu zerpflücken – ich muß es wohl, denn ich schulde Ihnen die ganze Wahrheit – so hätte ich Ihnen zu sagen, gnädiger Herr, daß ›trompette‹ sich nicht auf ›tête‹ reimt, weil ›tête‹ lang ist und ›pette‹ kurz und der Reim für das Ohr, nicht für die Augen da ist. Aus demselben Grunde reimt sich ›défaites‹ nicht auf ›conquêtes‹: ›quêtes‹ ist lang, ›faites‹ ist kurz. Wenn jemand meine Briefe sähe, würde er sagen: Das ist ein rechter Schulmeister, der einem genialischen Prinzen von langen und kurzen Silben spricht. Aber der Prinz geruht, sich zu allem und jedem herabzulassen. Wenn dieser Prinz sein Regiment besichtigt, hat er auch auf die Montur seiner Soldaten acht. Der große Mann verabsäumt nichts. Er wird, wenn es nottut, Schlachten gewinnen und wird ein Schriftstück, welches das Glück seiner Untertanen begründet, mit der gleichen Hand unterzeichnen, mit der er Wahrheiten in Reime bringt.« Kann man anmutiger Lehren erteilen?

Um Friedrich eine straffere Darstellung zu empfehlen, bedient sich der Meister eines hübschen Vergleichs: »Dieses Filigrangold wird dichter zusammengedrängt mehr Wirkung und Glanz haben.« Um ihn zu lehren, was ein poetisches Bild ist, nimmt er einen einfachen Prosasatz und bringt ihn in Verse. Und dieser Satz ist wieder eine Schmeichelei: »Es gibt auf der Welt einen jungen tugendhaften Prinzen voller Begabung, der den Neid und den Fanatismus verabscheut.« Ein anderes Mal schreibt er eine Ode, die er erhalten hat, völlig neu, indem er zwar die Gedanken genau beibehält, aber sie in anderer Form ausdrückt.

Doch trotz all diesen Bemühungen gibt sich Friedrich nicht zufrieden. Er vergleicht sich selbst mit jenen Leuten, denen man Almosen gibt, und die immer noch mehr verlangen. Was Voltaire ihm nicht anvertraut, möchte er durch das aufmerksame Studium der großen Dichter selbst entdecken. Er lernt Stücke aus Boileau und Racine auswendig. Wenn eine neue Ausgabe der ›Henriade‹ erscheint, vergleicht er die beiden Texte miteinander und sucht sich über den Grund jeder Änderung Rechenschaft zu geben. Schließlich stellt er seinem Meister gegenüber Betrachtungen über den angemessenen Gebrauch der Wörter an, und der Meister erwidert ihm, daß er den vierten und den fünften Akt der ›Mérope‹ nach seinen Angaben verbessert habe. Welch ein Triumph!

Vor der Bekanntschaft mit Voltaire schrieb Friedrich ein unsicheres, holpriges und schleppendes Französisch. Die Emigranten seiner Umgebung hatten die Redeweise einer bestimmten Epoche mitgebracht. Vom Blutstrom des Lebens nicht mehr durchpulst, hatte diese Sprache außer Gebrauch gekommene Ausdrücke beibehalten, dafür fehlten ihr jene vom Genius der Sprache neu geschaffenen, die sich inzwischen durch die tägliche Übung eingebürgert hatten. Auch hatten die Pastoren, die vor einer gemischten Zuhörerschaft predigten, dieses Französisch mit Germanismen beschwert, die der natürlichen Entwicklung zuwiderliefen und einen Beigeschmack von Sektierertum und Konventikeln hatten. Durch steten Fleiß erlernte Friedrich das Französische, das man in Frankreich und in seinem Jahrhundert redete – eine flinke, geschmeidige, präzise Sprache, die sich vortrefflich zur Analyse und zum Ideenaustausch eignete. Sicherlich sind die Verse Friedrichs nicht gut, manchmal sogar abscheulich. Was ihnen am meisten fehlt, ist die Poesie. Aber seine Prosa ist ausgezeichnet, und er bringt es bald so weit, sie derart zu handhaben und zu meistern, daß er es tatsächlich mit Voltaire aufnehmen kann. Und schließlich gelingt es ihm obendrein, anständige Reime zustande zu bringen. Große lyrische Ergüsse sind niemals seine Sache gewesen. Es kann ihm passieren, daß er geistreich sein möchte und abgeschmackt wird, oder daß er in der Absicht, den Galanten zu spielen, Plumpheiten sagt. Doch hat er auch glückliche Eingebungen, schreibt zuweilen Strophen, die gleichsam von selbst im Gedächtnis haften. Das Lehrgedicht, die Parodie, die zierliche Rhetorik, das liebenswürdige Getändel der Episteln entsprechen seiner Begabung am meisten. Dann »gibt es nichts, was einem in Rage geratenen Poeten Einhalt gebieten könnte«. Manchmal schämt er sich, nach Cirey so viele schwülstige Alexandriner zu schicken. »Das ist der Einfall der Goten!« ruft er mit komischem Schrecken aus. Oder er liest ein wenig traurig seine Verse noch einmal durch und seufzt: »Ce sont les bons qui me sont difficiles, / Pour les mauvais, ils ne me coûtent rien.« (Die guten fallen mir schwer, / die schlechten kosten mich nichts.)

Es ist keineswegs ohne Belang, daß Friedrich bis an sein Lebensende in französischer Sprache gedacht hat. Denn, um wieder mit seinen eigenen Worten zu reden: Die Sprache regelt den Aufschwung des Geistes, wie die Wasserröhren den Strahl der Springbrunnen formen. Die Sprache gibt dem Gedanken ihre Logik, leiht ihm ihren Aufbau und ihre Gesetzlichkeit und stellt ihm ihren Wortschatz zur Verfügung. Mit 25 Jahren kann Friedrich kaum deutsch. Es ist ein Kutscherdeutsch (so sagt er selbst), und er spricht es fast nie, schreibt es nur, um mit seinem Vater zu korrespondieren oder um seinem Kammerdiener Aufträge zu erteilen. Seine Kenntnisse in den alten Sprachen beschränken sich auf einige Zitate. Homer, Demosthenes, Platon, die großen Tragiker, Thukydides, Cicero, Caesar, Livius, Vergil, Horaz und Tacitus liest er in Übersetzungen, ebenso Ariost, Tasso, Swift und Cervantes. In seiner Kulturgeschichte macht er einen Sprung von Rom nach Paris. »Wir schulden den Franzosen großen Dank«, schreibt er an Voltaire, »daß sie in ihrem Lande die Wissenschaften wieder aufleben ließen. Nachdem die grausamen Kriege, die Einführung des Christentums und die häufigen Einfälle der Barbaren den aus Griechenland nach Italien geflüchteten Künsten einen tödlichen Schlag zugefügt hatten, verflossen einige Jahrhunderte in Unwissenheit, bis endlich wieder die Fackel in Ihrem Lande entzündet wurde. Die Franzosen haben das Dornengestrüpp beseitigt, das bis dahin den Weg, der zum literarischen Ruhme führt, gänzlich versperrte.« Aus diesem Grunde, meint er, müssen sich die anderen Völker als Frankreichs Söhne betrachten und sich ihm erkenntlich zeigen. Den Deutschen, so fährt er fort, wurde der gesunde Menschenverstand zugeteilt. Sie sind fleißig und gründlich. Wenn sie sich einer Materie bemächtigen, stürzen sie sich mit aller Energie auf sie. Aber »ihre Bücher sind von tödlicher Weitschweifigkeit«. Und ferner »gibt es eine Schwierigkeit, die stets verhindern wird, daß wir in unserer Sprache gute Bücher haben; sie besteht darin, daß der Gebrauch der Wörter nicht festgelegt ist . . . So bleibt für unsere Gelehrten kein anderer Ausweg, als in fremden Sprachen zu schreiben; und da es recht schwer ist, dieselben wirklich zu beherrschen, so ist sehr zu befürchten, daß unsere Literatur niemals große Fortschritte machen wird.« Er begeisterte sich ein Jahr lang für den Philosophen Christian Wolff, einen Fortsetzer von Leibniz; doch wollte er die Lehre seines Geisteshelden nur in französischer Übersetzung kennelernen. Als der Übersetzer schüchtern die Meinung äußerte, daß er das Buch lieber im Original lesen sollte, da die deutsche Sprache sich weit besser zum Ausdruck metaphysischer Gedankengänge eigne als die französische, erwiderte der Prinz, er habe die beiden Texte miteinander verglichen und nicht finden können, daß die gedankliche Präzision durch die Übertragung gelitten habe.

Friedrich hatte bis dahin sehr viel gelesen, aber wahllos und nur zur Erholung. Von nun an will er, daß alles ihm Nutzen bringt. Wir besitzen den Katalog seiner Bibliothek, ein Verzeichnis der von ihm gelesenen Bücher und sogar einen von ihm mit Randbemerkungen versehenen Montesquieu. Die Kriegskunst nimmt darunter wenig Raum ein. Das Soldatenhandwerk erlernt er im täglichen Leben und durch den Besuch der Schlachtfelder. Auch auf diesem Gebiet ist ihm seine

Fähigkeit, sich alles einzuverleiben, von Nutzen. Aber seine eigentliche Wißbegier richtet sich auf die Philosophie, auf das Studium der Menschen, der Länder, der Gesellschafts- und Regierungsformen und Gesetze. Instinkthaft strebt er nach dem Allgemeinen und Großen. Darum kommt es ihm weniger darauf an, positive Kenntnisse zu sammeln, als sich eine Weltanschauung und ein Lebensideal zu bilden. Dem streng exakten und abstrakten Denken ist er abgeneigt, weil es »den Geist austrocknet«. Gegen die Mathematik sträubt er sich mit Händen und Füßen. Als Voltaire versucht, ihm die Bedeutung des Unendlichen in einer Gleichung verständlich zu machen, antwortet er ihm in triumphierendem Tone, daß es nur zwei Arten von Zahlen gäbe, die geraden und die ungeraden, und da das Unendliche weder zu den einen noch zu den anderen gehöre, so sei es eben gar nichts. Eine Zeitlang beschäftigte er sich auf die Bitten der Marquise du Châtelet mit Physik. Er ließ sich ein Laboratorium einrichten und sämtliche Experimente mit der Luftpumpe vorführen. Auch stellte er während weniger Wochen Betrachtungen über das Vakuum und die Natur des Lichtes an. Dann gab er es wieder auf. Seinem Meister Voltaire zuliebe reihte er Isaac Newton noch unter die Genies ein, die unserer armen Menschheit zur Ehre gereichen. Doch wird er sich später nicht scheuen, ihn als Spintisierer zu bezeichnen und Descartes weit unter die populären Denker Bayle und Pierre Gassendi zu stellen.

Man darf sich durch seine Briefe nicht täuschen lassen. Es kommt vor, daß er aus purer Freude an der Dialektik eine Ansicht vertritt, um »herauszufinden, auf welcher Seite es mehr Unsinn gibt«. Aber sich selbst gegenüber war er aufrichtig. Als er sich nach dem Verzweiflungsstadium, das den Ereignissen von 1734 folgte, in Rheinsberg niederläßt, hat er für immer den Glauben verloren. Er verwirft die Religion, verachtet und haßt sie. Gegen die »Sippschaft der Pfaffen«, gegen das »theologische Gezücht« gehen ihm die Schimpfworte niemals aus. Unter seiner Feder wird der Papst ein Scharlatan, ein Seiltänzer, ein Quacksalber, ein alter abgetakelter Druide. Die Mönche nennt er Schurken, die Propheten Betrüger, Luther und Calvin armselige Kerle, die Bibel ein Sammelsurium von unverständlichen Märchen. Alle, die sich als Abgesandte Gottes bezeichnen, mögen sie nun reformiert oder papistisch sein, wollen nur die Leichtgläubigkeit der Fürsten und der Völker ausbeuten und sind vom Geiste der Herrschsucht und der Unduldsamkeit besessen. Was sie predigen ist kindischer Unsinn, aber im Namen dieser Lehren haben sie die Erde mit Krieg und Verbrechen angefüllt, die Vernunft verfolgt, die Sitten verdorben und die Tugend durch eitlen Mummenschanz ersetzt . . .

Dennoch glaubt Friedrich an ein höchstes Wesen, weil die Welt ein Prinzip der Bewegung und des Lebens voraussetzt, wie das Uhrwerk einen Uhrmacher. Die Tatsache einer Ordnung in der Natur drängt sich so zwingend auf, daß man zugeben muß, daß das Weltall von einer Vernunft regiert wird, die die Maschine in regelmäßigem Gang erhält. Aber dieser Gott ist unpersönlich, unbegreiflich und der Menschheit fremd. Aus ihm leiten sich die Naturgesetze ab, und er wohnt in unerschütterlicher Reglosigkeit den von ihnen verursachten Umwälzungen bei, weil es nicht in seiner Macht steht, sie zu beeinflussen oder ihre Wirkungen aufzuheben. Aber auch wenn es der Wissenschaft allmählich gelingen sollte, die Erscheinungen der Optik, die Form der Erde und die Bewegung der Himmelskörper zu ergründen, werden wir dadurch imstande sein, noch tiefer in das Wesen der Welt einzudringen und den Aufbau der Dinge selbst zu erkennen?

Die Logik von Wolff hatte Friedrich ein beträchtliches Vertrauen in die Kräfte des menschlichen Geistes eingeflößt. Wolffs Schreibweise war dunkel und umständlich, aber er besaß das große Verdienst, als Professor der Universität Halle von Friedrich Wilhelm verjagt worden zu sein, und sein Ruf in Deutschland war sehr groß. Wolff versuchte, der leibnizschen Philosophie die strenge Folgerichtigkeit der Mathematik zu verleihen, ein Satz sollte sich aus dem anderen mit beweisender Evidenz ableiten lassen. Friedrich hatte große Mühe, dieses System zu verstehen. Mit Hilfe von Suhm und von Manteuffel las er das Werk immer wieder, ohne etwas auszulassen, denn er hatte Angst, den Faden zu verlieren und eine der Definitionen von grundsätzlicher Bedeutung zu vergessen. Endlich glaubte er, die Lehre erfaßt zu haben und beglückwünschte sich dazu, im sicheren Hafen eingelaufen zu sein. Bei genauer Analyse gelangt man zweifellos zu der Erkenntnis, daß die Materie aus »einfachen Wesen« besteht, die unbestimmbar sind, weder Gestalt noch Größe besitzen, noch den Raum erfüllen können; denn wenn sie ausgedehnt wären, müßten sie auch teilbar sein. Der Geistesflug dieser Spekulation machte Friedrich schwindlig und bescheiden. »Derlei Bücher belehren und demütigen uns zugleich. Ich fühle mich nie kleiner, als wenn ich den Satz vom einfachen Wesen gelesen habe.« Er versuchte seine Bewunderung auch Voltaire mitzuteilen, der ihm aber schließlich unter vielen Komplimenten eingestand, daß er von dem ganzen Gallimathias nicht das geringste verstehe und sich Körper ohne Raum nicht vorzustellen vermöge. »Ich fühle mich plötzlich in ein Klima versetzt, in dem ich nicht atmen, auf einen Boden, auf dem ich nicht Fuß fassen kann, unter Menschen, deren Sprache ich nicht verstehe.« Friedrich sprach nicht mehr vom einfachen Wesen.

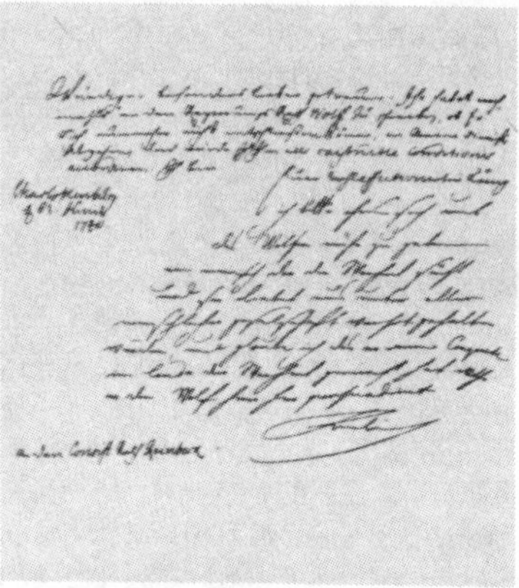

48. Christian Freiherr von Wolff
Kupferstich von
Johann Martin Bernigeroth
49. Wiederholter Versuch der Rückberufung des von König Friedrich Wilhelm I. abgesetzten Philosophen Wolff in preußische Dienste
Schreiben an Johann Gustav Reinbeck vom 6. Juni 1740 mit Friedrichs eigenhändigem Zusatz
Ehem. Berlin, Geheimes Staatsarchiv

Er war für seinen Philosophen, solange und so gut er konnte, eingetreten. Aber allmählich, nach vielerlei Zweifeln und Bedenken, schmolz sein schönes Vertrauen zu ihm dahin. Die Geheimnisse der Natur sind undurchdringlich, der Mensch lebt in geistiger Finsternis, sein Verstand hat Grenzen, und der ihm angeborene Erkenntnistrieb läßt ihn um so schmerzlicher die Schwäche seines Begriffsvermögens fühlen. Arme Menschen! Einmal halten sie sich für frei, dann wieder stellen sie sich vor, daß Gott in seinem Allerbarmen die Welt so eingerichtet hat, daß alles zu ihrem Glück ausschlägt. Was wissen sie denn davon? Wie können sie das Gefühl frei zu sein mit dem Vorauswissen Gottes vereinen? Den Zufall mit seiner Weisheit? Die Existenz des Bösen mit seiner allmächtigen Güte? Weder die Willensfreiheit noch die absolute Fatalität sprechen die Gottheit von der Mitschuld am Verbrechen los, denn, ob uns Gott die Freiheit Böses zu tun gegeben oder uns von allem Anfang her zum Verbrechen verdammt hat, kommt im Grunde ungefähr auf das gleiche heraus, bedeutet nur ein Mehr oder ein Weniger. Aber all das bringt uns in solche Verlegenheit, ist so reich an Doppelsinnigkeiten, daß wir unsere Unwissenheit besser gleich eingestehen. Den philosophischen Systemen, so geistvoll sie auch sein mögen, mag es für einige Zeit gelingen, unsere Aufmerksamkeit zu fesseln, doch enthalten sie immer nur den unbestimmten Widerschein unzugänglicher Wahrheiten. Die Mäuse, die in einem riesengroßen Gebäude ein paar dunkle Löcher bewohnen, wissen nicht, ob das Gebäude ewig ist, noch wer sein Schöpfer ist, noch warum man es erbaut hat. Sie bemühen sich bloß, ihre Löcher zu bevölkern und den bösen Tieren, von denen sie verfolgt werden, zu entfliehen ...

Doch selbst in dem kleinen Bezirke unserer irdischen Interessen und Erwägungen gibt es unter hundert Personen, die zu denken glauben, kaum eine, die selbständig denkt. Alle anderen haben nur zwei bis drei Ideen, die sie ziemlich unveränderlich in ihrem Schädel hin und her wälzen. Mag man sich auch noch so oft vorhalten, daß nichts ohne Ursache geschieht, so bieten die menschlichen Schicksale unserem erstaunten Auge doch meist ein buntes Durcheinander ohne logischen Zusammenhang.

Indessen legte Friedrich den Ideen zu großen Wert bei, als daß er sie als bloße metaphysische Spekulation betrachtet hätte. Er gehörte nicht zu den Menschen, die alles bezweifeln und tun, als ob sie nichts bezweifelten. Wenn er schreibt, daß der Skeptizismus »schrecklich« und »unerträglich« ist, so bedeutet das, daß er einer Gewißheit bedarf, um wieder die Kraft zur Freude und Lebensbejahung aufzubringen, doch brauchte er nie lange, um sich aus der Affäre zu ziehen. »Das Wirklichste in uns ist das Leben«, so schreibt er. Das ist ein Ausgangspunkt, also eine Gewißheit. Der zweite Satz lautet: »Wenn die Menschen auch nicht dazu geschaffen sind, abstrakten Dingen nachzusinnen, so hat sie Gott doch so klug gemacht, als nötig ist, um auf Erden richtig zu leben.« Endlich stellt er sich die Frage, worin nun eigentlich das Leben bestehe. »Es kommt nicht darauf an, daß der Mensch bis in ein methusalemisches Alter den trägen und nutzlosen Faden seiner Jahre hinzieht, vielmehr wird er um so stärker gelebt haben, je tiefer er nachgedacht, je mehr schöne und wertvolle Handlungen er vollbracht hat.« In dieser Weise kommt der künftige König in Preußen nach seiner metaphysischen Krise zu dem Glauben an sein Schicksal zurück.

Die Moral des Prinzen Friedrich liegt vor allem in der Achtung vor seinem Amt. 30 Jahre später hat er im Gespräche mit Maria Antonia, der Kurfürstin von Sachsen, der er (nachdem er ihr viel Böses angetan) die größte Wertschätzung entgegenbrachte, geäußert, sein Los habe ihm einen Weg gewiesen, den er aus Neigung nie gewählt haben würde. »Niemand ist Herr seines Geschicks; wir werden geboren und haben eine Rolle zu spielen, die uns oft genug nicht gefällt. An uns ist es dann, unsere Aufgabe so gut wie möglich zu erfüllen.« Im Jahre 1752 hatte er an die Markgräfin geschrieben: »Wenn ich meiner Neigung folgen könnte, würde ich mich ganz einem eingezogenen Leben widmen. Das Unglück ist, daß man in eine Art Tretmühle eingespannt ist, aus der man sich nicht befreien kann. Wir sind genötigt, das Joch, das uns das Schicksal aufgezwungen hat, zu tragen; unsere Geburt hat uns zu unserem Beruf bestimmt, und wir müssen wohl oder übel das Amt verrichten, zu dem wir verdammt sind.« Zwar hat er sich immer, selbst zur Zeit seiner jugendlichen Aufbäumungsversuche, als Königssohn und künftiger Herrscher gefühlt, aber es bedurfte einer hartnäckigen Arbeit an sich selbst und einer zähen Willensanspannung, um sich nach und nach mit den Pflichten seines Amtes völlig zu durchdringen und sich seiner ganz würdig zu zeigen. Nun liest er nicht mehr wie ein Humanist, ein Bewunderer und Nachahmer des Schönen, sondern wie ein Politiker, der lernt und nutzt. Er fragt nicht mehr danach, wie ein großer Schriftsteller entsteht, sondern er verlangt von den Schriftstellern Lehren für seine eigene Formung. Tag für Tag, man könnte beinahe sagen, Seite für Seite, baut er einzig durch seine Willenskraft, in sich selbst einen neuen Friedrich auf, den Friedrich, der die Welt in Erstaunen setzen wird.

Oft sagte er: »Ich danke dem Schicksal, das mich am Ende des großen Jahrhunderts Ludwigs XIV. hat geboren werden lassen!«

Was das ›Grand siècle‹ für ihn bedeutet, mit welchem Strahlenglanz es ihn geblendet hat, kann man sich heute kaum vorstellen. Gewiß sprechen auch wir nicht mehr vom Zeitalter der Perücken, sondern eher von dem des Maßes und der Ordnung, wobei wir durchblicken lassen, daß es zugleich das Zeitalter der steifen Würde war. Wir sagen wohl auch, daß die klassische französische Literatur eine Schule der Ausgeglichenheit, der heiteren Klarheit, der Harmonie und der Vernunft gewesen sei, und sind bereit, in ihr banale Weisheiten und Rezepte einer formalistischen Kunst zu finden, die nur die Symmetrie und die sklavische Nachahmung antiker Vorbilder anstrebt. Aber das Jahrhundert Ludwigs XIV. war vor allem ein Frühling, ein Wiedererwachen, ein stürmischer Jugendausbruch, die ungestüme Entfesselung schöpferischer Kräfte. Die Ordnung ist nichts, wenn sie nicht einen Sieg über die Leidenschaften, eine Selbstüberwindung bedeutet, eine ständig genährte und doch zugleich gebändigte Flamme ist. Diese Zeit wird keineswegs durch spießerhafte Klugheit und durch das schickliche Betragen eines verschlafenen, in Hochachtung erstarrten Volkes charakterisiert, sondern durch die Gediegenheit in der Größe und durch die Natürlichkeit in der Sphäre des Erhabenen.

Friedrich war bis zu seinem Tode ein eifriger Leser von Pierre Corneille, Jacques Bossuet, Jean de La Bruyère, Esprit Fléchier, Louis Bourdaloue, Jean Baptiste Massilon, Molière, besonders aber von Jean de La Fontaine, Nicolas Boileau und Racine. Er hat einmal in Rheinsberg den Ausdruck ›der göttliche Boileau‹ gebraucht, was uns ein wenig übertrieben erscheinen mag. Aber der in den Banden der väterlichen Tyrannei schmachtende Kronprinz fand in Boileau den Haß alles Unechten, die Verachtung des Abgeschmackten und Schwülstigen, eine gewisse Art, dem Echten nachzugehen und die Wahrheit von allen Dächern zu schreien, eine heftige, ja unverschämte Art, die falschen Berühmtheiten zu stürzen und die wahre Größe an ihre Stelle zu setzen.

Friedrich legte die Ergebnisse seines Nachdenkens fast immer schriftlich nieder, er zog aus dem Gelesenen persönliche Nutzanwendungen, Begeisterung und Regeln für sein Betragen. Mehr als alle anderen verhalf ihm Racine zur Entdeckung seiner selbst. Durch die Feierlichkeit der Atmosphäre, die Größe der Leidenschaften und der Interessen ist die französische Tragödie zum Drama der Könige geworden. In seinem Alter verstieg sich Friedrich zu der Behauptung, daß nur Fürsten sie zu agieren vermöchten, weil sie allein imstande seien, sich mit Natürlichkeit in die Gefühle der Personen zu versetzen. In den Stücken von Corneille hingegen bleibt noch ein Rest des romantischen Überschwangs der Spanier. Auch versinnbildlicht der pomphafte Corneille eine etwas deklamatorische Moral: Er schwelgt in Vaterlandsliebe, Tugend und Heldenmut – gewiß vortreffliche Themen, die zudem den Vorzug besitzen, sich leicht in die kleine Münze des soldatischen Gehorsams und der Untertanentreue umsetzen zu lassen. Die Staatsoberhäupter, als soziale Männer, wissen der Kunst nur für ihre sozialen Tugenden Dank, für Tugenden, die notwendig, aber eben darum auch vulgär sind, vulgär bis in ihre allergewaltigste Erscheinungsform. Aus diesem Grunde besaß Napoleon eine Vorliebe für Corneille. Friedrich, der von den Regierungsgeschäften Ferngehaltene, stets Beargwöhnte, beinahe Verbannte denkt nicht daran, das Volk zu erheben: Er bereitet sein Schicksal vor, sucht und erschafft einen Heros. Wenn er an sein Jünglingsalter zurückdenkt, wenn er vor seinem geistigen Auge unter seinem Fenster in Küstrin das schwarze Tuch und den kleinen geröteten Sandhaufen wiedersieht, fühlt er sich als Bruder der Helden Racines. Wie jene ist er durch die Geburt nur darum über die anderen Menschen erhoben und von Glück und Unglück der Mittelmäßigen befreit worden, um einen seiner hohen Stellung angemessenen Schicksalszwang zu erleiden, um unter die ehernen Gesetze der politischen Pflicht und der Staatsräson zu fallen. Bei Racine wird die Politik nicht in Sentenzen und historische Bilder aufgelöst. Sie ist eine seelische Wirklichkeit, die mit dem Charakter der handelnden Personen untrennbar verbunden ist. Die Politik ist in ihrem Herzen, in ihrem Geiste, sie ist ihr Leben selbst. Ein großer Fürst ist jener, der seinen Pflichten gegenübersteht »mit einem Auge von Ruhm und Vernunft erhellt«, der seine Schwächen zu überwinden, seine Schmerzen zu verbergen weiß, der die Heere mit sich reißen, das Volk begeistern kann und sich durch lange, qualvolle Arbeit an sich selbst dazu erzogen hat, sowohl zu befehlen als auch sich aufzuopfern.

Wäre Friedrich durch seinen Vater in den Gang der laufenden Regierungsgeschäfte eingeführt worden, so hätten die Sitzungen der Minister, die Korrespondenzen, die Sorge um die Wahl der richtigen Männer und um die zu treffenden Maßnahmen seine geistigen Kräfte so sehr in Anspruch genommen, daß er König geworden wäre, ohne sich darüber Gedanken zu machen. Jedoch auf subalterne Beschäftigungen verwiesen und auf den engen Horizont von Ruppin beschränkt, wird er gerade durch den Kontrast dazu veranlaßt, über das Wesen der Monarchie gründlich nachzudenken. Man hatte ihn gelehrt, daß die Könige und ihre Untertanen durch einen fortwährenden Austausch von Pflichten und Diensten aneinander gebunden seien: Erweisung von Respekt und Gehorsam von seiten der Untertanen, Gewährung von Schutz und Gerechtigkeit von seiten der Könige. Man hatte ihm auch gesagt, daß zwar kein Mensch sich gegen die Herrscher, die Böses tun, erheben dürfe, daß aber Gott, der sie eingesetzt hat, sie züchtigen werde. Am Tage des jüngsten Gerichts wird er von ihnen Rechenschaft fordern über ihre Herde und die schlechten Hirten zerschmettern. Als Friedrich den Glauben verlor, hatte er die Fundamente seiner Macht nicht in Zweifel gezogen. Die Franzosen des siebzehnten Jahrhunderts wie die seiner Zeit waren allzusehr überzeugt von der wohltätigen Wirkung der Monarchie, als daß irgendwelche Bedenken in ihm wach geworden wären. Höchstens mag er das Prinzip des Austausches durch die juristisch einleuchtendere Idee eines stillschweigend abgeschlossenen Vertrages ersetzt haben, ohne deswegen zuzugeben, daß die Rechte der Krone beschränkt und geteilt werden könnten, wie das in England geschehen war. Dem Fürsten allein steht es zu, die Grenzen seiner Macht zu ziehen, entsprechend den Forderungen der Vernunft, den Erfahrungen der Geschichte und den Interessen seines Reiches. Im übrigen steht es Friedrich völlig frei, nach seinem Belieben zu philosophieren. Denn es gibt in Preußen keinen Hochadel, keinen Klerus, keinen reichen dritten Stand, die seit Jahrhunderten für den

König gekämpft, gebetet und geschaffen haben. Keine Etats généraux, keine Überlieferungen, die sich zu Grundgesetzen entwickelt haben. Alles in Preußen ist klein, verzettelt, ohne Zusammenschluß, ohne Kraft und ohne Recht. Friedrich hat leicht sagen, daß er der erste Diener seiner Untertanen ist, niemand wird ihm die »absolute Freiheit zum Guten«, die er beansprucht, streitig machen.

Doch da die Freiheit zum Guten nicht ohne die Freiheit zum Bösen existiert, muß der Monarch vollkommen sein. Friedrich gibt ohne weiteres zu, daß der vollkommene Monarch ein seltener Vogel ist. Er nennt ihn ein metaphysisches Wesen. Doch hätte er gern für seinen persönlichen Gebrauch ein getreues Konterfei von diesem Wesen, damit er es sich als Vorbild immer vor Augen halten kann. Vor allem sieht und weiß der Fürst alles. »Er dirigiert die ganze Masse.« Da er die Geschichte studiert hat, die ihm »ein Bild aller Wechselfälle des Glücks« liefert, hat er »eine richtige und genaue Idee von den Dingen, die in der Welt vorkommen«. Er ist sogar imstande, die Geheimnisse des Schicksals bis zu einem gewissen Grade zu enträtseln, indem er mit seinem durchdringenden Verstande und seiner scharfen Urteilskraft alle Voraussetzungen erwägt und aus den gegenwärtigen Zeitumständen die künftigen herausliest. Er ist fest in seinem Planen, unerschütterlich in seinen Entschlüssen. Da aber die preußische Monarchie nicht zu jenen gehört, denen ihre Entwicklung von Anfang an vorgezeichnet ist, muß der König immer wieder seine ganze Person einsetzen. Zu schwach, um den Ereignissen zu gebieten, muß er sich darauf verstehen, bei Gelegenheit zu lavieren und den Umständen nachzugeben, »einzig darauf bedacht, sein Fahrzeug unter Anwendung aller nötigen Mittel in den ersehnten Hafen zu führen«.

Sowohl im Inneren als auch in den Beziehungen zum Ausland ist »das Hauptziel der Fürsten die Gerechtigkeit«. Doch hier zeigt sich eine Schwierigkeit und Friedrichs Gedankengang wird unsicher. Zeitweise glaubt er oder sagt er wenigstens, daß die öffentliche Moral und die Privatmoral eins seien, daß also die Könige und die Individuen den gleichen Pflichten unterworfen sind und die gleiche Tugend üben müssen. Über dieses Thema äußert er sich unerschöpflich in immer neuen Varianten. Seine Briefe sind voll von solchen Äußerungen, sie sind es um so mehr, als er sich von der Macht weiter entfernt fühlt und in seiner Ungeduld sich auszuzeichnen, nur den Weg zu literarischem Ruhm vor sich sieht. So predigt er denn, daß man mit seinem Stand zufrieden sein müsse und die Reichtümer des Nachbarn nicht begehren dürfe. Man solle auch anderen nichts zufügen, was man selbst nicht erleiden wolle. Er lehrt, daß die Fürsten sanft und gütig sein sollen,

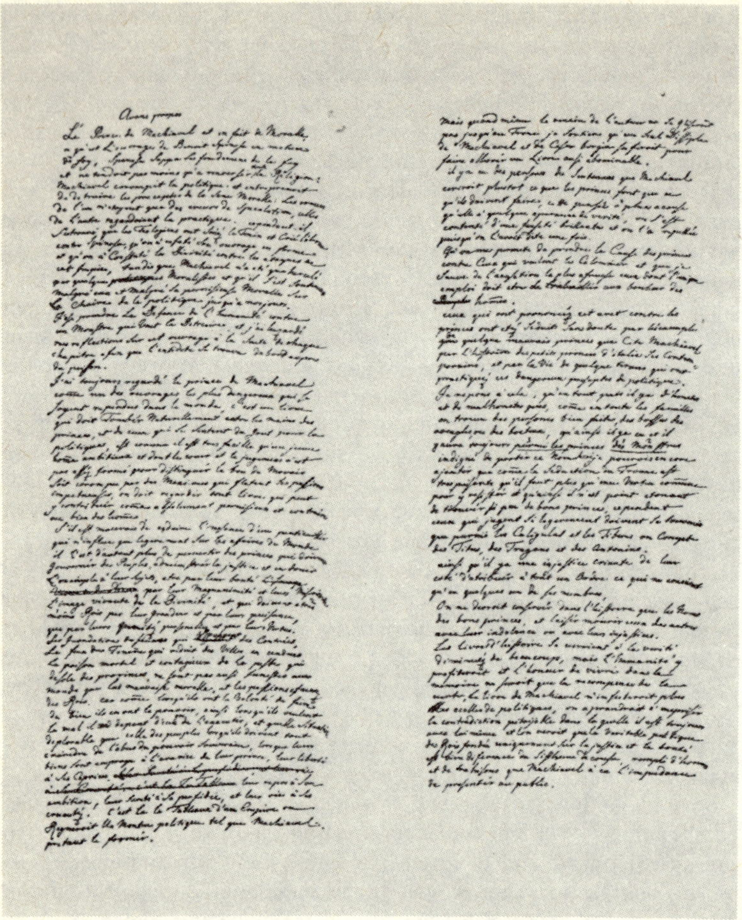

50. Manuskript der Vorrede zum ›Antimachiavel‹. Eigenhändige Niederschrift des Kronprinzen Friedrich, 1739

Ehem. möglicherweise Brandenburgisch-Preußisches Hausarchiv

Eroberungen nennt er einen verbrecherischen Raub, zwischen einem Kriegshelden und einem Straßenräuber bestehe der einzige Unterschied, daß der eine mit Lorbeeren bekränzt, der andere an den Galgen gehenkt werde. Die Könige könnten nicht besser die Menschheit ehren, als durch Auszeichnung der höheren Geister, die danach streben, die

Kenntnisse zu vervollkommnen, und sich dem Dienste der Wahrheit weihen.

Diese sentimentalen Phrasen bilden den Hauptinhalt des ›Antimachiavel‹, den er im Frühling 1739 begann und der im September 1740 im Haag erschien. Er verwendete sie in solchem Übermaß, daß Voltaire ihn zügeln mußte: »Der Übereifer . . . hat Ihre edelmütige Seele verzehrt . . . Nachdem man Machiavelli einmal ehrlich sein Teil gesagt hat, könnte man sich hernach an Gründe halten.« Das Buch ist schlecht. Es ist eine erbauliche Predigt gegen die Raubgier, die Treulosigkeit, das Willkürregiment, die ungerechten Kriege, aber auch eine schwerfällige Predigt von unerträglicher Weitschweifigkeit, untermengt mit schwülstig vorgetragenen Gemeinplätzen und ab und zu einem kleinen Feuerwerk à la Voltaire, das aber meist nicht losgeht. Überdies war der Teig nicht einmal neu. Um nur von Frankreich und Deutschland zu reden, so war er in diesen Ländern schon seit anderthalb Jahrhunderten von allerlei Händen geknetet worden. Die Widerlegungen Machiavellis ließen sich nach Dutzenden zählen. Die Neuheit bestand einzig darin, daß ein Kronprinz sich nun an diese Schulfuchsarbeit machte. Die Neuheit, aber auch die Gefahr. Voltaire gab sich darüber keiner Täuschung hin.

Er unterzieht das Manuskript Friedrichs einer gründlichen Säuberung. Nicht nur merzt er die Vergehen gegen die Sprache und den Geschmack aus, sondern er macht auch Jagd auf überflüssige Beleidigungen, allzu deutliche Anspielungen und gewagte Behauptungen, die sich später einmal gegen ihren »erlauchten« und »tugendhaften« Verfasser wenden könnten. So hatte Friedrich an das Ende einer Stelle über Cesare Borgia folgendes setzen wollen: »Er [Machiavelli] brauchte Beispiele; doch woher hätte er sie nehmen sollen, wenn nicht aus den Kriminalprozessen oder aus der Geschichte der Päpste?« Anstatt »Geschichte der Päpste« setzt Voltaire seelenruhig: »Geschichte eines Nero und seinesgleichen«, was keinen Menschen beleidigt. Das des Ballastes entledigte, stark gekürzte Buch bleibt dennoch recht schwach, weil es eine einzige lange Sinnwidrigkeit ist. Der unheilbare Irrtum Friedrichs besteht darin, daß er an Machiavelli in einem Atem moralische und politische Kritik üben will, oder wie Charles Benoist sagt, »daß er vermischt, was Machiavelli streng auseinanderhält, und sich auf diese Weise über das Wesen, den Gegenstand und den Charakter des Machiavellismus täuscht«.

Bei flüchtiger Lektüre des Buches könnte der Leser allerdings zu falschen Schlüssen kommen. Friedrich hat Machiavelli vornehmlich darum mißverstanden, weil er glaubte, daß der Florentiner für die kleinen Tyrannen seiner Zeit schrieb. Er nimmt es ihm übel, daß er der Kraft alle Niedrigkeit der Schwäche andichtet, denn er vergleicht das Italien der Renaissance mit dem Deutschland des achtzehnten Jahrhunderts. Die Borgia, die Este, die Montefeltre, die Sforza sind in seinen Augen den zahllosen Miniaturfürsten ganz ähnlich, »diesen Zwittern zwischen einem Herrscher und einem Privatmann«, die sich in die Brocken des Reiches teilen. Und nun bricht plötzlich der Stolz des künftigen Königs hervor, dieser Stolz, über den die arme Markgräfin sich so oft beklagt hat. »Die meisten der kleinen Fürsten ruinieren sich durch Ausgaben ... sie richten sich zugrunde, um die Ehre ihres Hauses zu wahren und schlagen aus purer Eitelkeit den Weg zum Elend und zum Spittel ein ... Der beste Rat, den man ihnen erteilen kann, wäre, die Meinung, die sie von ihrer eigenen Größe haben, herabzusetzen«, desgleichen die Hochschätzung ihres erlauchten Geschlechts und ihres Wappens. Sie sollen ihre Truppen entlassen und ihre Stadtmauern niederreißen, denn der »Krieg ist einzig Sache der großen Monarchen«!

Das klingt durchaus aufrichtig. Friedrich empfindet also vor Eroberungen durchaus nicht den tugendhaften Abscheu, den er seinen literarischen Freunden gegenüber zur Schau trägt. In Wahrheit gehörte dieser Abscheu in der Atmosphäre von Rheinsberg zum guten Ton, genauso wie die Liebe zur Natur, die Wonnen der Abgeschiedenheit und die Verachtung der irdischen Größe, genau so wie die halb echten, halb gekünstelten Hirtengedichte, die dem Prinzen helfen sollten, seine Demütigungen zu vergessen und den ungeduldigen Wunsch zu regieren in ihm zu beschwichtigen.

Wenn in diesen Jahren des Wartens Friedrich die Absicht hat, jemanden zu täuschen, so vor allem den königlichen Kronprinzen, sich selbst. Zuweilen mag es ihm gelingen, vom eigenen Wortschwall berauscht, sich zu belügen. Aber er ist zu ehrgeizig, zu real, zu tatenlustig und ruhmbegierig, um sich auf die Dauer etwas vorzumachen. Ist nach der Aussage der Geschichtsschreiber der wahre Ruhm nicht der Ruhm der Waffen? Läßt sich Charles de Montesquieu in seiner Bewunderung der Größe Roms von moralischen Bedenken zurückhalten? Trägt nicht in der Wertung der Nachwelt der erfolgreiche Machtwille den Sieg über alles davon?

Unter den Invektiven des ›Antimachiavel‹ gibt es also als Unterströmung eine andere Theorie, die echter Machiavellismus ist. Friedrich vertritt zwar gegen den »jesuitischen« Florentiner die Ansicht, daß die Fürsten »unverbrüchliche Vertragstreue wahren« müssen, doch fügt er hinzu: »Ich gestehe übrigens, daß es bedauerliche Notwendigkeiten gibt, in denen der Fürst nicht umhin kann, seine Verträge und seine Bündnisse zu brechen.« Zu seiner Absolution genügt es, daß diese Notwendigkeit in der Tat sehr groß ist. Und der Krieg? Gewiß hat Friedrich an zahllosen Stellen gesagt, daß es kein schlimmeres Verbrechen gibt. Kraft welchen Rechtes könnte ein Mensch den Vorsatz fassen, »seine Macht auf dem Elend und der Vernichtung anderer Menschen aufzurichten«? Trotzdem gibt es drei Arten gerechter Kriege: die Verteidigungskriege, die Kriege um des Vorteils willen und die Kriege aus Vorsicht. Die Interessenkriege sind jene, die der König zur Erhaltung seiner Rechte, die man ihm streitig macht, führt, und die Schlachten entscheiden über die Gültigkeit seiner Gründe. Die Präventivkriege sind zwar Angriffskriege, aber darum doch gerecht, denn besser ist es, zuvorzukommen, als sich zuvorkommen zu lassen. Ähnlich steht es mit den ausländischen Söldnern: Es ist vortrefflich, welche zu besitzen, aber ruchlos, solche an das Ausland zu liefern. Man wird zugeben müssen, daß es nicht notwendig war, so in Harnisch zu geraten, um schließlich zu derartigen Ergebnissen zu gelangen.

Immerhin sind diese Betrachtungen noch von so allgemeiner und theoretischer Natur, daß man sie für gewissermaßen zeitlos halten könnte. Aber ein Herrscher regiert nicht in rein geistigen Sphären. Er gebietet über einen Landstrich, der aus Feldern oder Weingärten, aus Ebenen oder Gebirgen besteht, der bevölkert oder menschenleer ist, dessen Bewohner widerspenstig oder fügsam, zum Kriege geeignet oder schlechte Soldaten sind. All dies nennt Friedrich Wilhelm das Reelle. Sind nun die Pläne Friedrichs dem Reellen angepaßt?

Er hat Europa studiert und weiß über einige seiner Teile gut Bescheid. Hinsichtlich anderer wieder ist er unsicher oder im Irrtum befangen. Manchmal urteilt er recht kurzsichtig. Um die Größe oder den Niedergang von Staaten zu erklären, begnügt er sich mit ziemlich fadenscheinigen Gründen. Von Rußland hat er nur eine recht undeutliche und verworrene Vorstellung. Vom Seewesen versteht er nichts. Die Rivalität der Kolonialmächte begreift er nicht. Frankreich ärgert, beunruhigt und erstaunt ihn. Wie üblich, wirft er diesem Lande Unbeständigkeit und Leichtfertigkeit vor, doch fürchtet er es auch, weil seine Politik ständig vom Glück begleitet ist. Er muß anerkennen, daß dieser Staat die zahlreichste Bevölkerung, die gesichertste Regierung, das in sich geschlossenste Territorium, das tüchtigste Heer und den solidesten Reichtum besitzt. Kurz, »er vereinigt in größter Vollkommenheit sämtliche Elemente der Macht«. Darum kann Frankreich sich Zeit lassen. Auf vier Seiten natürlich begrenzt, scheint es gegen Osten nur die

Grenzen zu haben, die es sich selbst durch seine Mäßigung gesetzt hat. Aber Frankreich ist nicht maßvoll, und es scheint fast, als ob die Eroberungen am Rheine sich ihm geradezu anböten. Fast in dieselbe Reihe stellt Friedrich das habgierige und grausame England, das unerschöpfliche Hilfsquellen besitzt, aber aus Mangel an Truppen unter den Mächten nicht den Rang einnimmt, der ihm zu gebühren scheint.

Endlich Deutschland, das Heilige Römische Reich Deutscher Nation: Sein Gebiet erstreckt sich von Triest bis an die Ostsee, von den Quellen der Weichsel bis an die der Schelde. Der Kaiser steht über den anderen Fürsten. Er ist der Träger der Krone Karls des Großen und nennt sich das weltliche Haupt der Christenheit, so wie der Papst das geistliche ist. Aber das Reich ist zu einem politischen Monstrum geworden, ein zerfallendes Mosaik, ein Meisterwerk der Zerstückelung, ein buntes Allerlei, eine Ansammlung staubkorngroßer Fürstentümer genannt, und alle diese Vergleiche haben ihre Berechtigung. Deutschland ist in Brokken zerhackt, zerteilt, zertrennt. Neben einigen Kurfürstentümern von ansehnlicherem Umfang gibt es hunderte ineinander verschachtelte Territorien: Herzog- und Fürstentümer, Markgrafschaften, Grafschaften, Bistümer, Abteien, Ordens-Komtureien sowie Freie und Reichsstädte, unter denen wiederum mehr als 200 souveräne Staaten existieren, die über sämtliche Hoheitsrechte verfügen und nach ihrem Belieben Bündnisse abschließen dürfen.

Der Kaiser, der in Wien residiert, wird in Frankfurt von neun Kurfürsten gewählt, drei geistlichen: den Erzbischöfen von Köln, Trier und Mainz, und sechs weltlichen: dem König von Böhmen, dem Markgrafen von Brandenburg, dem Pfalzgrafen bei Rhein sowie den Herzögen von Bayern, Sachsen und Hannover. (Böhmen, in Personalunion mit den Habsburgern, entfiel als Kurstimme.) Seit 1438 ist der Kaisertitel in der Familie der Habsburger geblieben, aber er ist kaum mehr als ein bloßer Titel. Zweifellos gibt es Ansätze einer einheitlichen Organisation: eine Reichskanzlei, eine Appellationsgerichtsbarkeit, den Reichstag, ein gemeinsames Budget und die Einteilung in zehn Kreise. Aber es ist schwierig, vom Reich ein Urteil zu erhalten, und noch schwieriger, es vollstrecken zu lassen. Der aus den Reichsstädten – dem Kurkollegium, Fürstenkollegium, Städtekollegium – zusammengesetzte Reichstag spiegelt die territoriale politische und religiöse Zerrissenheit Deutschlands wider. In ihm steigern sich die Gegensätze zur Siedehitze. Die Rechte jedes Reichsstandes sind durch so peinlich genaue Bestimmungen geschützt, daß der Gang der Geschäfte dadurch außerordentlich verlangsamt wird. Man erschöpft sich in endlosen spitzfindigen Erörterungen, und die Entschließungen sind immer vage oder zweideutig. Seit dem Westfälischen Frieden (1648) wird Frankreich, als Schützer der deutschen Freiheiten, bei den Sitzungen durch einen Bevollmächtigten vertreten, dessen wahre Aufgabe darin besteht, die Verhandlungen des Reichstags zu beobachten und in ihm die anarchischen Zustände zu erhalten. Friedrich nennt den Reichstag »eine Art Schemen« und die Abgesandten, welche die Fürsten hinschicken, »Hofhunde, die den Mond anbellen«.

51. Festtafel für den Kaiser und das Fürstenkollegium des Reichstages im Römer zu Frankfurt am Main im Sommer 1758 Kupferstich von André Basset

Wenn der Reichstag den Krieg erklärt, muß jeder der Kreise ein angemessenes Truppenkontingent stellen. Aber was kann ein solches Heer taugen? Einige dieser Kreise enthalten Dutzende unabhängiger Staaten, von denen jeder eine Handvoll Soldaten schickt. So gibt es im Schwäbischen Kreis fast 100 Souveräne: Bischöfe, Fürstäbte, weltliche Fürsten, geistliche Prälaten, kleine Lehnsherren und Städte, von denen einige wie Augsburg und Ulm bedeutend, andere wie Bopfingen und Buchau, ganz winzig sind. Die Armee der Kreise ist nur ein zusammengewürfelter Haufen.

Gibt es nun trotz der politischen Zerstückelung einen gemeinsamen Patriotismus, eine Einheit der Seelen und der Geister? Friedrich leugnet es mit einer Art Erbitterung. Infolge der Freiheiten der Territorien besteht jedes Gebiet auf seiner eigenen Mundart. Damit sich Deutsche aus verschiedenen Ecken des Reiches miteinander verständigen können, bedarf es der Dolmetscher. Gewiß sind seit den letzten 80 Jahren Fortschritte gemacht worden. Die Sitten sind nicht mehr so roh, das Elend ist weniger verbreitet. »Alles hat sich vermehrt, die Geräte, die Möbel, die Livreen, die Karossen und der Aufwand bei Tische.« Aber es gibt noch keinen Geschmack, noch keine Kunst, noch keine ernstzunehmende Literatur. Was bleibt also in Deutschland? Die Sonderkräfte der wichtigsten Fürsten. Kaiser Karl VI. selbst zieht den größten Teil seiner Macht aus dem habsburgischen Erbbesitz, mag er nun wie Österreich, Tirol, Böhmen, Mähren und Schlesien zum Reiche gehören, oder wie Ungarn, Kroatien, die Toskana und das Mailändische außerhalb desselben liegen. Er spielt also eine Doppelrolle: als Reichsoberhaupt und als Sonderherrscher. Es ist nicht immer leicht, diese beiden Funktionen auseinanderzuhalten, gar oft wird der Kaiser beschuldigt, sich des Reiches zur Festigung der österreichischen Hausmacht zu bedienen.

Dieser Dualismus ist keine Ausnahme. Im Verlaufe der letzten 50 Jahre haben drei Kurfürsten außerhalb der Reichsgrenzen Königskronen gewonnen: der Kurfürst von Hannover ist König von England, der Kurfürst von Brandenburg König in Preußen und der Kurfürst von Sachsen gewählter König von Polen. Ihre Machtstellung ist sehr verschieden. Sachsen ist eine der reichsten deutschen Provinzen. »Diesen Vorteil verdankt es der Güte seines Bodens und der Betriebsamkeit seiner Bewohner, die ihre Fabriken zur Blüte bringen.« Aber das Land wird schlecht regiert und hat nur wenig Truppen. Auch verschwendet der Kurfürst seine Einkünfte in Bestechungen, durch die er hofft, die Erblichkeit in Polen zu erkaufen. Der Kurfürst von Hannover wird offenbar Engländer werden müssen. Mag er noch so sehr wünschen, seine neuen Untertanen nach dem Muster der alten umzumodeln, so ist er doch genötigt, den Interessen Großbritanniens zu dienen und die Krämerpolitik dieses Landes zu befolgen. Der Kurfürst von Brandenburg hingegen ist ein Mann des Grund und Bodens. Er ist auch der deutscheste von allen: Sein Königreich Preußen ging auf den säkularisierten Staat des Deutschen Ritterordens zurück.

Die Erbschaft der Hohenzollern liegt verzettelt zwischen Memel und Rhein. Immerhin sind die einzelnen Stücke nahe genug beieinander, so daß der König, wenn er von Tilsit nach Cleve reist, nur zwei bis dreimal außerhalb seines Gebietes zu nächtigen braucht. Der wichtigsten Ländergruppen sind drei: im Osten Preußen; in der Mitte die in sich geschlossenen Gebiete von Brandenburg, Pommern, Magdeburg und Halberstadt; im Westen die kleinen Herrschaften von Minden und von Ravensberg an der Weser, von Mark an der Ruhr und von Cleve am Rhein. Aber diese Aufzählung ist viel zu simpel. Am Rande aller dieser Ländereien hängen gleichsam wie Troddeln und Fransen Gebiete, die strittig sind oder über deren Souveränität Unklarheit herrscht, Enklaven, Anwartschaften. Ganz am Ende des alten Preußens zum Beispiel besitzt der König die Herrschaft Serrej, Mitgift einer Radziwill, die einen Hohenzollern geheiratet hat. Diese Herrschaft bildet eine Enklave in polnischem Gebiet. Der König ernennt den katholischen Pfarrer, aber der Pastor wird von der Synode von Wilna gewählt. Ein Stück von Pommern, die Herrschaft Lauenburg ist immer noch polnisches Lehn. Das Herzogtum Crossen, das mit Brandenburg zusammenhängt, ist böhmisches Lehen. Das Herzogtum Cottbus ist in sächsisches Gebiet eingeschlossen. Mecklenburg hingegen, ein unabhängiges Herzogtum, ist in vielen Beziehungen vom König abhängig, der nach in diesem Lande entstandenen Erbfolgewirren vom Kaiser das Recht erhalten hat, dort die Polizei auszuüben und Truppen zu halten.

In Thüringen ist der feudale Wirrwarr noch schlimmer. In Quedlinburg ist der König erblicher Schutzherr des protestantischen Frauenstifts. Eine preußische Abteilung hält die Stadt besetzt. Aber die Äbtissin untersagt ihm das Betreten des Stadtteils, in welchem das Stift liegt. In der Grafschaft Wernigerode ist die Verwaltung geteilt: Der Graf hat die Kirchenangelegenheiten, der König die Post unter sich. Er hat auch die Anwartschaft auf Ostfriesland, was er zum Vorwand nimmt, eine Garnison dorthin zu legen. Im Innern von Mark ist es zwei Grafschaften und einem Marktflecken gelungen, so ziemlich ihre Unabhänkeit zu wahren. Hingegen stehen die benachbarten Städte Dortmund, Essen und Verden unter preußischem Einfluß, der dort ohne jede Berechtigung unter verschiedenen Vorwänden ausgeübt wird, bald, um die reformierte Minderheit von Dortmund gegen die lutherische Majorität zu schützen, bald, um die Streitigkeiten zwischen der Äbtissin von Essen und den Bürgern zu schlichten. Andererseits hat der Kurfürst von der Pfalz den Schutz der Katholiken in Cleve, und der König von England, als Herzog von Braunschweig, ist Patronatsherr der katholischen Kirche in einem Landstrich bei Halberstadt. Die Herrschaft Lymers in den Niederlanden, die Stadt Krefeld im Erzbistum Köln, Neuchâtel und Vallengin in der Schweiz gehören dem Hohenzollernkönig, der überdies noch im Maasgebiet einige Baronien, Überreste aus der oranischen Erbschaft, besitzt. Alles in allem hat Preußen um das Jahr 1740 rund 120000 Quadratkilometer Land und etwa 2200000 Einwohner.

Zu diesen geographischen Komplikationen gesellen sich die historischen. Die rechtliche Stellung des Fürsten ist an jedem Ort eine andere. Bald tritt er als Souverän auf, bald als Vasall, bald als Suzerän, bald als kaiserlicher Würdenträger und Leiter des niedersächsischen Kreises. Friedrich Wilhelm nennt sich ». . . von Gottes Gnaden, König in Preußen, Markgraf zu Brandenburg, des heiligen römischen Reichs Erzkämmerer und Kurfürst, souverän Prinz von Oranien, Neuchâtel und Valengin, in Geldern, zu Magdeburg, Cleve, Jülich, Berg, Stettin, Pommern, der Cassuben und Wenden, zu Mecklenburg, auch in Schlesien, zu Crossen Herzog, Burggraf zu Nürnberg, Fürst zu Halberstadt, Minden, Cammin, Wenden, Schwerin, Ratzeburg und Mörs, Graf zu Hohenzollern, Ruppin, in der Mark Ravensberg, Hohenstein, Tecklenburg, Schwerin, Lingen, Bühren und Lehrdam, Marquis zu der Vehre und Vliessingen, Herr zu Ravenstein, der Lande Rostock, Stargard, Lauenburg, Bütow, Arley und Breda . . .« Sieht man ab von aller Ruhmredigkeit und Selbstgefälligkeit in der Titulatur, sowie von den Titeln, die nur als Erinnerung oder als Anspruch figurieren, so sind in der Person Friedrich Wilhelms immer noch ein König, ein Markgraf, sechs Herzöge, fünf Fürsten, zehn Grafen und zahllose Freiherren vereinigt. Seine Herrscherstellung ist so vielfältig, daß sie über die politischen Grenzen seines Staates hinausgeht, während andererseits die Autorität der Nachbarfürsten in sein Gebiet eingreift.

Wenn man auch behaupten kann, daß das Königtum durch sein Prestige um die verschiedenen Gebiete eine Art erhabenes Band schlingt, so ist der eigentliche Einigungspunkt doch nur die Person des Herrn und Gebieters. Die preußische Bürokratie ist bestrebt, diese gewissermaßen nur mechanische und recht unsichere Bezogenheit auf eine Person durch eine echte Einheitlichkeit zu ersetzen, durch die Gemeinsamkeit der Institutionen, der Gesetze, der Interessen und der Gepflogenheiten. Gewiß sind in dieser Hinsicht Fortschritte gemacht worden. Die alten Zollfreiheiten der Städte und Provinzen haben den Zusammenbruch der oligarchischen Staaten nicht überlebt. Doch gerade darum, weil die preußische Monarchie sich nicht aus einer naturgegebenen Notwendigkeit auf das von ihr umfaßte Territorium oder auf ein Gemeinsames der von ihr zusammengehaltenen Menschen stützt, kann sie, um zu dauern und sich zu vergrößern, nur despotisch sein. Zwischen dem patriarchalischen und brutalen Despotismus eines Friedrich Wilhelm und dem aufgeklärten philosophischen Absolutismus, von dem der Kronprinz träumt, ist der Unterschied vielleicht nicht gar so groß.

Dieselbe immanente Logik gibt der Hohenzollernmonarchie den Anstoß zur Eroberung. Ihre Grenzen sind nichts als ein in die Länge gezogener Prozeß: Sie muß ihn gewinnen oder verlieren, muß vorstoßen oder zurückweichen, muß sich ausdehnen oder zerfallen. Sie hat niemals genug, fühlt sich aber auch niemals sicher. Jedenfalls hat sie nie das Bewußtsein, in sich abgeschlossen zu sein. Weit mehr noch als ein Volk ist Preußen eine politische Idee, ein vorprellender Ehrgeiz, das zähe Machtstreben eines Herrschergeschlechts, das seine Staaten als seinen Erbbesitz verwaltet. So wird begreiflich, daß Friedrich wohl dem Vater das Verdienst zuerkennt, die Souveränität so fest »wie einen Rocher von bronze« begründet zu haben, aber seine Außenpolitik heftig mißbilligt. Allerdings beherrscht er sich aus Respekt und auch aus Furcht. Nach des Königs schwerer Krankheit im Jahre 1734 hat Friedrich, der mit sich selbst unzufrieden ist, weil er seine Ungeduld zu regieren so deutlich gezeigt hat, den Briefwechsel mit Grumbkow ganz eingestellt. Der Minister sucht ihn im Oktober 1735 wieder anzuknüpfen. Friedrichs Mitteilsamkeit hat nachgelassen. Oft schreibt er wochenlang nicht, zuweilen spielt er den der menschlichen Eitelkeiten überdrüssigen Einsiedler oder ergeht sich in wortreichen Banalitäten. Aber plötzlich kann er sich nicht mehr beherrschen und schüttet sein Herz aus.

Seit dem Berliner Vertrag vom 23. Dezember 1728 hatte Friedrich Wilhelm das Bündnis mit dem Kaiser treu gehalten, doch brachte es ihm nur Ungelegenheiten ein. In Polen, wo er die Errichtung einer sächsischen Erbmonarchie verhindern wollte, hatte Österreich die Wahl Augusts III., Sohn Augusts II., des Starken, gegen den von der Mehrheit des Adels gewünschten nationalen Kronprätendenten Stanislaus Leszczyński durchgesetzt (1733). Im Westen hatte Friedrich Wilhelm während des Krieges dem Kaiser pünktlich das zugesagte Kontingent gegen Frankreich gestellt, aber nicht zum Dank dafür eine noch so geringe Gewähr für die Nachfolge in Berg und Jülich erhalten. Vom Friedensschluß, von der Abtretung Lothringens und von der Verlobung der Erzherzogin Maria Theresia mit dem nach Toskana versetzten Herzog Franz hatte man ihm kaum Mitteilung gemacht. Endlich ein letzter Schlag: Am 10. Februar 1738 waren Frankreich, Österreich, England und die Niederlande zu einem Übereinkommen über die jülich-bergische Frage gelangt. Im Falle des Ablebens des regierenden Fürsten sollten die vier Mächte ihre Vermittlung zwecks einer gütlichen Teilung anbieten, doch sollte bis zur Lösung der Frage die »einstweilige Besitzergreifung« der Herzogtümer dem Pfalzgrafen Karl Theodor von Sulzbach zugestanden werden.

Friedrich Wilhelm war der Genarrte. Schon im Jahre 1736 hatte er für sich und seine Minister eine Denkschrift in 30 Punkten abgefaßt, die ›Species facti‹, die eine einzige lange Anklage gegen das Haus Österreich ist, und einige Tage später hatte er in Gegenwart seiner Generäle, mit dem Finger auf seinen Sohn weisend, ausgerufen: »Da steht einer, der mich rächen wird!« Er fühlt sich isoliert und in der schlimmsten Verlegenheit. In ziemlich richtiger Erkenntnis des Sachverhalts bemüht er sich, die Koalition zu sprengen, jedoch wie immer, auf seine besonders ungeschickte Weise, indem er sprunghaft seine Entschlüsse wechselt, unfähig, sich ganz einzusetzen, unfähig auch, Vertrauen, Zuneigung oder Furcht einzuflößen.

Ein deutscher Prinz sagte zum jungen Christoph Ludwig von Seckendorff, der in Berlin an die Stelle seines Onkels getreten war: »Wenn man den König von Preußen nach der Größe seiner Grenadiere messen wollte, so wäre er der größte Fürst im Reich; doch glaube ich, daß, wenn es drauf und dran geht, die Hälfte seiner Soldaten weglaufen wird.« Seckendorff erwiderte: »Das weiß der König, darum wird er auch nicht Krieg führen.« So dachte alle Welt, und weil man so von ihm dachte, wurde er allgemein verachtet.

Mochte auch Friedrich noch so sehr betonen, daß er persönlich mit der Sache nichts zu tun habe und für dieses Fiasko nicht verantwortlich sei, er litt dennoch darunter. »Man fürchtet unsere Waffen schon gar nicht mehr«, schreibt er an Grumbkow. »Man treibt die Kühnheit so weit, uns geringzuschätzen.« Die preußische Politik scheint ihm »in Lethargie« verfallen. »Wir sind in militärischer Beziehung in guter Position, aber als Unterhändler nicht energisch genug.« Die Antwort des Königs an die vier Mächte enthalte »einen Kampf zwischen Unterwürfigkeit und Größe«. Sie gleiche der Antwort einer Person, »die keine Lust hat, sich zu schlagen, aber doch so tut, als ob sie dazu bereit sei«. Es gäbe nur zwei Möglichkeiten: entweder sich unter dem schmachvollen Joch zu beugen, oder »mit edlem Stolz« zu antworten, ohne zu versuchen, durch kleinliche Verhandlungen auf Umwegen zum Ziel zu gelangen. Seiner Meinung nach darf man die Dinge nicht halb tun, und sein Plan ist schon gemacht: vor den Toren von Berg Dragoner und Husaren zusammenzuziehen, um sich beim Tode des Fürsten des Landes zu bemächtigen, und den Rest des Heeres in den Marschen aufstellen, um über jeden, der sich der Annexion widersetzen sollte, herzufallen. »Denn wenn wir den Augenblick des Ablebens des Kurfürsten versäumen, ist unser Coup umsonst.« Und er fährt fort: »Könnte man nicht einige pfälzische Offiziere, die mit ihren Truppen in den Herzogtümern im Quartiere liegen, dafür gewinnen, daß sie uns die Städte ausliefern . . . ?« Das ist nicht ganz im Stil des Antimachiavell.

Friedrich schmiedete auch diplomatische Kombinationen: Annäherung an Rußland, eine Koalition mit den skandinavischen Staaten und mit den Niederlanden. Aber am nächsten lag ihm der Gedanke eines

Bündnisses mit Frankreich gegen das Haus Österreich. Während der schweren Krankheit des Königs im Jahre 1734 war er mit Bitten in La Chetardie gedrungen: Wenn Kardinal Fleury ein Richelieu sein wolle, so werde er Gustav Adolf sein. »Wenn ich irgend etwas auf der Welt liebe«, schrieb er an ihn, »so ist es die französische Nation. Es wird nur von Ihnen abhängen, ob ich meiner Liebe und Zuneigung freien Lauf lassen kann; wenn nur der Staat seinen Vorteil dabei findet, können Sie von mir alles, was Sie wollen, verlangen.« Damals glaubte er, daß Ludwig XV., um seinen Schwiegervater Stanislaus zu unterstützen, mit aller Energie gegen den Kaiser auftreten werde. Als er aber sah, daß Fleury die polnische Thronbesteigung gegen die Abtretung von Lothringen geräuschlos liquidierte, war er zugleich enttäuscht und wütend: enttäuscht über die »feine Perfidie« des Kardinals, wütend, weil er die wesentlichen Züge der französischen Politik so gründlich verkannt hatte.

Er beschloß, die öffentliche Meinung gegen die ›Quadrilleurs‹ aufzuhetzen und schrieb seine erste polemische und propagandistische Streitschrift: Die ›Betrachtungen über den gegenwärtigen Zustand des europäischen Staatenkörpers‹ sollten in London in englischer Sprache ohne Angabe des Verfassers erscheinen und hernach in französischer Sprache als Übersetzung. Doch ist es sicher, daß sie auch in Deutschland verbreitet werden sollten, denn die Argumentation setzt sich offensichtlich zwei Ziele: einerseits die Seemächte vor dem unersättlichen französischen Ehrgeiz zu warnen, andererseits die deutschen Fürsten dem französisch-österreichischen Block abspenstig zu machen. Doch gerade diese Doppelspurigkeit macht die Schwäche der Beweisführung aus, denn der Verfasser, der im Hinblick auf zwei verschiedene Leserkreise schreibt, sieht sich genötigt, Argumente, die dem einen genehm sind, dem anderen aber mißfallen könnten, wegzulassen, und da er die westeuropäischen Verhältnisse weit besser kennt als die indischen, verrät er sich. Voltaire, der die Schrift im Sommer 1738 erhielt, sah ihre Mängel auf den ersten Blick: »Selbst wenn diese ›Betrachtungen‹ unter dem Namen eines Mitglieds des englischen Parlaments gedruckt worden wären, hätte ich Eure Königliche Hoheit erkannt ... In diesem Werke herrscht ein Stil, der Sie verrät. Ein gewisser Ton schwingt darin mit, der an einen Fürsten des Heiligen Römischen Reiches gemahnt und bei einem englischen Bürger nicht vorhanden wäre. Ein Mitglied des Ober- oder des Unterhauses nimmt weniger Anteil an den deutschen Freiheiten.« So kam es, daß die ›Betrachtungen‹ nicht erschienen.

Die Episode hat nichtsdestoweniger große Bedeutung. Gewiß ist

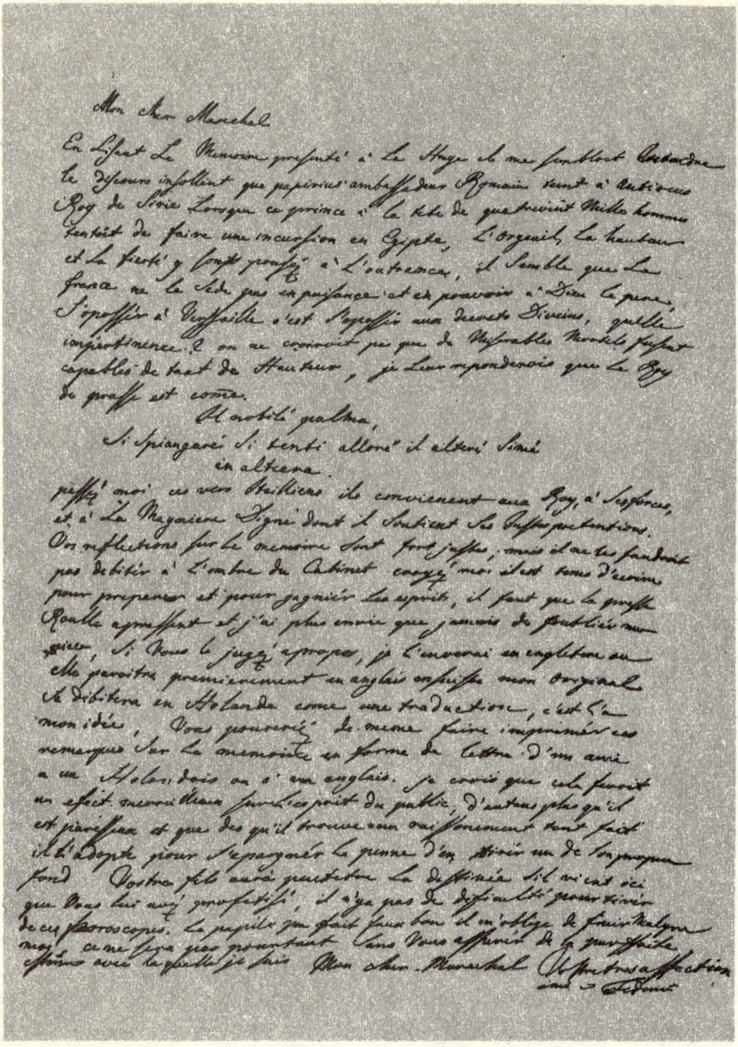

Mon cher Marechal

En Lisant Le Memoire presenté à la Haye il me sembloit entendre le discours insolent que papirius ambassadeur Romain tint à Antiocus Roy de Sirie Lorsque ce prince à la tete de quatrevint Mille hommes tentoit de faire une incursion en Egipte, L'orgeuil, la hauteur et la fierté y sont poussé à L'extremité, il Semble que La france ne le cede pas en puissance et en pouvoir à Dieu le pere, S'opposer à Versaille c'est s'opposer aux decrets Diviens, quelle impertinence. l on ne croiroit pas que de Miserables Mortels fussent capables de tant de Hauteur, je Leur repondrois que le Roy de prusse est come

[illegible]

passez moi ces vers Italiens ils conviennent au Roy, à ses forces, et à La Magniere digne dont il Soutient ses Justes pretentions. Vos reflections sur le memoire sont fort justes, mais il ne les faudroit pas debiter à l'ombre du Cabinet croyez moi il est tems d'ecrire pour preparer et pour gagnier les esprits, il faut que la prusse [illegible] et j'ai plus envie que jamais de publier ma piece, si vous le jugez apropos, je l'envoirai en angleterre ou elle paroitra premierement en anglais ensuitte mon original se debitera en Holande come une traduction, c'est la mon idée, Vous pourriez de meme faire imprimer vos remarques sur le memoire en forme de lettre d'un ami a un Holandois ou à un anglais. je crois que cela feroit un effet merveilleux sur l'esprit du public, d'autant plus qu'il est paresseux et que des qu'il trouve un raisonnement tout fait il l'adopte pour s'epargner la penne d'en tirer un de son propre fond. Vostre fils aura peutetre La destinée [illegible] que Vous lui avez profetisé, il n'y a pas de difficulté pour tirer de ces horoscopes. [illegible] il m'oblige de finir Malgre moi. ce ne sera pas pourtant sans Vous assurer de la parfaite estime avec laquelle je suis Mon cher Marechal Votre tres affectioné ami Federic

52. Friedrichs Plan einer Veröffentlichung seiner Streitschrift über den ›Zustand des europäischen Staatenkörpers‹ in England und Holland

Eigenhändiges Schreiben des Kronprinzen an Friedrich Wilhelm von Grumbkow vom Januar 1738
Ehem. Berlin, Geheimes Staatsarchiv

Friedrich nicht der erste, der zur Beeinflussung der Gemüter politische Broschüren schreibt oder schreiben läßt. Aber der Ton ist neu: das Empfindsame, das Humanitäre, das Philosophische mit Anklängen an Bayle und Voltaire, die tugendhafte Entrüstung gegen die ländergierigen Könige, die durch ihren Hochmut in Streit geraten und Preußen die pfälzische Erbschaft nicht gönnen. »Sollte irgendeine Macht finden, daß ich mich mit zu viel Freiheit geäußert habe, so möge sie wissen, daß die Furcht stets den Geschmack des Erdreiches behält, dem sie entstammt, und daß mir, als einem in einem freien Lande Geborenen gestattet ist, mich mit edler Kühnheit und unverstellter Aufrichtigkeit zu äußern ...« Als erster unter allen Fürsten hat Friedrich begriffen, welche Macht in seinem Jahrhundert der organisierten öffentlichen Meinung eingeräumt werden und welchen Einfluß die Republik der Intellektuellen auf die Entschließungen der Könige ausüben wird. Teils aus Neigung, teils aus Berechnung nimmt er diesen Trumpf in sein Spiel auf und denkt schon daran, sich seiner zu bedienen.

Dann besinnt er sich eines anderen, nicht nur, weil er sein Metier als Publizist noch nicht beherrscht, sondern vor allem darum, weil er sich über das, was er vorstellen möchte, noch nicht völlig klar ist. Zwar hat er seinen Geist außergewöhnlich bereichert, jedoch die aufgehäuften Schätze noch nicht in die gehörige Ordnung gebracht. Temperament, Bücherwissen, Tatendrang, Ruhmbegier, moralische Ideale, französische Bildung, preußische Lebensnotwendigkeiten, Ungeduld zu regieren, philosophische Theorien – wie lassen sich alle diese Elemente in Einklang bringen? Um dahin zu gelangen, bedarf es der Feuerprobe der täglichen Verantwortlichkeit in der Ausübung der Herrschermacht. An manchen Tagen fühlt er es selbst voraus. »Es scheint«, schreibt er an Grumbkow, »als ob der Himmel den König dazu ausersehen hätte, alle Anstalten, die Vernunft und Vorsicht erfordern, zur Führung eines Krieges zu treffen. Wer weiß, ob die Vorsehung mich nicht dazu aufgespart hat, von diesen Vorbereitungen einen ruhmreichen Gebrauch zu machen und sich ihrer zur Ausführung der Pläne zu bedienen, für welche die Vorsorge des Königs sie bestimmt hat?« (1. November 1737.)

Da obendrein die Freundschaft des Kaisers versagt hat, werden Vater und Sohn zwangsläufig auf das Bündnis mit Frankreich hingewiesen, der einzigen Kontinentalmacht, die imstande ist, ein Gegengewicht gegen Österreich zu bilden. Beide nähern sich Frankreich, ein jeder auf seine Manier. Friedrich mit der Grazie einer Katze, Friedrich Wilhelm mit der täppischen Zutunlichkeit eines Tanzbären. Der Vater setzt sich mit La Chetardie wegen einer Käsesorte in Verbindung; der Sohn in literarischen Angelegenheiten. Der Vater interessiert sich für die Verdauung des Kardinals und schickt ihm eine Flasche alten Wein; der Sohn schmeichelt dem Selbstgefühl der achtzigjährigen Eminenz, indem er ihr in seinen Briefen die Ehrerbietung eines bescheidenen jungen Mannes entgegenbringt, der sich vor einer berühmten Persönlichkeit eingeschüchtert fühlt. Im Grunde ist es bei beiden dasselbe, trotzdem besteht zwischen ihnen ein Unterschied. Der Vater ist ein ehrlicher Deutscher, er hat Bedenken. Aus dem Kaiser selbst macht er sich zwar nicht viel, wohl aber aus dem Heiligen Römischen Reich. Er brächte es nicht übers Herz, gegen einen deutschen Fürsten die Franzosen zu Hilfe zu rufen, noch weniger, mit ihnen zusammen einen Krieg auf deutschem Boden anzuzetteln. Auch ist ihm das Wagnis zu groß. Die Schaffung der preußischen Heeresmacht hat ihn so viel Mühe gekostet, daß er sie nicht leichtsinnig aufs Spiel setzen möchte. Der Sohn hingegen fühlt nicht deutsch und ist kein Zauderer. In seinen Augen ist das Reich nichts als ein altes Wrack, und er hat es eilig, sich der Welt zu zeigen. In den ›Betrachtungen‹ wirft er Frankreich den Raub Straßburgs, der deutschen Thermopylen, vor; aber später, als Verbündeter Ludwigs XV., wird er sich dazu beglückwünschen, Frankreich diese Stadt erhalten zu haben. Zu seinen Vertrauten sagte er: »Ich werde mit einem großen Coup beginnen, auf die Gefahr hin, daß mir Gleiches mit Gleichem vergolten wird.« Oder: »Die Vorsicht ist sehr geeignet, um das zu behalten, was man besitzt, aber nur die Verwegenheit führt zum Gewinn.« Oder: »Man wird mich nicht anklagen können, daß ich meine Interessen fremden Mächten aufopfere. Ich fürchte vielmehr, daß man mir ein Übermaß an Zähigkeit und Feuer vorwerfen wird.«

Zwischen Vater und Sohn konnte keine Liebe mehr bestehen. Zu furchtbar waren die Erinnerungen, die zwischen ihnen standen. Immerhin mußte der König anerkennen, daß Friedrich seine Pflicht erfüllte, ohne mit der Wimper zu zucken. Bei näherer Betrachtung seines Sprößlings hatte er sogar herausgefunden, daß der Himmel ihm einen schlechteren Nachfolger hätte bescheren können. Im Laufe eines Festmahls, das nach den großen Musterungen des Jahres 1739 stattfand, beglückwünschte er Fritz zu der Mühe, die er sich mit seinem Regimente gab, und sagte ihm neben anderen schmeichelhaften Worten: »Es steckt ein Friedrich Wilhelm in dir.« Mit seinem gesunden Menschenverstand errät er manches, was die Überklugen nicht sehen. Eines Tages poltert er heraus: »Nun werden die Leute sagen, der alte Menschenquäler wird sterben, aber sagt ihnen nur, daß der nach mir kommen wird, der würde sie alle zum Teufel jagen und das würden sie davon haben.« Und dieser Gedanke war ihm sehr angenehm.

Doch ist er nicht mehr ganz derselbe: Er ist alt geworden, seit 1734 ist er nie wieder ganz gesund gewesen. Wenn ihn die Gicht zu sehr plagt, malt er, um über seine Schmerzen hinwegzukommen. Er kopiert berühmte Bilder, die unter seinem Pinsel zu tollen Karikaturen werden. Er malt seine Grenadiere, seine Tiere, den pfeifenrauchenden Gundling mit einer als Marquise gekleideten Meerkatze, denen Hasen einen Trunk kredenzen. Man hat ihm vorgestellt, daß Wolff zu Unrecht verbannt worden ist. Er läßt sich jetzt Bücher des Philosophen vorlesen, studiert die Regeln des logischen Denkens, bewundert sie und denkt sofort daran, sie dem Staate dienstbar zu machen. Eines Abends liest er im Tabakskollegium einen Bericht des in Wesel kommandierenden Generals und legt als Logiker dar, daß dieser Offizier völlig sinnlos räsoniert. Statt aller Antwort erteilt er ihm den Rat, schulgerecht Schlüsse ziehen zu lernen. Als jemand in seiner Gegenwart ausruft: »Es ist eine Schande für die ganze Christenheit, daß der Kaiser den Frieden mit den Türken gebrochen!« fertigt ihn der König »mit der ganz unvermutheten logicalischen Antwort« ab: »Mein Herr! Wo habt ihr gelernet, a particulari ad universale, das ist: von einem auf Alle zu schließen?«

Gewiß ist er nicht zum Verschwender geworden. Aber seitdem die Staatsfinanzen in Ordnung sind, läßt er sich zu prunkvollen Anschaffungen verleiten, die geeignet sind, das Ansehen der Krone zu heben. Er kauft Bilder von holländischen und flämischen Meistern. Besonders gerne kauft er Gegenstände aus Silber, sehr schöne, einer königlichen Schatzkammer würdige Stücke, die er als Kenner bestellt. Aber er hat an nichts mehr Freude. Schon im Januar 1738 äußerte er, daß er des Lebens müde sei, nichts mehr wert, unheilbar krank, seiner Familie und seinen Dienern eine Last. Doch will er bis zum Ende seine Aufgabe erfüllen.

Im Juli 1739 begab er sich mit dem Kronprinzen nach Ostpreußen: eine ermüdende Reise, ausgefüllt mit zahllosen Besichtigungen und Truppenmusterungen. Man reiste in Staubwolken und sengender Hitze in kleinen Etappen, überall haltmachend, um alles zu inspizieren. Auf dieser Fahrt machte der König dem Sohne die ostpreußischen Gestüte zum Geschenk. In seinen Briefen an Jordan sagt Friedrich, er fühle sich »stumpf und dumm«. Er schildert diese Provinz als höchst abscheulich, als richtiges Bärenland. »Wenn Sie hier wären«, schreibt er, »würde ich Ihnen zwischen dem schönsten litauischen Mädchen und der schönsten Stute des königlichen Gestüts die Wahl geben . . ., denn zwischen einer Tochter dieses Landes und einer Stute besteht nur der Unterschied von Vieh zu Vieh.« Voltaire hingegen meldet er, daß er

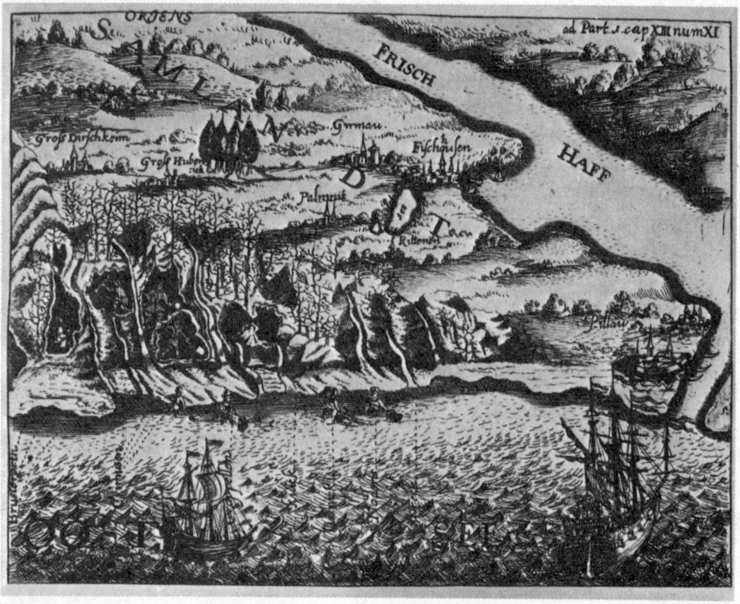

53. Die Halbinsel Samland in Ostpreußen mit ihrer Steilküste gegen die Ostsee Holzstich im Historienbuch ›Alt- und Neues Preussen‹ von Magister Christoph Hartknoch, Frankfurt und Leipzig 1684

eine Gegend durchreise, die das Nonplusultra der zivilisierten Welt sei. »Es gibt über eine halbe Million Einwohner, mehr Städte, mehr Herden als es vorher gab, mehr Reichtum und Fruchtbarkeit als sonstwo in Deutschland. Und all das, wovon ich Ihnen erzähle, ist einzig dem König zu danken, der nicht nur Befehle erteilt, sondern auch ihre Ausführung überwacht, der die Pläne entworfen, aber auch ganz allein verwirklicht hat, der weder Mühe noch Sorge, weder ungeheure Geldsummen noch Versprechungen und Belohnungen gescheut hat, um die Wohlfahrt und das Leben einer halben Million denkender Wesen zu sichern, die ihm allein ihr Auskommen und ihr Glück verdanken ... Ihre Menschlichkeit wird sich nun auch auf Ihre litauischen Brüder erstrecken müssen ...«

Von der Reise zurückgekehrt, fühlte sich Friedrich Wilhelm matter als je. Eines Abends im Monat Januar, als er Tabagie hielt, trat unvermutet der Kronprinz ein. Alle Anwesenden erhoben sich, obwohl das Gesetz des Tabakskollegiums gebot, für niemand aufzustehen. »Setzet

Euch nieder in Teufels Namen«, rief der König und verließ, Beschimpfungen gegen die Anbeter der aufgehenden Sonne ausstoßend, den Saal. Dann ließ er der Gesellschaft sagen, sie solle auseinandergehen und ihm nicht wieder vor die Augen kommen. Eine Woche lang sprach er nur davon, Köpfe »wie Mohrrüben« fliegen zu lassen, er titulierte Friedrich »Sire« und »Majestät«, auch sagte er manchmal zu ihm: »Nur noch etwas Geduld, mein Sohn.« Indessen ging es ihm immer schlechter. Wieder trat die Wassersucht auf und führte zu Erstickungsanfällen. Im Bette konnte er nicht mehr liegen, sondern mußte, von Kissen gestützt, aufrecht sitzen. Ab und zu ließ er sich auf seinen Rollstuhl tragen. Dort schlief er, wenn ihn die Krankheit nicht quälte, den Kopf an ein Querholz gelehnt. So verging ein schlimmer Winter mit Zeiten leichter Besserung, während derer er wieder in seine alten Manien verfiel. Er rechnete die Küchenausgaben nach und schränkte zweimal die Zahl der Gänge ein. Bei seiner letzten Ausfahrt in Berlin hagelte es Schimpfworte und Schläge. Lag er im Bette, so mußte das Zimmer von lautem Gesprächslärm erfüllt sein, denn wenn es still wurde, wachte er auf. Er hatte quer über sein Bett einen Tisch stellen lassen, auf welchem er, wenn er nicht schlafen konnte, Kisten zimmerte. Er schlug mit dem Hammer so heftig zu, daß man es auf der Straße hören konnte. Die Ärzte wußten sich keinen Rat. Friedrich erbot sich, einen berühmten Arzt aus Halle rufen zu lassen. Aber der König erwiderte, daß Eller, sein Leibarzt, genüge, ihn umzubringen. »Er bougre weiß schon, daß, wenn ich crepire, ihn niemand über die Art, wie er mich behandelt hat, zur Rechenschaft ziehn wird.«

Er dachte oft an den Tod, aber nicht als an einen Zustand der ewigen Ruhe. Wenn er sich sein Dasein im Grabe vorstellte, sah er sich niemals still und friedlich daliegen, sondern entweder über die Dummheiten lachend, die sein Sohn dort oben anstellte, oder vor Vergnügen zappelnd, weil Fritz den Österreichern einen Denkzettel erteilt hatte. Doch hatte er Angst vor der Hölle.

»Würde es gerecht sein«, fragte er, »wenn Gott, der mich so sehr geliebt, daß er mich hier an seiner Stelle nach meinem Gutdünken über so viele Tausende von Unterthanen herrschen läßt, mich eines Tages diesen gleich stellen, und mit derselben Strenge richten wollte wie jene?«

Als der Pastor ihm darauf erwiderte, daß Gott den Königen gegenüber mit mehr Strenge verfahre als gegenüber den gewöhnlichen Sterblichen, jagte er ihn fort und befahl in der Stadt nach einem Geistlichen zu suchen, der mit sich reden lasse. Endlich schenkte er Roloff, einem wackeren Mann ohne feierliches Gebaren, sein Vertrauen:

»Lieber Roloff, ich muß sterben.«

»Ew. Majestät sterben sobald noch nicht, thun aber gut, sich dazu zu bereiten und versöhnen sich vor allem mit Feinden.«

»Ich habe keinen Feind als meinen Schwager, der hat mir alles gebrannte Herzeleid angethan; doch habe ich ihm vom Herzen vergeben und alles vergessen und sobald ich tot bin, soll es ihm meine Frau schreiben . . . Hörst du, vergiß es ja nicht, schreib es deinem Bruder.«

»Aber warum lassen es Ew. Majestät ihm nicht jetzt gleich schreiben, weil Sie noch leben?«

»Nein, wenn ich tot bin, soll es die Königin tun.«

Er war nicht der Mann, der im voraus zahlte, und die Äußerung Roloffs, er werde nicht sobald sterben, gab ihm zu denken. Am nächsten Tage schickte er den Kastellan Eversmann zum Pastor, damit er erkläre, wie er das gemeint habe. Roloff antwortete, »er sei kein Medicus, er habe aber so viel Patienten gesehen, daß er wohl abnehmen könne, daß der König dem Tode noch nicht so nahe sei, welches ihm auch um so viel lieber, als der König noch gar nicht geschickt dazu, um von seiner Seligkeit gewiß zu sein«. Daraufhin ließ ihn Friedrich Wilhelm wiederkommen.

»Wie ich höre«, sagte er zu ihm, »zweifelt er noch an meiner Seligkeit, was thue ich dann, daß er so urtheilt?«

»Ew. Majestät habe ich oft gesagt, daß Christus der Grund unserer Seligkeit, einmal, wenn wir ihn im Glauben ergreifen, anderseits, wenn wir uns nach seiner Lehre und Beispiel richten und seinen Sinn annehmen; solange diese Sinnesänderung nicht geschieht, können wir keine Seligkeit hoffen . . . Ihre Armee, Ihr Schatz, Ihre Lande bleiben hier, es folgen Ihnen auch keine Diener nach, an denen Sie die Passion Ihres Zornes können auslassen, und im Himmel muß man himmlisch gesinnt sein.«

An diesem und den folgenden Tagen legte der König öffentlich ein Sündenbekenntnis ab. Er erklärte, seine Sünden zu bereuen, vergaß aber absichtlich einige seiner Handlungen, die er nicht für sündhaft hielt und zankte mit Roloff, wenn dieser sie ihm ins Gedächtnis zurückrufen wollte. Manchmal wieder verzweifelte er daran, daß er sich bessern könne.

»Ich bin einmal so. Wenn ich auch Geld übrig habe, will ich doch immer noch mehr haben: Es ist eine alte Gewohnheit, der ich nicht widerstehen kann. Ich fühle wohl, daß ich, wenn ich genese, wieder in meine früheren Fehler verfallen werde, deshalb bitte ich Gott, mich von der Welt zu nehmen.«

Friedrich wußte, daß sein Vater verloren war. Seit Jahresbeginn gab er es seiner Schwester zu verstehen. Aber in diesem Jahre 1740 war der Karneval in Bayreuth besonders glänzend und Wilhelmine ließ von ihren Hofdamen den ›Eingebildeten Kranken‹ aufführen. Am 26. Februar schrieb Friedrich an sie: »Aller Wahrscheinlichkeit nach werden Sie den König nicht mehr wiedersehen. Seine Anfälle haben sich in einem Maße verschlimmert, daß ich zweifle, ob er die kommende Woche überlebt. Er hat Ihnen seinen Segen gegeben und hat sehr gut von Ihnen gesprochen. Im Augenblick ist das Fieber so heftig, daß er nicht reden kann... Verhalten Sie sich ruhig, und machen Sie sich nicht zu viel Kummer, denn gegen das Unvermeidliche gibt es kein Heilmittel.« Indessen schien der Kranke mit dem Herannahen des Frühlings wieder zu Kräften zu kommen. Friedrich wollte diesmal nach außen hin die Schicklichkeit wahren. Bestürzt und höchst nervös suchte er seinen inneren Sturm durch ununterbrochenes Verseschmieden zu beschwichtigen. Er schrieb Erzählungen, Oden und Episteln. Seinen Freunden schickte er Gelegenheitsgedichte, moralische Betrachtungen und bedauernde Rückblicke in seine Jugendzeit:

»Heureux qui, dans l'indépendance / Vit content et vit ignoré / Qui sagement a préféré / A la somptueuse opulence / L'état frugal et modéré . . . / Hélas! d'une main importune / Déjà je me sens entraîner / Et sur le char de la fortune / Mon sort ne force à monter, / Adieu, tranquillité charmante, / Adieu, plaisirs jadis si doux, / Adieu, solitude savante, / Désormais, je vivrai sans vous.« (Glücklich, der in Unabhängigkeit / zufrieden lebt und unbekannt, / der weise vorgezogen hat / dem Aufwand und der Üppigkeit, / den Stand bescheidner Einfachheit . . . / Ach, von lästiger Hand / schon fühle ich mich fortgerissen / und auf den Wagen Fortunas / zwingt mich mein Schicksal zu steigen. / Leb wohl, du entzückende Ruhe, / lebt wohl, ihr sanften Freuden von einst, / leb wohl, gelehrte Einsamkeit, / von nun an muß ich ohne Euch sein.)

Übrigens mußte auch Friedrich an seine Gesundheit denken. Er klagte über Magenkrämpfe, Koliken, Atemnot und Herzklopfen. In seinem Briefe an Eller, in welchem er sich nach dem Befinden seines Vaters erkundigte, bat er zugleich um Verhaltungsmaßregeln und Arzneien für sich selbst.

Der Winter verging. In den ersten warmen Tagen ließ sich Friedrich Wilhelm nach Potsdam bringen: »Adieu, Berlin! In Potsdam will ich sterben.«

Doch als er sein Regiment wiedersah, sich wieder inmitten seiner »lieben blauen Kinder« befand, kam er sich beinahe geheilt vor:

»Befühlt meinen Leib, Freunde, fühlt, er ist hart wie eine Trommel, allerdings, meine Beine sind geschwollen. Aber alles das wird sich verteilen und Ihr werdet mich in kurzem unter Euch zu Pferde und auf Hieb und Stoß fechten sehen.«

Er umarmte die Offiziere und wollte, daß sie singend von ihm gingen. Aber in der folgenden Woche wurden die Schmerzen immer heftiger. Als am 10. Mai eine leichte Besserung eintrat, sprach er von seinem Sohne:

»Mir liegt nicht mehr viel am Leben«, sagte er, »da ich einen Sohn hinterlasse, der alle Fähigkeiten zu einem guten Regenten besitzt. Vor fünf Jahren hätte ich das nicht gesagt, er war damals noch zu jung. Doch Gott sei Dank hat er sich geändert, und ich bin mit ihm zufrieden. Er hat mir versprochen, daß er die Armee beibehalten wird, und ich bin sicher, daß er sein Versprechen erfüllen wird. Ich weiß, daß er die Truppen liebt, er hat Verstand und alles wird sehr gut gehen.«

Am 26. Mai schrieb er an Fritz zum ersten Mal in seinem Leben: »Mein geliebter Sohn!« »Ich habe«, heißt es weiter, »Euer Schreiben vom 24. dieses wohl erhalten, daraus Euer herzliches Mitleid mit Meinen elenden Umständen auch Eure löbliche Entschließung, in allen Stücken Meinem väterlichen Rathe zu folgen, ersehen. Ich bin sehr davon attendriret und habe nicht den geringsten Zweifel an dem Effect Eures Versprechens und Eurer guten Sentiments, wenn Gott über Mein Leben gebieten sollte, wie es das Ansehen hat. Daß Ihr gegen Pfingsten anhero kommen wollet, solches ist Mir sehr lieb, und wird Mir ein rechtes Vergnügen sein, Euch, so Gott will, noch zu embrassieren. Die Nachrichten von dem Lande sind zwar noch schlecht; weil aber nun das warme Frühlingswetter einsetzt, und das Vieh genugsam Gras kriegen wird, so hoffe, es werde noch erträglich sein. Ich bin mit treuer Liebe, Mein geliebter Sohn, Euer sehr wohl affectionirter und getreuer Vater.«

Am folgenden Tage ließ er die Feldprediger seines Regiments kommen und hatte mit ihnen eine Unterredung, doch mußte er in seiner Rede öfters innehalten, was ihn sehr erschreckte. Nach einer solchen besonders langen Pause rief er aus: »Ach! Ich bin ein großer Sünder ...« In der Nacht hatte er einen Ohnmachtsanfall und am darauffolgenden Tage einen zweiten. Friedrich eilte, ohne gerufen worden zu sein, am 28. Mai von Rheinsberg herbei. Bei seiner Ankunft erblickte er in der Nähe des Schlosses einen lärmenden Menschenhaufen. Die Menge hatte sich um den König gesammelt, der, in seinem Rollstuhl sitzend, der Grundsteinlegung eines Hauses beiwohnte, das er für seinen Hufschmied erbauen ließ. Betroffen machte der Kronprinz halt. Da breitete

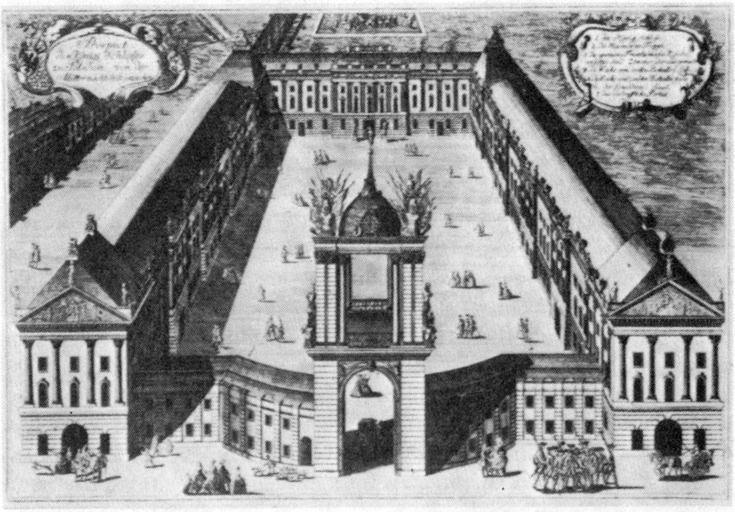

54. Das Stadtschloß von Potsdam vor dem Umbau durch Georg Wenzeslaus von Knobelsdorff

Kupferstich vermutlich von Johann David Schleuen

der Vater die Arme aus und Fritz warf sich weinend an seine Brust. So verharrten sie schweigend einige Minuten lang. Dann sagte der Vater zu seinem Sohne, daß er früher sehr streng mit ihm gewesen sei, ihn aber immer geliebt habe. Später, im Schlosse, sprach Friedrich Wilhelm seinem Nachfolger zwei Stunden lang in vollkommener Klarheit von den Staatsangelegenheiten. Er riet ihm, ganz Europa zu mißtrauen, vornehmlich dem König Georg, legte ihm die Truppen besonders ans Herz, empfahl ihm, mit Frankreich nur unter günstigen Bedingungen zu verhandeln und einen Krieg nicht leichtsinnig vom Zaun zu brechen. Am folgenden Tage, dem 29. Mai, befahl er den Eichensarg mit den kupfernen Griffen, den er für sich hatte verfertigen lassen, neben sein Bett zu stellen und sprach von seinem Tode wie von einem friedlichen Schlummer. Sein Testament hatte er bereits vor sieben Jahren gemacht, doch ließ er sich die Verfügungen, die seine Beisetzung betrafen, noch einmal vorlesen.

Sein Körper soll gewaschen und mit einem reinen Hemd bekleidet werden. Vier Stunden nach seinem Tode sollen die Wundärzte seinen Leib öffnen, um nachzusehen, woran er gestorben ist. Es heißt dann weiter: »Ich verbiete aber aufs Äußerste, daß bei Leib und Leben nichts von mir herausgenommen werden soll.« Dem Begräbnis soll sein

Grenadierregiment beiwohnen, »an die Fahnen soll Flor gemacht und die Trommeln mit schwarzem Tuche überzogen werden; auch die Pfeifer und Hautboisten mit Flören. Jeder Offizier soll einen Flor an dem Hut und auf dem Arme haben und das Feldzeichen mit Flor eingewickelt sein.« Den Sarg sollen acht Hauptleute seines Regiments von seinem Schlafzimmer in den Leichenwagen hineinbringen. »Von den Generals und übrigen Offiziers werden schon welche sein, welche mir die letzte Ehre erweisen und mich in meine Gruft tragen werden.« Es soll keine Trauerrede gehalten werden, aber 24 sechspfündige Kanonen sollen »mit Geschwindschüssen zwölfmal feuern, und zwar Feuer auf Feuer; alsdann giebt ein Battaillon nach dem andern Feuer.« Er hofft, daß auch Offiziere anderer Regimenter dem Leichenzug folgen werden. Alle Generäle und Offiziere, die an den Trauerfeierlichkeiten teilgenommen haben, sollen am Abend im großen Saal mit einem Mahl und bestem Rheinwein traktiert werden. »Soll vierzehn Tage darauf in allen Kirchen meines Landes meine Leichenpredigt gehalten werden, und zwar über den Leichentext ›Ich habe einen guten Kampf gekämpft‹.« Sobald er begraben ist, haben die Truppen abzumarschieren. Da es dann nicht mehr seine Truppen sein werden, begnügt er sich mit der Vorschrift: »Die Grenadiere bringen die Fahnen dahin, wo Ihr, mein lieber Sohn, befehlen werdet.«

Am 31. Mai um ein Uhr morgens ließ der König einen Geistlichen holen, später auch den Kronprinzen, die Minister, die Generäle und die Hauptleute seines Regiments. Er sprach mit allen, beklagte sich aber, daß er das Gedächtnis verloren und alle seine Gebete vergessen habe. Man schob seinen Rollstuhl in das Zimmer der Königin, die er mit den Worten weckte: »Steh auf, ich werde sterben.« Als alle beisammen waren, befahl er die Pferde aus dem Marstall zu holen und gestattete sowohl dem alten Dessauer als auch seinem Generaladjutanten, Oberst Hans Christoph von Hacke, sich vom Fenster aus eines von ihnen auszusuchen. Als die Stallknechte den Pferden blaue Sättel und gelbe Schabracken auflegten, schickte er Hacke mit dem Auftrag hinunter, sie mit dem Stocke zu prügeln. Endlich erklärte er, dem Thron entsagen zu wollen. Grumbkow war seit einem Jahre tot, Podewils, dessen Schwiegersohn, zog sich zurück, um die Abdankungsurkunde aufzusetzen. Doch der König hatte inzwischen das Bewußtsein verloren. Als er wieder zu sich kam, fiel ihm ein, daß seine Diener neue Livreen erhalten hatten. Er ließ sie an sich vorbeidefilieren. Dann seufzte er: »O Eitelkeit!« Er sprach mit dem Arzt und betrachtete sein Gesicht im Spiegel, um das Nahen des Todes zu beobachten. Um drei Uhr nachmittags flüsterte er: »Bis hierher bin ich schon tot.« Und kurz darauf: »Herr Jesus, in Dir lebe ich, in Dir sterbe ich, Du bist mein Gewinn im Leben und im Sterben.« Auf einen Wink Ellers zogen sich die Königin und der Kronprinz zurück. Sie hatten kaum das Zimmer verlassen, als der König verschied. Er war einundfünfzig Jahre, neun Monate und sechzehn Tage alt geworden.

Die Kronprinzessin Elisabeth und die meisten Freunde Friedrichs waren in Rheinsberg geblieben. Sie warteten voller Ungeduld auf Nachricht aus Potsdam und konnten nicht mehr an sich halten, wenn sie in der Ferne einen Reiter auftauchen sahen. Elisabeth allein wahrte die Schicklichkeit. In der Nacht wurde Bielfeld von Pferdegetrappel auf der hölzernen Brücke geweckt. Einen Augenblick später trat Knobelsdorff mit den Worten bei ihm ein: »Steh auf Bielfeld, der König ist nicht mehr.« Aber Bielfeld wollte nicht daran glauben. »Doch, doch«, sagte Knobelsdorff, »er ist tot, mausetot. Jordan hat den Auftrag erhalten, den Leichnam zu sezieren und einzubalsamieren. Du weißt, wenn der ihn einmal unter den Händen hat, wird er nicht wieder lebendig.« Bielfeld springt hurtig aus dem Bett und wirft dabei ein Tischchen um, auf dem sich seine Geldbörse befindet. Er bückt sich, um das davonrollende Kleingeld aufzusammeln. Da ruft Knobelsdorff entrüstet aus: »Groschen aufklauben, wo es Dukaten regnen wird!«

Unten trafen sie Frau von Katsch, die Oberhofmeisterin, die im Begriffe war, zur neuen Königin zu gehen, um sie mit dem Titel ›Majestät‹ zu begrüßen. Man nahm ein glänzendes Frühstück ein, trank auf den Ruhm des neuen Herrschers und begab sich spornstreichs nach Berlin.

Friedrich war nicht mehr dort. Eine Stunde nach dem Tode seines Vaters hatte er den alten Dessauer empfangen, den Organisator der preußischen Armee und einflußreichsten Ratgeber Friedrich Wilhelms. Der Fürst warf sich Friedrich zu Füßen und bat ihn schluchzend, ihm seine Stellung und sein Ansehen zu lassen.

»Ich werde versuchen, Ihnen in allem, was ich vermag, gefällig zu sein«, erwiderte Friedrich, »und werde weder Ihnen noch Ihren Söhnen Ihre Stellungen nehmen. Was aber das Ansehen betrifft, das Sie zu behalten wünschen, so weiß ich nicht, was Sie damit meinen. Ich bin König geworden; meine Absicht ist, dies Amt auszuüben und der Einzige zu sein, der Ansehen hat.«

Kurz darauf begab er sich, um dem Andrang der Besucher zu entgehen, nach Berlin und zog sich am folgenden Tage nach Charlottenburg, dem Schlosse seiner Großmutter, zurück. Für seine Frau hinterließ er ein sehr kühles Billett, dessen letzte Zeilen lauten: »Da Ihre Gegenwart hier noch notwendig ist, können Sie noch hier bleiben, bis ich Ihnen schreibe. Empfangen Sie wenige oder gar keine Besuche. Morgen werde ich die Hoftrauer für Ihre Damen regeln und Ihnen die Anweisungen zukommen lassen. Adieu, ich hoffe das Vergnügen zu haben, Sie bei guter Gesundheit wiederzusehen.« Elisabeth begriff, daß damit die Trennung zwischen ihr und Friedrich begonnen hatte. Sie begnügte sich damit, die neue Majestät durch den Oberhofmeister beglückwünschen zu lassen.

*55. Schloß und Park von Charlottenburg
Aus einer Zeichnung von Georg Wenzeslaus von Knobelsdorff
Berlin, Staatliche Museen Preußischer Kulturbesitz, Kupferstichkabinett*

Bielfeld, der nach Charlottenburg bestellt wurde, dachte die Nutzanwendung aus den Ereignissen zu ziehen. Als Friedrich ihn »eine Träne im Auge« mit den Worten empfing: »Sie wissen nicht, was alles ich mit meinem Vater verloren habe«, erwiderte er: »Ich weiß es wohl, Sire. Doch weiß ich auch, was alles Sie mit einem Königreich gewonnen haben. Ihr Verlust ist zwar groß, aber Ihre Gründe sich zu trösten, sind sehr beträchtlich.«

Friedrich lächelte mit schmalen Lippen.

Einige Tage später ließ er den Baron Karl Ludwig von Poellnitz rufen, der schon bei seinem Großvater Kammerherr gewesen war und sich in Zeremonien aller Art auskannte.

»Ich beauftrage Sie«, sagte er, »mit der Leitung der Beisetzungsfeierlichkeiten Ihres ehemaligen Gebieters. Lassen Sie sich gesagt sein, daß nach meinem Wunsche alles mit Würde und Vornehmheit vonstatten gehen soll. Sparen Sie also nicht an dem, was zu einem angemessenen Leichengepränge notwendig ist. Gehen Sie zu den Kaufleuten und kaufen Sie alles Nötige an schwarzem Tuch für die Bespannungen und Behänge. Sie werden mir dann die Rechnungen vorlegen, und ich werde sie bezahlen lassen.«

Der Baron verbeugte sich und ging. Als er schon auf der Treppe war, öffnete sich hinter ihm die Tür und Friedrich rief ihm nach:

»Keine Mogeleien! Keine Durchstechereien mit den Kaufleuten! Ich mache Sie darauf aufmerksam, daß ich das nicht durchgehen lassen werde!«

Bielfeld hatte recht daran getan, seine kleine Münze einzusammeln.

DIE LOCKUNG VON KRIEG UND RUHM

Beim Tode seines Vaters war Friedrich 28 Jahre alt, das Volk liebte ihn, weil es ihn bemitleidet hatte, und alle waren sich darin einig, ihn bezaubernd zu finden. Es gibt zwei gute Porträts von ihm, die ungefähr aus dieser Zeit stammen: ein Porträt im Profil von Knobelsdorff und ein Brustbild von Pesne, das einzige, zu dem er gesessen hat. Charakteristisch für seinen Kopf ist die lange, flache, kahle Stirn, die völlig gerade in den Nasenrücken übergeht, der durch seine Schärfe zu den kindlichen Wangen und dem runden Kinn in seltsamem Kontrast steht. Diese Physiognomie ist noch zu neu, das Gesicht noch zu voll und frisch, als daß man in ihm schon das knochige des alten Fritz mit der gebieterischen Miene und den zusammengekniffenen Lippen ahnen könnte. Er ist damals ein auffallend hübscher junger Mann, mit lächelndem Blick, ein wenig zu fett, ein wenig weibisch, mit schnellen Bewegungen. Den Kopf trägt er fast immer auf die linke Schulter geneigt. Seine großen graublauen Augen stehen, wie bei Kurzsichtigen, etwas vor, sie blicken lebhaft, durchdringend und geistvoll und spielen alle Nuancen von der Heiterkeit bis zur Bosheit wider. Das Gesicht ist gebräunt, aber seine Hände sind sehr weiß und mit Ringen überladen. Er macht beim Sprechen viele Gebärden und redet, ohne auf den andern zu hören. Meistens trägt er Oberstenuniform, aber, da er gegen Kälte sehr empfindlich ist, zieht er darunter oft zwei bis drei Westen an, so daß er dicker aussieht, als er wirklich ist. Bei den Hoffesten hingegen erscheint er schlank und schmuck, mit Bändern, Schärpen, Diamanten und Federn herausgeputzt. Zur Hochzeit seines Bruders August Wilhelm im Jahre 1742 zieht er ein Kleid aus Gold und Silber an, in dem er »so jung, so strahlend, so elegant« aussieht, daß ein Augenzeuge schreibt: »Ich hätte nicht umhin können, mich in ihn zu verlieben, wenn ich von einem anderen Geschlecht gewesen wäre.«

Die Anfänge seiner Regierung sind ein wahres Entzücken. Friedrich lebt im Glücksrausch, König zu sein. Am Pfingstsonntag fährt er im Wagen durch die Straßen von Berlin und streut aus vollen Händen Geld unter das Volk. Die Größe und die Vielfältigkeit der ihm obliegenden Aufgaben beglückt ihn, aus jeder Zeile seiner vertrauten Briefe

56 und 57. Schaumünze auf den Regierungsantritt Friedrichs des Großen Vorderseite (mit dem Bildnis des Königs) und Rückseite (mit der Ansicht von Berlin) der Silbermedaille von Jean Dassier, 1740 Berlin, Staatliche Museen, Münzkabinett

sprüht die Freude auf: »Adieu«, kritzelt er hastig an Jordan hin, »ich muß noch an den König von Frankreich schreiben, ein Solo komponieren, ein Gedicht an Voltaire verfassen, das Heeresreglement ändern und noch tausend andere Dinge mehr.« Er ist unermüdlich, steht beim Morgengrauen auf, arbeitet ohne Unterlaß, empfängt Gedichtbücher, schreibt Hunderte von Briefen, hält Musterungen ab, ruft eine Zeitung ins Leben, ernennt Botschafter, gründet den Orden ›Pour le Mérite‹, ernennt einen Feldmarschall, eilt von Berlin nach Rheinsberg, von Potsdam nach Charlottenburg und beklagt sich noch, daß die Tage um 24 Stunden zu kurz sind.

Schlag auf Schlag erscheinen die Kabinettsordres, geeignet, einen Philosophen in den siebenten Himmel zu versetzen: Abschaffung der Tortur, Öffnung der staatlichen Vorratskammern zur Bekämpfung der Brotteuerung, Abschaffung des geistlichen Dispenses bei Heiraten zwischen entfernten Verwandten, Aufhebung des Bauzwanges, der so viele Berliner ruinierte, Verbot der Rekrutenplackereien, Strafmilderung für Kindesmörderinnen, Errichtung eines Departements für Handel und Manufakturen im Generaldirektorium, Erlaubnis für Landbewohner, ihr Bier zum Familiengebrauch selbst zu brauen, eine feierliche Erklärung, daß in den Ländern des Königs in Preußen jeder nach seiner Fasson selig werden kann. Wolff wird aus der Verbannung zurückgerufen und nimmt triumphierend wieder auf seinem Lehrstuhl Platz.

Die Akademie wird erneuert; Pierre Louis de Maupertuis, der endgültig 1745 nach Berlin kommt, wird ihr Präsident (1746). Leonard Euler, Wilhelm Jakob s'Gravesande und Jacques de Vaucanson erhalten Jahresgehälter und Ämter. Die Brüder Graun reisen nach Italien, um eine Operntruppe zusammenzustellen, während gleichzeitig in Paris eine Schauspieltruppe angeworben wird. Das Regiment der Riesen defiliert bei der Beisetzung des verstorbenen Königs ein letztes Mal und wird dann auf ein Bataillon herabgesetzt.

Den Freunden in der Ferne schickt Friedrich liebenswürdige Briefe: »Mein Los hat sich gewandelt; kommen Sie mein Lieber, lassen Sie mich nicht länger seufzen.« Oder: »Es hängt nur noch von Ihnen ab, ob Sie ganz der Meine sein wollen. Ich umarme Sie von ganzem Herzen in der Hoffnung auf ein baldiges Wiedersehen.« Er ruft auch jene zu sich, die mit ihm gelitten haben: Duhan, seinen alten Lehrer, und Keith, den nach England geflüchteten Leutnant, den das Kriegsgericht zum Tode verurteilt hatte. Aus London trifft nun einer der letzten Besucher von Rheinsberg, der Venezianer Francesco Algarotti ein, der Verfasser

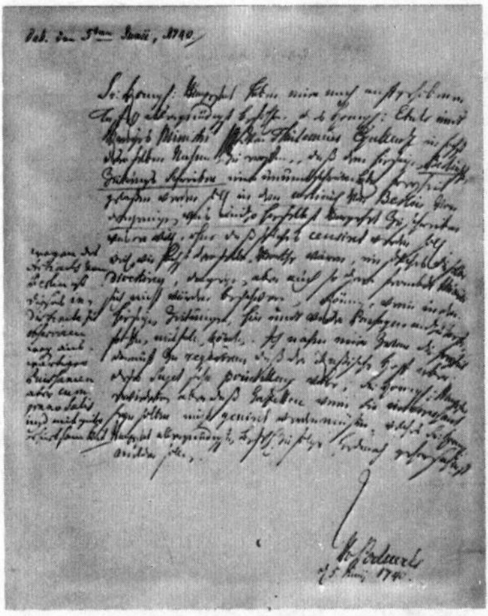

58. Anordnung Friedrichs des Großen zur ›Pressefreiheit‹
Schreiben Heinrich Graf von Podewils' an Heinrich von Thulemeier vom 5. Juni 1740 mit Randbemerkung des Empfängers
Merseburg, Deutsches Zentralarchiv, II. Historische Abteilung

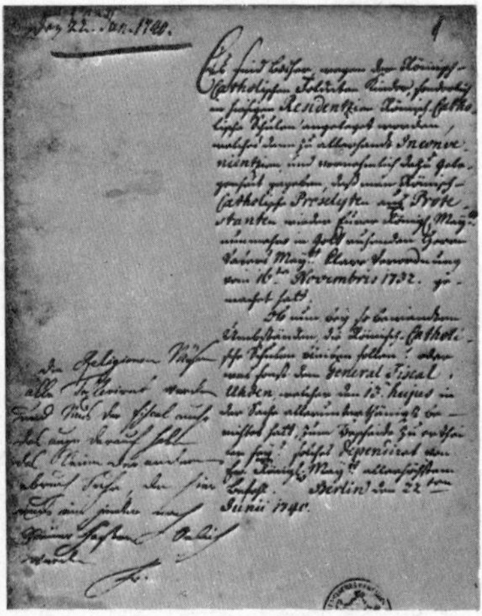

59. Erlaß Friedrichs des Großen zur Toleranz gegenüber allen Religionen
Marginalentscheid des Königs auf eine Anfrage der Behörden vom 22. Juni 1740
Merseburg, Deutsches Zentralarchiv, II. Historische Abteilung

des ›Newtonianisme pour les dames‹. Vor allem scheint Keyserlingk der große Günstling zu sein. In Charlottenburg hat der König auf die Tür seines Zimmers mit eigener Hand ›Césarion‹ geschrieben, den Freundschaftsnamen, den er ihm gibt. Überall, im Garten, im Schlosse, erblickt man Césarion, wie er »mit einer kleinen Bernsteinflöte im Knopfloch dahinflattert, singend, lachend und scherzend«, auch Gedichte hervorsprudelnd, die »seiner über ihre Ufer getretenen Hippokrene« entspringen. Voltaire, in Frankreich, ist außer sich vor Freude. Er hat die Erlaubnis erhalten, seinen teuren Fürsten ›Votre Humanité‹ statt ›Votre Majesté‹ zu nennen und schmachtet: »Wie, Sie sind Monarch und lieben mich noch immer?«

In Paris munkelt man, der Philosoph sei schon unterwegs nach Berlin und werde bei seiner Ankunft zum ersten Minister ernannt werden. Erster Minister in Brandenburg-Preußen? Warum nicht? Es ist an der Zeit, daß an die Stelle der Abbés und Kardinäle, die so lange Frankreich und Spanien unter ihrer Fuchtel hielten, neue Lenker der Gewissen treten, die sich zu freiem Denken bekennen und die Herrschaft der Aufklärung errichten. In die ›Ode an den König von Preußen bei seiner Thronbesteigung‹ hat Voltaire eine diskrete Aufforderung einfließen lassen: »Ne me trompé-je point dans un espoir si doux? / Vous régnez. Est-il vrai, que la philosophie / Va régner avec vous?« (Irre ich mich nicht in einer so süßen Hoffnung? / Sie regieren. Ist es wahr, daß die Philosophie / mit Ihnen regieren wird?)

Gewiß, die Philosophie steht in hohen Ehren. Friedrich hat, bevor noch sein Vater in der Erde lag, am Hofe eine Freimaurerloge gegründet und bei der Aufnahme seines jüngeren Bruders selbst die Rede gehalten. Aber Voltaire wird keineswegs Premierminister. In den Briefen aus Berlin ist nur noch in unbestimmten Ausdrücken von einer Zusammenkunft im Herbst oder im Winter die Rede. Die Diplomaten, die bessere Psychologen sind als die Dichter, haben die Absichten des jungen Königs schon durchschaut. »Es ist anzunehmen«, heißt es in einem nach Versailles gesandten Bericht, »daß Se. Majestät der König von Preußen sich solcher Köpfe nur zum Zeitvertreib bedienen wird ... Die Natur pflegt solchen Menschen an praktischem Verstand zu nehmen, was sie ihnen an Geist gegeben hat, und damit regiert man keine Staaten.«

Seinen Freunden bietet Friedrich nichts als seine Freundschaft. Bielfeld hoffte wenigstens auf Ehrenstellen. Als der König ihn wissen ließ, daß er ihn für die Diplomatie ausersehen habe, träumte er von einem Gesandtenposten. Aber Se. Majestät meinte, daß derlei Ämter eine Lehrzeit erforderten, darum habe er ihn zur Begleitung seines außerordentlichen Abgesandten, Herrn von Truchseß, nach Hannover bestimmt. Jordan, der Pastor war, begnügte sich mit der Stellung eines Hospitalinspektors und der Offizier Keyserlingk mit einer Beförderung. Übrigens hätte er sie nicht erhalten, wenn er sie nicht verdient hätte. Eines Tages aber mischte er sich in die Staatsangelegenheiten:

»Hör mal, Keyserlingk«, sagte der König zu ihm, »du bist ein braver Junge, ich höre dich gern singen und lachen, aber deine Ratschläge sind die eines Narren.«

Worauf Césarion aufhörte, seine Meinungen zum besten zu geben.

In der Absicht, dem neuen König zu gefallen, hatte es die Kriegs- und Domänenkammer der Kurmark für richtig befunden, um einen Nachtragskredit von 195 Talern für die Verbesserung des Weges von Rheinsberg nach Ruppin anzusuchen. Friedrich antwortete:

»Ich kenne den Weg und muß mir die Kriegskammer vohr ein großes Beest halten.«

Genau genommen gibt es im Wirbel des Regierungsbeginns mehr programmatische Zurschaustellung als wirkliche Reformen. Die Königin Elisabeth ist das einzige Opfer dieser ersten Zeit. Sie soll von nun an für sich wohnen, im Winter in Berlin, im Sommer in Schönhausen, einem kleinen Schloß nördlich der Hauptstadt.

Doch bei feierlichen Gelegenheiten, wenn der König gezwungen ist, sich mit der Königin zu zeigen, erweist er ihr alle erdenkliche Höflichkeit. Auch wenn er selbst im königlichen Schloß residiert, versäumt er niemals, ihr täglich eine Anstandsvisite abzustatten. Von den Günstlingen Friedrich Wilhelms, Derschau und Hacke, wird der eine befördert, während der andere als erster den Orden Pour le mérite erhält. Die Minister waren auf ihre Entlassung gefaßt, sie alle, Podewils, Wilhelm Heinrich von Thulemeier, Borcke, August Friedrich von Boden, Samuel von Cocceji, werden aufgefordert zu bleiben. Sie haben gehofft, sich unter dem Vorsitz Seiner Majestät zu feierlicher Beratung zu versammeln, doch der König läßt sie wissen, daß er darüber wie sein seliger Vater denkt und daß die alten Gebräuche beibehalten werden sollen. Die Minister machen also wie bisher ihre Berichte und Anträge schriftlich, und der König antwortet ihnen, wie es Friedrich Wilhelm getan. Seine Befehle werden auf dem großen Register vermerkt, auf dem unter dem Datum des 1. Juni 1740 zu lesen ist: »Hier haben Se. Kgl. Majestät, Friedrich, König von Preußen, den Anfang gemacht zu unterschreiben.« Selbst der grobe Ton hat sich nicht geändert. Am 16. Juni fanden die hohen Ratgeber des Königs auf einem ihrer Vorschläge folgende Randbemerkung: »Wenn die Minister über Verhandlungen räsonieren, sind sie kluge Leute, wenn sie aber vom

Kriege reden, ist es, wie wenn ein Irokese von der Astronomie spricht.« Und zwei Tage später: »Der Schwarze Adlerorden ist nicht für Esel da! . . .«

Im Juli machte sich Friedrich nach Ostpreußen auf, um die Huldigung entgegenzunehmen. Vor seiner Abreise ordnete er die Aufstellung von sechzehn neuen Infanteriebataillonen, fünf Schwadronen Husaren und einer Schwadron schwerer Kavallerie an. Über die Straßen, auf denen sein Großvater mit zweihundert Staatskarossen und Frachtwagen einhergezogen war, fuhr Friedrich in drei Kutschen. In der ersten saß er selbst mit Algarotti, Keyserlingk und Hacke, in der zweiten seine Offiziere und in der dritten sein Kammerdiener Michael Gabriel Fredersdorff mit dem Gepäck. Er verbat sich feierliche Empfänge, Festlichkeiten und Reden, »alle die unnützen und eitlen Zeremonien«. In Königsberg gab es weder eine Krönung, noch kirchliches Gepränge, sondern nur ein Festmahl, Militärparaden und einen Fackelzug. Das Königreich besaß altehrwürdige Privilegien, welche auf den Deutschen Orden zurückgingen und bei jedem Thronwechsel zu weitläufigen Verhandlungen Anlaß gaben. Diesmal ging alles glatt. Friedrich ließ sich als Herr huldigen, ohne auf irgendwelche Bedingungen einzugehen. In Angerburg musterte er die Kürassiere Kattes und ernannte den Vater seines unglücklichen Freundes zum Feldmarschall. Die Huldigung in der Mark Brandenburg verlief ebenfalls sehr einfach. Man sah weder den Kurhut, noch das Zepter des Reichserbkämmerers. Der Staatsminister Georg Detlof von Arnim hielt dem Adel und den Bürgerlichen eine kleine Rede, zwei Vertreter der Stände antworteten, ein Offizier las das Treuegelöbnis vor, und alle Anwesenden leisteten einstimmig den Eid. Friedrich sprach vom Balkon des Schlosses aus zum Volk, das ihm zujubelte. Noch eine halbe Stunde verweilte er dort, seine Blicke auf das den Schloßplatz füllende freudige Gewimmel gerichtet, starr und stumm, in Gedanken verloren.

Im August reiste er in die rheinischen Provinzen, machte aber den Umweg über Franken, um seine Schwestern in Bayreuth und Ansbach schnell zu begrüßen. Wilhelmine gab er einen Fächer, eine Uhr, ein kleines Bukett aus winzigen Brillanten und einige gute Ratschläge, wie die markgräflichen Finanzen in Ordnung zu bringen seien. Er trug sich damals mit dem Gedanken, sich heimlich nach Paris zu begeben. Als das Gerücht davon dorthin drang, ließ Voltaire eilig das Palais du Châtelet herrichten: »Möblieren Sie es gut, so billig und so schnell Sie können«, schrieb er, in der Hoffnung, seinen königlichen Freund dort unterzubringen und mit ihm zu glänzen. Aber Friedrich begnügte sich mit einem Inkognitobesuch in Straßburg.

Die Sache begann mit einem komischen Zwischenfall. Der König hatte vergessen, sich mit einem Paß zu versehen und wurde an der Post in Kehl angehalten. Fredersdorff mußte auf der Stelle einen Geleitbrief verfertigen, den Friedrich mit dem preußischen Wappen siegelte. Er nannte sich Graf Dufour und sein Bruder August Wilhelm wurde zum Grafen Schaffgotsch. Um kein Aufsehen zu erregen, wurde beschlossen, daß August Wilhelm und Algarotti in Kehl übernachten sollten, während Friedrich, begleitet von Wartensleben und einigen Dienern, am Abend den Rhein überquerte. Im Gasthof ›Zum Raben‹, wo sie abgestiegen waren, bestellte der König das Beste, was Küche und Keller boten. Dann schickte er ins Militärcafé und ließ einige französische Offiziere zum Souper einladen. Eine solche Einladung von seiten eines Unbekannten war etwas so Unerhörtes, daß der Wirt, der sie überbrachte, von den zechenden Gästen mit lautem Gelächter empfangen wurde. Zwei von ihnen, Hauptleute aus dem Regiment Piemont, nahmen indessen an, vermutlich in der Absicht, sich auf Kosten ihres Gastgebers zu belustigen.

Zu ihrer großen Überraschung fanden sie einen sehr gut aussehenden jungen Edelmann vor, der ein tadelloses Französisch sprach, geistreich und lebendig die Unterhaltung führte und in ihre schlüpfrigen Liedchen einstimmte. Gegen Schluß des Mahles erlaubte sich Graf Dufour einige anzügliche Witze über die französischen Truppen, worauf einer der Offiziere sehr heftig auffuhr. Schon schien die Unterhaltung in einen Streit auszuarten, als der andere, kaltblütigere Franzose das Gespräch abbrach, indem er die beiden vornehmen Fremden für den nächsten Tag zum Essen einlud.

Am nächsten Vormittag erstatteten die beiden Hauptleute dem Gouverneur des Elsaß Marschall François de Broglie über das Vorgefallene Bericht. Der Marschall, ein alter Soldat von gutem Ruf, hatte sich in Flandern und Italien geschlagen. Er sagte sich, daß ein Fremder, der so unverschämt auftrat und solchen Aufwand trieb, entweder ein Prinz oder ein Abenteurer sein müsse. Darum empfahl er den jungen Leuten, auf ihrer Hut zu sein. Inzwischen schickte Friedrich, der sich darüber klargeworden war, daß er nicht unbemerkt bleiben konnte, seinen Bruder, Algarotti und Wartensleben mit Empfehlungen zum Gouverneur. Er ließ sich entschuldigen, daß er nicht persönlich gekommen sei, da er wegen einer Unpäßlichkeit das Zimmer hüten müsse. Broglie lud seine Besucher zum Diner ein. Da aber gerade die Zeit der Messe war, bot er ihnen an, ihr in seiner Privatkapelle beizuwohnen. Wartensleben, ein sehr hoch gewachsener Mann, wußte nicht, was mit sich anfangen, Prinz August Wilhelm schwieg eingeschüchtert, der

Katholik Algarotti allein war imstande, Konversation zu machen und sich in die Messe zu schicken. Um dieselbe Zeit verließ Friedrich das Wirtshaus und schlenderte in der Stadt umher. Er bestieg den Turm des Münsters und wurde, als er wieder herunterkam, vor dem großen Portal von einem Bürger mit Sire und Eure Majestät angeredet und beschworen, seinen Sohn freizulassen, der anläßlich einer Reise in Deutschland von Werbern entführt und mit Gewalt dem Regiment der Riesen einverleibt worden war. Um ihn loszuwerden, versprach Friedrich alles, was von ihm verlangt wurde. Als er aber in sein Wirthaus zurückkehrte, wurde er abermals erkannt, diesmal von zwei Deserteuren, die die Straßburger Polizei als Aufpasser bestellt hatte. Kurz darauf schickte der Gouverneur einen Abgesandten, »um die Befehle des Königs« entgegenzunehmen. Friedrich ließ ihm sagen, er werde selbst kommen.

Die Zusammenkunft verlief recht übel. Friedrich war mit dem Verlauf seines Abenteuers unzufrieden. Broglie benahm sich zeremoniell und lästig. Friedrich empfahl sich sogleich wieder, fast ohne der Marschallin, die darauf brannte, ihm vorgestellt zu werden, einen Gruß zu gönnen. Begleitet von einem Offizier, ließ er sich die Zitadelle und das Zeughaus zeigen. Dann, während im Theater ihm zu Ehren ein Fest vorbereitet wurde, bestieg er, für den Marschall ein recht unhöfliches Billett hinterlassend, einen Mietwagen und verließ ohne weitere Umstände die Stadt.

Von Wesel aus schickte er an Voltaire einen burlesken Reisebericht, in dem er sich ein wenig über sich selbst, gar sehr über den Gouverneur und noch weit mehr über Frankreich und die Franzosen lustig machte.

»Ce peuple fou, brusque et galant / Superbe en sa fortune, en son malheur rampant . . . / Des siècles des Césars, ceux des Louis sont l'ombre, / Rome efface Paris en tout sens, en tout point. / Non, des vils Français, vous n'êtes pas du nombre, / Vous pensez, ils ne pensent point.« (Dieses Volk toll, heftig und galant / im Glücke stolz, im Unglück kriecherisch . . . / Von den Jahrhunderten der Caesaren sind die der Ludwige nur Schatten, / das alte Rom löscht in jeder Beziehung Paris aus. / Nein, zu der Franzosen verächtlichen Schar gehören Sie nicht, / Sie denken, jene denken nicht.)

Voltaire fand an diesen Versen nichts auszusetzen, er merkte wohl nicht, daß er, indem er sie ertrug, für Friedrichs schlechte Meinung von den Franzosen in seiner eigenen Person einen Beweis lieferte. Er lebte damals ganz in der Hoffnung auf des Königs Besuch, der versprochen hatte, zu ihm nach Brüssel zu kommen, wo er selbst sich damals aufhielt.

60. Schloß Moyland bei Cleve Radierung eines Unbekannten, um 1745

»Mon cœur me dit que je touche / A ce moment fortuné, / Où j'entendrai de al bouche / De l'Apollon couronné / Ces traits que la sage Rome / Aurait admirés jadis. / Je verrai, j'entendrai l'homme, / Que j'adore en ses écrits.« (Mein Herz sagt mir, daß ich nahe bin / Jenem beglückten Augenblicke, / da ich hören werde aus dem Munde / des gekrönten Apollon / jene Geistesblitze, die das weise Rom / einst bewundert hätte. / Ich werde den Mann sehen und hören, / den ich in seinen Schriften bewundere.)

Aber Friedrich, der an Fieber litt, fühlte sich den Strapazen der Reise nicht gewachsen und Voltaire mußte sich zu ihm bemühen. Madame du Châtelet wäre gerne mitgekommen, doch Friedrich ließ sagen, daß er den vereinten Glanz zweier Gottheiten auf einmal nicht ertragen würde.

Die Zusammenkunft fand am 12. September auf dem Schloß Moyland bei Cleve statt. Im Hofe begegnete Voltaire dem Geheimrat Friedrich Rambonnet, der sich, um warm zu werden, in die Hände pustete. Der Rat trug schmutzige Manschetten, eine Perücke, die auf einer Seite länger war als auf der anderen, und war im Begriffe, sich an der

Spitze von zwölf anderen Herren nach Lüttich zu begeben, um den dortigen Fürstbischof Georg Ludwig von Berghes aufzufordern, dem König die seit acht Jahren streitig gemachten Rechte in der Baronie Herstall wieder einzuräumen. Voltaire unterstützte diese Expedition durch einen Propagandaartikel, der in den Zeitungen erschien. Er fand Friedrich auf einem kleinen schlechten Bette liegend und in eine schlechte Decke gehüllt, die nicht wärmte. Sie speisten miteinander zur Nacht, sprachen von der Unsterblichkeit der Seele, von der Freiheit und von Platons Androgynen. Nach einem großen Aufwand von Worten nahmen sie beide höchst befriedigt voneinander Abschied. Voltaire pries an Friedrich die Freundlichkeit, Anmut und Gefälligkeit, und Friedrich war geradezu begeistert: »Ich habe Voltaire gesehen, auf dessen Bekanntschaft ich so neugierig war. Aber ich hatte gerade mein Quartanfieber, und mein Geist war ebenso ohne Spannung wie mein Körper ohne Kraft. Wenn man mit Leuten seiner Art spricht, darf man nicht krank sein, sondern muß sich wohl befinden, womöglich weit besser als sonst. Er hat die Beredsamkeit eines Cicero, den Schmelz eines Plinius und die Weisheit eines Agrippa . . . Sein Geist arbeitet ohne Unterlaß, jeder Tropfen Tinte, der aus seiner Feder fließt, wird zum Geistesblitz. Er hat uns ›Mahomet I.‹, eine bewundernswerte Tragödie, die er verfaßt hat, vorgetragen und uns über uns selbst erhoben. Ich konnte nur schweigend bewundern.«

Am nächsten Tage trennte sich die kleine Gesellschaft. Friedrich kehrte mit Algarotti, Keyserlingk und dem frisch aus Frankreich eingetroffenen Maupertuis nach Berlin zurück. Knobelsdorff setzte seine Reise nach Paris fort, und Voltaire begab sich über Brüssel nach dem Haag, wohin ihn der ›Antimachiavel‹ rief. Jawohl, der ›Antimachiavel‹, denn dieser war nach sorgfältiger Glättung und Feilung an den Buchhändler Jan van Duren verkauft worden, der den Druck des Werkchens eifrig betrieb und nicht verabsäumte, es mit einem geheimnisvollen Nimbus zu umgeben, der sehr geeignet war, den Namen des Verfassers zu enthüllen und einen für den Verleger höchst einträglichen Skandal heraufzubeschwören. Mochte auch Voltaire noch so sehr beteuern, daß Friedrich mit einem Schlage Mark Aurel an philosophischem Ruhm übertreffen werde, dem neuen Mark Aurel war gar nicht wohl zumute. Er fragte sich, ob er nicht unklug gehandelt habe und fürchtete die Folgen seiner vorwitzigen Ausführungen. Schon einmal hatte er Voltaire aufgetragen, sein möglichstes zu tun, um das Werk dem Buchhändler wieder abzukaufen. Auch hatte er den braven dicken Camas an ihn mit einer Liste abgesandt, in welcher die Stellen verzeichnet waren, die auf jeden Fall unterdrückt werden mußten. Aber van Duren weigerte sich, das Manuskript herauszugeben. Nach einem Hin und Her von Ränken und Gezänk entschloß Voltaire sich endlich dazu, eine gereinigte und abgeschwächte Ausgabe des Buches anzufertigen, während er von der ersten behauptete, sie sei auf ruchlose Weise gefälscht worden.

Die neuen Exemplare gingen Mitte Oktober nach Berlin ab. »Jedermann wird Sie bewundern«, schrieb Voltaire triumphierend an Friedrich, »sogar die Mucker. Mein teurer und verehrungswürdiger Monarch soll aller Welt gefallen.« Doch gestand er gleichzeitig, daß das Geheimnis entdeckt sei und daß man »kühn in die Bresche treten« müsse.

Diese Nachricht scheint Friedrich nicht besonders beunruhigt zu haben. Der Brief, in dem er Algarotti von seiner Entlarvung Mitteilung macht, enthält die unbekümmerten Worte: »Mir bleibt kein Mittel mehr als unerschütterliche Unverfrorenheit.« Sofort ließ er erklären, die beiden in Holland gedruckten Ausgaben stammten nicht von ihm. Das war ein schlechter Lohn für seinen dienstbeflissenen Freund. Er entschuldigte sich ziemlich obenhin: »Ich bitte um Verzeihung, aber ich habe nicht anders handeln können, denn Ihre Fassung enthält so viel Fremdes, daß es nicht mehr meine Arbeit ist . . . Seien Sie so gut, mich nicht zu sehr ins Gerede zu bringen, denn damit machen Sie mir kein Vergnügen. Im übrigen wissen Sie, daß ich bei Übersendung des Manuskriptes von Ihnen strengste Geheimhaltung verlangt habe.«

Es stand entschieden übel um unseren Philosophen. Von der preußischen Gesandtschaft im Haag aus, in der er wohnte, datierte er seine Briefe großartig ›Schloß des Königs von Preußen‹, gewiß ein herrlicher Briefkopf, um an Pierre-Robert de Cideville oder Claude-Adrien Helvetius und Bonaventure Moussinot zu schreiben. Aber das angebliche Schloß (ein Überbleibsel aus der oranischen Erbschaft) war ein altes verschmutztes Gebäude, in dem es mehr Ratten als Möbelstücke gab. Obendrein wird Voltaire, der auf eine Einladung wartet, die nicht kommt, ungeduldig. Diese Ungewißheit macht ihn lächerlich. Seine Rivalen, Maupertuis-le-Pédant, Algarotti-le-Frivole sind bereits in Berlin untergebracht und stehen in der Gunst des Gebieters. Er weiß, daß Friedrich seit Jahren alle Voltairomanies erhält, die in Paris erscheinen. Als Kronprinz hatte er deshalb sogar einen kleinen Zwist mit Madame du Châtelet gehabt, die ihm seine Neugierde verdachte. Was mag wohl im fernen Brandenburg vorgehen? In Briefen an Maupertuis schimmert Voltaires Unruhe durch: »Als wir alle beide von Cleve abreisten und Sie den Weg zur Rechten einschlugen, ich aber den zur Linken, kam es mir wie das Jüngste Gericht vor, wo Gott die Auserwählten und die Verdammten scheidet. Divus Fredericus sagte zu Ihnen: ›Setze dich nieder zu meiner

Rechten im Paradies Berlin‹ und zu mir: ›Fort mit Dir, Verfluchter, nach Holland!‹ Ich befinde mich also in dieser phlegmatischen Hölle, fern von dem göttlichen Feuer, das einen Friedrich, einen Maupertuis und einen Algarotti beseelt. Seien Sie barmherzig, spenden Sie mir einige göttliche Funken in diesen stehenden Gewässern, in denen ich vergehe!« Die Einladung traf endlich ein, zugleich mit einer Ode an die Freundschaft und tausend zärtlichen Versicherungen. Die Antwort ging sofort ab: »Mon cœur et ma maigre figure / Sont prêts à se mettre en chemin; / Déjà le cœur est à Berlin / Et pour jamais, je vous le jure.« (Mein Herz und mein magerer Körper / sind schon zur Reise bereit; / schon ist das Herz in Berlin / auf ewig, das schwöre ich.)

Nachdem Voltaire seine Abreise in ganz Paris hatte ausposaunen lassen, verließ er endlich am 7. November Den Haag. In seiner Begleitung befand sich der sehr gelehrte Charles Dumolard, der auf seine Empfehlung in Preußen die orientalischen Sprachen unterrichten sollte. Die Wege waren tief verschneit und bodenlos. In Westfalen brach der Wagen. Während Dumolard auf syrisch und hebräisch nach einer Postchaise verlangte, schwang sich Voltaire auf einen Gaul und ritt auf diesem störrischen Tier in kurzer Samthose, Pantoffeln und Seidenstrümpfen durch den Teutoburger Wald, in welchem Arminius vor Jahrhunderten die Legionen des Augustus zerschmettert hatte. Er kam am 19. November in Berlin an und fuhr sofort nach Rheinsberg weiter, wo ihn der König mit seinen Freunden erwartete.

Ein so junger Hof wie der preußische sah sich durch den Besuch Voltaires auf eine gefährliche Probe gestellt. Zu welchen Sarkasmen und verächtlichen Bemerkungen mußten diese schönen Damen mit den bäurischen Sitten und diese provinziellen Schöngeister einen Mann veranlassen, der seit seinem Austritt aus dem Gymnasium in der ganz großen Welt verkehrt hatte und vor dessen Feder die Mächtigen dieser Erde erzitterten? Friedrich hatte sich für den Dekor von Rheinsberg entschieden, um sich möglichst günstig zu präsentieren, und er hatte die Gesellschaft sorgfältig ausgewählt. Es gab Bälle, Konzerte, Soupers, Ausflüge und Vorlesungen. Jeder bemühte sich zu glänzen, und der König schrieb zwei Tage später in höchstem Entzücken: »Voltaire ist angekommen, funkelnd von neuen Schönheiten des Geistes und weit umgänglicher als in Cleve. Er ist in der besten Laune und klagt weniger über seine Unpäßlichkeiten als sonst. Wir widmen uns den nichtigsten Geschäften. Wir spintisieren Oden aus, hecheln Verse durch, sezieren Gedanken und all dies mit pünktlicher Befolgung der Nächstenliebe. Was tun wir noch? Wir tanzen bis zur Atemlosigkeit, essen uns zum Platzen voll, verlieren unser Geld im Spiel, kitzeln unsere Ohren mit üppigen Harmonien, die, indem sie zur Liebe anreizen, noch manchen anderen Kitzel hervorrufen ...«

Voltaire blieb eine Woche in Rheinsberg. Am 28. November speiste er in Berlin bei der Königinmutter, und jeder in Schloß Monbijou wollte den vielgerühmten Mann gesehen haben. Sich auf den schlechten Gesundheitszustand von Madame du Châtelet berufend, machte er sich am 2. Dezember auf den Rückzug und ließ dem König ein Abschiedsbriefchen zurück:

»Non, malgré vos vertus, non malgré vos appas / Mon âme n'est point satisfaite, / Non, vous n'êtes qu'une coquette, / Qui subjuguez les cœurs, et ne vous donnez pas.« (Nein, trotz Ihrer Tugenden, trotz Ihrer Reize / ist meine Seele nicht befriedigt, / nein, Sie sind nur eine Kokette, / die die Herzen unterjocht und sich nicht hingibt.)

Friedrich antwortete ihm sofort unter Verwendung derselben Reimpaare:

»Mon âme sent le prix de vos divins appas; / Mais ne présumez pas qu'elle soit satisfaite. / Traître, vous me quittez pour suivre une coquette. / Moi, je ne vous quitterai pas.« (Meine Seele fühlt den Wert Ihrer göttlichen Reize; / doch glauben Sie nicht, sie sei befriedigt. / Verräter, Sie verlassen mich um einer Kokette willen. / Ich jedoch werde Sie nicht verlassen.)

Trotz diesem gezierten Getändel zwischen dem achtundzwanzigjährigen König und dem sechundvierzigjährigen Philosophen, das, um die Wahrheit zu sagen, recht seltsam anmutet, hat das Vertrauen und die Offenheit zwischen den beiden abgenommen. Voltaire hat zugleich geblendet und enttäuscht. Man fand ihn lächerlich und verzerrt. Seine unablässigen Witze über die Religion, Frankreich und den Kardinal Fleury haben so manche gute Seele entsetzt. Er hat mit seinem Bleistift in den Versen des Königs schonungslos gehaust, und in dem alten Turm von Rheinsberg unter den Amoretten spielte sich wieder einmal die ewige Komödie zwischen dem eitlen Autor und dem unbequemen Zensor ab. Schließlich verlangte Voltaire noch die Ersetzung seiner Ausgaben. Das war ein falscher Schachzug! Denn Voltaire war reich genug, die Reisekosten selbst zu tragen, und sein Benehmen wäre würdiger gewesen, wenn er diese Rechnung, die ihn in ein schlechtes Licht setzte, nicht präsentiert hätte. Andererseits hatte Friedrich ihm in diesen vier Jahren so viele schlechte Gedichte zum Ausbessern geschickt und aus seiner Belehrung so viel Vorteil gezogen, daß man es als unentschuldbar bezeichnen muß, daß er nicht wortlos bezahlte und seine Gedanken darüber für sich behielt. Zum Unglück war er nach seinem Vater Friedrich Wilhelm geraten. Er zahlte zwar, doch unter lautem Gekeife: »Dein Geizhals«, schrieb er an Jordan, »wird noch einmal die bösen Folgen seiner unersättlichen Geldgier zu spüren bekommen. Er wird eintausenddreihundert Thaler erhalten. Somit kostet mich sein sechstägiger Aufenthalt für den Tag fünfhundertfünfzig Livres. Das nenne ich mir eine reichliche Zahlung für einen Narren. Noch nie hat der Possenreißer eines großen Herrn einen so hohen Gehalt bekommen.« In einem anderen Brief an Jordan heißt es: »Das Hirn des Dichters ist ebenso leicht wie der Stil seiner Werke, und ich schmeichle mir, daß die Reize Berlins mächtig genug sein werden, um ihn zu baldiger Rückkehr zu uns zu bewegen, zumal die Börse der Marquise nicht immer so gut gespickt ist wie die meine.«

In diesen Sätzen steckt noch etwas anderes als der bloße Ärger des Geizigen, dem man Geld genommen hat. Aus ihnen spricht eine Art boshafter Freude, als ob Friedrich darüber frohlockte, daß er den Mann, den er an seinem Hofe gefeiert hat, dessen Genie er verkündet und dessen Gegenwart er anstrebt, weil sie in den Augen der Welt eine Ehre und eine Zierde bedeuten, daß er diesen selben Mann in den Schmutz zerren kann. Nein, die friedlichen Rheinsberger Jahre haben sein Herz nicht von der Verzweiflung seines Jünglingsalters geheilt. Er hat zu sehr gelitten, sich zu tief erniedrigen müssen, zu häßliche Dinge gesehen, als daß er an Menschen ohne Berechnung und List glauben könnte. Vor ihm öffnet sich nun das Leben, von dem er Freude und Ruhm in vollem Maße erwartet, aber in seinem Innern verbirgt er, wie eine geheime eiternde Wunde die Sucht, die Menschen, die ihn lieben, zu erniedrigen.

Die Besetzung von Lüttich hatte die Staatskanzleien überrascht; niemand war auf ein so schnelles und gewaltsames Eingreifen des jungen Herrschers gefaßt gewesen. Der Bischof war ebenso wie der Kurfürst von Brandenburg ein Reichsfürst. Nach Fug und Recht hätte der Herstaller Streit der Reichsjustiz zur Entscheidung vorgelegt werden müssen. Aber, indem Friedrich verkündete, daß es sich um eine Angelegenheit zwischen zwei Fürsten handle, wollte er zeigen, wie wenig Achtung er vor der Wiener Majestät und den altehrwürdigen Satzungen empfand. Zudem hatte Friedrich Wilhelm seinem Sohne ein erstes Abkommen mit Frankreich hinterlassen (den Haager Vertrag vom 5. April 1739). Es handelte sich um die Regelung der Bergischen Nachfolge. Mit Hilfe Ludwigs XV. sollte der preußische König den größten und besten Teil des Herzogtums als volles Eigentum erhalten und zum Entgelt dafür dem Pfalzgrafen von Sulzbach eine Entschädigung von einer Million Talern ausbezahlen und ihm die Stadt Düsseldorf samt den südlichen Ämtern lassen. Diese Teilung war Friedrich Wilhelm nicht durchaus genehm, zumal Frankreich zwei Monate vorher ein Abkommen entgegengesetzter Art mit Österreich getroffen hatte. Friedrich Wilhelm mußte sich fragen, ob das letzte Versprechen die vorhergehenden aufhob. Doch ihm lag vor allem daran, in den strittigen Gebieten Fuß zu fassen, »so kommen in zwanzig, dreißig, vierzig Jahren allerlei Konjunkturen, so daß schließlich Düsseldorf, Agger und die Lisière auch an unser Haus kommen«.

61. König Ludwig XV. von Frankreich
Pastell von Maurice Quentin de La Tour
Paris, Louvre

62. König Georg II. von England
Aus einem Gemälde von Thomas Worlidge
London, National Portrait Gallery

Von seiner Thronbesteigung an sinnt Friedrich darauf, die schon errungenen Vorteile auszubauen. Spanien und Großbritannien standen seit 1739 wegen der Kontrebande in den südlichen Meeren im Krieg. Obgleich sowohl Robert Walpole als Fleury aufrichtige Anhänger des Friedens waren, erriet Friedrich, daß die Ereignisse stärker sein würden als die beiden Minister, daß Frankreich dem Konflikt nicht fernbleiben konnte und daß die kontinentalen Rivalitäten sich notwendig um die französisch-englische Rivalität gruppieren mußten. Damit ist sein Plan gefaßt. Er besteht darin, zwischen Ludwig XV. und Georg II. geschickt zu lavieren, zwischen den feindlichen Parteien eine Mittelstellung einzunehmen, die seine Freundschaft um so wertvoller erscheinen läßt und ihm gestattet, sie ohne Umschweife dem Meistbietenden zu gewähren.

Nach dem bestehenden Brauche mußte der neue König von Preußen den befreundeten Höfen seine Thronbesteigung durch außerordentliche Botschafter notifizieren. Zu Georg II., der sich damals in Hannover befand, schickte er einen altadeligen Diplomaten, den Grafen Friedrich Truchseß von Waldburg; zur Begrüßung Ludwigs XV. einen Mann aus seinem Freundeskreis, den Obersten von Camas, Sohn französischer Emigranten. Als man in Versailles seiner Verwunderung darüber Ausdruck verlieh, daß eine so unbedeutende Persönlichkeit bei einem so großen König akkreditiert werde, antwortete Friedrich mit Anspielung auf die Einarmigkeit Camas' und die Blessur des französischen Sondergesandten in Berlin Louis Charles de Beauvau: »Der König von Frankreich hat mir einen Botschafter geschickt, der nur eine Hand hat, ich revanchiere mich dafür, durch Entsendung eines Mannes, der nur einen Arm hat!«

In Wirklichkeit verhielt es sich so, daß Truchseß beauftragt war, die Ernennung von Camas als Anzeichen einer vertraulichen Mission hinzustellen, deren Wirkungen zuvorzukommen in Englands dringendem Interesse läge. Camas seinerseits sollte in Versailles durchblicken lassen, daß er seit langem vom König ins Vertrauen gezogen sei und seine ehrgeizigen Pläne kenne, und daß Frankreich wohl daran täte, diese Pläne so schnell als möglich zu fördern.

»Sie werden die Bedeutung der Entsendung Camas' ausdrücklich betonen«, heißt es in der Instruktion für Truchseß, »Sie werden voll Eifersucht darauf hinweisen, daß er einer meiner Intimen ist, mein volles Vertrauen besitzt und gewiß nicht nach Frankreich geht, um sich mit Kleinigkeiten abzugeben. Sollte man mit Ihnen über Geschäfte sprechen wollen, so sagen Sie, daß Sie am Gelingen eines Abkommens nicht verzweifeln, vorausgesetzt, daß man Ihnen Bedingungen macht, die besser sind als die der Franzosen ... Suchen Sie ihren [der Engländer] verborgenen Triebfedern und Absichten auf den Grund zu kommen. Sprechen Sie viel von meiner freundschaftlichen Geneigtheit für sie, machen Sie keine positive Äußerung, lassen Sie alles hoffen und alles fürchten.«

»Ich schicke Truchseß nach Hannover«, hieß es in der Instruktion für Camas, »Sie werden von ihm als von einem Manne sprechen, den ich hochschätze und der in meine Geheimnisse eingeweiht ist; so wird man mir, in der Absicht, mich nicht aus den Händen zu lassen, bessere Angebote machen, als dem verblichenen König, meinem Vater ... Die Vermehrung meiner Truppen, die während Ihres Aufenthaltes in Versailles erfolgen wird, wird Ihnen Gelegenheit geben, sich über meine lebhafte und ungestüme Denkungsart zu äußern. Sie können etwa sagen, es sei zu befürchten, daß diese Truppenvermehrung ein Feuer hervorrufe, das ganz Europa in Brand setzen werde; junge Leute seien unternehmungslustig und die Vorstellungen von Heroismus hätten seit jeher den Frieden zahlloser Völker gestört und täten es noch. Sie können ferner sagen, daß ich zwar von Natur Frankreich liebe, aber wenn man mich jetzt vernachlässige, so wäre damit vielleicht alles für immer und unwiederbringlich verdorben; wenn man mich hingegen gewönne, so sei ich imstande, der französischen Monarchie weit wichtigere Dienste zu leisten als vordem Gustav Adolf. Erweisen Sie dem Kardinal tausend Liebenswürdigkeiten und Freundlichkeiten, bezahlen Sie Sammetworte mit Sammetworten und Tatsachen mit Tatsachen ... Stacheln Sie so sehr es Ihnen möglich ist, die französische Eifersucht gegen England auf ...«

In diesem Machiavellismus steckt ein gut Teil Naivität. Jedenfalls sollte der schöne Plan auf den ersten Schlag nicht gelingen. Georg II. haßte Preußen, weil es die Hauptmacht in Norddeutschland war und sein Kurfürstentum Hannover in den Schatten stellte. Es hätte einer stärkeren Drohung bedurft als der mit einem französisch-preußischen Bündnis, um ihn dazu zu bewegen, mit eigenen Händen an der Vergrößerung seines Nachbarn und Nebenbuhlers zu arbeiten. Auf alle Anspielungen von Truchseß antworteten die englischen Minister mit verbindlichen und vagen Beteuerungen, ohne die geringste Lust zu zeigen, sich auf etwas Bestimmtes einzulassen. Fleury andererseits regierte Frankreich seit einem viertel Jahrhundert. Er war zu listig und zu gewitzt, um sich von einem Neuling täuschen zu lassen. Entschlossen, die Schiedsrichterstellung beizubehalten, die er mit allgemeinem Einverständnis in Europa ausübte, wollte er sich nicht leichtfertig durch bindende Verpflichtungen festlegen, die ihm jede Hoffnung auf ein dauerndes Einvernehmen mit dem Reiche benommen hätten. Vergeblich warf Friedrich den Köder aus, daß Hannover sich alle erdenkliche Mühe gebe, um ihn durch glänzende Anerbietungen zu gewinnen. Fleury ließ sich nicht fangen. Ende August waren die Verhandlungen nicht um einen Schritt weiter gediehen. Camas, der nach Wesel geeilt war, um die Befehle des durchreisenden Königs entgegenzunehmen, erhielt bloß Weisung, die Eminenz zu »cajolieren«, um ihr wenigstens das Versprechen abzuringen, daß Frankreich den Vertrag von 1739 einhalten werde.

Das war ein Fehlschlag, mit dem sich Friedrich mit der Gelassenheit und dem kalten Blut eines echten Diplomaten abfand. Er legte nicht die geringste Übellaune an den Tag. Indem er sich den Anschein jugendlicher Unbekümmertheit gab, gelang es ihm, sowohl seine Enttäuschung, die sehr groß war, zu verbergen, als auch für die Zukunft

63. Kaiser Karl VI. auf einem seiner Lipizzaner

Gemälde eines Unbekannten
Wien, Hofburg, Winterreitschule

nichts zu verderben. »Die Interessen Frankreichs und die meinen sind identisch«, schrieb er an Fleury. »Alles scheint auf eine Einigung zwischen uns abzuzielen; ein wenig guter Wille vonseiten des Königs von Frankreich würde diese Bande für immer festigen. Ich bin überzeugt, daß es dazu kommen wird, zumal Sie keinen zuverlässigeren und entschlosseneren Verbündeten zu finden vermöchten als mich.« Diese Selbstbeherrschung ist überraschend. Während Europa noch zögerte, sich einzugestehen, daß Berlin ein neues Gesicht zeigte, wurde Friedrich sich von Tag zu Tag klarer der preußischen Macht bewußt. Er erkannte, daß die väterliche Armee früher oder später schwer in die Waagschale fallen würde. Aus diesem Grunde nahm unter den Zielen, die er anstrebte, die Teilung von Berg nur einen untergeordneten Rang ein. Er hatte sich dieser Frage bedient, um Verhandlungen anzuknüpfen, wäre aber gern bereit gewesen, Düsseldorf und den Pfalzgrafen zu vergessen, um sich einer anderen Angelegenheit zuzuwenden, der Angelegenheit, die er »die große Sukzession« nannte. Und diese Nachfolge sollte am 20. Oktober 1740 durch den Tod Kaiser Karls VI. unvermutet eröffnet werden.

Der Kaiser war 55 Jahre alt. Seit mehreren Jahren litt er an tiefer Schwermut, doch war niemand auf ein so plötzliches Ende gefaßt. Eine Erkältung, die er sich auf der Jagd zuzog und ein unverdauliches Pilzgericht brachten ihn innerhalb von zwei Tagen in einen so hoffnungslosen Zustand, daß er kaum Zeit fand, seine Tochter zu segnen und Gott seine Seele und seine Staaten zu empfehlen.

Die Nachricht traf in Rheinsberg am 26. Oktober ein. Friedrich lag mit Fieber zu Bett, seine Offiziere wollten ihn nicht stören. Einer von ihnen entschloß sich endlich doch, in sein Schlafzimmer einzudringen. Der König nahm ihm das Schreiben aus der Hand und las es wortlos bis zum Ende durch. Dann ließ er den Minister Heinrich von Podewils und den Feldmarschall Kurt Christoph von Schwerin, die sich in Berlin befanden, durch eine Stafette zu sich beordern. Während er auf sie wartete, schrieb er an Voltaire:

»Dieser Tod wirft alle meine friedfertigen Ideen über den Haufen, und ich glaube, daß es sich bald mehr um Kanonenpulver, Soldaten und Laufgräben handeln wird, als um Schauspielerinnen, Ballette und Theateraufführungen ... Dieser Augenblick ändert das alte politische System von Grund aus. Er ist der Felsblock in Nebukadnezars Traum, der Stein, der sich ablöst und auf die Gestalt aus den vier Metallen stürzt und sie alle zermalmt ... Ich will mein Fieber abschaffen, denn ich brauche meine Maschine und muß aus ihr die größtmögliche Leistung ziehen.«

Der Kaiser ließ als Erbin eine dreiundzwanzigjährige Prinzessin, die Erzherzogin Maria Theresia, zurück, die mit Franz Stephan von Lothringen, Großherzog von Toskana, verheiratet war. Das Haus Österreich ist viel gepriesen worden, weil es seine zahlreichen Besitztümer nicht durch Waffengewalt, sondern auf dem friedlicheren Wege der freundschaftlichen Fürstenbündnisse und Eheschließungen erworben habe. Das ist eine offenbare Übertreibung, denn um Böhmen und Ungarn zu behalten, haben die Habsburger viele Kämpfe bestehen müssen. Allmählich hat sich dann unter den Völkern an der mittleren Donau jenes Gefühl einer naturgegebenen Gemeinschaft herausgebildet, das ihnen sowohl durch die geographischen Bedingungen als auch durch die ständige Bedrohung von seiten der Türken aufgezwungen wurde. Nichtsdestoweniger waren fast alle unter dem Zepter der Habsburger vereinigten Provinzen durch irgendwelche komplizierten letztwilligen Verfügungen belastet, die fast alle erbrechtlichen Möglichkeiten, die es auf dem Gebiete des deutschen Reiches gab, ausschöpften. Da also Rechtsstreitigkeiten immer zu befürchten waren, hatte es sich Karl VI. auf die Bitte der Stände von Kroatien noch zu seinen Lebzeiten angelegen sein lassen, die Erbfolge seiner Nachkommen in den habsburgischen Staaten dauernd zu sichern. Im Jahre 1713, fünf Jahre vor der Geburt Maria Theresias, hatte er durch einen feierlichen Akt, die Pragmatische Sanktion, die Unteilbarkeit der österreichischen Staaten verkündet und erklärt, daß in Ermangelung eines männlichen Erben auch die weibliche Linie zur Thronfolge berechtigt sein solle. Er hatte dann einen großen Teil seiner Regierungszeit dazu verwendet, die Pragmatische Sanktion durch alle Interessierten anerkennen zu lassen, womit er bei seinen Verwandten begann und bei den fremden Mächten endete. Gegen zum Teil beträchtliche Zugeständnisse hatten Spanien, Rußland, Preußen, Holland, England, der Reichstag, Dänemark und Frankreich ihre Zustimmung gegeben. Aber der Kaiser, der durch die jüngste Niederlage in Serbien erschöpft war, besaß nun weder Geld noch Kredit, noch eine Armee. Friedrich sagte von ihm: »Er ist der abgelebte Schatten eines Idols, das einstmals Macht besaß und gewaltig war, aber heute nichts mehr ist. Er war ein kräftiger Mann, aber er hat von den Türken und Franzosen die böse Seuche bekommen und ist jetzt entnervt.«

Am 28. Oktober 1740 hielt Friedrich in Rheinsberg mit Schwerin und Podewils eine Beratung ab. Er legte ihnen seine Absicht dar, die darin bestand, aus der Schwäche und Verwirrung der Österreicher Nutzen zu ziehen und sich Schlesiens zu bemächtigen. Diese reiche und bevölkerte Provinz sollte nach der Eroberung zu der Hauptmasse der preußischen Länder geschlagen werden. Die preußischen Truppen sollten überraschend die Grenze überschreiten und die Städte besetzen, noch bevor Maria Theresia die Möglichkeit hatte, ein Heer zusammenzuziehen. Dann würde man verhandeln. Es war dieselbe Methode, die er einst Grumbkow für Berg und Jülich empfohlen hatte.

Schwerin und Podewils wandten ein, daß eine isolierte Aktion bedenklich, gefährlich und großen Rückschlägen ausgesetzt sei. Ihrer Meinung nach war es vorzuziehen, mit dem kaiserlichen Hof über ein Bündnis, einen Subsidienvertrag, zu verhandeln, der eben durch die Abtretung von Schlesien bezahlt werden sollte. Von allen Seiten bedroht, würde Maria Theresia froh sein, eine militärische Unterstützung, die ihren Staat vor der völligen Zerstückelung bewahrte, mit der Hingabe einer einzigen Provinz zu erkaufen. Sollte sie sich sträuben, so würde Preußen sich Sachsen und Bayern, Sardinien und Spanien anschließen, die – aller Wahrscheinlichkeit nach von Frankreich unterstützt – vor der Pragmatischen Sanktion erworbene Rechte geltend machen würden.

Es scheint, daß weder an diesem nach an den folgenden Tagen eine Entscheidung getroffen wurde. Podewils und Schwerin vermochten den König nicht zu überzeugen, aber da die Sache nicht eilte, gönnte er sich Zeit zu einer nochmaligen reiflichen Überlegung. Der Brief, den er am ersten November an Podewils richtet, ist in Frageform abgefaßt, doch so, daß die Antwort sich von selbst ergibt:

»Ich gebe Ihnen ein Problem zu lösen. Wenn man im Vorteil ist, soll man sich das zunutze machen oder nicht? Ich bin mit meinen Truppen und allem bereit. Mache ich mir das nicht zunutze, so habe ich in meinen Händen ein Gut, das ich nicht zu gebrauchen weiß. Mache ich es mir aber zunutze, so wird man sagen, daß ich die Fähigkeit besitze, mich der Überlegenheit, die ich über meine Nachbarn habe, zu bedienen.«

Drei Tage später übermittelt er den Ministern Nachrichten aus Österreich und kommt wieder auf seinen Plan zurück:

»Man ist in Wien schon ganz ruhmredig, schmeichelt sich, die Erblande ganz allein halten zu können, wähnt, der Herzog sei schon Kaiser. Eitelkeit, Narrheit, lächerliche Täuschung! Wir werden daran eine kleine Korrektur vornehmen. Aber dieses Pröbchen mag Ihnen zeigen, daß ich nicht unrecht hatte, als ich die Meinung aussprach, daß ein Unterhandeln mit Wien ein Lapsus wäre.«

Endlich am 6. November, als ihm bereits bekannt war, daß sich Kurfürst Karl Albert von Bayern gegen die Pragmatische Sanktion erklärt hatte, legt Friedrich seine Argumente schriftlich nieder und fordert Podewils auf, seine letzten Gegengründe zu nennen. Podewils beschränkt sich darauf, einige rein formale Schwierigkeiten anzuführen und, da er die Unwiderruflichkeit der königlichen Entschließung kennt, begnügt er sich für seine Person mit dem Ruhm des Gehorsams. Die heikelste Aufgabe bestand darin, für den Einfall einen halbwegs plausiblen Rechtsgrund zu finden. Ein alter Professor aus Halle hatte dem König unaufgefordert eine Denkschrift über die Rechte und Ansprüche des Hauses Brandenburg auf die schlesischen Herzogtümer eingesandt. Aber diese Rechte waren durch spätere – allerdings mehr oder minder erzwungene – Verzichte null und nichtig geworden, und Podewils wußte nicht, wie er so schlechte Gründe in ein präsentables Gewand kleiden sollte.

»Die Rechtsfrage ist Sache der Minister«, antwortete Friedrich, »also die Ihre, es ist Zeit, daß Sie heimlich daran arbeiten, denn die Befehle an die Truppen sind gegeben.«

Podewils macht sich also ans Werk. Als die Erklärung fertig ist, billigt sie Friedrich mit den Worten: »Bravo! Das ist mir die Arbeit eines tüchtigen Scharlatans!«

Das Vorhaben konnte nur gelingen, wenn das Geheimnis gewahrt blieb. Friedrich anerkannte also den Königinnentitel Maria Theresias, ordnete für Karl VI. Hoftrauer an und tat alles, um die Diplomaten, die sich der militärischen Vorbereitungen wegen beunruhigten, in die Irre zu führen. Der ständige französische Gesandte Guy Louis de Valory wurde in Rheinsberg nicht empfangen, und Manteuffel, der viel mit Sachsen korrespondierte, erhielt die höfliche Aufforderung, Berlin zu verlassen. Die Sprache, die die preußischen Gesandten in den verschiedenen Hauptstädten führten, war doppelsinnig und widersprechend, sie wechselte nach dem Ort und nach den Fragern. Bald hieß es, daß Friedrich, den Wirrwarr benutzend, sich Bergs bemächtigen werde, bald, daß er die Kaiserkrone beanspruche. Einige wollten sogar wissen, er habe sich hinter dem Rücken von Bayern und Sachsen mit Maria Theresia geeinigt. Voltaire, der um diese Zeit Friedrich besuchte, war keineswegs scharfsichtiger und schlauer als die anderen. Vor seiner Abreise nach Rheinsberg hatte er Fleury den ›Antimachiavel‹ überreicht. Der Kardinal verstand den Wink und benutzte die Gelegenheit dazu, Friedrich seine Ratschläge zukommen zu lassen: »Wer immer der Verfasser dieses Werkes sein mag«, schrieb er an den Philosophen, »wenn er nicht Fürst ist, so verdient er, es zu sein. Das Wenige, was ich davon gelesen habe, ist so klug, so vernünftig, und enthält so bewunderungswürdige Grundsätze, daß derjenige, der dieses Buch geschrieben hat, würdig wäre, den Menschen zu befehlen, vorausgesetzt, daß er den Mut hat, diese Grundsätze in die Tat umzusetzen. Wenn er ein Fürst ist, geht er gegenüber der Allgemeinheit eine sehr hohe Verpflichtung ein.« Voltaire erriet, für wen diese Predigt bestimmt war. Er erwiderte dem Kardinal: »Ich gehorchte den Befehlen, die Ew. Eminenz mir nicht erteilten. Ich habe Ihren Brief dem König von Preußen gezeigt.« Doch er erhielt keine Antwort.

Der englische Vertreter Guy Dickens, dem es in seiner Eigenschaft als Abgesandter der Familie gelungen war, bis zum König vorzudringen, fragte diesen auf den Kopf zu, ob er gedenke, die Pragmatische Sanktion zu respektieren und an der Unteilbarkeit der österreichischen Erblande festzuhalten. Friedrich erwiderte errötend:

»Ich weiß, Sie können keine Anweisung erhalten haben, mir diese Frage vorzulegen. Sollte es aber auf Befehl geschehen sein, so habe ich für Sie eine Antwort bereit: daß nämlich England kein Recht zusteht, nach meinen Plänen zu forschen. Gleicherweise legte ich euch nie eine Frage über eure Seerüstungen vor, und begnügte mich zu wünschen, daß ihr nicht möchtet von den Spaniern geschlagen werden.«

Auf die Ergebenheitsbeteuerungen des Engländers hin fuhr der König fort:

»Ich habe nichts im Auge als die allgemeine Wohlfahrt. Meine Pläne prüfte ich mit der größten Aufmerksamkeit, wog alle Vorteile und Nachteile ab, welche für mich und das Publikum daraus entstehen dürften und glaubte nächstdem, daß ich nichts Anderes thun könne, als sie mit Kraft durchzuführen . . . Österreich ist als Macht nöthig gegen die Türken; aber in Deutschland braucht sie nicht größer zu sein, als daß drei Kurfürsten ihr die Spitze bieten können. Ich weiß, es ist die Absicht, sowohl Englands als Frankreichs, andere Fürsten in Obhut zu nehmen; ich will aber durch keinen von beiden geleitet werden. Ihr gleicht den Athenern, welche, als Philipp von Mazedonien bereit war sie anzugreifen, ihre Zeit mit Reden hinbrachten.«

In Wien ahnte man nichts. Maria Theresia, eine edle, mutige Frau, zweifelte weder an ihrem Recht noch an sich selbst, doch nichts lag ihr ferner als der Gedanke, daß die ersten Schläge von Preußen kommen könnten. Immerhin begannen ihre Ratgeber sich Mitte November über die Truppenbewegungen und die Pferdekäufe in der Nähe der schlesischen Grenze aufzuregen. Zudem führte der Gesandte Friedrichs in Wien, Kaspar Wilhelm von Borcke, eine immer beunruhigendere Sprache. Das Haus Österreich, sagte er, habe zu viele Feinde, es sei allein nicht imstande, sich ihrer zu erwehren. Es brauche Verbündete, aber Verbündete müßten bezahlt werden. Und, um sich Schlimmeres zu ersparen, müsse man im gegebenen Augenblick ein brandiges

Glied zu opfern wissen. Betroffen entschloß sich Maria Theresia, einen neuen Gesandten nach Berlin zu schicken, den Marchese Anton Otto Botta d'Adorno, einen alten erfahrenen Italiener. Auf seiner Reise von Wien nach Berlin bedurfte er keiner besonderen Aufmerksamkeit, um sich davon zu überzeugen, daß Preußen zum Kriege rüstete. Er kam sehr beunruhigt an. Auch die Audienz beim König war nicht dazu angetan, ihn in Sicherheit zu wiegen. Um das Gespräch auf die Rüstungen zu bringen, sagte er, er habe die Landstraßen in Schlesien grundlos und fast ungangbar gefunden.

»Das hat nichts weiter auf sich«, antwortete Friedrich, »als daß die Reisenden ein wenig beschmutzt ankommen.«

Zum Schlusse kündigte er dem Marchese an, daß er den Grafen Gustav Adolf von Gotter mit wichtigen Vorschlägen nach Wien schikken werde.

Gotter traf am 17. Dezember in Wien ein und wurde drei Tage später in Audienz empfangen.

»Ich bin gekommen«, sagte Gotter, »in der einen Hand dem Hause Österreich Schutz, in der anderen dem Großherzoge selbst die Kaiserkrone zu bringen. Die Truppen und die Schätze meines Herrn stehen der Königin zu Diensten ... So wie aber der König sich infolge der eigenthümlichen Lage seiner Länder durch ein Bündnis mit Österreich in große Gefahr begibt, so hofft er, daß als Schadloshaltung hiefür Maria Theresia ihm nicht weniger als ganz Schlesien abtreten wird.«

Der Großherzog antwortete, die Königin habe kein Recht, auch nur den kleinsten Teil einer Erbschaft abzutreten, die sie nur unter der Bedingung der Unteilbarkeit erhalten habe. Dann fragte er Gotter, ob Friedrich mit seinen Truppen schon in Schlesien eingedrungen sei.

»Er muß gewiß schon dort sein«, lautete die Antwort.

»Dann kehren Sie zu Ihrem Herrn zurück und sagen Sie ihm, daß wir, solange er auch nur einen Mann in Schlesien stehen hat, eher zugrunde gehen wollen, als mit ihm unterhandeln.«

Eine ähnliche Szene hatte sich in Berlin zwischen Friedrich und Botta abgespielt. Der Italiener verlor schließlich die Geduld und rief drohend aus:

»Ew. Majestät Truppen sind schön, ich gebe es zu, aber die unsrigen haben Pulver gerochen.«

Worauf Friedrich zurückgab: »Sie geben zu, daß meine Truppen schön sind. Sie sollen sehen, daß sie auch gut sind.«

Trotzdem hielten in Berlin viele das Unternehmen des Königs für hellen Wahnsinn. Selbst in seiner Umgebung waren die Gemüter von Furcht und Mißtrauen bedrückt. Um dieser Mißstimmung zu begegnen,

64. Erzherzogin Maria Theresia von Österreich als Königin von Ungarn Vorderseite der Goldmedaille von Matthäus Donner aus Anlaß der Krönung am 25. Juni 1741 Wien, Bundessammlung von Medaillen, Münzen und Geldzeichen

versammelte er die Offiziere der Berliner Garnison und hielt ihnen folgende Rede:

»Ich unternehme einen Krieg, meine Herren, in dem ich keinen anderen Verbündeten habe als Ihre Tapferkeit, kein anderes Hilfsmittel, als meinen Stern. Erinnern Sie sich stets des unsterblichen Ruhms, welchen Ihre Vorfahren bei Warschau und Fehrbellin errungen haben und machen Sie dem Ruf der brandenburgischen Truppen niemals Schande. Leben Sie wohl! Ziehen Sie hin zu dem Sammelplatz des Ruhmes. Ich werde Ihnen alsbald folgen.«

65. *›Ultima ratio regis‹* *Ehem. Berlin, Zeughaus*
Friderizianisches Kanonen-Emblem

Am 14. Dezember fand im Schlosse ein Ball statt. Friedrich erschien im Domino ohne Maske. Er hatte in einer Fensternische ein ziemlich langes Gespräch mit dem englischen Gesandten. Als die Stunde der Trennung kam, rief er seine Adjutanten:

»Schmieren Sie Ihre Stiefel, wir brechen auf.«

Überall, wo er in seinem Wagen vorbeifuhr, wurden die Glocken geläutet. In Crossen brach ein Balken und der Kirchturm stürzte ein. Friedrich deutete dieses Vorzeichen um:

»Das Hohe wird erniedrigt werden.«

Am 16. Dezember um acht Uhr früh ging er mit fliegenden Fahnen und unter Trommelschlag über die schlesische Grenze. »Ich habe den Rubikon überschritten«, schrieb er an Podewils. »Meine Truppen sind voll guten Willens, die Offiziere voll Ehrgeiz und die Generäle dürsten nach Ruhm. Alles wird nach unserem Wunsche gehen ... Mein Herz weissagt mir alles Gute ... Ich werde nicht eher in Berlin erscheinen, als bis ich mich des Blutes, aus dem ich stamme, und der braven Soldaten, die ich zu befehligen die Ehre habe, würdig erwiesen habe.«

DIE BEIDEN SCHLESISCHEN KRIEGE

Friedrich hatte von seinem Vater die Werkzeuge der Macht und der Tat übernommen: eine gefüllte Schatzkammer, geordnete Finanzen, eine fleißige Beamtenschaft, eine an Gehorsam gewöhnte Bevölkerung und vor allem eine der besten und stärksten Armeen Europas.

Der Effektivbestand der preußischen Truppen war stetig gewachsen. Von 45 000 Mann im Jahre 1713 war er auf 54 000 im Jahre 1719, auf 70 000 im Jahre 1729 und endlich im Jahre 1739 auf 83 000 gestiegen, eine höchst ansehnliche, ja übermäßig hohe Ziffer, wenn man bedenkt, daß Frankreich bei etwa zehnmal so starker Bevölkerung nur 160 000 und Österreich kaum 100 000 Soldaten unterhielt. Die preußische Armee bestand aus Einheimischen und Ausländern in wechselndem Verhältnis, doch durfte die Zahl der Einheimischen nie ein Drittel der Gesamtziffer unterschreiten. Die Fremden wurden durch Handgelder und das Versprechen hohen Soldes und guter Ernährung angelockt und durch eine unerbittliche Disziplin und die Angst vor fürchterlichen Strafen zurückgehalten. 800 bis 1000 Werber durchreisten im Dienste des Königs Europa. Die meisten von ihnen kannten in der Wahl ihrer Mittel keine Bedenken, gewaltsame Entführungen waren an der Tagesordnung, einmal wurde sogar ein Werber, der sich besondere Exzesse hatte zuschulden kommen lassen, von den Holländern füsiliert.

Aber derlei Verfahren waren damals gang und gäbe. Das völlig Neue der Regierungszeit Friedrich Wilhelms besteht darin, daß er für seine Untertanen das Prinzip des allgemeinen Militärdienstes aufgestellt hat: »Alle Einwohner des Landes sind für die Waffen geboren und dem Regiment in dessen Kanton-District sie geboren, obligat«, heißt es im Reglement vom 1. Mai 1733, in dem die sogenannten Enrollierungskantons festgelegt werden. Zu diesem Behufe wird das Königreich in eine bestimmte Zahl von Kantondistrikten eingeteilt, jedem Regiment entsprach ein Distrikt mit einer bestimmten Anzahl von Feuerstellen oder bewohnten Häusern. Wenn ein männliches Kind geboren wurde, meldete es der Geistliche, der die Taufe vornahm, der Behörde, worauf der Säugling sogleich in die Militärliste eingetragen wurde. Im Konfirmationsalter leistet der Knabe den Eid. Von nun an trägt er als Abzeichen eine rote Halsbinde und darf das Land nicht verlassen. Vom achzehnten bis zum vierzigsten Lebensjahr bleibt er zur Verfügung des Heeres. Gegen Winterende, vor den großen Militärparaden, schikken die Obersten Offiziere in die Distrikte, um die nötige Mannschaft auszuheben. Aber die Rekruten bleiben nur einige Monate beim Regiment und kehren für den übrigen Teil des Jahres in ihr Dorf zurück. Vom Militärdienst befreit sind: einzige Söhne, Söhne von Witwen, Theologiestudenten, privilegierte Kolonisten, Handwerksmeister, Bauern mit zahlreicher Familie oder solche, die einen Einödhof bewirtschaften. Die Kaders werden vom einheimischen Adel gebildet. Friedrich Wilhelm wollte die höchsten Grade den Preußen allein vorbehalten. Aus Mangel an fähigen Männern gelang ihm das nicht. Wenigstens vermochte er die Adelsfamilien dazu zu bewegen, einen ihrer Söhne der Armee zu geben. Diese jungen Leute zwischen 12 und 18 Jahren wurden in Kadettenkompanien ausgebildet und später den Regimentern zugeteilt. Auf diese Weise wurde der Adel des Königreichs nach und nach zum Dienstadel; die einst so aufsässigen Junker verwandelten sich in ein der Dynastie mit Leib und Seele ergebenes Offizierskorps.

Die beste Waffe war die Infanterie, die vom alten Dessauer mit ausnehmender Sorgfalt organisiert worden war. »Er schuf neuartige Bataillone«, schrieb Friedrich, »und führte jene Disziplin, jene Ordnung und erstaunliche Präzision ein, die diese Truppen einem Uhrwerk vergleichbar machen, dessen künstlich ineinandergreifende Rädchen einen genauen und geregelten Gang gewährleisten.« Die preußische Infanterie übertraf alle anderen im schnellen Schießen. Jedes Bataillon war eine »wandelnde Batterie«.

Das Korps, das zur Besetzung von Schlesien bestimmt war, bestand aus 22 000 Mann, 13 000 Pferden und 34 Feuerschlünden. Ein Belagerungspark folgte in kleinem Abstand. Friedrich übernahm persönlich den Oberbefehl. Der Fürst von Anhalt-Dessau sprach sein Befremden darüber aus, nicht mit dabei sein zu dürfen. Worauf ihm der König erwiderte, daß er seine Verdienste ehre, so wie ein junger Offizier den Ruhm eines alten Helden ehren müsse, der schon so manche Proben seiner »Kapazität« gegeben, aber die schlesische Angelegenheit sei eines so großen Heerführers nicht würdig, eigentlich nur eine Bagatelle, eine bloße Besitzergreifung. »Und endlich«, fügte er hinzu, »behalte er sich diese Expedition allein vor, damit die Welt nicht glaube, der König von Preußen ziehe mit seinem Hofmeister zu Felde.« Damals kannte Friedrich von der Kriegskunst nur die unteren Stufen, die Einzelheiten des Dienstes und der Organisation. Gewiß hatte er im

Jahre 1734 die Feuertaufe empfangen, zweifelsohne hatte er die Feldzüge von Prinz Eugen und Turenne studiert, auch Studienreisen auf die Schlachtfelder in Pommern unternommen und die theoretischen Schriften von Jean-Charles de Folard und Antoine de Feuquières gelesen, aber er besaß keinerlei Erfahrung, ja nicht einmal einen richtig ausgearbeiteten Plan. Darum wählte er den Grafen Kurt Christoph von Schwerin zu seinem Beistand, einen Mann, den er selbst zum Feldmarschall ernannt hatte und der nicht die demütigende Überlegenheit des alten Dessauers besaß. Schwerin war einer jener vagierenden Offiziere, die von den Wechselfällen der Kriege Ludwigs XIV. bald dahin, bald dorthin verschlagen wurden. Als Sohn eines schwedischen Obersten in Pommern geboren, mit zwölf Jahren verwaist, war er von seinem Onkel erzogen worden, der Oberst in einem mecklenburgischen Regiment in holländischen Diensten war. Als Kornett und Offizier dieses Regiments hatte er unter Marlborough die Feldzüge in Flandern mitgemacht und war dann in einer Mission zu Karl XII. geschickt worden, der in die Türkei geflüchtet war. Im Jahre 1720 trat er als Generalmajor in die preußische Armee ein. Als Mitglied des Kriegsgerichts, das über Katte Recht sprach, hatte er für lebenslängliche Haft gestimmt. Mit Friedrich, der ihn gerne von seinen Abenteuern erzählen hörte, war er schon lange vor der Thronbesteigung befreundet.

Schlesien war fast ganz von Truppen entblößt. Einen Plan seines Ahnen, des Großen Kurfürsten, befolgend, marschierte Friedrich die Oder aufwärts, während Schwerin mit einem fliegenden Korps das Land besetzte. Die Protestanten, die unter den Plackereien der katholischen Bischöfe zu leiden hatten, bereiteten dem König einen freundlichen Empfang. Am 22. Dezember ließ er die Festung Glogau einschließen. Am 31. Dezember traf er vor Breslau ein. Die Hauptstadt Schlesiens besaß damals eine gewisse munizipale Selbständigkeit, Österreich konnte nur mit Einwilligung der Bürgerschaft eine Besatzung hineinlegen. Der von Maria Theresia mit dem Kommando betraute Feldmarschalleutnant Graf Ullysses Browne ersuchte die Stadtbehörde um die Ermächtigung, mit einigen hundert Mann in die Stadt einzuziehen. Schon hatte der Rat seine Einwilligung dazu gegeben, als unter der Anführung des Schuhflickers Johann Christian Döblin ein Aufstand ausbrach und die Zurücknahme des Beschlusses erzwang. Als die Preußen vor den Wällen der Stadt erschienen, wurden sie von den Einwohnern mit Bier, Brot und allerhand Lebensmitteln bewirtet. Am 1. Januar 1741 besetzte Friedrich die Vorstädte, am 3. Januar zog er nach Unterzeichnung eines Sondervertrages mit dem Stadtrat in Breslau ein.

66. Ansicht von Breslau
Kupferstich eines Augsburger Stechers, um 1730

Trotz heftigem Schneetreiben waren die Straßen von einer neugierigen Menge erfüllt, die vom Spalier der Bürgermiliz nur mit Mühe zurückgehalten wurde. Den Zug eröffnete der Troß mit dem Gepäck des Königs und dem silbernen Tafelgeschirr, getragen von schellenklingelnden Maultieren mit blausamtenen Schabracken. Hinter ihnen 30 berittene Gendarmen in strohgelber Uniform. Hierauf der königliche Wagen mit zurückgeschlagenem Dach, aber unbesetzt, nur der blausamtene, mit Hermelin verbrämte Staatsmantel lag auf dem Sitz. Erst nach einer geraumen Zeitspanne kam, von vier Läufern angekündigt, der König selbst zu Pferde in reicher goldgestickter Uniform. Hinter ihm ein langer Reiterzug von Generälen und Pagen, alle in prunkendem Rot. Friedrich lud die Notabeln zum Essen ein, versprach den Katholiken freie Religionsübung, bezeigte sich gegen den Erzbischof und den Klerus sehr gnädig, erwies den Adeligen und den angesehensten Bürgern viel Aufmerksamkeit. Huldvoll, liebenswürdig und schlicht gegen jedermann, machte er den protestantischen Geistlichen schmeichelhafte Hoffnungen und befahl ihnen über einen Bibeltext zu predigen, den er selbst gewählt hatte: »Das Land, das wir wieder erobert haben, ist unser väterliches Erbe und gehört sonst Niemand. Unsere Feinde aber haben es eine Zeitlang mit Gewalt und Unrecht inne gehabt.« (1 Makk 15, 33.) Döblin erhielt für seine guten Dienste 2000 Taler in Gold. Am 25. Januar reiste Friedrich aus Schlesien ab und überließ es Schwerin, die Eroberung zu vollenden. Nur die drei festen Plätze Glogau, Brieg und Neiße leisteten noch Widerstand.

Friedrich kam als Triumphator nach Berlin zurück: Alles war ihm gelungen. Freilich hatte er damit gerechnet, daß ihm die französisch-englische Nebenbuhlerschaft das Bündnis mit einer dieser Mächte eintragen würde. Aber trotz seinem siegreichen Einmarsch in Schlesien hatte sich keine dazu entschließen wollen, und der vorsichtige Podewils drängte, je länger dieser Zustand der Ungewißheit dauerte, desto mehr darauf, mit Maria Theresia zu verhandeln, um so schnell wie möglich den realen Gewinn aus dem Handstreich zu ziehen. Während einiger Wochen sah sich Friedrich genötigt, zwischen zwei Zielen äußerst geschickt zu lavieren: Das eine war die schleunige und vorteilhafte Beendigung des Krieges, das andere seine Fortsetzung mit stärkeren Kräften. Um einen schnellen Frieden zu erreichen, hätte er sich mit Niederschlesien ohne Breslau begnügt und wäre sogar bereit gewesen, die Königin durch Gewährung einer Anleihe von zwei Millionen Taler à fonds perdu zu entschädigen. Aber Maria Theresia blieb unbeugsam: Nichts konnte ihren Entschluß erschüttern, nichts sie zu einer Handlung bewegen, die sie als ehrlos und gemein betrachtete.

In Versailles andererseits fand Friedrich den Boden durch die lärmenden Bemühungen der Kriegspartei in seinem Sinne vorbereitet. Er wußte, daß es dem Kardinal widerstrebte, sich gegen das Haus Österreich zu erklären, das ihm von dem Augenblick an ungefährlich schien, da ein Enkel Ludwigs XIV. den spanischen Thron innehatte. Aber er wußte auch, daß die durch Graf Charles-Louis Belle-Isle aufgestachelte öffentliche Meinung den alten Minister aus diesem Grunde bezichtigte, den heiligsten Traditionen Frankreichs zuwiderzuhandeln und ihn mit großem Geschrei zu bestimmen suchte, das Werk Richelieus zu vollenden und den Erbfeind Österreich für immer zu zerschmettern. Zudem war der Königin von Ungarn durch die Pragmatische Sanktion nur die Erbfolge in den habsburgischen Landen, nicht aber die Kaiserkrone zugesichert worden. In diesem Punkte behielt Frankreich freie Hand. Die antiösterreichische Strömung wurde indessen so stark, daß nun Versailles selbst in Deutschland Helfer gegen Maria Theresia zu suchen begann. So wurde Friedrich vom Bittsteller zum Gebetenen. Schnell bereit, diesen Vorteil auszunützen, ließ er den französischen Botschafter Valory wissen, daß die Ereignisse seit Eröffnung der Verhandlungen sich so entwickelt hätten, daß er sich mit einem bloßen Defensivbündnis nicht mehr begnügen könne.

»Welchen Vorteil werde ich hieraus ziehen?« sagte er zu Valory, nachdem er den Entwurf gelesen hatte. »Ich kann nicht sehen, welche Hilfe mir der König, Ihr Gebieter, gewähren wird, falls ich es mit einer der mich umgebenden Mächte zu tun bekomme, die auf den bloßen Namen Frankreich hin bereit sind, sich nicht nur auf Frankreich selbst, sondern auch auf seine Verbündeten zu stürzen ... Wird der König den Kurfürsten von Bayern in den Stand setzen, seine Ansprüche noch auf andere Weise zu verfechten, als durch Notenwechsel? Wenn die Kurfürsten von Köln und von der Pfalz durch Hannover angegriffen werden sollten, wird man ihnen dann mit 30 000 Mann zu Hilfe eilen? Und welches Ablenkungsmanöver beabsichtigt der König zu machen? Wird er durch seine Truppen die spanischen Pläne (in Italien) begünstigen? Muß ich nicht, solange nicht diese wohlerwogenen und klug berechneten Maßnahmen ausgeführt sind, anderswo Umschau halten, um meinen Vorteil zu finden? Will mir der König den Besitz Niederschlesiens, Breslau inbegriffen, zusichern?«

Nach drei oder vier Unterredungen dieser Art wußte Valory nicht mehr, was er glauben oder sagen sollte. »Der König von Preußen«, schrieb er traurig an den Minister Jean Jacques Amelot, »gibt keine richtige Auskunft ... Er knüpft überall Verhandlungen an und glaubt wunder was zu tun, wenn er nirgends abschließt ... Da ich mit Ihnen, mein Herr, ganz aufrichtig spreche, nehme ich keinen Anstand, Ihnen zu sagen, daß Leichtsinn, Dünkel und Hochmut der Grundzug dieses Charakters sind. Und Sie werden mich ein wenig beklagen, daß ich mich in alledem zurechtfinden soll.«

Friedrich legte durch Stellung übertriebener Forderungen eine Verwegenheit an den Tag, die seine Minister erschreckte. Lief er nicht Gefahr, schließlich ohne jeden Verbündeten dazustehen? Und was würde geschehen, wenn er sich genötigt sähe, den nächsten Feldzug ganz allein zu führen? Maria Theresia war es durch ihre Bemühungen und Klagen gelungen, die öffentliche Meinung der Niederlande und Englands in Wallung zu bringen. Der katholische Adel Polens entrüstete sich, daß in seiner unmittelbaren Nachbarschaft eine Provinz in die Hände eines protestantischen Fürsten fallen solle, und mächtige Einflüsse wirkten auf den willensschwachen August III. ein, um ihn für die österreichische Sache zu gewinnen. Schließlich schien auch bei einer in den letzten Februartagen in St. Petersburg ausgebrochenen Palastrevolution die österreichische Partei die Oberhand zu gewinnen. Würde der König nicht von allen Seiten angegriffen werden, ehe er noch die Verträge, um deren günstigen Abschluß er so listig marktete, unter Dach und Fach gebracht hatte? »Die Büchse der Pandora ist geöffnet«, schrieb er an Podewils, »alle Übel auf einmal steigen aus ihr empor.« Friedrich ließ sich keine Unruhe anmerken, doch erhöhte er ungesäumt die schlesische Armee auf 32 000 Mann und zog in der Mark unter dem Kommando des Erbprinzen Leopold von Anhalt-Dessau eine zweite Streitmacht von 20 000 Mann zusammen. Am 19. Februar reiste er wieder nach Schlesien, und am 8. März wurde Glogau genommen.

Das war erst das Vorspiel, Friedrich bereitete sich auf größere Ereignisse vor. Er war ruhig und entschlossen, seine geliebten Bücher kamen ihm wieder in den Sinn. »Dem Trägen winken keine Lorbeeren«, schrieb er an einen seiner Minister, »der Ruhm schenkt sich dem Unermüdlichsten und Furchtlosesten ... Sollte ich das Unglück haben, lebendig gefangengenommen zu werden, so trage ich Ihnen bei Leib und Leben auf (Sie haften mir dafür mit Ihrem Kopfe), daß Sie in meiner Abwesenheit meinen Befehlen nicht nachkommen, sondern meinem Bruder mit Ihrem Rat zur Seite stehen sollen. Auch soll der Staat keine Unwürdigkeit begehen, um meine Befreiung zu erreichen. Vielmehr wünsche und befehle ich, daß in diesem Falle weit energischer als zuvor gehandelt werde. Ich bin nur König, solange ich frei bin. Sollte man mich töten, so wünsche ich, daß man meinen Körper nach Römerart verbrenne und in Rheinsberg in einer Urne beisetze. In diesem Falle soll mir Knobelsdorff ein Denkmal setzen, wie das des Horaz in Tuskulum.«

Die preußische Armee war in einer Länge von 150 Kilometern von Breslau bis an die Oderquellen zerstreut aufgestellt. Die endlich mobilisierte österreichische Armee war unter Graf Wilhelm Reinhard von Neipperg bei Olmütz in Mähren zusammengezogen. Neipperg machte sich unbemerkt auf den Marsch und drang in Schlesien an dem äußersten Zipfel ein. Am 2. April wurde Friedrich durch Deserteure davon unterrichtet, daß der Feind nur noch 120 Kilometer entfernt sei. Diese Situation hätte eine ernstliche Gefahr bedeutet, wenn Neipperg direkt auf den König losmarschiert wäre, um ihn, noch bevor er seine Truppen gesammelt hatte, zu überraschen und zu schlagen. Aber weit davon entfernt, die Entscheidung in der Schlacht zu suchen, waren die damaligen Generäle bestrebt, große Risiken zu vermeiden, und ihre Kriegskunst bestand einzig in planmäßigen Truppenbewegungen und Überflügelungsmanövern. Man nannte das den Stellungs- oder Postenkrieg. Einer der berühmtesten Militärschriftsteller dieser Zeit, General Henry Lloyd, hat von dieser Kriegführung folgende Definition gegeben: »Vielleicht der wichtigste Gegenstand für diejenigen, die Heerführer sein wollen, ist die Geographie oder, um es genauer auszudrücken, die Topographie. Es genügt nicht, eine allgemeine Vorstellung des Landes zu haben, sondern es ist auch noch eine bis ins Einzelne gehende Ortskenntnis nötig ... Alle großen und wichtigen Entschlüsse im Kriege, sei es nun im Rate oder auf dem Terrain, hängen unbedingt von der Ortskenntnis ab, und ein kluger General wird mehr darauf geben, als auf das blinde Schlachtenglück. Sofern man alle diese Kenntnisse besitzt, kann man sämtliche Operationen mit geometrischer Genauigkeit bestimmen und ständig Krieg führen, ohne eine Schlacht zu liefern.«

Neippergs Plan bestand darin, Neiße und Brieg zu entsetzen, indem er sich auf den Verbindungswegen der Preußen postierte, die unter der Drohung, von ihren Vorräten abgeschnitten zu werden, zum Rückzug gezwungen werden sollten. Während einer Woche bewegten sich beide Armeen parallel die Oder entlang in nördlicher Richtung. Neipperg versuchte, Friedrich zuvorzukommen, während dieser sich in gleicher Höhe hielt und auf seinem Wege die Garnisonen an sich zog, die er zurückgelassen hatte.

Am 9. April wäre es ihm noch gelungen zu entwischen, aber die Ermüdung seiner Truppen, die seit einer Woche in Schlamm und Schnee marschierten, zwang ihn zu 24 Stunden Rast. Nun mußte er sich zur Schlacht entschließen. Am 10. April gegen Mittag stieß er vor dem Dorfe Mollwitz auf das österreichische Heer, das, auf einen Kampf völlig unvorbereitet, noch nicht in Schlachtordnung aufmarschiert war. Selbst die Artillerie war noch nicht eingetroffen. Neipperg

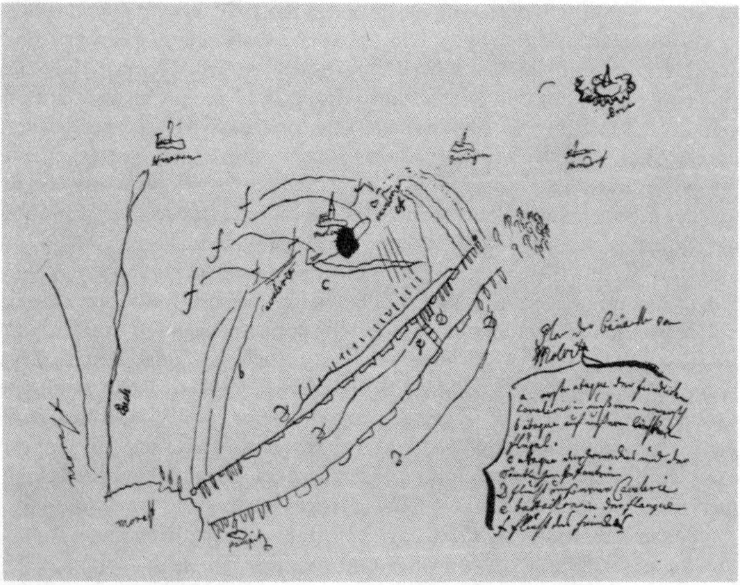

67. Skizze der für Preußen siegreichen Schlacht bei Mollwitz am 10. April 1741 Eigenhändige Zeichnung Friedrichs des Großen als Anlage zu einem Brief an den Fürsten Leopold von Anhalt-Dessau vom 25. April 1741 Ehem. Aufbewahrungsort ungeklärt

hatte 18 000 Mann, Friedrich 22 000. Aber die österreichische Kavallerie war sowohl an Zahl wie an Tapferkeit der preußischen überlegen. Sie warf sich unvermutet mit ihrer ganzen Masse auf die preußische rechte Flanke, die zwei Mal eingedrückt wurde. Das letzte Mal gelang es ihr sogar, in die preußische Infanterie einzubrechen, und die Verwirrung wurde so groß, daß das Fußvolk der zweiten Linie auf die eigene Kavallerie schoß, die im Handgemenge mit dem Feinde war. Gegen vier Uhr schien die Schlacht verloren. Friedrich hatte sich exponiert und wäre beinahe von dem Wirbel mitgerissen worden. Schwerin, der die völlige Auflösung befürchtete, beschwor ihn, seine Person in Sicherheit zu bringen. Nachdem er nach Dessau den Auftrag geschickt hatte, alle Vorkehrungen zum Schutze Brandenburgs zu treffen, flüchtete er in Begleitung zweier Adjutanten, eines Pagen und seines Freundes Friedrich Rudolf von Rothenburg. An der Neiße stieß er auf eine Trainabteilung, und rief in seiner Aufregung den Leuten zu, sich zu retten, worauf die Fuhrleute und Troßbuben das Weite suchten. Nach Einbruch der Dunkelheit kam er vor Oppeln an. Rothenburg, der ihm um 100 Meter vorausritt, sprang aus dem Sattel, klopfte an das Tor und forderte von der Wache Einlaß. Sie antwortete mit Schüssen. Die Österreicher waren in der Stadt. Wäre das Tor nicht geschlossen gewesen, so wäre Friedrich gefangengenommen worden. Die Flüchtenden machten schleunigst kehrt in der Hoffnung, unter dem Schutze der Dunkelheit Breslau zu erreichen. Gänzlich erschöpft rasteten sie in einem Hause in Löwen und tranken von dem Kaffee, den ein Page herbeigeschafft hatte. Rings in der Finsternis saßen schweigend die Adjutanten, während Friedrich, im Glauben, die Armee sei auf dem Rückzug, erregt und unruhig das Zimmer durchmaß.

»Mein Gott!« stöhnte er, »das ist zu viel. Strafe mich nicht zu hart!«

Um zwei Uhr morgens traf ein Leutnant ein, den Schwerin auf die Suche nach den Flüchtlingen ausgesandt hatte. Der Feldmarschall hatte, nachdem ihn der König verlassen, seine Truppen wieder formiert und den Feind zum Rückzug gezwungen. Das Verdienst am Siege gebührte der preußischen Infanterie, die mit ihrem sicheren Schnellfeuer alle Angriffe gebrochen hatte.

Bei dieser Erzählung erging sich Friedrich in wilden Flüchen. Dann sprang er, ohne sich weiter aufzuhalten, in den Sattel und sprengte in gestrecktem Galopp zu den Männern, die er im Unglück im Stich gelassen hatte. In seinem Werke ›Geschichte meiner Zeit‹ (1746) erwähnt er weder seine Flucht noch die bittere Beschämung, die er verspürt haben mag, als er die Blicke der Seinigen ertragen mußte, die ohne ihn gesiegt hatten. Im übrigen aber fällt er über sein Verhalten ein strenges Urteil: »Mein Verhalten war ... verdammenswert: Ich bin von den Plänen des Feindes unterrichtet und treffe keine Vorkehrung sie zu verhindern; ich weise meinen Truppen zu weit voneinander entfernte Quartiere an, die ihnen keine Möglichkeit geben, sich miteinander zu vereinigen; ich lasse mich vom Herzog von Holstein abschneiden und versetze mich dadurch in die Notwendigkeit, in einer Lage zu kämpfen, in der ich im Falle eines Unglücks keine Rückzugsmöglichkeit habe und Gefahr laufe, die ganze Armee zu verlieren; statt endlich vor Mollwitz, wo der Feind kantonierte, mit Nachdruck gegen ihn vorzurücken ..., verliere ich zwei Stunden damit, meine Truppen regelrecht in Schlachtordnung aufzustellen und zwar vor einem Dorfe, in dem noch kein Österreicher aufgetaucht war. Hätte ich das erstere getan, so wäre die ganze österreichische Infanterie verloren gewesen ..., aber in der ganzen Armee gab es nur einen Mann von Erfahrung, den Marschall Schwerin; die anderen tappten im Dunkeln und glaubten alles verloren, wenn sie sich nicht an die Regel hielten. Was uns trotz alledem gerettet hat, war die Schnelligkeit unserer Maßnahmen und die außerordentliche Genauigkeit, mit der sie von den Truppen befolgt wurden. Mollwitz war meine Schule, ich stellte über meine Fehler gründliche Überlegungen an, die mir späterhin zum Nutzen gereichen sollten.« (Fassung von 1746.)

Friedrichs Genius hat sich Schritt für Schritt durch unablässiges Studium und zähe Willenskraft entwickelt.

Das Ende des Feldzuges wurde durch kein Ereignis von Bedeutung bezeichnet. Nach der Übergabe von Brieg verbrachten die beiden Armeen den Sommer damit, einander zu beobachten und zu beunruhigen. Diese Atempause benutzte Friedrich, um seine Kavallerie zu vermehren und durch Scharmützel kriegstüchtig zu machen. Inzwischen wandte sich die ganze Aufmerksamkeit dem Abschluß des französisch-preußischen Bündnisses zu. Belle-Isle, der Deutschland bereiste, um die antiösterreichische Koalition zustande zu bringen, traf in der Hoffnung, den Vertrag schnell abzuschließen, in Breslau ein. Der König wußte, daß der Marschall einen feurigen und herrischen Charakter besaß. Er verstand es so einzurichten, daß er mehrere Tage lang mit Festen, Militärparaden und anderen liebenswürdigen Verzögerungen hingehalten wurde. Endlich mußte er ihn doch empfangen und anhören. Friedrich befand sich damals in seinem Hauptquartier in Mollwitz. Es herrschte ein furchtbares Schnee- und Regenwetter, der Sturm drohte jeden Augenblick, das Zelt wegzutragen. Belle-Isle wurde dringlich. Friedrich wandte ein, ein Bündnis mit Frankreich werde ihm

Sachsen, Polen, Rußland und England auf den Hals hetzen, noch ehe Ludwig XV. in der Lage sei, ihm zu Hilfe zu kommen. Belle-Isle erwiderte, das Wort eines Königs von Preußen sei so gut wie eine Unterschrift, Friedrich könne sich nach so vielen Versprechungen nicht selber Lügen strafen. Endlich wurde das Bündnis geschlossen (3. Juni). Der wichtigste Artikel bestimmte, daß eine französische Armee von 40 000 Mann vor Ablauf von zwei Monaten den Rhein überschreiten solle. Aus dem Begeisterungsrausch, der sich jetzt Friedrichs bemächtigte, mußte man annehmen, daß er nie etwas anderes gewünscht hatte. »Ich mache Ihnen streitig«, schrieb er an Kardinal Fleury, »ein besserer Franzose zu sein als ich.«

Diese Herzlichkeit war nicht von langem Bestand. Das Bündnis hatte den Nachteil, Frankreichs Einfluß in Deutschland zu stärken, es beunruhigte die protestantischen Fürsten, machte aus dem künftigen Kaiser eine Kreatur Ludwigs XV. und gab Anlaß, diesen, wie schon vordem Ludwig XIV., der Hegemoniegelüste zu bezichtigen. Friedrich war für diese Einwände nicht unempfindlich. Am 10. Juli befahl er Podewils, die Verhandlungen mit dem Earl John of Hyndford (denselben, den er in franzosenfreundlichen Momenten Mylord Hundsfott nannte) fortzusetzen und mit ihm zu ›chipotieren‹. Es widerstrebte ihm, Habsburg zugunsten der Bourbonen und der anderen Kurfürsten zu sehr zu schädigen, sobald es einmal seine Eroberungen anerkannt hatte. Andererseits mißtraute auch Fleury seinem Verbündeten: »Zuverlässigkeit und Aufrichtigkeit sind nicht seine hervorstechendsten Tugenden«, schrieb er an Belle-Isle. »Er ist in allem falsch, selbst in seinen Ergebenheitsbeteuerungen ... Ganz Europa verabscheut ihn ... Wenn man ihm einen vorteilhaften Vorschlag machen würde, wäre er keinen Augenblick um einen Vorwand verlegen, das Bündnis mit uns zu brechen.« Kurz, zwölf Tage nach der Unterzeichnung begann Friedrich sich bereits zu beklagen, daß noch nicht alles in Schwung sei und hielt noch einige weitere Beschwerden bereit.

Schließlich aber setzte sich die Koalition in Bewegung. Zwischen dem 15. und 22. August überschritten die Franzosen den Rhein und rückten dann mit der bayerischen Armee längs der Donau vor. Am 14. September besetzten sie Linz, das nur drei Tagesmärsche von Wien entfernt liegt, während August III. sich gegen Zusicherung von Mähren und einem schmalen Korridor in Böhmen – den ersten Bruchstücken einer Brücke zwischen Sachsen und Polen – gegen Österreich erklärte.

Friedrich riet seinen Verbündeten, entschlossen gegen Wien vorzugehen und es durch Überrumpelung einzunehmen. Aber das französisch-bayerische Heer stand unter dem Kommando des Kurfürsten Karl

Albert, eines braven, ängstlichen Mannes, der sich von seinem Lande nicht allzu weit zu entfernen wagte. Belle-Isle erhob zwar den Anspruch, sowohl die militärische als auch die diplomatische Aktion zu dirigieren, doch war er zur Vorbereitung der Kaiserwahl in Frankfurt geblieben und bekundete seine Willensmeinung nur von dort aus in Form von Briefen, die nicht immer von guter Wirkung waren. Endlich wünschten sowohl Belle-Isle als Karl Albert ihre Vereinigung mit den Heeren Friedrichs und Augusts, um sich einerseits auf sie zu stützen und andererseits den König zu verhindern, aus der Reihe zu tanzen. Unschlüssig, von verschiedenen Meinungen hin- und hergerissen, verlor der Kurfürst eine Woche in Linz, dann rückte er mit tödlicher Langsamkeit bis Krems vor, das nur 15 Wegstunden von der Hauptstadt entfernt ist. Zur Zurücklegung von 200 Kilometern hatte er 41 Tage gebraucht. Ende Oktober entschloß er sich aber zu einer Schwenkung nach Norden, um Böhmen zu besetzen, das er seinem Anteil ganz einverleiben wollte.

Verzweifelt über die Invasion, verstand sich Maria Theresia zu einer vorläufigen Annahme der preußischen Bedingungen. Im Schloß Kleinschnellendorf bei Neiße wurde zwischen Friedrich, Neipperg und Lord Hyndford insgeheim ein Waffenstillstand abgeschlossen (9. Oktober).

Man kam überein, daß Neiße nach einem scheinbaren Widerstand kapitulieren und daß die Österreicher Schlesien bis zum Abschluß des allgemeinen Friedens räumen sollten. »Seine Majestät der König von Preußen«, heißt es im fünften Artikel, »wird weder gegen Ihre Majestät, die Königin von Ungarn und Böhmen, noch gegen den König von England in seiner Eigenschaft als Kurfürst von Hannover, noch gegen irgendeinen Alliierten der Königin eine Angriffshandlung vornehmen.« Neipperg hat nun die Freiheit, sich gegen die Franzosen zu wenden; Niederschlesien soll im definitiven Vertrag bis zur Neiße an Preußen abgetreten werden; endlich soll das Geheimnis streng gewahrt und »von beiden Seiten sollen kleine Streifscharen ausgeschickt werden, um die Feindseligkeiten pro forma fortzusetzen«. So hatte die französische Intervention die unerwartete Wirkung, Österreich von seinem Hauptgegner zu befreien und Preußen, das den Krieg entfesselt hatte, zu erlauben, sich ganz allein im günstigen Augenblick zurückzuziehen.

Friedrich gab sich alle erdenkliche Mühe, seinen Abfall zu verschleiern. Es machte ihm überhaupt Spaß, Komödie zu spielen, und gerade diese schien ihm ein außerordentliches Vergnügen zu bereiten, denn sonst hätte er sich wohl eine Menge überflüssiger Lügen erspart. Die Art, wie Neiße belagert wurde, war in der Tat geeignet, auch dem

68. Huldigung der niederschlesischen Stände vor Friedrich dem Großen im Saal des Breslauer Rathauses am 7. November 1741 Kupferstich von Johann David Schleuen

Leichtgläubigsten die Augen zu öffnen. Aber Friedrich ließ es sich nicht nehmen, alle Welt zu verspotten. Am 9. Oktober, also am Tage der Unterzeichnung des Abkommens, schrieb er an Belle-Isle einen honigsüßen Brief, der mit den Worten schloß: »Es war Ludwig XV. vorbehalten, als Schiedsrichter zwischen den Königen zu walten, und Herrn von Belle-Isle, das Werkzeug seiner Macht und Weisheit zu sein.« Man sieht ihn lächeln.

Im Grunde war die Rechnung Friedrichs falsch. Zunächst trug das französisch-bayerische Heer Sieg auf Sieg davon. Die Verbündeten unter Moritz von Sachsen erstürmten am 26. November 1741 Prag mit Hilfe eines sächsischen Korps, das sein Stiefbruder Graf August Friedrich von Rutowski befehligte. Kurfürst Karl Albert wurde am 24. Januar 1742 als Karl VII. zum römischen Kaiser gewählt und am 12. Februar in Frankfurt gekrönt. Friedrich mußte sich den Ereignissen durch herzliche Glückwünsche an die Sieger anpassen. Aber Maria Theresia, der preußischen Drohung ledig, hatte in Ungarn ein Massenaufgebot ergehen lassen und den Patriotismus ihrer Untertanen geweckt. Die Gegenoffensive der Österreicher begann längs der Donau. Ende Januar eroberten sie Linz zurück, rückten in Bayern ein und besetzten München am nämlichen Tage, an dem Karl Albert sich in Prag die böhmische Krone aufs Haupt setzte. Friedrich, der zugleich mit den wachsenden Erfolgen seiner Bundesgenossen seine Forderungen erhöht hatte, sah sich nun, da ihre Mißerfolge seine eigenen Gewinne gefährdeten, genötigt, wieder zu den Waffen zu greifen.

»Ein unbefangener Beobachter«, schreibt Reinhold Koser, »wird nicht in Abrede stellen können, daß die Kleinschnellendorfer Abkunft nicht bloß geeignet war, den Ruf des jungen Königs und seiner Politik bei Freund und Feind bloßzustellen, sondern daß sie auch, politisch durch keine Nötigung geboten, ein Wagnis und ein Fehler war. Wäre es den Österreichern gelungen, Prag vor ihren Gegnern zu erreichen, so würden allem Ermessen nach die Franzosen, die Bayern und vollends die Sachsen den Kampf als aussichtslos aufgegeben haben. Hätte alsdann die lose Abrede, die am 9. Oktober getroffen war, für den König von Preußen irgendwelche Sicherheit geboten? Eine Abrede, von der, gleich nach der Begegnung auf dem Schnellendorfer Schlosse, Neipperg nach Wien schrieb, daß die Königin zu nichts verpflichtet sei, wenn sie nicht bis Ende Dezember einen Vertrag eingehe! . . .

Kurz, von welcher Seite man dieses Abkommen betrachten mag, immer wird es unsicher und bedenklich erscheinen. Wenig gewählt waren denn auch die Auskunftsmittel, die hier aufgeboten wurden, alle die Handgriffe, mit denen vor und nach dem entscheidenden Tage den Verbündeten der Zusammenhang verschleiert werden sollte. Und klein war schließlich der Gewinn aus diesem versteckten Spiele: ungestörte Winterruhe, die Schlüssel einer einzigen, im Grunde nicht widerstandsfähigen Festung. Für die Konvention von Kleinschnellendorf mag das sonst ungerechtfertigte Wort Hyndfords gelten, daß dieser Fürst den kleinsten augenblicklichen Gewinn den wichtigsten und dauerndsten Vorteilen der Zukunft vorziehe.

Durch eine Verhandlung, in der wie in keiner anderen Augenblicksrücksichten und menschliche Übereilungen den Ausschlag gegeben haben, war ein Ergebnis von großer welthistorischer Bedeutung gesichert worden. Österreichs Zukunft war gerettet. Der, welcher die stolze alte Macht an den Rand des Abgrundes gedrängt, war, indem er den Arm für einen Augenblick sinken ließ, ihr Beschirmer und Wohltäter geworden; die klassisch gebildeten Engländer erinnerten sich der Lanze des Achill, die zugleich verwunde und heile. Wie oft hat Friedrich nachmals vom Schicksal es sich ersehnt, dem Todfeind die Pharsalusschlacht schlagen zu können. Eine Gelegenheit, wie er sie im Herbst 1741 aus der Hand gab, indem er Neippergs Heer, das einzige Feldheer Österreichs, ohne Schlacht, ohne Verfolgung, ganz unbehelligt ließ, sollte ihm nie wieder zulächeln. Der Knoten seiner Geschicke war jetzt geschürzt.«

Als Friedrich Mitte Januar 1742 die Feindseligkeiten wieder eröffnete, gedachte er durch einen schnellen Vorstoß nach Mähren Wien vom Nordosten zu bedrohen. Jedoch der Plan wurde schlecht ausgeführt. Vor allem wollte Friedrich die Expedition mit geringen Kosten machen, das heißt, um sich seiner eigenen Ausdrucksweise zu bedienen, indem er von sich aus wenig, von seinen Verbündeten viel einsetzte. Aber dieses zusammengewürfelte Heer – Franzosen, Sachsen und Preußen – ließ sich schwer handhaben. Die Führer vertrugen sich nicht miteinander. Die Sachsen waren nicht zuverlässig. Broglie und August III. befahlen aus der Ferne ihren Unterführern, die Truppen zu schonen, während Friedrich immer noch heimlich mit Österreich verhandelte. Trotzdem waren die Husaren unter Hans Joachim von Zieten bis Stockerau, der letzten Poststation vor Wien, gekommen. Aber der König war so unvorsichtig gewesen, die mit einer starken Besatzung versehene Stadt Brünn in seinem Rücken außer acht zu lassen, und wiewohl er das Land durch Requisitionen »abgegrast« hatte, lag doch seine Verproviantierung sehr im Argen. In seinen Briefen und in ›L'Histoire de mon temps‹ wälzt er die Schuld auf Schwerin ab, dem er sein Mollwitzer Abenteuer nie verzieh. Schließlich zog er sich aus Furcht, durch die ständigen Streifzüge der feindlichen Kavallerie und der ungarischen Freischärler von seinen Verbindungen abgeschnitten zu werden, mit 12 Bataillonen nach Böhmen zurück. Gleichzeitig wurde Prinz Dietrich von Anhalt-Dessau mit 19 Bataillonen durch Prinz Karl von Lothringen, den Bruder des Großherzogs von Toskana, gegen Schlesien abgedrängt (April 1742).

Friedrich war düster und gereizt. Die ausgesogene Bevölkerung verfluchte ihn. Er erging sich in bitteren Ausfällen gegen das Menschengeschlecht. »Sein Gemütszustand«, schreibt Valory, »war fürchterlich. Alle seine Reden waren beißend, sein Lachen gezwungen und hämisch, seine Witze voller Bitterkeit. Alles ward ihm zum Ekel, alles erregte seinen Argwohn.« Walpoles Sturz führte zu einer Ausdehnung des Kriegsbrandes: Krieg zwischen England und Spanien, Krieg zwischen England und Frankreich. Man war im Begriffe, sich überall zu schlagen, auf den Meeren, in Amerika, in Indien, in Italien, an der Donau und am Rhein. Aber dann würde auch Friedrich in seinen Provinzen Cleve und Mark bedroht sein, vielleicht sogar in seinem Erblande Brandenburg. Ferner würde, sobald der Krieg die Grenzen Deutschlands überschritt und sich über die Welt ausbreitete, Frankreich sicherlich die Führung an sich reißen und im Falle eines Sieges der eigentliche Nutznießer sein und seine Macht unerschütterlich befestigen.

Vom Rückzug erschöpft, von Hungersnot bedroht, durch falsche Nachrichten verwirrt, wird Friedrich von Gewissensbissen und Zweifeln geplagt. Ist dieser unglückselige Vorstoß nicht einzig seiner Überheblichkeit zuzuschreiben? Warum hat er sich in das schlesische Abenteuer gestürzt, wenn nicht aus jugendlichem Übermut und aus der Sucht, gefürchtet und bewundert zu sein? Wozu so vieler Menschen Tod, wozu die Mühen, wozu die Ausgaben? Wenn er an alle die versäumten Gelegenheiten denkt, wird er von Wut gegen seine versagenden Bundesgenossen gepackt. Je länger er nachdenkt, desto überdrüssiger ist er dieser erbärmlichen Verwirrung, desto unwiderstehlicher drängt es ihn, sich schleunigst von alledem freizumachen: »Meiner Ansicht nach verlangt das Wohl des Staates, daß wir Frieden schließen. Schlucken wir also unseren Widerwillen hinunter, und gehen wir auf unser Ziel los.« Einen Augenblick lang hoffte er, daß die Engländer alles in Ordnung bringen würden, um andernorts freie Hand zu haben. Dann gelangte er zu der Überzeugung, daß er mit Verhandlungen nicht weiterkommen könne, vielmehr bedürfe es »eines gewaltigen Kraftaufwandes und einer glänzenden Tat«. Inzwischen hatte der alte Dessauer ihm eine erste Verstärkung zugeführt, doch wünschte Friedrich sehr, den Truppen vor dem Kampfe noch einige Wochen Ruhe zu gönnen, die für die Herbeischaffung von Proviant und zwecks Auffüllung der am meisten mitgenommenen Bataillone dringend notwendig war. Prinz Karl von Lothringen ließ ihm nicht die Zeit dazu.

Die Schlacht fand am 17. Mai 1742 bei dem Dorfe Chotusitz ungefähr 80 Kilometer südöstlich von Prag statt. Der Prinz hoffte, zwischen den Stellungen der Preußen und der Franzosen durchzukommen und so die Hauptstadt zu erreichen, aber Friedrich hatte seine Armee in der sumpfigen Ebene von Czaslau und Chotusitz im Halbkreis aufgestellt und verlegte ihm den Weg. Um sieben Uhr früh griffen die Österreicher mit ihrer Kavallerie an, um zehn Uhr hatten die Preußen gesiegt.

Friedrich nahm die Verfolgung nicht auf. Die meisten Geschichtsschreiber vertreten die Ansicht, daß diese Untätigkeit beabsichtigt war, weil der König Maria Theresia schonen wollte. Doch hatte er bei der immer noch andauernden Unsicherheit seiner Verpflegung auch gewichtige militärische Gründe dafür, sich nicht zu weit von seinen Magazinen zu entfernen. Auf jeden Fall gab ihm dieser Sieg einen Trumpf in die Hand, den er zu vorteilhaften Verhandlungen ausnützen konnte, was er nicht verfehlte, gegenüber Lord Hyndford, seinem gewöhnlichen Mittelsmann, geltend zu machen.

Er konnte keinen triftigen Grund anführen, der ihn zum Abfall vom französischen Bündnis berechtigt hätte. Getreu seiner Gewohnheit, schriftlich nachzudenken, hatte er sich in den letzten Tagen eigenhändig eine Liste der Argumente angelegt, die für und gegen einen Sonderfrieden sprachen. Punkt eins der Gegengründe lautete: »Es ist schlimm, sein Versprechen ohne Grund zu brechen; bisher habe ich keinen Anlaß, mich über Frankreich oder meine Verbündeten zu beklagen. Man kommt in den Ruf eines wetterwendischen, leichtfertigen Menschen, wenn man einen Plan, den man entworfen hat, nicht ausführt und häufig von einer Partei zur anderen übergeht.« Aber das preußische Interesse überwog doch alles bei ihm. Ein ernsthafter Mißerfolg des Marschalls Broglie, der mit Verlust eines Teils seines Kriegsgeräts gezwungen war, sich unter die Mauern von Prag zurückzuziehen, gab den Ausschlag. Am 9. Juni erteilte Friedrich, sehr beunruhigt, den Auftrag, die Verhandlungen zu beschleunigen: »Es handelt sich darum, binnen zwölf Stunden abzuschließen, sofern das irgend möglich ist; Schlesien und Glatz als Conditio sine qua non, im übrigen alles, was Sie herauspressen können.« Als Valory drei Tage später in ihn drang, Prag zu Hilfe zu eilen, nahm er sich nicht einmal mehr die Mühe, zu seinen gewöhnlichen Ausflüchten zu greifen: »Herr Marquis, ich will

69. Belagerung und Beschießung Prags durch die Österreicher in den Juni-Kämpfen 1742
Radierung eines Unbekannten

den König nicht täuschen, ich will zu Ihnen mit aller erdenklichen Offenheit sprechen. Es steht verzweifelt . . . Ihr Marschall Broglie verdient allerhand Vorwürfe: Es gibt keine französische Armee mehr, Sie sind von Ihren Rekruten und Ihren Magazinen abgeschnitten . . . Ich möchte nicht der Leidtragende sein. Ich arbeite am Frieden: Ihre Angelegenheiten stehen so, daß sie sich nicht gutmachen lassen.«

Als ihm Valory darauf erwiderte, daß die Preußen ja gerade in der Lage seien, den Marschall herauszuhauen, fuhr Friedrich fort: »Gewiß, indem ich noch einmal eine Schlacht riskiere, aber das will ich nicht. Ich habe genug Menschenblut vergossen, und ich setze durch eine Schlacht viel zu viel aufs Spiel, als daß ich mich wieder darauf einlassen sollte. Wenn ich nicht an mich selbst dächte, müßte ich mit Ihnen zugrunde gehen . . . Mein lieber Valory, au plaisir de vous revoir.«

Und er drehte ihm den Rücken.

Die Verhandlungen kamen sehr schnell vorwärts. England war an diesem Frieden interessiert, denn das von der preußischen Drohung befreite Österreich konnte sich mit sämtlichen Kräften gegen Frankreich wenden. Maria Theresia schraubte ihre Forderungen herab. Die in Breslau durch Podewils und Hyndford festgesetzten Präliminarien wurden in Wien ratifiziert, und Friedrich begann am 19. Juni Böhmen zu räumen.

Als der französische Botschafter bei seiner Rückkehr aus Prag die Nachricht erfuhr, konnte er seine starke Erregung nicht verbergen, was den König veranlaßte, von ihm eine grausame Karikatur zu entwerfen: »Kein Hanswurst kann Valorys Grimassen nachahmen; seine Brauen beschrieben Zickzacklinien, sein Mund öffnete sich weit, er geriet in seltsame Zuckungen und all das, ohne etwas Rechtes zu sagen zu haben. Seine größte Sorge war, welche Partei ich nach Friedensschluß ergreifen würde. Ich habe ihn über diesen Punkt beruhigt; er könne darauf rechnen, daß ich nie meine Waffen gegen Frankreich kehren und daß ich meine Bündnispflicht in allen möglichen Punkten erfüllen würde, besonders in jenen, die die Nachfolge Jülichs betreffen, aber man dürfe von mir nicht stetige Anstrengungen und Risiken verlangen und ich hätte mich, bloß um Frieden zu haben, so gut es gehen wollte, aus der Affäre gezogen.« Wilhelmine gegenüber drückte er sich noch kürzer aus, er schrieb: »Ich sah, daß alle meine Bundesgenossen die Hände in den Schoß legten, und da ich die ganze Last des Krieges nicht auf mich allein nehmen konnte, habe ich es ihnen überlassen, ihren Knäuel selbst zu entwirren.«

Der endgültige Vertrag wurde in Berlin am 28. Juli 1742 unterzeichnet. Friedrich erhielt die Grafschaft Glatz, sowie Ober- und Niederschlesien, ohne Troppau, Teschen und Jägerndorf. Er verpflichtete sich, in Schlesien den katholischen Kultus zu achten und übernahm eine Anleihe von 1 700 000 Talern, die in London auf die Einkünfte aus dieser Provinz aufgenommen wurde. Im September standen auch die Sachsen vom Kampfe ab, im Dezember räumten Belle-Isle und Broglie Böhmen, am Tage nach Weihnachten ergaben sich die letzten in Prag zurückgebliebenen Franzosen. »Die Sache nimmt sich gut aus«, schrieb er von seiner Eroberung, »was die künftige Sicherheit unserer neuen Besitzungen betrifft, so gründe ich sie auf eine tüchtige und zahlreiche Armee, auf eine volle Schatzkammer, auf starke Festungen und auf Paradebündnisse, die wenigstens nach etwas aussehen.«

Mollwitz hatte Friedrich nicht entmutigt, Chotusitz ihn nicht berauscht, aber in diesen Kriegsmonaten war er reifer geworden. Die Eroberung von Schlesien hinderte ihn nicht daran, weiter zu dichten, zu bauen, zu philosophieren und an Voltaire zu schreiben. Doch er hatte sich »in den Wirbel der Staatsgeschäfte« gestürzt, hatte Menschenleben, auch sein eigenes, aufs Spiel gesetzt, dem Schicksal getrotzt und inmitten drohender Fährnisse Entschlüsse gefaßt, in denen es um seinen Ruf, seine Ehre, die Dynastie, um Preußen selber ging. Auf der Verfolgung des weichenden Feindes war er am Abend nach der Schlacht hinweggeritten über die Leichen, auf denen sich sein Ruhm aufbaute. Es überkam ihn wie ein Staunen über sich selbst, er trank das Leben in vollen Zügen. Manchmal glaubte er sich nicht wiederzuerkennen:

»So ist denn Dein Freund zum zweitenmal in einem Zeitraum von dreizehn Monaten Sieger«, schrieb er an Jordan, »wer hätte vor einigen Jahren gedacht, daß Dein Schüler in der Philosophie, der Jünger Ciceros in der Rhetorik und Bayles in der Vernunftlehre, eines Tages in der Welt eine militärische Rolle spielen würde? Wer hätte gedacht, daß die Vorsehung einen Dichter dazu auserwählen würde, das europäische System zu stürzen und die politischen Berechnungen der Könige von Grund auf zu verrücken? ... Ich erwarte mit Ungeduld Nachricht von Dir, aber schreibe mir recht viel über Bauten, Möbel und Tänzer. Das ergötzt mich und lenkt mich ab von meinen Beschäftigungen, die, so wichtig sie alle sein mögen, doch schwierig und bedenklich sind. Ich lese, soviel ich kann, und versichere Dir, daß ich unter meinem Zelte ebenso philosophisch denke wie Seneca, oder vielleicht noch mehr.«

Er fühlte die ganze Last seiner Taten und Pflichten: »Die ehrenvolle Aufgabe, das große Rad der Ereignisse in Schwung zu setzen, wird mir recht sauer ... Ich denke oft an Remusberg zurück und an jenen willigen Fleiß, mit dem ich mich mit den Wissenschaften und Künsten vertraut machte; aber schließlich hat jeder Stand seine Plage. Ich erlebte damals meine kleinen Freuden und meine kleinen Schicksalsschläge, ich befand mich damals in ruhigem Binnengewässer. Heute schiffe ich mitten im wilden Meer, eine Woge hebt mich zu den Wolken empor, die nächste senkt mich in den Abgrund hinab und eine dritte läßt mich noch schneller die höchste Höhe erklimmen. Diese heftigen Bewegungen der Seele

70. Kostümfest im Breslauer Redoutensaal während der von Friedrich dem Großen 1742 als Konkurrenz gegen Leipzig eingeführten Messe zu Breslau Aquarell im Stammbuch Jaenisch, 1740–1746 Ehem. Breslau, Museum der Stadt

sind nicht für den Philosophen geschaffen; denn, was man auch sagen mag, es ist recht schwierig, den Wechselfällen des Schicksals gegenüber gleichmütig zu bleiben und aus dem menschlichen Herzen jede Empfindungsfähigkeit zu verbannen. Vergeblich möchte man im Glücke kalt, in Widerwärtigkeiten ungerührt erscheinen: das Gesicht mag sich verstellen, aber der Mensch selbst, sein Inneres, die verborgensten Falten seines Herzens sind darum nicht weniger erschüttert. Alles, was ich für mich wünsche, ist, daß der Erfolg in mir die Menschlichkeit und die Tugenden nicht verderbe, zu denen ich mich immer bekannt habe. Ich hoffe und ich schmeichle mir, daß meine Freunde mich immer wieder als den Gleichen finden werden, der ich gewesen bin . . .«

Aber er lernt auch über seine Freunde anders denken. Im Jahre 1741 hatte er Jordan und den kleinen Rheinsberger Hofstaat zu sich nach Breslau gerufen, aber die Philosophie machte im Kriege keine gute Figur. Maupertuis, der auf einen Baum geklettert war, um von ferne der Schlacht zuzuschauen, wurde von ungarischen Husaren gefangen, die ihn seiner Kleider, seiner Uhr und seines Geldes beraubten. Jordan starb vor Angst und machte kein Hehl daraus. Friedrich verfolgte ihn mit grausamen Witzen, fragte ihn über seine Kolik aus, ob die Ärzte ein Mittel gefunden hätten, ihr Einhalt zu tun, ob er viel flenne, ob er sich nach seinen Büchern zurücksehne, ob er sich einen weißen Federbusch und einen langen Haudegen erstanden habe. Der Unglückliche erwiderte mit einem Rondeau »Que ne puis-je aller à Berlin?« (Kann ich nicht nach Berlin gehen?), das sein bestes Gedicht ist, weil man es wenigstens als aufrichtig empfindet. Friedrich dreht Vers für Vers um: »Que devient donc en ce moment / Cette grave philosophie, / Dont vous nous parlez si souvent, / Et ce stoicisme insolent, / Qui vous fait mépriser la vie, / Quand le danger n'est pas présent?« (Was wird nun zu dieser Stunde / jene würdevolle Philosophie, / von der Sie uns so oft sprechen, / und jener hochgemute Stoizismus, / der Sie auf das Leben herabsehen läßt, / wenn die Gefahr nicht droht?)

Sobald aber die Gefahr im Anzug ist, ergreifen die Lehrer der Tugend, die Weisen, die Titanen der Studierstube auf Nimmerwiedersehn die Flucht. Nur der Soldat, der ohne Zittern dem Tode trotzt: »Mérite en effet l'apostrophe / De vrai sage, et de philosophe, / Les autres sont des imposteurs.« (Verdient in der Tat die Bezeichnung / eines wahren Weisen und Philosophen, / die anderen sind Betrüger.)

Das ist ein hartes Wort. Friedrich versüßt es durch nachsichtige und liebevolle Zusätze, macht aber keinen Versuch, es zurückzunehmen. Gewiß wird er nach seiner Rückkehr die alten Freunde nicht verstoßen, er bedarf zu sehr ihrer Zuneigung, ihres Geistes, ihrer gottlosen Reden und ihres Talentes. Aber in seinem Innersten behält er seine wahre Achtung den charakterfesten, mutigen Männern vor, die ihm in der Stunde der Gefahr, immer sich selber gleich, bereit ihr Blut hinzugeben, zur Seite stehen.

Er ist ein Hohenzoller. Ein wenig toll und abenteuerlich, den Kopf voller Träume, war er in den Krieg gezogen, weil sein Vater ihm ein starkes Heer und Geld hinterlassen hatte und weil die Umstände günstig schienen. »Meine Jugend, das Feuer der Leidenschaften, der Durst nach Ruhm, ja sogar die Neugier und ein geheimer Trieb haben mich der süßen Ruhe, die ich genoß, entrissen; die Genugtuung darüber, meinen Namen in der Zeitung zu lesen und später im Buche der Geschichte zu wissen, hat mich verführt.« (An Jordan, 3. März 1741.) Und nun erfüllt der praktische Sinn seines Geschlechts ihn ganz: »Wenn man einem Spieler Klugheit zubilligt, der, nachdem er gewonnen hat, den Spieltisch verläßt, um wieviel mehr muß man nicht einen Kriegsmann loben, der sich nach einer Reihe ihm vom Glücke geschenkter Triumphe vor den Launen des Geschicks in Sicherheit bringt?« Krieg, Vertrag, Bündnis und Abfall, alles muß sich bezahlt machen, alles »zum Vorteil der Nation« und zur Vergrößerung des Landes dienen. Die Politik Friedrichs ist die gleiche wie die Friedrich

Wilhelms, die gleiche wie die des Großen Kurfürsten: dasselbe Schaukelspiel zwischen Frankreich und Österreich, dasselbe Herumprobieren, dieselben Ambitionen, dieselbe verworrene Diplomatie. Aber Friedrich bringt für seine Aufgabe Intelligenz, Scharfblick, völlige Unbedenklichkeit und Wagemut mit, lauter Eigenschaften, die seinem Vater fehlten.

Doch welch ein Abgrund klafft zwischen Traum und Tat! Die wohlerwogensten Entschlüsse, die auf Grund so trefflicher Bücher entworfenen Pläne, alles ist einer Überraschung, einem plötzlichen Schlage des Feindes ausgesetzt. In solchen Augenblicken gilt es, sich schnell zu entscheiden, in Hast und Nacht, mit alleiniger Hilfe einer klarsichtigen, unbeirrbaren Urteilskraft. Friedrich, zuweilen die Vorsicht vergessend, manchmal zu eilig, oft heißblütig und ungestüm, ist weit davon entfernt, seine ungeregelten Impulse zu beherrschen, die ihn vom höchsten Jubel in die Verzweiflung fallen lassen, doch ist er sich seines Mangels an Erfahrung bewußt und bemüht sich, alle Hilfsmittel seiner Vernunft »clare et distincte« (Descartes) in den Dienst seines Willens zum Heldentum zu stellen. In ihm vereint sich der klassische Geist Frankreichs mit der kolonisatorischen Überlieferung Preußens.

Der hervorstechendste Zug seiner Diplomatie nach den Friedenspräliminarien von Breslau (11. Juni 1742) ist ein allgemeines Mißtrauen. Über die Gefühle Maria Theresias machte er sich keine Illusionen. Er wußte, daß sie Schlesien nur »mit dem Messer an der Gurgel« und auf Drängen ihrer Verbündeten ausgeliefert hatte, jedoch die Hoffnung nicht aufgab, es eines Tages wieder zu nehmen. Wenn er andererseits die Rache Frankreichs fürchtete, so ließ ihn zudem die Verschmelzung der englischen und hannoverschen Interessen eine territoriale Umwälzung in Norddeutschland zugunsten der englischen Dynastie besorgen.

Der Abfall Preußens bedeutete zweifellos einen großen Erfolg für die englische Politik, die seit einem Vierteljahrhundert vom Kontinent beinahe ganz verbannt war. In den folgenden Monaten gelang es den beiden Leitern der englischen Außenpolitik, dem Herzog Thomas von Newcastle und Lord John Carteret, noch Sardinien von der französischen Partei abzubringen und die Kaiserin Elisabeth von Rußland mitzureißen. Friedrich hielt es für klug, dieser Koalition beizutreten, doch auf eine passive Art in der Form eines gegenseitigen Garantievertrages, der am 28. November 1742 unterzeichnet wurde. Seine Unruhe wuchs, als Bayern von den Franzosen geräumt wurde und Kaiser Karl VII. aus seinem Lande fliehen mußte und sich nach Frankreich begab, wo er in der bedauernswertesten Lage, ohne Hilfe, ja fast ohne Geld lebte. Beinahe überall war die Meinung verbreitet, daß er bald zur Abdankung gezwungen und statt seiner Franz gewählt würde. Endlich, im Frühjahr 1743, sammelte sich in Hannover ein deutsch-englisches Heer, die sogenannte pragmatische Armee, die die Aufgabe hatte, durch die Rheinlande gegen Frankreich vorzugehen. Konnte der König von Preußen seine Hand zur Vernichtung eines Kaisers bieten, der sein Werk war? Durfte er das Haus Habsburg in Deutschland wieder eine erste Rolle spielen lassen?

71. Der österreichische Erbfolgekrieg: Vertreter der europäischen Mächte auf dem Eröffnungsball im großen Saal ›Deutschland‹ Karikatur auf einem in Holland vertriebenen Flugblatt vermutlich preußischer Herkunft, 1742

Da es ihm nicht gelungen war, den Vormarsch der pragmatischen Armee, die Herzog Adrian Moritz von Noailles bei Dettingen (27. Juni 1743) geschlagen hatte, durch Einschüchterung aufzuhalten, bemühte er sich, wenigstens insgeheim, das zusammengebrochene Werk Belle-Isles wieder aufzubauen, das heißt, die Fürsten des Reiches zu einem Bunde gegen Maria Theresia zu vereinen. In seinen Augen war eines der erfreulichsten Ergebnisse dieses Krieges, daß ein Fürst ohne Kraft und Ansehen den Kaiserthron bestiegen hatte und mit ihm vielleicht eine schwache Dynastie, die er sich schmeichelte, ganz unter seinem Einfluß halten zu können. Auf diese Weise hätte unter dem militärischen Protektorat des protestantischen Preußen und im Gegensatz zum kosmopolitischen und katholischen Hause Österreich ein ganz andersgeartetes deutsches Reich erstehen können, das von den Hohenzollern schon beinahe abhängig war. Doch im Jahre 1743 war dieser Plan undurchführbar, denn der bayerische Kaiser galt zu allgemein für eine Kreatur Frankreichs, als daß er die deutschen Freiheiten hätte verkörpern können, zudem konnte er sich nur mit Hilfe der preußischen Waffen halten. Nun wünschte Friedrich seinen Sieg auszunützen und dennoch sein Schwert höchstens als Bundesgenosse zu ziehen. Außerdem beging er den Fehler, in England für Karl VII. eine Gebietserweiterung zu beantragen, und zwar nicht mehr in Böhmen durch eine Abtrennung von österreichischem Erbgut, sondern auf Kosten einiger reichsfreier Städte und Fürstbistümer, die teils säkularisiert, teils auf ihre städtische Abgabenfreiheit beschränkt, der bayerischen Hausmacht einverleibt werden sollten. Als der Kaiser den Reichstag ersuchte, wirksame Maßnahmen für seine persönliche Sicherheit zu treffen, kam es zu nichts als zu den üblichen Vertröstungen und unnützen Reden.

Friedrichs Befürchtungen wuchsen durch die Unterzeichnung des Bündnisses zwischen Österreich und Sardinien und durch den Stillstand der österreichisch-englischen Offensive am Rhein. Die englische Regierung hatte nämlich Österreich Lothringen und die drei Bistümer Metz, Toul, Verdun versprochen. Die mußten freilich erst erobert werden. Und je mehr die Hoffnung auf einen siegreichen Vormarsch in Frankreich schwand, desto mehr lag für Maria Theresia die Versuchung nahe, sich gegen Schlesien zu wenden, wo viele Einwohner ihr noch anhingen. Schon im Herbst 1743 muß Friedrich die Unvermeidbarkeit eines neuen Krieges klargeworden sein, doch zauderte er noch ein halbes Jahr. Die Befestigung der schlesischen Städte war noch nicht beendet, auch hoffte er immer noch auf die symbolische Hilfe einiger deutscher Fürsten. Da aber Podewils, der unbekehrbare Gegner des französischen Bündnisses, ihm nur mit absichtlicher Lauheit zur Seite stand, bearbeitete er ihn während des ganzen Winters: »Sie sind der größte Hasenfuß, den ich kenne. Ich verlange unbedingt, daß ein drohender Ton angeschlagen wird ... Wir müssen Sturm läuten gegen die Königin von Ungarn.«

In Paris suchte man mit wachsender Besorgnis der wahren Gesinnung Friedrichs auf die Spur zu kommen. Voltaire erbot sich im Herbst 1743 noch einmal, das Amt eines Aushorchers zu übernehmen. Im September 1742 war er Friedrich zum dritten Male begegnet, als dieser nach dem Vertrag von Breslau in den Bädern von Aachen Erholung suchte. Nun wollte sich die französische Regierung der guten Beziehungen des Philosophen zum preußischen Könige bedienen. Voltaire sollte für alle seine Auslagen entschädigt werden.

Um seiner Reise den Anschein einer Verbannung zu geben, berief er sich auf die Feindschaft von Jean-François Boyer, des ehemaligen Bischofs von Mirepoix, der am königlichen Hofe als eine Art Kultusminister fungierte und ihm den Weg zum Eintritt in die Akademie versperrte. Friedrich behandelte Voltaire mit der überströmendsten Liebenswürdigkeit, bedachte ihn mit ungestümen Umarmungen und Komplimenten, ließ für ihn Opern und Komödien aufführen, nahm ihn nach Bayreuth mit, gestattete ihm, zwei Wochen lang bei der Markgräfin zu verweilen, empfing ihn feierlich, als er wieder nach Berlin zurückkam, aber mokierte sich in charmanter Weise über seine politische Mission. Vor seiner Abreise legte ihm Voltaire einige schriftliche Fragen vor, auf die er nur mit Witzen antwortete.

»Ew. Majestät«, schreibt Voltaire, »dürfte wissen, daß Herr Bassecourt, erster Bürgermeister von Amsterdam, Herrn De La Ville, den französischen Gesandten, gebeten hat, Friedensvorschläge zu machen.«

»Dieser Bassecour« [›Hühnerhof‹], antwortete Friedrich, »ist anscheinend der Mann, der sich mit der Mästung der Kapaunen und Kalekuthühner für Ihro Hochmögenden [die niederländischen Staaten] beschäftigt.«

»Wenn Ew. Majestät zu bestimmen hätten, würden Sie nicht das Zepter Europas den Händen der Engländer entreißen, die Ihnen trotzen und ganz ungescheut in empörender Weise von Ihnen reden?«

»Ich kümmere mich nicht sehr um das, was die Engländer sagen, zumal ich ihr Kauderwelsch nicht verstehe.«

»Wer auch nur eine viertel Stunde mit dem Herzog von Arenberg, dem Grafen Harrach, dem Lord Stair, mit all den Anhängern Österreichs gesprochen hat, kann hören, daß sie darauf brennen, den Feldzug gegen Schlesien zu eröffnen.«

Worauf der König mit einer Art Kinderreim erwiderte: »On les y recevra, / Biribi, / A la façon de Barbari, / Mon ami.« (Man wird sie dort empfangen / Biribi, / auf die Art von Barbari, / mein Freund.)

Als Voltaire am 12. Oktober 1743 abgereist war, widmete sich der König den ernsten Angelegenheiten. Am Vorabend eines Krieges gegen seinen südlichen Nachbarn galt es vor allem, Brandenburg und Preußen vor jedem Angriff von Norden her zu sichern. Da die Königin Eleonore von Schweden (gest. 1741) keinen Erben hinterlassen hatte, mußte der schwedische Reichstag über die bevorstehende Thronvakanz eine Entscheidung treffen. Friedrich gelang es, die Mehrheit der Stimmen auf den Prinzen Adolf Friedrich von Holstein-Gottorp zu vereinigen, dem er bald darauf seine Schwester Ulrike zur Gemahlin gab.

In St. Petersburg gelang Friedrich ebenfalls eine politische Ehestiftung: Der Thronfolger Peter Ulrich von Holstein-Gottorp, ein Neffe der Zarin, wurde mit der Prinzessin Sophie von Anhalt-Zerbst, Tochter des preußischen Generalleutnants, Fürsten Christian August und Nichte des schwedischen Thronfolgers, verlobt. »Die junge Prinzessin«, schrieb der königliche Heiratsvermittler an die Zarin, »vereinigt mit aufgeräumtem Wesen und der Fröhlichkeit der Jugend Gaben des Geistes und Vorzüge des Herzens.« Sie war die künftige Zarin Katharina II. Bedauerlicherweise ging es mit dem Fürstenbund nicht vorwärts. Wenn die »Wohlgesinnten«, wie Friedrich sie zu nennen beliebte, auch bereit waren, sich kaufen zu lassen, so wollte er es doch nicht mit seinem Gelde tun; darum schlug er Ludwig XV. vor, die Zahlung der Bestechungsgelder auf sich zu nehmen. Da aber Frankreich, das damals für seine eigene Rechnung den alten Rheinbund wieder erstehen lassen wollte, sich taub stellte, entschloß er sich endlich, offen über eine Erneuerung des Bündnisses zu verhandeln, und schickte zum Sondieren seinen Freund Rothenburg nach Versailles, der im französischen Heer gedient hatte und als Schwiegersohn der Marquise Marie-Magdeleine de Parabère, der Mätresse des Regenten Philipp von Orléans (gest. 1723), in der Hofgesellschaft wertvolle Bekanntschaften besaß. Rothenburg verbrachte jährlich einige Wochen bei seiner Verwandtschaft in Paris, so daß sein Aufenthalt dort in keiner Weise auffiel. Da aber der Stegreifdiplomat bisher nur mit der Anwerbung des Berliner Balletkorps als einzigem Aktivposten aufwarten konnte, ließ ihn Friedrich seine neue Rolle gründlich proben. Indem er selbst einen französischen Minister spielte, zählte er alle Einwendungen auf, die man etwa in Versailles hätte machen können, und vergaß auch nicht die Gegenargumente, die sich aus seinem eigenen Charakter ergaben. Er sprach von seiner Unberechenbarkeit, von seinem Egoismus, von dem geringen Zutrauen, das man seinen Worten schenken dürfe. Ohne die Fehler seines Gebieters zu leugnen, erwiderte Rothenburg darauf, daß unter den gegenwärtigen Umständen Frankreich sich seiner mit Vorteil bedienen könne. Worauf Friedrich entzückt ausrief: »Ja, so müssen Sie sprechen, dann sind Sie des Erfolges sicher.«

Fleury war am 29. Januar 1743 gestorben; der Staatssekretär des Auswärtigen, Amelot, gab seine Demission. Dieser Wechsel im Personal erleichterte ein Einverständnis. Der Abschluß erfolgte in doppelter Form: am 5. Juni in Paris als französisch-preußisches Bündnis und am

22. Mai in Frankfurt in Gestalt einer ›Union‹ zur Verteidigung des Kaisers und der deutschen Freiheiten zwischen Preußen, Bayern, Frankreich, Hessen und der Pfalz. Die Verbündeten verpflichteten sich, Karl VII. im Besitze seiner Erblande zu erhalten und Friedrich Schlesien zu garantieren. Ferner sollte Böhmen zwischen Bayern und Preußen geteilt werden, so daß die Elbe die Grenze bildete, und Frankreich sich um einen Teil Belgiens vergrößern. Friedrich behielt sich vor, erst Ende August ins Feld zu ziehen.

72. Ansicht von Prag
Aus einer lavierten Zeichnung von Johann Josef Dietzler, nach 1730
Privatbesitz

Als er erfuhr, daß die Österreicher unter Prinz Karl von Lothringen den Rhein überschritten hatten und im Elsaß eingebrochen waren, beschleunigte er seine Operationen. Am 17. August 1744 drang er, versehen mit einem kaiserlichen Requisitorialschreiben, mit 80 000 Mann in sächsisches Gebiet ein und ging, ehe die Minister des Kurfürsten-Königs zur Besinnung gekommen waren, in drei Heereskolonnen über die böhmische Grenze, gefolgt von einer mit Lebensmitteln beladenen Flottille, die sich die Durchfahrt durch die Elbeschlucht erzwang. Am 2. September kam er mit seiner gesamten Macht vor Prag an, am 10. zog er Laufgräben, am 16. ergab sich die Stadt. Schon tags darauf rückte er nach Süden gegen Tabor und Budweis vor, in der Absicht, an der bayerisch-österreichischen Grenze die Donau zu erreichen. Das war ein Fehler, denn die Besetzung dieser von Truppen entblößten Provinzen konnte ihm keinen Nutzen bringen, und er ließ dem Heer des Prinzen Karl freie Bahn. Dieses hatte sich nämlich aus dem Elsaß zurückgezogen und marschierte längs des Mains, um über Eger und Pilsen in Böhmen einzurücken, während auch Sachsen zu den Waffen gegriffen hatte und die Elberoute verlegte.

Die Gegend, in der Friedrich vordrang, war gebirgig und unergiebig. Die Bauern hatten ihr Korn vergraben und sich mit dem Vieh in die Wälder geflüchtet. Im Regenwetter marschierend, ohne Lebensmittel, von seinen Magazinen und Nachschüben abgeschnitten, unablässig von ungarischen und kroatischen Husaren bedrängt, die ihn so dicht umschwärmten, daß er weder furagieren noch Kuriere empfangen konnte, sah sich der König schließlich gezwungen, kehrt zu machen. Nun beging er einen neuen Fehler, indem er zugleich Prag behalten und seine Verbindungen mit Breslau decken wollte. Er setzte sich in einer Stellung hinter der Elbe fest. Am 19. November sprengten die Österreicher durch eine Überrumpelung die dünne Posten- und Patrouillenkette, die er längs des Stromes gezogen hatte. Hierauf ging er nach Schlesien zurück, wohin ihm die viel zu schwache Besatzung, die er in Prag zurückgelassen hatte, folgte. Sie hatte ihre Vorräte, ihren Fuhrpark, ihre Kanonen, ihre Kranken und den Train verloren. Während des Rückzugs desertierten Tausende. Selbst die Generäle begannen gegen den König zu murren. »Wir haben keine Armee mehr«, schrieb Ludwig Wilhelm von Münchow, der Oberpräsident der Domänenkammer in Schlesien, »was wir haben, ist nichts als ein Haufe Menschen, noch beieinander gehalten durch die Gewohnheit und die Autorität der Offiziere; und diese Offiziere selbst sind alle mißvergnügt, viele von ihnen in verzweifelter Lage; es bedarf nur der geringsten Schlappe oder der Fortsetzung des Krieges in dieser Jahreszeit, um es zu Meutereien unter den Soldaten zu bringen.«

Sicherlich hatte Friedrich damit gerechnet, daß die Armee des Prinzen Karl längere Zeit in der Pfalz aufgehalten würde. Nichtsdestoweniger muß gesagt werden, daß dieser von allen seinen Feldzügen der am schlechtesten geführte war und ohne die Tüchtigkeit des Fürsten von Anhalt-Dessau, der mitten im Winter einen Einfall der Österreicher abwehrte, vielleicht ein schlechtes Ende genommen hätte. Einige Wochen lang hagelte es Mißerfolge und Widerwärtigkeiten. Eine in Holland aufgelegte Anleihe fand keine Abnehmer, und Friedrich dachte ernstlich daran, zur Deckung der Kriegsausgaben den Engländern den Hafen von Emden zu verkaufen, der ihm vor kurzem mit Ostfriesland als Erbschaft zugefallen war. Ende Januar 1745 starb Karl VII., und sein Sohn beeilte sich, auf die Bewerbung um die Kaiserkrone zu verzichten und mit Österreich Frieden zu machen. Endlich beschloß Frankreich allen Einreden zum Trotz, den Krieg in die Niederlande zu tragen und am Rhein nur ein Beobachtungskorps zurückzulassen. Friedrich drang darauf, daß eine französische Armee der Donau entlang nach Wien marschiere, aber nach dem Zusammenbruch von 1742 und der Abtrünnigkeit Bayerns war Ludwig XV. fest entschlossen, in so weite Entfernungen vom Königreich keine Truppen mehr zu entsenden, die ja doch wieder einem Abfall Preußens ausgesetzt sein würden und deren Vormarsch durch feindliches Land äußerst gefährlich gewesen wäre.

Friedrich zeigte die gleiche Seelenstärke, die er schon in den schweren Tagen seiner Jugend bewiesen hatte, den gleichen stolzen Mut, die gleiche fieberhafte Zähigkeit – und auch die gleiche Freude an literarischen Ergüssen:

»Ich will lieber in Ehren untergehen«, schrieb er an seinen Minister, »als verloren sein für mein ganzes Leben an Ruhm und Ruf. Ich habe mir einen Ehrenpunkt daraus gemacht, mehr als irgendein anderer zum Wachstum meines Hauses beigetragen zu haben, ich habe unter den gekrönten Häuptern eine hervorragende Rolle gespielt: Das sind ebenso viele persönliche Verpflichtungen, die ich eingegangen bin und die ich völlig entschlossen bin zu halten und koste es mein Glück und mein Leben. Sie denken wie ein sehr ehrenwerter Mann, und wenn ich Podewils wäre, verträte ich die gleiche Meinung. Aber ich habe den Rubikon überschritten: ich will entweder meine Macht aufrecht erhalten oder, daß alles untergehe und bis auf den preußischen Namen mit mir begraben werde.«

Kann man sich eine vollkommenere Aufsaugung des Staates durch den Herrscher vorstellen? Aber er sagte auch:

»Ich arbeite wie ein Pferd, um meiner kritischen Lage ein vorteilhaftes Gesicht zu geben. Das Militär wird seine Pflicht tun, und es gibt keinen unter uns, der nicht lieber sein Äußerstes hergeben würde, als nur ein Fußbreit dieses Landes durch unsere Feigheit zu verlieren. Sehen Sie nicht alles so schwarz! Ich habe mich über alles hinweggesetzt, ich bin auf alles, komme was da wolle, gefaßt; mag das Glück mir zuwider oder günstig sein, es wird mich weder erniedrigen, noch stolz machen ... Wozu diente es mir auch, alles mögliche Unglück vorherzusehen, wenn ich nicht gleichzeitig an das Mittel, ihm abzuhelfen, dächte?«

Diesmal waren die von Friedrich getroffenen Maßnahmen bewunderungswürdig kombiniert. Zum ersten Male fühlte man die Hand eines Meisters. Sein Plan bestand darin, den Feind glauben zu machen, daß er seine 90 000 Mann in einer dünnen Kette von 200 Kilometer Länge verteilt habe, während er in Wirklichkeit mehr als die Hälfte der Truppen in nächster Nähe konzentriert hielt. Sie hatten sich unbemerkt auf der Linie Schweidnitz-Glatz in einer zentralen Stellung gruppiert und standen in enger Fühlungnahme mit den Streifkorps, die da und dort auftauchten. Um Karl von Lothringen in seinem

73. Die Schlacht bei Hohenfriedberg am 4. Juni 1745: Flucht der Österreicher und Sachsen vor dem nachrückenden Heer unter Friedrich dem Großen Radierung eines Unbekannten

Irrtum zu bestärken, ließ er ostentativ die Straßen nach Breslau ausbessern, als ob er einen Rückzug hinter die Oder im Auge habe. Durch bestochene Überbringer falscher Nachrichten gelang es ihm dann vollends, den Prinzen hinters Licht zu führen.

Am 3. Juni brachen die Österreicher und Sachsen, die sich bei Königgrätz konzentriert hatten, in acht großen Kolonnen aus den Gebirgspässen von Landeshut hervor und marschierten ohne Argwohn über Hohenfriedberg gegen Striegau, in der Meinung, nur die kleine Abteilung des Generals Hans Karl von Winterfeldt vor sich zu haben. Friedrich, der mehr als 60 000 Mann in den Geländefalten verborgen hielt, setzte sich mit ihnen um acht Uhr abends in größter Stille in Bewegung. Es war den Soldaten verboten zu rauchen. Am 4. Juni um drei Uhr morgens begann die Schlacht am linken feindlichen Flügel, auf dem die Sachsen standen, die, gänzlich unvermutet von Infanterie und Artillerie attackiert, die Flucht ergriffen und die Flanke der Österreicher entblößten. Ihre kaum formierten Truppen mußten sich über ein von Hecken und Gärten durchschnittenes Gelände zurückziehen, das das Vordringen des Feindes eine Zeitlang hemmte. Doch die Schlacht griff allmählich weiter um sich, die Sachsen und Österreicher wurden überflügelt und mußten fliehen. »Lassen Sie ordentlich Te Deum singen«, schrieb der Sieger einfach nach Berlin.

Friedrich folgte dem Feind in kurzem Abstand und drang in Böhmen ein. Doch von diesem Augenblick an scheint es fast, als wäre er von der Erinnerung an seinen eben stattgehabten Rückzug und durch die Beschwörungen seiner Minister, nicht in einem Tage das Schicksal des Staates aufs Spiel zu setzen, wie gelähmt. Er führte jetzt einen Scharmützelkrieg ohne Kraft und Originalität, immer gehemmt durch verspätete und irregeleitete Zufuhren. Seine Absicht war, längs der Grenze einen Landstreifen zu verwüsten, der gewissermaßen ein Glacis bilden sollte, und dann in Schlesien Winterquartiere zu beziehen. Aber der Prinz von Lothringen, der mit 40 000 Mann gegen ihn vorrückte, zwang ihn zu einer neuen Schlacht. Die Österreicher glaubten ihn allerdings schon auf dem Rückzug und machten sich nur auf ein größeres Nachhutgefecht gefaßt. Mit einem nur halb so großen Heere begann er dank der Geschwindigkeit und dem vollkommenen Drill seiner Truppen die Schlacht bei dem Dorfe Soor, in einem Gelände, das dem Gegner nicht erlaubte, seine zahlenmäßige Überlegenheit auszunutzen. Die Österreicher, durch die wiederholten Attacken der preußischen Kavallerie zermürbt, kämpften mit einer Art Abgrund im Rücken, die Wälder und Schluchten hinderten sie, sich zu entfalten (30. September 1745).

Dieser Tag kostete dem König ein Viertel seiner Bestände. Die österreichischen Husaren hatten auf der Flucht seine Kriegskasse, seine Bücher, seine Bagage, seinen Sekretär und seinen Arzt mitgenommen. Es blieb ihm nichts als das Hemd am Leibe. Aber er konnte fünf Tage lang auf dem Schlachtfeld kampieren und sich in aller Ruhe zurückziehen, nachdem er durch geschickt getroffene taktische Maßnahmen die Schlaffheit und Zusammenhanglosigkeit seiner vorhergehenden Operationen wiedergutgemacht hatte.

Der Herbstfeldzug ging ohne Entscheidung zu Ende. Franz Stephan von Lothringen, Maria Theresias Gemahl, war nur gegen die Stimmen Brandenburgs und der Pfalz zum Nachfolger Karls VII. gewählt worden (13. September 1745). Der preußische Staatsschatz war leer, das Volk zu Tode erschöpft; Friedrich, am Ende seiner Mittel und seines Witzes, hatte vergeblich versucht, von Frankreich Subsidien zu erlangen; überzeugt, daß er sich Übermäßiges zugemutet hatte, willfahrte er endlich den dringenden Bitten seiner Umgebung. Bereits am 26. August hatte er mit England Frieden geschlossen, in der Hoffnung, daß die britische Regierung binnen kurzem auch die Kaiserin zum Beitritt gewinnen würde. Aber Maria Theresia war weniger denn je gesonnen,

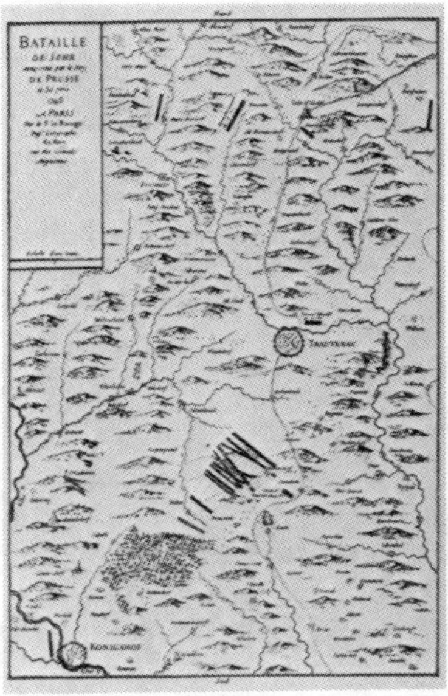

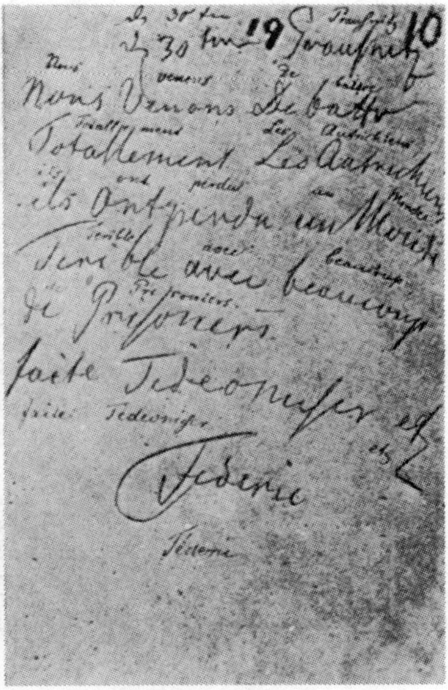

74. Plan der Schlacht bei Soor am 30. September 1745 Geländeübersicht mit den eingezeichneten militärischen Operationen der siegreichen Preußen

75. Die Siegesmeldung von Soor Depesche Friedrichs des Großen vom 30. September 1745 an General von Borcke und Minister von Münchow auf einem Notizbuchblatt Ehem. Berlin, Kriegsarchiv des Generalstabes

sich mit dem Verlust von Schlesien abzufinden. Vielmehr hatten ihre Generäle den Plan gefaßt, vom befreiten Böhmen und befreundeten Sachsen aus gegen Brandenburg zu ziehen und den Krieg vor die Tore Berlins zu tragen. Der Schreck in der Hauptstadt war groß, und man bereitete sich schon darauf vor, die Archive und Ministerien nach Küstrin und Magdeburg zu verlegen. Von den feindlichen Truppenbewegungen unterrichtet, ersann Friedrich einen Gegenzug, der als ein meisterhaftes Verteidigungsmanöver bezeichnet werden muß. Sein Plan ging dahin, jeden der Verbündeten einzeln zu schlagen, bevor sie noch ihre Vereinigung vollziehen konnten. Der alte Dessauer sollte zuerst die Sachsen angreifen und sich Dresdens bemächtigen, während Friedrich, an den Ausfallstraßen des Lausitzer Gebirges postiert, die Österreicher am rechten Elbufer aufhalten wollte.

Diese so fein kombinierte Operation gelang durch die Schuld der

Ausführenden nur halb. Zunächst glückte es Karl von Lothringen, der am Ausgang der Gebirgspässe angegriffen wurde, mit einem blauen Auge davonzukommen. Ferner waren die Maßnahmen Friedrichs und des Fürsten von Dessau schlecht aufeinander abgestimmt. Die beiden Männer verstanden sich nicht, genauer gesagt: Sie haßten einander. Der Fürst, ein Mann der alten Schule, manövrierte mit umständlicher Genauigkeit und hielt den König für einen eitlen Fant. Der König duldete den Fürsten, weil er nicht anders konnte, überhäufte ihn aber mit Vorwürfen, ohne das Selbstgefühl des ruhmbedeckten alten Soldaten zu schonen. Trotz seinem allzu bedächtigen Vormarsch besiegte der alte Dessauer die Sachsen bei Kesselsdorf, südlich von Dresden, während sich Friedrich und Karl mit ihren Truppen in nächster Nähe befanden. Der eine war am rechten Ufer des Flusses, der andere am linken herangerückt; ein wenig mehr Eile von seiten der Kaiserlichen hätte vielleicht das Schlachtenglück des Tages geändert. Tags darauf stieß Friedrich zum Fürsten. Die Nachlässigkeit der Sachsen war so groß, daß sie sogar versäumt hatten, die Brücke bei Meißen zu sprengen, die einzige Verbindungsmöglichkeit, die es zwischen den beiden preußischen Heeren gab. Endlich am 25. Dezember 1745 wurde der Frieden geschlossen, ein Frieden der Kriegsmüdigkeit. Preußen erkannte die Wahl Franz von Lothringens zum Kaiser, Österreich die Abtretung Schlesiens an. Wieder einmal hatte Friedrich seinen Verbündeten im Stich gelassen, diesmal aber aus weit berechtigteren Gründen als in Breslau und tatsächlich durch die Umstände gezwungen.

Am Tage vor der Unterzeichnung hatte Friedrich ein Gespräch mit Valorys Sekretär Claude Etienne Darget, den er später als Vorleser in seine Dienste nahm. »Wird Ew. Majestät die Wohltat der Befriedung auf ganz Europa ausdehnen?« fragte Darget, »Welch herrliche Aufgabe für Deutschlands Helden!«

»Ich gebe zu«, sagte Friedrich, »aber die Rolle ist mir zu gefährlich. Wenn mir nach meinem letzten Ausmarsch aus Berlin das Glück nicht hold gewesen wäre, sähe ich mich jetzt als einen Monarchen ohne Thron und meine Untertanen in der schlimmsten Bedrückung. Immer

76. Fürst Leopold von Anhalt-Dessau, der ›Alte Dessauer‹
Aus dem Gemälde von Antoine Pesne, um 1736
Berlin, Schloß Charlottenburg
77. Geschenk Friedrichs des Großen für den Alten Dessauer nach der siegreichen Schlacht bei Kesselsdorf am 15. Dezember 1745: Feuervergoldete Tabatière mit Brillanten und dem Miniaturbildnis des Königs nach einem Gemälde von Antoine Pesne
Berlin, Schloß Charlottenburg

heißt es: ›Schach dem König‹. Das müssen Sie selbst zugeben. Kurz, ich will Ruhe haben.«

»Aber«, erwiderte Darget, »die Königin von Ungarn wird auf Schlesien niemals verzichten und mit der Zeit, früher oder später . . .«

»Ach, lieber Freund«, unterbrach ihn der König, »die Zukunft ist jenseits aller menschlichen Voraussicht. Ich habe erworben, mögen andere bewahren. Ich werde von nun an keine Katze mehr angreifen, es sei denn, um mich zu verteidigen . . . Kurz, ich will genießen. Was sind wir Menschen, daß wir Pläne aushecken, die so viel Blut kosten? Leben wir und lassen wir leben!«

Und er begann vom Theater zu sprechen.

78. Frankreichs verzweifelte Lage im Jahr 1745 gegenüber Österreich, England, Preußen und verbündeten Staaten wie Spanien Englische Karikatur

SANSSOUCI

Wenn man Potsdam durch eine kleine stille Straße verläßt, die jenseits des Brandenburger Tores vom Luisenplatz ausgeht, so gelangt man, nachdem man ein grünes Gittertor durchschritten hat, gleich links zu einem von einer Hecke umgebenen schattigen Garten. Hier hatte Friedrich Wilhelm, nur wenige Minuten vom Stadtschloß entfernt, einen Gemüsegarten, ein Kugelspiel und einen Stand zum Bogenschießen. Er pflegte spöttisch seine Kohlbeete sein ›Marly‹ zu nennen, eine ironische Anspielung auf den Garten Ludwigs XIV. bei Versailles. Weiterhin erstreckten sich magere Wiesen, Haferfelder und ein Eichenwald, überragt von einem kahlen, steil abfallenden Hügel. Zuweilen nahm Friedrich mit seinen Freunden auf dieser Anhöhe ein Mahl im Freien ein. Bei klarem Wetter erblickten sie die Havel mit ihren unendlichen Verzweigungen, Fischerhäuser und Kiefernwälder in bläulichem Dunst. Es ist eine jener Landschaften aus Wasser und Wald, die Brandenburgs Schmuck und Stolz sind. Am 10. August 1744 gab Friedrich den Auftrag, an der Promenade sechs Erdterrassen anzulegen und sie mit Reben und Feigenbäumen zu bepflanzen. Die Terrassen sollten in der Mitte durch je zwanzig Treppenstufen miteinander verbunden werden. Aber erst am 13. Januar 1745 ließ er ganz oben auf dem ›Weinberg‹ den Bau eines Lusthauses beginnen, eines kleinen Sommerschlosses, das den Namen ›Sanssouci‹ führen sollte.

Er hatte seine Residenz noch nicht gefunden. Rheinsberg war zu abgelegen und bei weitem nicht geräumig genug. In Berlin hatte er schon die Oper bauen und einige Gemächer des Schlosses nach seinem Geschmack umändern lassen, ferner plante er die Anlage eines großen Forums, das außer von dem Theater auch noch von der Akademie, der Sternwarte und dem Palais der Königin-Mutter umgeben sein sollte. Dieses allzu kostspielige Projekt wurde aber während des Krieges aufgegeben. Zudem fühlte sich der König in Berlin nicht wohl, weil es häßliche Erinnerungen in ihm weckte und er dort nicht nach seinem Belieben leben konnte. In der Zeit zwischen seinen beiden Feldzügen wohnte er zuerst in Charlottenburg, im Schlosse seiner Großmutter. Das geräumige, mit einer Kuppel und Mansardendächern versehene

Gebäude hat zwei Flügel, die einen stattlichen Ehrenhof einrahmen. An der Gartenfront wurde der Bau nach beiden Seiten in gleicher Höhe verlängert, um eine repräsentative Fassade zu gewinnen. Von den seitlich anschließenden langgestreckten Orangerien war im Jahre 1713, als die Bauarbeiten eingestellt wurden, nur die westliche vollendet. Knobelsdorff errichtete den östlichen Flügel schlicht und heiter im französischen Stil. Von seinem Kriegslager zu Brzezy in Schlesien aus interessierte sich der König lebhaft für den Stand der Arbeiten und bedrängte, da Knobelsdorff ein fauler Briefschreiber war, den sanften Jordan: ».. . Veranlassen Sie dort, daß der dicke Knobelsdorff mir sagt, wie es mit Charlottenburg, meinem Opernhaus und meinem Garten geht. Ich bin ein Kind in dieser Hinsicht, die drei Dinge sind meine Puppen, mit denen ich spiele.« Und wenig später aus dem Lager bei Kuttenberg mahnt er: »Schreiben Sie mir bitte über Charlottenburg . . ., und geben Sie mir ausführliche Beschreibungen, damit Sie mich lange über angenehme und heitere Dinge unterhalten.« (Mai/Juni 1742.) Er hätte sich »vier Seiten pro Säule« gewünscht. Jedoch nach seiner Rückkehr wurde ihm klar, daß Charlottenburg trotz seiner angenehmen Lage und seiner architektonischen Reize viele Nachteile bot. Infolge der Nähe Berlins kamen besonders am Sonntag Neugierige und Bittsteller in Scharen hinaus und belästigten ihn. Aus diesem Grunde wählte er Potsdam, wo er im Winter das Stadtschloß, im Sommer Sanssouci bewohnen wollte.

Das Stadtschloß, schlicht und massig, ein altehrwürdiger Fürstensitz, dessen Instandhaltung von Friedrich Wilhelm sehr vernachlässigt worden war, stammte seinem allgemeinen Aspekt nach aus dem siebzehnten Jahrhundert. Vier rechtwinklig angeordnete Gebäude umstanden einen Hof, das vierte, in der Mitte ausgebauchte, war nur mit einem Geschoß versehen und öffnete sich mittels eines Portals und einer Loggia auf den alten Markt. Friedrich läßt die Räume, die sein Vater bewohnt hat, von Grund aus verändern, möchte aber die äußere Anordnung beibehalten. Knobelsdorff begnügt sich damit, die zu niedrigen Flügel zu erhöhen und die Fassaden mit flachen Pilastern und Halbsäulen zu bekleiden, die in der Höhe des Dachs ein Kranzgesims und eine Balustrade tragen, auf welchen Vasen, Statuen, Trophäen und die Wappen von Preußen, Brandenburg und Schlesien angebracht sind. Im Süden, auf der Seite des Paradeplatzes, versieht er die beiden Auffahrtsrampen mit einer Balustrade, Laternen, Statuen und Sphinxen. Endlich errichtet er die korinthischen Säulenreihen, die das Schloß mit dem Lustgarten an der Havel und den Ställen verbinden.

Bei dem Bau von Sanssouci stand der Phantasie des Königs kein

Gebäude aus früherer Zeit im Wege. Er entwarf selbst die Pläne seines Hauses und der Gartenanlagen. Das Knobelsdorffsche Projekt sah am vorderen Rand der obersten Terrasse ein Schloß mit Obergeschoß vor, das von unten sehr großartig ausgesehen hätte. Aber Friedrich wollte vor seinen Fenstern beschnittene Bäume und Blumen haben. Deshalb mußte der Architekt viel weiter hinten bauen. Es wurde ein Gartenhaus ohne Obergeschoß, in der Form ein wenig gedrückt, aber hübsch anzusehen, für die Freundschaft geschaffen und gleichsam vom Sonnenlicht durchspielt. Die Anordnung der Räume ist die einfachste von der Welt. In der Mitte ein Vorzimmer und ein ovaler Speisesaal mit einer Decke gleich einer umgestürzten Schale. Links die königlichen Gemächer, bestehend aus einer kleinen Galerie, in welcher die Bilder von Lancret, Jean-Baptiste Pater und Watteau hingen, einem Audienzzimmer, einem Musiksalon, einem Arbeitszimmer und einem Schlafzimmer, die durch eine Balustrade und Vorhänge voneinander getrennt sind, und endlich aus einer kleinen, als Rundgemach angelegten Bibliothek. Rechts fünf Zimmer für die Fremden. Gegen den Garten zu eine Fassade mit Faunen und Bacchantinnen als Karyatiden. Gegen die Straße zu – hier setzte Knobelsdorff seinen Willen durch – ein halbkreisförmiger Hof, umgeben von einer Säulenhalle, die in ihrer Zeichnung und Ausgeglichenheit an Grand Trianon erinnert. Beim Abschluß des Dresdener Friedens war das Dach fertig, im Sommer 1746 begann man mit der Innendekoration; am 2. Mai 1747 veranstaltete der König in Sanssouci eine große Abendtafel, und am 19. Mai »hielt er dort sein erstes Nachtlager«. In den folgenden Jahren kam es zu etlichen Vergrößerungen. Die ursprünglich als Orangerie geplanten Neuen Kammern wurden in einen Festsaal und in Zimmer für Freunde umgewandelt, im Park wurde eine Galerie für die Gemäldesammlung, ein chinesischer Pavillon, ein Rundtempel für antike Bildwerke erbaut und eine dem Neptun geweihte Muschelgrotte angelegt. Knobelsdorff schuf eine Torarchitektur nach Rheinsberger Vorbild und ein Rondell mit großer Fontäne, deren Wasserkunst aber nicht in Gang kam. Der Lustwandelnde findet hier ein Wasserbecken, dort einen Springbrunnen, viele Buchenlauben, einen Tulpengarten, ein Beet von Zwergbäumen, ein Kirschenwäldchen und eine Welt historischer und mythologischer Marmorgestalten.

Wie um den düsteren Wintern Brandenburgs zu trotzen, gab Friedrich dem Dach des Potsdamer Schlosses ein kräftiges Blau und ließ die Fassaden rot streichen. Doch galt seine persönliche Vorliebe den hellen, süßen und verschwebenden Farben, wie weiß, rosa, zartblau, silber, gris de lin. Der Ballsaal in Charlottenburg war grün und rosa,

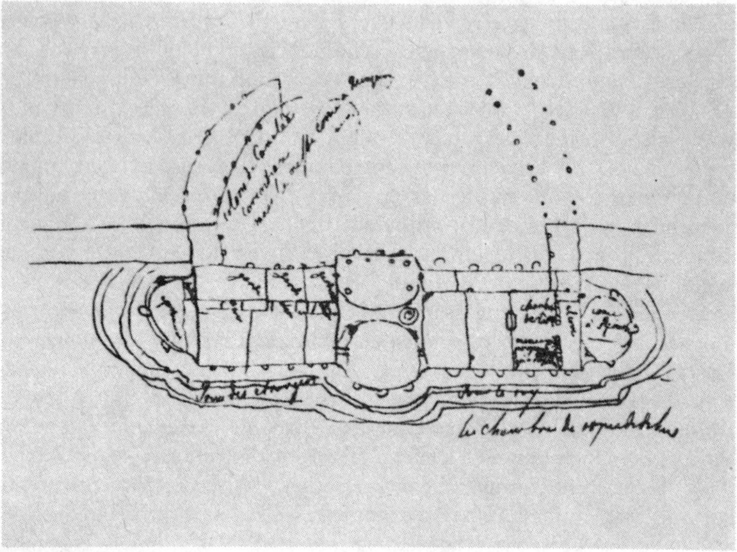

79. Grundrißentwurf für Schloß Sanssouci Eigenhändige Skizze Friedrichs des Großen, 1744 Ehem. Aufbewahrungsort ungeklärt

mit grünem Marmordekor und vergoldetem Stuck, das Schlafzimmer in Potsdam mit blauem, silberdurchwirktem Atlas bespannt, das in Sanssouci seladongrün. In beiden Palais' war der Alkoven durch ein silbernes Geländer abgeschlossen, auf dem fünf bogenbewehrte Liebesgötter wachten. In Potsdam war der Audienzsaal gelb mit Silberstickerei, das kleine Eßzimmer hellrosa, die Galerie grün und rosa, einer der Salons perlgrau. In Sanssouci war der Audienzsaal blaßlila, der Musiksalon weiß mit roten Vorhängen, die Zimmer der Freunde blau, weiß und cremefarben: Es sind dieselben Farbtöne wie in Rheinsberg, aber in kostbareren Geweben, in besticktem Samt, Tafet, Brokat und Seide aus Tours.

An der Innendekoration haben Pesne und Dubuisson gearbeitet, aber auch der in Frankreich ausgebildete Berliner Bildhauer Johann August Nahl, dem im Jahre 1746 Michael und Christian Hoppenhaupt, Vater und Sohn, folgten. Gewiß stammt dieser Stil aus Versailles, aber das friderizianische Rokoko zeigt einen Überschwang, eine Phantasie, eine verschwenderische Üppigkeit, die es von seinen französischen Vorbildern unterscheiden; denn diese sind in ihrer Inspiration nüchter-

80. Park und Schloß von Sanssouci Lavierte Zeichnung für eine Buchvignette von Blaise Nicolas Le Sieur Berlin, Staatliche Museen Preußischer Kulturbesitz, Kupferstichkabinett

ner, gewissermaßen gezügelter. Selbst wenn man den übermäßigen Gebrauch von Silber auf Umrahmungen und Möbeln verpönt, so bezaubern doch die beiden königlichen Appartements durch raffinierten Luxus und auserlesene Kostbarkeit.

Die Pläne von Sanssouci, die Friedrich für Knobelsdorff entworfen hat, sind mit mehreren Anmerkungen von seiner Hand versehen. Zur Bibliothek bemerkt er: »Wie in Rheinsberg«. Er dachte dabei an den alten Turm, in dem er als Kronprinz in glücklichem Eifer über seinen Büchern gesessen hatte. Zur Erinnerung daran sind alle seine Bibliotheken, in Berlin, Potsdam und Sanssouci kleine Rundbauten. Die Bibliothek in Sanssouci ist aus Zedernholz mit Goldbronzeornamenten. Die Bücherschränke sind durch Spiegel, Fenster und den Kamin voneinander getrennt. Von seinem Schreibtisch aus erblickte Friedrich am Ende eines Buchenganges den ›Betenden Knaben‹, der ihm die Arme entgegenstreckte. Diese griechische Bronze, die Belle-Isle, dann dem Prinzen Eugen und dem Prinzen Joseph Wenzel von Liechtenstein gehört hatte, erstand Friedrich, nachdem er sie drei Jahre lang begehrt hatte, im Jahre 1747 um 5000 Taler.

Die Bibliothek in Sanssouci ist eine der ausgeglichensten Leistungen des Rokoko, aber die beiden schönsten Räume befanden sich im Potsdamer Stadtschloß, nämlich der Musiksaal mit seinen chinesischen Malereien auf Goldgrund und vor allem der große Speisesaal, dessen Dekor Goldbronzeverzierungen auf weißer Täfelung bilden. Um die Türen, Spiegel, Füllungen und Fenster läuft in leichtem, anmutigem Schwunge ein Gewinde aus Metall, in das Blumensträuße, Girlanden und Trophäen eingeflochten sind. Ein roter Marmorkamin mit einfachem kupfernem Laubwerkdekor, riesige mit Muschelwerk und Blumen verzierte Konsolen und zahlreiche große Armleuchter vor den Spiegeln vervollständigen das großartige und geschmackvolle Bild.

Im Jahre 1742 kaufte Friedrich die berühmte Antikensammlung des Kardinals Melchior de Polignac, die nicht nur Statuen und Büsten, sondern auch Vasen, Urnen, geschnittene Steine, Marmorstatuen und einige moderne Kunstwerke enthielt, darunter die Büste des Kardinals Richelieu von Bernini. Die Skulpturen wurden in den Salons, den Schlafzimmern und den Gartenanlagen verteilt. In der Bibliothek von Sanssouci gab es einen Homer, einen Apoll, einen Sokrates und einen Mark Aurel; in der kleinen Galerie acht Büsten, Statuen und Basreliefs; auf der Terrasse und im Grünen versteckt, Imperatoren und Philosophen.

Sanssouci ist übrigens keineswegs eine ländlich-idyllische Replik des Potsdamer Schlosses. In keinem dieser beiden Schlösser hat Friedrich gestattet, daß seine Siege dargestellt wurden. Nur einmal, in Charlottenburg, ist er von Pesne in einem allegorischen Gemälde als Prometheus gemalt worden. Aber im Stadtschloß wünschte Friedrich seine Ahnen verherrlicht zu sehen, vor allem den Großen Kurfürsten. Die Ausstattung der prunkvollen Empfangsräume und des Marmorsaales läßt sich als eine gewaltige politische und kriegerische Demonstration bezeichnen: große heroische Kompositionen, Schlachtenbilder, Apotheosen. War das Preußen? – Brauchte man doch nur ein Vorzimmer zu durchschreiten, um sich in der Sphäre der ›Fêtes galantes‹ zu befinden? War dies ein fragwürdiger Trennungsstrich? Friedrich flüchtete in diese irreale Welt mit ihrer verschnörkelten Anmut: Sie war der Traum seiner Jünglingsjahre, sein Wolkenkuckucksheim, in dem er Linderung für seine Leiden und Kraft zur Überwindung seines Lebensüberdrusses gefunden hatte:

»Dans le cours de mes ans, terme si peu durable, / Je veux sur mon chemin du moins semer des fleurs, / En peignant tout en beau, rendre ma vie aimable. / La vérité désagréable / Ne vaut pas mes douces erreurs.« (Im Laufe meiner Jahre – trügliche Spanne / will ich auf meinem Wege wenigstens Blumen streuen, / indem ich alles schön male, mein Leben reizend mache. / Die unangenehme Wahrheit / reicht nicht an meine süßen Irrtümer heran.)

Er hat Watteau geliebt, weil dieser Maler ihm die Pforten einer Zauberwelt erschloß, und sein Wunsch ist wohl gewesen, etwas von dieser Zauberwelt um sich erstehen zu lassen, wenn sein Arbeitstag vorüber war, wenn seine Domänenkammerpräsidenten und Grenadiere den Schlaf des Gerechten schliefen. »In Berlin vertrieb man sich die verdrießliche Zeit des Winters von 1743 zu 1744«, so heißt es in einer zeitgenössischen Schrift, »durch Cercles, Bälle, Schlittenpartien, Komödien und Opern. Der König ließ sich ein drittes Goldservice anfertigen.« Im gleichen Winter schrieb Friedrich an Rothenburg, der sich damals als Botschafter in Versailles aufhielt: »Falls Sie wohlriechende italienische Pomaden und gutparfümierte Pudersorten finden, würden Sie mir ein großes Vergnügen bereiten, wenn Sie mir davon mitbrächten.« Der ›petit maître‹ entschädigte sich für frühere Entsagungen.

Noch fehlte, um das in der Jugend Versäumte nachzuholen, ein glänzendes Theaterabenteuer. Friedrich wünschte sich für seine Oper die berühmteste Tänzerin seiner Zeit. Barbara Campanini war Italienerin, im Jahre 1721 in Parma geboren, auf dem Theater Barberina und im vertrauten Kreise Barberine genannt. Mit 18 Jahren debütierte sie in Paris in den ›Fêtes d'Hébé‹ von Jean Philippe Rameau. Ein Porträt der Rosalba Carriera stellte sie dar, wie sie damals aussah: frisch und maliziös, mit kohlschwarzen Augen, einer Pfirsichhaut und sehr dunklem Haar, das mit Rosen und Perlen geschmückt ist. Um den kleinen Mund schwebt ein kindliches Lächeln, schmeichlerisch und vielversprechend zugleich. Die Aufnahme der Barberina beim Publikum war einmütig begeistert. Sie besaß weder den schmachtenden Reiz noch die poetische Körperlosigkeit, welche später die Romantiker von den Sylphiden der weißen Ballette verlangen werden, noch auch die feierliche Gemessenheit und Majestät des ›Grand siècle‹, Sie war ein schönes Geschöpf, das sein Metier glänzend verstand und es mit Kraft und Präzision ausübte. Die Bewunderer von Mademoiselle Sallé behaupteten allerdings, daß ihre Kunst nach Gaukelei und Jahrmarkt aussähe. Und Voltaire fand, daß sie Männerbeine habe.

Auf ihrem Triumphzug gelangte Barberina von Paris nach London. Sie hatte viele Liebhaber, wie ein Chronist berichtet, und alle sollen sich mehr oder weniger für sie ruiniert haben: der Prinz Carignano, ihr offizieller Geliebter, der Lord Arundell, ein reicher Engländer, der Prinz Conti, der Herzog von Durfort, der Prinz de Guébriant, ein Bischof usw. Bielfeld hatte sie in London gesehen und sprach Keyser-

81 und 82. Marianne Cochois und Barberina, zwei von Friedrich dem Großen an die Berliner Oper berufene Solotänzerinnen

Aus Gemälden von Antoine Pesne, 1745
Berlin, Schloß Charlottenburg

lingk von ihr. Im September 1743 engagierte sie der preußische Gesandte Johann von Chambrier für die kommende Saison. Erst aber reiste sie nach Venedig, und zwar in Begleitung eines jungen Engländers, Lord Stuart-Mackensie, der sie ›my lovely sweet baby‹ nannte, rasend in sie verliebt war und ihr von Heirat sprach. Kurz, als Barberina nach Berlin abreisen sollte, weigerte sie sich unter dem Vorwand, daß die Gage noch nicht festgelegt sei. Friedrich verfuhr mit ihr wie sein Vater mit den langen Kerls, er ließ sie entführen. Unter strenger Bewachung rollte der Wagen, in dem sie saß, durch Deutschland. Aber der Sekretär, der sie begleitete, hatte Auftrag, sie durch süße Schmeicheleien und durch eine feurige Schilderung der Schönheiten Berlins und der Pracht des dortigen Hofes bei guter Laune zu erhalten. Lord Stuart setzte der Gefangenen nach und weinte in den Herbergen. Zum Unglück war der englische Gesandte Lord Hyndford der Onkel des Verliebten. Dieser höchst vernünftige Gentleman ersuchte Friedrich, seinen Nichtsnutz von Neffen nach London zu spedieren. Von der preußischen Polizei ausgewiesen, kehrte Lord Stuart auf die Insel der Quäker zurück. Er war überzeugt davon, daß Barberina ihm treu bleiben und außerhalb des Theaters einen strengen und enthaltsamen Lebenswandel führen werde.

Am 13. Mai 1744 trat Barberina vor dem königlichen Hof in dem Zwischenspiel einer Komödie zum ersten Mal auf. Der Erfolg war ungeheuer. Friedrich ließ sie in seine Loge rufen, entdeckte, daß sie Geist hatte, lud sie zum Souper ein und verspürte Liebesgefühle. Zuzeiten konnte er ein furchtbarer Impresario sein. Wenn die Sänger nicht singen wollten, drohte er ihnen mit Gefängnis und ließ sie von Soldaten auf die Bühne führen. Doch Barberina gegenüber war er sanfter: »Mademoiselle, ich habe dem Baron Sweets ausdrücklich befohlen, Sie in keiner Weise zu beunruhigen. Ich bitte Sie nur um die Gefälligkeit, in den Opern so zu tanzen, wie es die Ballette erfordern. In den Komödien aber haben Sie die Wahl zu tanzen, wie es Ihnen beliebt, es sei denn, daß Ballette aufgeführt werden. Auf Wiedersehen, charmante Barberina, bis zum nächsten Souper.« Er zahlte ihr ein dreifaches Ministergehalt, erst 5000, dann 7000 Taler. Der ganze Rheinsberger Kreis fand sich in ihrer Wohnung in der Berliner Behrenstraße ein, vier Jahre lang war sie Berlins Königin. Pesne hat sie auf einer der Holztafeln im Musiksalon in Sanssouci als Statue gemalt, von Liebesgöttern umschwärmt, von Venus ermuntert.

Doch ihr Schicksal war, Leidenschaften zu entzünden. Eines Abends fiel Karl Ludwig von Cocceji, der Sohn des Großkanzlers, ihr zu Füßen und bot ihr Herz und Hand an. Vielleicht liebte sie ihn, jedenfalls war sie sehr reich und theatermüde; die Aussicht, Baronin zu werden, gewann sie. Als ihr Vertrag abgelaufen war, trotzte sie den Flüchen des Großkanzlers und den Drohungen des Königs. Und die Hochzeit fand in aller Heimlichkeit statt. Zornentbrannt schickte Friedrich den jungen Baron nach Spandau und verbannte ihn später, als Vizepräsident der Domänenkammer in Glogau, nach Schlesien.

Während mehrerer Monate spielte Barberina mit Würde die Frau Vizepräsidentin. Aber da sie sich mit ihrem Gatten nicht vertrug, ließ sie sich scheiden und zog sich auf ihr Gut Barschau zurück. Sie starb im Jahre 1799 als Gräfin Campanini und Oberin eines adeligen Damenstifts. Ihr Wappen zeigte zwei Lorbeerkränze, ein galoppierendes Pferd, drei Glöckchen, einen Stern und zwei Kranichvögel, die in ihren erhobenen Krallen einen Stein mit dem Wahlspruch ›Virtuti asilum‹ hielten. Im Alter erlebte sie noch einen großen Kummer: Friedrichs Nachfolger verweigerte ihr den Titel Exzellenz.

In seiner Beschreibung von Sanssouci bedauert Reinhold Koser, daß diesem Schlosse die Hausfrau gefehlt habe. Der Krieg und Barberina hatten Friedrich von seiner Gattin völlig losgelöst. Es ist, als wäre sie nur noch ein Schatten. Sie ist nie in das Potsdamer Schloß, nie auf den ›Weinberg‹ eingeladen worden. Friedrich sah sie zuweilen zur Karnevalszeit in Berlin. An solchen Tagen pflegte er seine hohen Stiefel auszuziehen und ihr in seidenen Strümpfen und Escarpins einen Höflichkeitsbesuch abzustatten, der keine Viertelstunde währte. Den Rest des Jahres schickte er ihr ab und zu Briefchen von ein paar Zeilen, um sie »seiner vollkommenen Freundschaft« zu versichern, ihr für ihre Wünsche zu danken oder ihr anläßlich eines Todesfalls zu kondolieren. »Madame, ich habe mit großem Bedauern von dem Ableben Ihrer Frau Mutter erfahren. Ich spreche Ihnen mein Beileid aus, sie war alt und kränklich; nun befindet sie sich in Sicherheit vor allem Unglück, das der Menschheit Teil ist, und wir alle werden denselben Weg gehen ...« (1762). Freilich vergaß er, ihr den Tod ihres Bruders Albert mitzuteilen, der in der Schlacht bei Soor gefallen war (30. September 1745). Als ihn eines Tages die Kurfürstinwitwe von Sachsen mit Salomon verglich, antwortete er:

»Salomon besaß einen Harem von tausend Frauen und glaubte, nicht genug zu haben; ich habe nur eine, und das ist noch zuviel für mich.«

Immerhin war sie die Königin. Sie genoß alle Ehrenrechte einer solchen, hatte eine Oberhofmeisterin und Kammerherren. Sie figurierte bei den Feierlichkeiten, wohnte in ihrem achtspännigen Phaeton der Frühlingsparade auf dem Tempelhofer Felde bei, hielt Cercle und empfing Botschafter. Sie war keineswegs dumm, konnte Harfe spielen, sammelte Bücher und interessierte sich für die junge deutsche Literatur. Friedrich sah es gern, wenn Fremde von Distinktion ihr Aufmerksamkeiten erwiesen, aber da er ihr nur ein bescheidenes Jahresgehalt aussetzte, war sie immer in Geldnot. Beklagte sie sich darüber, so schickte er ihr Ratschläge zur Sparsamkeit und zahlte schließlich nach vielem Knurren ihre Schulden. Zu Beginn ertrug sie die Vernachlässigung mit rührender Ergebenheit, wünschte jeden Morgen »ihrem teuren Fürsten« alles Gute und betete jeden Abend zu Gott, ihn ihr wiederzuschenken. Doch mit der Zeit wurde sie vor Langeweile zänkisch und geschwätzig. Im Sommer in Schönhausen vertrieb sie sich die Zeit damit, mit ihren Hofdamen Blindekuh zu spielen und unter den Bauern der Umgebung Ehen zu stiften. Einmal machte sie im Nachtkleid einen Besuch. Über diesen Scherz mußte sie einen ganzen Tag lang lachen. Friedrich, der behauptete, daß ihr Anblick genüge, um die heiterste Gesellschaft mißmutig zu stimmen, lud sie nicht einmal zu den Festlichkeiten ein, die er im Jahre 1746 zu Ehren seiner Mutter gab. Seinen Freunden gegenüber sprach er von ihr als von seiner »brummigen Zimperliese«. 25 Jahre später waren ihre Beziehungen nicht inniger, aber des Königs Ausdrucksweise noch derber geworden. Als Ulrike, die verwitwete Königin von Schweden (König Adolf Friedrich starb 1771), Berlin besuchte, stellte Friedrich ihr Verwandte und Freunde vor, unter denen für sie viele neue Gesichter waren. Schließlich trat er mit den Worten auf die Königin zu: »Und hier sehen Sie meine alte Kuh, die kennen Sie schon.«

Friedrich liebte und verehrte seine Mutter, der Rest der Familie zählte kaum. Mit Ausnahme der hübschen boshaften Amalie, die als protestantische Äbtissin von Quedlinburg gestorben ist (1787), waren im Jahre 1744 schon alle verheiratet. Die Königin von Schweden und die Herzogin von Braunschweig-Wolfenbüttel brachten ihrem Bruder eine grenzenlose Bewunderung entgegen. »Sie sind meine Gottheit«, schrieb ihm die erstere. Und die andere: »Sie sind der Heilige, den allein ich verehre und anbete.« Die Herzogin sah er ziemlich oft, da ihre Hauptstadt nicht weit entfernt lag. Er nannte sie Lottine oder Lotte und machte ihr kleine Geschenke. Mit Friederike und Sophie, den Markgräfinnen von Brandenburg-Ansbach und Brandenburg-Schwedt, hielt er nur gerade die Beziehung aufrecht. Er schrieb ihnen nicht eigenhändig, sondern überließ es einem Sekretär, ihre Briefe zu beantworten und je nachdem mit: »Empfehlung«, »verbindlicher Empfehlung« oder »sehr verbindlicher Empfehlung« zu schließen.

Während des Zweiten Schlesischen Krieges kam er mit seiner heißgeliebten Schwester Wilhelmine auseinander, weil sie der nach Frankfurt reisenden Maria Theresia ihre Aufwartung gemacht hatte und weil ein kleiner Zeitungsschreiber der Markgrafschaft in seinem Winkelblatte Preußen herunterriß. Wilhelmine mochte sich noch so sehr um die Gunst ihres Bruders bemühen, sich wegen seiner Strapazen beunruhigen, sich für seine Siege interessieren, ihm die herzlichsten Grüße und Glückwünsche senden, er antwortete ihr nur mit drei Zeilen: »Liebe Schwester, ich bin Ihnen sehr verbunden, daß Sie Ihre Vergnügungen unterbrechen, um sich meiner zu erinnern. Ich wünsche Ihnen immer das beste Wohlbefinden.« Den Dresdener Frieden teilte er ihr in spitzem Tone mit: »Da Sie an allem, was die Königin von Ungarn betrifft, Anteil nehmen, möchte ich die Gelegenheit nicht versäumen, Sie wissen zu lassen, daß wir miteinander Frieden geschlossen haben. Ich schmeichle mir, liebe Schwester, daß die Nachricht Ihnen um so angenehmer sein wird, als Sie Ihrer Vorliebe für diese Fürstin nicht mehr jenen Zwang auferlegen brauchen, zu der Sie vielleicht ein Rest Ihrer alten Freundschaft für mich veranlaßt hätte . . .« Aber nach drei schönen pathetischen Briefen söhnten sie sich weinend miteinander aus und nahmen ihre Korrespondenz im alten, herzlichen Tone wieder auf. Wilhelmine kam im Jahre 1747 und in den Jahren 1750 und 1753 nach Sanssouci, Friedrich besuchte sie im Jahre 1754 in Bayreuth. Sie legte zu viel Rot auf und trug zu viele Diamanten. Der Potsdamer Kreis fand sie provinziell. Als das Bayreuther Schloß niederbrannte, nahm Friedrich an ihrem Unglück teil: Er setzte ihr ein Taschengeld aus und spendete ihr Trostworte im Stile Mark Aurels. Wäre er im Besitze von Amphions Leier gewesen, sicherlich hätte er sie dem Markgrafen geliehen, damit er mit Hilfe ›harmonischer Töne‹ sein Haus wieder aufbaue. Da er sie aber nicht besaß, begnügte er sich damit, ihm folgende Dinge zu schicken: eine Flöte, Musiknoten, ein Stück Leinwand, um Hemden daraus zu schneiden, und abgelegte Theaterkostüme, um seine Opernsänger damit zu schmücken. »Wenn Sie wüßten, mit welchen Gefühlen ich es tue«, schrieb er, »würden Sie mich um dieses Vergnügen nicht beneiden.«

Blieben noch die drei Brüder: August Wilhelm (geb. 1722), Heinrich (geb. 1726) und Ferdinand (geb. 1730). August Wilhelm war ein guter, folgsamer Junge ohne Arg, der den Mädchen nachlief und nicht besonders klug war. Er schlug sich tapfer bei Chotusitz, Hohenfriedberg und Soor. Friedrich, der keine Kinder zu hinterlassen gedachte, vermählte ihn mit der Schwester der Königin, Prinzessin Luise (1742), und erklärte ihn zum Thronfolger mit dem Titel Prinz von Preußen (1744). Doch bestand zwischen den beiden niemals ein herzliches Verhältnis. Friedrich, der entsprechend der Mode seines Jahrhunderts Anwandlungen von Empfindsamkeit hatte, beklagte sich zuweilen, nicht sein Vertrauen zu besitzen. Er schickte ihm dann Briefe voll zärtlicher Vorwürfe: »Es ist heute nicht das erstemal, daß Sie mir so unrecht tun . . .« Meistens aber kanzelte er ihn in derbem Tone ab.

Durch die Liebe des Prinzen zu einem sehr ehrbaren adeligen Fräulein, Sophie Marie von Pannewitz, kam es zu einer Krise. Wilhelm war sehr verschossen und wollte sich scheiden lassen. Friedrich ärgerte sich. Er verheiratete das Fräulein mit dem Legationsrat Ernst Johann von Voß und entfernte das Paar vom Hofe. Damit hatte der Roman ein Ende. Aber noch viele Jahre später hielt der König seinem Bruder Reden über die Prinzen, die der Leidenschaft frönen und zu nichts gut sind, als einen Harem zu befehligen.

Wilhelm war willensschwach und beeinflußbar. Der Trotzkopf war Heinrich, der mit den Neigungen, der Lebhaftigkeit, dem bezaubernden Wesen, der Intelligenz und dem Stolz seines Bruders Friedrich eine

83. Die Brüder Friedrichs des Großen: Ferdinand, August Wilhelm und Heinrich

Aus dem Gemälde von Carlo Francesco Rusca, 1737 Ehem. Berlin, Schloß Monbijou

glühende Einbildungskraft, ein lückenloses Gedächtnis und eine bewunderswerte Arbeitsfähigkeit verband. Er und Ferdinand erhielten vom König den ehrenwerten Oberst Stille zum Hofmeister. Die beiden Prinzen sollten streng gehalten und auf preußische Weise gedrillt werden. An Heinrich tadelt er eines Tages, daß er die Musik zu sehr liebe: »Zu meinem Bedauern erfahre ich, daß Sie beginnen, sich gehen zu lassen . . . Wollen Sie es in der Welt zu etwas bringen, so müssen Sie das Nützliche von dem Angenehmen, das Gediegene vom Frivolen zu unterscheiden wissen.«

Das war es ja gerade, daß Heinrich in der Welt nur Friedrichs Schatten sein konnte. Und da er sich dazu geboren fühlte, selbst zu glänzen, gelangte er allmählich so weit, diesen knauserigen und herrschsüchtigen Bruder zu hassen, der für sich allein die ganze Bühne einnehmen wollte. Der König, der in ihm den Nebenbuhler ahnte, ließ es sich angelegen sein, ihn in enger Abhängigkeit zu halten und ihn ständig den Zaum fühlen zu lassen: »Ich habe Ihre Freundschaft gesucht«, schreibt er ihm im Jahre 1746, »ich habe es weder an Liebenswürdigkeiten, noch an Entgegenkommen fehlen lassen, um Ihre Freundschaft zu gewinnen . . . Ich habe in Ihrem Betragen nur äußersten Kaltsinn gefunden, Sie haben mit mir nicht wie mit einem Bruder, sondern wie mit einem Fremden gelebt . . . Ich habe mein Betragen nach dem Ihren umgemodelt . . .« Ein andres Mal heißt es: »Wir haben beide dieselbe Fremdheit füreinander, und da Sie es so wollen, soll es mir recht sein.«

Heinrich, der mit 16 Jahren zum Obersten ernannt worden war, tat sich in den schlesischen Kriegen rühmlich hervor. Aber sein Bruder beschuldigte ihn der Nachlässigkeit im Dienste und tat ihm die Demütigung an, sein Regiment von einem anderen Obersten einexerzieren zu lassen:

»Ich habe es angemessen gefunden, mein Herr, in Ihr Regiment Ordnung zu bringen, denn sie begann, verloren zu gehen. Ich bin Ihnen über meine Handlungen keine Rechenschaft schuldig. Wenn ich Änderungen vornahm, so geschah es, weil sie am Platze waren. Sie Ihrerseits hätten es nötig, solche in Ihrem Betragen vorzunehmen. Das ist alles, was ich Ihnen für den Augenblick zu sagen habe.«

Ist es nicht, als erlebte man die Jugend des Königs von neuem? Wie um Heinrichs Los dem seinen noch mehr anzugleichen, zwang Friedrich ihn obendrein zu einer Heirat ohne Liebe. Seine Hochzeit mit der Prinzessin Wilhelmine von Hessen-Kassel wurde mit großem Prunk in Charlottenburg gefeiert. Die Königinmutter verfing sich in ihrem Kleid und stürzte auf das Parkett hin. Heinrich trug die schwärzeste

Betrübnis zur Schau. Aber der König belohnte ihn für seinen Gehorsam durch Milderung seiner Abhängigkeit und schenkte ihm das Schloß Rheinsberg. Wie einer von Heinrichs Biographen und Bewunderern schreibt, widmete sich der Prinz dort »den Reizen einer erlesenen Gesellschaft, die er durch das Einnehmende seines Wesens anzuziehen, durch seine liebenswürdigen Bemühungen zu fesseln und durch seinen Geist zu beleben verstand«. Um die Wahrheit zu sagen, empfing er dort auch einige schöne junge Abenteurer.

»Die Freundschaft ist zu unserem Glücke unentbehrlich.« Dies ist einer der für Friedrichs Persönlichkeit bezeichnendsten Aussprüche. Aber die Freundschaft bestand für ihn vor allem im lebendigen Gespräch. In Charlottenburg und Potsdam versammelte er wieder den Rheinsberger Freundeskreis von Ausländern um sich, der durch Algarotti, Jean-Baptiste d'Argens, Poellnitz sowie die Brüder George und Jakob Keith neuen Zuwachs erhalten hatte.

Algarotti, ein Altersgenosse des Königs, Sohn eines reichen venezianischen Kaufmanns, hatte Frankreich und England bereist, zeichnete und dichtete. Er hatte das Gravitationsgesetz in Dialoge gebracht, Petronius ins Französische übersetzt und ein Leben Caesars geschrieben.

»Elève d'Horace et d'Euclide ... / C'est Newton en philosophie, / Le Bernin pour les bâtiments, / Homère pour la poésie.« (Jünger des Horaz und des Euklid ... / Ein Newton in der Philosophie, / ein Bernini in der Architektur, / ein Homer in der Dichtung.)

Er verkehrte in den besten und in den schlechtesten Gesellschaften, war fröhlich, liebenswürdig, leichtfertig und wetterwendisch, ein guter Plauderer, der auf allen Gebieten Bescheid wußte. Friedrich machte ihn zum Grafen und setzte ihm ein Jahresgehalt aus. Er nannte ihn den Schwan von Padua, den singenden Schwan, »mein süßer Schwan«. Algarotti revanchierte sich mit italienischen Gravüren, Operntexten, Geistesblitzen, künstlerischen Ratschlägen und Briefen voll zärtlicher Schmeichelworte.

D'Argens war ein französischer Marquis, Sohn eines Generalprokurators am Gerichtshof von Aix und Bruder eines Präsidenten. Er war in der Provence Staatsanwalt, in Deutschland Rittmeister der Kavallerie, in Konstantinopel Legationssekretär, in den Niederlanden Schriftsteller, in Italien Verliebter und in Spanien Gatte einer Schauspielerin gewesen. Die Not machte ihn zum Gelehrten. Er schrieb die ›Lettres juives‹, die ihm zwar die Bekanntschaft Voltaires, aber nicht die erhofften Reichtümer eintrugen. Nun flüchtete er sich in den

84. Marquis d'Argens
Büste aus Bisquitporzellan
der königlichen Manufaktur zu Berlin
Köln, Sammlung Dr. Erich Köllmann

85. Francesco Graf Algarotti
Aus einer Radierung von
Georg Friedrich Schmidt, 1752

Dienst der Herzogin Marie Auguste von Württemberg, die ein wenig verrückt gewesen sein soll. Friedrich entführte ihn dem Stuttgarter Hof, ernannte ihn zum Kammerherren und zum Leiter der Abteilung der schönen Wissenschaften an der Akademie mit einem Gehalt von 6000 Livres. D'Argens war ein Mann von Welt. Er sammelte Kupferstiche und Holzschnitte von Dürer, aß übermäßig, schlief zu lange, machte sich zu wenig Bewegung, hatte Angst vor Zugluft und stöhnte ständig über seine Krankheiten, die in Todesfurcht, Asthma, Diarrhöe, Hämorrhoiden, Ruhr, mehreren Spielarten von Fieber und einem skorbutischen Ausfluß am Bein bestanden. Er hob seinen Harn in Gefäßen auf und betrachtete ihn mehrmals am Tage, um zu sehen, ob er sich trübte. Er zog im Winter fünf Paar Strümpfe an und erbleichte, wenn man in seiner Gegenwart Salz verschüttete. Meistens schrieb er im Bett, durch eine Unmenge von Kissen gestützt, mit dem Schreibzeug auf den Knien. Er beherrschte die alten Sprachen und hat mehrere Werke veröffentlicht, so die ›Lettres cabalistiques‹, eine ›Philosophie du bon sens‹, welche die Unsicherheit der menschlichen Kenntnisse behandelt, die ›Mémoires secrets de la république des lettres‹, die eigentlich nur eine Übersicht der wichtigsten metaphysischen Systeme sind; ferner hat er Lucanus, Timaios von Lokri und des Kaisers Julian ›Verteidigung des Heidentums‹ (1764) übersetzt und mit reichlichen Kommentaren versehen. In seinem Forschungseifer und in der Art seiner Gelehrtheit glich er Bayle, aber sein Stil ist matt und schwerfällig. Voltaire nannte ihn einen »trotz seiner Geschwätzigkeit sehr nützlichen Atheisten«. Seine Geliebte war Babette Cochois, eine Schauspielerin der französischen Truppe, die er Griechisch lehrte und schließlich heiratete. Zu Beginn dieser Liebschaft schenkte ihm Babette einen herrlichen Schlafrock, den sie aus einem Kostüme, das sie auf der Bühne als Königin getragen hatte, zurechtschneiderte. Der Marquis empfing das Kleidungsstück, probierte es an und gefiel sich darin so gut, daß er beschloß, es bis zum Schlafengehen anzubehalten. Nun war er aber am Abend zum König geladen und ließ sich also bei ihm krank melden. Friedrich liebte es nicht, daß man seine Soupers versäumte, und seine Freunde waren gehalten, ihre Pflicht geistreich zu sein pünktlich zu erfüllen. Eine Lüge witternd, verkleidete er sich als Priester, ließ die ganze Gesellschaft in Schwarz stecken und begab sich in feierlichem Zuge zu d'Argens. Das Ertönen eines Glöckchens meldet die Ankunft der Prozession. D'Argens, noch in seinem goldgeblümten Schlafrock, wirft sich schnell aufs Bett. Die Türe öffnet sich, alle Anwesenden bilden einen Halbkreis. Der Geistliche murmelt beschwörende Worte, tritt an das Bett, lüftet die Decke, schüttet auf das Prachtgewand des Marquis eine Flasche Öl aus und entfernt sich unter dem gleichen Zeremoniell. Die Scherze des Herrn und Gebieters waren nicht immer angenehm.

Wenn d'Argens die träge Ruhe liebte, so war der alte Poellnitz um so beweglicher. Aus reichem Hause stammend, war er unter Friedrich I. Page und Kammerjunker gewesen und hatte dann Preußen den Rücken gekehrt, um herrlich und in Freuden lebend oder auch mit leeren Taschen, feurig und unstet, ein Liebling der Damen, durch die Welt zu vagabundieren. Von Kapitale zu Kapitale flatternd, ließ er das Geld, das er von seinen Vorfahren ererbt oder durch seine Lästerchroniken verdient hatte, in den Spielhöllen von Amsterdam, London und Wien zurück. Zur Zeit John Laws finden wir ihn in Paris als katholischen Konvertiten. Hierauf wurde er in Spanien Oberst und ließ sich in Italien eine Tonsur scheren, um eine Domherrnpfründe zu ergattern. Als er wieder in Berlin auftauchte, war er Lutheraner und Fiakerunternehmer. Als trefflicher Erzähler verstand er es, den König durch seine Geschichten zu amüsieren und das nötige Geld zur Bezahlung seiner Schulden aus ihm zu ziehen. Im Jahre 1744, als es sich um eine sehr beträchtliche Summe handelte, wurde er katholisch und sprach davon, ins Kloster zu gehen. Friedrich, um ihn nicht zu verlieren, stopfte seinen Gläubigern das Maul, zwang ihn aber zu einer regelrechten Unterwerfung: »Sie werden alle Male, wenn Sie an meiner Tafel sitzen, und die Gäste recht vergnügt sind, sorgfältig vermeiden, eine Hahnreimiene aufzusetzen, vielmehr sich befleißigen ... ihre Munterkeit aufrecht zu erhalten und sogar noch zu erhöhen.« Poellnitz hatte eine Omelette erfunden; er führte den Titel eines ersten Kammerherrn und war Mitglied der Akademie. Mit 65 Jahren häkelte er seidene Geldbörsen und schickte sie den Damen, in der Hoffnung, sie mit Talern gespickt zurückzuerhalten. Doch war er auf seine alten Tage weniger beliebt, weil er zuweilen in seine Hosen machte.

Die beiden Keith waren Schotten von hohem Adel. Sie hatten die heimatliche Insel verlassen, um nicht unter der hannoverschen Dynastie dienen zu müssen. Jakob, der jüngere, war General in Rußland gewesen; Friedrich machte ihn zum Feldmarschall und Gouverneur von Berlin. George, der ältere, Erbmarschall von Schottland, wurde Gesandter in Versailles und Gouverneur von Neuenburg. Man pflegte ihn ›Mylord Marschall‹ zu titulieren. Er war ein Original mit einem treuen Herzen. Es gab auch einige bekannte Atheisten und einige schlimme Priester: Julien La Mettrie, der Erfinder des ›Menschen als Maschine‹, ein miserabler Arzt und großer Spaßmacher, Johann Battista Bastiani, ein Riese, von Friedrich Wilhelm unter die Grenadiere gesteckt und von Friedrich zum Domherrn gemacht, schließlich der von der Sorbonne geächtete Abbé Jean Martin de Prades, den der König als Vorleser nahm. »Wahrlich«, sagte er, »Potsdam wird zur Spelunke der Exkommunizierten.«

Etliche Jahre lang stand Darget in seinem Dienst. Klug, taktvoll, eine große Arbeitskraft, war er zu einem hervorragenden Beamten wie geschaffen. Als Geheimsekretär verwaltete er die Bibliothek, schaffte Bücher an, hielt die private und literarische Korrespondenz des Königs in Ordnung und überwachte die Abschrift und Drucklegung seiner Werke.

»O le fâcheux métier que d'être secrétaire, / Auprès d'un maître auteur, soi-disant bel esprit, / Qui du matin au soir lit, versifie, écrit ...« (O welche Plage, Sekretär zu sein, / bei einem Herrn, der Autor, sogenannter Schöngeist ist, / vom Morgen bis zum Abend liest, Verse macht und schreibt ...)

In jedem seiner Schlösser besaß Friedrich eine Bibliothek. Sie waren alle nach demselben System angelegt: der Grundstock von Rheinsberg, vermehrt um französische Neuerscheinungen. So erteilte er einmal Darget den Auftrag, folgende Werke anzuschaffen: die ›Memoirs‹ des

Sir William Temple, die ›Lettres‹ des Kardinals Arnaud d'Ossat den ›Essai politique sur le commerce‹ von Jean François Melon und eine neue Übersetzung von Caesars Schriften. »Wenn ich ein Buch anfordere«, fügte er hinzu, »so will ich damit sagen, daß man es mir in der schönsten, korrektesten und kostbarsten Ausgabe schicken soll«. Einige Bücher, die er besonders liebte, ließ er für sich allein, in besonderen Lettern und mit einer nach seinen eigenen Angaben entworfenen Ornamentik drucken. Im Felde führte er einen ganzen Vorrat von Lektüre mit sich. Als er in der Schlacht bei Soor seine ganze Bagage eingebüßt hatte, bat er Duhan um schleunigste Zusendung folgender Bücher: die gesammelten Schriften von Boileau, den ›Disours sur l'histoire universelle‹ von Bossuet, die ›Tusculanae‹, die ›Philippicae‹ und die ›Catilinarischen Reden‹ des Cicero, Lukian in der Übersetzung von Nicolas d'Ablancourt, Jean Baptiste Rousseau, Feuquières und Voltaire, vor allem die ›Henriade‹. Bei seinem Tode war allerdings die Bibliothek von Sanssouci weit reicher als die anderen: 2288 Bände gegen nur 1038 im Potsdamer Schloß.

Man stelle sich vor, wie das Gespräch zwischen so verschiedenartigen Männern beschaffen sein mußte, unter denen sich zwar kein überragender Kopf befand, die aber alle ein ungewöhnliches Leben hinter sich hatten, eine umfassende Bildung besaßen, das Spiel der Ideen liebten und die kühnsten Gedanken mit größter Freiheit zu erörtern vermochten. Immerhin fehlte der unentbehrliche Voltaire. Sehnlicher denn je begehrte Friedrich ihn für immer an sich zu fesseln, dazu dünkte ihn kein Mittel geeigneter, als ihm das Leben in Frankreich unmöglich zu machen.

Nach dem Breslauer Frieden (24. Dezember 1745) hatte Voltaire den König in einem Schreiben beglückwünscht, dessen Inhalt unklug, ja sogar skandalös war: »Sire, ich habe von meinem angebeteten König Verse, und zwar sehr hübsche, zu einer Zeit erhalten, zu der wir Ew. Majestät einzig damit beschäftigt glaubten, den Marschall von Broglie von seiner Unruhe zu befreien ... Ich habe erfahren, daß Ew. Majestät einen sehr guten Vertrag gemacht haben, sehr gut für Sie ohne Zweifel, denn Sie haben Ihren tugendhaften Geist dazu herangebildet, ein großer Politiker zu sein. Doch, ob dieser Vertrag auch für uns Franzosen gut ist, daran zweifelt man in Paris; die eine Hälfte der Leute schreit, daß Sie unsere Truppen dem Belieben des Kriegsgottes preisgeben; die andere Hälfte schreit ebenfalls, ohne zu wissen, worum es geht; einige Abbés von Saint-Pierre geben Ihnen inmitten des allgemeinen Geschreis ihren Segen. Ich selbst gehöre zu jenen

Philosophen; ich glaube, daß Sie alle Mächte zwingen werden, Frieden zu machen und daß der Held dieses Jahrhunderts der Friedensbringer Deutschlands und Europas sein wird . . . Sie sind also nicht mehr unser Verbündeter, Sire? Doch werden Sie der Verbündete des Menschengeschlechtes sein . . . Sagen Sie: ›ich will, daß man glücklich ist‹ und man wird es sein. Schaffen Sie sich eine gute Oper und ein gutes Schauspiel an! Könnte ich doch in Berlin Zeuge Ihrer Freuden und Ihres Ruhmes sein.« Es traf sich, daß dieser Brief Voltaires eines schönen Morgens in Paris in einigen hundert Exemplaren verbreitet war. Allen Ministern, allen Botschaftern war eine Abschrift zugesandt worden. Am Abend in den Cafés riß man sich ihn aus den Händen. Der Skandal und die Empörung waren allgemein; besonders bei Hofe, wo fast jeder einen Bruder, einen Verwandten oder einen Freund besaß, der bei der Armee in Böhmen stand und gefährdet war, kümmerte man sich den Teufel darum, ob Berlin eine gute Oper haben würde. Selbstverständlich leugnete Voltaire. Jedoch in einem Briefe, den er, nachdem das Gewitter sich verzogen hatte, an Friedrich schrieb, tat er, als glaube er an einen Postdiebstahl. Indessen spricht viel dafür, daß die Indiskretion von Friedrich selbst herrührte.

Jedenfalls besteht hinsichtlich der Epigramme des Philosophen auf den Bischof von Mirepoix, die auf die gleiche Weise in Paris umliefen, darüber kein Zweifel. »Beiliegend ein Brief Voltaires«, lautet ein Auftrag des Königs an Rothenburg (17. August 1743), »den ich Sie bitte, dem Bischof von Mirepoix auf Umwegen in die Hände zu spielen, doch so, daß weder ich noch Sie in dieser Angelegenheit zum Vorschein kommen. Meine Absicht ist, Voltaire in Frankreich soviel Feindschaft zuzuziehen, daß ihm kein anderer Entschluß bleibt, als zu mir zu kommen.« Dieser Streich blieb nicht verborgen. Einige Wochen später schreibt Friedrich: »Um von Possenreißern zu reden, Voltaire ist, ich weiß nicht wie, unserer kleinen Verräterei auf die Spur gekommen und scheint recht aufgebracht, sein Ärger wird sich hoffentlich wieder legen . . .« (14. Oktober 1743). Doch da nun einmal alles zwischen ihnen zur Farce wird, fährt Friedrich fort, an ihn zu schreiben: »Kommen Sie nach Berlin, entziehen Sie Ihren leichten Nachen den Winden und Böen, die ihn so oft in Gefahr gebracht haben. Sie haben in Frankreich zu großen Schimpf erlitten, als daß Sie in Ehren dort bleiben könnten; Sie müssen ein Land verlassen, wo man Ihrem Rufe täglich Dolchstiche beibringt.«

Solange Madame du Châtelet lebte, also noch sieben Jahre, blieb Voltaire für diese Bitten taub.

»Ich möchte lieber in einem Dorf in der Schweiz leben«, sagte er,

»als mich der gefährlichen Gunst eines Königs erfreuen, der imstande ist, die Freundschaft mit Verräterei zu vergiften.«

Im Jahre 1750 war er Mitglied der Académie française (seit 1746), königlicher Historiograph und Kammerjunker (seit 1745). Bei Hofe gab es keine Vergnügungen ohne ihn, die Pompadour tat ihm schön, der gute Stanislaus lud ihn auf seine lothringischen Schlösser ein, Ludwig XV. setzte ihm ein Jahresgehalt aus. Aber Voltaire war nicht der Mann, der sich mit Ehren begnügte, die einen Boileau oder Racine überglücklich gemacht hätten. Er wollte vom König von Frankreich Briefe empfangen, ihn Trajan nennen dürfen, Episteln in Versen an ihn richten und mit ihm und seiner Mätresse im intimen Kreis soupieren. Das war in Versailles nicht üblich, darum schwenkte er nach Potsdam um. Man kann sogar behaupten, daß er dieses Mal den ersten Schritt tat. In einen der Briefe mit poetischen Ratschlägen, die er an Friedrich schrieb, flicht er ein Anerbieten ein: »Sie besitzen ein bewundernswertes Genie und dieses Genie ist kultiviert. Aber, wenn Sie in Ihrer so ruhmvoll erworbenen Muße sich weiter mit der Literatur beschäftigen, wenn diese Leidenschaft der großen Seelen bei Ihnen, wie ich hoffe, Bestand hat, wenn Sie sich in allen Feinheiten unserer Sprache und unserer Dichtung vervollkommnen wollen, so müßten Sie die Güte haben, mit mir sechs Wochen oder zwei Monate täglich zwei Stunden zu arbeiten. Es wäre nötig, daß ich zusammen mit Ew. Majestät kritische Anmerkungen zu unseren besten Autoren machte. Sie würden mich über alles aufklären, was zum Bereich des Genies gehört. Und ich würde Ihnen nicht ohne Nutzen sein in bezug auf alles, was mit dem Handwerksmäßigen zusammenhängt und mit der sprachlichen Richtigkeit zu tun hat, ganz besonders aber in bezug auf die verschiedenen Stilarten. Die vertiefte Kenntnis der Poesie und der Beredsamkeit erfordert das ganze Leben eines Mannes. Ich habe in meinem Leben nur dieses Handwerk getrieben und lerne im Alter von fünfundfünfzig Jahren alle Tage noch weiter. Solche Beschäftigungen wiegen das Sitzen am Spieltisch oder eine Jagdpartie wohl reichlich auf. Die Vergnügungen Friedrichs des Großen müssen die eines Scipio sein.«

Die Antwort kam mit der nächsten Post: »Opfern Sie mir diese beiden Monate, die Sie mir versprachen.« Der Tod von Madame du Châtelet machte den Reiseplan zunichte, doch gab es fortan nichts mehr, was den Philosophen in seinem Vaterlande zurückhielt, niemand hinderte ihn mehr daran, sich in Berlin dauernd niederzulassen. Nun fing man an zu verhandeln. Voltaire verlangte den Orden Pour le Mérite. Friedrich versprach, ihm diese Auszeichnung bei der Ankunft zu verleihen und obendrein den Kammerherrnschlüssel samt einer Pension von 20000 Talern. Voltaire verlangte ferner, Friedrich solle ihm die Reisekosten vorstrecken. Friedrich tat ein übriges: Er schickte ihm einen Wechsel über 16 000 Livres, ohne von Wiedererstattung zu sprechen.

»Je veux imiter cette pluie, / Que, sur Danaé, son galant / Répandit très abondamment; / Car de votre puissant génie / Je me suis déclaré l'amant.« (Ich will nachahmen jenen Regen, / den auf Danae ihr Galan / schüttete im Überfluß; / denn Ihrem gewaltigen Genie / habe ich mich als Liebhaber erklärt.)

Und Voltaire, der seine Koffer packt, erwidert (Juni 1750): »Votre très vieille Danaé / Va quitter son petit ménage / Pour le beau séjour étoilé, / Dont elle est endigne à son âge. / L'or par Jupiter envoyé / N'est pas l'objet de son envie. / Elle aime d'un coeur dévoué / Son Jupiter et non sa pluie. / Mais c'est en vain que l'on médit / De ces gouttes très salutaires; / Au siècle de fer ou l'on vit / Les gouttes d'or sont néccessaires.« (Ihre sehr alte Danae / wird ihren kleinen Haushalt aufgeben / für den schönen gestirnten Wohnsitz, / dessen sie in ihrem Alter unwert ist. / Das Gold von Jupiter gesandt / ist nicht der Gegenstand ihrer Begier. / Sie liebt mit hingebendem Herzen, / ihren Jupiter, nicht seinen Regen. / Aber mit Unrecht spricht man schlecht / von jenen sehr heilsamen Tropfen; / im eisernen Jahrhundert, in dem wir leben, / sind die goldenen Tropfen vonnöten.)

In Cleve fand Voltaire die königliche Karosse vor. Doch seine Freude war nicht ungeteilt. Erstens hatte Ludwig XV. ihn wie eine zweitrangige Persönlichkeit ziehen lassen, indem er ihn auf sein Gesuch hin ohne weiteres aus seinen Ämtern entließ und sich zudem die schöne Rolle vorbehielt, ihm seine Pension weiter zu zahlen. »Ein Narr mehr am preußischen Hof und einer weniger an meinem«, hatte er gesagt. Und dann wurde aus Berlin berichtet, daß Friedrich sich schmeichle, in dem jungen François Baculard d'Arnaud ein werdendes Genie entdeckt zu haben, welches er Voltaire, dem Apollon im Niedergang, rühmend entgegenstelle. Infolge der schlechten Wege zog sich die Reise hin, der Wagen brach, der Reisende begann sich krank zu fühlen. Endlich am 26. Juli schreibt er an Charles Augustin d'Argental: »Ich grüße Euch von Berlins Himmel ...« Anfangs war alles eitel Glanz. Friedrich hat des Dichters Hand geküßt, Baculard wird vertrieben und kehrt ins Nichts zurück; Voltaire schläft in Sanssouci in dem ehemals vom Marschall Moritz von Sachsen bewohnten Zimmer; bei den Königinnen ist er ein für allemal zur Tafel geladen; er ergattert auch noch ein Jahresgehalt für seine Nichte, Madame Luise Denis; er ist frei, er wird schmeichlerisch bewundert, er sprudelt über: »Hundertfünfzigtausend siegreiche Soldaten, keine Prokuratoren, Oper, Schauspiel, Philosophie, Dichtung, ein Held, der Philosoph und Dichter ist, Größe und Grazien, Grenadiere und Musen, Trompeten und Geigen, das Gastmahl des Platon, Gemeinschaft und Freiheit!«

Ein nächtliches Ringelstechen, von 30000 Lampen erhellt, findet statt. »Es ist zugleich das Karussell Ludwigs XIV. und das chinesische Laternenfest.« Als er über den Turnierplatz schreitet, um sich in seine Loge zu begeben, geht durch die ungeheure Menge der Zuschauer ein Murmeln der Bewunderung, alles flüstert: »Voltaire, Voltaire«. Bälle, Maskeraden, Empfänge, Festessen folgen fast ununterbrochen aufeinander. Im Potsdamer Theater führen die königlichen Prinzen, die Prinzessinnen und die ›Rheinsberger‹ ›Rome sauvée‹, ›Mort de César‹, ›Zaire‹, ›Mahomet‹, ›Mérope‹, ›Brutus‹ auf. Jeden Vormittag ist Voltaire bei der Probe, um elf Uhr bei der Wachtparade des Garderegiments, die der König abnimmt. Dann geht er bis zum Mittagmahl mit dem König spazieren. Nun folgen zwei Stunden belehrender Unterhaltung mit dem königlichen Schüler, es wird über Literatur, Poetik, Grammatik und Rhetorik gesprochen. Hierauf gibt sich der Meister der Arbeit an seinem Werke ›Le Siècle de Louis XIV‹ hin, das durch Aufzeigung des großen Abstandes den schlecht beratenen Ludwig XV. vernichtend treffen soll. Um sieben Uhr Konzert: Der König spielt Flöte. Endlich das Souper. Das Mahl war köstlich und dauerte lang. Der König hat zwei berühmte Küchenchefs gehabt, Joyard aus Lyon und Noël aus Périgueux. Er liebte besonders die sehr gewürzten Gerichte, Wildpasteten, Kaviar von der Seebarbe, Trüffel, Wild in stark abgelegenem Zustand, Ochsenzunge in Pfeffer. Er fand, daß die Rheinweine nach Essig schmeckten und trank nur Champagner mit ein wenig Wasser. Zu allen Tageszeiten standen auf kleinen runden Tischchen mit Obst gefüllte Körbe, die der König und seine Gäste, während sie sprachen, leerten. »Diese Soupers«, erzählte Voltaire später, »waren sehr angenehm. Ich weiß nicht, ob ich mich täusche, doch scheint mir, daß viel Geist versprüht wurde, der König besaß Geist und regte die anderen an, sich geistreich zu zeigen.« Und ferner: »Nie und nirgends in der Welt hat man mit so viel Freiheit von allen Arten des menschlichen Aberglaubens gesprochen und nie sind sie mit mehr Witz und Verachtung behandelt worden . . . Wer hinzu käme und uns hörte, müßte glauben, die sieben Weisen Griechenlands im . . ., sagen wir: in der Kneipe zu hören.«

Man sprach über alles. Friedrich hatte seine Lieblingsopfer: den

Solo per il Flauto
de Federico
Lento

Anima Compositionis.

Marschall von Broglie, den er mit dem Beinamen der vierfache Xenophon schmückte, weil er aus Bayern mit 40 000 Mann den Rückzug angetreten hatte; den König von England; den Herzog von Cumberland, den er einen großen Dummkopf nannte; den König von Polen und seinen Minister Graf Heinrich Brühl, dessen Kleiderkammer in Dresden ihm den Ausruf entlockt hatte: »Wieviele Perücken für einen Mann ohne Kopf!« Eines Tages, als er wieder einmal seine Mitmenschen durchgehechelt hatte, fragte er den Abbé Bastiani:

»Wenn Sie einmal Papst werden sollten, wie würden Sie mich empfangen, wenn es mir beifallen sollte, Eurer Heiligkeit meine Ergebenheit zu Füßen zu legen?«

»Sire«, antwortete der Abbé, »ich würde sagen: ›Laßt den schwarzen Adler herein, er soll mich mit seinen Flügeln schirmen, aber mit seinem Schnabel verschonen‹.«

Im Dezember 1750 begab sich der König nach Berlin, um dort die Wochen des sogenannten Karnevals zu verbringen. Während dieser großen Saison wurden an festgesetzten Tagen bei den Königinnen sehr langweilige Festmähler veranstaltet, auch gab es Abendgesellschaften mit Kartenspiel und Redouten, bei denen auf Befehl getanzt wurde. In den ungeheuren Prunkräumen des Schlosses fanden offizielle Empfänge statt, die noch langweiliger waren. Das Hauptereignis war die erste Aufführung einer italienischen Oper oder vielmehr einer Oper, die in italienischer Sprache gesungen wurde. Die Musik war von Karl Heinrich Graun, das Libretto von Friedrich nach einem Stoff aus der antiken Mythologie oder Geschichte, die Bearbeitung und Übersetzung wurde von Algarotti oder irgendeinem anderen besorgt. Der König besaß die besten Sänger Europas. Einmal gab er höchstpersönlich dem jungen Tenor Porporino Unterricht und komponierte für ihn zwei Kantaten und große Arien in der Oper ›Artaxerxes‹ von Christoph Willibald Gluck. Bei solchen Gelegenheiten kamen viele Fremde nach Berlin, deutsche Prinzen, Engländer, junge Edelleute, die bei Hofe vorgestellt werden wollten, Offiziere auf Studienreisen. Es wurde viel Geld für Toiletten, Wein, Juwelen, Equipagen und Silbergeschirr aus-

86. Eine Flötenkomposition Friedrichs des Großen: die Sonate Nr. 20 Teil des ersten Notenblattes mit der eigenhändigen Niederschrift des Königs Original verschollen

87. Musikalische Aufführung Radierung von Georg Friedrich Schmidt als Vignette für den ›Versuch einer Anweisung, die Flöte traversière zu spielen‹ von Johann Joachim Quantz, Berlin 1752

gegeben. Die Streitigkeiten um den Vorrang bei Hofe waren ebenso heftig und ebenso lächerlich wie in Versailles, aber sie versetzten den König in boshafte Laune. Als er einen solchen Streit zwischen zwei Damen zu entscheiden hatte, sagte er: »Die größte Närrin geht voran.«

Indessen fühlte sich Voltaire nicht mehr recht sattelfest. »Ich bin ein wenig wie Chie-en-pot la Perruque«, schrieb er an d'Argental. »Sie kennen vielleicht seine Geschichte nicht. Das war ein Mann, der Paris verließ, weil die kleinen Jungen hinter ihm herliefen. Er fuhr mit der Post nach Lyon und, als er dort ausstieg, wurde er von dem wilden Gejohle der Lausbuben begrüßt.« In Berlin hießen die Lausbuben Baculard, der, nicht ohne einiges Gift zu verspritzen, die Stadt verlassen hatte, und Laurent La Beaumelle, der, frisch von Kopenhagen angekommen, ein Buch mit platten Maximen veröffentlichte, wie etwa jene: »Es hat größere Dichter gegeben, als Voltaire, aber nie einen reicher entlohnten. Wenn der König von Preußen talentvolle Männer mit Wohltaten überschüttet, so tut er es aus denselben Gründen, die einen kleinen deutschen Fürsten veranlassen, einen Possenreißer oder einen Zwerg zu beschenken . . .« Glücklicherweise benahm sich La Beaumelle selbst als Erznarr und verzog sich, bevor Voltaire die Hilfe des weltlichen Arms anrief.

Nun folgte die Affäre Hirschel. Sachsen hatte sich im letzten Friedensvertrage dazu verpflichtet, die sächsischen Steuerkassenscheine preußischen Besitzern, jedoch nur ihnen, zum vollen Werte einzulösen. In Sachsen waren sie um 16 Prozent entwertet. Die Schieber kauften nun in Dresden entwertete Scheine auf und schmuggelten sie in Berlin ein, um sich dort den vollen Betrag auszahlen zu lassen. Voltaire setzte sich mit einem jüdischen Makler namens Abraham Hirschel in Verbindung, der für ihn für 80000 Taler sächsische Steuerkassenscheine kaufen sollte. Zur Deckung übergab er ihm Wechsel auf Paris, die er später, vermutlich aus Angst vor dem Risiko, aufkündigte. Das Geschäft komplizierte sich durch eine unaufgeklärte Machenschaft mit Diamanten, welche Hirschel als Garantie dem Dichter anvertraut hatte und die nach Abschluß des Geschäftes wiedergegeben werden sollten. Nun wollte er sie nicht mehr zurücknehmen, weil er behauptete, daß es nicht dieselben seien. Schließlich verlangte der Wucherer noch eine Provision für den Ankauf der Scheine und 500 Taler Entschädigung. Voltaire erwiderte, er habe, sobald er erfahren habe, daß es sich um ein unerlaubtes Geschäft handle, seinen Auftrag zurückgezogen und sei daher keinem Menschen etwas schuldig. Endlich riß ihm die Geduld und er zitierte Hirschel vor Gericht. Der Jude wurde mit seinen Forderungen abgewiesen und Voltaire triumphierte (18. Februar 1751).

88. Voltaire beim Kaffeetrinken
Skizze von Jean Huber
für seine im Auftrag der
Katharina von Rußland gemalte
Voltaire-Serie
London, British Museum,
Dept. of Prints

Aber den Prozeß, den er vor dem Richter gewonnen hatte, verlor er vor der öffentlichen Meinung. Der König verbot ihm, bis zur Urteilsfällung in Potsdam zu erscheinen: »Ich war sehr erfreut, Sie bei mir zu empfangen; ich schätze Ihren Geist, Ihre Gaben, Ihre Kenntnisse und mußte glauben, daß ein Mann in Ihrem Alter des Gezeters mit den anderen Autoren müde, sich nicht mehr Gewitterstürmen aussetzen wollte und zu mir flüchtete wie in einen stillen Hafen . . . Sie haben mit dem Juden eine ganz häßliche Geschichte gehabt. Es hat in der ganzen Stadt einen Heidenlärm darüber gegeben . . . Bis zu Ihrer Ankunft ist es mir gelungen, in meinem Hause Ruhe zu haben, und ich mache Sie aufmerksam, daß Sie, wenn Sie das Intrigieren und Ränkeschmieden nicht lassen können, bei mir an den Unrechten gekommen sind. Ich gehe gern mit sanften und friedfertigen Menschen um, die mir nicht mit den heftigen Leidenschaften der Tragödie kommen. Falls Sie sich entschließen können, als Philosoph zu leben, werde ich mich freuen, Sie zu sehen; aber wenn Sie sich allen Süchten Ihrer Passionen hingeben und sich mit aller Welt überwerfen, werden Sie mir mit Ihrem Besuche kein Vergnügen bereiten und können ebensogut in Berlin bleiben.«

Dann, mit einer Anspielung auf die alten Zwistigkeiten: »Ich hoffe, daß Sie keine Händel mehr haben werden, weder mit dem Alten, noch mit dem Neuen Testament; derartige Bloßstellungen lassen mit der Zeit auf Ihrem Rufe Flecken zurück, von denen Sie sich selbst mit den Talenten des ersten Schöngeistes von Frankreich nicht werden rein waschen können. Ein Buchhändler, ein Geiger von der Oper, ein jüdischer Juwelier, das sind wahrlich Leute, deren Namen in keiner Art von Geschäften neben dem Ihren genannt werden dürften. Ich schreibe Ihnen diesen Brief mit dem groben gesunden Menschenverstand eines Deutschen, der da sagt, was er denkt, ohne doppelsinnige Ausdrücke und matte Beschönigungen zu gebrauchen, die die Wahrheit nur entstellen. An Ihnen ist es, eine Lehre daraus zu ziehen.«

»Es gibt nichts Kläglicheres«, schreibt André Bellessort, »als Voltaires Antworten auf diesen beleidigenden Brief: In ihnen lächelt der Geist nicht mehr, er grimassiert.« Der Dichter schrieb: »Ich hatte an Ihre Königliche Hoheit die Frau Markgräfin von Bayreuth geschrieben, daß Bruder Voltaire Buße tun muß. Haben Sie Mitleid mit Bruder Voltaire . . . Wem werden Sie die Früchte Ihres schönen Genies zeigen, wenn nicht Ihrem alten Bewunderer? Er hat kein Talent mehr, aber er besitzt noch Geschmack . . . Denken Sie, daß ich untröstlich bin . . . Wenn die Königin von Saba bei Salomon in Ungnade gefallen wäre, sie hätte nicht mehr leiden können als ich . . .«

Als er endlich Verzeihung erlangt hat, benutzt er jede Gelegenheit, um seinen Heros anzuhimmeln: »Dans ce jour du saint vendredi, / Jour, ou l'on veut nous faire accroire / Qu'un Dieu pour le monde a pâti, / J'ose adresser ma voix à mon vrai roi de gloire, / De mon salut vrai créateur . . . etc . . .« (An diesem heiligen

Karfreitag, / dem Tag, an dem man uns glauben machen will, / daß ein Gott für die Welt gelitten hat, / wage ich meine Stimme zu erheben zu meinem wahren Ruhmeskönig, / zu meines Heiles wahrem Schöpfer . . . usw. . . .)

Friedrich nimmt des Dichters Reue und seine kriecherischen Schmeicheleien gnädig auf, er schreibt an seinen Bruder Wilhelm: »Voltaire ist sanft wie ein Schaf und komisch wie ein Harlekin.«

Wenn auch der König seinem Kammerherrn jetzt noch ein Haus vor dem Brandenburger Tor in Potsdam schenkte, das man das Marquisat nannte, konnten ihre Beziehungen fortan nicht mehr so freundschaftlich sein wie zuvor. Voltaires Neider wurden durch das Vorgefallene kühner. Der Klüngel, der sich durch seine Berühmtheit erdrückt fühlte, begann offener gegen ihn zu wühlen. Es wurden Anekdoten kolportiert: »Dieser Mensch«, soll der Dichter hämisch über den König geäußert haben, »ist zugleich Caesar und der Abbé Cotin«. Ein andres Mal, als ihm ein Schöngeist des Landes seine Erzeugnisse zur Prüfung vorlegte, kam gerade ein Diener mit einem Bündel Gedichte herein. »Da schickt mir der König«, sagte Voltaire, »seine schmutzige Wäsche zum Waschen, die Ihre muß warten.« Andererseits soll Friedrich, wenn er von seinem Gaste sprach, Ungeduldige mit den Worten beschwichtigt haben: »Lassen Sie nur, ich brauche ihn höchstens noch ein Jahr. Man preßt die Orange aus und wirft die Schale weg.« Ist dieser Satz authentisch? Auf jeden Fall hat der König Schlimmeres geschrieben. So an Algarotti: »Man kann auch von einem Schurken etwas Gutes lernen. Ich will sein Französisch können, was schiert mich seine Moral?« Und an seine Schwester Wilhelmine: »Sie fragen mich, was es mit dem Prozeß zwischen Voltaire und dem Juden für eine Bewandtnis hat. Das ist die Geschichte von einem Gauner, der einen Spitzbuben hineinlegen will.« Und an Darget: »Voltaire hat sich hier als Erzschuft und Schwindler aufgeführt.« Voltaire besaß Geld und wollte es anlegen, er brachte es beim Herzog von Württemberg unter. Friedrich erfuhr es und hatte die Schwäche, sich darüber zu ärgern. Daraufhin kam es zur Katastrophe.

Voltaires Hauptgegner in Berlin war der Akademiepräsident Maupertuis, ein sehr bedeutender Mathematiker und Physiker, Mitglied der Académie française und der Akademie der Wissenschaften in Paris. Durch eine Lapplandexpedition, auf welcher er die Messung des Meridians in der Nähe des Polarkreises vorgenommen hatte, war er berühmt geworden. Eitel, prahlerisch und empfindlich, unerbittlich gegen seine wissenschaftlichen Widersacher, hielt er sich für den obersten Beschützer aller nach Preußen berufenen Franzosen. Sein Verdienst als Gelehrter wurde allerdings dadurch geschmälert, daß er die verschrobensten Theorien aufstellte. Friedrich hielt große Stücke auf ihn und schrieb ihm besonders achtungsvoll, ohne Familiarität und ohne Witze zu machen, wie einem hervorragenden Beamten. »Sie sind der Papst unserer Akademie«, sagte er eines Tages zu ihm. Der König verlangte von den Akademikern großen Fleiß, Maupertuis verstand sich darauf, sie zur Arbeit anzutreiben.

Nun geschah es in diesem Jahre, daß Maupertuis sich einredete, einem neuen physikalischen Gesetz auf die Spur gekommen zu sein. Sein Freund, der Mathematiker Samuel König in Leiden, bestritt so schonend wie möglich den Wert dieser angeblichen Entdeckung und berief sich auf einen Brief von Leibniz, in dem seiner Ansicht nach dieser Gedanke zum erstenmal geäußert, aber auch widerlegt worden war. Maupertuis forderte König gebieterisch auf, das Original dieses Briefes vorzulegen. König gestand, daß er nur eine Abschrift besitze. Da nun die Nachforschungen in den Papieren des großen Philosophen ergebnislos blieben, erklärte Maupertuis in einer Art feierlicher Gerichtssitzung der Akademie den Brief für gefälscht. König legte seine Mitgliedschaft nieder und appellierte an die Öffentlichkeit. Voltaire konnte Maupertuis, dessen neidischen Charakter er kannte, nicht leiden und war über seine Handlungsweise in dieser Angelegenheit entrüstet. Schließlich hielt er es nicht mehr aus, er veröffentlichte die ›Réponse d'un académicien de Berlin à un académicien de Paris‹. Diese kleine Schrift enthielt einige Zeilen zuviel: »Mehrere Mitglieder der Berliner Akademie haben gegen dieses Verfahren Einspruch erhoben und würden aus einer Akademie, die Maupertuis tyrannisiert und in Verruf bringt, ausscheiden, wenn sie nicht fürchteten, dadurch dem König, seinem Beschützer, zu mißfallen.« Einige Tage später erschien die Antwort als ›Brief‹ mit fast gleich lautendem Titel, dessen Verfasser Voltaire als erbärmlichen Schriftsteller, unverschämten Lügner und talentlosen Pamphletisten hinstellte. »Mir tun diese unglückseligen Schriftsteller leid«, heißt es weiter darin, »die sinnlos ihren Leidenschaften frönen und sich von ihrer Bosheit so sehr verblenden lassen, daß sie sich zugleich in ihrer Leichtfertigkeit, ihrer Ruchlosigkeit und ihrer Unwissenheit bloßstellen.« Bald darauf erschien eine zweite Auflage dieses Flugblattes, das nun das Zepter, den Adler und die Krone zeigte (November 1752).

Voltaire war niedergeschmettert. Er hatte nicht bedacht, daß ein Angriff gegen die Akademie zugleich eine Attacke auf Friedrich bedeutete, der sie mit so großem Pomp eingeweiht hatte. Aber es war ihm unmöglich, auf das Vergnügen einer Rache zu verzichten. Er stürzte sich auf das letzte Buch Maupertuis', das voller lächerlicher Ungereimtheiten war, und zerriß es für alle Ewigkeit in einer unbarmherzigen Schnurre, der ›Diatribe du docteur Akakia, médecin du Pape‹. In Berlin durfte kein Buch ohne königliche Genehmigung erscheinen. Voltaire bediente sich dreist der Druckerlaubnis für eine andere Schrift ›La Défense de Bolingbroke‹, um den ›Akakia‹ drucken zu lassen. Man kann sich den Ärger des Königs vorstellen. Daß Voltaire alles ableugnete, brachte ihn vollends auf, er befahl, alle Exemplare zu beschlagnahmen, ließ sie öffentlich von Henkershand verbrennen und schickte die Asche an Maupertuis (24. Dezember 1752). Am 1. Januar 1753 bat Voltaire um seinen Abschied: »Sire, gedrängt durch die Tränen und Bitten meiner Familie, sehe ich mich genötigt, mein Los, die Wohltaten und die Auszeichnungen, mit denen Sie mich geehrt haben, Ihnen zu Füßen zu legen ... Ich hatte Sie zu meinem Abgott gemacht, ein rechtschaffener Mann ändert seine Religion nicht und 16 Jahre grenzenloser Ergebenheit vermag ein Augenblick des Unglücks nicht auszulöschen.« Zugleich schickte er ihm seinen Kammerherrnschlüssel und seinen Orden Pour le Mérite mit folgendem Vierzeiler zurück:

»Je les reçus avec tendresse, / Je vous les rends avec douleur, / C'est ainsi qu'un amant dans son extrême ardeur / Rend le portrait de sa maîtresse.« (Mit Zärtlichkeit empfing ich sie, / mit Schmerz erstatt' ich sie zurück, / wie ein Liebender in seiner verzweifelten Glut / wiedergibt das Bildnis der Geliebten.)

Friedrich schickte ihm alles zurück und bat ihn zu bleiben. Ein gemeinsames Souper und einige peinliche Scherze besiegelten die Versöhnung. Aber Voltaire dachte nur noch daran, abzureisen. »Ich merke wohl«, schrieb er an seine Nichte, »daß man die Orange ausgepreßt hat. Ich muß sehen, die Schale zu retten.« Da er sich krank fühlte, bat er um die Erlaubnis, die Bäder von Plombières zu besuchen.

»Sie hatten es durchaus nicht nötig, zu einem Vorwand zu greifen«, erwiderte der König. »Sie können meinen Dienst verlassen, wann Sie wollen.«

Eine ganze Woche lang soupierten sie allabendlich miteinander, endlich, am 23. März 1753, nahm Voltaire das letzte Viertel seines Gehalts in Empfang und reiste am 26. nach Leipzig ab. Kaum dort angelangt, ließ er wieder seinen Akakia erscheinen, und zwar mit einer gepfefferten Nachschrift. Hierauf begab er sich nach Gotha, wo ihn die Herzogin Anna Sophie wie einen Fürsten empfing, und traf ein wenig später seelenruhig und munter mit seinem Sekretär Côme Alexandre Collini in der freien Reichsstadt Frankfurt ein.

MEMOIRES
POUR SERVIR
A L'HISTOIRE
DE LA MAISON
DE
BRANDEBOURG.

AU DONJON DU CHATEAU.

M. DCCLI.

89 und 90. Titelseite und Frontispiz der Erstausgabe der von Friedrich dem Großen verfaßten Geschichte Brandenburgs Berlin, Staatliche Museen Preußischer Kulturbesitz, Kunstbibliothek

Während der Anwesenheit Voltaires hatte Friedrich eine Sammlung von Gedichten und Prosaschriften unter dem Titel ›Werke des Philosophen von Sanssouci, im Turm des Schlosses mit dem Privileg Apollons‹ veröffentlicht. Sie enthalten eine Geschichte Brandenburgs, ein militärisches Lehrgedicht, das Voltaire Wort für Wort verbessert hatte und in dem es von schlechten Versen wimmelt, ferner Oden, Briefe, in denen Prosa und Verse abwechseln, Stanzen, Episteln, die mit mehr oder weniger Glück die Gemeinplätze einer banalen Moral abwandeln, und endlich, jedoch nur in wenigen Exemplaren aufgelegt, ›Das Palladion‹, ein komisches Heldengedicht, das Dargets Gefangennahme durch die Panduren im Jahre 1745 behandelt, die glaubten, Valory gefangen zu haben, dessen Sekretär er war. Gott und die Heiligen mischen sich in die Affäre ein, Sankt Hedwig, die Schutzpatronin Preußens, steigt vom Himmel in das österreichische Lager hinab, um Darget aus Feindeshand zu befreien. Darget erzählt seinen Entführern, wie er bei den Jesuiten erzogen wurde und alle die schönen Dinge, die Sodomie inbegriffen, die er bei ihnen gelernt hat. Kurz, ein Mischmasch von Blasphemien und Zoten, der weder etwas Königliches noch etwas Dichterisches an sich hat.

Voltaire, der eine Nacht in Frankfurt verbracht hatte, schickte sich eben an, seinen Reisewagen zu besteigen, als er vom preußischen Residenten Franz von Freytag festgenommen wurde. Dieser, eine Bedientenseele und ein dummer Grobian, forderte von ihm die Rückgabe der Werke des Königs, seines gnädigen Gebieters. Freytag hatte sich vorsichtigerweise von einem Senator der Stadt begleiten lassen. Acht Stunden stöberte er in des Dichters Koffern, Kisten und Portefeuilles. Voltaire sinkt schließlich ohnmächtig hin, aber das gesuchte Buch findet sich nicht, es ist in einer Kiste in Leipzig zurückgeblieben. Freytag diktiert dem französischen Reisenden bis zum Eintreffen der Kiste Hausarrest im Gasthaus Zum Schwarzen Löwen. Unterdessen ist Madame Denis angekommen, die ihrem Onkel entgegengereist ist. Am 17. Juni stellt sich auch die Kiste mit den Werken des Königs ein. Doch Freytag, der auf Instruktionen wartet, entläßt die Fremden noch immer nicht. Nun verliert Voltaire den Kopf, er macht einen Fluchtversuch. Sein Wagen gelangt unbehindert bis zum Stadttor, dort wird er erkannt, verhaftet, wie ein Dieb behandelt, in die Stadt zurückgebracht, vom Pöbel beschimpft, von den Soldaten ausgeplündert und schließlich samt Collini und Madame Denis in einer schlechten Herberge eingesperrt. Erst am 6. Juli wurden die Gefangenen aus ihrer Haft befreit. Die ganze Sache war von Fredersdorff inszeniert worden, der die Weisungen Friedrichs befolgt hatte. Die Dummheit und Flegelhaftigkeit waren Freytags persönlicher Beitrag, während die Frankfurter Stadträte sich durch Servilität hervortaten. Friedrich glaubte sich durch einen erstaunten Brief zu decken, den er an seinen Botschafter in Frankreich sandte. Doch ließ sich niemand dadurch täuschen. Acht Monate später schickte Voltaire dem König von neuem seine Bücher zu.

Potsdam war für zwei Könige zu klein gewesen, aber die Flucht Voltaires bedeutete das Ende von Sanssouci. Die Rokokoatmosphäre hielt sich nicht, allmählich bröckelte der Dekor ab. Zunächst änderte sich des Königs Geschmack. Als man ihm im Jahre 1754 Schäferszenen von Lancret zum Kaufe anbot, antwortete er: »Das gefällt mir nicht mehr, oder vielmehr ich habe von diesem Genre schon genug gekauft.« Seine Freunde, besonders d'Argens und Algarotti, hatten ihm weisgemacht, daß die frivole Kunst der Franzosen seine Aufmerksamkeit nicht verdiene; sie legten ihm nahe, sich »für die große Kunst« der Italiener und Flamen zu interessieren.

»Watteau«, sagte d'Argens, »besaß viel Einbildungskraft, seine Farbengebung ist schön, seine Darstellungen wie hingehaucht, sein Pinselstrich leicht, der Ausdruck seiner Gesichter hat viel Wahrheit, die Landschaft behandelt er vortrefflich; aber er hat fast nur burleske Genrebilder gemalt, nie etwas Gediegenes, das die Achtung der Kenner verdient. Seine Begabung bestand darin, Bälle, Theaterszenen und ländliche Feste darzustellen; und die Kostüme seiner Figuren sind fast immer komisch.«

Friedrich hatte seine erste Sammlung »für ein Stück Brot« erworben. Als er aber begann, Raffael, Tizian und Correggio zu kaufen, ließ er sich übers Ohr hauen. »Es ist verwunderlich«, schreibt er naiv an Wilhelmine, »wie leicht es mir gelungen ist, eine ziemlich große Sammlung namhafter, von den Kennern gerühmter Bilder anzulegen ... Ich habe schon ungefähr hundert zusammengebracht, darunter befinden sich zwei Correggios, zwei Veroneses, ein Tintoretto, ein Solimena, zwölf Rubens, elf van Dycks, ganz zu geschweigen von anderen Meistern von Ruf. Ich brauche noch fünfzig Gemälde, ich erwarte welche aus Italien und Flandern ...« Der erste gedruckte Katalog von Mathias Österreich zählt für das Jahr 1771 drei Bilder von Leonardo da Vinci, neun Tizians und fünf Raffaels auf ... Doch einige dieser Bilder haben niemals existiert, andere sind sang- und klanglos verschwunden, weil sie falsch waren. Friedrichs Kunsthändler betrogen ihn nach Noten. Zur Behebung etwaiger Zweifel genügte das Gutachten ›aufgeklärter‹ Liebhaber oder irgendwelcher Akademiker. Wenigstens unter den Correggio-Bildern befindet sich ein echtes, und das ist sehr schön: Es ist die ›Leda mit dem Schwan‹, die Darget bei der Versteigerung der Sammlung Pasquier gekauft hat.

Pesne wurde alt und ließ nach. Friedrich sah sich nach einem anderen Maler um. Er hätte gerne »den berühmtesten« gehabt, doch Boucher und Natoire lehnten ab. So begnügte er sich mit Amédée van Loo, dem Neffen und gewissermaßen Doppelgänger Carle van Loos. Auch seine Bildhauer waren zweitklassig: François-Gaspard Adam, der, wie es scheint, ohne daß es zu Ärgernissen kam, zwölf Jahre blieb und sein Neffe Sigisbert-François Michel, der sich davonmachte, nicht ohne vorher in heftigen Auftritten die rückständigen Honorare für gelieferte Werke zu verlangen. Im Jahre 1748 stellte auch Thieriot, der Friedrich über das Pariser Leben auf dem laufenden hielt, seine Nachrichten ein, weil er, wie er angab, nicht ein Drittel des versprochenen Gehalts bekommen hatte.

Zudem hatte die Atmosphäre von Sanssouci etwas Gekünsteltes, Unechtes. Die Lustbarkeiten des Hofes waren oft von ziemlich zweifelhafter Beschaffenheit. Zur Hochzeit des Prinzen Heinrich führte man in einer Sänfte einen Bären in Frauenkleidern herum. Als Prinzessin Amalie zur Äbtissin von Quedlinburg gewählt wurde, gab ihr Bruder

Wilhelm in Oranienburg ein Fest für sie: Er steckte die gesamte Dienerschaft in lächerlichen Flitterkram und stellte ihr die in tiefen Knicksen ersterbenden Mägde als ›Marquise de Pissenlit‹, ›Vicomtesse de Cul-Tendre‹ usw. vor. Als Amalie nach dem Maskenscherz ihr Zimmer betrat, fand sie darin einen riesigen Nachttopf, so groß wie ein Faß, auf dem zu lesen stand: »Ihrer Ehrwürden zum Gebrauch.« Friedrich selbst redete manchmal im Wachtstubenton. An Darget schrieb er als Abschiedsformel: »Meine Hämorrhoiden grüßen Ihre Lustseuche«. Eines Tages machte er bei einer großen Hoftafel einen heftigen Ausfall gegen Podewils, wirft ihm vor, am hellen Tage in ein Bordell gegangen zu sein: »Ich habe nie begreifen können, wie der verstorbene Herr von Grumbkow, der doch ein Mann von Verstand gewesen, seine Töchter nur an Dummköpfe hat verheiraten können.« Die Briefe an seinen Kammerdiener und Vertrauten Fredersdorff wimmeln von Ausdrücken der niedrigen Volkssprache. Erstaunter noch ist man zu erfahren, daß es Fredersdorff, einem Anhänger der Alchimie, beinahe gelang, seinen Gebieter für sie zu interessieren. Zunächst spottet der König über die Scharlatane und hat Angst, sich lächerlich zu machen. Er erwähnt den Herzog von Braunschweig, der an den Stein der Weisen glaubte und sich um drei Millionen prellen ließ, aber schließlich erkundigt er sich nach den Versuchen einer alten Hexe, Frau Nothnagel: »Schreibe mihr doch Mohntag, ob der Centener Wahr ist. Wohr das ist, so werde alles zur augmentation so veranstalten, daß in Künftig frühjahr den anfang mit allen machen kann.« Voltaire-Apoll war im März abgereist, Friedrich-Mark Aurel war im September schon bei Nostradamus angelangt!

Der Auftrag an einen seiner Korrespondenten, ihm für sein Theater Künstler zu engagieren, wurde in folgender Form erteilt: »Wir brauchen rechte Huren, die mit Geist zu spielen wissen.« Das ist bezeichnend für den herrschenden Ton. Darum waren auch Revolten und Desertionen beim Schauspiel und an der Oper eine häufige Erscheinung. Einmal geschah es, daß der Ballettmeister Pointier mit der ersten Tänzerin Mademoiselle Rolland durchging und Friedrich in der Zeitung gegen sie wetterte. Im Jahre 1747 eine neue Flucht: der Ballettmeister Lani samt Noverre und einem Teil der Truppe ist eines Tages verschwunden. Ein andres Mal gibt ein Tänzer namens Lavoir auf den Büttel, der ihn zurückzuhalten sucht, einen Pistolenschuß ab.

Die Freiheit, mit der Friedrich seinen Freunden schmeichelte, war eine Illusion: Sie wurden zum Souper befohlen wie die Soldaten zum Exerzieren, sie durften sich nicht ohne Erlaubnis entfernen, jede ihrer Bewegungen wurde ausgespäht und dem Könige hinterbracht. Die Verbundenheit im Geiste Platons, die an der Tafelrunde herrschte, war auch nur ein Trugbild. Zwar besaß der Hausherr die Fähigkeit, die Menschen zu bezaubern, in außerordentlichem Maße, war übersprudelnd, heiter, geistvoll, ideen- und kenntnisreich, seine Aufmerksamkeiten konnten beglücken, doch war er auch ein unerbittlicher Spötter und ließ seinem Hohne ungehemmt die Zügel schießen. Die Unglücklichen, die seinem Witz als Zielscheibe dienten, wagten nicht, im selben Tone zu erwidern und mußten die Hiebe seines Sarkasmus mit einem verzerrten Lächeln hingebender Bewunderung erdulden. Eines Abends stellt er an seine Gäste die Frage, auf welche Weise sie Preußen regieren würden, wenn sie König wären. Als an den Marquis d'Argens die Reihe kam, gab er zur Antwort:

»Potztausend, ich würde schnell mein Königreich verkaufen und den Erlös in der Provence verzehren.«

Algarotti reiste im Jahre 1742 ab und kam erst 1747 wieder zurück. Als er dann im Jahre 1753 den König vergeblich um eine gesicherte, seiner Person würdige Stellung nachsuchte, erhielt er Urlaub und blieb in Italien. Chasot wurde infolge eines Duells kaum noch beachtet. Er verließ im Jahre 1752 den Hof und wurde als Günstling der Herzogin Sophie Dorothea von Mecklenburg-Strelitz, einer häßlichen alten Person mit einer Ammenbrust, der Nachfolger eines Stallknechts. Sie schenkte ihm sehr viel Geld und ein prächtiges Schloß, dem er den Namen ›Was wird man dazu sagen?‹ gab. Im gleichen Jahre machte Darget eine Reise nach Paris, von der er nicht wiederkehrte.

Einer nach dem anderen verschwanden alle die Menschen, die einst die Lehrer und Gefährten des Kronprinzen gewesen waren: der alte Dessauer, sein Sohn Leopold, der alte Herzog Friedrich Wilhelm von Holstein, Friedrich von Borcke, Knobelsdorff, Rothenburg, Stille starben. Es war, als wollte der Tod, indem er die Gestalten der Vergangenheit Mann für Mann fällte, um Friedrich eine Leere schaffen, einen unübersteiglichen Wall von Dahingeschiedenen. Suhm sollte seinen Freund als König nicht wiedersehen. Auf der Rückreise von St. Petersburg starb er. Er fand gerade noch die Zeit, ihm einen Abschiedsbrief zu schreiben: »Sire, umsonst gibt man mir noch ein wenig Hoffnung ... Nur wenige Tage, vielleicht Stunden, und ich werde nicht mehr sein ... Es bleibt mir nur, mein Herz von dieser Erde abzuwenden, dem ewigen Ursprung alles Lebens und aller Seligkeit zu. Ach, wie fühle ich gerade in diesem Augenblicke die ganze Kraft der sanften Fessel, die mich an den Liebenswertesten, den Tugendhaftesten der Sterblichen bindet ... Die Stunde naht, schon fühle ich, wie meine Kräfte schwinden. Wir müssen voneinander scheiden. Leben Sie wohl. Noch eine Träne, sie netzt Ihre Füße. Oh! geruhen Sie sie zu betrachten, großer König, als

Unterpfand der zärtlichen und unveränderlichen Zuneigung, mit der Ihr treuer Diaphane Ihnen ergeben war bis zum Tode.«

Im Jahre 1745 starben im Abstand von nur drei Monaten der sanfte Jordan und Keyserlingk, der das Leben selbst gewesen war. Jordan war seit langem brustleidend. Während der Abwesenheit Friedrichs im Zweiten Schlesischen Krieg fühlte er sein Ende nahen. Er hatte die Kraft, eine Reise des Königs nach Berlin abzuwarten, sah ihn noch bei seiner Ankunft und verschied am folgenden Tage. Friedrich kaufte einen Teil seiner Bücher. Als er sie aufschlug und ihm die Worte Jordani et amicorum entgegenleuchteten, die Jordan auf jedes Titelblatt zu schreiben pflegte, überwältigte ihn der Kummer:

»Ich gestehe Ihnen, daß mir die Tränen kamen, und daß es mir sehr weh getan hat, zu denken, daß dieser Mann, den ich so sehr geliebt, nun nicht mehr ist. Ich fürchte aus diesem Grunde Berlin . . .«

Keyserlingk verheiratete sich im Jahre 1742 mit der Gräfin Eleonore von Schlieben, und der König schrieb für sein Hochzeitsfest ein Lustspiel im Stile Molières: ›Die Schule der Welt‹. Im Winter 1744 wurde er krank, schleppte sich einige Zeit hin, ohne etwas für seine Gesundheit zu tun, schien in der warmen Jahreszeit wieder aufzuleben und starb plötzlich beim Eintritt der ersten Herbstfröste. Friedrich war tief erschüttert. Jordan und Keyserlingk waren seine Freunde gewesen; er hatte sie geliebt, bevor er König geworden war, sie waren zu ihm gekommen, als er noch nichts zu geben hatte, sie hatten ihn durch traurige und süße Erinnerungen mit der Welt verknüpft. Wochenlang war er untröstlich. Wenn er allein war, weinte er. Nach Keyserlingks Tode versuchte er, seinen Schmerz in Versen auszudrücken:

»Hélas! j'ai tout perdu, je perds l'ami que j'aime, / Je reste seul, sans toi, dans ce vaste univers; / Ces jours sont écoulés comme des ombres vaines, / Où nos deux cœurs unis ne formant qu'un seul cœur / S'entrecommuniquaient leurs plaisirs et leurs peines, / Et ne pouvaient jouir que d'un même bonheur.« (Ach, ich habe alles verloren, ich verliere den Freund, den ich liebe, / ich bleibe allein, ohne dich, in dieser weiten Welt; / dahingegangen wie gleitende Schatten sind die Tage, / da unsere beiden Herzen in eins verschmolzen, / einander ihre Freuden und Schmerzen mitteilten / und nur des gleichen Glückes genießen konnten.)

Er sagte auch: »Bei meiner Rückkehr nach Berlin werde ich mir in meinem eigenen Vaterland beinahe als ein Fremder vorkommen, als alleiniger Einwohner dieses Landes, abgetrennt von den Lebenden und nur noch mit den Toten Verkehr pflegend.« Während es leer und öde um ihn wird, festigt er sich in jenem ruhigen, einsiedlerischen und arbeitsamen Pessimismus, in jener bitteren Philosophie, die nichts von den Menschen erwartet und noch weniger von Gott:

»Dans de vastes desseins ce Dieu peut se complaire, / Mais il est sourd aux cris du stupide vulgaire.« (Mag sein, daß dieser Gott in großen Plänen sich gefällt, / doch ist er taub für die Schreie der dummen Menge.)

»Ich habe fast alle meine Freunde und alten Bekannten verloren«, sagte er zu Maupertuis, »und ich finde nur im Studium und in der Arbeit Trost. Man muß lernen, sich mit sich selbst zu begnügen . . . Das ist hart.«

Zehn Jahre später schreibt er aus einer ähnlichen Gemütsstimmung:

»Meine Jugend ist für mich eine Schule der Widerwärtigkeiten gewesen, und es hat mir seither in einer so beneideten Stellung, die dem Volke durch ihre schwindelnde Höhe so starken Eindruck macht, an Rückschlägen und Mißgeschicken nicht gefehlt. Eines scheint nur mir beschieden gewesen zu sein, daß ich nämlich alle meine Herzensfreunde und meine alten Bekannten verloren habe. Das sind die Wunden, an denen das Herz am längsten blutet. Wohl lindert die Philosophie ihren Schmerz, doch vermag sie sie nicht zu schließen.«

Das Leben selbst hat die vom Vater befohlene Erziehung beendet. Es raubte dem Sohne seine Vergnügungen und seine Fröhlichkeit, seine Schwärmereien, seine Neigungen, seine Freundschaften, ja selbst noch die teuren Schatten seiner Jugend. Er durfte, er konnte nichts anderes sein als Friedrich der Große, König von Preußen.

FRIDERICUS REX

Friedrich stand im Sommer um fünf Uhr, im Winter um sechs Uhr früh auf. Im Schutze der Liebesgötter, die auf dem schönen silbernen Geländer Wache hielten, schlief er hinter einem Vorhang in einem armseligen Gurtbett. Ein Diener weckte ihn und machte Feuer, dann ließ der König sich ankleiden und rasieren. Sobald er gestiefelt und in Uniform war, brachte ihm ein Page die Depeschen der Botschafter, die mit der Post angekommenen Briefe und die Schriftstücke, welche die Kabinettsekretäre von den Ministern erhalten hatten. Diese Briefschaften las er bis acht Uhr durch, nachdem er sich zuerst vergewissert hatte, daß die Siegel unversehrt waren. Um acht Uhr trat ein Sekretär ein, um die Antworten in Empfang zu nehmen, die teils schon an den Rand der Schriftstücke gekritzelt waren, teils diktiert wurden. Zwischen neun und zehn empfing der König seinen Generaladjutanten in Audienz und regelte auch die übrigen militärischen Angelegenheiten. Dann hielt er mit seinem Garderegiment die Wachtparade ab oder inspizierte irgendein anderes Korps. Am Nachmittag las und schrieb er oder philosophierte. Um vier Uhr kam der Sekretär wegen der Unterschriften. Dann widmete sich der König seiner Privatkorrespondenz, den Angelegenheiten der Akademie, den Bauten und Künstlern.

In seinem Arbeitskabinett in Potsdam laufen alle Fäden der Politik und der Verwaltung in seiner Hand zusammen. Er übt die absolute Gewalt mit einer ängstlichen, fast krankhaften Ausschließlichkeit aus: »In einem Staate wie diesem ist es dringend nötig, daß der Fürst seine Geschäfte selbst betreibt, weil er, wenn er klug ist, nur auf das öffentliche Wohl abzielen wird, das ja das Seine ist ...« Newton wäre nicht imstande gewesen, »sein System der Anziehungskraft aufzustellen, wenn er mit Leibniz und Descartes zusammengearbeitet hätte.« Ebensowenig kann ein politisches System »geschaffen und aufrecht erhalten werden, wenn es nicht aus einem einzigen Kopfe kommt. Und zwar muß es der Kopf des Herrschers sein, aus Jupiters Haupt muß die gewappnete Minerva entspringen, das heißt, daß der Fürst sein System schaffen und selbst ausführen muß.«

In der Tat ist seine Regierung nicht nur ein Selbstherrschertum,

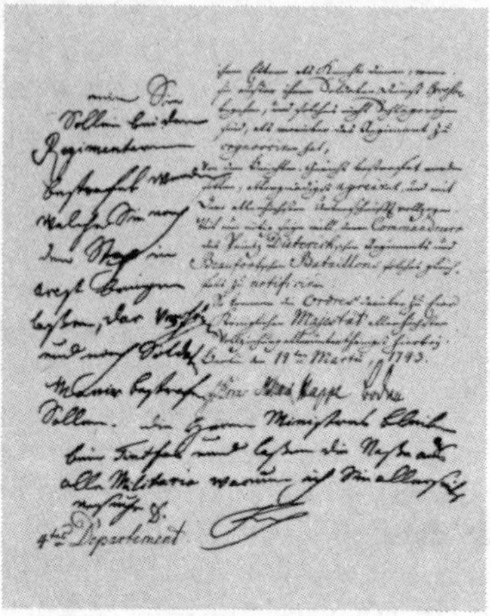

91. Verbot einer Einmischung der Minister in militärische Angelegenheiten Marginalentscheid Friedrichs des Großen auf einem Bericht seiner Minister Goerne, Viereck, Happe und Boden vom 19. März 1743 Ehem. Berlin, Geheimes Staatsarchiv

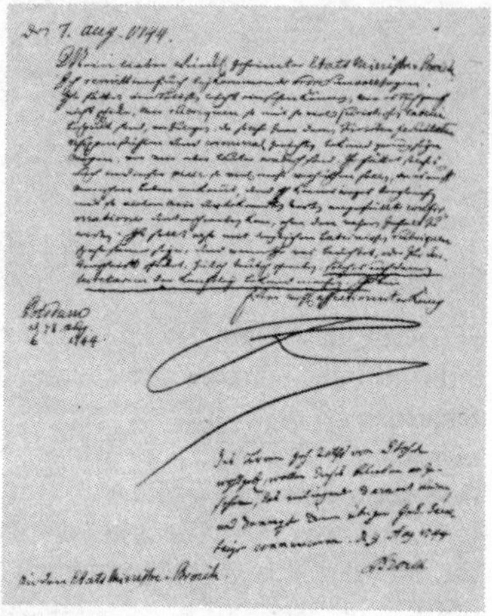

92. Kabinettsordre Friedrichs des Großen zur Vermeidung des Juristen-Lateins Schreiben mit der Namenschiffre des Königs an den Minister von Broich vom 7. August 1744 mit einer Fußnote des angegriffenen Ministers Ehem. Berlin, Geheimes Staatsarchiv

sondern auch ein Mechanismus. Die Menschen, die er verwendet, haben seinen Willensmeinungen zu gehorchen, ohne über ihren Wert zu urteilen, ja gegebenenfalls ohne sie zu verstehen. »Ich will, daß, wann ich was befehle, solches sofort exacte executiret, auch, wenn ich was fordere und zu haben verlange, solches gleich und prompte haben muß . . .« Die selbständige Initiative, in welcher Form sie auch auftreten mag, als Rat, Einfluß oder Einwand, hat er immer gefürchtet und verfolgt. Niemals führt er in seinen lakonischen Verfügungen eine Begründung an, damit sich nicht etwa an diese Begründung Erörterungen knüpfen können. Er duldet keinen Einwand, wie bescheiden er auch vorgetragen werden mag: »Ich kann nicht helfen, muß executiret werden ohne Raisoniren.« Oder an einen Minister: »Mein Lieber, Sie verstehen nichts davon, kümmern Sie sich um Ihre eigenen Angelegenheiten, mein Herr.« Damit ist die Debatte geschlossen. Er gestattet auch nicht, daß man ihn zu einem Eingreifen anzuregen sucht oder ihn darum bittet: alles, von der geringsten Gunstbezeigung bis zu den schwerwiegendsten Entschlüssen soll von ihm allein ausgehen. Eines Tages verlangt er vom Direktorium Auskunft über einen Mann, der sich um ein kleines Amt bewirbt. Das Direktorium erwidert, daß der Postulant von dem General Posadowsky empfohlen sei. Darauf antwortet er: »Weilen ihm Posadowsky recommandiret so nehme ich ihn nicht an ...« Ein andres Mal, als der General von Prittwitz persönlich vorspricht und um den Schwarzen Adlerorden bittet, entgegnet er: »Mein Orden ist wie die göttliche Gnade, er wird geschenkt und nicht verdient.«

Friedrich wollte von überstürzten Reformen nichts wissen. Seine Ansichten lassen sich etwa folgendermaßen zusammenfassen: Die Verfassung eines Landes ist ein Werk der Zeit; die Völker haben einen im wesentlichen sich gleichbleibenden Charakter, und die Institutionen passen sich in schrittweiser Entwicklung dieser Eigenart an und müssen für vortrefflich gehalten werden, wenn sie sich in langjährigem Gebrauch bewährt haben. Aus diesem Grunde behält er den Beamtenapparat des Vaters fast unverändert bei. In der Hauptstadt: das Außenministerium, das Justizministerium und das ›General-Ober-Finanz-Krieges- und Domainendirektorium‹. In den Provinzen: die siebzehn Kriegs- und Domänenkammern mit ihren Sekretären und Unterbeamten, den Landräten, Steuerräten und Amtleuten.

Die Verwaltung wird von Kollegien ausgeübt, das heißt von Behörden, die aus mehreren Köpfen bestehen, von Ratsversammlungen, deren Mitglieder gemeinsam haftbar sind und eines ohne das andere nichts vermögen. Diese kollegiale Organisation bringt, verglichen mit der ›einpersönigen‹ in Frankreich, eine größere Leichtigkeit der Informationen und der Nachforschungen mit sich und bietet mehr Gewähr für Unparteilichkeit und Duldsamkeit. Doch ist es nötig, daß an ihrer Spitze ein Selbstherrscher steht als unentbehrlicher, alles in Bewegung setzender Motor, ohne den die Entscheidung und die Verantwortung in eine Unmenge von Kräften und Gegenkräften zerfiele, die sich gegenseitig lahmlegen würden. Andererseits setzen die Kollegien dem Monarchen, dessen unbeschränkter Wille für den Gang der Staatsangelegenheiten unerläßlich ist, weder eine moralische Schranke entgegen, noch legen sie ihm die Fessel jener ungreifbaren, aber allmächtigen Traditionen an, die in Frankreich beinahe die Wirkung von Grundgesetzen haben. In Versailles ist es einem Minister, einem Intendanten, einem ausgezeichneten Beamten möglich, sich einen Ruf und eine Kompetenz zu erwerben, denen der König Rechnung tragen muß. In dem preußischen Kollegialsystem sind die Mitglieder, einander beschränkend und aufhebend, in gleicher Anonymität vereint. Je zahlreicher sie sind, desto weniger Bedeutung und Prägung hat der einzelne. Nicht nur ist der König der alleinige Willensträger, sondern er wird schließlich auch zum einzigen Wissenden, zum einzigen, der regelrechte, gründliche und vollständige Kenntnisse über die staatlichen Hilfsquellen und das Leben im Königreich besitzen kann.

Darum behandelt Friedrich seine Mitarbeiter als bloße Schreiber, die gerade noch gut genug sind, für die Ausführung seiner Befehle Sorge zu tragen. Er beruft sie niemals in corpore ein und kommt auch recht selten mit einem von ihnen unter vier Augen zusammen, das geschieht höchstens einige Male im Jahr. Zwar gibt es im Juni eine Art Generalrevue der Minister, bei welcher der König das Budget und den Stand jedes Departements prüft. Aber gewöhnlich findet alles schriftlich statt. Das Direktorium, die Präsidenten der Domänenkammern, die Räte schicken ihre Berichte ein, und der König schreibt seine Entscheidung an den Rand. Das heißt dann eine Kabinettsordre. Oft erläßt er an einem einzigen Vormittag deren 40 bis 50, denn es hat sich der Brauch eingebürgert, alles, was im geringsten aus der Verwaltungsroutine herausfällt, ihm zur Entscheidung vorzulegen. Da er den ganzen Staat allein in sich enthält, liegt ihm nichts daran, die einzelnen Ämter logisch zu organisieren. Zum Beispiel bestand das Generaldirektorium aus vier Abteilungen und einer besonderen für Streitsachen, die unter sich die Korrespondenz mit den Provinzen nach geographischen Gesichtspunkten teilten. Ohne sich darum zu kümmern, ob diese geographische Einteilung sich mit einer Arbeitsteilung nach Materien vertrüge, setzte er neben sie vier Realdepartemente, das heißt solche, deren Kompetenz sich auf das gesamte Königreich, aber nur für einen besonderen Gegenstand erstreckte, nämlich die Manufakturen, die Militärverwaltung, das Berg- und Hüttenwesen und das Forstwesen.

Die preußische Beamtenschaft bediente sich einer umständlichen und pedantischen Sprache, die von lateinischen Ausdrücken und juristischen Wendungen wimmelte. Friedrich verlangt klare, knappe Berichte, »einen kurzen und deutlichen Extrakt«. »S.K.M. haben bishero bemerket, daß verschiedene von denen in Justiz- und geistlichen Sachen eingelaufene Vorstellungen oder Anfragen nicht mit gehöriger Präcision, sondern unnöthig weitläufig abgefasset sind. Höchstdieselben befehlen also Dero Geheimen-Raths-Collegio nochmals in Gnaden die Concipienten anzuweisen, daß sie dergleichen Expeditiones sonder überflüssige Weitläufigkeit und ganz kurz und deutlich abfassen müssen.« An das Generaldirektorium ergeht eine Vermahnung: »Ihr hättet von selbsten leicht einsehen können, wie es sich ganz nicht schicke, Mir Rubriquen, so mit so viel juristischem Latein bespickt sind, vorzulegen, da solche zwar denen Juristen-Facultäten, Schöppenstühlen und Criminalgerichten bekannt genug sein mögen, vor Mir aber lauter Arabisch sind . . .« Man solle sich »auf eine Sr.K.M. verständliche Art und in gewöhnlichen bekannten Wörtern ausdrücken«, damit S. M. sich klar dezidieren kann. Alle diese Bemerkungen schreibt Friedrich mit einer feinen nervösen Schrift, die so zierlich ist, daß man sie für die einer Frau halten könnte. Sind diese Schriftstücke französisch (zu ihnen gehören alle diplomatischen Depeschen), so unterschreibt er ›Federic‹ (ohne r). In der inneren Verwaltung bedient er sich fast ausschließlich des Deutschen, das bei ihm zu einer drolligen, wildwüchsigen Sprache wird, die er mit der sonderbarsten Orthographie versieht. Dieselben Redensarten kehren oft wieder: »Er ist ein Narr!« »Welche Dummheit!« »Wind!« »Ich bin jetzt arm, wie Hiob!« »Ich werde mir ein Moratorium ausbitten müssen!« »Für jetzt kann nichts erfolgen.« »Kein Geld!« Er befindet sich in einem Zustand ständiger Abwehr, als ob seine Beamten, besonders die niederen, auf nichts anderes erpicht wären, als ihn zu bestehlen und zu betrügen. »Man könnte seelenruhig 99 Prozent von ihnen hängen lassen«, schreibt er eines Tages. Er täuscht seine Minister durch falsche Konfidenzen, erweckt ihre Eifersucht, indem er dem einen mitteilt, was er dem anderen verbirgt, und enthält ihnen seine wichtigsten Entscheidungen vor. Im Frühling 1744 wußte der wackere Podewils von den Verhandlungen seines Gebieters mit Frankreich ganz und gar nichts. Als er von der Unterzeichnung der Allianz erfuhr, war sie seit drei Wochen abgeschlossen.

Friedrich gönnt weder an seinen Plänen noch an seinen Geheimnissen jemand einen Anteil. »Ich würde mein Hemd zerreißen«, sagte er, »wenn mein Hemd um mein Geheimnis wüßte.« Podewils gegenüber zeigt er noch einige Rücksicht, er hat ihn nur zweimal der Pflichtvergessenheit beschuldigt. Aber die anderen behandelt er mit so verächtlicher Grobheit und verdächtigt sie in so beleidigender Weise, daß ein englischer Gesandter sagen konnte: »Ich wäre lieber Affe auf Borneo als Minister in Preußen.«

Manchmal macht er Witze. Einem Präsidenten, der ersucht hat, für seine Übersiedlung 24 Pferde requirieren zu dürfen, antwortet er: »Damit tzihet man an 24 Canon fort. Ein president ist für Solchen Schwehren Transport nicht wichtig genung. Er sol 8 Pferde haben, und wan er corpulenter wirdt 10 bis 12.« Einem Offizier, der wegen des Abschusses eines Hirsches auf königlichem Jagdgrund zu 100 Talern Buße verurteilt worden ist und fürchtet, in Ungnade gefallen zu sein: »Hat nichts zu sagen. Für den Preis stehn mehr Hirsche zu Diensten.«

Doch meistens droht oder schilt er: »Diesses ist vohrs erste eine erinnerung; sie Sollen sich inacht nehmen, das es nicht schlimer kömt.« – »Es bleibet bei meiner ordér das übrige Seind ficfaquereien von die Ministers ihre Creaturen zu plassiren.« – »Ich komme mein Tage nicht mit Ihm (Knobelsdorff) aus der Stelle, Er executiret nichts, wie Ich es haben will, und ist faul wie ein Artilleriepferd.« – »Das Seint wieder Juristenstreiche«. – »Der Consipient ist ein Essel, und die Ministres haben das Rescript nicht durchgelesen, es hält nichts in Sich Solkes Dumes habe ich Meiner Tage nicht gesehen.« – Einem Offizier, der sich auf seine Dienstjahre beruft, antwortet er: »Es kommt auch nicht auf lange Dienste sondern gute an ... ich habe einen haufen alte Maulesels im Stal die lange den dienst machen aber nicht das Sie Stalmeister werden.« Einem Präsidenten, der wegen Krankheit um Urlaubsverlängerung bittet: »Die podagras auf Urlaub die kenne ich!« Einem ehemaligen Kriegsrat, der wünscht in französische Dienste zu treten: »Hat er hier gestolen, so kann er immer dahin gehen und auch stelen.« Einem Medizinstudenten, der als Feldscher in die englische Armee eintreten möchte: »Lieber will ich ihm aufhangen.« An den Präsidenten der Domänenkammer in Cleve, mit dem er unzufrieden ist: »Ich muß schlecht von Euch sein informiret worden, oder Ihr seid ein Esel, daß Ihr die Provinz nicht kennet oder ein Windbeutel, der sich um nichts Kümmert; man Kann Keinen dummeren Bericht machen als den Ihr mir da schicket.« An die Räte der Kammer in Königsberg: »Ihr seid Erzschäkers, die das Brot nicht wert sind, das man Euch gibt, und verdient alle weggejagt zu werden. Wartet nur, daß ich nach Preußen komme.« Er hat bis zu seinem letzten Atemzug tausende solcher Bemerkungen geschrieben oder diktiert.

Friedrich interessiert sich ganz besonders für die öffentliche Meinung. Während des Ersten Schlesischen Krieges bedrängt er Jordan mit Bitten um Auskunft: »Ich möchte Nachrichten aus Berlin haben ... Ich will Nachrichten ... Lassen Sie mich mit allen Umständen wissen, was das Publikum sagt. Verbergen Sie mir keine Einzelheiten des Bildes.« In seiner Antwort gibt er ihm an, worüber er reden und welche Gerüchte er verbreiten soll. Doch wiewohl er die öffentliche Meinung auszukundschaften sucht und auf sie Rücksicht nimmt, verachtet er sie von Grund aus. In seinen Augen sind die meisten Menschen für die Vernunft nicht geschaffen. Sie sind »Gewohnheitstiere« und lassen sich von Schwindlern und Schurken gängeln. Das dumme Volk »verkommt in unausrottbarer Unwissenheit«. Es liebt das Wunderbare, das Übernatürliche, den Aberglauben. Die Mehrzahl seiner Ansichten beruht »auf Vorurteilen, Märchen, Irrtum und Betrug«. Wenn die Berliner über den Krieg räsonieren, nennt Friedrich das »ein abgeschmacktes Geschwätz«. Und wenn die Pariser gegen den Breslauer Frieden wettern, so ist »ihr Geschimpfe wie das Schnarren von Papageien, und ihre Urteile sind so gewichtig, wie die Urteile eines Rollschwanzaffen über metaphysische Fragen«.

Dabei macht er in mancher Hinsicht die geistigen Moden seiner Zeit mit, so vor allem die »Empfindsamkeit«, die Vorliebe für tugendhafte Rhetorik und für sorgfältig vorbereitete Rührung. In dem ›Fürstenspiegel‹, den er im Jahre 1744 für den jungen Herzog Karl Eugen von Württemberg schrieb, nennt er die Menschlichkeit »die Hauptugend jedes denkenden Wesens«. Und das Herz geht ihm auf »beim Anblick der schönen Seelen, die das Gute lieben«. Unablässig predigt er, wie sehr »die Schwäche eines fühlenden Herzens der unmenschlichen Härte der Stoiker vorzuziehen ist«. In die Vorrede zu seinen Memoiren kann er nicht umhin, eine rührselige Tirade gegen »das furchtbare Vergießen von Menschenblut« und gegen die Kriege, die Europa in eine »Schlachtbank« verwandeln, einzuflechten. Aber während die Empfindsamkeit dieses Jahrhunderts ihr Gegengewicht oft in einer leichtfertigen Skepsis und Sorglosigkeit findet, bedeutet sie für Friedrich eine bloße literarische Erholung, die im Bedarfsfall sofort einem eiskalten berechnenden Realismus weicht.

Sein Reich ist das der Tatsachen: die schon errungenen oder noch zu erringenden Dinge, die Interessen, der Grund und Boden, die ständige Beschäftigung mit den Menschen, dem Kriege und den Staatsangelegenheiten. Er denkt konkret. Eine Idee ersteht vor seinem Geiste wie ein genaues Abbild der wirklichen Dinge. Die Kraft seiner Aufmerksamkeit ist so groß, daß er viele Briefe nacheinander durchfliegen und dann, ohne sie noch einmal zu lesen, der Reihe nach beantworten kann. Er besitzt eine sachliche, gewissermaßen visuelle Einbildungskraft, einen äußerst entwickelten topographischen Sinn, ein erstaunlich genaues Gedächtnis für Örtlichkeiten. Andererseits ist ihm nichts verhaßter als die Abstraktion. »Unser Verstand«, sagt er, »wirkt nur insoweit auf die Dinge, als uns die Erfahrung erleuchtet. Wollte man ihm abstrakte Gegenstände vorsetzen, so würde man ihn in ein Labyrinth schicken, aus dem er niemals den Ausgang fände.« Seiner Ansicht nach ist der Mensch zum Handeln geschaffen, nicht zum Erkennen. »Der Urquell der Dinge entzieht sich unserer noch so ausdauernden Nachforschung.« Er verachtet demnach die Metaphysik »als einen vom Winde aufgeblähten Ballon« und betrachtet es als den größten Gewinn, den er Bayle verdankt, daß er seinen Geist von der Suche nach transzendenten Wahrheiten abgezogen hat. Was die Mathematik anbelangt, so gesteht er, daß er sie nicht begreift, sie kommt ihm wie »ein purer Luxus« der Intelligenz vor. Obwohl »sublim«, ist die Geometrie (darunter versteht er alle Wissenschaften, die sich der Geometrie und der Mathematik bedienen) für das Leben auf dieser Erde nicht notwendig. »Ich überlasse sie«, erklärt er, »irgendeinem englischen Grillenfänger; mag er nach seinem Belieben in den Himmelsräumen schalten und walten, ich begnüge mich mit dem Planeten, auf dem ich wohne.« Seine Schriften lassen diesen Abscheu vor der Abstraktion erkennen. Wenn der Literat in ihm die Feder führt, spürt man den Dilettanten: Die Sprache ist oft banal, mit matten Stellen und Füllseln. Ganz anders schreibt der König: Sein Stil ist knapp, markig und lebendig. Seine Worte sind treffend, kraftvoll, niemals unbestimmt, seine Darstellungsweise ist feurig, voll Hohn oder voll Begeisterung, seine Sätze haben Tempo und Dichtigkeit. Die »Schlagsahne« ist nicht nach seinem Geschmack, doch scheut er vor volkstümlichen, ja groben Ausdrücken nicht zurück, wenn sie drastisch wirken.

Wenn er mit jemand spricht, läßt er seinen Partner meist nicht zu Atem kommen. Er bestürmt ihn mit einer Reihe von Fragen, auf die er offene, kurze und schnelle Antwort verlangt. Mit dem guten Dieudonné Thiébault, der ihm von Jean Le Rond d'Alembert als Lehrer für die Kadettenschule geschickt wurde, fängt er das Gespräch folgendermaßen an: »Guten Abend, mein Herr, ich freue mich sehr Sie zu sehen und Ihre Bekanntschaft zu machen.« Dann, ohne ihm eine Sekunde Rast zu gönnen, fragt er ihn, wie sein Name geschrieben wird, an welchem Orte Frankreichs er geboren ist, ob seine Eltern noch leben, was sein Vater für einen Beruf hatte, was er selbst bisher getan, wo er gelebt hat, ob er verheiratet ist, aus welcher Familie seine Frau stammt, welche Studien er vornehmlich getrieben hat, ob er schon einige Werke hat drucken lassen, wie sich bei seiner Abreise der Abbé d'Olivet und d'Alembert befunden haben, über welche Orte er gereist ist, warum er den Umweg über Dresden gemacht hat, wie er sich in den Wirtshäusern verständigt hat, welches seine Reisegefährten waren, ob Sachsen einen blühenden Eindruck macht, ob er sich den Lehrplan der Schule angesehen hat, welche lebenden Schriftsteller am besten schreiben, warum er Voltaire unter ihnen nicht den ersten Rang einräumt, ob Racines Satzbildung immer grammatisch richtig war. Und dann dankt er ihm mit zwei Worten und entläßt ihn.

93. Das preußische Staatswappen seit 1744
Kupferstich eines Berliner Stechers

Königl. Preussisches und Churfürstl.
Brandenb. Wappen.

Nach den großen Musterungen in Berlin, Potsdam und Spandau widmete Friedrich zwei Sommermonate einer Inspektionsreise durch die Provinzen. Schlesien, Brandenburg und Pommern; die zusammenhängende Ländermasse der Monarchie besucht er jährlich, Preußen fast immer, die kleinen Besitzungen am Rhein, die er nicht liebte, seltener. Er ließ die Regimenter vor sich exerzieren, inspizierte die Gerichte, die Domänenkammern und die Steuerämter, besichtigte die Krondomänen, die Magazine, die Zeughäuser, die Manufakturen, die Märkte, die Kanalbauten, die Städte, stellte überall an jedermann Fragen, diktierte Befehle und Projekte. Er führte ein außerordentlich präzises Belegmaterial mit sich, das er unterwegs durch Anmerkungen ergänzte. Das Kabinett verfaßte für ihn statistische Übersichten und gab sie ihm auf die Reise mit. Es sind kleine Lederbände, die die Rechnungsabschlüsse der Provinzialkassen, die Bevölkerungsstatistik, zahlenmäßige Angaben über Gewerbe und Manufakturen, die Viehbestände usw. enthalten. Wenn er einer Kammer seinen Besuch ankündigte, schickte er einen Fragebogen voraus, der zuweilen 100 verschiedene Punkte enthielt, deren Beantwortung die Bereitstellung zahlloser Aktenbündel erforderte.

Eines Tages besichtigte er ein urbar gemachtes Land bei Fehrbellin. Der Amtmann, bereit, alle gewünschte Auskunft zu geben, reitet neben des Königs Wagen her, um seiner Wißbegier Genüge zu tun:

»Hier sind die beiden neuen Gräben, die wir Ew. Majestät Güte verdanken. Sie halten unser Bruch trocken.«

»So, so. Das freut mich sehr. Wer ist Er?«

»Ich bin der Amtmann von Fehrbellin.«

»Wie heißt Er?«

»Fromme.«

»Aha, Er ist der Sohn des Landrats Fromme?«

»Mit Ew. Majestät Erlaubnis war mein Vater Domänenrat des Amtes Loeme.«

»Domänenrat, das ist nicht wahr. Sein Vater ist Landrat gewesen. Ich habe ihn sehr gut gekannt. Sag Er, hat die Trockenlegung des Bruchs, die ich habe machen lassen, Nutzen gebracht?«

»Jawohl Majestät.«

»Hat Er mehr Vieh als sein Vorgänger?«

»Jawohl Majestät, ich habe auf diesem Meierhof um vierzig Kühe und im ganzen um siebzig Kühe mehr.«

»Vortrefflich. Hat Er die Viehseuche in seinem Bezirk?«

»Nein, Majestät.«

»Ist sie dort gewesen?«

»Ja, Majestät.«

»Laß Er sein Vieh viel Steinsalz fressen, dann wird Er die Seuche los.«

»Das tue ich. Aber das gewöhnliche Salz ist beinahe ebenso gut.«

»Glaube Er das ja nicht. Das Steinsalz darf nicht kleingestoßen werden, sondern muß dem Vieh so hingelegt werden, daß es daran lecken kann.«

»Wie Ew. Majestät befehlen.«

»Sind nicht noch andere Meliorationen durchzuführen?«

»Oh gewiß, Majestät. Wenn man den Kremmensee hier austrocknen würde, hätten Ew. Majestät um achthundert Morgen mehr Wiesenland, das man mit Kolonisten besiedeln könnte. Das ergäbe eine neue Wasserstraße für den Bezirk und wäre für Fehrbellin und Ruppin sehr gut. Von Mecklenburg nach Berlin könnte man manches auf dem Wasser befördern.«

Der König fragt nach den Kosten und nach dem voraussichtlichen Ertrag. Dann erkundigt er sich beim Amtmann über die Gutsbesitzer der Umgebung und fährt fort:

»Wie heißt der Amtmann von Altruppin?«

»Honig.«

»Wie lang ist er dort?«

»Seit Trinitatis.«

»Seit Trinitatis? Wo war er früher?«

»Früher war er Stiftsherr.«

»Stiftsherr? Stiftsherr? Wer zum Teufel hat diesen Stiftsherrn zum Amtmann gemacht?«

»Majestät, er ist ein recht braver junger Mann, der sich um die Ehre beworben hat, Ew. Majestät Amtmann zu werden.«

»Warum ist denn der alte Amtmann nicht geblieben?«

»Er ist tot.«

»Dann hätte doch seine Witwe das Amt behalten können.«

»Sie ist verarmt.«

»Weiberwirtschaft vermutlich?«

»Verzeihung, Majestät, sie hat ihre Wirtschaft sehr gut geführt, aber Unglücksfälle haben sie zugrunde gerichtet. Das kann dem besten Landwirt geschehen. Ich selbst habe vor zwei Jahren ein großes Viehsterben gehabt und keine Entschädigung dafür erhalten. Es ist mir unmöglich, wieder hochzukommen.«

»Mein Sohn, heute habe ich Schaden am linken Ohr, ich kann nicht gut hören.«

Der Amtmann bleibt zurück.

»Vorwärts Amtmann, hierher! Bleibe Er neben meinem Wagen, aber gebe Er acht, daß Er nicht zu Schaden kommt. Spreche Er ein wenig lauter. Sage Er, wie heißt das Dorf dort rechts?«

»Das Dorf heißt Langen, Majestät.«

»Wem gehört es?«

»Zu einem Drittel Ew. Majestät, zu einem Drittel Herrn von Hagen und das Kapitel von Berlin hat dort auch seine Leute.«

»Er irrt sich, es handelt sich um das Kapitel von Magdeburg.«

»Halten zu Gnaden, Majestät, es ist das Kapitel von Berlin.«

»Das ist nicht wahr, denn das Kapitel von Berlin hat keine Lehnsleute.«

»Majestät, ich wäre ein sehr schlechter Amtmann, wenn ich diejenigen nicht kennte, die in den Orten meiner Ämter die Gerichtsbarkeit ausüben.«

»Aha. In diesem Fall hat Er also recht.«

Das Verhör geht weiter. Die Güte des Bodens, die Ernte, die Wälder, die Namen der Grundherren und der Stand ihres Vermögens, die Hypotheken, der Absatz der Erzeugnisse, die Versuche mit bisher unbekannten Kulturen – alles kommt daran. Endlich versammelt der König die Amtleute und die Landbaumeister und befiehlt, ein neues Stück Heideland urbar zu machen.

»Die Sache muß in Ordnung kommen. Ich verlange es nicht umsonst. Ihr braucht nur an meine Finanzkammer zu schreiben, was ich urbar gemacht haben will. Ich werde das Geld dazu geben . . .«

Sicherlich hat der Erzähler, der uns diese Episode berichtet, sie ein wenig karikiert. Doch im Grunde finden wir hier den Friedrich der ›Politischen Korrespondenz‹ und der ›Acta Borussica‹ wieder mit seiner unersättlichen Wißbegier, seinem Eingehen ins einzelne, seiner unermüdlichen Aufmerksamkeit, seiner Angst, betrogen zu werden, seinem hartnäckigen Willen, immer recht zu behalten. Aus diesem tyrannischen, peinlich genauen und argwöhnischen Realismus erklärt sich ein geistiger Mangel des Königs, der darin besteht, daß er über den Charakter seiner Mitmenschen oft schlecht Bescheid weiß. Gewiß erhebt auch er den Anspruch, die schwierige Kunst der Menschenkenntnis zu beherrschen. In sein politisches Testament von 1752 hat er sogar eine kleine psychologische Abhandlung über die Frage eingeflochten, wie ein vollkommener Botschafter an den verschiedenen Höfen Europas beschaffen sein solle. In Wien braucht es einen in der Kunst der Für- und Gegenrede erfahrenen Schikaneur, in Versailles einen klugen und vorsichtigen Mann, der sich durch das plötzliche Aufbrausen, zu dem die französischen Minister neigen, nicht beirren läßt. in London einen angenehmen Schlemmer, der mehr Wein verträgt als die Engländer und, ohne etwas zu sagen, den Anschein der Offenheit erweckt, für Holland, wo die Staatsgeheimnisse gewissermaßen auf den Straßen spazierengehen, bedarf es nur des gesunden Menschenverstandes und eines schlichten Auftretens ... Da er aber im Grunde das stolze Gefühl hat, allem und jedem gewachsen zu sein, nimmt er sich nicht immer die Mühe zwischen Gutem und Mittelmäßigem zu unterscheiden. Einer seiner Sekretäre bemerkt des öfteren, daß er die Menschen »nicht so sieht wie sie sind, sondern so, wie er sie sich in bezug auf ihren Charakter und ihre Talente in den Kopf gesetzt hat«. Und das ist ganz besonders schwerwiegend, denn, so erzählt uns der Marquis d'Argens, »wenn unser Philosoph sich einmal in eine Idee, sei sie gut oder schlecht, verrannt hat, gibt er sie nicht so leicht wieder auf. Hat er sich einmal ein Urteil gebildet, so ist es unwiderruflich.« Diese Dünkelhaftigkeit hat ihn zum Beispiel zu dem groben Fehler verführt, der Marquise de Pompadour 500 000 Taler anzubieten, um sie seinen Interessen gefügig zu machen. Sie wird ihm auch oft bei der Wahl seiner Beamten im Wege stehen.

Von den Menschen, die unmittelbar unter ihm dienen, verlangt er zähen Fleiß, absolute Diskretion und völlige Selbstverleugnung. Der alte August Friedrich Eichel, den er schon von Friedrich Wilhelm übernommen hatte, war bis zu seinem Tode 1768 sein Kabinettssekretär. Er war Junggeselle, lebte ganz zurückgezogen, sprach mit fast niemand und hatte im Jahr keine halbe Stunde Muße. Nach dem Bericht eines Botschafters hätte ein Ausländer sieben Jahre am preußischen Hofe sein können, ohne ihn zu bemerken, ja ohne von seinem Vorhandensein auch nur eine Ahnung zu haben. Es wurde kein vollwertiger Ersatz für ihn gefunden, die Männer, die sich in der Folge in seinen Pflichtenkreis teilten, wie Coeper, Laspeyres, Müller, Galster und Mencken reichten nicht an ihn heran. Als einzigartig in der Geschichte der königlichen Kabinettskanzlei ist zu verzeichnen, daß Galster seines Amtes entsetzt und mit Festung bestraft wurde. Seine Schuld dürfte nicht sehr groß gewesen sein, da er nach einem Jahr freigelassen und pensioniert wurde. Doch soll er, als man ihn nach Spandau schaffte, gesagt haben, daß er nur von einem Gefängnis ins andere übersiedle.

Zweifellos ist es Friedrich gelungen, die preußische Bürokratie einheitlicher und planmäßiger auszubauen, die Arbeitsleistung zu vermehren, ja sogar das Arbeitstempo zu beschleunigen. Er hat aus der Beamtenschaft ein tüchtiges Werkzeug des inneren Zusammenhaltes gemacht und hat sie derart mit Pflichtgefühl und Staatsgesinnung durchtränkt, daß sie den Zusammenbruch des friderizianischen Systems nach Jena, ja sogar den Sturz der Hohenzollern überdauern konnte. Andererseits aber hat er innerhalb dieses ganzen hierarchischen Aufbaus den Geist der Initiative, die individuelle Bemühung, die Neigung, eine persönliche Verantwortung zu übernehmen, unterbunden, wenn nicht völlig ausgerottet. Der Rat Eberhard Ursinus, eines der hervorragendsten Mitglieder des Generaldirektoriums, war gegen die Handelspolitik des Königs aufgetreten. Er wurde unter der Beschuldigung, von Geschäftsleuten bestochen zu sein, eingekerkert (1766). Die Untersuchung gegen ihn brachte nur kleine Nachlässigkeiten an den Tag. Trotzdem wurde er abgesetzt und einige Monate in Spandau behalten. Obwohl Friedrich mehrere solche Entlassungen (vier Präsidenten nach den schlesischen Kriegen) vorgenommen hat, war er doch kein Freund des Personalwechsels. »Mein Pferd stolpert«, pflegte er zu sagen, »ich weiß es, aber ich ziehe vor, es zu behalten, statt ein anderes zu nehmen, dessen Fehler ich nicht kenne.« Er hatte bei jeder Vakanz freilich die größte Mühe, in dem einförmigen Grau seines Personals einen Mann von Wert zu finden. Um für die allfällige Besetzung freigewordener Stellen gewappnet zu sein, ließ er mit ausführlichen Angaben und Begründungen versehene Listen von Grundbesitzern, pensionierten Stabsoffizieren und Landräten aufstellen. Zuweilen ließ er auf einmal 20 bis 30 Kandidaten zu sich kommen, die er persönlich einem Verhör unterwarf. Da er Gesichter weit besser als Namen im Gedächtnis behielt, befahl er eines Tages, zwischen Liegnitz und Schweidnitz nach einem großen schwarzen Landrat zu suchen. Den Namen des Mannes hatte er vergessen, doch war er ihm vorteilhaft aufgefallen und schien ihm geeignet, nach Berlin berufen zu werden. Schließlich kam der König auf den Gedanken, beim Direktorium und bei den Kammern begabte junge Leute ausbilden zu lassen, ungefähr so, wie er selbst in Küstrin ausgebildet worden war. Bei alledem behielt er Beamte, die er fast Tag für Tag zur Rede stellen und gängeln mußte, viele Jahre lang. So verblieb der Präsident Karl Ludwig von Siegroth in der Kurmark vom Jahre 1766 bis zum Jahre 1782 in seiner Stellung, obwohl ihm Friedrich ständig seine »Sorglosigkeit«, seine »noch immer fortdauernde wenig solide und vernünftige Denkungsart« und seine »widersinnigen Propositiones« vorwarf.

Immerhin fehlte es ihm nicht an hochwertigen Kräften. Es gehört zu den Vorrechten überragender Persönlichkeiten (auch wenn sie noch so herrschsüchtig sind), intelligente und treu ergebene Männer an sich zu ziehen. Solche waren Heinrich von Podewils, Karl Wilhelm von Finckenstein und Ewald Friedrich von Hertzberg in den auswärtigen Angelegenheiten, Friedrich von Goerne und Adam Ludwig von Blumenthal für die Domänen, Heinrich Christoph von Katt in der Heeresverwaltung, August Friedrich von Boden für die Finanzen, Samuel von Cocceji und Johann von Carmer für die Justiz, Friedrich von Heinitz für die Wirtschaft und Karl Abraham von Zedlitz für Kultus und Unterricht. Im Gegensatz zu seinem Vater pflegte Friedrich seine Minister aus dem Kreise der Präsidenten der Provinzialkammern zu wählen. Von diesen haben einige Ruf erlangt, so Johann von Domhardt in Ostpreußen, Georg von Aschersleben in Pommern, Wichard von Platen und Daniel Lenz, die mehr als 20 Jahre blieben, der eine in Magdeburg, der andere in Ostfriesland.

94. Heinrich Graf von Podewils
Aus einem Kupferstich von
Johann Christian Gottfried Fritzsch

95. Wilhelm Graf von Finckenstein
Aus einem Kupferstich von
Heinrich Wilhelm Tischbein

Friedrich ist ein Sanguiniker. Von Jugend auf beklagt er sich über sehr heftiges, ja unerträgliches Herzklopfen, über Blutandrang und Hämorrhoiden. Mit 34 Jahren hat er seinen ersten Gichtanfall. Fast jeden Winter packt es ihn an beiden Beinen und an der linken Hand. Mit 35 Jahren hat er eine Attacke in Form einer einseitigen Lähmung, die zwar recht gutartig verläuft, aber am Hals und an den Beinen eine Schwellung zurückläßt. Dazu Fieber, Koliken, Magenkrämpfe, »Blutflüsse«, die vermutlich Darmblutungen gewesen sind. »Meine Seele setzt meinen Körper in Gang«, hat er oft gesagt. In der Tat muß er eine ungeheure Widerstandsfähigkeit besessen haben, um so viele Leiden zu überwinden, so viele Kraftproben zu bestehen und dabei noch das Leben »eines Sträflings an der Kette« zu führen. Seit 1758 hielt er sich für einen todgeweihten Mann, aber während seiner langen, 46 Jahre währenden Regierungszeit setzte er seine »Maschine« »um jeden preis« in Gang und bearbeitete seinen Körper »wie eine alte Schindmähre mit starken Sporenschlägen«.

Vom Sanguiniker hat er auch die seelischen Kennzeichen. Seine gewohnheitsmäßige Fröhlichkeit, seine ein wenig schrullige gute Laune, die ihn selbst im Unglück nicht verläßt, denn in tragischen Stunden spricht er noch von seinem Mißgeschick mit einem Lächeln und dann mit polterndem Lachen von den ›Klapsen‹, die er dem Feind versetzt. Er hat auch die Veränderlichkeit, die Ungeduld und die Impressionabilität des Sanguinikers, Jugendfehler, die im reifen Alter weniger hervortreten. Er besitzt glänzenden physischen Mut, was zur Folge hat, daß er sich nach Ansichten seiner Offiziere auf dem Schlachtfeld viel zu sehr den feindlichen Kugeln aussetzt. Mit dem begeisterten Schwung und dem im Grunde unzerstörbaren Optimismus des Tatmenschen sieht er im Kampfe fast nur den Siegespreis, kaum die Gefahr. Einer seiner Intimen hat gesagt, daß das Vertrauen bei ihm immer der Vorbote eines Rückschlages sei, die Angst das Zeichen eines Erfolgs. Endlich hat er vom Sanguiniker die außerordentliche Lebhaftigkeit, die sprudelnde Beredsamkeit, die Neigung zum Aufbrausen und zur Heftigkeit. Für ein solches Temperament sind Wollen und Tun unwiderstehliches Bedürfnis, triebhafte Funktion. Indem er Beschlüsse faßt und ausführt, folgt er seiner Natur, die viel zu stark ist, als daß sie sich bändigen ließe, er gibt ihr mit Freuden nach wie einer tyrannischen Wollust. »Eigentlich«, sagt er eines Tages, »waren doch nur die Gründer großer Reiche Vollmenschen.«

Bei ihm ist die politische Einbildungskraft in steter Bewegung. Sein Geist zeugt ohne Rast und Ruh Pläne und Projekte. Davon hat er reichen Vorrat: Die einen sind zur Ausführung bereit und völlig ausgearbeitet, die anderen aufs Papier hingeworfen, flüchtig skizziert, damit sie die Minister nachher »verdauen« können. Das politische Testament von 1752 enthält einen Plan für die Eroberung Sachsens, einen anderen für die Erwerbung des polnischen Preußen, einen dritten, vierten und fünften in Voraussicht eines Bürgerkrieges in Rußland, einer Minderjährigenregierung in England und einer Thronvakanz in Frankreich infolge Erlöschens der älteren Linie der Bourbonen. Niemals hält er sich in träger Gemütsruhe an ein ein für allemal festgelegtes Programm, niemals wird er zum Gefangenen eines Systems oder einer Formel. Selbst an seine Unterschrift fühlt er sich nur gebunden, wenn sich ihm ein offensichtlicher und dauerhafter Vorteil bietet. Er späht die geringsten Veränderungen aus, um ihnen seine Pläne anzupassen. So viele Ideen hat er in seinem Kopfe gewälzt, so viele Kombinationen erwogen, daß ihn nichts unvorbereitet treffen kann. Wie im Jahre 1756 wird er einfach sagen: »Die alten Systeme sind nicht mehr, sie wiederherstellen zu wollen, hieße einem Schatten nachjagen.«

Im einzelnen Fall steht ihm ein unerschöpfliches Arsenal der verschiedenartigsten Mittel zu Gebote. Alle sind ihm recht, vorausgesetzt, daß sie Erfolg haben: die listig vorbereitete Provokation, die berechnete Verzögerung, die falsche Nachricht, die betrügerische Herzlichkeit, die verhüllte Drohung, das hartnäckige Nichtverstehenwollen, die Bestechung, die Spionage, die scheinbar harmlose Eulenspiegelei, alles bis zu der lärmenden Bluffunternehmung. »Die scharfsinnigen Geister pflegen mit der Gleichförmigkeit des Verhaltens zu rechnen. Darum muß man so viel als möglich sein Spiel ändern, es bemänteln, zum Proteus werden, indem man sich bald schnell, bald langsam gebärdet, bald kriegerisch, bald friedliebend. Das ist das Mittel, seine Gegner aus der Fassung zu bringen.« Hier liegt aber auch sein Fehler: Er treibt es zu weit. Er dichtet seinen Verbündeten die ausgeklügeltsten Listen und Ränke an, die ihnen völlig fern liegen, wittert Verrat, wo er nicht ist, ändert auf unbestimmte Eindrücke hin sein Verhalten und gerät in Fieber um ein Nichts. Weil ihm das Glück von Anfang an gelächelt hat, glaubt er sich gegen die alten Dynastien jede Rücksichtslosigkeit erlauben zu dürfen. Er spielt ihnen gegenüber den Hochmütigen, den Gönner oder den Sarkastischen, verspottet und verletzt alle Welt, vollführt wegen einer Lappalie einen Teufelslärm. Als er als Verbündeter Frankreichs Ludwig XV. zu einem energischen Eingreifen veranlassen will, übergibt er Valory eine Denkschrift mit dem bezeichnenden Titel: »Plan, den die Franzosen, falls sie vernünftig sind, befolgen müssen.« Seine eigenen Minister haben vor diesen rüden Manieren solche Angst, daß sie sich mit den Kabinettssekretären ins Einvernehmen setzen, um zum Beispiel eine provozierende Antwort an Georg II. oder einen beleidigenden Brief an Ludwig XV. unterwegs aufzuhalten.

Andererseits ist er sich seiner Fehler bewußt und versucht, sich zu zügeln. Charakteristisch für ihn ist, daß er immer wieder in seinem Leben den Ausgleich zwischen Phantasie und Berechnung schafft. Vor allem ist er sich selbst gegenüber vollkommen ehrlich. In seinem »Testament von 1752« geht er so weit, über seine Beziehungen zu Maria Theresia zu schreiben: »Dieser Fürstin gegenüber habe ich kein reines Gewissen.« Und dann hat er, wie alle glücklichen Spieler, ein Spürorgan für den Zufall, einen geheimen Instinkt, der ihm sagt, wann es zu wagen und wann es das Spiel abzubrechen gilt. »Man muß im richtigen Augenblick aufhören können. Wer das Glück gewaltsam zu halten strebt, der verliert es, und wer immer mehr will, ist auf dem besten Wege, niemals glücklich zu werden.« Endlich: Er denkt nach, intensiv und genau. Sein System ist immer noch das gleiche, er überlegt schriftlich, indem er sich vergleichende Tabellen anlegt: »Gründe, die dafür sprechen, am Bündnis mit Frankreich festzuhalten; Gründe, die dafür sprechen, mit der Königin von Ungarn Frieden zu schließen.« Oder: »Punkte, die zu gerechtfertigten Befürchtungen des Königs hinsichtlich der bösartigen Pläne der Königin von Ungarn und des Königs von England Anlaß geben; Punkte, die geeignet sind, den König hinsichtlich der Absichten der Königin von Ungarn und des Königs von England zu beruhigen.« Es handelt sich nicht etwa um unbestimmte Gründe, sondern um ganz genau umschriebene Wahrscheinlichkeiten, die durch schrittweise Ausschaltung zu einem notwendigen Schluß führen.

Dem leichten Erfolg mißtraut er. »Ein glänzender Coup wie die Eroberung Schlesiens ist einem Buch vergleichbar, das als Original Erfolg hat und dessen Nachahmungen durchfallen.« Für die titanischen Pläne der »Visionäre« hat er gleichfalls nichts übrig. »Ein Dorf an der Grenze ist besser als ein Fürstentum in einer Entfernung von 60 Meilen.« Als höchste Kunst erweist sich: die Gelegenheit kommen zu sehen und sie beim Schopf zu fassen, denn »die Politik besteht weit eher darin, aus günstigen Ereignissen Gewinn zu ziehen, als sie vorzubereiten.« Seine Überlegungen zerfallen also gewissermaßen in vordergründige und hintergründige. Die Hintergründigen, die er auch seine Metaphysik nennt, beziehen sich auf Gebietsvergrößerungen, die in weitem Felde liegen. Die Vordergründigen hingegen passen sich den augenblicklichen Umständen an und stellen in kleinem Maßstab eine höchst präzise Anwendung seiner länderfressenden Metaphysik dar.

Wenn er nicht klar sieht, wartet er ab. Er läßt sich mit den Botschaftern auf kein Gespräch ein, oder weigert sich, sie zu empfangen, wenn sie ihm nicht vorher mitgeteilt haben, worüber sie mit ihm reden wollen. Als ihm England eines Tages eine Frage stellt, die ihn in Verlegenheit setzt, schreibt er an Podewils: »Ich will damit nichts zu tun haben, verfertigen Sie eine Antwort auf österreichische Art in verbindlichen, aber durchaus unbestimmten Ausdrücken, die nicht ja und nicht nein bedeuten, sondern unverständlich sind.« Dreimal überreicht ihm der Minister einen Briefentwurf, dreimal zerreißt ihn der König als zu klar, so daß er sich endlich, des Hin und Hers müde,

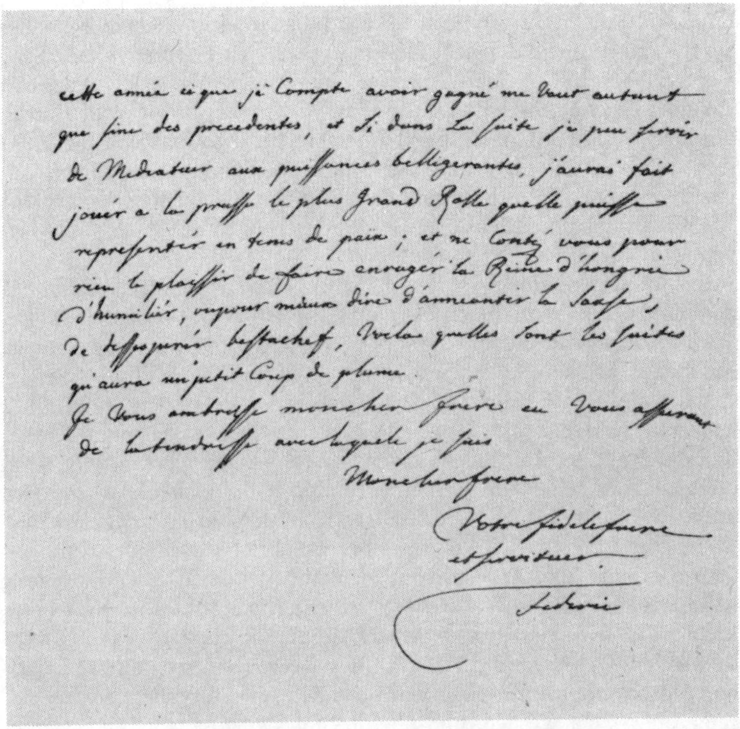
cette année ce que je Compte avoir gagné me Vaut autant que fine des precedentes, et si dans la suite je peu servir de Mediateur aux puissances belligerantes, j'aurai fait jouer a la prusse le plus Grand Rolle quelle puisse representer en tems de paix; et ne Contez vous pour rien le plaisir de faire enrager la Reine d'hongrie d'humilier, ou pour mieux dire d'aneantir la Saxe, de desesperer Bestucheff, Voila quelles sont les suites qu'aura un petit Coup de plume.
Je Vous embrasse mon cher frere en Vous assurant de la tendresse avec laquelle je suis
Mon cher frere
Votre fidele frere et serviteur
Federic

96. Preußens Wille zur Sicherung des Friedens
Eigenhändiges Schreiben Friedrichs des Großen an seinen Bruder August Wilhelm vom 19. Februar 1756
Ehem. Berlin, Geheimes Staatsarchiv

dazu entschließt, ihn selbst zu verfassen. Es wird eine Note von 20 Zeilen in deutscher Sprache, sie besteht aus einer einzigen, von Zwischensätzen unterbrochenen Phrase, in der man vergeblich nach Subjekt und Prädikat sucht. Hat er aber seine Entscheidung getroffen, hält ihn nichts mehr zurück. In seinen Fehlern wie in seinen Rückschlägen rettet ihn immer die Plötzlichkeit seines Handelns, die Kühnheit und die Schnelligkeit, die den Feind aus der Fassung bringen. Vor allem verfügt er über eine gehorsame, stets zum Schlagen bereite Streitmacht. »Ich bin nicht kühn genug, Ihnen (im Hinblick auf unbekannte Ereignisse) Ratschläge zu erteilen«, schreibt er zuhanden seines Nachfolgers, »ich begnüge mich damit, zu wiederholen, was ich Ihnen mündlich schon weit ausführlicher gesagt habe: verwalten Sie Ihre

Finanzen gut, damit Sie Geld haben, falls Sie es brauchen; schließen Sie Bündnisse nur mit jenen, die genau dieselben Interessen haben wie Sie; schließen Sie niemals Verträge, um Maßnahmen über in ferner Zukunft liegende Ereignisse zu treffen, warten Sie, bis der Fall eintritt, um Ihren Entschluß zu fassen und entsprechend zu handeln; hüten Sie sich wohl, auf die Zahl und Treue Ihrer Verbündeten zu bauen, vertrauen Sie nur auf sich selbst; dann werden Sie niemals irregehen.« Die Erhaltung und Mehrung der preußischen Kraft ist also die vornehmste Aufgabe.

Seit wenigstens einem Jahrhundert ist es eine feste Überlieferung, daß der Hohenzoller sein Reich verwaltet wie ein Bauer seinen Hof. Der Staat hat keine Schulden. Überdies besitzt das Land zu wenig Bargeld, als daß es größere Anleihen zeichnen könnte. Eine Million Taler, in Zeiten schwerer Gefahr vielleicht auch zwei. In keinem Augenblick hat der Herrscher die Möglichkeit, sich gehen zu lassen oder gar dumme Streiche zu begehen. »Wenn er respektiert werden will, ist es nötig, daß er seine Finanzen in Ordnung hält; noch nie wurde eine arme Regierung geachtet. Sachsen hätte in dem Kriege, der 1740 begann, eine Rolle spielen können, aber da es tief verschuldet war, verkaufte es sich an den Meistbietenden und wurde in jeder Beziehung unglücklich ... Wenn Frankreich in seiner jetzigen Unordnung fortfährt, kann es trotz seiner großen Macht in Verfall geraten und für seine Rivalen ein Gegenstand der Verachtung werden.« Also muß der Staatshaushalt streng im Gleichgewicht gehalten, die Ausgaben bis ins einzelne überwacht werden, und überdies muß es in einem Geheimfonds so viel Erspartes geben, daß es bei günstiger Gelegenheit zu einem guten einträglichen Krieg ausreicht, wobei pro Kampagne fünf Millionen Taler in Anschlag gebracht werden.

Das vom Großen Kurfürsten und Friedrich Wilhelm I. eingeführte Steuersystem war von verblüffender Einfachheit, das einfachste von ganz Europa. Vor allem die Einkünfte aus den königlichen Domänen, die ein Viertel des Landes bedecken und an die Amtleute verpachtet sind. Sie bestehen aus Wäldern, Feldern, Weiden und Gebäuden, wozu noch die Salzbergwerke, das Forstwesen und die Wegegelder kommen. In zweiter Linie die direkte Steuer, die »Kontribution«, die sich lediglich auf Grund und Boden bezieht (34 Prozent des Einkommens für die Bauern, 28 Prozent für die Adeligen in Preußen, die andern zahlen nichts); endlich die indirekte Steuer, die Akzise, die am Eingang der Städte auf Lebensmittel und verschiedene andere Gegenstände erhoben wird. (Der Adel ist für seinen persönlichen Gebrauch davon befreit.) Die eingenommenen Beträge fließen in zwei Kassen: in die Domänenkasse einerseits und in die Kriegskasse, welcher die Akzise und die Kontribution zufällt, andererseits. Die letztere ist ausschließlich für das Budget der Heeresverwaltung bestimmt, während die erstere die Ausgaben des Königs, die Apanagen und die Jahresgehälter bezahlt, dazu noch die Kosten der Kolonisation, soweit die Provinzen sie nicht zu tragen vermögen. Sie dient auch zur Schaffung der Reserven des Staatsschatzes. Gemäß dem Reglement von 1748 haben die Kammern dem König monatlich detaillierte Rechnungsauszüge einzuschicken. Alle Abrechnungen werden nach Abschluß des Finanzjahres der Oberrechnungskammer vorgelegt.

Folgende kurze Tabelle soll uns ausführliche Kommentare ersparen:

	Einwohnerzahl*	Ertrag der Domänen*	Steuereinnahmen*	Ausgaben für Heerwesen*	Zahl der Soldaten
1713	1,6	1,6	2,4	2,5	38.000
1740	2,2	3,3	3,6	5–6	72.000
1752**	3,9	4,5	7,7	9,4	135.000
1786	5,7	6–7	10–11	12–13	195.000

* Angaben in Millionen Talern
** Mit Schlesien

Beim Vergleich dieser Ziffern möchte man glauben, daß Preußen nur dazu geschaffen ist, nur darum lebt und arbeitet, um ein Heer zu erhalten, das zugleich dieses Staates höchstes Ziel und das Werkzeug seiner Größe ist. »Die Politik, das Militärwesen und die Finanzen sind so eng miteinander verbundene Staatsfunktionen, daß man sie nicht voneinander trennen kann.« Der König ist sein eigener Konnetabel, der Adel, dem das Offizierskorps entnommen wird, der erste Stand der Nation, der einzige, dem Ehre erwiesen wird. »Jeder Mann von adliger Geburt, der nicht Soldat ist, ist ein verächtlicher Mensch.« Zur Zeit Friedrich Wilhelms gab es zwischen dem Herrscher und dem Adel noch Mißtrauen, Nachwehen des alten Grolls. Die Kämpfe der Provinzialstände gegen den Absolutismus des Königs waren noch unvergessen. Friedrich Wilhelm fürchtete besonders die ostpreußischen Junker, die aufrührerisch und stolz waren und eifersüchtig über ihre Vorrechte wachten. Unter Friedrich kommt es zu einer vollständigen Aussöhnung. Der Adel, der sich mit der Monarchie völlig eins erklärt, ist »ihr Fundament und ihre Säule«. Nicht nur sämtliche Offiziersstellen in der Armee sind ihm vorbehalten – denn, wollte man sie mit Bürgerlichen besetzen, das wäre »der Anfang vom Ende« –, sondern auch fast alle hohen Zivilämter in den Ministerien, dem Generaldirektorium, den Gesandtschaften und Domänenkammern.

Der Adlige in seinem Schlosse ist der Grundherr, denn das feudale System besteht in seiner ganzen Härte weiter: Die Bauern sind Hörige oder haben bloß Besitzrecht auf Lebenszeit, sie sind mit Abgaben und Fronen belastet und der Gerichtsbarkeit ihres Gebieters unterworfen. Der Grundherr sorgt als Lehensmann für die Zahlung der Grundsteuer und die Aushebung der Rekruten. Sowohl im Heer als auch außerhalb sind der König und seine Edelleute durch eine Art soldatischer Kameradschaft miteinander verbunden. Der König leiht ihnen Geld, wenn sie verschuldet sind, er hilft ihnen ihre Söhne unterzubringen, ihre Töchter zu verheiraten, ihre Domänen und Vorrechte zu wahren; er hindert auch die Bürger daran, etwas von ihren Gütern zu erwerben, so daß der adelige Grundbesitz keine Verminderung erfährt. Als Friedrich langsam und vorsichtig daran geht, das Besitzrecht seiner eigenen Bauern nach dem Vorbild Frankreichs in ein erbliches umzuwandeln, hütet er sich wohl, die Junker zur gleichen Reform zu zwingen. Höchstens versucht er nach der Enquête von 1748 die »unerträglichen, übermäßigen, ja geradezu ägyptischen« Frondienste menschlicher zu gestalten, zu mildern und dem Mißbrauch des körperlichen Züchtigungsrechtes Einhalt zu tun. Trotzdem gelingt es in Pommern den von Cocceji und Podewils unterstützten Grundbesitzern, die Mißbilligung der Maßnahmen des Präsidenten von Aschersleben zu erreichen, der angeblich den Bauern zu günstig gesinnt ist. Wenn wir nach den häufigen amtlichen Berichten über Fälle von Flucht und Imstichelassen der Felder schließen dürfen, muß die Lage der Hörigen immer noch erbärmlich gewesen sein. Dem Willen des Königs trotzend, fuhren die Grundherren fort, von ihren Bauern vier, fünf, ja sogar sechs Tage Frondienste in der Woche zu verlangen.

Unter Friedrich wird die Monarchie mehr als zuvor zum Junkerstaat. Aber dieser Adel, mit seinem ausgeprägten Pflichtgefühl gegen das Herrschergeschlecht und der Verachtung für alles, was nicht Uniform trägt, ist nicht aus einer angeborenen Neigung zum Kriegsdienst hervorgegangen – beklagt sich doch Friedrich ständig darüber, daß viele junge Adelige dem Militärdienst ein »niederträchtiges Faulenzerleben« vorziehen –, er ist auch nicht aus der Vaterlandsliebe hervogegangen, denn der Begriff des Vaterlandes (zum Unterschied von der eigenen Scholle) ist damals erst im Entstehen, das friderizianische Junkertum geht aus dem Standesstolz, dem soldatischen Drill, dem zwangsmäßigen Gehorsam gegenüber der Krone und dem Wetteifer unter den Augen des Königs hervor.

Was nun die Bürger betrifft, so besteht ihre Aufgabe darin, Bürger zu sein, das heißt, viel Geld zu verdienen, um hohe Steuern zahlen zu können. Jeder hat in seinem Stande zu verbleiben. Durch Unterricht sollen im Volke bessere praktische Kenntnisse verbreitet werden, ohne daß damit den einzelnen Personen das Mittel in die Hand gegeben wird, sich in eine höhere Klasse zu erheben. Mit wenigen behördlich gebilligten Ausnahmen sind die Industrien und der Handel in den Städten konzentriert, so daß die verschiedenen Berufstätigkeiten auseinandergehalten werden und kein Erzeugnis der Akzise entgeht. Auf dem Lande werden nur die unbedingt notwendigen Handwerker geduldet: Bäcker, Müller, die Bude des Schuhflickers. Jedes Jahr nach Trinitatis legen die Kammern dem König eine Handelsbilanz vor, die ihm mittels Auszügen aus den Akzisebüchern zeigt, welche Waren in jeder Provinz eingeführt, welche Waren ausgeführt wurden und welche Manufakturen dem Lande fehlen. Nach diesen Statistiken regelt er seine Wirtschaftspolitik, deren Ziel es ist, recht viel ins Ausland zu verkaufen, um das Bargeld anzulocken, und möglichst wenig von ihm zu kaufen, und das Gold und Silber zu behalten. »3 comersien Sindt. Das eine, Schiket man wahren wek und krigt geldt davohr. 2. holet man fremde wahren und Setzet sie anderwers ab, Transitus. 3. verwekselet man seine wahren gegen andere So man Nothwendig gebraucht. Diese Seint alle 3 guht. Das 1te ist das best. Das 2te mus auf den Polnischen Debit Stark reflectiret werden und das 3te genohmen, wan man es nicht besser krigen kan. Unser handel rouliret auf Korn, holtz und allerhandt wollene wahren, dieses mus auf alle weiße protegiret werden. Das Meiste geldt was außer landes gehet ist vohr wein, brandtwein und Zucker und Seidene wahren, in denen provintzien kan der wein höger Impostiret werden, damit das bihr höhern abgang hat, rafinerie von Zucker wird angeleget werden und mit denen Seidenen wahren ist der anfang gemacht, nuhr recomandire vohr allen dingen das general Directorium diese Etablissemens zu protegihren und darauf zu sehen das die fremde wahren verbohten werden, So baldt wier Solche entbehren können.« Das ist das System von Colbert mit allen seinen Konsequenzen: autoritäres Eingreifen des Staates, Reglementierung, Preis- und Verkehrskontrolle, Einfuhrverbote, Zölle, Schaffung geschützter Industrien ... »Zum Exempel: desswegen nemen wihr in berlin Preusische Stat holsteiner buter, desswegen müssen sie in Preusen berliner oder Potztamer Samt Stats fremden Nehmen, schlesiche leinewandt Stat holändischer, hiesige Etamin Stat frantzöschen und So mus es in allen provincien gehalten werden, damit die Eine der andern in ihren Debit die hant bihte.«

Wenn aber die Kundschaft diese oder jene außerhalb des Landes verfertigte Ware vorzieht? Der Kunde hat zu kaufen, was der König für nützlich hält, ihm zu liefern: »es sol schlesisches und Einheimische papier gebraucht werden wan es auch Schlechter wie das fremde ist.« Sache der Kammern ist es, für die Verbesserung der Qualität zu sorgen und den Papiermühlen die angemessenen Formate vorzuschreiben. Aber wenn das Generaldirektorium, weil es Repressalien des Auslandes befürchtet, erklärt, daß es unklug sei, den Bierverbrauch zu fördern und die Weineinfuhr zu unterbinden? Dann besteht das Generaldirektorium eben aus Saufbolden! Nicht nur die Einfuhr von Wein wird verboten, sondern auch die von schwedischem Korn und mecklenburgischem Vieh. »Wohr ich zurüke kome in Berlin so wirdt gros Lermen werden wohr nicht alle fremde Sachen butter Stof und wahren Stark Impostiret Sein.« Unter dem Schutze dieser Vormundschaft blüht die Seidenfabrikation wieder auf. Ferner wird im Jahre 1743 in Eberswalde die erste Messer- und Scherenschmiede, im Jahre 1744 in Berlin die erste Baumwollweberei begründet. In der Gegend von Halberstadt und in Schlesien entwickeln sich in der Nähe von Erzlagern kleine Hüttenwerke, die für die Zeughäuser arbeiten. Endlich gelingt dem Direktorium das Wunder, dank den Vorratskammern des Staates und der Armee, den Getreidepreis stabil zu halten.

Jedoch auf Einfuhrverbote pflegen die geschädigten Länder mit anderen Einfuhrverboten zu antworten. Es kommt zu einem erbitterten Zollkrieg mit Sachsen und Österreich. Der Leidtragende ist Schlesien, das auf dem preußischen Markt allein nicht alle seine Leinwand absetzen kann. Die beiden großen Feinde Friedrichs sind Hamburg und Leipzig: Hamburg als Umschlagsplatz für englische Waren und Leipzig mit seiner internationalen Messe. Da Preußen keine richtigen Landstraßen, sondern lediglich Fahrwege hat, die nur in der Nähe der Städte unterhalten werden, spielt sich der Hauptverkehr auf den Wasserstraßen ab. Friedrich bemüht sich, durch verschiedenartige Zölle den Verkehr von der Elbe abzulenken und aus der Oder, die im größten Teil ihres Laufes preußisch ist, den großen Wasserweg seines Landes zu machen. Der Hafen von Stettin wird ausgebaut, der Strom mit Deichen versehen und mit den benachbarten Flüssen durch Kanäle verbunden.

Sicherlich interessiert sich Friedrich mehr für die Sachen als für die Menschen, mehr für die Manufaktur als für den Arbeiter, mehr für die Erde als für den Bauern, den er hauptsächlich darum schützt, weil er in ihm den künftigen Soldaten sieht. Aber wenn er damit auch das Werk seines Vaters fortsetzt, so ist seine Fürsorge doch fortschrittlicher und systematischer: Er bemüht sich nicht nur um die Vermehrung der bebauten Flächen, sondern auch um die Verbesserung der Nutzungsmethoden und der Viehrassen. Im übrigen ist es die gleiche verbissene Arbeit der Urbarmachung und der inneren Kolonisation. Zwei Agenturen, eine in Frankfurt und eine in Hamburg, sind zur Anwerbung von Siedlern gegründet worden. Es kamen durch die Hungersnot von 1747 aus ihrem Lande vertriebene Böhmen, ferner Hussiten, Hessen, Sachsen und Mecklenburger, die über Steuerbedrückung klagten. In den Jahren 1740 bis 1756 waren es Tausende Menschen, die als erbliche Bauern eingesetzt wurden, bei genauer Abmachung der von ihnen zu leistenden Frondienste und Abgaben. Dieser Zuwachs war nicht immer erstklassig, denn es handelte sich nicht wie im siebzehnten Jahrhundert um Elitebevölkerungen, die, um ihren Glauben zu behalten, in Massen auswanderten, sondern um einzelne Familien, die sich durch das Versprechen, materieller Vorteile verlocken ließen. »Ich bin entrüstet darüber«, schrieb Friedrich in einem seiner kleinen Werke, »daß man sich in diesem rauhen Klima eine solche Mühe gibt, Ananas, Pisang und andere exotische Pflanzen zu züchten, während man der menschlichen Gattung so wenig Fürsorge schenkt. Man mag sagen, was man will, aber ein Mensch ist kostbarer als alle Ananasse der Welt; er ist die Pflanze, die man pflegen muß, der alle unsere Fürsorge und Arbeit gelten soll, weil sie es ist, die die Zierde und den Ruhm des Vaterlandes ausmacht.« Doch Friedrich dachte dabei an die geistige Hochzüchtung und nicht an die Reinheit des Blutes. Während seiner ganzen Regierungszeit traf er zahlreiche Maßnahmen, um zu verhindern, daß die Juden im Handel eine zu große Rolle spielten, doch plante er auch, in Westpreußen eine tatarische Horde mohammedanischen Glaubens anzusiedeln.

Eine seiner Hauptsorgen ist die Anpassung der Verwaltung jeder Provinz an ihre lokalen Notwendigkeiten und Gepflogenheiten. »Die Eigenart der Völker«, die »Verhältnisse des Landes«, solche Ausdrücke kommen bei ihm häufig vor. Das Generaldirektorium und die Kammern hatten unter Friedrich Wilhelm allgemeine Instruktionen erhalten, die sich auf sämtliche Gebiete bezogen. Diese Instruktionen wurden im Jahre 1748 von Friedrich revidiert, um sie mit den neuen Bedingungen in Einklang zu bringen. Aber das heikelste Problem, das es zu lösen galt, war die Angliederung Schlesiens.

Er errichtete dort zwei Kammern, die eine in Glogau, die andere in Breslau und unterstellte beide einem Oberpräsidenten, der – eine neue Komplikation – Titel, Rang und Befugnisse eines Ministers erhielt, so daß er nicht vom Generaldirektorium, sondern unmittelbar vom

König abhing. Für diesen Posten wählte er den ältesten Sohn seines Küstriner Lehrers Münchow und machte ihn zum Grafen; ihm, Ludwig Wilhelm von Münchow, verweigerte er sogar die Heiratserlaubnis, denn, so schrieb er, »es kommt mir unmöglich vor, daß Sie Ihre Zeit zwischen Ihren amtlichen Pflichten und den Sorgen für die Familie teilen können.« Er war für seine Aufgabe der richtige Mann: jung, höflich, liebenswürdig, sehr zu Kompromissen geneigt. Er milderte die starren Verwaltungsformen, umgab sich mit Schlesiern, und die Provinz konnte sich der Täuschung hingeben, daß alles beim alten geblieben sei. Er führte ungesäumt das preußische Steuersystem ein, das gerechter und produktiver war, auch leichter funktionierte als das österreichische. Er legte ein Grundbuch an, und die Höhe der Grund-

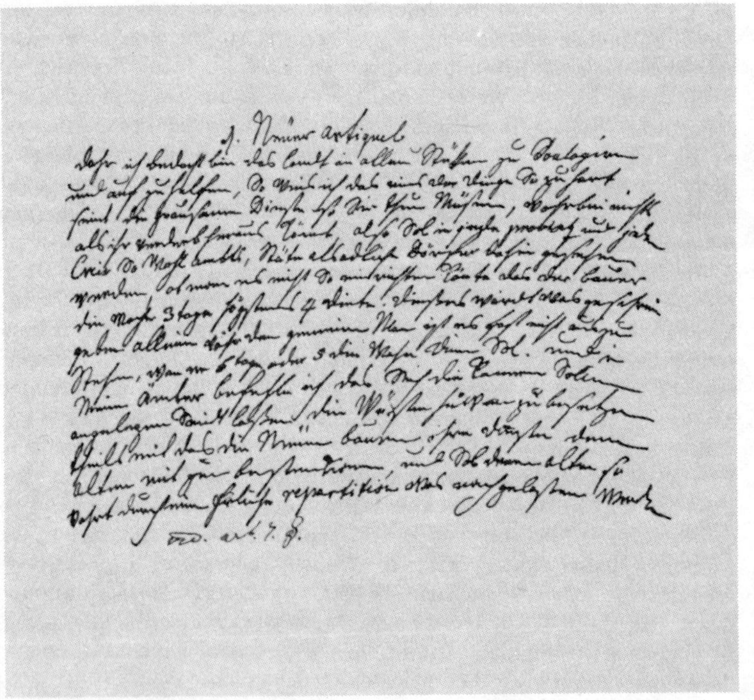

97. Anweisung zur Erleichterung bäuerlicher Frondienste Eigenhändige Randbemerkung Friedrichs des Großen aus dem Jahr 1748 auf der väterlichen Instruktion für das Generaldirektorium von 1722 Ehem. Aufbewahrungsort ungeklärt

steuer wurde auf die während der Steuerperiode des Jahres 1739, des letzten Jahres der habsburgischen Herrschaft, gezahlte Summe beschränkt. Die Steuerveranlagung fand in einer Weise statt, daß die Bauern, die die große Mehrzahl ausmachten, ein wenig begünstigt wurden. Da die meisten nur Besitzer auf Lebenszeit waren, kam es häufig vor, daß der Grundherr beim Ableben eines Bauern dessen Grundstück einzog und zu seinen eigenen Ländereien schlug. Des Bauern Söhne waren dann gezwungen, sich als Knechte und Tagelöhner zu verdingen oder samt ihrem Vieh über die polnische Grenze zu flüchten. Ein Gesetz von 1749, das später auf das ganze Königreich ausgedehnt wurde, verbietet den Großgrundbesitzern die Fläche der bäuerlichen Besitztümer zu vermindern.

Als eine höchst lästige und unliebsame Neuerung, die die preußische Herrschaft mit sich brachte, wurde die Einführung der Wehrpflicht empfunden. Zur Zeit Karls VI. waren nur einige tausend Mann in den schlesischen Festungen gelegen. Friedrich erhöhte sie auf 40 000. Und ihre Anwesenheit brachte neue Lasten, Einquartierungen, Requisitionen, Stellung von Transportmitteln usw. mit sich. Um die Unzufriedenheit zu bekämpfen, bemüht sich Friedrich, das Herz seiner neuen Untertanen durch persönliches Entgegenkommen zu gewinnen. Seit 130 Jahren war kein Monarch des Hauses Österreich in Breslau erschienen. Der König von Preußen kam jedes Jahr im Monat August. Durch seine leichte Zugänglichkeit, seinen Verstand und Witz, seine zwanglose Schlichtheit und Leutseligkeit wurde er zur volkstümlichen Figur, um die sich eine Art Legende bildete. Er zeigte sich häufig, hielt offene Tafel, verteilte Hofchargen, empfing jedermann, nahm alle Bittschriften, selbst die törichtesten, entgegen. Die Leute vom Lande strömten in Scharen herbei; ein Jude flehte ihn an, trotz der gegenteiligen Ansicht seiner Glaubensgenossen einen Bart tragen zu dürfen; ein Kriegsrat, der die rechte Gattin noch nicht gefunden hatte, erbat aus seiner Hand das erträumte Eheweib. Friedrich las, hörte zu, gab Antwort. Doch eines Tages reißt ihm über allem, was sich an ihn herandrängt, die Geduld, und er rät einem Bauern, doch direkt zur Domänenkammer zu gehen. Der wendet sich an seine Frau: »Komm«, sagt er, »du siehst ja, daß er mit der Kammer unter einer Decke steckt«, und zieht verdrießlich ab.

Wenn auch die Provinzialstände schon zur habsburgischen Zeit verkümmert waren und nichts und niemanden mehr vertraten, so konnte doch die ungefähr gleichmäßige Verteilung der Konfessionen – acht Katholiken auf neun Protestanten – eine um so ernstere Gefahr bilden, als beinahe der ganze Adel bei den Jesuiten von Schweidnitz

98. Die Grundsteinlegung der St.-Hedwigs-Kirche in Berlin — *Kupferstich von Jean Laurent Legeay, 1747*

erzogen war und der Klerus, besonders die Klöster, dem Hause Habsburg treu blieben. Obwohl durch die Friedensverträge die freie Religionsübung gewährleistet und dem Klerus seine Vorrechte, Vermögen und Domänen verbürgt worden waren, hätte der Justizminister Cocceji, ein steifnackiger pedantischer Lutheraner, am liebsten alles auf dem Befehlswege geregelt, ohne sich um den ›Bischof von Rom‹ zu kümmern. Nach einigen unnützen Reibungen erwarb sich Friedrich das Verdienst, die guten Beziehungen mit dem Heiligen Stuhl wiederherzustellen. Er unterstützte die kleine Schar der Berliner Katholiken, als sie daranging, sich in der Nähe der Oper (gewissermaßen auf dem Berliner Forum) die neue St.-Hedwigs-Kirche zu bauen. Die Kirche ist als ein großartiges, dem Tempel des Agrippa ähnliches Monument gedacht, in Wirklichkeit ist sie ein verpfuschtes Pantheon mit einer viel zu großen Kuppel und einem Unterbau, der unter ihrer Last in den Boden zu sinken scheint. Aber der Papst war für diese Aufmerksamkeit sehr empfänglich. Vor allem war der Fürstbischof von Breslau, Kardinal Philipp Ludwig von Sinzendorff, dazu wie geschaffen, sich von Friedrich bezaubern oder besser gesagt, einwickeln zu lassen.

Man stelle sich einen kleinen, gichtbrüchigen Alten vor, der sich immer im Rollstuhl herumfahren läßt, einen Freund der Oper und vornehmen Welt, erpicht auf Ehren, eitel, geschwätzig, geistvoll, doch ohne klaren Verstand, dabei unschwer herumzukriegen, weil er kein großes Licht ist. Sohn eines österreichischen Kanzlers, war er im Ersten Schlesischen Krieg verhaftet worden und lebte später als Verbannter in Wien. Als er im Jahre 1742 zurückkam, machte Friedrich sich daran, ihm als Koadjutor den 26 Jahre alten Kanonikus Grafen Philipp von Schaffgotsch, den Sprößling eines der reichsten und vornehmsten schlesischen Geschlechter, aufzuschwatzen. Der junge Domherr, ein sehr geschniegelter, sehr weltgewandter Lebemann mit kunstvoll gekräuseltem Lockenkopf, stach zwar nicht durch erbaulichen Wandel hervor, war aber in Sanssouci wegen seiner gesellschaftlichen Fähigkeiten beliebt. Sinzendorff setzte sich zur Wehr, der Schwarze-Adler-Orden für den Kardinal selbst und eine Malteserkomturei für seinen Kammerherrn Ernst August von Falkenhayn wurden seines Starrsinns Herr. Und nun beginnt ein drolliges Kapitel der diplomatischen Geschichte: Sinzendorff, Schaffgotsch und Friedrich komplottieren und manövrieren gemeinsam, um den Widerstand Benedikts XIV. zu überwinden, der den Bewerber um die Koadjutorstelle in Rom gesehen und mit seinem gründlichen Mißfallen bedacht hat.

Sinzendorff brachte Friedrichs Schreiben an die römische Kurie in die richtige Form, und der Heilige Vater verwunderte sich ironisch, daß ein Ketzer in den Bräuchen der päpstlichen Kanzlei so gut bewandert sei. Friedrich bemühte sich nun, Schaffgotsch präsentabel zu machen. Er vertraute ihn der Fürsorge Münchows an, der ihm eine Tonsur scheren und die Löckchen abschneiden ließ. Dann versuchte der König, das Domkapitel einzuschüchtern. Er schrieb an den Bischof: »Der Heilige Geist und ich haben miteinander beschlossen, daß der Prälat Schaffgotsch zum Koadjutor von Breslau erwählt werden soll, und diejenigen Ihrer Domherren, die sich widersetzen werden, sollen als dem Wiener Hofe und dem Teufel verschriebene Seelen betrachtet werden ...« Er drohte auch mit seinen Grenadieren und mit Gefängnis. Da die Domherren standhaft blieben, beschloß er, die Ernennung selbst vorzunehmen und sich das Nominationsrecht auch für die übrigen Benefizien der Provinz vorzubehalten. Als Sinzendorff im Jahre 1747 starb, hatte man sich mit Rom noch nicht geeinigt. Nach Ablauf eines Jahres entschloß sich der Papst, Schaffgotsch als Bischof von Breslau zu präkonisieren, ohne jedoch die königliche Nomination im geringsten zu erwähnen. Die Frage der Appellation an die Nunziatur wurde gleichfalls geregelt und Friedrich berief, um dem Unterricht durch österreichische Jesuiten Hindernisse in den Weg zu legen, französische Jesuiten nach Schlesien, Männer, die Voltaires Lehrer gewesen waren.

Die religiöse Toleranz gehörte zur Tradition der Hohenzollern, eines calvinistischen Geschlechts, das über eine zum größten Teile lutherische Bevölkerung regierte. Aber Friedrich Wilhelm nahm seine Rolle als geistliches Oberhaupt sehr ernst. Friedrich hingegen war ein Un-

99. Einzug der von Erzbischof Firmian aus ihrer Heimat verdrängten Salzburger Protestanten durch das Hallesche Tor in Berlin am 30. April 1732 Aus dem Kupferstich eines Unbekannten

gläubiger, er war es von Natur, mehr für sich selbst als für die anderen, ohne im geringsten eine Tyrannei auszuüben oder auch nur den Wunsch zu haben, Proselyten zu machen. Darin ist er eine Ausnahme sowohl unter den Fürsten wie unter den Philosophen gewesen.

Während seiner ganzen Regierungszeit wohnte er nur neun Mal einem Gottesdienst bei, doch hat er niemals jemand davon abgebracht, in die protestantische oder katholische Kirche zu gehen. Zweifellos sind die geoffenbarten Religionen in seinen Augen nichts als Betrug und Unsinn. Doch handelt es sich, wie er erklärt hat, um einen Unsinn, der dem Menschen, dessen Geist am Irrtum Vergnügen findet und der nicht von alten Gewohnheiten lassen will, bequem ist. Die festgegründeten Konfessionen zu bekämpfen, um sie durch eine natürliche Religion zu ersetzen, wäre seiner Ansicht nach ein undurchführbares, ja wahnwitziges Unterfangen. Die Aufgabe des Fürsten beschränkt sich darauf, über die Ruhe der Gemüter zu wachen und den Fanatikern, die zum Religionskrieg aufreizen, den Mund zu stopfen. Zum Glück hat ja der König von Preußen hauptsächlich protestantische Untertanen, die ruhiger und lenksamer sind als die anderen. In der Instruktion, die Friedrich dem Major Adrian Heinrich von Borcke für die Erziehung eines seiner Neffen übergab, hat er seine Ansicht unmißverständlich zusammengefaßt. »Wenn er (der junge Prinz) einige Jahre älter ist«, schreibt er, »kann man ihm eine kurze Übersicht über die Lehren der Philosophen und der verschiedenen Religionen geben, jedoch ohne ihm gegen eine derselben Haß einzuflößen; vielmehr soll man ihm klarmachen, daß sie alle Gott anbeten, wenn auch auf verschiedenen Wegen. Er soll den Geistlichen, der ihn unterrichtet, nicht allzuhoch schätzen und soll nichts glauben, worüber er nicht vorher nachgedacht hat. Die katholische Religion ist in Schlesien, im Herzogtum Cleve und andernorts ziemlich verbreitet. Wenn dieser Knabe ein fanatischer Calvinist würde, wäre alles verloren. Es ist dringend nötig, sogar den Geistlichen daran zu hindern, daß er aus frommem Eifer Beschimpfendes gegen die Papisten äußert. Andererseits soll der Hofmeister seinem Zögling auf geschickte Weise zu verstehen geben, daß es im Hinblick auf die Verfolgungen durch die Päpste und auf ihre Machtgier nichts Gefährlicheres gibt, als die Vorherrschaft der Katholiken in einem Staate, denn ein protestantischer Fürst ist in seinem Lande weit mehr Herr als ein katholischer.«

Friedrich fand Vergnügen daran, bei seinen Soupers seine Gottlosigkeit zur Schau zu tragen. Aber wenn der alte Fouqué, den er sehr gern hatte, sein Tischgebet sprach, enthielt er sich jeden Spottes, um ihn nicht zu betrüben. Selbst im vertrautesten Kreise machte er selten Witze über diejenigen, die von Herzen Christen waren und sich frei dazu bekannten. Kam es wirklich einmal vor, daß er sich zu unangebrachter Heiterkeit hinreißen ließ, so gelang es leicht, ihn eines Besseren zu belehren. Thiébaut erzählt, daß einer seiner Generäle, ein frommer Katholik, niemals auf den Feind losstürmte, ohne vorher mit seinem Säbel das Zeichen des Kreuzes zu machen. Als der König sich darüber lustig machte, schloß ihm der General mit den Worten den Mund:

»Majestät, mischen Sie sich nicht dahinein. Das sind Dinge, die mit Ihrem Dienste nichts zu schaffen haben, ihm nicht schaden können und Sie nichts angehen. Wenn ich nur meine Pflicht erfülle und Ihnen gewissenhaft diene, was kümmern Sie meine religiösen Bräuche und was für einen Gewinn hätten Sie davon, einen Ihrer getreuesten Diener ins Lächerliche zu ziehen?«

Aber der gleiche Friedrich überschüttete alle, die aus Hofschranzentum ihr Gewissen verleugneten, mit unbarmherzigen Sarkasmen. Begierig zu sehen, wie weit sie ihre Schwäche treiben würden, ließ er nicht locker und hatte schließlich die Genugtuung, sie zu verachten. Gleich vielen Ungläubigen hatte er eine Vorliebe für theologische Spitzfindigkeiten und die Exegese. Er las die Kirchenhistoriker mit der Feder in der Hand, er äffte die Kanzelredner nach und tat sich auf seinen Vorrat absonderlicher Kenntnisse und auf seine dogmatischen Haarspaltereien viel zugute.

In seinem Testament von 1752 schreibt er: »Ich bin gewissermaßen der Papst der Lutheraner und der Reformierten.« Kraft des ›Summum jus circa sacra‹ wacht er in der Tat über die Ordnung und Disziplin der Kirchen, ernennt die Pastoren, kontrolliert die Verwaltung der

Kirchengüter und erteilt Ehedispense. Daraus ergibt sich zwischen ihm und den Konsistorien ein reger schriftlicher Verkehr, den er gern zu witzigen Ausfällen benutzt. Gar oft ist den Schäfchen ihr Hirte nicht gläubig genug. So wollte man in Pommern einen Pastor wegjagen, weil er nicht fest genug an die Auferstehung des Fleisches glaubte. »Der Pfarrer bleibt«, erklärte der König. »Wenn er am jüngsten Tage nicht mit aufstehen will, kann er ruhig liegen bleiben.« Die Einwohner eines anderen Dorfes verlangten die Absetzung des ihren, weil er die Ewigkeit der Höllenpein in Zweifel gezogen hatte: »Wenn meine Untertanen ewig brennen wollen, habe ich nichts dagegen.« Die Bürger von Charlottenburg mußten den gelehrten Herrn Eberhard über sich ergehen lassen, obwohl er behauptet hatte, daß Sokrates vielleicht in den Himmel eingegangen sei. »Sokrates soll selig sein und Eberhard Pfarrer werden.« Die Pastoren wiederum beklagten sich über ihr kärgliches Auskommen. Einige baten den König, in Korn bezahlt zu werden, worauf er erwiderte: »Ihr Reich ist nicht von disser Welt ... Soldaten Krigen Brodt, aber Prister leben von das Himlische Manna was von da oben kömt ... weder petrus noch paulus haben brodt korn gekriegt, und ist im Neuen testament Kein Apostel-Magacin zu finden.« Ein auf den Rand des Blattes gezeichneter Eselskopf machte allen weiteren Diskussionen ein Ende.

Zweifellos waren Friedrichs Witze über die Kirche nicht immer am Platze. Aber sie liefen in außergewöhnlich großer Zahl von Mund zu Mund, und die Anekdotensammlungen sind voll von ihnen. So erzählte man sich, daß ein wackerer Geistlicher ihm ein mittelmäßiges Buch gewidmet hatte, das den Titel ›Die Sünden wider den heiligen Geist‹ führte. Der König antwortete ihm mit folgendem Billett: »Ich habe Ihre Sünden wider den Heiligen Geist erhalten und wünsche, daß Gott den Ihren in seine heilige Obhut nehme.« In Schlesien hatten katholische Priester einen Soldaten wegen Plünderung der Opferstöcke in den Kirchen einsperren lassen. Der Soldat gab zu seiner Verteidigung an, daß die in seinem Tornister gefundenen Münzen ihm von der heiligen Jungfrau als Dank für seine Frömmigkeit geschenkt worden seien. Der König rettete den Mann durch eine Hanswurstiade. Er versammelte die Domherren und fragte sie, ob nach ihrer Religion ein solches Wunder möglich sei. Ohne diese Möglichkeit geradezu leugnen zu wollen, wandte das Kapitel doch ein, daß Wunder äußerst selten vorkämen. Die Entscheidung des Königs lautete: »Der vorgebliche Übelthäter wird von der Strafe losgesprochen, da er zumal den Diebstahl zu leugnen beharrt, und nach der Erklärung der Theologen seiner Kirche das gewirkte Wunderwerk nicht unmöglich ist. Allein für die Zukunft verbiete ich ihm bei harter Strafe, weder von der heiligen Jungfrau noch von irgendeinem anderen Heiligen irgend etwas mehr anzunehmen.« Die Anekdote ist verbürgt. Es gibt noch viele ähnliche. Man kann sich vorstellen, mit welch schmunzelnder Befriedigung sie in Paris von allen denen aufgenommen wurden, die der Enzyklopädie nahestanden. Hier erweist sich Friedrich als Gesinnungsgenosse der Philosophen. Durch seine Religionsphilosophie nimmt er in dem Leben seiner Zeit einen Platz ein, der nicht nur der des Königs und Soldaten ist: Er ist auch ein politischer Neuerer, man möchte fast sagen das Haupt einer Schule, der Führer eines geistigen Eroberungszuges.

Der Ausdruck ›aufgeklärter Absolutismus‹, den man auf seine Regierung oft anwendet, ist von den deutschen Historikern des neunzehnten Jahrhunderts geprägt worden. Er bezeichnet jenen Ideenkomplex des achtzehnten Jahrhunderts, jene geistige Strömung, von der sich alle für Reformen eingenommenen Herrscher, Minister und Schriftsteller dieser Zeit tragen ließen. Zu ihnen gehören außer Friedrich noch Katharina II., Josef II., Gustav III., Leopold I. von Toskana, der Marquis Sebastiaõ de Pombal, Graf Johann Struensee, Anne Robert Turgot, die Physiokraten und die großen Intendants in der französischen Provinz. Doch um so viele verschiedenartige Menschen verschiedener Länder unter eine gemeinsame Fahne, beziehungsweise unter die gleiche Definition zu bringen, muß diese Fahne sehr ausgeblaßt, die Definition recht vage sein. Henri Pirenne behauptete, der aufgeklärte Absolutismus sei die Rationalisierung des Staates. Man ist versucht, dagegen einzuwenden, daß es zu allen Zeiten und an allen Orten überlegt und planmäßig handelnde, für neue Ideen empfängliche Despoten gegeben habe, die die Klugheit besaßen, sich mit intelligenten Beratern zu umgeben, den Fortschritt förderten, Ackerbau, Handel und Industrie begünstigten, Künstler und Gelehrte beschützten, Wasserwege und Landstraßen anlegten und Sümpfe austrockneten. Aber die Zeitgenossen Voltaires und Denis Diderots haben jene Monarchen für aufgeklärt gehalten, die dem Geist des Jahrhunderts folgten. Und der Geist des Jahrhunderts – von Bayle bis zur Enzyklopädie – ist vor allem antireligiös. Das ›Licht der Vernunft‹ steht dem Obskurantismus feindlich gegenüber, das heißt der Kirche, den Mönchsorden, der dogmatischen Autorität des Papstes und der Konzilien, der Heiligen Schrift, dem Glauben, den Wundern und der Offenbarung. In diesem Sinne ist die Definition von Pirenne zu verstehen. Von Friedrich Wilhelm zu Friedrich gibt es in der Regierungsführung keinen Gegensatz, keinen Bruch; aber Friedrich Wilhelm regierte unter dem Auge Gottes und in der Furcht vor dem Jüngsten Gericht. Friedrich hingegen hat die monarchische Idee ihres religiösen Gehaltes beraubt. Er hat ihr das Gottesgnadentum genommen. Und die Revolution im Moralischen, diese Umwälzung der Grundsätze, war es, für die sich die Philosophen begeisterten, die ihr Leben und ihre Begabung in den Dienst des Kampfes ›contre l'infâme‹, gegen die Schändliche: das heißt im Sinne Voltaires gegen den Aberglauben, gegen die Kirche, gestellt hatten.

Seit den ›Betrachtungen über den gegenwärtigen Zustand des europäischen Staatenkörpers‹ (1738) hat Friedrich sein philosophisches System nicht geändert, es aber ständig durch neue Überlegungen bereichert. Seine politischen Schriften sind zahlreich: ›Fürstenspiegel‹ (1744), ›Abhandlung über die Gründe, Gesetze einzuführen oder abzuschaffen‹ (1749), ›Instruktion für den Major Graf Borcke‹ (1751), die beiden ›Politischen Testamente‹ (1752 und 1768), ›Abhandlung über die Satirenschreiber‹, ›Abhandlung über die Schmähschriften‹ (beide 1759), ›Kritik der Abhandlung über die Vorurteile‹, ›Kritik des Systems der Natur‹ (beide 1770), ›Abriß der preußischen Regierung‹ (1775), ›Versuch über die Herrscherpflichten‹ (1777).

In ihnen wird in klarer Form eine Theorie über die Regierung entwickelt, die den in Frankreich von der Gruppe um François Quesnay vertretenen Anschauungen sehr nahesteht und sich etwa folgendermaßen darlegen läßt: Die Völker haben es im Interesse ihrer Ruhe und ihrer Erhaltung für nötig befunden, Richter für die Schlichtung ihrer Streitigkeiten und Schirmherren zur Selbstbehauptung gegen ihre Feinde zu haben. Sie haben aus ihrer Mitte diejenigen gewählt, die sie für die Weisesten, die Uneigennützigsten, die Menschlichsten, die Tapfersten, mit einem Worte die Geeignetsten hielten, um sie zu regieren und »ihre verschiedenen Interessen in einem einzigen gemeinsamen zu vereinen«. Das ist der Ursprung der Monarchie, und die Monarchie muß für die beste Regierungsform gehalten werden oder zumindest für die am wenigsten mangelhafte, »weil der Herrscher unlöslich mit dem Staatskörper verbunden ist, denn er wird rückwirkend von allen Übeln, die seine Untertanen schädigen, betroffen, und gleichermaßen leidet die Gesellschaft unter dem Unglück ihres Herrschers. Wenn der Fürst seine Provinzen verliert, ist er nicht mehr imstande, seinen Untertanen wie früher beizustehen; wenn das Unglück ihn zwingt, Schulden zu machen, müssen die bedauernswerten Bürger sie zahlen. Wenn andererseits die Volkszahl gering ist und die Bevölkerung im Elend verkommt, ist auch der Herrscher jeder Hilfsquelle beraubt. Er und seine Völker sind ein einziger Leib, der sich nur wohlbefinden kann, wenn zwischen ihm und ihnen Eintracht herrscht.«

100. Manuskript zum ›Palladion. Poème grave‹ von Friedrich dem Großen (1749) und Erstdruck des Gedichtes im ersten Band der ›Œuvres du Philosophe de Sans Souci‹ (1750) vor Bänden aus der Privatbibliothek des Königs im Schloß Charlottenburg
Ms.: Berlin, Geheimes Staatsarchiv Preußischer Kulturbesitz

Gewiß hat die Erblichkeit der Krone ihre Schattenseiten. »Es ist ausgeschlossen, daß sich in einer Familie während einer langen Reihe von Jahren die Talente und Verdienste ohne Unterbrechung vom Vater auf den Sohn vererben.« Es kann also vorkommen, daß ein unwürdiger Fürst auf den Thron gelangt. Doch wird diesen dann wenigstens sein eigener Vorteil dazu bringen, tüchtige Minister zu wählen. »Auf dem Throne geborene Fürsten sind weniger hochmütig und dünkelhaft als die neu Emporgekommenen, die im stolzen Gefühle ihres hohen Ranges auf diejenigen, die ehemals ihresgleichen waren, herabsehen und sich darin gefallen, ihnen bei jeder Gelegenheit ihre Überlegenheit darzutun. Doch man beachte vor allem, daß ein Fürst, der die Gewißheit hat, daß seine Kinder ihm nachfolgen werden, sich, in dem Bewußtsein für seine Familie zu arbeiten, weit eifriger für das Wohl des Staates, den er als sein Erbgut ansieht, einsetzen wird, während in den Wahlstaaten die Herrscher nur an sich denken, an das, was für ihr Leben Dauer hat, an nichts mehr. Sie suchen ihre Familie zu bereichern und lassen in einem Staate, der in ihren Augen ja doch nur einen vorübergehenden Besitz darstellt, auf den sie eines Tages werden verzichten müssen, alles zugrunde gehen. Will jemand sich davon überzeugen, so braucht er sich nur zu erkundigen, wie es in den deutschen Bistümern, in Polen, ja selbst in Rom zugeht, wo die traurigen Folgen der Wahlherrschaft ganz klar zutage liegen.« Kurz zusammengefaßt: Die Monarchie wird errichtet auf Grund des Nutzens, den das Volk von ihr erwartet, und sie erhält sich durch die Dienste, die sie leistet.

Die Geschichte lehrt, daß im Laufe der Zeiten die meisten Republiken wieder unter den Despotismus geraten sind. Dies Schicksal erwartet sie vermutlich alle, denn der Ehrgeiz der Parteiführer, die Beeinflussung durch das Ausland, die Zwietracht und Verderbtheit der Bürger bringen sie unaufhörlich an den Rand des Abgrunds und »setzen sie Bürgerkriegen aus, die tausendmal gefährlicher sind als Kriege mit dem Ausland«. Der Fürst hingegen hält die Gesetze aufrecht, wahrt das Recht, gebietet der Sittenverderbnis Einhalt und verteidigt den Staat gegen seine Feinde. Er ist »als eine ewige Schildwache« des Gemeinwohls eingesetzt. Da er aber seine Macht durch die fortwährende Einwilligung seiner Untertanen und nicht durch einen Ratschluß der Vorsehung erhält, besitzt er »über die Denkungsart der Staatsbürger keinerlei Rechte« und kann ihnen nach bestem Wissen und Gewissen keine Religion aufzwingen.

Man kann also behaupten, daß Friedrich der einzige im wahren Sinne des Wortes aufgeklärte Monarch des achtzehnten Jahrhunderts ist, weil er allein sich von sämtlichen Kirchen völlig losgesagt hat, und zwar nicht aus Staatsräson, nicht um die Steuerprivilegien des Klerus einzudämmen oder die Besitzungen der Klöster zu beschlagnahmen, sondern als erklärter Ungläubiger, der die monarchische Gewalt auf eine neue Basis stellen will, nicht mehr auf das Gottesgnadentum, sondern auf ein ihr eigentümliches positives Recht. Das Beispiel, das der König damit gab, war von so einschneidender Bedeutung, daß die Philosophen ihm um dessentwillen so manches verziehen. Und sie hatten ihm recht viel zu verzeihen! Nicht nur die Verhaftung Voltaires in Frankfurt, nicht nur seine Ausfälle und boshaften Witze, nicht nur seine Kriege und Eroberungen, sondern auch noch die gesamte preußische Verwaltung, die allem, wofür sie sich in ihren Schriften einsetzten, zuwiderlief. Sie predigten die Gleichheit aller Staatsbürger – Friedrich sprach dem Nichtadeligen sogar den Sinn für Ehre ab. Sie setzten sich für die Freiheit des Handels, für den freien Getreideverkehr, für das freie Spiel von Angebot und Nachfrage ein – Friedrich wendet die staatliche Reglementierung in ihrer kleinlichsten und bedrückendsten Form an. Sie glaubten, daß der Mensch gut sei, und lehrten, daß man auf sozialem Gebiete evidente Wahrheiten und eine natürliche Ordnung aufzeigen könne, die der Staat einfach gegen Aberglauben und Irrtum zu schützen habe – Friedrich denkt pessimistisch von den Menschen; er hält es für unmöglich, sie von ihren Narreteien zu heilen und findet es unerläßlich, ihre Tätigkeit unausgesetzt zu überwachen und zwischen den Interessen, den Ständen, den Ländern mittels Zwang ein Gleichgewicht zu schaffen, das nicht von selbst entsteht und dauernd bedroht ist. Er ähnelt seinen philosophischen Freunden nur darin, daß er ein gewisses Bedürfnis nach Vereinfachung, nach einheitlicher Zusammenfassung der alten historischen Einrichtungen hat. Doch begnügt er sich als vorsichtiger Praktiker mit zögernden Versuchen, die den draufgängerischen Theoretikern zaghaft und widerspruchsvoll vorkommen.

Die Unterstützung durch die Philosophen trug unstreitig zu Friedrichs Macht und Prestige gewaltig bei. Was immer er unternahm, sie haben es mit ihrem günstigen Vorurteil beschönigt, ihm Beifall und Lob gespendet. Sie beeinflußten die öffentliche Meinung zugunsten ihres häretischen Helden (das Wort stammt von Voltaire) oder, um es mit einem amerikanischen Historiker modern auszudrücken: Sie rührten für ihn die Propagandatrommel. Während eines halben Jahrhunderts war die ›République des Lettres‹ die Verbündete und Helferin Preußens. Schien es doch, als seien die Siege Preußens Siege des Atheismus, Rachezüge der verfolgten Schriftsteller gegen die traditionellen Mächte. Der Einfall in Schlesien? Die Sache ließ sich vielleicht vom moralischen

Standpunkt aus nicht rechtfertigen. Aber war damit nicht dem Obskurantismus ein Stück seiner Einflußsphäre entrissen, den Mannen Roms in Wien, der bigotten Maria Theresia ein Streich gespielt?

Über die Rolle der Cacouacs (Voltaires Spitzname für Philosophen), als brandenburgische Grenadiere, wird man durch die Briefe Voltaires nur unvollkommen unterrichtet. Der Patriarch ist zu unberechenbar und zu persönlich, auch trägt er dem König vieles nach. Man tut besser daran, die Korrespondenz d'Alemberts zu lesen, eines braven Gefolgsmannes, der den Durchschnitt repräsentiert. Unter seiner Feder wird Friedrich zum Haupt einer Internationale, einer Art von Freimaurerei, die im Kampfe gegen die Kirche steht. »Ew. Majestät werden bei mir den Gehorsam finden, den ein Philosoph dem Manne schuldet, den er als seinen Führer und sein Vorbild betrachtet.« (12. Dezember 1766). – »Die Philosophen und die Literaten aller Länder, besonders des französischen Volkes, sehen sie seit langem als ihren Führer und ihr Vorbild an« (6. Juli 1770). – »Sie waren, Sire, der Führer und das Vorbild derer, die schreiben und denken; Sie sind in der gegenwärtigen Zeit ... ihr belohnender und rächender Gott« (12. August 1770). – Ew. Majestät behaupten, daß Voltaire und ich spotten, wenn wir sagen, Sie seien für den Fortschritt der Philosophie von Nutzen. Nicht nur von Nutzen, Sire, sondern sehr notwendig: notwendig durch Ihre Werke, die uns zugleich unterrichten und aufklären, notwendig durch das Vorbild, das sie den Monarchen geben, das Licht nicht unter den Scheffel zu stellen, wenn es nichts anderes will als leuchten, notwendig endlich durch den Schutz, den Sie jenen angedeihen lassen, die sich bemühen, durch ihre Arbeiten Nutzen zu stiften. So, Sire denken wir alle und so sprechen wir alle einmütig allezeit und an allen Orten.«

D'Alembert bezog vom König von Preußen ein Jahresgehalt, und die aufrechten Männer der Enzyklopädie kargten dem König von Preußen gegenüber nicht mit untertänigen Schmeicheleien. Als Dank für ein Porträt verstieg sich d'Alembert zu folgenden Worten: »Ich werde es unablässig bei mir tragen und es nachts über mein Bett hängen, dort, wo die Gläubigen das Kreuz und den Weihkessel anbringen.« Doch selbst wenn man die Liebedienerei abzieht, bleibt doch die Beharrlichkeit, mit der der Philosoph das Wort ›Chef‹ braucht, höchst bezeichnend.

101. Diderot, D'Alembert und die Mitarbeiter der französischen ›Encyclopédie‹

Kupferstich von Augustin de Saint-Aubin im Auftrag des Buchhändlers Charles Joseph Panckoucke

Charles Panckoucke aux Auteurs de l'Encyclopédie

Durch seinen Briefwechsel und seine literarischen Freundschaften verschaffte sich Friedrich weithin eine Art mächtiger Allgegenwärtigkeit. Diese europäische Publizität wurde ihm um so nützlicher, je entschiedener und egoistischer er eine rein preußische Politik trieb. Wollte es doch seine eigene Philosophie so. In der Tat gibt es für den »aufgeklärten« Fürsten zum Unterschied von den alten Monarchen, die sich vor Gott verantwortlich fühlten und wenigstens die Gebote der christlichen Moral anerkannten, keine andere Regel als die Staatsräson, kein anderes Recht als das Staatsinteresse. Sein Gewissen verpflichtet ihn nicht zur Befolgung eines überirdischen Gesetzes, sondern dazu, seinem Nachfolger ein stärkeres, bevölkerteres, besser gerüstetes, reicheres, ausgedehnteres Land zu hinterlassen. Nach dem Erfolg wird er beurteilt, nach dem Erfolg als Gesetzgeber, Städtegründer, Wirtschaftspolitiker, Kulturförderer, aber auch nach dem Erfolg als Soldat und Eroberer. Die Ordnung, der Überfluß, die allgemeine Bildung sind Elemente seines Ruhms, aber auch die lärmenderen, mit einem Schlage errungenen Triumphe der gewonnenen Schlachten und der eroberten Provinzen. Wenn der Staat Selbstzweck ist, kann der Fürst nur machtgierig und kriegerisch sein.

Der Dienst, den die Philosophen Friedrich erwiesen, bestand eben darin, die Mit- und Nachwelt über die charakteristischen Züge seiner Regierung zu täuschen. Sie haben sie verwischt, sie in einen Nebel von Weihrauch und Worten getaucht. Vermutlich haben sie sich selber getäuscht, denn ohne Gutgläubigkeit wäre es ihnen wohl nicht so vollkommen gelungen. Ihre parteiische Voreingenommenheit hat sie verblendet. Friedrich war ein großer Preuße, vielleicht der größte von allen. Die Philosophen haben den Glauben zu erwecken gewußt, daß er als Politiker die Personifikation der Gedankenfreiheit sei.

Einer der Leitgedanken des achtzehnten Jahrhunderts war, daß der Fürst seinen Willen mittels allgemein gültiger Gesetze ohne willkürliche oder persönliche Einmischung gegenüber einzelnen Individuen ausüben muß. Friedrich steht dank seinen Freunden im Ruf eines großen Gesetzgebers. Es sei ihm gelungen, so wird verkündet, seinem noch in urtümlichen oder barbarischen Sitten befangenen Lande ein vollständiges Gesetzbuch zu geben, ein Denkmal der Weisheit und Menschlichkeit. Damit wird ein äußerst kompliziertes Problem in Bausch und Bogen erledigt. Ein Problem, zu dessen Verständnis wir beinahe auf die Anfänge des preußischen Staates zurückgreifen müssen. Der Besitz der Hohenzollern setzte sich aus Stück für Stück mit zäher Geduld erworbenen Territorien zusammen; infolgedessen hatte jede Provinz ihre

Überlieferungen und ihre eigentümlichen Einrichtungen beibehalten. Das Gerichtswesen und die Gesetze bildeten demnach einen kunterbunten Mischmasch: ein Gewirr von Bräuchen, Prozeßverfahren, Jurisdiktionen. Es gab neben einander Domanial- und Patrimonialgerichtsbarkeit, königliche, städtische, privilegierte, administrative und ständische Justiz. Die Sprengel waren nicht genau umschrieben, die Kompetenzen strittig, die Prozesse kostspielig und langwierig, die Urteile, die ergingen, schlecht, ohne daß sich die Parteien von ihren Rechten einen klaren Begriff machen konnten. Seit einem Jahrhundert bemühten sich die Kurfürsten von Brandenburg, in dieses Chaos Ordnung zu bringen. Das unter den verschiedenen Herrschern aufgestellte Reformprogramm bleibt sich ungefähr gleich: Abschaffung der überflüssigen Gerichte, Kampf gegen die autonomen Jurisdiktionen, Besetzung der Richterstellen mit geeigneten Beamten, Vereinfachung der Prozeßordnung, Vereinheitlichung des Rechts, Verminderung der Gerichtskosten. Aber die Ergebnisse sind recht gering. Zur Zeit, als Friedrich Wilhelm stirbt, lassen sich die Abschaffung der Rekurse an die Reichsjustiz, die Errichtung eines Ober-Appellations-Gerichts und das Ende der Hexenprozesse als die erheblichsten Neuerungen bezeichnen.

Friedrichs Ideen in dieser Beziehung sind nichts weniger als revolutionär. Die ›Abhandlung über die Gründe, Gesetze einzuführen oder abzuschaffen‹, die er im Januar 1750 in der Akademie vorlesen ließ, ist angefüllt mit vorsichtigen Erfahrungsgrundsätzen. Die Gesetze, so heißt es darin, müssen mit dem Geist eines Volkes übereinstimmen; nicht immer sind jene die besten, die der natürlichen Billigkeit am meisten entsprechen; zuweilen erweist es sich als nötig, Gesetze beizubehalten, die nicht gut sind, weil die Menschen sich nicht gerne in ihren Gewohnheiten stören lassen. Die Hauptsache ist, daß sie einfach und nicht zu zahlreich sind, »denn zu viele Arzneien schaden«, daß der Prozeß nicht zu lange dauert und nicht durch zu viele Instanzen geht, damit nicht die Reichen bevorzugt werden, die ja durch endlose Berufungen die Armen mattsetzen könnten. All das ist vernünftig und banal.

Schon im Jahre 1737 hatte Friedrich Wilhelm zur Vorbereitung der Justizreform eine Oberkommission eingesetzt, die unter der Leitung des Ministers Samuel von Cocceji stand, der seit zehn Jahren den Titel eines ›Chef de la justice‹ führte und seinen Kollegen im Departement wenigstens dem Namen nach vorgesetzt war. Friedrich ließ diese Arbeiten fortsetzen. Cocceji, Sohn eines Professors und selbst ehemaliger Professor, war ein aufbrausender, hochfahrender, herrschsüchtiger Systematiker. Er stieß auf den Widerstand der anderen Minister, besonders Georg Detlof von Arnims, eines mürrischen und mißtrauischen Praktikers, der ebenso krampfhaft an dem Überkommenen festhielt, wie jener für gewaltsame Änderungen eintrat. Der Kampf zwischen den beiden Schulen dauerte auch unter der neuen Regierung fort. Endlich, am 12. Januar 1746, setzte Friedrich sich durch eine Kabinettsordre persönlich für die Sache der Reform ein. Im Jahre 1748 erhält Cocceji den Titel ›Großkanzler des Königreichs und aller übrigen Lande‹.

Das Wertvollste seiner Tätigkeit war eine Rundreise durch das Land zum Zwecke der Verbesserung der Rechtspflege und der Abkürzung der Prozesse. Er reiste mit einem Stab von Juristen, führte bei den Gerichtsverhandlungen selbst den Vorsitz, fällte das Urteil und entfernte sich erst, nachdem er alles erledigt hatte. Die bloße Ankündigung seiner Ankunft spornte die richterlichen Beamten zu außergewöhnlicher Schnelligkeit an. Im Jahre 1747 arbeitete er sechs Monate

102. Pierre Louis Moreau de Maupertuis, Präsident der Akademie der Wissenschaften zu Berlin
Aus einem Gemälde von Robert Tournières, 1740
Berlin, Schloß Charlottenburg

103. Samuel Freiherr von Cocceji, Großkanzler Friedrichs des Großen
Kupferstich von Georg Friedrich Schmidt nach einem Gemälde von Antoine Pesne

lang in Stettin und in Köslin, im Jahre 1748 in Berlin, im Sommer und Herbst 1749 in Cleve, dem »Hauptsitz der Chikane«, von Mai bis August 1750 in Schlesien, im Frühling 1751 in Preußen. Er hat persönlich in Köslin 927, in Berlin 1364, in Stettin 2101 Prozesse entschieden, darunter einen Grenzstreit des Fiskus, der sich seit 200 Jahren hinzog und 70 Aktenbände füllte. Später wurden diese Visitationen zu einer dauernden Einrichtung, die sich alle drei Jahre wiederholte.

Cocceji hatte auf seiner Reise nicht nur die königlichen, sondern auch die Patrimonial- und Domanialgerichte und die städtischen Gerichte besucht. Durch diese Erfahrungen bereichert, erließ er eine Reihe ausführlicher Verordnungen, die die Vereinfachung der Justizmaschine und ihre größere Leistungsfähigkeit bezweckten: Ernennung von nur juristisch Vorgebildeten zu städtischen und herrschaftlichen Justizbeamten, Abgrenzung der Kompetenz zwischen den Gerichten und den Domänenkammern, Verbot der Aktenversendung an eine Juristenfakultät als letzte Instanz, Aufhebung dreier Appellationshöfe von fünf (darunter der für die französischen Emigranten bestimmte), staatliche Reglementierung des Advokatenstandes, Einführung von Prüfungen für den Richterberuf, Vereinfachung der Prozeßordnung in Pommern und in Brandenburg, einige Strafmilderungen (die Tortur war schon abgeschafft). Aber das Hauptwerk hätte die Schaffung eines allgemeinen Landrechts sein sollen. In dieser Beziehung ließ Friedrich, der keine juristischen Kenntnisse hatte, seinem Kanzler alle Freiheit. In den Jahren 1744 bis 1752 veröffentlichte Cocceji ein dickleibiges theoretisches Werk ›Novum systema justitiar naturalis et romanae‹. Aber seine Prinzipien sind nicht klar: Einerseits polemisiert er gegen das römische Recht, andererseits verachtet er den Ortsbrauch. Er gab vor, indem er sich allein auf das Naturrecht stützte, das alte deutsche Recht wiederzufinden, und verstieß doch gegen die Vorliebe des Königs, der der Achtung vor den örtlichen Überlieferungen besondere Wichtigkeit beimaß. Das ›Corpus juris Fridericiani‹ erschien in deutscher Sprache als Projekt. Zwei Bände wurden gedruckt, doch als Cocceji, der bereits zwei Jahre krank gewesen war, im Jahre 1755 starb, wurde der dritte Band vergessen, und das Manuskript ging verloren. Von diesem offiziellen Projekt erhielten nur die auf das Eherecht und auf die Vormundschaft bezüglichen Paragraphen Gesetzeskraft, und auch diese nur in einzelnen Provinzen. Erst Jahrzehnte später, im Jahre 1794, gibt es ein allgemeines preußisches Landrecht. Aber Friedrichs Zeitgenossen hatten sich, durch die Lobhudeleien der Philosophen betört, über die Bedeutung seines gesetzgeberischen Werkes Illusionen hingegeben, und es scheint, daß der König selbst die Arbeit seines Großkanzlers überschätzt hat. Coccejis Nachfolger, Philipp Joseph von Jariges und Karl Joseph von Fürst, befaßten sich nur mit den täglichen Geschäften. Nach dem Siebenjährigen Krieg beklagte sich der König erneut über den langsamen Gang der Prozesse und die Habgier der Richter. Im übrigen sollte im Jahre 1779 die aufsehenerregende Affäre des Müllers Arnold genugsam zeigen, wie sehr Friedrich die Macht über die Richter und ihre Urteile für sich beanspruchte.

Besagter Arnold hatte seine Mühle an einem Flüßchen des Kreises Züllichau, das weiter oben durch das Grundstück des Landrats Georg von Gersdorf floß. Dieser legte in seinem Park einen Karpfenteich an, durch welchen der Wasserlauf hindurch und wieder in sein altes Bett geleitet wurde. Arnold, der während der Füllung des Teiches sicherlich an Wassermangel gelitten hatte, behauptete, auch weiterhin nur wenige Tage im Jahr mahlen zu können und verweigerte unter dieser Begründung seinem Grundherrn, dem Grafen Gottfried von Schmettau, die Zahlung des Pachtgeldes. Schmettau verklagte ihn, Arnold wurde verurteilt, zahlte aber trotzdem nicht. Nach Ablauf der Fristen wurde die Mühle gerichtlich versteigert. Darüber führte Arnold Beschwerde bei der Neumärkischen Regierung und wurde abgewiesen. Nun wandte er sich, indem er die Richter der Gewalt und Ungerechtigkeit anklagte, direkt an den König, der eine administrative Untersuchung anordnete, die zu zweifelhaften Ergebnissen führte. Immerhin gaben zwei der Kommissare die Möglichkeit einer Rechtsverletzung zu. Überzeugt, daß die Richter einen adeligen Landrat begünstigen wollten und Arnold nur aus Standesrücksichten abgewiesen hatten, übergab der König die Angelegenheit dem Kammergericht in Berlin. Dieses bestätigte nach einer eingehenden Untersuchung die beiden vorhergehenden Urteile.

Am 11. Dezember nachmittags bescheidet der König, der an starken Gichtschmerzen leidet, den Großkanzler Fürst und drei der Kammergerichtsräte zu sich und beschimpft sie in höchster Wut. Fürst, der zu widersprechen wagt, wird aus dem Saale gejagt und erfährt auf der Stelle, daß sein Nachfolger schon bestimmt sei. Die vor Bestürzung stotternden drei Räte werden in das Stadtgefängnis abgeführt. Schlag auf Schlag wird durch Kabinettsordres das Kammergerichtsurteil aufgehoben, der Müller wieder in den Besitz der Mühle eingesetzt, der Rat von Gersdorf entlassen, sein Teich zugeschüttet, der Präsident in Küstrin, Graf Finckenstein, seines Postens enthoben und die drei Gerichtsräte zu einem Jahr Festung verurteilt. D'Alembert hat Friedrich wegen seines Eintretens für die Schwachen großes Lob gespendet. Tatsächlich war der König seiner Sache so wenig sicher, daß er die

Gefangenen vor Ablauf ihrer Strafe freiließ. Als nach seinem Tode die Angelegenheit neuerlich untersucht wurde, stellte sich heraus, daß Arnold ein Spezialist der Schikane war, ein als Prozessierer und Lügner berüchtigter Mensch. An dem gleichen Flusse gab es zwischen dem Karpfenteich und der Mühle eine Brettsäge, die durch das Wasser getrieben wurde, und ihr Besitzer bezeugte, daß ihm aus der Anlage des Weihers keinerlei Schaden entstanden sei. Durch diese Aussage waren Arnolds Ansprüche ein für allemal erledigt. Der Machtspruch des Königs war ungerecht gewesen, das Urteil der Richter gerecht, doch hatten sie den Punkt, auf den es ankam, nicht mit der nötigen Schärfe hervorzuheben gewußt.

Seien wir bescheiden und gestehen wir offen ein, daß die Legende immer stärker ist als die Wahrheit. Die gefangenen Kammergerichtsräte hätten es verdient, als rechtschaffene und mutige Beamte mit ihrem Namen in die Geschichte einzugehen. Statt dessen sind die ›Richter von Berlin‹ durch die alberne Lesebucherzählung von einem anderen Müller, dem Müller von Sanssouci, populär geworden, der übrigens den Ausspruch, den man ihm in den Mund legt, nie getan hat. (»Ja, wenn das Berliner Kammergericht nicht wäre.«) Seine berühmt gewordene Windmühle gehörte nach dem ländlichen Geschmack der Zeit genau so wie der chinesische Pavillon oder das griechische Tempelchen zu den unerläßlichen Requisiten eines Gartens. Der König dachte nicht daran, die Mühle abzubrechen, vielmehr befreite er den Müller schließlich von allen Steuern, damit er seine Rolle als dekorativer Statist mit freundlicher Miene spiele.

Thomas Carlyle hat Friedrich mit einem einzigen Worte charakterisiert: Er nennt ihn eine ›Realität‹. Friedrichs Persönlichkeit, die die konventionelle Figur des ›Philosophen auf dem Throne‹ allenthalben sprengt, war eine viel zu starke, viel zu tatkräftige, viel zu selbstherrliche Realität, als daß er eine Souveränität des Rechts begründet hätte, durch die sein Tatendrang in die Fesseln gesetzlicher Regeln gelegt worden wäre. Ein halbes Jahrhundert lang ist der preußische Staat identisch mit Friedrich, mit seinen Vorzügen und Fehlern, mit seiner Arbeitskraft und seinem allgegenwärtigen Willen.

Der Friedrich der Legende allein wäre eine ziemlich fade Figur, der echte ist zuweilen erschreckend. Um ihn ganz zu erfassen, genügt es nicht, ihn bei Soupers oder auf Visitationsreisen kennenzulernen, man muß ihn auch an der Spitze seines Heeres sehen. In der Tat, die Kraft ist es, welche die Staaten erhält, und »unter dem Schutze der Kriegskunst blühen alle die anderen Künste auf«. Preußen ist eine Armee, deren erbliche Führer die Hohenzollern sind. Wollte man jemals die

Truppen vernachlässigen, »so wäre es um dieses Land geschehen«. Zwar bringt der karge Boden Norddeutschlands nur »Eisen und Soldaten« hervor, aber wenn »die erste Sorge des Fürsten sein muß, sich auf dem Thron zu halten und die zweite, sein Reich zu vergrößern«, so liefert es der Dynastie alles, dessen sie zur Festigung und Entwicklung ihrer Macht bedarf.

Die Hohenzollern, nach einem Siege zu Kaisern erhöht, wurden vor unseren Augen vom Strudel einer Niederlage verschlungen. Wenig hätte gefehlt, und ihr Ehrgeiz wäre schon früher gescheitert. Friedrichs Zähigkeit und sein militärisches Genie, die Tapferkeit und die Disziplin seiner Truppen, nicht zuletzt der Zufall, haben damals den König und sein Land gerettet. Diese Krise dauerte sieben Jahre, sieben entsetzliche Jahre der qualvollen Ungewißheit, der Leiden und der Gefahren. Weil Friedrich unüberwunden aus ihnen hervorging, darum erscheint er seinem Jahrhundert so groß.

»DIE GANZE BUTIKE GEHT ZUM TEUFEL«

Der Friede von Aachen (1748) ließ in Europa Unzufriedenheit und Beunruhigung zurück. Man hatte sich nach den alten Rezepten Ludwigs XIV. verbündet und geschlagen. Auf der einen Seite Frankreich und das halbe deutsche Reich, auf der anderen Österreich und die Seemächte. Die gleichen Staaten stehen gegeneinander, ja sogar die Schlachtfelder sind oft dieselben. »Wären Villars und Marlborough auferstanden, sie hätten alle ihre Stellungen wiedererkannt und von neuem beziehen können.« Und was war das Ergebnis der Wiederaufführung dieses so oft gespielten Dramas? Eine verworrene Schlägerei und ein Friedensvertrag, der niemanden befriedigte. Frankreich zog aus seinen Siegen keine Vorteile; England mußte, was es Kanada genommen hatte, wieder zurückerstatten; Österreich hatte die Kaiserwürde wiedergewonnen, aber eine seiner schönsten Provinzen verloren; selbst der König von Preußen, der Eroberer Schlesiens, fühlte sich dieses Zuwachses nicht sicher. Jeder glaubte sich geschädigt und schob dies nicht seinen eigenen Fehlern oder der Mißgunst des Schicksals, sondern der Unzuverlässigkeit, dem Zaudern und der Schwäche seiner Verbündeten zu. Man könnte von einem gedämpften Beschwerdekonzert sprechen, und jeder der Beteiligten fühlte dumpf, daß das altüberkommene Koalitionssystem des siebzehnten Jahrhunderts den tatsächlichen Bedingungen des europäischen Gleichgewichts nicht mehr entsprach.

Maria Theresia ist die erste, die sich zu dieser Erkenntnis durchringt. In ihren Augen ist der wahre, der unversöhnliche Feind Österreichs nicht mehr der König aus dem Hause Bourbon, sondern der König von Preußen. Gegen Friedrich kann sich Österreich nicht mit dem englischen Bündnis begnügen, denn England, ganz damit beschäftigt seine Kolonial- und Seemacht zu mehren, ist gegenüber den Ereignissen auf dem Kontinent und besonders gegenüber den inneren Herrschaftsverhältnissen des Reiches, gleichgültig geworden. Hatte es doch im Jahre 1748 eilig den Frieden geschlossen zu einem Zeitpunkt, da Rußland der Kaiserin seine mächtige Hilfe angedeihen lassen wollte. Der Verbündete Habsburgs auf dem Kontinent kann aber nur Frankreich sein.

Darum schlägt Graf Wenzel Anton von Kaunitz, damals österreichischer Botschafter in Versailles, Ludwig XV. im Jahre 1750 vor, den alten Zwist zu begraben und mit Österreich Freundschaft zu schließen. Der König nahm dieses Anerbieten mit verbindlichster Höflichkeit auf, zeigte dem Diplomaten eine huldvolle Miene und äußerte sich über die Person Maria Theresias in freundschaftlicher und wohlwollender Weise, aber in bezug auf die politischen Bindungen Frankreichs blieb es beim alten. Wenn andererseits die Kaufleute Londons aus Haß gegen den Papismus zu Friedrich hielten, so war doch Georg II. noch zu sehr Hannoveraner, zu sehr seiner Jugendfeindschaften eingedenk, als daß er sich ohne Not zu einem so einschneidenden politischen Umschwung entschlossen hätte. Er bemühte sich, Österreich bei der Stange zu halten, indem er ihm jeden Vorwand zum Mißvergnügen benahm. Kurz, Europa hielt noch fünf Jahre lang am alten Schlendrian fest, wiewohl es seiner müde war. Doch wagte es aus Furcht vor dem Unbekannten nicht, sich in etwas Neues zu stürzen.

Dieser Friede beunruhigt Friedrich mehr als ein Krieg. Er ist mit Rußland, mit Sachsen, mit Österreich, mit Hannover verzankt; keine seiner Grenzen scheint ihm mehr sicher. Darum betrachtet er es als seine Hauptaufgabe, den Hof von Versailles weder abrücken noch einschlafen zu lassen. Unablässig bestürmt er ihn mit seinen Klagen, seinen Beschwerden, seinen wirklichen oder eingebildeten Befürchtungen. Immer wieder verlangt, ja fordert er ein energisches wirksames Eingreifen Frankreichs. Es sei nötig, daß ein Botschafter Georg II. nach Hannover folge, weil in Hannover »die gefährlichsten Pläne aufs Tapet kommen«; es sei nötig, daß das Ministerium sich in Petersburg mit Energie, in London mit Festigkeit vernehmen lasse; es sei nötig, daß es die Türken aufstachle; es sei nötig, die Subsidien an die kleinen deutschen Fürsten zu erhöhen; es sei nötig, daß die Antworten des Ministeriums weniger trocken und lakonisch seien ... Alle diese Vorstellungen sind mit Liebenswürdigkeiten, Vorwürfen, Sarkasmen untermischt. Die Franzosen finden, daß Friedrich ein unsicherer und unbequemer Freund ist. Sie beklagen sich über seine Reizbarkeit, finden seinen Argwohn oft übertrieben und führen die Schritte, die er ihnen anrät, nicht immer mit großer Überzeugung aus, aber im großen ganzen folgen sie ihm, und man kann sagen, daß das Bündnis von seiten der Franzosen unangetastet bleibt, wenn man von einigen ärgerlichen Worten, die ihnen zuweilen entschlüpfen, absieht.

Die entscheidenden Handlungen kamen aus London. Denn London war fest entschlossen, die französische Postenkette zu durchbrechen, die sich von Kanada bis Louisiana, vom Sankt-Lorenz-Strom bis zum

104. Die politischen Verhältnisse zu Beginn des Siebenjährigen Krieges: Vertreter der europäischen Mächte beim Glücksspiel im Haus ›der Frau Germanin‹ Österreichische Karikatur, 1757

Mississippi-Delta hinzog und die Expansion der englischen Kolonien in Amerika hemmte. Obwohl der Friede offiziell wiederhergestellt war, wollten die Handstreiche und kleinen Gefechte an den meist strittigen Grenzen der beiden Reiche kein Ende nehmen. Dazu kam, daß die Franzosen trotz ihrer zahlenmäßigen Unterlegenheit fast immer gewannen. Kurz, das britische Ministerium, bedrängt von den Bitten der Kolonisten und der Kaufleute, wünschte schließlich den offenen Krieg herbei, der ihm erlaubte, die Überlegenheit der englischen Flotte auszunützen und die französischen Streitkräfte auf dem Kontinent zurückzuhalten.

Friedrich war zunächst mit den europäischen Angelegenheiten beschäftigt: Zwistigkeiten in Schweden, Nachfolgepläne in Polen, drohende Wahl des Erzherzogs Joseph zum römischen König. Nichtsdestoweniger entging ihm die Taktik der Engländer nicht. Er lag wegen Schiffen, die sie im letzten Kriege beschlagnahmt hatten, mit ihnen im Streit und machte sich schließlich selbst bezahlt, indem er die Zinsen der von Londoner Banken auf Schlesien gegebenen Hypotheken einzog. Aber sein Scharfblick beschränkte sich nicht auf seine eigenen Angelegenheiten, er ging weiter. Schon im Winter 1753 ändert sich der Ton seiner politischen Korrespondenz, als sähe er große Wirren voraus. Seine Fragen werden dringlicher, er verlangt genauere Auskunft, mehr Einzelheiten. Im Februar 1755 schreibt er an seinen Geschäftsträger, Abraham Ludwig Michell: »Ich glaube, es ist zehn gegen eins zu wetten, daß daraus ein Krieg entsteht und daß man mit all diesen Rüstungen, ohne es zu beabsichtigen und ohne recht zu wissen wie, auf den Bruch zusteuert.« Friedrich täuschte sich nur hinsichtlich eines Punktes: Die englische Politik war viel bewußter und überlegter, als er annahm. Denn schon am 16. April 1755 hatte Admiral Eduard Boscawen, der Befehlshaber des amerikanischen Geschwaders, geheime Instruktionen erhalten. Sie besagten, er solle vor dem Sankt-Lorenz-Strom kreuzen und alle in diesen Gewässern befindlichen Handelsschiffe abfangen. Ferner hatte er Auftrag, die französischen Kriegsschiffe und Transporte, die sich in Brest sammelten, um zwei Wochen später nach Kanada abzusegeln, ohne vorherige Erklärung anzugreifen und zu versenken.

Am 28. April war der Krieg so gut wie sicher. König Georg schiffte sich nach Hannover ein. Aber die englischen Minister hatten durch die Überstürzung des Angriffs eine Unklugheit begangen, denn die kontinentale Koalition war noch nicht bereit. Zwar hatte Spanien versprochen, neutral zu bleiben, aber die Interessen dieser Kolonialgroßmacht waren den Eroberungsgelüsten Englands zu entgegengesetzt, als daß auf diese Neutralität zu bauen gewesen wäre. Österreich hielt sich still, es wollte die Truppen, die es zur Deckung von Böhmen benötigte, nicht nach Belgien schicken. Die Niederlande, die die Grenzbefestigungen hätten verteidigen sollen, waren nicht in der Lage, einen Mann hineinzulegen oder auch nur die Kosten der Instandsetzung zu tragen. Rußland verlangte als Preis für seinen Beistand so hohe Hilfsgelder, daß es darum im Unterhaus zu einem Entrüstungssturm gekommen wäre. Kurz, mit Ausnahme der Soldaten des Landgrafen Wilhelm VIII. von Hessen-Kassel, die immer zu verkaufen waren, sah sich England ohne Hilfstruppen, als Mitte Juli die Kunde eintraf, daß Admiral Boscawen zwar die französische Flotte angegriffen, aber sein Ziel nicht erreicht hatte. Denn dank dem Opfer zweier Schiffe war der größte Teil des Transportes im Nebel entkommen. In London war die Bestürzung so groß, daß der Herzog von Newcastle schleunigst sein Kabinett umbilden mußte. Georg II. seinerseits weigerte sich, Herrenhausen vor der Schaffung des »Kontinentalsystems« zu verlassen.

Wie konnte man aber noch andere deutsche Fürsten kaufen, wenn das Unterhaus nur für den Seekrieg Kredite bewilligen wollte? Durch den Zwang der Ereignisse sah sich die englische Politik auf den König von Preußen hingewiesen, den sie entweder einschüchtern oder gewinnen mußte. Am 23. Juli, also zehn Tage nach dem Eintreffen der Nachrichten aus Amerika, entschloß sich Newcastle, mit ihm in Verhandlungen einzutreten, und zwar durch Vermittlung des in argen Geldnöten befindlichen Herzogs von Braunschweig. Dieser Fürst hatte zudem den Ehrgeiz, seine älteste Tochter Anna Amalie, Friedrichs Nichte, mit Georgs II. Enkel zu vermählen, der durch den Tod seines Vaters zum Prinzen von Wales und Thronfolger geworden war. »Wenn der König von Preußen«, schreibt Newcastle, »sei es durch Furcht, sei es aus angeblicher Rücksicht auf die Ruhe des deutschen Reiches, sei es aus Freundschaft für seine Schwester und die übrige Familie, von kriegerischem Eingreifen zurückgehalten werden kann, so ist diese Neigung zweifellos zu unterstützen.« Der Nutzen einer preußischen Neutralität wäre beträchtlich, denn »wir würden auf diese Weise die Kosten für in unserem Solde stehende preußische Truppen sparen und zugleich den deutschen Staaten des Königs die denkbar beste Sicherheit verschaffen«.

Bis dahin war Friedrichs größte Sorge gewesen, daß Frankreich infolge seiner völligen Inanspruchnahme durch den Kolonialkrieg ihn im Tête-à-tête mit seinen Feinden lassen könne. Um dies zu vermeiden predigte er in Versailles unaufhörlich die Notwendigkeit einer großen Diversion in Europa. Frankreich solle doch ein ansehnliches Truppenkorps sammeln und es beim ersten feindseligen Akt gegen die Niederlande und gegen Hannover marschieren lassen. Im Gespräch mit dem französischen Gesandten äußerte er sich über seinen Onkel folgendermaßen: »Das ist das sicherste Mittel, um aus diesem Schw . . . etwas zu erpressen!«

Doch trug er gleichzeitig Sorge, sich seine eigene Mitwirkung vorzubehalten. Als der Ministerrat Ludwigs XV. diese gleisnerische Anregung als Vorschlag zu einer gemeinsamen Aktion auffaßte (oder wenigstens so tat), wich er zurück. In jedem seiner Briefe verhöhnt er die Schlaffheit, die Nachlässigkeit, die Leichtgläubigkeit, die falschen Maßnahmen, die Lethargie der ›Minister aus Watte‹, aber von Hannover ist nicht mehr die Rede, und er befiehlt seinem Botschafter Dodo Heinrich von Knyphausen, dem Staatssekretär Graf Anton de Rouillé in Erinnerung zu rufen, daß das Bündnis sich nicht auf die Kolonien erstrecke, und daß er sich auf jeden Fall vor einem Jahr nicht werde rühren können.

Im Juni hatte er seine Inspektionsreise nach Wesel dazu benutzt, als Musiker verkleidet, einen kleinen Abstecher nach Holland zu machen. Die Straße von Berlin nach Westfalen läuft nahe an Hannover vorbei, ein kleiner Umweg hätte ihn zu seinem Onkel geführt. Sowohl auf der Hin- wie auf der Rückreise war eine Begegnung der beiden Könige in Aussicht genommen worden, doch kam es nicht zur Ausführung dieses Planes. Als sich Gelegenheit zu diskreteren Verhandlungen bot, konnte Friedrich anfangs an ein solches Glück kaum glauben. Nichts war ihm peinlicher, als von einem förmlichen Vertrag gefesselt zu sein und zugleich das Gefühl zu haben, daß anderswo das Schicksal gebraut wurde, ohne daß er dabei war. Würde er sich dank der Engländer wieder in einer jener unklaren Situationen befinden, aus denen er, von beiden Teilen umworben, immer Vorteil zu ziehen verstanden hatte, indem er, bald mit dem einen, bald mit dem anderen »chipotierend«, sich schließlich völlig egoistisch entschied? Aus Angst, in eine Falle zu gehen, wagt er sich nur äußerst zaghaft vor. Er hütet sich, auch nur das geringste zu versprechen, flüchtet in allgemeine Redensarten, verlangt genauere Aufklärungen, bietet seine Vermittlung an und zögert, wenn man in ihn dringt, die Antwort hinaus, schützt vor, daß er von den Manövern völlig in Anspruch genommen und außerordentlich müde sei. »Im Grunde genommen«, schreibt er an den Herzog von Braunschweig, »sehe ich, daß dem König von England um sein Kurfürstentum sehr bange sein muß, und mir steigt der Verdacht auf, daß er mit dem Wiener Hof nicht zufrieden ist, sonst würde er sich nicht an mich wenden.«

Der ganze Monat August verging mit hinterhältigen Anknüpfungsversuchen. Und König Georg II. war im Begriffe, unverrichteter Dinge nach England zurückzukehren, als Friedrich einen weiteren Schritt unternahm. »Es ist mir der Gedanke gekommen«, schrieb er an seinen Schwager, »daß mein Bündnisvertrag mit Frankreich im Frühling kommenden Jahres abläuft, wodurch ich die Freiheit erhalte, dann entsprechend meinen Interessen und meiner Konvenienz zu handeln. Obwohl ich irgendeine Verpflichtung vor Ablauf dieses Vertrages nicht eingehen kann, so werde ich doch Ew. Hoheit nicht desavouieren, wenn Sie mittlerweile dem englischen Minister zu verstehen geben würden . . . aber immer so, als ob alles von Ihnen aus ginge und ohne daß meine Person hineingebracht wird – daß man, vorausgesetzt, daß mir von seiten des Königs von England vernünftige Vorschläge unterbreitet werden, hinsichtlich der Neutralität der hannoverschen Lande zum angestrebten Ziele gelangen könnte, doch solle man von mir nicht erwarten, daß ich mich als erster zu Eröffnungen herbeilasse« (1. September 1755). Doch ließ er auch Rouillé wissen, daß man ihm »ziemlich bemerkenswerte und bedeutsame Eröffnungen« gemacht habe, die er sich vorbehalte, dem Herzog Louis Jules von Nivernais, der dazu bestimmt war, als Botschafter über die Erneuerung des Bündnisses zu verhandeln, im einzelnen mitzuteilen.

Es ist klar, daß Friedrich in diesem Augenblick eine Entscheidung noch nicht getroffen hatte, es sei denn die, sein gewöhnliches Doppelspiel zu spielen, indem er sich dem Stärkeren und Meistbietenden anbot. Aber die englischen Minister wußten mehr von ihm, als er ahnte. Die ganze diplomatische Korrespondenz Michells in London war von der Polizei gelesen und dechiffriert worden, und Newcastle hatte aus ihr die Überzeugung gewonnen, daß der König von Preußen sich nicht in einen Kolonialkrieg einzumischen wünsche, der ihn persönlich nichts anging und den er im übrigen für höchst überflüssig hielt. Da der Premierminister mit der Vorbereitung der Parlamentssitzungen beschäftigt war, hatte er es mit der Antwort nicht eilig. Als sie endlich abging, war sie in rätselhaften Ausdrücken abgefaßt. Friedrich ärgerte sich darüber. »Ist es nicht höchst sonderbar«, schrieb er, »daß diese Leute von mir verlangen, ich solle ihre Interessen zu den meinigen machen, während ich noch zwei schwere Händel mit ihnen habe, die noch nicht erledigt sind? Man sollte glauben, daß die ganze Erde – ein jeder unter Hintansetzung seiner eigenen Interessen – dazu verpflichtet sei, für die Verteidigung dieses verdammten Landes zu sorgen. Man fordert von mir Erklärungen, ohne sich selbst zu erklären. Man will, daß ich Frankreich sitzen lasse und mich mit dem Ruhm begnüge, ihr Land Hannover gerettet zu haben, das mich weder so noch so etwas angeht. Entweder wollen mich diese Leute gröblich hinters Licht führen, oder sie sind verrückt und vom lächerlichsten Eigendünkel besessen.« Dieser Erguß datiert vom 25. November. Am 2. Dezember, als Friedrich erfährt, daß das Geheimnis der Verhandlungen durchzusickern beginnt, läßt er in Versailles »die böswilligen Andeutungen seiner Feinde« dementieren. Fünf Tage später beauftragt er Michell, das Abkommen zu unterzeichnen.

Was war inzwischen eingetreten, das Friedrich zu diesem plötzlichen Entschluß bewog? Ein anscheinend alltägliches Ereignis. London hatte ihm den vollständigen Text des englisch-russischen Vertrages mitgeteilt, der nach endlosem Feilschen am 30. September unterzeichnet und nach Ablauf der vorgesehenen zweimonatigen Frist ratifiziert worden war. Laut diesem Vertrage garantierten die beiden Staaten einander gegenseitig alle ihre Lande, die ausdrücklich genannten Besitzungen des englischen Königs in Deutschland mit eingeschlossen. Rußland sollte zu diesem Behufe an der livländischen Grenze ein Korps von 55 000 Mann halten, ferner mit 50 Galeeren bereit sein, in See zu stechen. Zur Sicherung der Ausführung dieses Vertrages verpflichtete sich England, im voraus 100 000 Pfund Sterling zu zahlen und weitere 500 000 Pfund vom Tage an, da die Truppen sich in Bewegung setzen würden. Der Vertrag war Michell von dem Staatssekretär Henri Fox übergeben worden, dem die Leitung der parlamentarischen Mehrheit oblag. Er sagte auch, daß nach der Absicht des Königs Georg und der Zarin Elisabeth das Abkommen einzig bezwecke, das deutsche Gebiet vor etwaigen Angriffen der Franzosen zu bewahren. Der König von Preußen habe also keinen Anlaß, sich zu beunruhigen oder irgendeine gegen ihn gerichtete Aktion zu befürchten.

»Ihr Gebieter«, schloß er, »befindet sich in der glänzendsten Lage. Er hält in einer Hand das Schwert, in der anderen den Ölzweig. Er braucht nur ein Wort zu sagen, um alle unsere Meinungsverschiedenheiten mit ihm aus der Welt zu schaffen.«

Zweifellos waren die englischen Minister aufrichtig, wenn sie versicherten, daß sie nur an Frankreich gedacht hatten, jedoch die Zarin hatte nur an Preußen gedacht. In ihrem Auftrage hatte der Kanzler Aleksej Bestuschew, mit dem über die Hilfsgelder gemarktet wurde, seine Forderungen immer höher geschraubt. Erst auf Drängen des neuen englischen Gesandten Sir Charles Williams, der, von Sachsen kommend und ein glühender Anhänger Österreichs, Friedrich als den »gemeinsamen Feind«, der zu zerschmettern sei, bezeichnete, war sie ernstlich in Verhandlungen eingetreten. Williams, der von den Braunschweiger Unterredungen nichts wußte, spielte seine Rolle völlig gutgläubig. Aber als das Bündnis endlich zustande kam, bediente sich das englische Kabinett seiner nicht als einer Waffe zur Zerschmetterung des Feindes, sondern als eines Mittels, um den Feind durch Druck und Drohung zum Bundesgenossen zu machen. »Es muß anerkannt werden«, schreibt der Graf Charles François de Broglie, »daß es in den

Annalen der Diplomatie selten ein geschickteres und in seiner Wirkung glücklicheres Taschenspielerkunststück gegeben hat.«

Friedrich bedurfte keiner langen Überlegung, um einzusehen, daß dieser Schlag, wenn er sich nicht beizeiten vorsah, ihn allein treffen werde. Das Zarenreich erschreckte ihn durch seine Unermeßlichkeit, die russischen Truppen konnten ihm großen Schaden zufügen, und selbst wenn er sie besiegte, konnte er sie nicht verfolgen. Wenn zwischen St. Petersburg und Wien analoge Abkommen bestanden (woran angesichts der langwährenden Freundschaft der beiden Herrscherinnen nicht zu zweifeln war), so war er in Gefahr, von einer ungeheuren Koalition erdrückt zu werden, ohne auch nur die Hoffnung zu haben, daß Frankreich einen Teil der österreichischen Truppen festhielt; denn Maria Theresia würde lieber Belgien preisgeben, als ein einziges Bataillon aus Böhmen zu entfernen. England hatte ins Schwarze getroffen. Jetzt gab es keine Verzögerungen, keine Beanstandungen mehr. Innerhalb weniger Tage wurde ein Abkommen vorbereitet und zu Neujahr 1756 in Berlin endgültig fertiggestellt.

Die Konvention enthielt vier Artikel, darunter einen geheimen. Im ersten und dritten war in allgemeinen Ausdrücken von Bündnis und Freundschaft die Rede. Im zweiten verpflichteten sich die beiden Könige, »wenn eine fremde Macht unter welchem Vorwand immer ihre Truppen in Deutschland einrücken lassen sollte, ihre Streitkräfte zu vereinigen, um sich dem Einmarsch oder Durchzug solcher Truppen zu widersetzen«. In den Text war ausdrücklich ›Deutschland‹ statt der Bezeichnung ›Römisches Reich‹ aufgenommen worden, um die österreichischen Niederlande von der Garantie auszuschließen, und dieser Ausschluß war auch in dem Geheimartikel enthalten. Die Konvention wurde am 16. Januar 1756 vom englischen Ministerium unterzeichnet. Sie führt den Namen ›Vertrag von White-Hall‹. Ihr Inhalt läßt sich folgendermaßen zusammenfassen: England hält von Preußen die Drohung der russischen Armee ab; Preußen verpflichtet sich dafür, die deutschen Besitzungen des englischen Königs gegen Frankreich, seinen (Preußens) Verbündeten, zu verteidigen.

Der Herzog von Braunschweig freilich erntete die Früchte seiner politischen Bemühungen nicht. Seine ehrgeizigen Wünsche gingen nicht in Erfüllung, da die arme Prinzessin Amalie vom Prinzen von Wales verschmäht wurde. Immerhin blieb sie nicht ledig. Als Gemahlin des Herzogs Ernst August II. von Sachsen-Weimar war ihr der Ruhm beschieden, die Gönnerin und Freundin Schillers und Goethes zu sein.

Seit Anfang September 1755 war die Regierung von Versailles dem Ansturm des Wiener Hofs ausgesetzt. Im Auftrag des Kanzlers Kaunitz

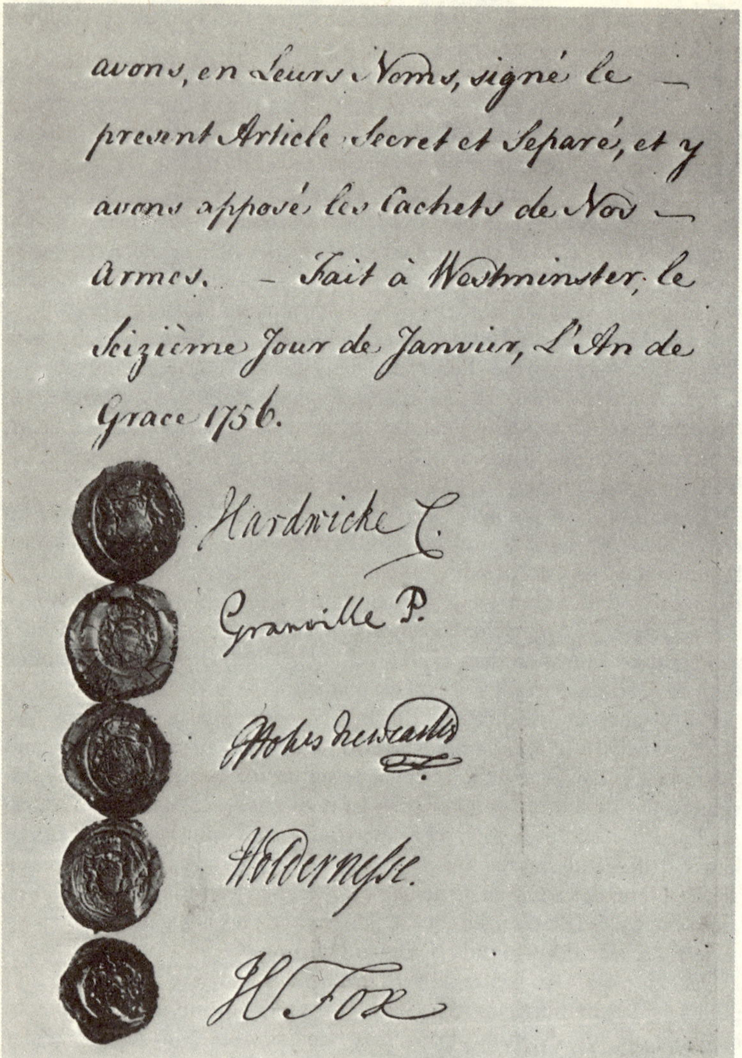

avons, en Leurs Noms, signé le —
present Article Secret et Separé, et y
avons apposé les Cachets de Nos —
armes. — Fait à Westminster, le
Seizième Jour de Janvier, L'An de
Grace 1756.

Hardwicke C.

Granville P.

Holles Newcastle

Holdernesse

H Fox

105. Die Neutralitätskonvention zwischen England und Preußen zu Westminster vom 16. Januar 1756 Schlußseite der vier Artikel, Geheim- und Separatartikel in der englischen Ausfertigung des Vertragswerkes London, Public Record Office

stellte der Gesandte Georg Adam von Starhemberg Ludwig XV. mit Nachdruck vor, daß Friedrichs Ehrgeiz eine unmittelbare Gefahr für sein Königreich bedeute. »Frankreich«, sagte der Österreicher, »nährt eine Schlange an seinem Busen. Es ist mit dem wahren Interesse Frankreichs unverträglich, die Macht besagten Königs noch größer werden zu lassen und den Seemächten Gelegenheit zu geben, ihn mit der Zeit an die Stelle unseres erhabenen Herrscherhauses zu setzen und sich seiner zur Beseitigung der französischen Suprematie zu bedienen.« Überdies ließ die Kaiserin Ludwig XV. wissen, daß zwischen Preußen und England Verhandlungen im Gange seien und daß er binnen kurzem wieder einmal der im Stich Gelassene sein werde.

Zwar hörte man Starhemberg mit größtem Interesse an, aber als Antwort wurde ihm nur ein Hinweis auf den Vertrag zuteil, durch den Frankreich noch immer an Preußen gebunden war. »Treu dem gegebenen Wort und den Geboten der Ehre«, heißt es in der Note, »konnte der König ohne die triftigsten Beweggründe und die klarsten Beweise weder mit seinen Verbündeten brechen, noch auch ihre Loyalität in Zweifel ziehen und sie der Untreue und des Verrates für fähig halten.« Somit war Frankreich nur gewillt, mit Österreich auf der Basis des Status quo zu verhandeln, der Friedrichs ungestörten Besitz von Schlesien zur Voraussetzung hatte. Immerhin konnte François Joachim de Bernis, der im Auftrag Ludwigs XV. die Unterredungen mit Starhemberg führte, seinem Partner die peinliche Überraschung nicht verhehlen, die sein Gebieter bei der Ankündigung eines wahrscheinlichen Abfalls Preußens empfunden hatte. Kaunitz, fest überzeugt, daß Friedrich »Untreue und Verrat« begehen würde, entschied sich dahin, mit der Fortsetzung des Gesprächs zu warten, bis die englisch-preußische Annäherung durch einen öffentlichen Akt besiegelt sein würde. Indessen fehlte es in den Zeitungen von Amsterdam und Leyden nicht an deutlichen Anspielungen auf diese Annäherung, so daß sich Rouillé entschloß, den Herzog von Nivernais, den er im unerschütterlichen Vertrauen auf die Festigkeit des Bündnisses bisher noch nicht gedrängt hatte, endlich die Reise nach Berlin antreten zu lassen.

Friedrich sah der Zusammenkunft mit Unbehagen entgegen. Um den Herzog vor ein Fait accompli zu stellen, hatte er schleunigst unterzeichnet und, getreu seinem Prinzip, die Leute, denen gegenüber er sich im Unrecht fühlte, zu attackieren, seine Depeschen an Knyphausen mit unwirschen Beschwerden über das Verhalten Frankreichs gefüllt. Doch sah er voraus, daß nach dem Kleinschnellendorfer Abkommen und den beiden Friedensschlüssen von Breslau und Dresden der Vertrag von White-Hall großen Zorn erregen mußte, um so mehr, als

Ludwig XV. nach Erschöpfung aller sanften und versöhnlichen Mittel soeben durch ein Ultimatum die Rückerstattung der in den englischen Häfen zurückgehaltenen Schiffe und die Freilassung der in den Piratenangriffen Boscawens gefangenen Seeleute verlangte. Die französische Forderung war am 3. Januar 1756 in London eingetroffen, am 10. hatte das englische Ministerium beschlossen, sie abzulehen, und am 16. desselben Monats ratifizierte es den seit Neujahr festgelegten Vertrag.

Zweifellos war Frankreich nicht gewillt, Hannover anzugreifen. Aber da es nicht hoffen durfte, zur See die Oberhand zu gewinnen und die Entsendung von Verstärkungen über den Ozean als höchst gewagt erschien, mußte es notwendig dazu gelangen, Erfolge in Europa zu suchen, Gebiete zu besetzen, sich Pfänder zu sichern, um sie bei Friedensschluß gegen das in Indien und Amerika Verlorene einzutauschen. England war in Hannover verwundbar. Wenn Friedrich das Kurfürstentum schützte, nahm er Frankreich eine Siegeschance. »Ich bin mit Frankreich verbündet«, hatte er selbst an den Herzog von Braunschweig geschrieben, »allerdings ist unser Bündnis rein defensiv. Aber unter welchem Vorwand, mit welcher Ausrede könnte ich den höchst sonderbaren Schritt rechtfertigen, Frankreich eine Begrenzung seiner Maßnahmen vorzuschreiben?«

Der Herzog von Nivernais, ein Großneffe Mazarins, war liebenswürdig, hochgebildet und ein vollkommener Ehrenmann. Er kam am 12. Januar in Berlin an und hatte am 14. seine erste Audienz. Sie wäre höchst peinlich verlaufen, wenn Friedrich sich nach den ersten Höflichkeitsfloskeln nicht sofort in allgemeine Betrachtungen gestürzt und die ärgerlichen Einzelheiten auf später verschoben hätte.

»Sie wissen«, sagte er, »daß England mir Bündnisanträge gemacht hat. Ich habe Sie davon benachrichtigen lassen. Aber seitdem hat man mich von dieser Seite sehr bestürmt. Ich werde Ihnen all das ein anderesmal mitteilen.«

Die folgenden Unterredungen bewegten sich auf einem viel gefährlicheren Gebiet. Nach vielen Umschweifen mußte Friedrich sich entschließen, dem Herzog von dem Vorgefallenen Mitteilung zu machen. Er enthüllte ihm mit unbefangener Miene den Wortlaut des Vertrages, den er unterzeichnet hatte und der aus London zurückerwartet wurde. Nivernais war einen Augenblick lang fassungslos.

Friedrich wußte seine Sache mit Geschick zu führen, indem er allerhand Gründe aufzählte. Rußland sei ein unerschöpfliches Menschenreservoir, eine sehr furchtbare Macht, die in einem einzigen Feldzug alle seine Länder verheeren könne. Zwischen Rußland, Österreich, England und Sachsen sei er »blockiert, belagert«. Er habe Angst gehabt, er habe kapitulieren müssen. Aber welchen Schaden füge er denn Frankreich damit zu? Gar keinen. Im Gegenteil, er schütze es vor den Russen! Übrigens hätten die französischen Heere doch nie ins Reich eindringen können, denn die Engländer würden dort wie Götter angesehen, und jeder beeile sich, seinen Hut hinzuhalten, um Guineen aufzufangen. Die Franzosen sollten sich doch Belgien nehmen, das wiege Kanada reichlich auf. Übrigens sei sein Neutralitätsvertrag doch nur den Besorgnissen des Augenblicks entsprungen. Wenn das Interesse nicht mehr das gleiche sei, werde er leicht einen Vorwand finden, um sich zurückzuziehen, darauf könne man sich verlassen. Nach diesen Worten entfaltete er eine Landkarte der britischen Inseln und improvisierte für das Ministerium in Versailles einen Angriffsplan, indem er die nach seiner Ansicht am schwächsten verteidigten Landungsstellen besonders hervorhob.

Nivernais erwiderte, daß es wenig darauf ankomme, ob Frankreich die Absicht habe, früher oder später Hannover anzugreifen. Die Unsicherheit allein zwinge England, einen Teil seiner Streitkräfte und seines Geldes für den Schutz der ihm so teuren Provinzen zu reservieren. Nun biete Preußen durch sein Verhalten England die Möglichkeit, alles teils auf die Verteidigung seines Territoriums, teils auf die energische Führung jenes Kampfes zur See zu verwenden, in welchem es schon eine so fürchterliche Überlegenheit besitze. Zudem könne es aus Deutschland, das ja ungefährdet sei, Legionen von Söldnern schöpfen, gegen die dann Frankreich auf einem anderen Terrain werde kämpfen müssen. Aber selbst wenn man einräume, daß Deutschlands Ruhe für die Sicherheit Preußens nötig sei, so hätte doch Friedrich diese Frage zum Gegenstand direkter Verhandlungen mit Frankreich machen sollen, statt hinter dessen Rücken mit dem Feinde zu paktieren. Nivernais sprach nicht von dem persönlichen Affront, den ihm der König von Preußen dadurch zugefügt hatte, daß er ihn in all der Pracht und Herrlichkeit seines hohen Ranges und seiner Sondermission hatte nach Berlin kommen lassen, da doch ein rechtzeitiges Wort genügt hätte, ihn davon abzuhalten. Er war ein viel zu vornehmer Herr, um seiner Empörung darüber Luft zu machen. Aber an seinen Freund, den Grafen von Broglie, schrieb er etwas später: »Ihr patriotisches Gefühl hätte sich ebenso verletzt gefühlt wie das meine, wenn Sie am 12. Januar hierhergekommen wären, wo doch die Konvention in London am 16. unterzeichnet wurde ... Was die Form, das heißt die Art und die Umstände betrifft, so halte ich es für das beste, darüber zu schweigen; und dazu habe ich mich auch entschlossen. Es gibt Dinge, die man für sich allein sprechen lassen muß.«

Immerhin wurden die Unterredungen bis Ende März fortgesetzt. Nivernais, vom König sehr umschmeichelt, war für den Zauber seiner Manieren und seines Gesprächs keineswegs unempfänglich. Nach einem Aufenthalt in Sanssouci war er sogar dahin gelangt, zu glauben, daß man mit Preußen einen neuen Defensivvertrag schließen könne, und machte einen Entwurf dazu. Frankreich sollte Friedrich den Besitz von Schlesien garantieren, dafür sollte dieser sich verpflichten, im Falle eines Einfalls in Frankreich ein kleines Hilfskorps von 10 000 Mann zu stellen. Nivernais machte zu diesem Entwurf die naive Bemerkung, es komme wenig darauf an, ob Friedrich gutgläubig sei oder nicht, Hauptsache sei, von ihm irgendein Dokument zu erhalten, durch das der schlechte Eindruck, der durch den Neutralitätsvertrag erzeugt worden war, wieder ausgelöscht werde. Es ist allerdings kaum anzunehmen, daß diese Ordnung der peinlichen Angelegenheit der öffentlichen Meinung Frankreichs besonders ruhmreich oder besonders vertrauenerweckend vorgekommen wäre. Doch Versailles lehnte den Vorschlag ohne weiteres ab und machte der Mission Nivernais' ein Ende. Wieder erbot sich Österreich, den ungetreuen Bundesgenossen zu ersetzen und versprach sogar, Rußland und Sachsen mitzubringen, doch gab es andererseits zu verstehen, daß es sich bei neuerlicher Zurückweisung gezwungen sehen werde, ins andere Lager überzugehen. »Sollte Frankreich auf seinen gehässigen Vorurteilen beharren«, schrieb Kaunitz, »so bleibt uns immer noch ein Entschluß, nämlich der, sich mit den großen Bataillonen zu verbünden und Englands Interessen zu den unseren zu machen.«

Das französisch-österreichische Bündnis wurde im Hause Rouillés in Jouy-en-Josas unterzeichnet (1. Mai 1756). Es führt den Namen ›Vertrag von Versailles‹ und besteht aus mehreren Konventionen, durch die Österreich auf das Bündnis mit England und Frankreich auf das Bündnis mit Preußen verzichtet. Die beiden Staaten garantieren sich gegenseitig ihren europäischen Besitz und versprechen einander, falls einer von ihnen angegriffen wird, ein Hilfskorps von 24 000 Mann, an dessen Stelle Hilfsgelder treten können. Dem Buchstaben nach war der Pakt rein defensiv. Jedoch in Wirklichkeit war man in den angeknüpften Gesprächen über den Rahmen des Vertragstextes, auf den

106. Das Defensiv-Bündnis zwischen Österreich und Frankreich zu Versailles vom 1. Mai 1756 Schlußseite des ersten geheimen Zusatzartikels über gegenseitiges Hilfeversprechen im Falle von Grenzverletzungen durch eine dritte Macht Wien, Haus-, Hof- und Staatsarchiv (Allgemeine Urkundenreihe 1756 V 1)

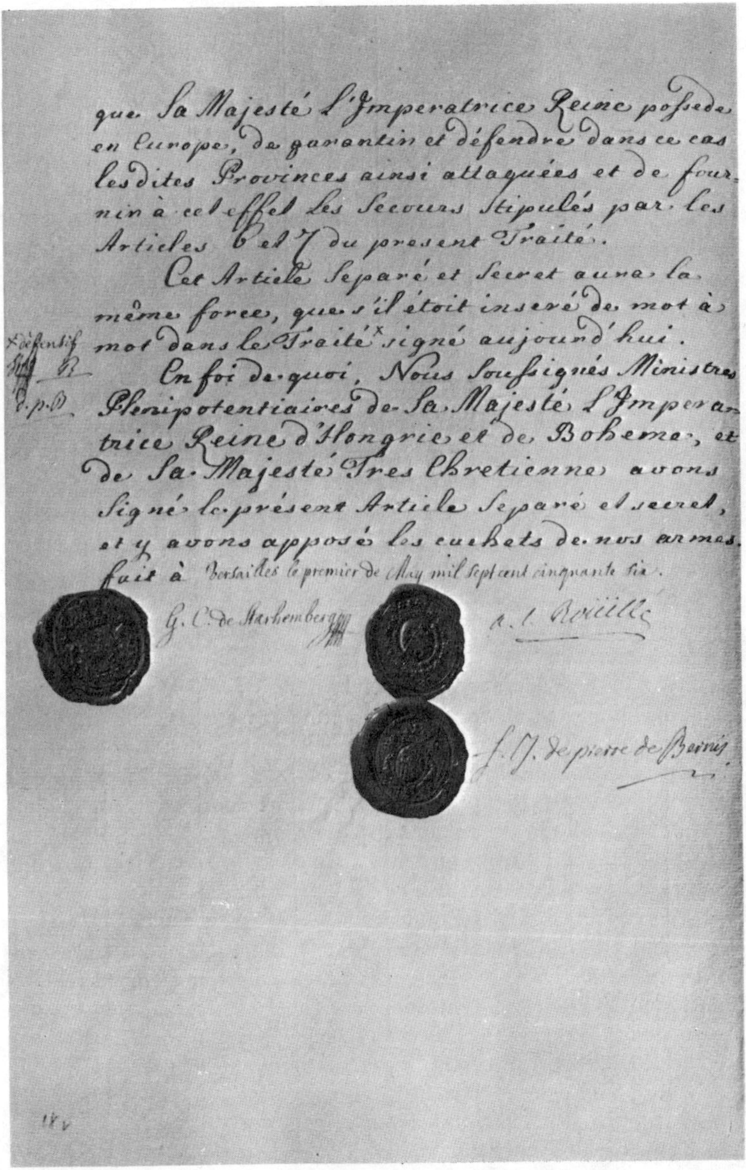

que Sa Majesté l'Imperatrice Reine possede en Europe, de garantir et défendre dans ce cas lesdites Provinces ainsi attaquées et de fournir à cet effet les Secours Stipulés par les Articles 6 et 7 du present Traité.

Cet Article Separé et Secret aura la même force, que s'il étoit inseré de mot à mot dans le Traité[x] signé aujourd'hui.

[x] défensif

En foi de quoi, Nous Soussignés Ministres Plenipotentiaires de Sa Majesté l'Imperatrice Reine d'Hongrie et de Boheme, et de Sa Majesté Tres Chretienne avons Signé le présent Article Separé et secret, et y avons apposé les cachets de nos armes. fait à Versailles le premier de May mil sept cent cinquante six.

G. C. de Starhemberg — A. L. Rouillé

F. J. de pierre de Bernis

18v

man sich geeinigt hatte, schon längst hinausgegangen. In der Tat bestand das Ziel Maria Theresias nicht in der Erhaltung des Status quo, sondern in der Wiedergewinnung Schlesiens und in einer Schwächung der preußischen Macht bis zu völliger Ungefährlichkeit. Im Lichte der späteren Ereignisse erscheint uns denn auch der Vertrag von Versailles als der Beginn jener großen antipreußischen Koalition, die Maria Theresia von St. Petersburg bis Versailles zu bilden suchte.

Die Zarin war wütend darüber, von den Engländern hinters Licht geführt worden zu sein. Ihr Zorn war so aufrichtig, daß sie sogar die Annahme der 100 000 Pfund verweigerte, die ihr als erste Zahlung geleistet werden sollten. So etwas war in Rußland noch nicht dagewesen. Sobald sie von dem Abschluß des Vertrages von Versailles erfuhr, erbot sie sich, ihrer lieben Schwester und Freundin Maria Theresia ein Korps von 80 000 Mann zur Verfügung zu stellen und gelobte obendrein, die Waffen nicht eher niederzulegen, bis Friedrich Schlesien und die Grafschaft Glatz zurückerstattet habe. Rußlands Anschluß mußte den von Polen und Sachsen zur Folge haben. Frankreichs Stimme galt in Schweden viel, ja der französische Gesandte Louis de Cardevac hatte im Senat mehr Einfluß als die Königin Ulrike, die sich bei einem ungeschickten Staatsstreichversuch kompromittiert hatte. Zudem schien für Schweden die Gelegenheit günstig, den Hafen von Stettin und die pommerschen Herzogtümer, die ihm von Friedrich Wilhelm entrissen worden waren, zurückzuerobern. Österreich seinerseits war bereit, zum Dank für die Wiedergewinnung Schlesiens an Frankreich die Gebiete von Luxemburg, Ostende und Nieuport abzutreten, während Belgien an den bourbonischen Herzog Philipp von Parma, den Schwiegersohn Ludwigs XV., fallen sollte. Auf diese Weise wäre an Frankreichs Grenze ein völlig französischer halb abhängiger Staat entstanden, ähnlich wie Lothringen unter der gemütlichen Herrschaft des Königs Stanislaus. Indessen bestand Ludwig noch fest darauf, daß er in einem Angriffskrieg gegen den König von Preußen nicht einzutreten brauche.

Es ist unmöglich zu wissen und unnütz erraten zu wollen, auf welche Weise und zu welchem Zeitpunkt diese Verhandlungen zu einem Abschluß gediehen wären, wenn nicht Friedrich mit einem jener plötzlichen und unvermuteten Entschlüsse, die das ständige Kennzeichen seiner Politik bilden, in Österreich eingebrochen wäre und so die Rolle des Angreifers auf sich genommen hätte. Mitte Juni 1756 nämlich war er von dem englischen Gesandten Andrew Mitchell über den Umschwung in Rußland und durch seine Spione über Truppenbewegungen in Livland unterrichtet worden. Er hatte auch einen Sekretär der österreichischen Gesandtschaft in Berlin und einen Beamten der sächsischen Staatskanzlei in seinem Sold. Beide berichteten mit der in solchen Fällen üblichen Übertreibung über geheimnisvolle Korrespondenzen und militärische Vorbereitungen. Am 22. Juni – es war gerade ein Kurier aus Dresden angekommen – schrieb er an seine Schwester Wilhelmine: »Der Krieg scheint mir unvermeidlich, ich habe getan, was ich konnte, um ihn zu vermeiden. Das ist mir nicht gelungen, ich lehne die Verantwortung ab, für alles, was da kommt.« Am nächsten Tage schickt er an den Feldmarschall Hans von Lehwaldt in Ostpreußen ganz genaue Instruktionen für den Fall einer russischen Invasion. Er entwirft nicht nur einen Operationsplan, sondern erteilt ihm auch in Voraussicht der Niederlage der Moskowiter Vollmacht zum Verhandeln. Wenn es sich um einen vollständigen Sieg handelt und gleichzeitig ein Erfolg des Königs über die Österreicher zu verzeichnen ist, soll der Feldmarschall die Abtretung von Westpreußen verlangen, und zwar soll Polen von Rußland dafür entschädigt werden.

Die britischen Minister sahen die Kriegslust Preußens höchst ungern. Da es ihnen mißlungen war, den Kontinent gegen Frankreich zu vereinen, befürchteten sie, im Falle eines von Friedrich eröffneten Krieges in die Kosten und Gefahren verwickelt zu werden, die sie durch die Neutralitätskonvention ja gerade hatten vermeiden wollen. Als eines Tages der englische Gesandte dem König vorstellte, daß die Wiener Gerüchte übertrieben seien und daß die Kaiserin-Königin ihn zum Angriff zu verlocken suche, geriet Friedrich in Zorn, sah ihn scharf an und sagte:

»Was sehen Sie in meinem Gesicht, mein Herr? Glauben Sie, daß meine Nase dazu gemacht ist, Nasenstüber hinzunehmen? Bei Gott, das werde ich nicht dulden!«

Als Mitchell beteuerte, sein Charakter sei allzugut bekannt, und »unter die königlichen Eigenschaften habe man nie die Geduld und die Unterwürfigkeit gerechnet«, brach Friedrich in Lachen aus und sagte, auf ein Bildnis Maria Theresias zeigend:

»Da hilft nichts mehr. Diese Dame will den Krieg, sie soll ihn bald haben.«

Fast seine ganze Umgebung – seine Brüder, seine Minister, seine Generale, mit Ausnahme von Winterfeldt – war diesem großen Wagnis abgeneigt. In einer Audienz am 21. Juli wies der alte Podewils wiederholt sehr eindringlich auf die Gefahren eines Angriffs hin. Wohl könnten die Anfänge des Krieges leicht und von Erfolg begünstigt sein, doch in seinem weiteren Verlaufe würde sich Preußen, so gut wie ohne Unterstützung, dem Ansturm dreier Mächte ausgesetzt sehen. Wäre es nicht besser, Zeit zu gewinnen, sich den Beistand der protestantischen Fürsten des Nordens zu sichern, eine Annäherung zwischen Frankreich und England zu versuchen und die Briten auf den Petersburger Hof einwirken zu lassen, wo jederzeit eine Umwälzung und ein Stimmungswechsel zu gewärtigen sei? Als Podewils geendet hatte, entließ ihn Friedrich unerschüttert mit den berühmt gewordenen Worten: »Adieu, monsieur de la timide politique!« (Auf Wiedersehen, mein Herr Zauderer in der Politik.)

Inzwischen ersuchte er, vielleicht auf den Rat Mitchells, den Wiener Hof drei Mal um Aufklärung über die Truppenansammlungen in Böhmen und über den angeblich mit Rußland zur Zerstückelung Preußens abgeschlossenen Vertrag. Dachte er noch immer daran, Österreich einzuschüchtern? Oder wollte er nur den Schein auf seine Seite bringen? Die Historiker streiten noch immer darüber, zumal der dritte Schritt Friedrichs erst einige Tage nach Ausbruch der Feindseligkeiten erfolgte. Wie dem auch sei, Maria Theresia entgegnete auf die zweite Anfrage, daß zwischen ihr und Rußland kein Offensivbündnis bestehe und daß der König von Preußen falsch unterrichtet und seine Beschuldigungen unbegründet seien. Diese Antwort traf am 25. August in Berlin ein. Am 28., um vier Uhr morgens, verließ Friedrich seine Hauptstadt. Am 29. drang er in Sachsen ein, dessen Grenze damals nur wenige Kilometer südlich von Berlin verlief.

August III., der König-Kurfürst und sein Minister Graf Brühl waren auf nichts gefaßt. Sie hatten tags zuvor gejagt und schliefen nun den Schlaf des Gerechten. Als sie erfuhren, daß die Preußen auf sämtlichen Straßen über die Grenze gegangen waren, versuchten sie mit Friedrich zu unterhandeln, wurden aber abgewiesen. Statt so schnell wie möglich Böhmen zu gewinnen, und den Österreichern unter Marschall Browne die Hand zu reichen, zog sich August III. in das in einer Elbeschleife gelegene Pirnaer Lager zurück, um dort die Ereignisse abzuwarten. Doch hatte er wenig Lebensmittel und war von den Preußen eingekreist, es gelang ihm nicht, die Blockade zu sprengen. Browne, der ein erstes Mal bei Lobositz aufgehalten worden war, hatte sich vergeblich bis auf eine Entfernung von sechs Kilometer an das Lager herangepirscht, um vom rechten Elbeufer aus einen Durchbruch zu unterstützen. Am 15. Oktober ergab sich die ganze sächsische Armee. August III. erhielt die Erlaubnis, sich nach Polen zurückzuziehen, die Soldaten wurden auf der Stelle zu preußischen Kriegsdiensten gepreßt. Fast alle desertierten bei der ersten Gelegenheit.

Der König-Kurfürst war mattgesetzt; aber die vorgerückte Jahreszeit erlaubte Friedrich nicht mehr, den Krieg nach Böhmen zu tragen. Zudem war es Maria Theresia gelungen, sich die allgemeine Entrüstung über den Angriff auf das neutrale Sachsen zunutze zu machen: Sie hatte mit Rußland die Konvention vom 2. Februar 1757, mit Frankreich den zweiten Vertrag von Versailles (1. Mai 1757) abgeschlossen. Die Zarin verpflichtete sich zur Stellung von 80 000 Mann gegen Preußen, Ludwig XV. zur Stellung von 105 000 Mann und 24 000 Mann Hilfstruppen. Endlich beschloß der Reichstag am 25. Januar 1757 den Reichskrieg gegen Preußen. Die Zerstückelung des Angreiferstaates sollte nach dem bereits angedeuteten Plan erfolgen. Kein vernünftiger Mensch hätte damals geglaubt, daß Preußen dem Zusammenwirken so vieler furchtbarer Feinde lange widerstehen könne.

Das also ist jene Neugruppierung der Mächte, derentwegen seit fast zwei Jahrhunderten so viel Tinte verschrieben, so viele wissenschaftliche Kontroversen geführt worden sind, die bis heute noch nicht ihr Ende gefunden haben. Eine törichte, aber hartnäckige Legende schreibt die Schuld oder das Verdienst an diesem geschichtlichen Ereignis der Marquise de Pompadour zu. Es genügt, sich die Begebenheiten in ihrer zeitlichen Aufeinanderfolge zu vergegenwärtigen, um sich davon zu überzeugen, daß England den Ausschlag gab, weil es allein entschlossen war, auf jeden Fall Krieg zu führen. Österreich hat durch seine Passivität und seinen schlechten Willen, die Niederlande mit Truppen zu versehen, die Verhandlungen in Hannover erleichtert. Aber wie groß auch Österreichs Wunsch sein mochte, Schlesien zurückzugewinnen, es konnte ohne Frankreich nichts unternehmen. Und es hat Frankreichs Beistand nur mit großer Mühe und nicht auf einmal erlangt. Das erste Zugeständnis wurde nach dem englisch-preußischen Neutralitätsvertrag als Folge dieses Abkommens gemacht, das zweite nach dem preußischen Einfall in Sachsen wegen eben dieser Neutralitätsverletzung. Frankreich ist mehr ein Opfer der Ereignisse als deren Urheber. Weil Ludwig XV. den Krieg »als ein Unglück« gefürchtet und den Frieden »übermäßig geliebt« hat (beide Ausdrücke stammen von Knyphausen), ist er vom Angriff Boscawens überrascht worden. Weil er zu seiner Unterschrift stand und zu einer Zeit, da ihm ein Verrat an Preußen hoch bezahlt worden wäre, mit Österreich nicht paktieren wollte, sah er sich eines Tages auf dem Kontinent isoliert und genötigt, Maria Theresias Bedingungen anzunehmen, statt ihr die seinigen zu diktieren.

Friedrich andrerseits hat man gar oft der Lüge und Perfidie geziehen. Um so mehr muß man sich über die Übereilung, die Unvorsichtigkeit und die Erfolglosigkeit seiner Schritte verwundern. Nachdem er versucht hat, zwischen Frankreich und England zu lavieren, entscheidet er sich in einem Augenblick plötzlichen Erschreckens für den Vertrag mit England. Seine Maßnahmen sind so unzweckmäßig, daß er in der Absicht, von Frankreich abzurücken, um den Krieg mit Rußland zu vermeiden, vielmehr dahin gelangt, mit Rußland und Frankreich zugleich Krieg führen zu müssen.

In keinem seiner Pläne hat er die Möglichkeit einer französisch-österreichischen Allianz angenommen, und dennoch wird diese Allianz geschlossen, und zwar durch seine Schuld. Aus Furcht vor der Einkreisung greift er Sachsen an, und sein Einfall in Sachsen ist es, der die Koalition, die ihn einkreisen wird, zusammenschmiedet.

Nach der Besetzung Dresdens läßt er mit Gewalt die Türe der Kabinettskanzlei öffnen und das Archiv ausplündern, um Beweise zu finden, daß Sachsen, Rußland und Österreich ein Komplott zur Teilung Preußens angezettelt haben. Aus den beschlagnahmten Schriftstücken ist indessen nur ersichtlich, daß Friedrich von seinen Nachbarn gehaßt wird, doch ist ein Zusammenwirken der drei Mächte nur für den Fall eines Angriffs von seiner Seite vorgesehen. Kurz, er spielt Maria Theresia in die Hand, liefert ihr das Mittel, Ludwig XV. umzustimmen, nimmt die häßliche Rolle des Angreifers auf sich, ohne aber von diesem Angriff einen militärischen Vorteil zu haben, der den Skandal aufwöge.

Die Tatsache, daß er diese Serie von Irrtümern begangen hat, wirkt so verblüffend, daß deutsche Geschichtsschreiber für Friedrichs Verhalten einen verborgenen Erklärungsgrund suchen zu müssen glaubten. Nach ihrer Auffassung wäre sein Hauptziel die Eroberung Sachsens gewesen, und er hätte nur von der verwickelten europäischen Lage profitiert, um diesem Eroberungskrieg den Anschein eines Verteidigungskrieges zu geben. Diese Hypothese ist vor mehr als einem halben Jahrhundert aufgestellt worden und hat Polemiken hervorgerufen, die heute noch fortdauern. Zur Rechtfertigung seines Helden glaubte ein anderer Biograph Friedrichs sogar erklären zu müssen, daß der Einfall in Sachsen im Jahre 1756 ebenso berechtigt und ebenso harmlos gemeint war, wie im Jahre 1914 der Einfall in Belgien.

Im übrigen ist dieser Streit gegenstandslos. Daß Friedrich Absichten auf Sachsen hatte, läßt sich nicht leugnen, da er selbst sich die Mühe genommen hat, uns davon zu unterrichten. In seinem politischen Testament von 1752 zählt er es unter die wünschenswerten Neuerwerbungen »aus dem Rechte des Passens« auf:

»Von allen Provinzen Europas«, schreibt er, »gibt es keine, die dem Staate besser zupasse käme als Sachsen, Polnisch-Preußen und Schwedisch-Pommern, weil sie ihn alle drei arrondieren. Doch wäre Sachsen am nützlichsten, denn dadurch würde die Grenze weitergerückt und Berlin gedeckt ... Sie werden ohne Zweifel denken, daß es nicht genüge, die Länder zu nennen, die uns konvenieren, sondern daß man auch die Mittel und Wege sie zu erwerben, angeben müsse. Hier sind sie: man muß seine Absicht verhehlen und verstecken, sich die Zeitumstände zunutze machen, geduldig auf die günstigen warten und, wenn sie eintreten, mit Kraft handeln. Diese Eroberung wäre leichter möglich, wenn Sachsen mit der Königin von Ungarn im Bündnis stände und diese Fürstin oder ihre Nachkommen mit Preußen brächen. Das gäbe einen Anlaß, in Sachsen einzurücken, die Truppen zu entwaffnen und sich in dem Lande festzusetzen.«

In der Tat trug sich im Jahre 1756 alles so zu, wie Friedrich es im Jahre 1752 erträumt hatte. Im übrigen ist sicher, daß der Gedanke an feindliche Koalitionen ihn ständig wie ein Alpdruck verfolgte. Im Juni 1756 war er aufrichtig überzeugt, daß er in Gefahr sei, von einer Liga, die Maria Theresia sich zu bilden bemühte, überwältigt zu werden. Doch diese Liga sollte erst später entstehen. Diese Mischung von Angst und Gier ist der seltsamste Sprengstoff, den es jemals in der Geschichte gegeben hat.

107. Friedrich der Große inmitten seiner Generale und Offiziere — *Zeichnung eines Unbekannten, nach 1750, Berlin, Kunsthandel*

In all diesen Jahren hatte Friedrich das Studium der Kriegskunst nicht vernachlässigt. Er hatte sich das Vorbild der großen Heerführer vor Augen gehalten und aus seinen eigenen Fehlern gelernt. Seine wichtigsten Schriften stammen aus diesen zehn Jahren. Unter ihnen behandeln die Instruktionen für das Heer den rein technischen Teil des Dienstes, den sogenannten kleinen Dienst. Hingegen sind die ›Generalprinzipien des Krieges und ihre Anwendung auf die Taktik und Disziplin der preußischen Truppen‹ (1748), ›Vorrede zum Auszug aus den Kommentaren des Chevalier Folard zur Geschichte des Polybios‹ (1753), ›Gedanken und allgemeine Regeln für den Krieg‹ (1755) den »größten und erhabensten« Gegenständen der Kriegswissenschaft gewidmet. Zweifellos wäre es vergeblich, darin nach einer systematischen Darstellung zu suchen. Friedrich behandelt die verschiedenen Themen, so wie sie ihm gerade in den Sinn kommen, alle mit der gleichen Sorgfalt, doch ohne eigentliche Planmäßigkeit. Es kommt vor, daß er eine Auseinandersetzung abkürzt, als fürchte er schon zuviel gesagt zu haben oder als halte er es für überflüssig, seine Gedanken einem Leser zu erklären, der sie doch nicht zu begreifen vermag. Trotzdem hat er in dem ersten und in dem letzten der genannten Werke mit bewundernswerter Klarheit und Prägnanz die völlig neuen Prinzipien des modernen Krieges aufgestellt.

Die wesentliche Idee ist, daß der Krieg nicht die Besetzung oder Verteidigung eines Territoriums bezweckt, sondern die Zerschmetterung der feindlichen Kräfte. »Ein absoluter Defensivplan taugt nichts; er zwingt dich, befestigte Lager zu beziehen; der Feind umgeht dich und, da du nicht zu kämpfen wagst, ziehst du dich zurück. Der Feind umgeht dich noch einmal, und es stellt sich alles in allem heraus, daß du durch deinen Rückzug mehr Terrain verlierst als durch den Verlust einer Schlacht, und daß deine Armee durch Desertion beträchtlicher zusammenschmelzen wird als durch die blutigste Aktion. Eine derartig eingeschränkte Defensive taugt nichts, denn in diesem Fall ist alles zu verlieren und nichts zu hoffen.« Von allen Arten, einen großen Krieg zu führen, ist jene die beste, die darin besteht, energisch die Offensive im Feindesland zu ergreifen und den Gegner zu zwingen, seine Bewegungen den deinen unterzuordnen. »Unsere Kriege müssen kurz und vif sein. Wir dürfen die Dinge nicht in die Länge ziehen. Ein Krieg von Dauer würde allmählich unsere wunderbare Disziplin zerrütten, unser Land entvölkern und unsere Hilfsquellen erschöpfen.« Aber diese militärischen Operationen sind schwierig. Die Verpflegung in fremdem Land stellt heikle Probleme. Man muß sich darauf gefaßt machen, ohne Weg und Steg durch Gegenden zu marschieren, in denen die Einwohner geflohen sind, das Vieh weggetrieben, die Ernte vernichtet oder versteckt worden ist. Was nützt es dem Heer, wenn es in seinen Karren und Proviantwagen für einen Monat Brot, Feldöfen und Handmühlen mitführt, es bleibt doch abhängig von seinen Magazinen, es sei denn, daß es ihm glückt, einen ganzen Flußlauf, den einzigen sicheren und bequemen Verkehrsweg, zu beherrschen, wie die Oder in Schlesien und die Elbe in Böhmen.

Tritt nun der Fall ein, daß man sich zur Defensive entschließen muß, so soll man ihr in jeder Beziehung den Anschein eines Offensivkrieges verleihen, sie beweglich, erfinderisch, aktiv gestalten, mit einem Wort, »auf listige Weise die Feinde in ihrem Selbstgefühl derart bestärken, daß sie sich zu Fehlern hinreißen lassen, von denen der General profitieren kann«.

Wie führt man eine Armee mit den besten Erfolgschancen in die Schlacht? Der wichtigste Grundsatz ist, daß man nicht überall die Oberhand gewinnen wollen darf, sondern nur an einer bestimmten, richtig gewählten Stelle, deren Schicksal über das der anderen entscheidet. »Wenn du deine Kräfte teilst, wirst du stückweise geschlagen werden; wenn du eine Schlacht liefern willst, sammle so viele Truppen wie möglich; es gibt keine nützlichere Verwendung für sie . . . Die kleinen Geister wollen alles bewahren, vernünftige Männer sehen nur das große Ziel . . . Wer alles bewahren will, bewahrt nichts.« Aus diesem Grundsatz leitet Friedrich einen anderen ab, der später den eigentlichen Grundsatz der napoleonischen Kriegführung bilden wird: das Zusammenspiel der Anstrengungen durch den Zusammenhang aller Kräfte. »In der Schlacht sind nur jene Anordnungen richtig, die einander gegenseitig unterstützen, so daß kein Truppenkörper allein und auf gut Glück eingesetzt werden darf, sondern ständig von anderen gestützt sein muß. In gleicher Weise muß der Krieg im großen geführt werden.«

Die Anordnungen, die Friedrich während des Winters 1756 traf, entsprachen und widersprachen zugleich diesen Ideen. Er verfügte zusammen mit den hannoveranischen und hessischen Mietstruppen Georgs II. über rund 200 000 Mann. Im Einvernehmen mit Schwerin und Winterfeldt beschloß er, den Russen und den Franzosen gegenüber nur einfache Deckungstruppen aufzustellen, um mit der Hauptmasse seiner Streitkräfte über die Österreicher herzufallen, bevor sie noch aus ihren Winterquartieren ausgerückt waren. Hierauf erst wollte er sich gegen den gefährlicheren seiner übrigen Gegner wenden. Das scheint durchaus logisch und folgerichtig gedacht. Aber als seine Truppen sich in Bewegung setzten, teilte er sie in vier getrennte Korps, von denen sich je zwei zu einer Armee vereinigten: Die erste kam unter dem Oberbefehl des Königs aus Sachsen, die zweite unter dem Oberbefehl Schwerins aus Schlesien und der Lausitz. Friedrich rückte auf dem linken Elbeufer gegen Prag vor, Schwerin durch das Isertal auf dem rechten. Sie waren bei ihrem Abmarsch durch viele Kilometer unwegsamen Landes voneinander getrennt. Ihre Vereinigung sollte fast unter den Mauern der Stadt und vor dem Feinde stattfinden. Wie stimmt solch ein waghalsiger Plan mit dem Prinzip der zusammenhängenden Kräfte überein? Nun, der Krieg beruht nicht nur auf hergebrachten Regeln, denen die Heerführer wie Schachspieler unterworfen sind. Wer die Prinzipien anwendet und geschlagen wird, hat unrecht, wer ohne sie zu beachten siegt, hat recht. In der allgemeinen Führung der Operationen blieb Friedrich sich selbst treu; in den Einzelheiten konnte er sich vor seinen Generalen, die keine besonderen Manövrierer waren und eine Art abergläubischer Scheu vor ihm empfanden, viele Unvorsichtigkeiten erlauben.

Vor allem wußten die Österreicher ihre zentrale Stellung nicht auszunützen, sie wollten alles zugleich decken und teilten ihr Heer in vier isolierte Massen. Die anrückenden Preußen trieben diese Massen vor sich her, doch geschah dies sehr langsam, und sie verloren einige Tage damit, ihre Kolonnen wieder zu formieren. Da nun die preußische Offensive von zwei verschiedenen Seiten her erfolgte, wurden die Österreicher gerade durch ihren Rückzug zusammengedrängt, so daß Prinz Karl bei seiner Ankunft vor Prag über rund 61 000 Mann in guter Ordnung verfügte, während Schwerin und Friedrich noch durch die Moldau und die Elbe voneinander getrennt waren. Aber der Prinz rührte sich nicht. Friedrich konnte fünf Kilometer flußabwärts von Prag unbehelligt über die Moldau setzen, und Schwerin ging, gleichfalls ohne beunruhigt zu werden, bei Brandeis über die Elbe.

Die Schlacht begann am 6. Mai 1757. Die Österreicher hatten sich östlich der Stadt auf einer Reihe felsiger, unfruchtbarer Anhöhen, dem Ziska-Berg, festgesetzt, die stellenweise steil abfielen, aber auf der rechten Seite flacher wurden und sich allmählich in ein aus sumpfigen Wiesen und vereinzelten Teichen bestehendes Gelände verloren, das von Dämmen durchschnitten wurde, die zum Verkehr dienten. In der damaligen Zeit wurde die Infanterie gewöhnlich in drei dünnen, sehr langen Gliedern formiert, um die Schußlinie möglichst auszudehnen. Hinter dieser ersten Linie stand eine zweite, die die Lücken der ersten ausfüllen sollte. Die Kavallerie wurde an die Flügel postiert. Bei Morgenanbruch gab Friedrich Befehl zum Angriff auf den rechten Flügel des Feindes, der durch ziemlich sanft ansteigendes Gelände erreicht werden konnte. Aber Prinz Karl merkte die Gefahr und zog diesen Flügel hinter ein sehr kupiertes Terrain zurück, und zwar so, daß seine gegen den Feind gerichtete Front einen rechten Winkel bildete. Diese Verteidigungsstellung, die von den Taktikern Hakenstellung genannt wird, ist nach Henri de Jomini schlechter als schlecht. In der Tat muß

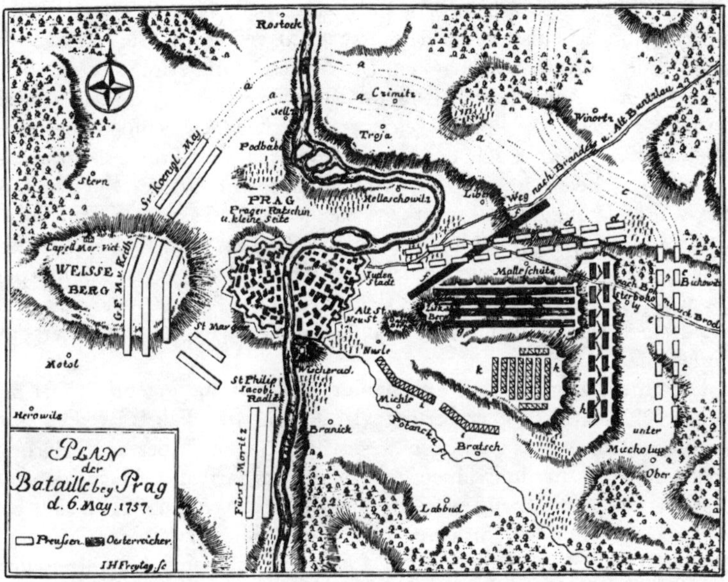

108. Plan der Schlacht bei Prag am 6. Mai 1757 Geländeübersicht mit den eingezeichneten militärischen Operationen der siegreichen Preußen

ihr äußerstes Ende ebensogut gedeckt sein wie bei einer geraden Front, und andererseits können die der Spitze des Winkels nächsten Truppen weder zurückgehen, ohne miteinander zusammenzustoßen, noch vorrücken, ohne einen immer größer werdenden Zwischenraum zwischen sich zu lassen. Indessen gewann Prinz Karl durch seine neue Stellung den Vorteil, die Preußen zu einer weiter ausholenden Angriffsbewegung zu zwingen.

Ihre erste Attacke unter Schwerin scheitert aus Mangel an Vorbereitung. Schwerin, eine Fahne schwingend, stürmt dem unschlüssigen Bataillon voran und fällt. Der zweiten von Zieten mit 65 Schwadronen geführten Attacke gelingt es, die österreichische Kavallerie zu zersprengen. Marschall Browne wird mit einem zerschmetterten Bein vom Kampfplatz getragen. Prinz Karl, der sich den Flüchtenden entgegenstellt, wird von einem Brustkrampf befallen und kann erst am Abend wieder seinen Posten einnehmen. Der österreichischen Armee fehlt es an einer einheitlichen Leitung, die Schlacht zerfällt in eine Reihe unübersichtlicher Teilgefechte, die schwierig wiederzugeben sind. Der

Erfolg Zietens reicht zum Sieg nicht aus, weil seine Reiterschar sich auflöst, um das österreichische Lager zu plündern, die Bagage zu vernichten und sich zu betrinken. Die Entscheidung erfolgt durch einen unerwarteten Angriff des bisher in Reserve gehaltenen rechten preußischen Flügels, der in das gelockerte Gefüge des Feindes energisch vorstößt. Die Regimenter des Prinzen Heinrich, des Prinzen Ferdinand von Braunschweig und des Generalleutnants von Winterfeldt verrichten wahre Wunder an Tapferkeit. Sie gehen unter dem Kartätschenfeuer wie bei einer Parade vor und schießen erst aus nächster Nähe. Der Verlust der Österreicher beträgt 16 000 Mann gegen 13 000 der Preußen, die Hälfte der Armee zieht sich nach Prag zurück, der Rest flieht nach Süden dem Marschall Daun entgegen, der mit Verstärkungen anrückt.

Die Flüchtenden blieben unbehelligt. Friedrich hat eigentlich fast nie den geschlagenen Gegner verfolgt. In den meisten Fällen, weil es ihm zu diesem Zwecke an frischen Reserven mangelte, aber auch darum, weil sein Heer aus Individuen verschiedenster Art und verschiedenster Nationalität zusammengewürfelt war. Er fürchtete mit Recht, daß bei einem eiligen und ungeordneten Nachsetzen die Disziplin der Truppeneinheiten sich lockern könnte. Dadurch wäre manchem unfreiwillig Freiwilligen die Gelegenheit zur Desertion geboten worden. Wiewohl er also des öfteren die Meinung vertreten hat, daß die Schlacht die Vernichtung des Feindes bezweckt, konnte er in der Praxis nur mit mehr oder weniger vollständiger Entmutigung und Auflösung rechnen. Er begnügte sich damit, den Herzog August Wilhelm von Braunschweig-Bevern zu beauftragen, mit einem Beobachtungskorps dem Rückzug der nicht an der Schlacht beteiligten österreichischen Heeresabteilung unter Graf Leopold von Daun zu folgen, und machte sich daran, Prag einzuschließen, da er, um es im Sturm zu nehmen, weder genug Artillerie, noch genug Mannschaft besaß. Prinz Karl hingegen war bis zum 20. Juni mit Lebensmitteln versorgt. Daun brauchte sich also mit dem Einsatz nicht zu beeilen. Er organisierte seine Truppen. Am 12. Juni ergriff er mit 54 000 Mann gegen den nur halb so starken Bevern die Offensive. Der Herzog zog sich hastig gegen Kolin zurück, gleichzeitig eilte Friedrich mit viel zu schwachen Kräften – vier Bataillonen und sechs Schwadronen – zur Hilfe herbei. Der Marsch der beiden Korps war so schlecht dirigiert, daß sie einander beinahe nicht getroffen hätten. Ihre Vereinigung fand am 14. Juni bei Kollin aus Zufall statt, die Schlacht wurde am 18. geliefert.

Friedrich wollte das Manöver von Prag genau wiederholen, nämlich mit seinem rechten Flügel angreifen und den linken zurückhalten,

›refüsieren‹. Aber er hatte es dieses Mal mit einem ausgezeichneten Feldherrn zu tun. Daun, der seine Absichten erriet, änderte die Front im Laufe der Nacht. Als er dann merkte, daß Friedrich auf seinem Vorhaben beharrte, dirigierte er in aller Stille seine Reserve und seine zweite Linie nach dem bedrohten Punkt, so daß die Preußen nicht nur auf unvorhergesehenen Widerstand stießen, sondern auch noch während ihres Flankenmarsches überraschend angegriffen wurden. Durch eine Attacke der österreichischen Kavallerie wurde die preußische Niederlage vollends besiegelt. Von 18 000 Mann Fußvolk verlor Friedrich 12 000. Die Verluste Dauns betrugen nur ein Drittel. Der König mußte nach dieser Niederlage die Belagerung von Prag aufheben und ordnete den Rückzug in zwei Heeresabteilungen an: Die eine wurde von ihm selbst, die andere von seinem Bruder August Wilhelm befehligt. Daun behielt sein Heer beisammen. Er hängte sich an Wilhelms Fersen und zwang ihn zu einer Reihe sinnloser und verlustreicher Märsche, bei denen der Prinz seinen Fuhrpark und seine Artillerie einbüßte. Die beiden Brüder trafen einander in Bautzen. Wilhelm ritt, von seinen Generalen begleitet, Friedrich entgegen, der ihn kommen sah und wortlos sein Pferd wandte. Einige Stunden später ließ er ihm durch den Generalmajor Karl Christoph von der Goltz folgende Botschaft überbringen:

»Sagen Sie meinem Bruder, daß ich ihn und alle seine Generale köpfen lassen sollte.«

In seiner Niedergeschlagenheit erbat Wilhelm die Erlaubnis, das Heer verlassen zu dürfen. Der König erwiderte ihm noch verletzender: »Sie haben durch Ihre schlechte Aufführung meine Angelegenheiten in eine verzweifelte Lage gebracht; wer mich zugrunde richtet, das sind nicht meine Feinde, sondern Ihre schlechten Maßnahmen. Meine Generale sind unentschuldbar, entweder weil sie Ihnen schlecht geraten oder weil sie Ihre schlechten Entschließungen zugelassen haben. Ihre Ohren sind nur an die Sprache der Schmeichler gewöhnt, Daun hat Ihnen nicht geschmeichelt, und Sie sehen die Folgen ... Das Unglück, das ich voraussehe, ist verursacht worden zum Teil durch Ihre Schuld. Sie und Ihre Kinder werden den Schaden mehr empfinden als ich.« Und wieder äußerte er, daß sein Bruder nur dazu tauge, einen Harem von Ehrendamen zu kommandieren.

Der Prinz war tief empört und verhielt nur mit Mühe seinen Zorn über diese verächtliche Behandlung. Doch gab er schließlich den Ratschlägen des alten Eichel nach, beherrschte sich und vergrub sich in die Einsamkeit. Krank und vergrämt überlebte er seinen Sturz nicht lange. Er starb 1758.

Ende September 1757 schien die Lage des Königs völlig hoffnungslos. Die Österreicher hatten ihn aus Böhmen herausgeworfen und bedrohten nun Schlesien. Die Russen waren über Memel in Ostpreußen eingedrungen und hatten bei Großjägersdorf den Feldmarschall Lehwaldt geschlagen. Die Franzosen unter dem Grafen Louis Charles Estrées und dem Herzog Louis François Richelieu hatten Wesel und die preußischen Gebiete am Rhein besetzt, die Weser überschritten, Emden, Hannover und Braunschweig genommen und das Heer des Herzogs August Wilhelm von Cumberland gegen die Elbemündung zurückgedrängt, wo es kapitulieren mußte. Die Schweden waren der Koalition beigetreten, in Pommern eingefallen und hatten sich des Landes bis an die Oder bemächtigt. Endlich hatte sich die um ein Hilfskorps der Franzosen vermehrte Reichsarmee zwischen Erfurt und Weimar konzentriert, um Sachsen zu entsetzen. Trotzdem wurde Preußen innerhalb drei Monaten gerettet. Es gibt in Friedrichs ganzem Leben keinen glänzenderen Feldzug. Sein durch das Unglück befeuerter Genius wirkt mit einer Kraft, unwiderstehlicher als Waffengewalt: mit der Kraft des Geistes. Durch die Wahl des Gegners, die Kombination der Manöver, die Berechnung der Märsche, die Disposition der Armeen und die völlige Beherrschung der Landkarte glückt ihm sein Meisterstück.

In seiner kritischen Lage mußte er zunächst für einen Sieg sorgen. Darum wandte er sich zuerst gegen die Reichsarmee. Das war ein Haufe von Landstreichern, armen Schluckern und entlaufenen Sträflingen unter einem Offizierskorps von Fürsten. Eines der besten Kontingente, das des Prinzen Georg von Hessen-Darmstadt, hatte weder einen Fuhrpark noch Proviant, noch irgendwelche Intendanturbeamte, außer einigen Juden, deren händlerische Findigkeit den Mangel an Vorräten beheben sollte. Die Munition bestand aus einigen Kanonenkugeln pro Geschütz und 30 Patronen pro Gewehr. Um das französische Hilfskorps war es zwar besser bestellt, aber die meisten Soldaten hatten noch nicht im Feuer gestanden. Zudem waren sie schlecht befehligt und hatten unter dem Einfluß der Kaiserlichen die Gewohnheit der Disziplinlosigkeit und des Marodierens angenommen. Der Feldmarschall des Heiligen Römischen Reiches, Prinz Joseph Friedrich von Sachsen-Hildburghausen, war eine Null, der Befehlshaber des französischen Korps, Prinz Karl von Soubise, recht unbegabt. Beim Herannahen Friedrichs waren sie zunächst zurückgewichen und hatten gute Verteidigungsstellungen im Harz bezogen. Das war das klügste, was sie tun konnten, denn es hätte genügt, den König einige Wochen lang hinzuhalten, um den Österreichern Zeit zu lassen, die Eroberung

Schlesiens zu vollenden. Später mußte der Einbruch des Winters jede weitere Operation verhindern.

»Was mich außer Rand und Band bringt«, schrieb Friedrich an seine Schwester Amalie, »ist, daß ich gar nichts tun kann. Wenn ich vorrücke, flieht der Feind; ziehe ich mich zurück, so folgt er mir, aber immer außerhalb meiner Reichweite. Wenn ich von hier aufbreche, um den stolzen Richelieu in der Gegend von Halberstadt zu stellen, wird er sich ebenso verhalten und die Feinde hier, die jetzt ruhig sind wie ein Bild von Stein, werden plötzlich zum Leben erwachen und mich in die Gegend von Magdeburg zurückdrängen. Wende ich mich aber gegen die Lausitz, dann nehmen sie mir meine Magazine in Leipzig und Torgau weg und gehen geradewegs auf Berlin los. Kurz, meine liebe Schwester, ich bin verzweifelt.«

Ein Glücksfall für ihn war, daß die Generale der Verbündeten sich erkühnten. Sie verfügten über 30 000 Deutsche und 24 000 Franzosen. Friedrich hatte nur 21 000 Mann. Die beiden Armeen sichteten einander am 4. November bei dem Dorfe Roßbach westlich der Saale. Friedrich hielt es für klüger, den Gegner, der sich auf leicht zu verteidigenden Höhen festgesetzt hatte, nicht anzugreifen und ging hinter einen

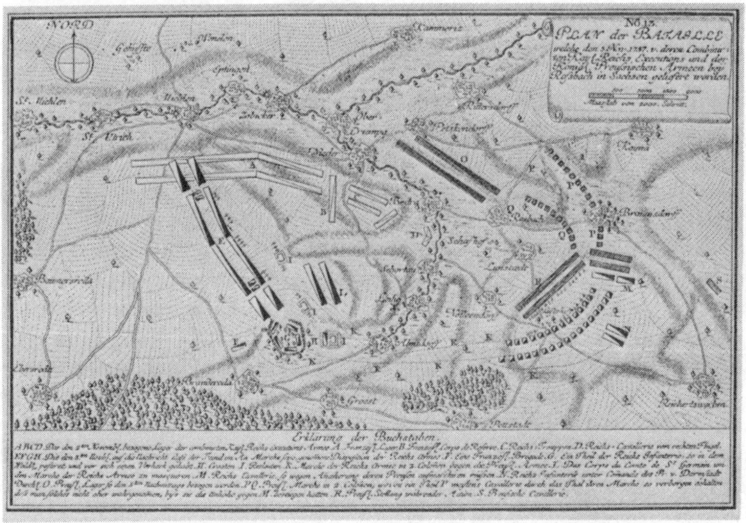

109. Plan der Schlacht bei Roßbach am 5. November 1757 Geländeübersicht mit den eingezeichneten militärischen Ausgangspositionen der Armeen

durch Sumpfgelände fließenden Bach zurück. Durch diese scheinbare Zaghaftigkeit getäuscht, glaubten die Prinzen, ihn durch eine einfache Umgehungsbewegung kampflos zum Rückzug bewegen zu können. Aber dieses Manöver wurde mit entsetzlicher Ungeschicklichkeit und tödlicher Langsamkeit ausgeführt. Einen weiten Bogen um Roßbach beschreibend, setzten sich die Kolonnen am Morgen des nächsten Tages ungedeckt, ohne Vortrab, ohne Flankenschutz in Marsch. Als Friedrich ihre Absicht durchschaut hatte, ließ er seine Truppen im Schutze der Hügel eine Parallelbewegung machen. Kurz, um viereinhalb Uhr nachmittags wurde die ›kombinierte Armee‹ zugleich an der Spitze und in der Flanke so überraschend angegriffen, daß sie nicht Zeit fand, sich in Schlachtordnung zu entfalten. Man glaubte den Feind zu umgehen und wurde selbst überflügelt. Die Kaiserlichen nahmen bei der ersten Salve Reißaus, die Wallonen und die Franzosen hielten sich tapfer, aber die Verwirrung war so groß, daß die ganze Armee in die Katastrophe mit hineingerissen wurde. In der Abenddämmerung war die Ebene von zahllosen Flüchtlingen übersät, die von den Reitern des Generalmajors Friedrich Wilhelm von Seydlitz niedergesäbelt wurden. Trotzdem verloren die Verbündeten nur 8 000 Mann, darunter 500 bis 600 Tote. Auf preußischer Seite gab es lediglich 165 Tote und 376 Verwundete; unter ihnen befanden sich Prinz Heinrich und Seydlitz. »Die Schlacht von Roßbach«, schreibt Friedrich in seinen Memoiren, »verschaffte im Grunde genommen dem König nur die Freiheit, in Schlesien neuen Gefahren entgegenzugehen. Dieser Sieg wurde nur wichtig durch den Eindruck, den er auf die Franzosen und auf die Reste des Heeres des Herzogs von Cumberland machte.« In einem Brief hat er sie auch »une bataille en douceur« genannt.

Daun und Prinz Karl waren in Schlesien eingedrungen, hatten Schweidnitz besetzt, Bevern geschlagen und Breslau genommen. Friedrich eilte der Provinz mit 14 000 Mann zu Hilfe, die er mit dem Rest der besiegten Armee verschmolz. Am 4. Dezember stand er mit 33000 Mann 70000 Österreichern gegenüber. Diese hatten sich 50 Kilometer westlich von Breslau auf einer bewaldeten Hügelkette zwischen den Dörfern Leuthen und Lissa festgesetzt. Die Schriftsteller des Jahrhundertendes haben diese Schlacht zu ihrem Lieblingsbeispiel gewählt. Es soll sich hier um die Musterschlacht Friedrichs handeln, um die Schlachtordnung, die er unter allen Umständen anzuwenden versucht und die für seinen kriegerischen Genius bezeichnend ist. Sie läßt sich, wie schon oben bemerkt, folgendermaßen definieren: auf einem Flügel angreifen, auf dem anderen den Kampf verweigern. Das

110. Das Rohr einer zehnpfündigen Haubitze *Modell dieses Geschütztyps von 1744 Ehem. Berlin, Zeughaus*

ist die sogenannte schiefe Schlachtordnung. Die Schlachten bei Prag, Kolin und Leuthen gehören in der Tat diesem Typus an. Aber wenn bei Prag der Sieg erfochten wurde, so war Kolin eine Niederlage, und selbst bei Leuthen war der Sieg nicht der schiefen Schlachtordnung, sondern der Überraschung zu verdanken. Das Wetter war neblig, die österreichische Armee wurde nicht durch Patrouillen an der ganzen Front, sondern nur durch eine große Kavallerietruppe aufgeklärt, welche die Hauptstraße überwachte und von den Preußen zersprengt wurde. Diese Episode verleitete den Prinzen Karl zu der Meinung, daß ein Angriff auf seinen rechten Flügel geplant sei, und er dirigierte seine besten Regimenter dorthin. Friedrich griff aber auf der äußersten Linken an, und zwar in staffelförmigem Aufmarsch und nach kunstvollen Schwenkungen, was in der Folge von den militärischen Schulmeistern als der Gipfel der Kriegskunst angesehen wurde. Schließlich wurde aber der Sieg durch die Kavallerie des zurückgehaltenen Flügels errungen (5. Dezember 1757). Friedrichs Verdienst bestand darin, sich an einfache Grundsätze zu halten, die er, je nach den Umständen, in verschiedener Weise anwendete. Jede der beiden Armeen hatte 6 000 Mann an Toten und Verwundeten verloren. Aber da die Österreicher mit einem Fluß im Rücken kämpften, gestaltete sich ihr Rückzug schwierig, und sie mußten dem Feinde noch 24 000 Gefangene lassen. Friedrich besetzte wieder ganz Schlesien mit Ausnahme von Schweidnitz.

Selten hat es einen glänzenderen Sieg gegeben, selten einen Sieger, der es eiliger hatte zu verhandeln. Die Kampagne endete durch ein Wunder, aber im kommenden Frühling hätte das Wunder von neuem ver-

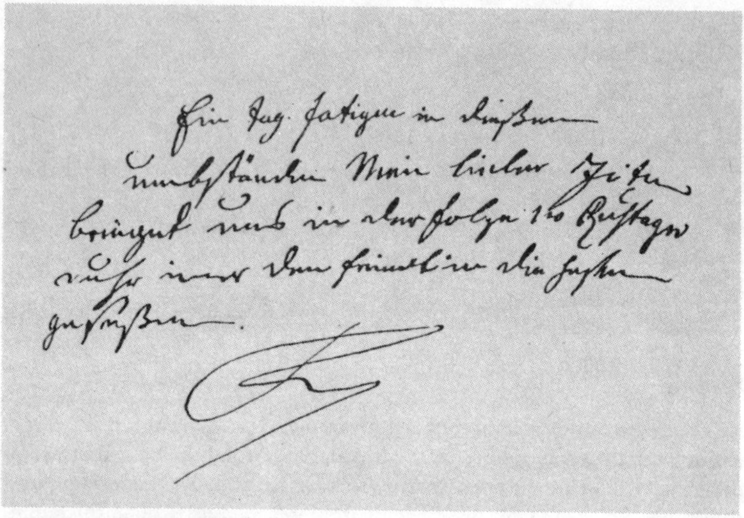

111. Befehl Friedrichs des Großen zur Verfolgung der Österreicher nach der von ihm gewonnenen Schlacht bei Leuthen am 5. Dezember 1757 Eigenhändige Nachschrift des Königs zu einem Brief an Hans Joachim von Zieten vom 9. Dezember 1757 Ehem. möglicherweise Archiv der Familie von Zieten

richtet werden müssen. Friedrich verglich sich mit einem Mann, den die Fliegen plagen: »Wenn die eine von der Backe wegfliegt, setzt sich eine andere auf die Nase, und kaum ist diese verscheucht, so läßt sich ein ganzer Schwarm auf der Stirn, den Augen, überall nieder.«

Während er gegen Soubise manövrierte, hatte ein fliegendes Korps der Österreicher unter General Graf Andreas Hadik einen Vorstoß gegen Berlin gemacht und Kriegskontribution erhoben (16. und 17. Oktober 1757). Das gab eine große Panik. Indes der Feind in die Köpenicker Vorstadt eindrang, irrten die Königin und die Prinzessinnen ratlos von einem Palast zum anderen. Lastwagen wurden beladen und wieder abgeladen, die Schmucksachen und Kassetten im Schloß zusammengetragen, um bald darauf wieder anderswohin gebracht zu werden. Endlich bestieg alles die Kutschen. Um sechs Uhr nachmittags kam der Hof im Schloß von Spandau an, das seit Jahrzehnten nicht mehr bewohnt worden war. Es gab weder Heizung noch Möbel. Auf die Bänke, die man vorfand, wurde Stroh ausgebreitet. Die Kammerfrauen saßen die ganze Nacht auf den Koffern, und niemand schloß ein Auge. In einem Saale voller Menschen hielt die Königin mit den Ministern bei einer einzigen Kerze Kriegsrat. Gräfin Sophie von Camas, die ein wenig abseits saß, war äußerst aufgeregt. Was tun? Bleiben? Abreisen? Des Königs Befehle erbitten? Auf Entsatz warten? Sofort nach Magdeburg fliehen? »Kinderchen«, sagte Frau von Camas von Zeit zu Zeit, »sprecht lauter, ich möchte mich gern von einem Wind befreien, der mich inkommodiert.« Endlich traf die Nachricht ein, Berlin werde bald frei sein. Noch am 17. Oktober, wenige Stunden nach Abzug der Österreicher, hielt Seidlitz mit der Reiterei seinen Einzug in die Stadt.

Wenn trotz diesen beiden mit fast intakten Kräften davongetragenen Siegen Preußen noch so verwundbar war, was würde ihm erst in den folgenden Jahren zustoßen? Friedrich kommt sich wie ein Seiltänzer vor, der geringste Fehltritt kann sein Verderben sein. Im Grunde ähneln alle seine Feldzüge bis zum Jahre 1762 der Kampagne von 1757. Eilmärsche bald gegen den einen, bald gegen den anderen Feind, von der Oder zur Elbe, von der Elbe an die Weser, gegen die Russen, dann gegen die Österreicher, dann gegen die Franzosen. Doch von Mal zu Mal wird Friedrich mehr geschwächt. Im Jahre 1758, während Ferdinand von Braunschweig die Franzosen am Rhein zurückdrängt, kann er noch in Mähren die Offensive ergreifen, wird aber durch den Widerstand von Olmütz aufgehalten, verliert einen Fuhrpark von etwa 3 000 mit Mehl und Munition beladenen Wagen, hebt die Belagerung auf und sieht sich, von Daun bedrängt, zu einer Reihe von Märschen und Gegenmärschen veranlaßt, die ihn erschöpfen, ohne daß für ihn dabei ein Vorteil herausspringt. Zorndorf, seine Schlacht gegen die Russen (25. August 1758), ist nichts als ein Gemetzel, und die Herbstkampagne gegen die Sachsen endet mit einer Niederlage. Er wird bei Hochkirch überrascht und geschlagen (14. Oktober 1758). Im Laufe der Schlacht werden Feldmarschall Keith, Prinz Franz von Braunschweig und Prinz Moritz von Anhalt-Dessau tödlich verwundet, doch dank der Tüchtigkeit seiner Truppen tritt der König noch einen geordneten Rückzug an.

Im Jahre 1759 Hin und Her des Prinzen Ferdinand zwischen Weser und Rhein, fast überall Scharmützelkrieg. Eine einzige große Schlacht: Kunersdorf bei Frankfurt an der Oder (12. August 1759). Friedrichs Armee wird von den Russen unter Graf Peter Saltykow und einem österreichischen Hilfskorps unter Gideon Ernst von Laudon zerschmettert. Zwei Pferde werden unter dem König zusammengeschossen, zwei Flintenkugeln treffen seinen Rock; gegen Abend versucht er, eine Fahne schwingend, mit dem Rufe: »Wer ein braver Soldat ist, der

112. *Gefangene Russen in Berlin nach der Schlacht bei Zorndorf am 25. August 1758*
Kupferstich von Daniel Chodowiecki

113. *Belagerung von Colberg durch die Russen im Oktober 1758*
Kupferstich eines Unbekannten

114. *Eingeständnis der Niederlage Friedrichs des Großen bei Kunersdorf am 12. August 1759*
Eigenhändiges Schreiben des Königs an Karl Wilhelm Graf von Finckenstein am Abend nach der Schlacht
Ehem. Berlin, Geheimes Staatsarchiv

folge mir!« seine Truppen wieder in den Kampf zu führen. Aber eine Flut von Ausreißern zieht ihn mit sich fort in den Strudel der fliehenden Regimenter. Prinz Heinrich muß, um Schlesien zu decken, Sachsen der Reichsarmee überlassen, die wieder Leipzig und Dresden einnimmt. Im November, bei abscheulichem Wetter, versucht Friedrich noch einmal, gegen Daun vorzugehen. Mangelhaft gekleidet, kümmerlich ernährt, fast ohne Feuer, stehen seine Soldaten die furchtbarsten Leiden aus. Viele erfrieren. Um den österreichischen Feldmarschall von seinen Verbindungen abzuschneiden, detachiert Friedrich ein isoliertes Korps von 15 000 Mann unter Generalmajor Friedrich August von Finck.

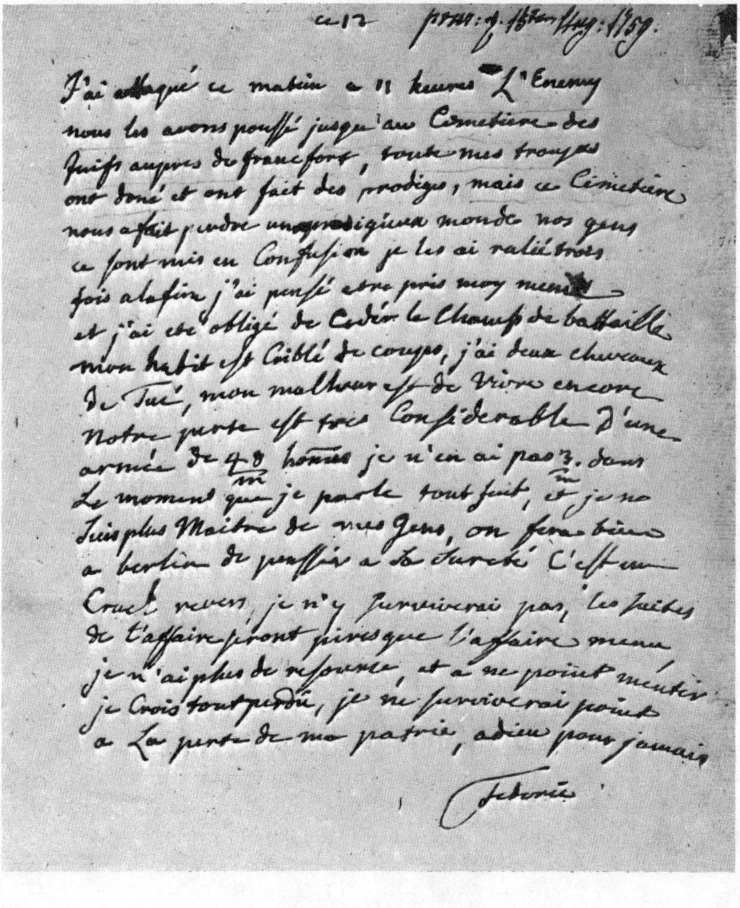
ce 12 praes: d. 13ten Aug: 1759.

J'ai attaqué ce matin a 11 heures L'Ennemy
nous les avons poussé jusqu'au Cimetiere des
Juifs aupres de francfort, toute mes troupes
ont doné et ont fait des prodiges, mais ce Cimetiere
nous a fait perdre un prodigieux monde nos gens
se sont mis en Confusion je les ai ralié trois
fois a la fin j'ai pensé etre pris moy meme
et j'ai eté obligé de Ceder le Champ de battaille
mon habit est Criblé de coups, j'ai deux chevaux
de Tué, mon malheur est de vivre encore
Notre perte est tres Considerable d'une
armée de 48 m hommes je n'en ai pas 3 m dans
Le moment que je parle tout fuit, et je ne
suis plus Maitre de mes Gens, on fera bien
a berlin de penser a sa sureté C'est un
Cruel revers, je n'y survivrai pas, les suites
de l'affaire seront pires que l'affaire meme
je n'ai plus de resource, et a ne point mentir
je Crois tout perdu, je ne survivrai point
a La perte de ma patrie, adieu pour jamais

Federic

Daun überrumpelt ihn und schließt ihn bei Maxen ein; Finck muß sich mit Waffen und Troß ergeben (21. November 1759).

Das war das schlimmste Jahr. »Ich bin ein Sträfling an der Kette!« rief der König aus. Aber er ertrug »sein Martyrium« nicht mit jener stolzen Gelassenheit und unerschütterlichen Selbstbeherrschung, die man ihm gerne zuschreibt. Zweifellos versuchte er, sich selbst darüber zu täuschen.

»Der Stoizismus entspricht der Lage, in der ich mich befinde«, sagte er. »Die Stoiker sind brave Leute, die im Unglück standhalten ... Mark Aurel ist mir Stab und Stütze.«

Doch sein ganzes Temperament bäumt sich auf gegen diese unmenschliche Starrheit. Wenn er auf Nachricht wartet, versetzt ihn das geringste Geräusch, das Kreischen einer Türe, ein Pferd, das vorbeitrabt, in eine wahnwitzige Erregung. Das Blut steigt ihm zu Kopfe, seine Hände zittern beim Öffnen der Depeschen. Er schläft nicht mehr, er windet sich »in heißen Fieberqualen«. Am Abend nach der Katastrophe von Kolin bricht er in Schluchzen aus und erklärt, er fühle sich außerstande, einen Rückzugsplan zu entwerfen. Nach Kunersdorf übergibt er das Kommando dem General Finck und verbringt zwei Tage in völliger Apathie. In der langen Einsamkeit der Winterquartiere versinkt er aus moralischer und physischer Erschöpfung in völlige Mutlosigkeit: »Mein Gott! Wie müde ich bin!« ruft er aus, »ich tauge nur noch für den Schindanger! ... War das der Mühe wert, geboren zu werden? ... Ich schmore auf kleinem Feuer ... Es ist beinahe eine Dummheit von mir, daß ich noch lebe ... Oh! um wieviel sind die Toten glücklicher als die Lebenden!« Ständig von dem Schreckbild eines völligen Zusammenbruches, »des Gnadenstoßes«, verfolgt, oft krank, blutspuckend, mit drei bis vier Schwindelanfällen am Tag, an beiden Füßen und am linken Arm von der Gicht gepeinigt, ist er nichts als ein »hinkendes Gerippe«, »ein ergrauender Alter ohne Munterkeit, ohne Feuer, ohne Einbildungskraft«, ein »Gepäckstück, das der Armee zur Last fällt«. Selbst die Politik interessiert ihn nicht mehr. Als man ihm eines Tages Briefschaften aus Konstantinopel überbringt, schickt er sie an Finckenstein: »Ich habe mich nicht herbeigelassen, sie zu lesen. Ich bin so mutlos, daß ich die Geschäfte dem Ungefähr überlasse.«

Er hat Angstträume. Er träumt, daß er in einem Zimmer liegt und schläft. Plötzlich öffnet sich die Türe. Sein Vater kommt mit sechs Soldaten herein, die sich auf ihn stürzen und ihn in Ketten legen. Man bringt ihn nach Magdeburg. »Warum tut Ihr das?« fragt er. »Weil Sie Ihren Vater nicht genug lieben!« – Ein anderes Traumgesicht: Er will der Königin die Hand küssen, und Friedrich Wilhelm treibt ihn mit Stockschlägen zurück. Die Schrecken seiner Kindheit stehen wieder vor ihm auf und rauben ihm die Ruhe. »Ich bin von all den Rückschlägen und Unglücksfällen, die mich treffen, so ermattet«, schreibt er nach der Kapitulation von Maxen an d'Argens, »daß ich mir tausendmal den Tod wünsche und täglich überdrüssiger werde, einen verbrauchten, zum Leiden verdammten Körper zu bewohnen ... Erschütterung, Kummer, Empörung und Ärger, miteinander vermischt, zerreißen mir die Seele.« Es ist nicht das erstemal, daß er an Selbstmord denkt. Seit Kriegsbeginn trägt er unter seinem Hemd, an einem Band befestigt, eine kleine goldene Büchse, die Opiumpillen enthält, »eine durchaus hinreichende Dosis für die Reise an jene düsteren Ufer, von denen man nicht mehr wiederkehrt.« Der Gedanke, seinem Leben ein Ende zu machen, verfolgt ihn. Er spricht oft, ja sogar zu oft davon; denn immer, wenn das Glück ihm entgegen ist, kann er der Verlockung nicht widerstehen, seine Charakterstärke in Literatur umzusetzen. »Wie kann ein Fürst seinen Staat, den Ruhm seines Volkes, den Ruf seines Namens überleben? ... Nein, nein, liebe Schwester, Sie denken zu groß, als daß Sie mir so feige Ratschläge geben sollten. Wird die Freiheit, dieses kostbare Vorrecht, den Herrschern des achtzehnten Jahrhunderts weniger teuer sein als einst den römischen Patriziern? Und wo steht geschrieben, daß die Fürsten und Könige sich von Brutus und Cato an großer Gesinnung übertreffen lassen würden? ... Das Leben ist es wahrhaftig nicht wert, daß man so sehr an ihm hängt ...«

Wie erstaunlich! Friedrich ist nie mehr Literat als mitten im Krieg. Freilich hat er noch andere Linderungsmittel. Beim geringsten Lichtblick stellen Fröhlichkeit und Hoffnung sich wieder ein: »Das böse Unwetter wird sich wieder einmal verziehen ... Wir werden sie tüchtig verhauen. Sie werden sehen, daß ich aus alledem weit besser herauskommen werde, als ich jemals zu hoffen wagte ...«

Während der Belagerung von Olmütz läßt er eines Abends seinen Vorleser Heinrich Alexander de Catt rufen, einen Schweizer, den er in Holland getroffen hat. Er erzählt ihm, daß er in seiner Jugend ein guter Tänzer gewesen sei und immer noch Entrechats machen könne. In der Tat vollführt er deren fünf oder sechs, nimmt de Catt bei der Hand und erteilt ihm eine Lektion im Menuettanzen.

Zu anderen Zeiten wird er wütend und rächt sich an den Dingen. Er läßt das Landhaus Augusts III. verwüsten, eine Vorstadt von Dresden einäschern, das Schloß des Grafen Brühl plündern. An solchen Tagen nennt er seine Feinde Brandstifter, Barbaren, Mörder, Räuber, Wucherer, seine Armee einen Haufen von Kanaillen, seine Offiziere

115. Die Trümmer der Kreuzkirche in Dresden nach der Beschießung durch preußische Truppen im Jahr 1760

Gemälde von Bernardo Belotto, um 1761
Dresden, Staatliche Kunstsammlungen

Schwächlinge, gerade gut genug, Eseleien auf Eseleien anzustellen. Nach der Einnahme von Schweidnitz war er mit seinem Genieoberst Johann Friedrich von Balbi so zufrieden, daß er ihm eine Epistel widmete, die also begann:

»Recevez, mon cher Balbichon, / Ces vers de ma Muse charmée.« (Empfangen Sie, mein lieber Balbichon, / diese Verse meiner entzückten Muse.)

Als aber der liebe Balbichon zur festgesetzten Stunde Olmütz nicht einnimmt, wird er von einem Tag auf den anderen ein unfähiger verdammter Ingenieur, ein Schandkerl. »Er ist nicht eine Pfeife Tabak wert . . . er hat mich in die Patsche gebracht . . . er hat die Laufgräben à la Pantagruel eröffnet . . . Statt einer Bürgerkrone werde ich ihm eine Eselskappe schicken, und wenn es mich die Ohren meines besten Maultieres kosten sollte!« Am nächsten Tage überschüttet er den Unglücklichen eine geschlagene Stunde lang mit allen erdenklichen Grobheiten.

Aber seine liebsten Arzneien sind, genau wie in glücklichen Tagen, die Dichtungen, das Spiel der Ideen, das Gespräch, die Musik. Weihnachten 1757 beruft er d'Argens nach Breslau. Der Marquis kommt mit einem Koffer voller Pillen, in Pelze gehüllt, mit Wärmflaschen unter den Füßen und vielen Vorkehrungen gegen die Zugluft. Sie verbringen drei Monate miteinander, soupieren, schreiben, diskutieren. In den anderen Jahren begnügte sich der König mit der Gesellschaft von de Catt. Er läßt ihn beinahe alle Tage – selbst während des Feldzugs, wenn nicht marschiert wird – gegen fünf Uhr kommen und behält ihn ein bis zwei Stunden, manchmal länger bei sich. Er spielt ihm Flöte vor, spricht ihm von seiner Jugend, von seinen Schlössern, von seinen Büchern, von seinen Freunden, vor allem von Voltaire. Oder er deklamiert Tragödien: ›Andromaque‹, ›Phèdre‹, ›Britannicus‹, ›Mithridate‹, ›Athalie‹. Er kann ganze Szenen auswendig hersagen. Nach jedem Aktschluß nimmt er eine Prise Tabak, auch unterbricht er sich ab und zu, um auf die Schönheit eines Verses aufmerksam zu machen:

»Welche Kunst bei Racine! Wie versteht er es, im Anfang mit wenig Worten den Gegenstand des Stückes anzudeuten! Welch bezaubernde Wendungen! Wie schön ist seine Ausdrucksweise! Wie wahr und lebendig seine Schilderungen!«

Manchmal kommen ihm beim Vorlesen pathetischer Stellen die Tränen: »Ich kann nicht weiter. Dieser Racine zerreißt mir das Herz!«

Die neueren Schriftsteller liebte er nicht. »Ihre Verse und ihre Dialoge reichen an diejenigen Racines nicht heran.« Immerhin ließ er sich eines Tages herbei, die ›Iphigénie‹ von Herrn de la Touche zu lesen. Als er an die Stelle kam:

»... Qu'avec étonnement il apprenne d'un roi / Jusqu'où de l'amitié s'étend l'auguste loi.« (... daß er staunend erfahre aus eines Königs Mund, / wie weit der Freundschaft erhabenes Gesetz reicht.)

brach er in die Worte aus: »Herr de la Touche, Herr de la Touche, trauen Sie diesen Kerls nicht!« Und von dem Buche war nicht mehr die Rede.

Denn in seinen eigenen Augen war er ein racinscher Held geblieben. Er sah sein Leben und Handeln wie das jener Tragödienfürsten an. Nach der Niederlage bei Hochkirch empfängt er de Catt mit den Versen aus ›Mithridate‹:

»Enfin après un an tu me revois, Arbate, / Qui, de ›Vienne‹ toujour balançant le destin, / Tenait entre elle et moi l'univers incertain. / Je suis vaincu. ›Daunus‹ a saisi l'avantage ...« (Endlich nach einem Jahr siehst du mich wieder Arbates, / mich, der das Schicksal

Wiens stets in schwanker Schwebe haltend, / die Welt zwischen jenem und mir im ungewissen ließ. / Ich bin besiegt. Daun ergriff den Vorteil . . .)

In jeder seiner Krisen fühlt Friedrich instinkthaft, daß das Übel, das ihn befallen hat, viel zu groß ist, als daß er ihm offen die Stirn bieten könnte. Weit davon entfernt, seinem Schmerz mit Vernunft beikommen zu wollen, versucht er zunächst, »ihn zu betäuben«. In solchen Zeiten stürzt er sich mit aller Macht ins Lesen und ins Arbeiten, denn »nichts ist so lindernd wie starker Fleiß«. So liest er ohne anzuhalten die 16 Bände der Weltgeschichte von Jacques-Auguste de Thou durch, mit der er »sehr zufrieden« ist, oder die 36 Bände der Kirchengeschichte von Claude Fleury. Er schreibt lange Briefe an seine Schwester in Bayreuth und an d'Argens, »mehr um sich zu erleichtern, als um sie zu unterhalten«. Aber von allen Betäubungsmitteln ist die Poesie das wirkungsvollste. Wenn er reimt, vergißt er alles, und das Vergessen »erfrischt ihm den Kopf«. Der Prinzessin Amalie erklärte er: »Oft möchte ich mich betrinken, um meinen Kummer zu ersäufen, aber da ich doch nicht trinken kann, zerstreut mich nichts so sehr, als das Verseschmieden, und solange diese Ablenkung dauert, fühle ich mein Unglück nicht.«

Daher also »jene Sintflut von Versen, die jeden seiner Feldzüge überschwemmt«. Er schickt sie an seine Verwandten, an seine Freunde, an seine Generäle, sogar an Voltaire. Dazwischen verfaßt er ein Reimlexikon und schreibt Pamphlete gegen Kaunitz, Daun, den Papst und Frau von Pompadour. Er fordert de Catt auf, es ihm gleichzutun.

»Nötigenfalls werde ich Ihre Fehler verbessern und Sie die Arbeit so oft noch einmal machen lassen, bis sie gut ist. So hat es Voltaire mit mir gehalten, ich werde Ihr Voltaire sein. Sagen Sie, finden Sie an meinen Versen nicht etwas von der Leichtigkeit Racines?«

Im Jahre 1757 war – zehn Tage nach Kolin – die Königinmutter gestorben; Wilhelmine starb im darauffolgenden Jahre am Tage der Schlacht bei Hochkirch. Mit ihnen gingen die beiden Menschen dahin, die Friedrich am meisten geliebt hatte. Beim Tode der Markgräfin geriet er in einen Zustand tiefer Verzweiflung. Jedesmal, wenn er ihren Namen aussprach, traten ihm die Tränen in die Augen. Wochenlang klagte er, daß er kein Wort mehr schreiben könne, dann fand er seine Beruhigung darin, berühmte Leichenreden auswendig zu lernen und sie vor de Catt aufzusagen. Etliche Wochen später bediente er sich dieser neuerworbenen Kenntnisse zur Verfassung einer Parodie: ›Lobrede auf den Schustermeister Jakob Mathias Reinhart‹ (1759) und da er auch ›Le Petit Carême‹ von Massillon gelesen hatte, verfertigte er obendrein eine Predigt über das Jüngste Gericht, die er sorgfältig auf Blätter mit schwarzem Trauerrand abschrieb. Als damals in Frankreich eine Ausgabe seiner poetischen Werke erschien, ließ er in Berlin eine zweite und dann eine dritte Auflage drucken, in der er mehrere satirische Stellen entfernt oder gemildert hatte. Auch fügte er, um das protestantische Publikum zu gewinnen, einige in Stanzen gebrachte Weisheitslehren aus dem ›Prediger Salomo‹ hinzu.

Sobald es ihm gelungen ist, sein Leiden durch die gewohnten Beruhigungsmittel einzulullen, wendet er sich der höheren Betrachtung zu und schöpft aus ihr Kraft. Unter allen philosophischen Lehren, mit denen er sich befaßt hat, gibt es eine, der er sein Leben lang treugeblieben ist: die Lehre, die wir heute den Determinismus nennen. Sie hat ihn in Küstrin aufgerichtet, indem sie ihn seinem Sterne vertrauen ließ. Sie hält ihn auch jetzt unter den Schlägen des Unglücks durch die Überzeugung aufrecht, daß nichts ihn dem Zwange seines Standes entziehen kann. In dieser Welt, »die vom Schicksal nach seinem Belieben gelenkt wird«, »in der die Politiker und die Krieger nichts sind als von einer unsichtbaren Hand bewegte Marionetten«, muß alles, was geschieht, geschehen. »Vom Glück Beständigkeit verlangen heißt wollen, daß ein Hund Fischschuppen habe ... Das Glück muß flatterhaft sein, ein Schmetterling muß Flügel haben, und unser Geschick muß ein Gemisch sein aus angenehmen und ärgerlichen Dingen.« Vor allem müssen die Könige ihren königlichen Beruf ausüben. »Mein Körper ist verbraucht, mein Geist schwindet dahin, meine Kräfte verlassen mich. Allein die Ehre spricht, sie macht, daß ich denke und handle.« Das Leben, das zu kurz ist für unnützes Grübeln, ist auch zu kurz für langes Leid. »Murren oder Klagen heißt, den Weltgesetzen widersprechen ... Wer dem Unglück nicht standhalten kann, ist unwürdig des Glücks.« Er muß als König denken, leben und sterben.

Am Tage, da er sein Leid überwunden hat, steht er aufrecht da, schafft Ordnung in seinem Heer, steckt sich hinter tausend Intrigen, um Frieden zu erlangen oder Diversionen anzustiften. Er spricht nur noch davon, »zu siegen oder zu sterben«, »sich mit seinem Gesindel totschlagen zu lassen«. »Alle Lauheit ist jetzt unzeitgemäß! ... Ich muß mich, ob ich will oder nicht, in große Wagnisse stürzen. Es geht ums Ganze ... Verzweifelten Übeln hilft man mit verzweifelten Mitteln ab ...«

In der Tat war Friedrich viel zu erschöpft, um noch Großes zu begehren. Er war mit dem neuen französischen Minister, dem Herzog Etienne François Choiseul, in Fühlung getreten, und zwar auf dem

Umweg über Voltaire, der, zwischen seinen erlauchten Freunden den Mittelsmann machend, den Inhalt der Briefe des einen jeweils dem anderen mitteilte. Man tauschte gegenseitig perfide Komplimente, anzügliche Tröstungen, Bosheiten und Epigramme aus, streifte aber auch die ernsten Angelegenheiten. Um mit Choiseul anzuknüpfen, bediente sich Friedrich auch eines Malteser Komturs. Endlich kam es im Haag, wo sich Gesandte aller kriegführenden Mächte befanden, zu Unterhandlungen, die mehrere Monate währten. Aber England, das die Zerschmetterung Frankreichs wünschte, wollte von einem Kompromiß nichts wissen. Es mußte weitergekämpft werden. Friedrich siegte zwei Mal, das erste Mal über Laudon in Schlesien bei Liegnitz (15. August 1760), das zweite Mal über Daun in Sachsen bei Torgau (3. November 1760). Doch zu Beginn dieses Feldzugs war Fouqué mit 12 000 Mann einer Übermacht bei Landeshut in die Falle gegangen (28. Juni 1760). Daun behielt Dresden, und im Oktober machten Russen, Österreicher und Sachsen wieder einen Vorstoß nach Berlin. Sie besetzten vier Tage lang die Stadt, erhoben eine Kriegskontribution von 1 700 000 Talern, befreiten die Kriegsgefangenen, zerstörten die Geschützgießerei und die Pulvermühle, leerten das Zeughaus, plünderten Charlottenburg, aber verschonten respektvoll die Schlösser von Potsdam.

Während des ganzen Jahres 1761 manövrierte der König, um den Feind aufzuhalten, ohne eine Schlacht zu liefern, die ihm den Garaus hätte machen können. Es glückte ihm, sich beinahe ohne Schlacht bis zur kalten Jahreszeit durchzuhelfen, aber er verlor doch die beiden großen Festungen Schweidnitz und Kolberg. Eigentlich hätte er längst durch die Übermacht erdrückt sein müssen. Er hielt sich nur durch die »göttliche Eselei« seiner Feinde, die es nicht verstanden, ihre Operationen zu koordinieren. Wären sie gleichzeitig vorgegangen, »so hätten Sie nur noch meine Grabschrift zu verfassen«, äußerte er zu d'Argens. Die Russen und die Österreicher vertrugen sich nicht, die große Entfernung erschwerte die Ausarbeitung eines gemeinsamen Planes noch mehr. Was die Franzosen betrifft, so haben sie während dieser sieben Jahre nur minderwertige Generäle und sind in der Kriegführung ständig durch innere Wirren gehemmt. Friedrich, von d'Argens trefflich auf dem laufenden gehalten, weiß genau, daß die Schriftsteller und Philosophen durch ihre Bearbeitung der öffentlichen Meinung seine Sache populär gemacht haben; er gilt als der Heros der Freiheit. Und dann befinden sich die Parlamente in offenem Aufruhr gegen die Krone. Während es den Armeen aus Mangel an Geld am Nötigsten fehlt, predigen die Magistrate den Steuerstreik. Infolge der Rebellion

116. Die Friedenshoffnungen im Jahr 1761: Vertreter der europäischen Mächte bei einem Ritterturnier
Anonym erschienenes Flugblatt

der Richter folgen im Laufe von sieben Jahren acht Generalkontrolleure aufeinander. »Verweigert dem König von Frankreich Euer Geld«, schreibt Friedrich an Voltaire, »und er wird wohl oder übel Frieden schließen müssen«. (26. März 1760.)

Und wie steht es um seinen eigenen Staat? Die westfälischen Herzogtümer, Ostpreußen, beinahe ganz Pommern und ein Teil Schlesiens sind vom Feinde besetzt. Seitdem er das Bündnis mit England inniger gestaltet hat (11. April 1758), lebt er zum Teil von den Hilfsgeldern Londons, im übrigen saugt er Sachsen aus. Als er dort eindrang, war es Deutschlands reichste Provinz. Wenn er es verläßt, wird es leer, ausgeblutet, beinahe der Hungersnot preisgegeben sein. Dabei lebt er in steter Erwartung des Verhängnisses. Sein Heer ist zusammengeschmolzen, von Winter zu Winter wird die Rekrutierung schwieriger. Gewiß findet er Soldaten in Mecklenburg, in Thüringen, sogar in Sachsen. Aber was für Soldaten? »Ein Kehricht von Spitzbuben, Dieben, Schuhputzern und Schornsteinfegern«, die nicht zum Kampf taugen.

Bei Kunersdorf haben sie Reißaus genommen, mit größter Mühe ist es ihm gelungen, von 40 000 Mann 3 000 zurückzuhalten und mit ihnen einen geordneten Rückzug anzutreten. Was hat er noch? Überläufer und Kriegsgefangene, die man mit Gewalt zum Dienst gepreßt hat. Im Jahre 1759 haben sie in Berlin ein Komplott angezettelt, um die Stadt in Brand zu stecken, es mußten 300 von ihnen verhaftet werden. 120 seiner Generäle sind gefallen, 14 in Österreich gefangen.

In seiner Umgebung beginnt man zu murren. Hätte er nicht das Bündnis mit Frankreich gebrochen und Sachsen angegriffen, so wäre der Staat jetzt nicht am Rande des Abgrundes. Man wirft ihm seinen Stolz, seinen Eigensinn, seine Tollkühnheit, seine Unbesonnenheit, seine Launen vor. Mit seinem Bruder Heinrich hat er sich sehr gezankt. Hat man ihm vielleicht des Prinzen böse Reden hinterbracht, der Friedrich bezichtigte, das Menschenblut zu lieben wie die Tiger das rohe Fleisch? Und dann sein Bruder August Wilhelm: Noch auf seinem Totenbett hat er ihn und Winterfeldt verflucht. Friedrich hat auf die Türken gerechnet, hat in Konstantinopel intrigiert, um sie auf die Österreicher zu hetzen. Nichts rührt sich. Und trotz aller Wirren in Frankreich »bringt ein großes Reich immer noch die Kosten eines Feldzuges auf«. Was tun? Die ganze Armee zu einer einzigen Masse zusammenballen und eine Schlacht herbeiführen? Das sei eine Verzweiflungstat? Vielleicht. »Ist es nicht gleich, ob man en detail oder en masse zugrunde geht?« Seine gewöhnlichen Heilmittel wirken nicht mehr. »Ich fühle mich nicht wohl«, sagt er eines Tages zu de Catt, »aber wie soll ich mich bei dem unseligen Gedanken, daß ich früher oder später unterliegen muß, wohl fühlen?« Und an den Marquis schreibt er: »Mit einem Wort, mein Lieber, die ganze Butike geht zum Teufel!«

Zwei Finger breit vom Abgrund wurden Friedrich und Preußen durch den Abfall Rußlands gerettet. Die Zarin, vom Leben erschöpft, starb am 5. Januar 1762. Ihr Neffe, der Herzog von Holstein-Gottorp, der als Peter III. den russischen Thron bestieg, war ein Schwachsinniger. Er spielte mit Puppen, betrank sich mit seinen Lakaien und widmete einen guten Teil seiner Zeit der Aufgabe, mit einer Armee von Wachssoldaten zu exerzieren. Eines Tages traf ihn seine Gemahlin, Katharina von Anhalt-Zerbst, dabei an, wie er eine große Ratte henkte. Auf ihre Frage, was diese Exekution zu bedeuten habe, erwiderte er, daß die Ratte nach Kriegsrecht die Todesstrafe verdiene, weil sie über die Mauer der Pappefestung geklettert sei und eine Schildwache umgeworfen habe. Zu seinen Hauptvergnügungen gehörten Liebschaften mit buckligen und einäugigen Weibern, Hundedressur und der Drill seiner holsteinischen Garde nach preußischem Vorbild. Auch warf er sich häufig insgeheim in preußische Generalsuniform und schickte mit Hilfe eines verräterischen Sekretärs die Feldzugspläne, die der Wiener Hof dem Petersburger mitteilte, nach Berlin. Am Tage seiner Thronbesteigung befahl er seiner Armee, die Kampfhandlungen einzustellen und ließ die Röcke seiner Infanterie kürzen, um sie denjenigen der preußischen Infanterie anzugleichen.

Friedrich beeilte sich, an Peter III. einen Gesandten, den Freiherrn Bernhard Wilhelm von der Goltz, abzusenden, den er bei dieser Gelegenheit zum Obersten, Flügeladjutanten und Kammerherrn ernannte. Goltz war bevollmächtigt, bis zum Abschluß des allgemeinen Friedens Ostpreußen preiszugeben, nötigenfalls auch endgültig gegen eine Entschädigung. Er fand einen Zaren vor, der nur auf Friedrich, seinen alten Freund, schwor und Pommern, Königsberg, Preußen, kurz alles, was er besetzt hatte, zurückgab (5. Mai 1762). Peter tat noch mehr: Er schloß mit Friedrich ein Angriffsbündnis zur Rückeroberung Schlesiens (9. Juni). »Wenn der König es mir befiehlt«, sagte er, »werde ich mit meinem ganzen Reich den Krieg auch gegen die Hölle führen.« Friedrich konnte an so viel Glück kaum glauben. Er schickte an Peter überschwengliche Dankbriefe: »Wir sind in höchster Not«, schrieb er, »ich könnte an meiner Lage verzweifeln, aber ich habe einen treuen Freund gefunden ... Wenn ich Heide wäre, hätte ich Eurer kaiserlichen Majestät Tempel und Altäre errichtet wie einer Gottheit ... Was mich betrifft, so gehören mein Leib, meine Seele, mein Herz Ihnen ...« In allen seinen Briefen wiederholt er dieselben Worte: »Der Zar ist ein göttlicher Mann.«

Und schon gaukelt ihm seine Phantasie glänzende Bilder künftiger Rache vor. Er sieht in seinem Geiste Ungarn von den Tataren überschwemmt und die Türken auf Budapest marschierend. »Süße Rache ersteht von neuem in meiner Seele und, Hoffnungsgefühle, deren ich mich seit sechs Jahren ganz entwöhnt hatte, lindern meine Sorgen ... Ich werde für die Königin von Ungarn eine Messe lesen und ihr ›De Profundis‹ singen lassen ...« Doch diese Träume waren nur ein kurzes Strohfeuer. Katharina stürzte mit Hilfe des Heeres ihren närrischen Gemahl und proklamierte sich selbst als Kaiserin (9. Juli 1762). »Der Friede, den ich mit Rußland geschlossen habe, wird weiter bestehen, aber das Bündnis ist dahin. Die Truppen kehren nach Rußland zurück, und ich bin wieder auf mich allein gestellt ... Ich bin der Spielball der Fortuna, sie macht sich über mich lustig ... Mein Herz ist bedrückt, meine Verlegenheit ist riesengroß, was tun?« Indessen brachte der Abfall Rußlands den Austritt Schwedens (Vertrag vom 22. Mai 1762) mit sich und erschütterte die Koalition.

Das englische Volk hatte es eilig, die Früchte des Sieges zu genießen. Als Sieger auf dem Meer und in den Kolonien fragte es wenig nach Friedrich und seinem Schlesien. Die Beziehungen zwischen den beiden Hauptstädten waren außer zur Zeit William Pitts nie sehr herzlich gewesen. Im Grunde ihrer Seelen hielten die Minister Seiner Britischen Majestät den König von Preußen für einen fürstlichen Söldnerführer, für einen jener Truppenunternehmer, wie sie Deutschland schon in großer Zahl hervorgebracht hatte. Immer wieder schimmerte die Geringschätzung durch. Als der Gesandte Mitchell dem König den Verlust von Port-Mahon mitteilte, setzte er hinzu: »Das ist eine traurige Nachricht, die uns aber keineswegs entmutigt. Wir beschleunigen unsere neuen Rüstungen, und alles läßt uns hoffen, daß wir mit Gottes Hilfe diese Schlappe durch schnelle Erfolge wiedergutmachen werden.«

»Mit Gottes Hilfe?« verwunderte sich Friedrich. »Ich wußte nicht, daß Gott zu Ihren Bundesgenossen gehört.«

»Und doch, Sire, ist er der einzige, der uns nichts kostet.«

Auf diese Anspielung auf die Subsidien, die er erhielt, antwortete Friedrich im gleichen Ton: »Da sehen Sie nun, was er für Ihr Geld leistet.«

So spricht man nicht unter Freunden.

Spanien war an der Seite Frankreichs in den Krieg eingetreten, und eine französisch-spanische Armee war in Portugal eingedrungen. Die Engländer wiederum hatten die Antillen, die Inseln des Rohrzuckers, zu erobern begonnen. Der Krieg schien also an Ausdehnung zu gewinnen, und je mehr er sich ausdehnte, desto schwieriger war er zu beenden. Ohne den Interessen und Wünschen Preußens die geringste Beachtung zu schenken, leiteten der neue König Georg III. (seit 25. Oktober 1760) und sein Minister John Bute mit Frankreich direkte Verhandlungen ein. Während des ganzen Jahres 1762 fluchte Friedrich, der von ihnen ausgeschlossen war, auf Bute so, wie einstmals auf Fleury. Ein Wirrkopf von einem Minister, ein untauglicher Politiker, unschickliche Reden, ein Mann ohne Manieren, ohne Methode und ohne Höflichkeit, würdeloses Imstichelassen, niederträchtiger Schandbube – so ungefähr lautete Friedrichs Anklage- und Schimpfvokabular. Er unterhielt in London zwei Gesandte, denen er auftrug, Bute, durch welches Mittel immer, zu stürzen. »Sie werden keine Gelegenheit versäumen, im Volke unter der Hand gegen ihn zu hetzen und ihm Feindschaften zuzuziehen. Sie werden die Verfasser von Schmähschriften unterstützen ...« Doch alle Bemühungen waren vergeblich. Die Präliminarien zwischen Frankreich und England wurden im November 1762 in Fontainebleau, der definitive Frieden in Paris am 10. Februar 1763 unterzeichnet. Nun konnte auch der Krieg in Deutschland nicht weitergehen. Katharinas Vermittlung wurde angenommen. Die Verhandlungen wurden in den letzten Tagen des Jahres 1762 in Hubertusburg, einem kleinen Schloß bei Leipzig, eröffnet. Zu einer Einigung gelangte man am 31. Januar, die Friedensurkunden wurden am 15. Februar 1763 unterzeichnet. Alles blieb beim alten, das heißt bei dem Besitzstand des Jahres 1756. Preußen behielt Schlesien. Österreich hatte sich sieben Jahre lang umsonst geschlagen.

Friedrich spielte den völlig Gelassenen: »Wenn der Staat eine Provinz

117. Die Friedensverhandlungen zwischen Friedrich dem Großen, Maria Theresia und August III. zu Hubertusburg 1762/63 Kupferstich von Johann David Schleuen

mehr erworben hätte, so wäre das zweifellos ein Vorteil gewesen; aber da dieses nicht von mir, sondern vom Glück abhing, stört dieser Gedanke meine Ruhe nicht im mindesten. Wenn es mir gelingt, die Wunden, die uns der Krieg geschlagen hat, wieder zu heilen, so werde ich zu etwas gut gewesen sein. Darauf beschränkt sich mein Ehrgeiz.«

Dennoch fühlte er sich durch das Verhalten, die »Perfidien« Englands in seinem Stolze tief verletzt. »In sieben bis acht Jahren werden uns die Franzosen rächen«, hoffte er. Durch welche »lange, harte, grausame, ja barbarische Schule der Geduld« war er gegangen! Wie viele Tote rings um ihn! Seine Mutter, seine Lieblingsschwester, seine besten Generäle, Schwerin, der Gefährte seiner ersten Eroberungen, Winterfeldt der Kühne, Keith, der treueste und edelste seiner Freunde, und so viele andere noch ... Und wieviel Verwüstung, wie viele blutende Wunden! Sein Weg führt zwischen Trümmern und Gräbern dahin. Zuweilen steigt in ihm der Ekel auf: »Politische Albernheiten, Albernheiten des Ehrgeizes, Albernheiten des Interesses – all das dürfte die Seele nicht bewegen ...« Aber im nächsten Augenblick ist er wieder ganz König und »für den Ruhm empfänglich«. Und doch war er des Daseins überdrüssig. Als jemand ihm sagte, der Friedenstag sei wohl der schönste Tag seines Lebens, erwiderte er lakonisch: »Der schönste Tag des Lebens ist der, an dem man es verläßt.«

FRIEDRICH ALS KRÄMER UND EROBERER

»Ich bin an Rückschläge und Widerwärtigkeiten so gewöhnt und werde den Ereignissen gegenüber so gleichgültig, daß die Dinge, die mir früher einen Eindruck gemacht hatten, jetzt von meinem Geiste abgleiten ... Meine Seele löst sich allmählich ab vom Bilde dieser vergehenden Welt, die ich bald verlassen werde ... Die Empfindungsfähigkeit meiner Seele ist erschöpft.«

Friedrich kam gealtert, runzlig, weiß geworden und »infolge der Gicht ein halber Krüppel« nach Berlin zurück. Er hatte seine Hauptstadt sechs Jahre lang nicht gesehen und hatte das erschreckende Gefühl, nur noch die Mauern wiederzuerkennen. Am 30. März, dem für seinen Einzug bestimmten Tage, besuchte er das Schlachtfeld von Kunersdorf und verweilte dann länger auf seinem Wege, weil er die Klagen der Landräte anhörte, die ihm das Elend der Bauern beweglich schilderten. So kam er in Berlin erst um halb neun Uhr abends an. Die ganze Stadt war seit dem Morgen auf den Beinen. Die Bürgerkompanien waren schon am frühen Vormittag mit ihren Gewehren in den Straßen zum Spalier aufmarschiert. Schaulustige lehnten aus den Fenstern oder zogen mit Fackeln durch die Stadt. Am Frankfurter Tor nahm der König die Glückwünsche des Magistrats entgegen, doch bestieg er nicht die für ihn bereitgestellte Prunkkarosse, sondern blieb in seinem alten Reisewagen. Der Kutscher knallte mit der Peitsche, bog unvermutet in eine kleine Seitenstraße ein und fuhr auf einem dunklen unbelebten Umweg zum Schloß. Dort wartete der Hofstaat in großer Gala. Der König umarmte seine Brüder Heinrich und Ferdinand und den Prinzen Ferdinand von Braunschweig. Er begrüßte die Botschafter und dankte dem niederländischen Gesandten Dirk van Verelst dafür, daß er sein Palais den unglücklichen Opfern der russischen Okkupation zur Verfügung gestellt hatte. Hierauf begab er sich in den Salon der Damen. Die Königin kam ihm entgegen. »Madame sind korpulenter geworden«, sagte er und wandte sich den Prinzessinnen zu. Er umarmte die alte Camas, liebkoste seine kleine Nichte Wilhelmine und blieb fast bis Mitternacht bei Tische. Am Morgen empfing er die Innungen, die Kaufleute, die Schlächter, die Schützengilde und fuhr in der vergoldeten Karosse, die ihm die Bürgerschaft gestiftet hatte, durch die Stadt. An den folgenden Tagen gab es Bälle und Illuminationen. Die Häuser der Bankiers und der Juden waren am festlichsten geschmückt. Der König verteilte Geschenke: Die Königin erhielt 5000 Taler, seine Schwester Amalie 4000 Taler, und die Schwägerinnen Schmuckstücke. Dann sah er die Liste der Pensionen durch. Podewils war an einem Schlaganfall gestorben. An seiner Stelle wurde Graf Hertzberg Minister.

Am 1. April stellten sich die Landräte der Kurmark ein. Landrat Karl Gottlob von Nüssler ergriff in ihrem Namen das Wort. Er hatte den König schon einige Kilometer vor Berlin begrüßt und holte nun zu einer neuen Rede aus:

»Sei Er stille und lasse Er mich reden«, unterbrach ihn der König. »Hat Er Crayon? – Nun so schreibe Er auf: die Herren sollen aufsetzen, wieviel Roggen zu Brot, wieviel Sommersaat, wieviel Pferde, Ochsen und Kühe ihre Kreise höchst nötig brauchen. Überlegen Sie das recht, und kommen Sie übermorgen wieder zu mir.«

Eichel zeigte ihnen die Unterstützungsgesuche, die beim Könige eingelaufen waren, sie füllten Bände. Die Räte prüften sie und ordneten sie nach der Dringlichkeit. Im Mai gönnte sich der König in Sanssouci einige Tage der Ruhe, um das schöne Frühlingswetter zu genießen; dann begab er sich auf die Inspektionsreise in die Provinzen. Er begann mit Pommern, das er weniger verwüstet fand, als er gefürchtet hatte. Prinz Ferdinand von Braunschweig begleitete ihn nach Westfalen und zeigte ihm die Schlachtfelder. In Cleve verbrachte der König einige Stunden mit seinem alten Freunde von Spaen. Der Leutnant, den er einst zum Mitwisser seines Fluchtplanes gemacht hatte, war inzwischen General in niederländischen Diensten geworden. Noch einmal zogen an Friedrichs Geiste die blutigen Schatten seiner Jugend vorüber. Aber die Pflicht rief gebieterisch:

»Hat Er Crayon? – Schreibe Er auf! Wieviel Pferde, Ochsen und Kühe braucht Er?«

Zuweilen brummte er, daß es sich wirklich nicht gelohnt habe, so lange Krieg zu führen, wenn er im Frieden Krämer werden soll. Aber er betreibt das Krämergewerbe mit demselben Eifer wie den Beruf des Feldherrn. D'Alembert traf in Geldern mit ihm zusammen und begleitete ihn nach Berlin. Sie reisten über Braunschweig, wo das Zeremoniell am herzoglichen Hofe so steif war, daß der Philosoph sich von den Kammerherren Marquis titulieren lassen mußte. Er blieb drei Monate in Sanssouci, dinierte und soupierte in Gesellschaft des Königs, des Marquis d'Argens und des ›Lord-Marschall‹. Fast schien es, als sei die alte Zeit in friedlicherer Gestalt wieder auferstanden. »Sie tun meiner Seele wohl«, sagte der König. Er schien ruhig, entspannt, beinahe glücklich, sprach von diesem und jenem in schlichten Worten und ohne Bosheit. So pries er eines Tages die guten Eigenschaften Ludwigs XV., ein andres Mal bei einem Spaziergang im Park pflückte er für d'Alembert eine Rose und sagte: »Ich würde Ihnen gerne mehr geben.« Aber d'Alembert lehnte es ab, an Stelle des verstorbenen Maupertuis Akademiepräsident zu werden: Er liebte sein ruhiges, eingezogenes Leben, hatte Angst vor den kalten Wintern Preußens und wohl auch vor der Langweile. »Der König«, schrieb er an Mademoiselle Claire de Lespinasse, »ist beinahe der einzige Mensch im ganzen Lande, mit dem man ein Gespräch führen kann, wenigstens die Art von Gespräch, die man nur in Frankreich kennt und die unentbehrlich wird, wenn man sie einmal kennt.« Wenn man ihn ausnimmt, »ist die Gesellschaft höchst schal und gleichsam nicht vorhanden«. Wenn er Minister, Räte und Generäle einlädt, »sprechen alle diese Herren kein Wort und begnügen sich damit, zu lachen, wenn wir etwas erzählen«. Das letzte Souper war trübselig. Der König versicherte d'Alembert seiner Wertschätzung, gab ihm Geld für eine Reise nach Italien und umarmte ihn, indem er den Wunsch aussprach, ihn bald wiederzusehen. Aber d'Alembert kam nie wieder.

Friedrichs bester Freund war immer noch die Arbeit. Das Wiederaufbauwerk, ›Retablissement‹ genannt, erforderte äußerste Mühe und Gewissenhaftigkeit. Durch die Demobilisierung der Armee und die Abgabe der Gespanne des Verpflegungswesens wurden 30 000 Mann und 35 000 Pferde verfügbar. Die für den nächsten Feldzug aufgehäuften Vorräte an Korn, Mehl und Hafer gestatteten, die kommende Ernte abzuwarten. Viele Jahre hindurch bestand die angestrengte Tätigkeit des Königs darin, Bestandsaufnahmen anzuordnen, Kolonisten anzuwerben, die Anlegung von Kunstwiesen zu predigen, Unterstützungsgelder zu verteilen, Steuer- und Mietnachlässe zu gewähren, die Rechnungen der Bauunternehmer zu unterzeichnen, Kühe zu kaufen und die Fruchtbarkeit der Schafe zu berechnen.

Im ersten Jahre hatte Pommern ein Anrecht auf 8766 Stück Vieh, jedes zu 25 Talern, für jedes verbrannte Haus (es gab deren im ganzen 1246) bekam der Bauer 50 Taler, dazu das Zimmerholz. In der Neumark war Küstrin durch das Bombardement fast vollständig zerstört worden, auch fehlten dort genau 68 866 Schafe, nicht eines mehr. Die Kurmark hatte 25 000 Pferde, 17 000 Ochsen, 20 900 Kühe, 121 000 Schafe und 35 000 Schweine verloren. In Schlesien ergab die Zählung, daß auf dem platten Land 3223 Häuser, 2225 Scheunen und 3495 Ställe verbrannt waren oder in Trümmern lagen; in den Städten betrug der Verlust 2917 Häuser, 399 Scheunen und 1380 Ställe. Die Provinz hatte auch Schaffgotsch, ihren Erzbischof, eingebüßt, der sich nach Österreich begeben hatte. Aber Friedrich sah diese Flucht nicht als ein großes Unglück an. Während seiner Reise im Jahre 1766 schrieb er an Voltaire: »Ich befinde mich in einer Provinz, wo man die Physik der Metaphysik vorzieht: Man bestellt die Felder, man hat 8000 neue Häuser wieder aufgebaut, und man zeugt alljährlich viele tausend Kinder als Ersatz für die, die durch einen politischen und kriegerischen Furor vernichtet worden sind.« In diesem Brief übertreibt er ein wenig, um besser abzuschneiden. Immerhin ergibt sich aus seinen Papieren, daß um jene Zeit nur noch 644 Häuser, 95 Scheunen und 829 Ställe zu errichten waren. Die Textilindustrie hingegen erholte sich infolge des Ausbleibens ihrer alten Kundschaft nicht wieder.

Wenn Friedrich die Kosten des Wiederaufbaues – selbstverständlich zu den niedrigsten Preisen berechnet – aufbringen konnte, so lag das daran, daß seine Finanzen nicht in allzu schlechtem Zustand waren. England und Sachsen hatten für Preußen gezahlt. Nach Kunersdorf hatte er selbst den »wohlhabenden Leuten« geraten, mit ihrem Vermögen nach Hamburg zu fliehen; das ergab eine Reserve. Auch war Ostpreußen von den Russen glimpflich behandelt worden, es konnte sofort seine Steuern entrichten. Noch waren einige Anleihen zu tilgen und die minderwertigen Münzen, die seit 1758 geprägt worden waren, aus dem Verkehr zu ziehen. Diese Münzen enthielten bei gleichem Nennwert nur ein Drittel des Silbergehalts, waren also gewissermaßen Banknoten aus Metall. Friedrich veranlaßte die Tilgung der Schuld und bestimmte, daß die entwerteten Geldstücke zu ihrem tatsächlichen Werte, das heißt zu einem Drittel des nominalen, zurückgenommen werden sollten. Dadurch entstanden den Privatleuten beträchtliche Verluste.

In dieser allgemeinen Armut ließ sich der König aus Großtuerei zu einer sehr kostspieligen Aufwendung hinreißen. Hat er sie doch selbst als eine ›Fanfaronade‹ bezeichnet. Er ließ am westlichen Ende des Parkes von Sanssouci nach Plänen der beiden talentlosen Baumeister Johann Gottfried Bühring und Heinrich Ludwig Manger durch Carl von Gontard ein zweites Schloß bauen, das man das Neue Palais nennt. Es ist ein ungeheures, in rosa, weiß und grün gehaltenes Bauwerk, mit zwei kleinen und einer unverhältnismäßig großen melonenförmigen Kuppel. Die mittelste sitzt auf einer Art gewölbtem Deckel, der den

*118. Neues Palais,
Belvedere und Sanssouci
Blick vom Brauhausberg*

*Kupferstich von
Andreas Ludwig Krüger, 1772*

Zusammenhang mit dem Gebäude herstellt. Als Communs fungieren zwei andere Paläste mit Monumentaltreppen, Kuppeln, Säulen und Obelisken. Das Ganze wirkt schwerfällig und theatralisch, hat weder Anmut noch Harmonie, ist mit einem Wort häßlich.

In bezug auf die Innendekoration blieb der König dem Stile treu, den er mit 20 Jahren geliebt hatte. Nur war um 1763 die Erfindungskraft des Rokoko erschöpft. Trotz glücklichen Ideen und manchen gelungenen kleinen Salons hat man das Gefühl, daß den Architekten bei der Ausfüllung dieser übergroßen Flächen der Atem ausgegangen ist. Immer wieder bringen sie dieselben Motive – zittrige Stalaktiten und vergoldetes Gitterwerk –, die man auf den Decken, als Umrahmung der Spiegel, über den Türen und in den Fensternischen findet. Wie weit sind wir hier von der schöpferischen und reizvollen Phantasie entfernt, die wir in Sanssouci und im Stadtschloß bewundern! Die Arbeiten dauerten bis zum Jahre 1769. In den letzten Jahren errichteten Gontard und Jean Laurent Legeay die weit ausschwingende Kolonnade der Communs mit einem Triumphbogen. Gontard ist auch der Erbauer des Freundschaftstempels und des antiken Tempels, welch letzterer von nun an einen Teil der Sammlung Polignac beherbergte.

Die Erbauung des Neuen Palais hatte das Gute, daß sie dem Berliner Kunsthandwerk zu verdienen gab. Aber die Wirtschaftskrise, die damals ganz Europa erfaßte, verschonte auch Preußen nicht. Sie begann mit dem Zusammenbruch eines der größten Häuser von Amsterdam, der Firma der Brüder Neufville. Die Bankerotte verbreiteten sich wie eine Seuche von Stadt zu Stadt, von Bank zu Bank, vom Lieferanten auf den Kunden. In Hamburg stellten 95 Unternehmen ihre Zahlungen ein. In Berlin traf es den Mann, der für den reichsten der Stadt galt, einen gewissen Johann Ernst Gotzkowsky. Er hatte während des Krieges durch Heereslieferungen und weitausgreifende Wechselgeschäfte ein ungeheures Vermögen aufgehäuft. Doch war er zu vielfach engagiert, um in der allgemeinen Katastrophe Widerstand leisten zu können. Friedrich suchte ihn dadurch zu retten, daß er ihm Geld lieh; aber bald darauf war Gotzkowsky wieder insolvent.

Der König war tief betroffen über diese Krise, deren Zusammenhänge er nicht begriff. »Seit ich auf der Welt bin, habe ich nichts dergleichen gehört!« erklärt er. Anfangs glaubte er, es mit einer Intrige

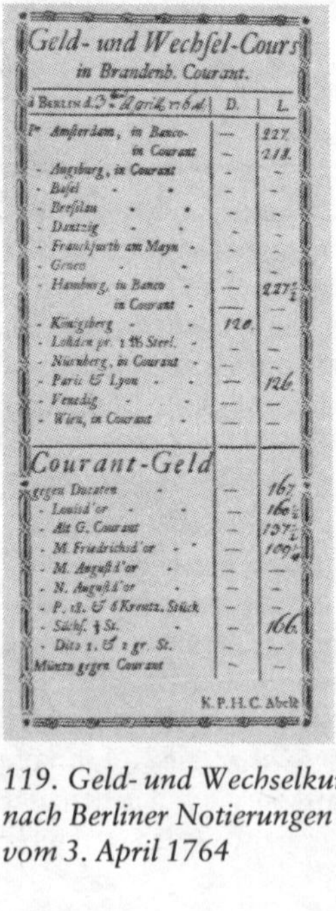

Geld- und Wechsel-Cours
in Brandenb. Courant.

à Berlin d. 3ten April 1764	D.	L.
pr. Amsterdam, in Banco	—	227
in Courant	—	218
- Augsburg, in Courant	—	—
- Basel	—	—
- Breslau	—	—
- Dantzig	—	—
- Franckfurth am Mayn	—	—
- Genua	—	—
- Hamburg, in Banco	—	227½
in Courant	—	—
- Königsberg	120	—
- London pr. 1 Pf. Sterl.	—	—
- Nürnberg, in Courant	—	—
- Paris & Lyon	—	126
- Venedig	—	—
- Wien, in Courant	—	—
Courant-Geld		
gegen Ducaten	—	167
- Louisd'or	—	160½
- Alt G. Courant	—	137½
- M. Friedrichsd'or	—	109¼
- M. Augustd'or	—	—
- N. Augustd'or	—	—
- P. 18. & 6 Kreutz. Stück	—	—
- Sächs. ⅓ St.	—	166
- Dito 1. & 2 gr. St.	—	—
Müntz gegen Courant	—	—

K. P. H. C. Abclt

119. Geld- und Wechselkurszettel nach Berliner Notierungen vom 3. April 1764

120. Münzschrank Friedrichs des Großen Arbeit aus Zedernholz, um 1775 Berlin, Schloß Charlottenburg

der Geschäftswelt zu tun zu haben. Aber vor allem fand er es unerträglich, daß Preußen von ausländischen Banken abhing. Bereits im Jahre 1752 hatte er daran gedacht, in Berlin eine Emissions-, Diskont- und Kreditbank zu gründen. Aber diese Aufgabe war den Bürokraten des Generaldirektoriums zu neu und zu schwierig gewesen. Diesmal wurde der König von einem dunklen Ehrenmann und Projektemacher aus der klassischen Heimat der Wechsler, dem Italiener Giovanni di Calzabigi beraten, der, nachdem er Angestellter oder Direktor der Lotterie in Genua gewesen war, sich in London niedergelassen hatte. Im Ministerium war der Widerstand noch sehr stark. Man erinnerte an den Zusammenbruch der Bank von Law, an die Mißerfolge der Banken in Kopenhagen und Stockholm. Aber der König ließ nicht locker, die Schwierigkeiten bestärkten ihn nur in seinem Willen. Mit seinem Spürsinn für die öffentliche Meinung hätte er die neue Bank am liebsten unabhängig vom Staate gesehen. Aber er fand keine Aktionäre und mußte das ganze Kapital selbst zeichnen. In dem Gründungsedikt (17. Juni 1765) wurde ausdrücklich erklärt, daß die Bank keiner staatlichen Behörde, sondern nur dem König allein unterstehen solle. Das Kapital betrug ursprünglich 400 000 Taler und wurde nach und nach auf 8 800 000 Taler erhöht (1785).

Die Anfänge gestalteten sich sehr schwierig, weil niemand Vertrauen zu dem neuen Institut hatte. Man war im Publikum davon überzeugt, daß Friedrich das gemünzte Geld in seine Kasse leiten und dafür mit Papier bezahlen wolle. Statt das Kapital anzuziehen, schreckte die Bank es ab, und der Wechselhandel, der ehedem in Breslau und Berlin stattgefunden hatte, wanderte nun nach Leipzig, Frankfurt und Prag ab. Das Bankstatut wurde abgeändert, und dank der guten Ordnung, die unter Leitung des Ministers Ludwig Philipp vom Hagen herrschte, gewann die Bank allmählich eine Kundschaft. Schon im Jahre 1768 wurden die von ihr herausgegebenen Noten in Hamburg höher bezahlt als Wechsel, und der König konnte die Verfügung treffen, daß alle Mündelgelder bei ihr angelegt werden mußten. Der Reingewinn, der im Rechnungsjahr 1767/68 nur 22 000 Taler betrug, wuchs bis auf 216 000 Taler im Rechnungsjahre 1785/86.

Die Berliner Bank hatte eine Filiale in Breslau. Aber seit dem Jahre 1770 gab es in letzterer Stadt auch eine Hypothekenbank, die gewissermaßen eine Kreditgenossenschaft des Adels war. Der adelige Großgrundbesitz hatte durch Krieg und Invasion in der Tat sehr gelitten, die meisten Edelleute waren tief verschuldet, und die Geldspenden des Königs allein reichten zu ihrer Sanierung nicht aus. Die Genossenschaft, ›Schlesische Landschaft‹ genannt, handelte im Namen des schlesischen Adels als Gesamtheit, jeder einzelne Grundbesitzer war für die Schulden aller andern mit haftbar. Als ersten Fonds erhielt sie vom Staat einen Vorschuß von 200 000 Talern; sie trat allmählich an die Stelle der Gläubiger, begnügte sich aber mit einem niedrigeren Zinsfuß. Sechs Jahre später wurde eine ähnliche Einrichtung in Pommern geschaffen. Der dortige Adel hatte anfangs große Schwierigkeiten gemacht, indem er einwendete, daß durch das System der solidarischen Haftpflicht das ganze Land zugrunde gerichtet werden könnte, etwa wie im Dreißigjährigen Krieg.

An so etwas dürften sie gar nicht denken, meinte der König, »denn wenn der Himmel einfällt, so sind alle Vögel gefangen, und wenn der Jüngste Tag kommt, so machen wir alle Bankerott. Und wenn auch eine Provinz ruiniert würde, so muß alsdann der Herr zutreten, denn dieser und die Stände machen nur eins aus.«

Der geringste Widerspruch erbitterte ihn. In dem ›Politischen Testament‹ von 1768 hat er über seine Untertanen geschrieben: »Dieses Volk ist schwerfällig und träge. Die Regierung hat gegen diese beiden Fehler unablässig zu kämpfen. Das sind Massen, die sich nur auf einen Stoß hin in Bewegung setzen, und die sofort stehen bleiben, wenn man das Stoßen einen Augenblick unterbricht. Niemand kennt etwas anderes als die Bräuche seiner Väter; es wird wenig gelesen, und die Lust, sich darüber zu unterrichten, wie es anderswo zugeht, ist gering. So kommt es, daß sie vor allem Neuen zurückscheuen, und von mir, der ich ihnen immer nur Gutes getan habe, glauben sie, daß ich ihnen mit dem Messer an die Gurgel fahre, wenn es sich um irgendeine nützliche Reform oder um eine notwendige Änderung handelt.« Er ärgert sich auch oft über die Unbeweglichkeit und geflissentliche Langsamkeit der Bürokratie, in deren Rangordnungen und Gepflogenheiten er gern das Unterste zuoberst kehrte, indem er mittlere Beamte mit besonderen Aufträgen betraute und sie für eine Provinz mit außerordentlichen Vollmachten ausstattete. Der Wiederaufbau in Pommern und in der Neumark war das Werk eines solchen Vertrauensmannes, des Herrn Franz Schönberg von Brenckenhoff, der weder Minister noch Präsident, sondern lediglich Finanzrat war. Nach dessen Tode wurde dem Finanzrat Johann Schütz die gleiche Ausnahmestellung übertragen, die etwa der eines zeitweiligen Provinzstatthalters entsprach.

Bei der alljährlich im Juni abgehaltenen ›Ministerrevue‹ empfing der König seine Minister nicht mehr alle auf einmal, sondern beschied immer nur je zwei von ihnen zu sich. Zuweilen lud er sie zur Tafel ein, und sie nahmen beim Dessert ein Protokoll über die wichtigsten während des Essens geäußerten Weisungen auf. Er fürchtete nicht, von ihnen beschwatzt zu werden, denn er sprach sie, wie auch in früheren Jahren, nur bei dieser Gelegenheit. Aber da er seine Entscheidungen auf Grund von Schriftstücken traf, unterlag er notwendigerweise dem Einfluß der ihm unterbreiteten Dokumente und Ziffern. Auf diese Weise gelang es ihnen doch, ihn zu betrügen. So wurde zum Beispiel im Jahre 1770 dem Präsidenten der Domänenkammer in Magdeburg, Friedrich Wilhelm von der Schulenburg, vom Generaldirektorium nahegelegt, die Getreidestatistik ein wenig zu fälschen, damit es dem König nicht etwa einfalle, die Getreideausfuhr zu verbieten. Ein andres Mal gab der Minister für Schlesien, Karl George von Hoym, bei der Volkszählung in seiner Provinz 20000 Einwohner mehr an; denn der König liebte es, wenn seine Untertanen sich vermehrten. Der gleiche Hoym ließ sich einen schwereren Betrug zuschulden kommen. Bekanntlich bemühte sich der König sehr darum, die hörigen Bauern in Erbzinsleute umzuwandeln. Hoyms Vorgänger, der energische Ernst Wilhelm von Schlabrendorff, war bestrebt gewesen, die schlesischen Adeligen unter den Willen des Königs zu beugen, hatte aber allenthalben Widersetzlichkeit gefunden. Kaum hatte Hoym sein Amt in Breslau angetreten, als die heftigen Auftritte mit den Edelleuten und die Klagen des Ministers aufhörten. Die Widersetzlichen hatten sich offenbar unterworfen. Aber im Jahre 1785 stellte eine außerordentliche Kommission fest, daß die Befehle Seiner Majestät auf dem Papier zwar pünktlich befolgt wurden, daß sich aber in Wirklichkeit die Lage keines einzigen leibeigenen Bauern gebessert hatte.

Sehr bezeichnend ist auch ein anderes Geschehnis. Als Friedrich nach dem Frieden von Hubertusburg nach Pommern reiste, diktierte er Brenckenhoff in Kolberg eine gebieterische Kabinettsordre: »Sollen absolut, und ohne das geringste raisonniren, alle Leibeigenschaften, sowohl in Königlichen, Adligen, als Stadt-Eigenthums-Dörfern, von Stund an gänzlich abgeschaffet werden, und alle diejenigen, so sich dagegen opponiren würden, so viel möglich mit Güte, in deren Entstehung aber mit force dahin gebracht werden, daß diese von Sr. K. M. so festgesetzte Idee zum Nutzen der ganzen Provinz ins Werk gerichtet werde.« (23. Mai 1763.) Der Adel erwiderte mit gespielter Unschuld, daß die Leibeigenschaft in Pommern zwar vor Zeiten bestanden habe, aber schon längst in eine einfache erbliche Bindung an die Scholle, die Gutspflichtigkeit, umgewandelt worden sei, die mit der Leibeigenschaft im eigentlichen Sinne nichts gemein habe. Die Landstände erlaubten sich sogar hinzuzufügen, daß durch die Verordnungen des Jahres 1610 und 1670 den Grundherren die Aufrechterhaltung der Leibeigenschaft in ihrer strengsten Form zugesichert worden sei. Vor diesem Widerstand tritt der König den Rückzug an; in der pommerschen Bauernordnung vom Jahre 1764 werden mit geringfügigen Verbesserungen die bestehenden Zustände aufrechterhalten. Die Bauern dürfen weder verkauft noch verschenkt werden, sie haben freie Verfügungen über ihren Hausrat und alles, was sie käuflich erwerben, sie schulden dem Grundherren einen jährlichen Zins und Frondienste, müssen ihm ihre Kinder als Gesinde stellen, können das Gut ohne Bewilligung des Grundherren nicht verlassen, dürfen aber auch nicht ohne triftigen Grund von Haus und Hof verjagt werden. Darauf mußte sich wohl oder übel die Reform Friedrichs beschränken.

Darüber, daß seine Absichten viel weiter gingen, besteht kein Zweifel, aber er bekam es nicht nur mit den altehrwürdigen Rechten des Großgrundbesitzes zu tun – Rechte, die oft auf betrügerischem oder gewaltsamem Wege erworben worden waren –, sondern auch mit den Grundlagen der damaligen Gesellschaftsordnung überhaupt. Einen kleinen Grundbesitz gibt es nicht, alles beruht auf der fast unkontrollierten Ausbeutung der untertänigen Landbevölkerung. Eine lange Kette von Abhängigkeiten erstreckt sich von oben nach unten. Es ist unmöglich, das unterste Kettenglied, die Hörigkeit der Bauern, zu zerbrechen, ohne daß das Ganze einstürzt. Der Adel lebt von dieser Hörigkeit und läßt sie nicht antasten. Vielleicht liegt in dieser Tatsache der wahre Grund des preußischen Zusammenbruchs zu Beginn des neunzehnten Jahrhunderts. Zur Zeit des napoleonischen Eroberungszuges ist das Landvolk eine gestaltlose, beinahe stumpfe Masse, die jeder patriotischen Begeisterung, jeder Selbstverleugnung unfähig ist. Erst nach der vernichtenden Katastrophe von 1806 ist es möglich, an eine Erneuerung des Gebäudes von unten auf zu gehen. Die Männer, die nach Jena Preußen wieder aufrichteten, bemühten sich, die Bauern zu befreien oder wenigstens ihre Leiden zu lindern. Erst dann wurde das Landvolk zu einer lebendigen Kraft der Nation.

Die preußische Monarchie hatte ihre Notwendigkeiten, die selbst vor der Person des Königs nicht haltmachten. Gewiß war sich Friedrich darüber klar, daß es nach großen Kriegsschäden kein besseres Mittel zur Heilung entkräfteter Völker gibt als eine Senkung der Steuern oder, wie es in der Sprache der Nationalökonomen hieß, eine Lockerung der Triebfedern der Fiskalität. Aber er verkannte keineswegs die ganze Gefährlichkeit seiner Lage und »den unermeßlichen Abstand zwischen der Grundlage seiner Macht und der des Hauses Österreich« (Mirabeau). Österreich wurde durch seine natürlichen Hilfsquellen von selbst wieder fruchtbar. Preußen konnte es nur durch einen Staatsschatz und

121. Friedrich der Große
Gemälde von
Heinrich Christian Franke, 1764
Berlin, Schloß Charlottenburg

durch eine Armee werden. Friedrich erhöhte den Effektivbestand seiner Truppen auf 154 000 Mann. Zu ihrem Unterhalt, zur Wiederherstellung der Artillerie und zur Ergänzung der Kriegsreserve mußten neue Einnahmen im Betrage von zwei Millionen unbedingt beschafft werden. Er verlangte sie vom Generaldirektorium; der Minister Massow antwortete ihm im Namen seiner Kollegen, daß das unter seiner Steuerlast stöhnende Preußen nicht einen Taler mehr bezahlen könne (Juni 1765).

So hatte also die preußische Bürokratie ihre Unfähigkeit, die Bedürfnisse des Staates zu befriedigen, selbst eingestanden. Doch Friedrich hatte in den ersten Monaten des Jahres 1765 in Potsdam den guten Freund d'Alemberts, Claude Adrien Helvetius, empfangen, der nicht nur der Verfasser des Buches ›De l'Esprit‹, sondern auch ein gewiegter Finanzmann war und 13 Jahre lang in Frankreich das Amt eines Generalpächters der Steuern versehen hatte. Helvetius brachte den König auf den Gedanken, das französische System mit französischem Personal in Preußen einzuführen. Sein erstes Projekt bestand darin, in Berlin eine Generalpacht für die Erhebung der Akzise einzurichten. Die Aktionäre sollten Pariser Kapitalisten sein, aber die ›Compagnie fermière‹ kam schließlich doch nicht zustande, weil sich Friedrich mit den Geldgebern über die Höhe der zu hinterlegenden Kaution nicht einigen konnte. Durch diesen Mißerfolg belehrt, entschied sich der König für das geschmeidigere System der ›Regie‹. Helvetius schickte ihm zu diesem Behufe eine ganze Kolonie französischer Finanzbeamten aller Rangstufen.

An der Spitze dieser neuen Einrichtung (14. Juli 1766) befanden sich erst fünf, dann vier Regisseure. Sie erhielten ein festes Gehalt von 15 000 Talern (die Minister hatten nur 4000) und fünf Prozent Beteiligung am Mehrertrag. Wir nennen hier die ersten fünf Regisseure: Monsieur de Crécy, ein in Paris hochangesehener Mann, Verfasser des geschätzten Werkes ›De la théorie de l'Impôt‹, der aber schon in hohen Jahren war und einige Monate nach seiner Ankunft in Berlin starb; Monsieur de Candie, eine große Arbeitskraft und äußerst tüchtig; Monsieur Pernety, ehemals Direktor des Zollhauses in Lyon, Vater einer zahlreichen Familie, ein würdiger und rechtschaffener Beamter; Monsieur de Brière, »eine wohltätige Seele von unbestechlicher Lauterkeit«, endlich, der wichtigste von allen, Monsieur de La Haye de Launay, ein Mann im besten Alter, sehr arbeitsam, ausdauernd und geschäftsgewandt. Er war im Finanzfach um so besser bewandert, als er sich von unten auf emporgearbeitet und sogar zeitweise in Languedoc das Amt eines Generalpächters bekleidet hatte. Er war mit der geachteten Generalpächterfamilie de la Haye verwandt. Der zwischen dem König und den Regisseuren geschlossene Vertrag war nur sechs Jahre gültig. Nach Ablauf dieser Frist wurde er nur mit zweien der Regisseure erneuert: mit de Launay und einem Herrn de Lattre, dem

Nachfolger Crécys, der durch seine Verheiratung mit einer Preußin gewissermaßen zum Einheimischen geworden war. Die Regie hatte ungefähr 2000 Angestellte, darunter 200 Franzosen.

Die Verwaltung der Akzise und der Zölle war nach dem Siebenjährigen Krieg in einen furchtbaren Verfall geraten. Die Franzosen schufen wieder geordnete Zustände. Aber da ihre Ankunft zeitlich mit einer Erhöhung der Steuern zusammenfiel, waren sie im Volke sehr unbeliebt. Wenn auch die Abgaben auf das Getreide und seine Produkte ein wenig ermäßigt worden waren, so wurden dafür Branntwein, Wein, Fleisch, Essig, Zucker, Leder, ja sogar das Bier höher denn je besteuert. Außerdem bedeutet, wie die Erfahrung lehrt, eine übermäßige Besteuerung einen großen Anreiz zum Schmuggel, der ja dadurch zum vorteilhaften Geschäft wird. Da die Ausdehnung und Unübersichtlichkeit der preußischen Grenzen diesen Schleichhandel begünstigte, mußte man ein ganzes Heer von Zollbeamten und Spitzeln anstellen. Es kam zu Morden, zu richtigen Schlachten zwischen Schmugglern und Regieaufsehern. Schließlich mußte man die Strafen für Zoll- und Steuervergehen herabsetzen: Die Gefängnisse wären zu klein gewesen. Es gab auch Fälle von Unterschlagungen. In zwei Kabinettsordres (1783 und 1784) nannte Friedrich die Unterbeamten der Regie »einen Haufen von Kanaillen« und »eine Spitzbubenbande«. Als sein Nachfolger diese Institution aufhob, sagte man im Volke de Launay die schlimmsten Missetaten nach. Die zeitgenössischen Geschichtsschreiber aber haben seinen Fähigkeiten und seinem Charakter Gerechtigkeit widerfahren lassen. Das System selbst ist verschieden beurteilt worden. Gustav Schmoller hat die Regie als »Trägerin des monarchischen Staatsgedankens bezeichnet, während Walther Schultze es für eine gänzlich verfehlte Einrichtung hält. Es scheint, daß die Akzise-Administration vor allem zu kostspielig war und bei einem recht geringen Mehrertrag einen unverhältnismäßigen Aufwand von Härte und Beaufsichtigung erforderte.

Der preußische Staat besaß bereits ein Salzmonopol, das nach dem Muster der Gabelle gehandhabt wurde. Jede Familie war nämlich gehalten, alljährlich in den staatlichen Salzspeichern ein festgesetztes Minimum an Salz zu kaufen, das ungefähr dem mutmaßlichen Verbrauch entsprach. Auf diese Weise wurde eine Steuerhinterziehung zwar nicht unmöglich, aber zwecklos. Das Postwesen wurde im Jahre 1766 nach dem Vorbild der Akziseregie reorganisiert, das Tabakmonopol im Jahre 1765, die Kaffeeregie im Jahre 1781 eingeführt.

Der Kaffee war für Friedrich ein Gegenstand besonderen Ärgernisses. Er kannte die Vorliebe seiner Untertanen für Milchkaffee, stellte eine

Schätzung über den Verbrauch an und berechnete voller Empörung, wie viele Millionen im Jahre Preußen zur Bezahlung dieses schwärzlichen Gebräus ans Ausland verlor. »Die Unglücksmenschen«, sagte er oft, »sind sie denn von besserem Stande und von zarterer Leibesbeschaffenheit als ich? Ich bin mit Biersuppe aufgezogen worden. Und doch wird niemand behaupten wollen, daß ich mich deswegen schlechter befinde. Ihre Väter kannten nur das Bier, das ist das Getränk, das zu unserem Klima paßt. So aber laufen sie Gefahr, ihren Körper zu ruinieren und ein entartetes Geschlecht zu hinterlassen. Und dabei ruinieren sie auch das Land.« Nach Einführung des Monopols fuhren die Preußen fort, dem geliebten Getränk zuzusprechen, aber wenigstens zog der König einen Gewinn »aus diesem widernatürlichen Geschmack«.

Durch die Schaffung der Regien wurden die Befugnisse des Generaldirektoriums geschmälert. Die von Friedrich Wilhelm I. mit so viel Mühe durchgesetzte Einheit der Kontrolle und der Verwaltung ging verloren, dafür kam es jetzt wieder zu Reibungen und Geheimnistuerei zwischen den einzelnen Ressorts. Die Einkünfte aus den Regien flossen nämlich in eine besondere Kasse, den königlichen Dispositionsfonds, welcher der Oberrechenkammer nicht unterstand. In den gleichen Fonds flossen auch die Überschüsse aus den Einnahmen der alten und neuen Provinzen. Niemand außer dem König hatte einen Einblick in die Verwendung dieses Geldes. Der Bau des Neuen Palais, die Wiedergutmachung der Kriegsschäden, die Kosten der Kolonisation, kurz, fast alle außerordentlichen Ausgaben wurden aus diesem geheimnisvollen Schatz bestritten. Aus diesen Änderungen läßt sich entnehmen, daß Friedrich der Vorstellungen des Generaldirektoriums überdrüssig ist. Er mag das Gefühl haben, daß seine Befehle, so entschieden sie auch sein mögen, in dieser Atmosphäre bürokratischer Schablone zunichte werden. Je älter er wird, desto eifersüchtiger wacht er über seine Autorität, desto mehr verlangt er, daß man ihm »im Galopp« und buchstäblich gehorcht. Um Zeit zu gewinnen, möchte er am liebsten die ganze Arbeit selbst verrichten, Bankier, Steuerbeamter, Inspektor, Direktor, Aufseher, Minister, Oberrechenkammer in einer Person sein. Mehr und mehr ist die Monarchie in diesem außerordentlichen Menschen allein verkörpert, der mit dem Alter verknöchert und starrer wird.

In den Revolutions- und Imperialkriegen sollte die unheilbare Schwäche dieses Systems offenbar werden. Ein Regime ist nur so lange von Bestand, wie es von seinen Institutionen und einem Gemeinsinn getragen wird. Nach der Niederlage von Jena brechen die herrschenden

Klassen sowohl moralisch als auch politisch zusammen. Allzu lange hat die Herrscherpersönlichkeit Friedrichs die Notwendigkeit einer totalen Umstrukturierung verschleiert. Denn das vom König hartnäckig aufrechterhaltene System mit seinem Merkantilismus, seinem starren Dirigismus und seinem ausdrücklichen Bestreben, die Arbeit des gesamten Landes auf eine Bereicherung des Staates auszurichten, entspricht nicht mehr den Lebensverhältnissen der Bevölkerung. Ihr Zuwachs ist nicht allein auf Eroberungen und Einwanderung zurückzuführen – während der Regierungszeit Friedrichs steigt die Bevölkerungsziffer um mindestens 285 000 Einwohner –, sondern auch auf einen Geburtenüberschuß gegenüber den Sterbefällen. Das demographische Wachstum, ein explosiver Faktor par excellence, ist ein europäisches Phänomen. Im Gebiet Preußen-Brandenburgs ist der Bevölkerungszuwachs so gewaltig, daß weder die Kriege noch die Hungersnot von 1771/72, weder die Kälteeinbrüche der Winter 1783 und 1784 noch die Mißernten der Jahre 1785 und 1786 diese Entwicklung einzuschränken vermochten. Schlesien verliert 46 000 Einwohner durch die Hungersnot, gewinnt jedoch in den darauffolgenden vier Jahren wieder 74 000 Einwohner hinzu. Man schätzt, daß zwischen 1757 und 1805 der Geburtenüberschuß aller preußischen Gebiete 30 Prozent erreichte.

So war es eine der Maximen Friedrichs, daß »die wahre Stärke eines Staates auf der Zahl seiner Untertanen basiert«, eine Formulierung, die aus dem Testament von 1768 stammt. Sein Außenminister Graf Hertzberg wiederholt diese These in einer wissenschaftlichen Arbeit aus dem Jahr 1785: »Auf einer zahlreichen Bevölkerung basieren das Wohl und vor allem die Macht eines Staates«. Die preußische Regierung scheint demnach über die besten Voraussetzungen zu verfügen, um aus dieser neuen Konjunktur einen größtmöglichen Nutzen zu ziehen. In Wirklichkeit aber denkt der König an das Heer, an neue Aushebungen, an einen größeren Effektivbestand, während es, um Wohl und Gedeihen des Staates zu sichern, wie Hertzberg sagt, notwendig gewesen wäre, nicht allein der Zahl der Staatsbürger, sondern auch ihrer Kaufkraft und speziell der unterschiedlichen Kaufkraft der einzelnen Klassen Rechnung zu tragen. Der Merkantilismus ist ein dem Körper der Nation angepaßter Panzer. Wird diese größer, erstickt er sie. Die Zeit ist vorbei, wo es genügte, den neuen Siedlern ein Stück Heideland zur Urbarmachung zuzuteilen. Die Familien werden größer; das Lehen reicht für die Ernährung einer kinderreichen Familie nicht mehr aus. Zudem hat die arbeitende Stadtbevölkerung denselben Zuwachs erfahren wie die Bevölkerung auf dem Lande. Die Handwerksbetriebe sind zahlreicher geworden; die Manufakturen steigern ihre Produktion. Da jedoch die Agrarpreise extrem niedrig gehalten werden und der Bauer kaum als Käufer ins Gewicht fällt, hat dieses Mißverhältnis eine Überproduktionskrise in der Industrie zur Folge und auf dem Land einen Überschuß an Arbeitskräften, der sich in Vagabondage, Bettelei und Gewaltverbrechen aller Art niederschlägt, vor allem in Grenzvergehen, weil hier die Flucht leichter möglich ist. Zudem hatte Friedrich, geleitet von dem ständigen Gedanken an einen potentiellen Krieg, den Fiskus auf einen Betrag anwachsen lassen, der dem Staatseinkommen von drei Jahren entsprach, ohne sich klarzumachen, daß diese enormen Summen der nationalen Aktivität verlorengingen.

Schlesien war die reichste Provinz, die die meisten Steuern zahlte. Ein Historiker konnte mit Recht schreiben, daß Friedrichs erste Eroberung der Pfeiler war, der den ganzen Staat trug. Um diese Erwerbung zu behaupten, hat er sich sieben Jahre herumschlagen und Widerstand leisten müssen. Er hatte schließlich gesiegt, war aber nach dem Friedensschluß in Europa so gut wie isoliert, stand schlecht mit England, hatte keine diplomatischen Beziehungen zu Frankreich und war mit Österreich und Sachsen nach wie vor verfeindet. In dieser Vereinsamung bedeutete das Bündnis mit Rußland für ihn in der Tat einen Zwang. Aber worin besteht nun eigentlich die Freundschaft? Die berühmte lateinische Definition lautet: »Eadem velle, eadem nolle« (dasselbe Wollen, dasselbe Nichtwollen). Über welches Problem oder gegen welchen Feind konnten sich Preußen und Rußland so vollständig einigen, daß sie im Ja und im Nein einer Meinung waren? Zunächst waren sowohl Preußen als auch Rußland auf dem großen politischen Welttheater neu Hinzugekommene. Rußlands Aspirationen im Orient standden nicht im Gegensatz zu den Absichten Friedrichs, der vielmehr die Ungelegenheiten, die daraus für Österreich erwuchsen, mit Genugtuung sah. In Polen endlich lag es gleichfalls im Interesse beider Staaten, den österreichischen Einfluß zu vernichten, einen König, der ihrer Willkür preisgegeben war, zu unterstützen und unter dem Vorwand, die polnische Verfassung zu verteidigen, die Anarchie zu verewigen, durch die dieses unglückselige Land zur Ohnmacht verurteilt wurde.

Der am 5. Oktober 1763 erfolgte Tod Augusts III. veranlaßte Friedrich und Katharina, ihre Freundschaft durch einen Vertrag zu besiegeln, der am 11. April 1764 unterzeichnet wurde. Er war auf acht Jahre abgeschlossen und enthielt eine gegenseitige Garantie des Besitzstandes. Ohne beiderseitige Zustimmung sollte weder ein Friede noch ein Waffenstillstand geschlossen werden, auch sicherte man sich im Falle eines Krieges am Rhein oder in der Krim die Stellung eines Hilfskorps von 10 000 Mann beziehungsweise Subsidien in der Höhe von 480 000 Taler zu. Was Polen anbetraf, so wollte man dort die Wahl Stanislaus August Poniatowskis zum König durchsetzen, »eines Mannes, der der Kaiserin von Rußland seit langem bekannt und dessen Person ihr angenehm ist«, wie sich Friedrich galant und euphemistisch ausdrückte. Die Wahrheit ist, daß Poniatowski zu Lebzeiten Peters III. Katharinas angebeteter Geliebter gewesen war und für die subalterne Rolle, die man ihm zugedacht hatte, besonders geeignet schien. Doch es genügte nicht, dem unglücklichen Lande einen unfähigen König aufzuzwingen. Man mußte für den Fall einer plötzlichen patriotischen Besinnung der Polen sie auch noch daran hindern, ihrer Zwietracht ein Ende zu bereiten, indem man sich einen Vorwand sicherte, in ihre Angelegenheiten einzugreifen.

122. Zarin Katharina II. von Rußland
Gemälde von Pietro Antonio Rotari, 1760–1762
Ehem. Dessau, Residenzschloß

123. König Stanislaus Poniatowski von Polen
Gemälde von Alexander Kucharski
Dulwich College, Picture Gallery

In dieser Adelsrepublik gehörte die wirkliche Macht nicht dem gewählten König, sondern den beiden adeligen Kammern, dem Senat, und der Kammer der Landboten, die zusammen den Reichstag beschickten. Seit dem siebzehnten Jahrhundert war es Brauch geworden, daß jeder Beschluß mit allen Stimmen gefaßt werden mußte. Das Nein eines einzigen Abgeordneten hob alles auf, machte alles zunichte. Das war das Liberum veto. Man sagte dann, daß der Reichstag zerrissen sei und appellierte an den Adel in corpore. Eine Konföderation, bestehend aus bewaffneten Edelleuten zu Pferde, versammelte sich vor den Toren Warschaus und faßte ihre Beschlüsse mit einfacher Mehrheit. Preußen und Rußland einigten sich nun dahin, weder die Abschaffung des Liberum veto noch die Umwandlung des Wahlkönigreichs in eine erbliche Monarchie zu dulden. Ein Vorwand zur Intervention bot sich gleichsam von selbst. In dem katholischen Lande Polen gab es religiöse Minderheiten, nämlich einerseits nicht unierte griechisch-orthodoxe Christen, andererseits Lutheraner, die man als Dissidenten und Disuniten bezeichnete. Die Dissidenten waren seit 1736 von beinahe allen öffentlichen Ämtern ausgeschlossen. Die Orthodoxen hatten sich an Rußland, die Lutheraner an Preußen gewandt. Katharina und Friedrich verpflichteten sich nun, die Wiedereinsetzung der Andersgläubigen in ihre Rechte und Privilegien gemeinsam zu betreiben.

Der Vertrag (11. April 1764) gab der Zarin alle gewünschten Sicherheiten. Sie verlor keine Zeit. An der polnischen Grenze wurden russische Truppen zusammengezogen und Poniatowski am 7. September 1764 zum König gewählt. Katharina glaubte einen großen Sieg davongetragen zu haben, doch da ereignete sich etwas Unvorhergesehenes. Auf Betreiben seiner Verwandten und Parteigänger schloß sich der neue Herrscher der Reformpartei an. Innerhalb weniger Monate wurden gewaltige Fortschritte gemacht, eine Militärschule eröffnet, die Zentralverwaltung schnell organisiert, das Budget ins Gleichgewicht gebracht. Auf dem Reichstag des Winters 1766/67 setzte Stanislaus II. August sogar den Beschluß durch, daß bei der Abstimmung über die Steuern statt der Einstimmigkeit die einfache Mehrheit genügen solle. Sofort erhob der russische Gesandte Nikolaus Repnin Protest und verlangte die Wiedereinführung des Liberum veto und die Anerkennung der politischen Rechte der Dissidenten und Disuniten. Der Reichstag lehnte dieses Ansinnen ab; die Lutheraner, die Orthodoxen und die gesamte Opposition erhoben sich (Generalkonföderation von Radom Juni 1767), russische Truppen marschierten in Polen ein, Repnin ließ die widersetzlichen Bischöfe gefangennehmen, worauf der Reichstag am 19. November 1767 alles, was Repnin wollte, beschloß. Endlich, am 24. Februar 1768, wurde durch einen Vertrag zwischen Rußland und Polen die Unterjochung der Adelsrepublik besiegelt. Rußland verpflichtete sich, die Unverletzlichkeit der Republik zu wahren, zu verteidigen und zu sichern; zum Entgelt dafür stellte diese ihre Verfassung unter den Schutz ihres mächtigen Nachbarn. Mit einem Wort, Polen hatte den Schwur getan, in der Anarchie zu leben und zu sterben.

Friedrich hatte der Zarin gegenüber die weitere Verpflichtung auf sich genommen, sich gegebenen Falles einer österreichischen Intervention zu widersetzen. Vor allem gab er seinen Freunden, den Philosophen, den Ton zu ihrer Begleitmusik an. Wie nicht anders zu erwarten, wurde die russische Intervention als ein Sieg der Gewissensfreiheit über den »Aberglauben der Christusverehrer« gefeiert. Da der arme Poniatowski mit seinen mitgekrönten Fanatikern nicht allein fertig werden konnte, hatte die russische Kaiserin die Güte gehabt, ihm »mit durch Kanonen und Bajonette verstärkten Argumenten« zu Hilfe zu kommen. Konnte es etwas Berechtigteres, etwas für die Ausbreitung der Aufklärung Ersprießlicheres geben? »Es ist recht drollig, ja scheint beinahe ein innerer Widerspruch zu sein«, erwiderte Voltaire, »daß man die Nachsicht und Toleranz mit den Waffen in der Hand unterstützt. Aber die Unduldsamkeit ist etwas so Hassenswertes, daß sie es wohl verdient, wenn man ihr eins hinter die Ohren gibt. Wenn der Aberglaube lange Krieg geführt hat, warum sollte man nicht Krieg gegen den Aberglauben führen?« Diese Meinung wurde in Frankreich verbreitet und trug gewiß nicht dazu bei, Ludwigs XV. Bemühungen für das von alters her befreundete Polen zu erleichtern.

Trotz seinem zur Schau getragenen Eifer lag Friedrich an einem baldigen und vollständigen Erfolg der Zarin gar nichts. Er hatte sich mit ihr ins Einvernehmen gesetzt, um die anarchischen Zustände in Polen zu fördern, nicht aber, um Warschau unter das Protektorat der Moskowiter zu bringen. Auch hatte ihm Rußland von jeher Schrecken eingejagt, weil seine »vorteilhaften Grenzen«, sein rauhes, ja barbarisches Klima, seine Unermeßlichkeit es vor etwaigen Unternehmungen Preußens schützten, während Preußen russischen Einfällen ausgesetzt war. Obwohl ihn das Gebot der Notwendigkeit in das Bündnis gezwungen hat, haben sich seine Furcht- und Antipathiegefühle nicht geändert. Er ist der Meinung, daß das Zarenreich »seinen Nachbarn verhängnisvoll, für ganz Europa gefährlich« sei. Er nennt die Russen die Wilden des Nordens, die Bärenmenschen, die Skythen, die Barbaren am Eismeer. Wenn er der Zarin in seinen Briefen auch wie einer Gottheit schmeichelt, so verspottet er sie doch unbarmherzig in seiner intimen Korrespondenz.

Indes ist es nicht seine Art, gegen den Strom zu schwimmen und um jeden Preis überall einzugreifen. Lieber verläßt er sich auf die den Staatsmännern holde Göttin Gelegenheit, auf »seine geheiligte Majestät den Zufall«, denn gewöhnlich begehen diejenigen, die am meisten unternehmen, auch die meisten Dummheiten. Der kluge Dritte zieht den Gewinn daraus. Seine Rechnung stimmte. Schlag auf Schlag traten zwei wichtige Ereignisse ein, die die Aktion Rußlands hemmten: einerseits die Erhebung der polnischen Patrioten, die sich in der Konföderation zu Bar in Podolien (Juni 1768) zusammentaten, andererseits die Intervention der Türkei, die, von Choiseul und Graf Charles de Vergennes insgeheim ermuntert, einen Grenzzwischenfall zum Anlaß nahm, die Zarin anzugreifen (29. Februar 1768). »Da sich ein neuer Weg öffnete, hätte man ein ungeschickter oder in blöde Erstarrung versunkener Mensch sein müssen, um sich diese günstige Gelegenheit entgehen zu lassen.« Österreich befürchtete die Störung des Gleichgewichts im Orient; Rußland, von der Türkei unvermutet attackiert, maß in dieser Verlegenheit dem Bündnis mit Preußen einen um so größeren Wert bei. Kurz, Friedrich, von beiden Seiten umworben, befand sich wieder einmal in der Stellung des Mannes, von dem die Entscheidung abhing.

Die Entscheidung war keine leichte Sache. Die Möglichkeit des Gewinnes und das Risiko des Verlustes hielten einander die Waage. Wenn nun Österreich und Rußland zu einer Verständigung gelangten, so geriete Preußen in die Klemme zwischen die beiden Reiche, die ihm dann das Gesetz des Handelns diktieren könnten. Andererseits sähe sich der an Rußland gebundene Friedrich, falls Österreich auf Frankreichs Betreiben die Konföderierten und die Türken unterstützte, zu einem neuen Kriege genötigt und hätte obendrein Frankreich auf dem Halse. Zum Glück war der Herbst schon gekommen, die Operationen konnten also erst im Frühling beginnen, und es war wahrscheinlich, daß Europa eine Kampagne lang den Kämpfen der Russen und der Türken mit verschränkten Armen zusehen würde. Im übrigen gab es ja in Polen Platz für alle. Der Plan einer Teilung Polens war ebensowenig das geistige Eigentum Friedrichs wie jemandes anderen, er lag einfach seit längerer Zeit in der Luft. Doch drängte er sich jetzt dem König als die erwünschteste Lösung auf. Wozu in weiter Ferne und mit beträchtlichen Unkosten Krieg führen, wenn man sich bloß zu bücken brauchte, um in nächster Nähe das begehrte Gut aufzuklauben?

Friedrichs Pläne stimmten in einem Punkte mit denen Maria Theresias und ihres Sohnes und Mitregenten, des Kaisers Joseph II., überein. Im November 1768 schlug der österreichische Gesandte Graf Jakob von Nugent Friedrich eine Einigung der beiden Höfe im Hinblick auf eine Neutralitätserklärung für Deutschland vor.

»Wir können nichts Vernünftigeres tun«, rief Friedrich aus. »Wir sind Deutsche, was liegt uns daran, wenn die Engländer und die

Franzosen sich um die Inseln Amerikas schlagen? Wenn Paoli in Korsika den Franzosen alle Hände voll zu tun gibt? Wenn die Türken und die Russen sich in den Haaren liegen? . . . Die Kaiserin-Königin und ich haben lange, unheilvolle Kriege gegeneinander geführt, und was bleibt uns schließlich davon?«

Nugent hätte erwidern können, daß dem König von Preußen Schlesien geblieben sei, aber er zog es vor, diese Bemerkung zu unterdrücken. Friedrich gab noch zu verstehen, daß die Russen besser täten, an einen Gebietserwerb in Asien zu denken. Endlich wurde vereinbart, daß er im Sommer mit Kaiser Joseph zusammentreffen sollte.

Die Zusammenkunft fand am 25. August 1769 in Neiße statt. Der Besuch Josephs II. in dieser schlesischen Festung bedeutete von seiten Österreichs die ausdrückliche Anerkennung der Verträge. Der Kaiser reiste, nur von einigen Flügeladjutanten begleitet, unter dem Namen eines Grafen von Falkenstein. Friedrich empfing ihn im Beisein seines Bruders Heinrich, seines Neffen und mehrerer Offiziere. Die beiden Herrscher umarmten einander. Da es Fasttag war, ließ der König Fastenspeisen servieren, die Mittags- und die Abendtafel dauerten zwei Stunden. Friedrich sprach ununterbrochen, der Kaiser gab gewissermaßen nur die Stichworte, die preußischen Prinzen und Generäle wagten nicht den Mund aufzutun. Wenn ein neben ihnen sitzender Österreicher sich mit einer Frage an sie wendete, antworteten sie schnell und leise, um den Redefluß des Königs nicht zu stören und ja kein Wort aus seinem Munde zu verlieren. Beim Souper nickten einige der Generäle, vom Wortschwall erschöpft, ein. Am nächsten Tage gab es Besichtigung und Vorbeimarsch der Truppen. Festessen, Manöver und Gespräche folgten einander bis zum Morgen des 28. August.

Für Joseph waren die Gespräche das Interessanteste. Friedrich tat sein möglichstes, um ihn zu blenden und zu bezaubern. Er überschüttete ihn mit Liebenswürdigkeiten, pries die Taktik des Marschalls Daun, die Märsche von Lascy und Laudon und fällte über die französische Armee ein geringschätziges Urteil, das österreichischen Ohren angenehm klingen mußte. »Die französischen Offiziere«, sagte er, »reden in einem militärischen Kauderwelsch, das imponiert, sie sind Papageien, die gelernt haben, einen Marsch zu pfeifen. Mehr können sie nicht.« Er sang auch das Lob von Kaunitz, den er »den ersten Kopf Europas« nannte, und kam dann wieder auf die Kriegskunst zu sprechen. »Was er darüber zu sagen hat«, berichtet Joseph Maria Theresia, »bestrickt und ist durchaus nervig, gediegen und sehr belehrend. Nichts von unnützem Gerede; alle Grundsätze, die er vorbringt, beweist er auch an der Hand der Tatsachen, die die Geschichte und ein bewundernswertes Gedächtnis ihm zur Verfügung stellen.« Friedrich spielte den Freimütigen: »Als ich jung war«, sagte er, »war ich ehrgeizig, heute bin ich nicht mehr derselbe.« Oder: »Sie glauben, daß ich voller Hinterhältigkeit bin, ich weiß es, ich habe diesen Ruf ein wenig verdient; die Umstände verlangten es, aber das hat sich geändert.« Dann war noch sehr viel vom deutschen Patriotismus und vom »patriotischen System« die Rede. In den letzten Tagen tauschte man Briefe aus. Joseph schickte zuerst einen Entwurf, worauf Friedrich ihm einen Brief schrieb, auf den Joseph die schriftliche Antwort sandte.

Diese Schriftstücke beginnen und enden mit gegenseitigen Komplimenten. »Es ist meinem Herzen nicht möglich«, schreibt Friedrich, »der Feind eines großen Mannes zu sein.« »Ich durfte«, antwortet Joseph, »die persönliche Bekanntschaft eines Menschen machen, der das Sprichwort ..., daß große Gegenstände aus geringer Entfernung betrachtet verlieren, Lügen straft.« Friedrich erklärt, daß er von dem Eindruck, den ihm der Kaiser gemacht hat, nicht sprechen wolle. »Ich respektiere seine Bescheidenheit.« Joseph hüllt sich gleichermaßen in Schweigen: »Die pure Wahrheit würde wie Schmeichelei scheinen.« Der König von Preußen konstatiert »die völlige Aussöhnung der beiden Herrscherhäuser«. Joseph verkündet, daß, »da sie sich aufrichtig ausgesöhnt hätten«, nichts mehr der Freundschaft und dem Vertrauen zwischen ihnen im Wege stehe. Endlich geben sie eine gleichlautende Erklärung ab. Sie sichern sich gegenseitig zu, »daß sie, wenn der Kriegsbrand zwischen England und dem Hause Bourbon wieder ausbrechen sollte, den glücklich wiederhergestellten Frieden aufrechterhalten und selbst im Falle eines anderen Krieges, dessen Ursache man derzeit nicht voraussehen kann, die genaueste Neutralität in den Ländern ihres gegenwärtigen Besitzstandes wahren werden.« Das war die Anbahnung eines Einverständnisses, der Weg zu einer gemeinsamen Politik war damit offen. Es genügte jedenfalls zur Beunruhigung der Zarin.

Nie war Friedrich wacher und beherrschter als in dieser heiklen Affäre, nie als Spieler so kühn und behutsam zugleich, so reich an Finten und Ränken, so geschickt in der Aufspürung der Pläne seines Gegners und in ihrer Vereitlung. Unter dem Vorwand, die russischen Minister mit den verschrobenen Projekten eines Grafen Lynar, eines abgedankten Diplomaten, »der Europa von seinem Dorfe aus regiert«, zu belustigen, sondierte er bei der Regierung von Petersburg. Die gleichfalls in scherzhaftem Ton gegebene Antwort überzeugte ihn davon, daß Rußland im günstigen Augenblick nicht abgeneigt sein werde, sich in Polen bezahlt zu machen. Auf ähnliche Weise brachte er den Grafen Nugent zum Reden. Einige Worte, die der österreichische Diplomat fallen ließ, klärten Friedrich genugsam darüber auf, daß der Wiener Hof seine Wünsche nicht übertrieben finden werde, wenn er sie eines Tages richtig zur Geltung zu bringen wisse. Vor allem war ihm daran gelegen, auf die beiden Kaiserinnen so einzuwirken, daß jede vor der anderen Angst hatte. Die Russen hatten nach einigen in den Sümpfen des Dnjepr vertanen Wochen die Türken geschlagen, ihre Flotte vernichtet und die rumänischen Ebenen besetzt (Juli 1770). In ihrer Not baten die Türken Friedrich und Maria Theresia um ihre Vermittlung. Österreich mußte eine sehr deutliche Sprache führen, um den Siegern in den Arm zu fallen. Daraufhin würden die um ihre Erfolge im Orient geprellten Russen ihre Blicke ganz von selbst auf Polen richten, wo sich alsdann nach dem Prinzip des europäischen Gleichgewichts ein jeder nach seinem Appetit bedienen könnte.

Im September 1770 erwiderte Friedrich den Besuch des Kaisers. Die Zusammenkunft fand zu Neustadt in Mähren statt. Friedrich hatte seinen Gast mit italienischen Possenreißern amüsiert, Joseph führte ihm das Ballett von Noverre vor. Als Feldmarschall Laudon sich eines Tages bei der Tafel verspätete, benützte Friedrich die Gelegenheit, dessen Stuhl neben den seinen stellen zu lassen. »Ich habe ihn lieber an meiner Seite als mir gegenüber«, sagte er. Als dann jemand auf den letzten Krieg zu sprechen kam, rief er aus: »Ich bitte Sie um Verzeihung, Ihnen so oft Ungelegenheiten bereitet zu haben. Ich beklage es für die ganze Menschheit. Aber was konnte man doch aus diesem Kriege alles lernen! Ich habe hinreichend Fehler begangen, um Sie alle, meine jungen Herren, zu lehren, wie man es weit besser macht als ich! Mein Gott, wie gefallen mir doch Ihre Grenadiere! Wie prächtig sind sie gestern bei der Parade an mir vorbeimarschiert! Wenn Gott Mars daran dächte, sich eine Leibgarde zu halten, würde ich ihn, ohne mich einen Augenblick zu bedenken, zu den kaiserlichen Grenadieren raten!«

Eines Abends äußerte er sich anerkennend über Ludwig XIV. »Er war wahrlich ein Patriarch der Könige«, sagte er. Als hierauf der Fürst Karl Joseph von Ligne erwiderte: »Ein König von Frankreich, Sire, ist immer der Patriarch der Leute von Geist«, unterbrach ihn Friedrich: »Das ist ja das Schlimmste, sie taugen den Teufel nicht zum Regieren. Besser Patriarch der Griechen sein wie meine ›Frau Schwester‹, die Kaiserin von Rußland. Das trägt ein und wird ihr noch mehr eintragen.«

In Begleitung des Kaisers befand sich diesmal Kaunitz. Der Kanzler behielt sich die Geschäfte vor und überließ seinem Herrn nur die Militärparaden, die Musik und die Tischgespräche. Friedrich liebte eine sprunghafte Unterhaltung, in der er, alle Gegenstände streifend, seine

Überraschungseffekte und schneidenden Bemerkungen anbringen konnte. Kaunitz bevorzugte regelrechte Besprechungen. Immer hatte er eine umständliche Denkschrift in der Tasche, die er dem König vorlas, der ihn, vor Ungeduld kochend, durch stürmische Umarmungen zu unterbrechen suchte. Schließlich aber einigte man sich doch dahin, Katharina II. eine gemeinsame Vermittlung vorzuschlagen, und Prinz Heinrich reiste, mit dieser kitzligen Aufgabe betraut, nach St. Petersburg.

Heinrich war von kleiner Statur und schlechtem Wuchs, mit einem Worte häßlich, dabei aber sehr liebenswürdig. Er besaß große, lebhafte blaue Augen, die aber einen harten Ausdruck hatten, und schien auf den ersten Blick wunderlich und abstoßend. Sowie man ihn aber länger anhörte, verschwand dieser Eindruck vor der Klugheit, Gütigkeit und Gewandtheit seiner Rede. So lebhaft und ungestüm Friedrich mit seiner Neigung für Witze und Spöttereien war, so ernsthaft und bedächtig war Heinrich, der eine besondere Vorliebe für umfassende Theorien und Systeme hatte. Katharina war sogleich für ihn eingenommen. Trotzdem enthüllte sie ihm ihre Absichten erst Ende Dezember. Sie habe gegen ein Bündnis zu dreien prinzipiell nichts einzuwenden, doch wolle sie auf keine ihrer Eroberungen verzichten. Im äußersten Falle werde sie sich mit einem beschönigten Protektorat über die Moldau und die Walachei einverstanden erklären.

»Die Haare standen mir zu Berge«, erklärte Friedrich entrüstet, »als ich die Friedensvorschläge der Russen erhielt. Ich kann niemals versuchen, sie den Türken und den Österreichern mundgerecht zu machen, denn sie sind in Wahrheit unannehmbar. Was die Absichten auf die Walachei betrifft, so läßt sich das auf keine Weise mit dem österreichischen System in Übereinstimmung bringen. Erstens werden sie das Bündnis mit Frankreich niemals preisgeben, zweitens die Russen nicht als Nachbarn haben wollen. Sie können dieses Schriftstück als eine Kriegserklärung betrachten ... Die Staaten richten sich nach ihren eigenen Interessen, man kann wohl seinen Verbündeten gefällig sein, aber alles hat seine Grenzen!«

Österreich war vielleicht nicht so kriegslustig wie Friedrich behauptete. Immerhin hatte es mobilisiert und, da in Polen die Pest ausgebrochen war, an dessen Grenzen einen Truppenkordon gezogen, der zugleich ein sanitärer Schutz und ein Beobachtungskorps war. Aber die Grenzlinien waren an mehreren Stellen strittig. Und überall dort, wo diesbezüglich ein Zweifel bestand, pflanzten die Österreicher die kaiserlichen Adler weislich jenseits der strittigen Punkte auf. Auf diese Weise besetzten sie das seit 1412 an Ungarn verpfändete Zipser Ländchen, das im Süden Galiziens eine Enklave im polnischen Gebiet bildete. Die Einschüchterungstaktik gelang. Am Abend des 8. Januar 1771 war Prinz Heinrich in kleiner Gesellschaft bei der Zarin zu Gast. Sie sprach ihm scherzend davon, daß die Österreicher sich zweier Starosteien bemächtigt und überall das kaiserliche Wappen angebracht hätten. Dann setzte sie hinzu: »Und warum sollte alle Welt nicht auch zugreifen?« Der Prinz erwiderte: Die Preußen hätten keine Starostei besetzt. »Aber warum denn nicht?« fragte die Kaiserin noch immer lachend. Und etwas später erklärte Graf Zacharias Tschernischew: »Warum nehmen Sie nicht das Bistum Ermland? Denn schließlich muß doch jeder etwas haben.«

Diese Eröffnungen überraschten Friedrich nicht. Sie kamen ihm sehr gelegen, und er hatte alles getan, um sie zu provozieren. Aber er wußte, wie die Menschen denken. Wenn er auch bereit war, seine Zeitgenossen mit großen Coups vor den Kopf zu stoßen, so hielt er es doch für unklug, sie mit Nadelstichen zu ärgern. Die läßlichen Sünden werden von der Geschichte am wenigsten verziehen. Wer sich durch den Raub einer Provinz zum großen Mann gemacht hat, wird durch die Wegnahme eines Distrikts zum Spitzbuben. Ermland ist in Friedrichs Augen »keine sechs Sous wert«. »Dieser Bissen«, sagte er, »ist so winzig, daß er für das Geschrei, das seinetwegen entstünde, nicht entschädigen kann ... Wenn man sich mit Hast auf Kleinigkeiten stürzt, sieht das nach Gier und Unersättlichkeit aus. Und ich möchte nicht, daß man mir noch mehr von diesen Eigenschaften nachsagt, als man es ohnehin schon tut.« Wenn schon geteilt wird, dann soll es sich um eine ernsthafte und einschneidende Operation handeln. Wenn schon Entrüstungsgeschrei riskiert wird, dann wenigstens für eine beträchtliche Sache! »Polnisch-Preußen wäre der Mühe wert.« Es würde das Bindeglied zwischen dem königlichen Preußen und Brandenburg, also »einen beträchtlichen Gegenstand« abgeben und dem Herrscherhaus den ganzen Weichselhandel verschaffen. Alsbald beauftragte er Finckenstein, seinen Forderungen die nötigen rechtlichen Unterlagen zu geben. Infolge eines wirklich außergewöhnlichen Glücksfalles traf es sich, daß die in den preußischen Staatsarchiven ausgegrabenen Rechtsansprüche mit dem, was Friedrich angenehm und passend schien, genau übereinstimmten.

Die Zarin ließ sich ziemlich leicht überreden. Aber es währte mehr als sechs Monate, bis Maria Theresia gewonnen war, die Kaunitz und Joseph zu einem förmlichen Bündnis mit der Türkei bewogen hatten (6. Juli 1771). Sie hofften damit, auf dem Balkan alles zu regeln, ohne daß Friedrich sich hineinmischen oder sonstwie bezahlt machen konnte. Doch dieser Plan war allzu verwickelt und setzte vor allem Österreich der Gefahr eines neuen Krieges aus. Österreich aber wollte nicht »vom Leder ziehen«, und schließlich wußten alle vor ihren eigenen Intrigen weder ein noch aus. Je mehr sie (nach einem Ausspruch des russischen Kanzlers) »in den Schlamm der Perfidien versanken«, desto größer wurde für sie die Verlockung, der Angelegenheit dadurch ein schnelles Ende zu bereiten, daß sich alle miteinander auf den Schwachen und Unschuldigen stürzten. »Und das«, schrieb Friedrich, »wird die drei Religionen, die griechische, katholische und protestantische, vereinigen, denn wir werden alle von dem gleichen eucharistischen Leibe Polens kommunizieren, und wenn es auch nicht unseren Seelen zum Heile gereicht, so wird es doch sicherlich unseren Staaten zum größten Wohle dienen.«

Die erste Konvention wurde am 17. Februar 1772 zwischen Rußland und Preußen in St. Petersburg unterzeichnet. Maria Theresia hatte sich erst nach langem Sträuben und Jammern gefügt. Sie tröstete sich, indem sie den volkreichsten Anteil – Galizien und Lodomerien mit rund 2,13 Millionen Einwohnern – nahm. Rußland erhielt das größte Gebiet zwischen Düna und Dnjepr mit Polock, Mstislaw, Witebsk, und Polnisch-Livland mit 1,31 Millionen Einwohnern, Preußen den 1466 abgetretenen Teil des Gebietes des Deutschen Ordens (Marienburg, Elbing, Kulmerland, Pommerellen, Ermland und den Netze-Distrikt) mit Ausnahme von Thorn und Danzig (rund 580 000 Einwohner). Die Verträge wurden am 30. September 1773 vom polnischen Reichstag ratifiziert. Die drei Höfe hatten durch mancherlei Manipulation den Reichstag gefügig gemacht. Unter anderem hatte man eine gemeinsame Kasse gegründet aus der die Bestechungsgelder an Widerspenstige bezahlt werden sollten.

Die Teilung erregte keine Entrüstung. Europa war auf sie vorbereitet. Und wer hätte sich im Zeitalter der Enzyklopädie für gläubige Katholiken interessiert? Friedrich gab sich alle Mühe, seine philosophischen Freunde bei der Stange zu halten. D'Alembert und Voltaire gegenüber schildert er die Polen »als das letzte Volk Europas«, ein Volk ohne Ehre und Tugend, das sich der wüstesten Ausschweifung ergibt. Die Patrioten von Bar nennt er »Memmen«, Briganten, »durch den stumpfsinnigsten Aberglauben völlig vertierte Wesen«, gerade noch »fähig zu jener Art von Verbrechen, die sich Feiglinge erlauben können«. Er machte sich sogar daran, sie in Versen zu verhöhnen und schrieb gegen sie ein komisches Heldengedicht, das d'Alembert in den Salons von Paris vorlas.

In allen seinen Briefen befleißigte er sich, »das kleine Stück Anarchie«, das man in seine Zucht gegeben hatte, herunterzumachen. »Da-

124. Die Teilung Polens zwischen Rußland, Österreich und Preußen im Jahr 1772

Kupferstich von Johann Esaias Nilson, 1773

mit man mich nicht allzusehr beneidet, erkläre ich vor allen, die es hören wollen, daß ich auf meiner Reise nichts als Sand, Fichten, Heidekraut und Juden gesehen habe.« Aber er war mit seinem Anteil sehr zufrieden. Erstens, weil er ihn ohne Blutvergießen, nur mit einer Feder und ein wenig Tinte erobert hatte. Und zweitens, weil diese Landstriche trotz Unordnung und Elend sehr reich an natürlichen Schätzen waren, die durch eine gute Verwaltung ausgewertet werden konnten. Er wurde wieder zum ›Krämer‹. Vermessung des Grund und Bodens, Einführung des preußischen Steuersystems, Reform des Gerichtswesens, Eröffnung von Schulen, Gründung neuer Dörfer, Versuch, durch Ansiedlung deutscher Bauern und Handwerker das Land zu germanisieren, Einschränkung der Frondienste, Umwandlung der Leibeigenen in Erbzinsleute, Anlage eines Kanals zwischen Oder und Weichsel, Gründung einer Handelsgesellschaft in Elbing, um Danzig Konkurrenz zu machen – es sind ungefähr die gleichen Aufgaben und Grundsätze wie früher, nur erfolgt ihre Durchführung zielstrebiger und härter.

Auch für das neue Preußen hatte sich Friedrich, wie vorher für Schlesien, die unmittelbare Verwaltung mit Ausschaltung des Generaldirektoriums vorbehalten. Aber diesmal war er durch keinen Vertrag beengt. Eine seiner ersten Maßnahmen war die Übernahme der geistlichen Liegenschaften in staatlichen Wirtschaftsbetrieb, wobei er sich für seine Bemühungen die Hälfte der Einkünfte zusprach. »Unsere Bischöfe behalten 24 000 Livres Rente, die Äbte 7 000. Die Apostel hatten nicht soviel . . . Man entlastet sie von den Sorgen dieser Welt, damit sie sich ohne Ablenkung befleißigen, das himmlische Jerusalem zu gewinnen, das ihre wahre Heimat ist . . .« Vor Zeiten waren die Krongüter den Starosten für ihre Dienste zu lebenslänglicher, später zu erblicher Nutznießung überlassen worden. Diese dem Staate entzogenen Starosteien wurden gegen eine geringe Entschädigung den Edelleuten wieder abgenommen und zur königlichen Domäne geschlagen. Etwaigen Widerstand oder schlechten Willen der Betroffenen machte sich Friedrich zunutze, um ihnen, wenn irgend möglich, auch noch die Entschädigung zu entziehen. Hatte Friedrich Wilhelm, der sich schmunzelnd die Hände rieb, wenn es ihm gelungen war, einen Pachtzins um 20 Taler zu steigern, sich je ein solches ›Plus‹ erträumt? Diese Enteignungen hatten obendrein den Vorteil, die beiden einzigen moralischen und sozialen Mächte, die es im Lande gab, zu entwaffnen.

Auf der Inspektionsreise Friedrichs gab es nun neue Etappen: Bromberg, Kulm, Graudenz. Im Sommer sahen die Bauern und Holzfäller seinen alten Reisewagen staubaufwirbelnd über die sandigen Feldwege holpern oder fast lautlos über die fette schwarze Erde der Talgründe dahinrollen. Zuweilen beugte sich der König aus dem Fenster, um einer mit lautem Geschnatter flüchtenden Gänseherde mit den Blicken zu folgen. Und dann am Eingang eines Dorfes oder vor einem Meierhofe im Schatten einiger Birken hielt der Wagen. Der Amtmann, der Feldmesser, der Landrat eilten mit gezogenem Hute herbei, und des Königs Stimme erhob sich:

»Hat Er Crayon? Gut . . . Schreibe Er auf. Wieviel Pferde braucht Er? Wie viele Ochsen? Wie viele Kühe?«

DER ALTE FRITZ

Am 14. Juni 1773 kam Monsieur de Guibert in Potsdam an. Er war Oberst, 29 Jahre alt und tat sich viel darauf zugute, Genie zu besitzen. Er hatte eine Tragödie über den Konnetabel von Bourbon in der Tasche und hatte einen ›Essai général de tactique‹ (1772) samt einer einleitenden Abhandlung über den Stand der europäischen Politik und Militärwissenschaft veröffentlicht. Er hoffte, den Manövern der preußischen Armee beizuwohnen, und da er der Geliebte von Mademoiselle de Lespinasse war, hatte ihm Monsieur d'Alembert eine Empfehlung für Monsieur de Catt, den Sekretär des Königs, mitgegeben. Es war damals Mode geworden, von weither zu kommen, um Sanssouci einen Besuch abzustatten und den alten Fritz »in seiner Gloire« zu betrachten. Eine Reise in die Welt ohne Sanssouci wäre unvollständig gewesen.

Graf Jacques Antoine Guibert war erstaunt, eine Stadt zu sehen, die bei nur 6 000 Einwohnern eine Garnison von 12 000 Mann besaß. Er bewunderte die geraden, breiten, wie mit dem Lineal gezogenen Straßen, die überdies vom König noch Jahr für Jahr durch neue Fassaden in italienischer Manier und einen Überfluß von Säulen und Standbildern bereichert wurden. Da die Soldaten außer Dienst die verschiedensten Gewerbe, wie das eines Droschkenkutschers, Lohndieners oder Streichhölzchenverkäufers, betrieben, sah er allenthalben längs der korinthischen Pilaster Militärhosen aufgehängt oder ein Bierschild an einer Mauer befestigt, die oben mit Halbgöttern prunkte. In Sanssouci erlangte man nur Zutritt, wenn man gerufen wurde. M. de Guibert überreichte also de Catt sein Einführungsschreiben und, da Friedrich gerade auf einer Inspektionsreise begriffen war, ließ er sich inzwischen den Freunden des Königs vorstellen, die ihn mit größter Höflichkeit willkommen hießen.

Der alte Kreis war seit 1763 zerstoben. D'Argens war nach der Provence gereist, um dort sein Leben zu beschließen. Während der Kriegszeit hatte der König ihm Briefe geschrieben, in denen er ihn in ernstem und freundschaftlichem Tone seines vollen Vertrauens würdigte. Als er aber nach Friedensschluß wieder in der alten Art mit ihm umsprang, war der gute Marquis untröstlich, wieder zum Rang des abgebrauchten Hofmanns herabzusinken und von neuem Spott und Hänseleien ausstehen zu müssen. Zudem befiel ihn das Heimweh. Im Herbst 1764 war er in einer Erbschaftsangelegenheit nach Aix gereist. Der Prozeß, die Freude an der Ruhe und an der Sonne der Provence hatten ihn fast ein Jahr lang dort zurückgehalten. Als er zurückkam, war er unzufrieden mit sich selbst und noch unzufriedener mit dem König, denn dieser hatte sich den schlechten Spaß erlaubt, auf seiner ganzen Reiseroute in den Wirtshäusern und auf den Poststationen einen angeblichen Hirtenbrief des Bischofs von Aix verbreiten zu lassen, in dem der Marquis als ein ungläubiger, verderbter, ruchloser, halsstarriger Gotteslästerer und Feind des Menschengeschlechtes bezeichnet wurde. »Wappnet Euren Arm wie jene wackern Priester, die mit geweihter Mörderhand ihre Brüder in der Wüste niedermetzelten! Säubert die Schlösser von Argens! Rottet aus von dieser Erde den Aufrührergeist wider die Kirche! ...« Nachdem d'Argens lange für sein Leben gezittert und aus Vorsicht einen anderen Namen angenommen hatte, entdeckte er endlich den Betrug. Ein falscher Titel brachte ihn auf die Spur: Es gab in Aix keinen Bischof, sondern einen Erzbischof. In Potsdam hatte er sich auf den herzlichsten Empfang gefaßt gemacht, statt dessen sagte der König, er erkenne ihn in seinem weißen Hemde, seinen straffsitzenden Strümpfen und seiner sauberen Kniehose nicht wieder. Einige Monate lang waren ihre Beziehungen recht kühl. Ein ›Lob der Trägheit‹ (1768), das ohne Angabe des Verfassers erschien und in seiner Widmung ein boshaftes Porträt des Marquis' entwarf, brachte die beiden vollends auseinander. D'Argens, als Narr und Abtrünniger behandelt, erhielt schließlich seine Entlassung bewilligt (1768). Aus Dijon richtete er an seinen ehemaligen Gebieter ein Abschiedsschreiben, das voller Achtung für den König von Preußen ist, aber über den Philosophen von Sanssouci ein strenges Urteil fällt. »Wie groß wäre das Erstaunen der Nachwelt, wenn Plutarch, der sozusagen der philosophische Gefährte Mark Aurels gewesen ist, um den grausamen Späßen und der erniedrigenden Behandlung dieses Kaisers zu entgehen, genötigt gewesen wäre, sein Silbergeschirr und den Schmuck seiner Frau – das einzige, was ihm blieb – zu veräußern, um ruhig am Fuße der Alpen leben zu können, glücklich, die Reden nicht mehr hören zu müssen, von denen einige jedes menschliche Gefühl empören, wie jenes Ansinnen, ein Mädchen, voll schöner Begabung, das Plutarch wie seine eigene Tochter erzogen hatte, mit seinem Hunde zu verheiraten, oder der Vorschlag, ihm seine Stallknechte zu schicken, damit sie ihn zur Heilung seines Gliederreißens striegeln? Glaubt der Philosoph von Sanssouci, daß man Plutarch vorwerfen könnte, Mark Aurel zu Unrecht verlassen zu haben, weil dieser ihm in seinem Palaste drei goldstrotzende Gemächer eingeräumt hatte, aus denen der Philosoph sich nur zitternd hervorwagte, und in die er fast immer mit schmerzbewegtem Herzen zurückkehrte?«

D'Argens wurde in Friedrichs vertrautem Verkehr durch den Obersten Quintus Icilius ersetzt, der in Wirklichkeit Karl Gottlieb Guichardt hieß, in Magdeburg als Sohn französischer Emigranten geboren war und an der Universität von Leyden die schönen Wissenschaften unterrichtet hatte. Er war Naturforscher, Historiker, Philologe, Numismatiker, Liebhaber alter Geräte und alter Handschriften, überhaupt von allem, was griechisch und lateinisch war. Friedrich fragte ihn eines Tages, wer unter Caesars Offizieren sein bester Adjutant gewesen sei. Guichardt erwiderte, das sei Quintus Icilius gewesen. »Schön«, erwiderte der König, »Ihr werdet mein Quintus Icilius sein, ich gebe Euch diesen Namen und bin sicher, daß Ihr ihn Euch verdienen werdet.« (Quintus Icilius kommt im Altertum nicht vor und dankt nur einem Irrtum des Guichardt und einer Laune Friedrichs seine Existenz.) Während seiner Professorenzeit hatte Quintus nur von Strategie und Schlachten geträumt. Im Anfang des Siebenjährigen Krieges meldete er sich freiwillig zum Heeresdienst, doch hatte er bei seinem ersten Gespräch mit dem König das Unglück gehabt, die Behauptung aufzustellen, daß die Traglast eines römischen Legionärs schwerer gewesen sei als die eines preußischen Grenadiers. Friedrich ließ ihn einige Tage später rufen, postierte ihn lächelnd in die Mitte des Saales, ließ ihn stramm stehen, hob ihm das Kinn, drückte ihm die Grenadiermütze, so wie es die Vorschrift war, bis zu den Ohren herunter, band ihm den Säbel um, lud ihm das Gewehr, die Patronentasche und den Tornister auf und sagte dann zu dem Verdutzten: »Ich muß zugeben, daß Er so sehr schön ist. Er sieht ganz wie ein preußischer Soldat aus. Ich bin sicher, Er wird das seinen Römern vorziehen.«

Und, ohne ihn weiter zu beachten, zog er de Catt in eine Ecke, wo er sich mit ihm des langen und breiten über moralische und philosophische Gegenstände unterhielt. Endlich nach dreiviertel Stunden befreite er den uniformierten Latinisten.

»Nun, hat Er die Last unserer Soldaten erträglich gefunden? Jetzt wollen wir noch große Märsche machen. Ich hoffe, Er wird zugeben, daß sie ebenso stark sind wie die der Römer. Er wird Operationen sehen, von denen sie keine Ahnung hatten noch haben konnten. Adieu, sei Er ein wenig Preuße, dann wird Er Grund haben, mit mir zufrieden zu sein.«

Guichardt liebte die Franzosen nicht, sagte ihnen alles erdenkliche

Schlechte nach und schadete ihnen, wo er konnte. Die Sticheleien des Königs ertrug er bis zu einem gewissen Punkte, dann ärgerte er sich. In Sanssouci fragte ihn Friedrich, der ihn bei jeder Mahlzeit neckte, wieviel er in Sachsen bei der Ausräumung des Schlosses des Grafen Brühl gestohlen habe.

»Die Sache ist ja alt«, bohrte der König, »es ist Gras über sie gewachsen. Und übrigens hat Er doch jede Scham verloren. Es weiß doch jeder, daß Er ein Plünderer ist, diesen Ruf hat Er nun einmal. Also vorwärts, heraus mit der Sprache! Was hat Er bei diesem Gaunerstreich verdient?«

»Ew. Majestät müssen es genau wissen«, antwortete Quintus, hochrot vor Zorn. »Was ich getan habe, ist alles auf Ihren Befehl geschehen. Ich habe Ihnen Rechnung abgelegt, und Sie haben mit mir geteilt.«

Damit stand er vom Tische auf und ging. Der König richtete ein Jahr lang kein Wort mehr an ihn. Als Guibert nach Potsdam kam, hatten die beiden sich wieder ausgesöhnt, aber Quintus, dem man diesmal schwindelhafte Spekulationen mit Aktien der Berliner Bank nachsagte, sprach von Friedrich ohne Respekt. Er sagte, daß er einen übertriebenen Ruf genieße, denn der Siebenjährige Krieg sei nicht durch seine Feldherrnkunst, sondern durch die Tapferkeit und Disziplin seiner Truppen gewonnen worden. Auch behauptete er, daß es im preußischen Heere weit mehr Routine als Intelligenz gäbe.

Aus der alten Zeit lebte noch der Abbé Bastiani, der in Breslau wohnte und nur selten nach Sanssouci kam. Unser Oberst speiste mit ihm und fragte ihn begierig aus. Auch er war, wie d'Argens und Quintus, verbittert und enttäuscht:

»Der König«, sagte er, »hat Freundschaft nie gekannt, er ist dieses Gefühles unfähig. Er sonnt sich in dem Bewußtsein des Abstandes zwischen dem, was er bei seinem Regierungsantritt war und was er heute ist. Seine Untertanen sind für ihn nur eine gemeine Herde, bestimmt, das Land nach seinem Befehl fruchtbar zu machen oder es zu verschönern. Der Machtwille und die Eitelkeit sind seine heftigsten Leidenschaften. Musik, bildende Künste, Literatur, Philosophie, Freundschaft – all das bedeutet für ihn eine bloße Erholung, Zeitvertreib und Firlefanz.«

Solchermaßen bearbeitet, wurde Guibert endlich dem König vorgestellt. Im Nu war alles, was man ihm erzählt hatte, vergessen. »Seine Person schien mir von einer Art Magie umwittert«, schreibt er. Guibert war nicht der einzige, der diesen Eindruck von ihm empfing. »Trotz seiner kleinen Gestalt«, berichtet Louis Philippe de Ségur, »schien er dem geistigen Auge größer als alle anderen Menschen« (1785). »Strah-

125. Friedrich der Große bei einer Parade des 2. Bataillons der Leibgarde — *Radierung von Daniel Chodowiecki, 1777*

lend von Majestät«, nennt ihn ein anderer. Wir haben heute Mühe, uns dies vorzustellen. Die Altersbildnisse, die es von ihm gibt, taugen nicht viel. Am besten ist noch die oft reproduzierte Gouache von Daniel Chodowiecki aus dem Jahre 1777. Chodowiecki, der den König häufig bei den Frühlingsmanövern sah, hat ihn zu Pferde im Profil bei einer Truppenschau gemalt. Er ist als hagerer Greis, mit rundem Rücken, faltig hängender Haut am Halse und schmalen, gekniffenen Lippen dargestellt. Gewöhnlich trug er einen blauen Rock, verbraucht wie sein Körper, immer bis oben zugeknöpft, eine Kniehose aus schäbigem Samt, eine alte Silberschärpe, einen kleinen Messingdegen mit einem Portepée, von dessen Quaste nur noch der nackte Holzknopf übriggeblieben war, einen riesigen Dreispitz und ehemals schwarze, vor Alter gelblich gewordene Stiefel, die über die Knie reichten und in der Mitte der Oberschenkel mit einer schlechten Schnur befestigt waren. Er schnupfte maßlos spanischen Tabak, sein Anzug war davon immer beschmutzt.

»Ich kann den Tabak nicht lassen«, sagte er zu de Catt, »ich habe diese

Gewohnheit nun einmal angenommen. Das mag ekelhaft sein, gestehen Sie es nur, mein Lieber. Gestehen Sie, daß ich ein wenig schweinisch aussehe.«

Er sagte auch: »Ich bin beinahe ebenso schlumpig wie unser guter Marquis.« Oder: »Als meine Mutter noch lebte, hielt sie mich sauberer oder, genauer gesagt, weniger unsauber. Diese liebevolle Mutter ließ mir jedes Jahr ein Dutzend Hemden mit hübschen Handkrausen machen und schickte sie mir an den Ort, an dem ich mich befand. Seit diesem unersetzlichen Verlust gibt niemand mehr auf mich acht.« Er schlief in einem kleinen, sehr schmutzigen Bett, das Kopfkissen mit einem Tuch um den Kopf gebunden. Da er viel schwitzte, wurden die Leintücher am Morgen vor dem Kamin zum Trocknen aufgehängt. Seine Kleidung und Wäsche wurde von einem Husaren in Ordnung gehalten, der die Knöpfe mit weißem Faden annähte und in die Hemden Flicken einsetzte.

Was die Fremden an seinem welken Gesicht bezauberte, das war der Blick, den kein Künstler wiederzugeben vermochte, weil er so seltsam ausdrucksvoll, beweglich und tief, voll Jugendfeuer und Leben war. Wenn der König gefallen wollte, konnte er seiner Physiognomie einen einzigartigen Ausdruck von Milde und Wohlwollen verleihen, in alle seine Züge kam Leben, und man konnte auf seinem Antlitz die Regungen seiner Seele lesen. Er sprach sehr deutlich, ohne seine Stimme anzustrengen, in vertraulichem Tone und mit einer Nuancierung, die »ebenso angenehm war wie die Bewegung seiner Lippen, die einen unsagbaren Reiz hatte« (Karl Joseph von Ligne). Er redete viel, und man bedauerte, daß er nicht noch mehr redete. Vom ersten Augenblick an war man ganz gewonnen, und jede Unsicherheit verschwand.

Durchreisende Franzosen, besonders wenn sie vom Hof von Versailles kamen, waren immer willkommen. Sie brachten jene Luft mit, die er einst geatmet hatte; in ihrer Gegenwart fand er wieder Gelegenheit, zu jenem beschwingt dahingleitenden, funkelnden Gespräch, das seine liebste Erholung gewesen war und ihm jetzt fehlte. Eines Tages, als er Vergil zitierte, bemerkte der Fürst von Ligne: »Er war ein großer Dichter, Sire, doch was für ein schlechter Gärtner!«

»Das weiß ich wohl«, erwiderte der König, »habe ich nicht mit den ›Georgica‹ in der Hand pflanzen, säen, pflügen und umgraben wollen? ›Majestät‹, sagte mir mein Gärtner, ›Sie sind verrückt mitsamt Ihrem Buche. So arbeitet man nicht.‹ Aber, mein Gott, was für ein Klima haben wir auch hier! Würden Sie glauben, daß es mir alles versagt? Sehen Sie meine armen Orangenbäume, meine Ölbäume, meine Zitronenbäume, alles vergeht vor Kälte.«

»So gedeiht also bei Ihnen nur der Lorbeer, Majestät«, erwiderte der Fürst. Und als der König ein huldvolles Lächeln markierte, fügte er, um den Eindruck seines faden Kompliments zu verwischen, schnell hinzu: »Und dann gibt es zu viele grenadiers in diesem Lande. Das frißt alles auf.« (Wortspiel: ›Grenadier‹ heißt im Französischen sowohl Granatbaum als auch Grenadier.)

Der König lachte, weil, wie der Erzähler sagt, nur Dummheiten lachen machen. Im Jahre 1769 empfing er den Baron Friedrich Melchior Grimm, von dem er fand, daß er »einen philosophischen Kopf und ein mit schönen Kenntnissen ausgestattetes Gedächtnis« habe. Sie schrieben einander. Grimm, der von der Zarin oft nach St. Petersburg eingeladen wurde, hielt sich wiederholt in Berlin auf. Friedrich ließ sich auch die literarische Korrespondenz kommen, die der Philosoph an die deutschen Fürsten schickte. Doch Männer von Geist sind selten. Mehr und mehr lebte Friedrich unter Schatten. Ein oder zweimal im Jahre begab er sich nach Magdeburg, um »als alter Freund« den greisen Fouqué um einen Teller Suppe und eine Schüssel Spinat zu bitten. »Ich komme allein; Schmausereien und Aufwand sind überflüssig. Einfache Hausmannskost genügt.« Fouqué war der letzte Jugendfreund, den er in Preußen noch besaß. Mit ihm konnte er über Rheinsberg und die Anfänge seiner Regierung sprechen. Der König legte auf diese Freundschaft großen Wert; er schickte ihm Andenken, Früchte aus Sanssouci, Trüffel aus Frankreich, Kaffee aus der Türkei. Einmal schenkte er ihm ein großes Glas, das Friedrich Wilhelm gehört hatte, ein andres Mal Ungarwein, der vor 60 Jahren auf Flaschen gezogen war. »Guten Tag und gutes Jahr, mein lieber Freund, ich schicke Ihnen ein Geschenk von Greis zu Greis: einen bequemen Sessel, dessen Lehne Sie nach Belieben hochstellen oder senken können, wahren Balsam aus Mekka zur Wiederherstellung Ihrer Kräfte, ferner zu Ihrer Unterhaltung Dingerchen aus meiner Porzellanmanufaktur.« Aber Fouqué war nur noch eine Ruine. Er war taub und an den Beinen gelähmt. Da er gewisse Laute nicht mehr hervorzubringen vermochte, bediente er sich einer mechanischen Vorrichtung, die die Silben aufschrieb, die er nicht aussprechen konnte. Er starb im Jahre 1774. Ihm folgten in kurzem Abstand Guichardt und Poellnitz, der bis zu seinem letzten Atemzug mogelte und bei seinen Gläubigern ein sehr begründetes Bedauern hinterließ. Tot waren auch Seydlitz, der Reitergeneral, Valory, Bielfeld, Mitchell, Quantz, der Flötenvirtuose. Nach Friedensschluß hatte der Lord-Marschall, der sich mit der hannoverschen Dynastie ausgesöhnt hatte, einige Zeit in Schottland verbracht. Dort war aber seit dem Sturz der Stuarts alles verändert, er erkannte weder die Menschen noch die

Dinge wieder. So kehrte er denn nach Potsdam zurück, wo ihm der König ein Haus in der Nähe des Schlosses schenkte. Täglich gingen sie miteinander im Park spazieren: Friedrich vorgebeugt und sich auf einen langen Stock mit diamantenbesetztem Griff stützend, Keith noch straff und rüstig. Mit 86 Jahren las er zu seinem Vergnügen das Werk des Paters Thomas Sanchez ›Disputationes de Sancto matrimonii Sacramento‹, und beklagte sich darüber, daß die Meinungen des Autors ihn zuweilen allzusehr beschäftigten. Wenn Keith auf Reisen war, schickte ihm der König Gartenberichte: »Mein Geißblatt ist herausgekommen, mein Holunder wird bald ausschlagen, und die Wildgänse sind wieder da.« Doch eines Tages war der greise Schotte gelähmt und konnte nicht mehr sein Zimmer verlassen. Der König besuchte ihn und blieb, im Feuer stochernd, das die beiden Alten nicht zu wärmen vermochte, lange bei ihm. Im Jahre 1778 starb zweiundneunzigjährig der Lord-Marschall.

Anderthalb Jahre lang hatte Friedrich eine ganz außergewöhnliche Persönlichkeit an seinem Hofe, den Grafen Albert Joseph von Hoditz, einen Bekannten aus Mähren, der, da er in seiner ersten Jugend die verwitwete Markgräfin von Bayreuth geheiratet hatte, gewissermaßen mit ihm verwandt war. Hoditz, ein sehr schöner, schmalgesichtiger Mann, litt an einer der angenehmsten Verrücktheiten. Er hatte sein Schloß und Gut Roßwalde zu einem perpetuierlichen Theater eingerichtet, dessen Schauspieler, Tänzer, Musikanten, Maler, Dekorateure und Wasserkünstler seine Leibeigenen waren. Es gab in seinem Park eine Pagode, römische Ruinen, Druidenhöhlen mit Altären, geheimnisvolle in den Stein gehauene Grotten, christliche Einsiedeleien, das Grabmal Hermann des Cheruskers, ein Liliputanerdörfchen, das Tempetal, künstliche Bergwerke, ein unterirdisches Labyrinth, in dem das Leiden Christi zu sehen war, Kanäle, eine Flottille und 6 000 springende Brunnen. Dank einem ungeheuren Kostümvorrat belebte eine aus 90 Personen bestehende Truppe, die von einem Franzosen geleitet wurde, je nach dem Belieben des Gebieters den einen oder den anderen Teil des zauberischen Bezirks. Er veranstaltete Schäferspiele, Illuminationen, indische Ballette, chinesische Festmähler, druidische Opferungen, Prozessionen, nautische Feste, bei denen es Najaden und Meergötter gab. Der erstaunliche Mann erweckte Friedrichs lebhafte Neugier. Er lud ihn öfters für einige Wochen nach Potsdam ein. Später, als der Magier sein Vermögen in Raketen und Musik gänzlich verpufft hatte, nahm er ihn bei sich auf und setzte ihm eine Pension aus. Hoditz hatte in seinem Alter viele Krankheiten, er starb im Jahre 1778 an einem Steinleiden.

Im gleichen Jahre starb auch Voltaire. Der König und der Patriarch haßten sich, hielten sich aber gegenseitig für die größten Männer ihrer Zeit und konnten einer den anderen nicht entbehren. Im vertrauten Kreise gab Voltaire Friedrich den Namen ›Luc‹. So hieß ein sehr häßlicher Affe, es konnte aber auch ein Anagramm sein: »Um durch Buchstabenversetzung die Lästerung anzudeuten, welche er [Voltaire] in der ›Vie privée‹ und in der ›Pucelle‹ ausgesprochen«, heißt es bei Johann David E. Preuß in seiner Lebensgeschichte Friedrichs des Großen.

Voltaire nannte ihn einen falschen Freund, einen abscheulichen Poeten, ein undankbares Herz, einen schlechten Verwandten, einen treulosen Verbündeten, einen zum Unglück der Menschheit Geborenen. Er konnte es Soubise nicht verzeihen, daß er sich bei Roßbach hatte schlagen lassen und ihn dadurch der herrlichen Schadenfreude beraubte, dem ins tiefste Unglück gestürzten ›Luc‹ Trost zuzusprechen. Friedrich seinerseits hieß Voltaire einen bösen Menschen, einen Geizhals, einen gemeinen Spitzbuben, einen Feigling, einen Lügner. Aber sie schrieben einander einige Male im Monat. Wenn sie ärgerlich waren, warfen sie einander die alten Beschuldigungen wieder an den Kopf. »Sie haben mir viel Böses zugefügt«, schrieb Voltaire, »Sie haben mich auf immer mit dem König von Frankreich auseinandergebracht, Sie sind schuld, daß ich meine Ämter und Jahresgehälter eingebüßt habe, Sie haben mich in Frankfurt mißhandeln lassen, mich und eine unschuldige Frau, eine geachtete Dame, die in den Kot geschleift und ins Gefängnis geworfen wurde ...« »Sie haben sich als Störenfried aufgeführt«, replizierte Friedrich ... »Sie haben mir alles erdenkliche Unrecht angetan ... Ich habe Ihnen verziehen und will sogar alles vergessen. Aber wenn Sie es nicht mit einem Narren zu tun hätten, der in Ihr schönes Genie verliebt ist, wären Sie bei jedem anderen nicht so gut weggekommen. Lassen Sie es sich gesagt sein, daß ich von jener Nichte, die mich anödet, nichts mehr hören will ...« Aber Voltaire schwieg nicht, sondern warf dem König seine giftgeschwollene Seele vor, die gänzlich verderbt sei, »durch die unglückselige Lust ... an der Erniedrigung aller anderen Menschen«. Hierauf söhnte man sich wieder aus. »Ich hätte Sie auch mit Ihren Fehlern geliebt«, schrieb Friedrich. »Sie fehlen mir zu meinem Glück«, gestand Voltaire. »Ich konnte weder mit Ihnen noch ohne Sie leben ... Sie sind die verführerischste Kreatur, die ich kenne ...« Und man kehrte wieder zur Metaphysik, zur Literatur, zu vertraulichen Mitteilungen und zu Witzen über die Religion zurück. »Ich tröste mich damit, im Jahrhundert Voltaires gelebt zu haben, das genügt mir«, schloß der König einen Brief.

»Aus der Ferne küsse ich die siegreichen Hände, die so scharfsinnige und so nützliche Dinge geschrieben haben«, erwiderte Voltaire.

Die königliche Akademie glänzte weithin durch ihre Astronomen und Mathematiker. Aber Friedrich interessierte sich nicht für die Naturwissenschaften. Die Abteilungen für Literatur und für Philosophie waren allmählich eingeschlafen. Sie hatten keine aufsehenerregenden Dispute mehr mit den ausländischen Körperschaften, sie hatten keinen La Mettrie oder d'Argens mehr, um das Entrüstungsgeschrei der christlichen Philosophen zu erregen, und auch die inneren Zwistigkeiten hatten ein Ende genommen. Die vakanten Stellen wurden mit schweizerischen Professoren, mit Grammatikern, braven Pastoren, fruchtbaren, aber talentlosen Literaten besetzt, deren Namen – Jean Henri Formey, François-Vicent Toussaint, Jakob Wegelin, Johann Bernhard Merian, Paul Jérémie Bitaubé, Dieudonné Thiébault, Pierre Prévost – kaum jemanden etwas sagen. Es kam auch ein französischer Benediktiner, Dom Antoine-Joseph Pernetty, der Direktor der königlichen Bibliothek wurde, und ein italienischer Priester, Carlo Denina, der als geistsprühender Abbé begann und bald ebenso langweilig wurde wie die anderen. Einige unterrichteten an einer Militärschule, die der König im Jahre 1766 für die Erziehung des unbemittelten jungen Adels gegründet hatte. Giacomo Casanova war an ihr einige Wochen als Aufseher angestellt. Ab und zu lud Friedrich einen seiner Akademiker zu sich ein, monologisierte vor ihm und vertraute ihm irgendeine Denkschrift zur Durchsicht oder zum Abschreiben an. Er gab sich nicht einmal mehr die Mühe, sie zu verspotten, denn er hatte den Köcher seiner Witzpfeile schon lange an ihnen verschossen.

Zuweilen überkam ihn das Gefühl, daß er sich selber überlebe. »Es ist klug, die Welt zu verlassen, bevor sie uns selbst verläßt«, sagte er. »Das Menschengeschlecht langweilt sich gar zu leicht, wenn es immer dieselbe Physiognomie erblickt . . . Es ist gut, dem Publikum zuvorzukommen, und ihm zur Langeweile nicht Zeit zu lassen.« Er unterschrieb seine Briefe »der Eremit von Sanssouci«, als wäre er in seinem Geschmack und seinen Neigungen zu einem Mann der alten Zeit geworden. In Wahrheit war er geblieben, was er in seiner Jugend gewesen war: ein Jünger Bayles, ein ›Libertin‹ des siebzehnten Jahrhunderts. Zu dieser großen Epoche rechnete er noch Voltaire, nach diesem gab es für ihn nur Verfall und Verderbnis. »In einigen Jahrhunderten wird man die guten Schriftsteller aus der Zeit Ludwigs XIV. übersetzen, wie man gegenwärtig die aus der Zeit des Perikles und des Augustus übersetzt.« Oder: »Unser armes Jahrhundert ist von einer erschreckenden Unfruchtbarkeit an großen Männern wie an guten Büchern. Vom Jahrhundert Ludwigs XIV., das dem menschlichen Geist Ehre einbringt, ist uns nur der Abschaum geblieben. Binnen kurzem wird es gar nichts mehr geben.« Er sah ein Zeitalter der Barbarei voraus, in dem die physikalischen und analytischen Forschungen die Oberhand haben würden.

An der Generation von 1760 mißfielen ihm die Ideen, der Stil, der Mangel an Anstand, die Kühnheit und vor allem die tyrannische Art, abstrakte Spekulationen anzustellen und kurzweg zu entscheiden. Er sah darin nur »Mißgeburten des Parnaß, falsche Schöngeister, Philosophen mit Paradoxen und Sophismen«. Er hatte Jean Jacques Rousseau eine Zuflucht im Fürstentum Neuchâtel angeboten, weil er ihn für einen kranken und unglücklichen Mann hielt, aber es gelang ihm nicht, den ›Emile‹ zu Ende zu lesen: »Das ist ein Wiederkäuen von Sachen, die man längst kennt ... Nichts Originelles, wenig gediegenes Denken, viel Unverschämtheit. Diese Kühnheit, die an Frechheit grenzt, verstimmt den Leser, so daß ihm das Buch unerträglich wird und er es aus Widerwillen wegwirft.« Ein andresmal nennt er Jean Jacques anläßlich seiner Abhandlung über die Künste einen Rasenden. Bei Diderot entrüstet ihn »sein dünkelhafter Ton und seine Arroganz«, bei Guillaume Raynal die Unerschütterlichkeit, mit der er um jeden Preis an Behauptungen festhält, die er für wahr erklärt hat. »Man läuft Gefahr, in Acht und Bann getan zu werden, wenn man vorzubringen wagt, daß der Handel eines Staates um einige Millionen mehr Gewinn abwirft, als er verkündet.« Voltaire hatte ihm einen Herrn Delisle, Verfasser einer ›Philosophie de la nature‹, als Bibliothekar empfohlen. Friedrich blätterte in dem Buche und fand, es sei nur ein Sammelsurium überspannter Ideen, die man wohl »einem Manne im Zustand der Betrunkenheit« zugute halten könne, aber nicht einem Schriftsteller, der sich für einen Denker ausgibt. Er riet Delisle, Droschkenkutscher zu werden, denn »es ist besser, der erste Kutscher von Europa zu sein als der letzte der Schriftsteller«. Paul Heinrich von Holbach irritierte ihn so sehr, daß er sich die Mühe nahm, den ›Versuch über die Vorurteile‹ und das ›System der Natur‹, diese Sammlungen von Kindereien, Unverschämtheiten und Dummheiten, zu widerlegen. »Was habe ich durch diese Lektüre erfahren? Welche Wahrheit hat mich der Verfasser gelehrt? Daß alle Geistlichen Ungeheuer sind, die man steinigen soll, daß der König von Frankreich ein barbarischer Tyrann, seine Minister Erzschufte, seine Höflinge feige kriecherische Spitzbuben, die Großen des Reiches Dummköpfe voller Arroganz, die Richter pflichtvergessene Rechtsbeuger, die Finanzleute Räuber und Schieber sind ... und daß es in ganz Frankreich nichts Tugendhaftes, Lobenswertes und Achtungswürdiges gibt als den Verfasser selbst und seine Freunde, die sich mit dem Philosophentitel schmücken.« Er schloß verächtlich: »Wäre unser Autor nur sechs Monate lang Bürgermeister in dem Städtchen Pau in Béarn gewesen, er verstände es besser, die Menschen einzuschätzen, die er durch windige Spekulationen niemals kennenlernen wird.« In einem Briefe verglich er Holbach mit einem tollen Hunde, der alle Welt angreift und sich auf die Vorübergehenden stürzt, zufrieden, wenn er nur beißen kann.

Er war dessen überdrüssig, daß man ihn für den Schirmherrn aller mit Eigendünkel und Systemen behafteten Tintenkleckser hielt, die wegen ihrer Sittenlosigkeit oder wegen ihrer Zänkereien mit der Kirche aus ihrem Vaterlande verbannt worden waren. »Sie würden es nicht glauben, welche Karawanen literarischer Insekten hier ankommen, so daß man sich ihrer kaum entledigen kann«, schrieb er an d'Alembert. Er ärgerte sich, daß seine Freunde ihn in lächerliches kleines Gezänk hineinziehen wollten. Er hatte bereitwillig den jungen Jacques Marie d'Etallonde aufgenommen und in sein Heer eingereiht, der in einem der denkwürdigsten Skandalprozesse (Affäre in Abbéville in der Picardie, 1765) des französischen Gerichts im achtzehnten Jahrhundert zugleich mit dem Chevalier Jean François de La Barre (aber in contumaciam) zum Tode verurteilt worden war. Als jedoch d'Alembert ihn aufforderte, den ›Courrier du Bas-Rhin‹ zu verbieten, der das himmelschreiende Verbrechen begangen hatte, den Adel von Loyseau de Mauléon, dem Advokaten der Familie Calas, ja sogar das Talent d'Alemberts in Zweifel zu ziehen, antwortete der König ironisch, daß die Philosophen, da sie für sich selbst die Freiheit beanspruchten, auch den Anstand haben müßten, sie ihren Gegnern einzuräumen. Er riet der Familie Loyseau, Beruhigungspillen einzunehmen und viele Milchtränklein zu schlürfen. »Wenn es sich nur darum handelt«, fuhr er fort, »diese in Tränen aufgelöste Familie völlig zufriedenzustellen, so werden wir hier in Deutschland gewiß gelehrte Männer finden, die den verblichenen Advokaten in direkter Linie von den alten Königen von León und Kastilien abstammen lassen, und ich wage mich dafür zu verbürgen, daß der Niederrheinische Kurier diese schöne Entdeckung veröffentlichen wird. Das ist alles, was ich zur Aussöhnung der beiden erlauchten Parteien zu bewirken vermag. Ich werde mich dessen rühmen und es in meinen Denkwürdigkeiten verzeichnen, daß ich, nachdem es mir gelungen war, zur Schlichtung der Wirren in Polen und der Türkei beizutragen, auch noch vom Glück die große Gunst erfuhr, den Frieden zwischen den Mauléons und dem Niederrheinischen Kurier wiederherstellen zu dürfen. Sehen Sie, mein lieber

Anaxagoras, darnach hoffe ich, daß Ihre Philosophie mit der meinigen einverstanden sein wird.«

Doch d'Alembert kam leider unermüdlich mit neuen Anliegen. Er forderte Friedrich auf, in der katholischen Kirche in Berlin eine Voltaire-Büste aufstellen zu lassen, um das Gotteshaus ein bißchen zu profanieren. Friedrich erwiderte, der Patriarch würde sich dort sicher langweilen und sich weit wohler in der Akademie inmitten seiner Verehrer fühlen. Eine Zeitlang bestürmte der Philosoph den König in vollem Ernst, er solle doch in den Vermittlungsvertrag zwischen Rußland und der Pforte einen Passus aufnehmen, durch welchen der Sultan verpflichtet werde, den Tempel in Jerusalem wieder aufzubauen; mit diesem lustigen Schwank werde man die Heilige Schrift Lügen strafen und die Sorbonne in die größte Verlegenheit setzen. Friedrich antwortete ärgerlich mit der Frage, ob er auch den Turm von Babel wieder aufbauen solle. Jedenfalls fand er diesmal, daß Anaxagoras ein Dummkopf sei. Sie zankten sich auch noch über die Jesuiten. Als dieser Orden aus Frankreich vertrieben und von Rom aufgehoben wurde, beeilte sich Friedrich, den Vätern, die vortreffliche Erzieher waren und, um dem Papst gehorsam zu sein, nur ihre Kleider zu wechseln brauchten, sein Land zu öffnen. Als d'Alembert ihm in gereiztem Tone schrieb, daß er doch früher selbst die Jesuiten als Ungeziefer und Gewürm bezeichnet habe, erteilte ihm Friedrich wieder eine Lektion: »Ich behandle die Menschen mit Güte und übe die Menschlichkeit ununterschiedlich gegen alle meiner Gattung aus ... Glauben Sie mir, setzen wir unsere Philosophie in die Praxis um und spintisieren wir weniger. Gute Taten nützen der Allgemeinheit mehr als die spitzfindigsten Systeme ...«

Friedrich erfreute sich in Deutschland einer außerordentlichen Popularität. Sein Kampf auf Leben und Tod gegen das Haus Österreich und die Bourbonen hatte ihn zum Abgott der protestantischen Welt gemacht. Sieben Jahre voll von Sorgen, Mißgeschicken, Prüfungen und harten Mühen hatten diesen Krieg gleichsam zu einem Heldenepos erhoben, das aller Einbildungskraft entflammte. Bei der Jugend herrschte helle Begeisterung für ihn. Das Schauspiel seines Lebens weckte das deutsche Selbstgefühl. Johann Ludwig Gleim hatte die ›Preußischen Kriegslieder von einem Grenadier‹ gedichtet. Gotthold Ephraim Lessings ›Minna von Barnhelm‹, die eine Glorifizierung des preußischen Offizierstums und damit des Königs ist, wurde aufgeführt. Aber von dieser Literatur wollte Friedrich nichts wissen. Im Jahre 1780 ließ er in der Akademie die Denkschrift ›Über die deutsche Literatur. Die Mängel, die man ihr vorwerfen kann, ihre Ursachen und die Mittel zu ihrer Verbesserung‹ vorlesen, die eine Hinrichtung des gesamten deutschen Schrifttums bedeutet. Die deutsche Sprache ist nach ihm ein halbbarbarisches Idiom, sie ist weitschweifig, schwierig in der Handhabung, ohne Wohllaut und hat zu viele stimmlose, unangenehm klingende Silben. »Es ist physisch unmöglich, daß ein Autor, sei er auch mit dem schönsten Genie begabt . . . , diese ungehobelte Sprache geschmeidig machen kann.« Darum sei die deutsche Literatur noch nicht über das erste Gestammel herausgekommen: einige kleine Fabeln (Christian Fürchtegott Gellert), ein Lustspiel ›Der Postzug, oder Die noblen Passionen‹ von Cornelius Hermann Ayrenhoff), ein Geschichtswerk (wohl die Einleitung zu der ›Geschichte des Römisch-Teutschen Reiches‹ von Johann Jakob Mascov), etliche dürftige Gedichte (Friedrich Rudolph von Canitz und Salomon Gessner), ein oder zwei Predigten (Jakob Quandt). Der Rest sei nichts als schwerfälliger Wortschwall. Friedrich verschließt sich – als gereifter Mann genauso

126. Die ältesten Theater-Programme der deutschen Schauspielkunst in Berlin: zwei Bekanntmachungen aus den Jahren 1771 und 1772

wie als Jüngling – allen geistigen Richtungen gegenüber, die damals in Deutschland im Werden sind, also: der pietistischen Phraseologie, der verblasenen Gefühlsseligkeit, der individualistischen Lyrik, der Entfesselung des ›Ichs‹, den Wirren des Weltschmerzes und der Leidenschaft. »Um sich von dem Mangel an Geschmack, der in Deutschland herrscht, ein Bild zu machen, brauchen Sie bloß die öffentlichen Schauspiele zu besuchen. Sie werden dort, in unsere Sprache übertragen, die abscheulichen Stücke William Shakespeares aufführen sehen und die Begeisterung des ganzen Publikums beim Anhören dieser lächerlichen, der Wilden Kanadas würdigen Farcen beobachten können.« Wo bleiben die Regeln? Wo bleibt die Wahrscheinlichkeit? »Da treten Lastträger und Totengräber auf, die ihrer würdige Reden halten; sodann erscheinen die Fürsten und die Königinnen. Wie kann dieses närrische Gemisch aus Niedrigkeit und Größe, aus Possenreißerei und Tragik rühren und gefallen?« Noch könne man Shakespeare, der in einer Epoche der Barbarei lebte, verzeihen, aber da erscheine auch ein gewisser Goethe, Verfasser des ›Werther‹ und des ›Götz von Berlichingen‹, der »diese ekelhaften Plattheiten« zu wiederholen wage! Und dies ein Jahrhundert nach Racine! Man könnte verzweifeln. Und doch würden sich vielleicht noch einige Deutsche finden, die sich entschließen würden, bei François de Malherbe, Boileau, Bossuet, Montesquieu und den großen Schriftstellern der Antike in die Schule zu gehen. In Erwartung dieser fernen Tage bleibe nichts übrig, als französisch zu sprechen. »Diese Sprache ist zum Passepartout geworden, der uns in alle Häuser, in alle Städte Einlaß gewährt. Man reise von Lissabon nach St. Petersburg, von Stockholm nach Neapel; wenn man französisch spricht, wird man überall verstanden. Durch dieses eine Idiom spart man sich das Lernen einer Menge von Sprachen, die unser Gedächtnis mit Vokabeln belasten würden, an deren Stelle man es mit Tatsachen ausfüllen kann, was bei weitem vorzuziehen ist.«

In seine Einsamkeit verkapselt, lebt der König allein mit seinen Hunden in Sanssouci. Er ißt nicht mehr zu Abend und geht zeitig zu Bett. Am Morgen spielt er ein bis zwei Stunden die Flöte, wobei er durch seine Zimmer auf und ab spaziert. Seitdem Quantz tot ist, hat er niemand mehr, der ihn begleitet. Er spielt alte Stücke, die er auswendig kann, Weisen, die seine Leiden eingelullt oder Zeugen seiner Siege waren. Er sagt oft, daß der Geschmack an edler Melodie sich verliere, daß die Kompositionen von Christoph Willibald Gluck und Joseph Haydn eine ohrenzerreißende Katzenmusik seien. Die Freundeszimmer sind nun geschlossen. Die vier oder fünf Räume, die er bewohnt, sind in kläglichem Zustand. Das Gold ist glanzlos geworden, die Seide der Fauteuils ist stellenweise durchgescheuert, die Vorhänge sind von den Hunden beschmutzt und zerrissen, aber er will nichts reparieren lassen. Allenthalben auf den Tischen liegen Haufen von Papier, Landkarten und Bücher herum, dazwischen ragen Säulen von Friedrichdors, auf, die ihm gewissermaßen den physischen Genuß seines Reichtums verschaffen. Sein Hauptluxus sind die Tabatièren, er soll ihrer 130 besessen haben, Dosen aus Jaspis, aus Achat, aus Chrysolith, vor allem aus Gold, mit Edelsteinen besetzte Kostbarkeiten, im Werte von Millionen. Er hat immer vier oder fünf in der Tasche oder wenigstens in Reichweite. Wenn er sich zu Anfang des Winters in seine Hauptstadt begibt, wird sein Tabatièrenkoffer einem Kamel aufgeladen, das ihm Zar Peter geschenkt hat. Und das Wüstentier trabt mit dem Schatze langsam durch den märkischen Sand nach Berlin.

Gegen ein Uhr nimmt Friedrich mit seinem Adjutanten das Mittagsmahl ein. Er liebt die Tafelfreuden. Täglich muß man ihm den Speisezettel vorlegen, den er persönlich durchsieht und abändert. Er bestellt sich schwerverdauliche und erhitzende Gerichte wie Aalpastete, Gänseleber, überwürzte Suppen, die ihm fürchterliche Magenschmerzen bereiten. Er braut auch selbst Getränke, denen er eine heilsame Wirkung zuschreibt. So gab es ein Jahr, in welchem er nur kalten Kaffee mit Champagner vermischt trinken wollte. Wenn er einen geeigneten Partner findet, der ihm das Stichwort gibt, ist er leicht heiter zu stimmen. Er erzählt dann kleine Geschichten, die ihn einst zum Lachen gebracht haben, spricht von seiner Jugend und von seinen Feldzügen, führt Selbstgespräche über Gott, über Voltaire, über die Künste und über die Herrscher Europas. Eines Tages machte er sich den Spaß, für die Großmächte neue Wappen zu entwerfen. Österreich erhielt einen Jupiter tonans, Frankreich den Stern Venus, England den Merkur, den Gott der Kaufleute und Diebe; »und für uns selbst«, sagte er, »wähle ich einen Affen, denn wir äffen den Großmächten nach, ohne eine zu sein.«

Dreimal in der Woche exerzierte er noch selbst mit seinem Regiment. An den anderen Tagen machte er einen Spaziergang, der ihn oft zu einem Versuchsgarten führte, wo man die neuen, aus England importierten Nutzpflanzen, Runkelrüben, Kohlrabi, Klee, Luzernen und Rhabarber ausprobierte. Zuweilen ritt er in Begleitung eines Pagen und eines Offiziers nach Berlin. Die Straßenjungen berührten seine Stiefel, und die Veteranen begrüßten ihn und nannten ihn »Vater« oder »Vater Fritz«. Er stattete seiner Porzellanmanufaktur einen Besuch ab, die er nach dem Vorbilde von Meißen begründet hatte und deren

Marke ein Zepter war. Er verbrachte auch einige Stunden mit der Prinzessin Amalie, die sehr entstellt und beinahe blind war. Ihre Augen traten aus den Höhlen, sie konnte den Kopf nicht ruhig halten, ihre Beine waren gelähmt, und sie sprach mit einem rauhen, pfeifenden Tone, wie jemand, der keine Luft bekommt. Der Berliner Karneval fand wie gewöhnlich alljährlich bei seiner Rückkehr statt. Zum Abschluß der Musterungen in Potsdam gab er im Neuen Palais in der im Erdgeschoß gelegenen Grotte ein großes Bankett, zu dem sämtliche Offiziere gebeten waren.

Die Arbeit hielt ihn aufrecht. »Es ist sehr richtig«, sagte er, »daß man, wenn man sich die Frage stellt, was der Ruhm ist, zu einem recht geringfügigen Ergebnis gelangt. Von den Unwissenden beurteilt, von den Dummen geschätzt zu werden, seinen Namen aus dem Munde eines Pöbels zu hören, der ohne Grund billigt oder verwirft, liebt oder haßt, das ist wahrhaftig nichts, worauf man stolz sein könnte. Und doch, wie gäbe es noch tugendhafte und preiswürdige Handlungen, wenn wir nicht den Ruhm liebten? Alle, die sich um ihr Vaterland verdient gemacht haben, sind in ihren Bemühungen durch das Vorurteil der Reputation angefeuert worden.« Er hat an dem täglichen Gang seines arbeitsreichen Lebens nichts geändert. Je älter er wird, desto mehr graut ihm vor unbestimmtem Gerede, vor »Schaumschlägerei«. Im Jahre 1780 stellte man ihm einen jungen italienischen Edelmann, den Marchese Girolamo Lucchesini, vor, der zu seinem Vergnügen Europa bereiste. Er behielt ihn bei sich und verlieh ihm den Titel eines Kammerherrn. Zwei Jahre lang hat Lucchesini Abend für Abend die Gespräche, die der König bei Tisch oder in der Privatunterhaltung führte, in kurzen Umrissen festgehalten. Bevölkerungszahlen, Steuern, Münzwesen, Banken, Handel, Ernten – das sind die Themen, die er in seinen ›Gesprächen‹ in erstaunlich sachlichem, ja trockenem Ton immer wieder anschlägt. Er belegt seine Ausführungen häufig mit Zahlen. Weit seltener als früher läßt er sich zu einem Geplauder ohne Ziel und Zweck verleiten, das sprunghaft von Witz zu Witz eilt. Seine bissige Beredsamkeit findet er nur wieder, um die europäischen Fürsten zu verhöhnen oder sich über das geometrische Denken lustig zu machen.

In jedem Frühling hagerer und gebeugter – nun kann er nur noch auf einen Krückstock gestützt gehen – tritt er trotzdem seine Rundreise durch die Provinzen an. Wieder rollt sein alter schäbiger Wagen über die Landstraßen Schlesiens und Ostpreußens dahin. Die Amtleute stehen mit gezogenem Hut am Eingang der Dörfer, und der Alte Fritz macht sich mit seiner gichtischen Hand in seine Notizbücher Eintragungen: »Auf den Gütern des Grafen Wallis verkaufen sie ihren Flachs nach Böhmen; warum spinnt und verarbeitet man ihn nicht in der Grafschaft Glatz? – Die Stadt Striegau beklagt sich, daß sie keine Manufakturen und nichts, was sie bereichert, hat; ich sehe nicht, wie ihr zu helfen ist, wofern man nicht irgendeine neue Manufaktur dort ansetzen kann, irgendeine Zubereitung von Vitriol oder ähnliche Dinge. – Den Städten Schweidnitz und Neiße fehlt es noch vielfach an Ziegeldächern. Notabene, woran man zu denken haben wird. – Der Amtmann des Grafen Wallis hat mir gesagt, daß sie eine Kolonie von 30 Familien ansetzen können; prüfen, ob das geht, und wie es zu machen ... – Man könnte mehr Schafe im Glatzischen halten, wenn man sie in den Wäldern, die auf den Bergen sind, weiden ließe; aber die Frage, ob ihre Wolle gut ist oder nicht; mindestens wäre das eine Hilfe für den armen Landmann, der von der Schafmilch sich nähren könnte. – Ich gebe tausend Taler für jeden der beiden Edelleute, Arnold und den andern, dessen Namen ich vergessen habe, die zwischen Krossen und Glogau durch Überschwemmung der Oder gelitten haben ... – Der neue Weg für die Porzellanerde. Pfau – ein Ingenieuroffizier – hat die Zeichnung ...« (Revue in Schlesien, Herbst 1780.)

Und Friedrich fühlte, daß ein reiches Leben hinter ihm lag.

In Potsdam zum Einsiedler geworden, sah er sich auch in Europa beinahe isoliert: auf das Bündnis mit Katharina beschränkt, die er nicht liebte. Die Verständigung mit Österreich war nur provisorisch; die diplomatischen Beziehungen mit Frankreich waren zwar wiederaufgenommen worden, aber ohne Wärme. Gern hätte er im Jahre 1771 von dem Ableben König Adolph Friedrichs von Schweden und den dadurch entstandenen konstitutionellen Wirren profitiert, um das Manöver, das ihm in Polen so glänzend gelungen war, auch in Schweden zu versuchen. Aber mit Hilfe Ludwigs XV. kam der neue Herrscher Gustav III., der Sohn Ulrikes, allen Interventionsplänen durch einen militärischen Staatsstreich zuvor, der sowohl die Ordnung als auch die Monarchie in ihren altehrwürdigen Formen wiederherstellte. Friedrich murrte, versuchte seine Schwester einzuschüchtern und ergab sich schließlich in das Unabänderliche. Im Jahre 1776 erteilte er den Abgesandten der gegen England rebellierenden amerikanischen Kolonien eine höfliche Abfuhr. Zu seinen Freunden sagte er, daß er seinen Platz im Theater zu behalten wünsche, aber nicht mehr auf der Bühne auftreten wolle. Bei jeder Gelegenheit zitierte er die Verse von Chaulieu:

»Ainsi, sans chagrins, sans noirceurs, / De la fin de mes jours poison lent et funeste, / Je sème encore de quelques fleurs / Le peu de chemin qui mi reste.« (So des Kummers und der schwarzen Gedanken ledig, / des schleichenden zehrenden Giftes meiner alten Tage, / besäe ich noch mit einigen Blumen / den Rest des Weges, der mir bleibt.)

Doch bedurfte es keines großen Anlasses, um den Eremiten in einen Krieger zu verwandeln. Am 30. Dezember 1777 hatte Maximilian Joseph, Kurfürst von Bayern, ohne Kinder zu hinterlassen, das Zeitliche gesegnet. Der rechtmäßige Erbe war der nächste Vetter des Verstorbenen, der Kurfürst Karl Theodor von der Pfalz, dessen Anrechte durch mehrere feierliche Akte (Familienvertrag, Testament, Mitbesitzvertrag) besiegelt worden waren. Aber wie beim Tode Karls VI. waren diese Erbansprüche angefochten worden: einerseits von der verwitweten Kurfürstin von Sachsen Maria Antonia, der Schwester Maximilians, die in der Tat gewisse Rechte auf bewegliche Güter besaß, andererseits von Joseph II., der sich auf verwickelte und dunkle Abmachungen aus der Zeit der Kaiser Sigismund und Matthias berief. Zunächst brachte Joseph II. zum Schrecken der bedächtigen Maria Theresia das Kunststück fertig, seine Ansprüche gerade durch den Mann, der am meisten Interesse daran hatte, sie anzufechten, durch den Erben Karl Theodor, anerkennen zu lassen. Auf diese Anerkennung sich stützend, befahl er der österreichischen Armee, von dem ihm zugestandenen Gebiete von Niederbayern, dem Innviertel zwischen Donau, Inn und Salzach, Besitz zu ergreifen. (Januar 1778.)

Und schon ist Friedrich, um 30 Jahre verjüngt, entschlossen, mit ›Dame Thérèse‹ und mit ›César Joseph‹ ein Hühnchen zu rupfen. Kaum sind die ersten Nachrichten eingetroffen, als er die für Bauten bestimmten Kredite zurücknimmt uns seinen Generälen aufträgt, sich bereitzuhalten. In den Briefen, die er an Bernhard Wilhelm von der Goltz, seinen Gesandten in Paris, schreibt, glüht das Fieber eines jungen Königs, der seine ersten Sporen verdienen will: »Sie werden alle Ihre Spione in Bewegung setzen, Sie werden alle Ihre Mittel spielen lassen ... Da dies die erste und wichtigste Angelegenheit ist, in der Sie Ihre Klugheit und Ihren Scharfsinn in vollem Lichte zeigen können, werde ich aus dem Erfolge Ihrer Bemühungen ersehen, ob Sie genug Witz haben, um mich hinsichtlich aller Dinge, die ich wissen will, zufriedenzustellen.« Und Goltz eilt von einem Salon zum andern, um das »Gegacker« einiger wohlunterrichteter Damen zu belauschen. Friedrich läßt nicht locker: »Vorwärts, hier können Sie sich bewähren; vielleicht kann das zu einer engeren Bindung führen; Sie müssen diese Leute bei ihrer Ruhmbegierde packen und ihnen davon sprechen, wie

127. Friedrich der Große mit Gefolge, darunter Hans Joachim von Zieten und der Thronfolger Friedrich Wilhelm (II.), im Gartensaal des Schlosses Sanssouci
Skizze von Edward Francis Cunningham, nach 1783
Berlin, Staatliche Schlösser und Gärten Potsdam – Sanssouci

groß die Schande wäre, die Garantie von Münster der österreichischen Begehrlichkeit zu opfern. Wenden Sie Ihre ganze Beredsamkeit auf. Frankreich könnte dabei sogar etwas gewinnen. Ich würde alles unterzeichnen.«

Aber Ludwig XVI., mit Vorbereitungen zu einem Feldzug gegen England beschäftigt, der ihn für die im Siebenjährigen Krieg erlittene Niederlage rächen soll, verspürt nicht die geringste Lust, sich zu dem Seekrieg auch noch einen Konflikt auf dem Festlande aufzuladen. Noch weniger denkt er daran, Preußen zu unterstützen, damit es ganz sicher seinem Nebenbuhler Einhalt gebieten kann. Friedrich sieht sich also genötigt, zuerst zu marschieren. Aber sein politischer Sinn rät ihm, sein persönliches Interesse zu verschleiern und sich als den Verteidiger der deutschen Freiheiten, den Schirmherrn der kleinen Staaten, aufzuspielen, um, wenn sich die Gelegenheit ergibt, doch noch einen Brocken für sich zu ergattern. Auf seinen Rat lehnt es der Pfalzgraf Maximilian von Zweibrücken, der Erbe des Kurfürsten Karl Theodor, ab, die österreichischen Ansprüche auf Niederbayern und die böhmischen Lehen in der Oberpfalz anzuerkennen. Auch Sachsen erhebt Einspruch, und Preußen ersucht den Reichstag, bei Ihren Kaiserlichen Majestäten vorstellig zu werden, damit die Erbfolge auf dem Rechtswege geregelt und Niederbayern mittlerweile von den österreichischen Truppen geräumt werde.

Friedrich war in der heitersten Laune. Er ließ sich leichte Gerichte zubereiten, legte sich zur festgesetzten Zeit zu Bett und aß sehr bekömmliche Speisen. Seine Konversation drehte sich um die angenehmen Dinge, die er in den letzten Feldzügen erlebt hatte, und die er sich von dem neuen wieder versprach. Am 5. April 1778 versammelte er seine Generäle und seine Offiziere. Er sagte ihnen, daß er alt und gebrechlich sei, daß er sich während der Märsche einer Postchaise bedienen, aber an den Tagen der Schlacht wie immer zu Pferde in ihrer Mitte sein werde. Am folgenden Tage reiste er nach Schlesien ab. Die Unterhandlungen zogen sich noch einige Wochen hin. Zum Entgelt für Niederbayern bot Joseph dem König an, im voraus sein Besitzrecht auf Ansbach und Bayreuth anzuerkennen, denn diese Markgrafschaften sollten ihm, da der derzeitige Herrscher beider Länder, Karl Alexander, keine Nachkommen besaß, durch ein Familienabkommen zufallen. Friedrich wollte von einer Verkoppelung der beiden Fragen nichts wissen. Ein persönliches Schreiben Maria Theresias hatte ebensowenig Erfolg. Die Preußen rückten am 5. Juli 1778 in Böhmen ein, Friedrich an der Spitze der Avantgarde.

Sein Plan war, in schnellen Märschen über Olmütz gegen Wien vorzugehen und mit einer »guten Bataille« die Hauptstadt zu gewinnen. Die Operation sollte von seiner eigenen, 80 000 Mann starken Armee ausgeführt werden, während Prinz Heinrich mit 60 000 Preußen und Sachsen längs einem der beiden Elbeufer in Böhmen eindringen sollte. Aber gegen seine Erwartung bissen sich die Österreicher in ihren Stellungen bei Prag fest. Zwar gelang es dem Prinzen Heinrich, überraschend die Lausitzer Berge zu überschreiten, aber der König, der den geplanten Offensivmarsch gegen Wien nicht wagte, rührte sich nicht von der schlesischen Grenze.

Joseph II. besaß keine der Eigenschaften eines Führers, weder Kaltblütigkeit noch Ausdauer und Seelenstärke, aber seine Gehilfen waren die beiden alterprobten Feldherren des Siebenjährigen Krieges Laudon und Lascy, die es in der Kunst der Verteidigung zu einer wahren Meisterschaft gebracht hatten. Sie bedeckten die Höhen an der Elbe und der Iser mit »furchtbaren« Redouten und wandelten die Mitte des Landes in ein ungeheures befestigtes Lager um, wobei sie sich wohl hüteten, sich Friedrich zu einer Schlacht zu stellen. Der Herbst war sehr regnerisch. Von Anfang September an wurden die Wege ungangbar. Auf den Bergpfaden mußte man die Kanonen mit Menschenkraft ziehen, die Zufuhren kamen nicht mehr an, die Pferde krepierten zu Hunderten. Täglich mußte man Feldöfen, Heuwagen und Munitionskarren im Stiche lassen, die irgendwo im Schlamme steckengeblieben waren. Der König versuchte ein Umgehungsmanöver. Im Laufe dieser Operationen sah er das Schlachtfeld von Soor wieder. Aber nach einigen Tagemärschen mußte er, vom Schlamm und von der Erschöpfung besiegt, sein Unternehmen aufgeben. Er rächte sich, indem er die von seinen Truppen besetzten Gebiete »ausleerte«. Im Oktober bezogen die Preußen in sehr gedrückter Stimmung ihre Winterquartiere.

Friedrich sah zu, wie der Regen fiel und fand sein Leben fade. Sein Bruder Ferdinand hatte nicht am Feldzug teilnehmen wollen. Heinrich, der mit diesem Krieg nicht einverstanden war, litt an tiefer Schwermut. Er klagte über Schlaflosigkeit, Schwindel, Augenschmerzen und nervöse Depressionen. Der König war von Automaten umgeben, abgelebte Generäle und junge räsonnierende Offiziere, die seine Anordnungen bekrittelten und sich ins Fäustchen lachten, wenn einer nach seinem Befehl geleiteten Zufuhr etwas zustieß. Die Armee verhielt sich wie ein Ding ohne Seele, wie eine schlechtgeschmierte Maschine. »Wir sind äußerst heruntergekommen«, klagte Prinz Heinrich, und er gab die Schuld daran dem Despotismus seines Bruders, der das Ehrgefühl durch die Knechtschaft ersetzt habe. Er sagte auch, daß er sich mehr vor der Falschheit des Königs hüten müsse als vor den Unternehmungen des Feindes. Mit Stockschlägen gedrillt, von den Unteroffizieren verprügelt, von entsetzlichen Strafen, wie dem Spießrutenlaufen, bedroht, wurden die Soldaten nur durch die Furcht und durch den Magen zurückgehalten. In dieser bergigen, dicht bewaldeten Gegend, die bald in Nebeln schwamm, bald von den rauhen Herbstwinden gepeitscht wurde, schmolzen die schlecht ernährten und ungenügend überwachten Regimenter durch Krankheit und Desertion schnell dahin. Schon am 8. September 1778 hatten die Minister Hertzberg und Finckenstein im Auftrage Friedrichs dem französischen Gesandten Marquis Louis Marie de Pons erklärt, daß Preußen gern bereit sei, die Vermittlung Ludwigs XVI. anzunehmen, falls es ihm gelänge, die Österreicher zu »weniger arglistigen Vorschlägen« zu veranlassen. Auf einen drohenden Schritt Rußlands hin wurde Friedrichs Angebot in Wien akzeptiert. Der König verbrachte den Winter in Breslau am Schreibtisch, »wie eine Ratte im Keller«.

Der Friedenskongreß versammelte sich im März 1779 in Teschen, einem großen Dorf in Österreichisch-Schlesien. Man hätte nicht leicht einen häßlicheren und unbequemeren Ort wählen können. »Es fehlt hier an allen zum Leben notwendigen Dingen«, schrieb damals Baron Louis Auguste de Breteuil, der Vertreter Frankreichs, an Vergennes ... »Wir sind hier unwürdig untergebracht ... Diese Stadt ist die Abflußrinne der Berge; so schwierig es ist, sich in ihr im Wagen fortzubewegen, so mühsam ist es, zu gehen und trockenen Fußes zu bleiben ... Der Schnee umschließt uns wie ein Wall, und die Kälte ist sehr heftig. Die Nahrungsmittel fehlen fast ganz, das wenige Vorhandene ist selten und schlecht.« Die Mächte hatten sich zwar im allgemeinen dahin geeinigt, den Plan des französischen Vermittlers anzunehmen. Trotzdem stritt man sich zwei Monate lang über die der Kurfürstin von Sachsen zu gewährenden Entschädigungen, über die Einkünfte des Herzogs von Zweibrücken und ob er als »vertragschließender Teil« oder als »beitretender Teil« zu unterzeichnen habe. Endlich kam alles in Ordnung. Friedrich, der mit Frankreich sehr zufrieden war, empfing den Marquis de Pons mit vielen Huldbeweisen und unterhielt ihn mit unzähligen Späßen. Zum Abschluß sagte er: »Sie haben noch nie Se. Durchlaucht den Fürsten Kaunitz gesehen, ich will ihn Ihnen zeigen.« Und er begann, die hochtrabenden Reden und das feierliche Gehaben des österreichischen Kanzlers nachzuäffen. Der Friede wurde am 13. Mai 1779, dem Geburtstag Maria Theresias, unterzeichnet. Österreich annektierte ein kleines Stück von Bayern, das Innviertel zwischen Donau, Inn und Salzach. Der Kaiser verpflichtete sich dagegen, der Angliederung der Markgrafschaften Ansbach und Bayreuth an Preußen nach Erlöschen der regierenden Linie kein Hindernis in den Weg zu legen. Der Friedensschluß wurde am 22. Mai in Berlin durch Trompetenschall bekanntgemacht. Die Behörden wollten für Friedrich einen feierlichen Einzug veranstalten. Er lehnte es ab, da er sich nicht als einen aus dem Krieg heimkehrenden Soldaten betrachte, sondern als einen Mann, der in einen Prozeß verwickelt gewesen sei.

Nach der Beendigung der Verhandlungen schrieb Friedrich an einen seiner Agenten: »Der ganze Dank für die gegenwärtige Situation gebührt Frankreich.« Auf die Tätigkeit der beiden vermittelnden Mächte zurückblickend, stellte er dem »französischen Scharfsinn« die »russische Albernheit« gegenüber. Er erklärte, daß der durch die Diplomatie Vergennes' errungene Erfolg Ludwig XVI. zur höchsten Ehre gereiche und begann, von einer Erneuerung seiner Lieblingsallianz, der Freundschaft mit Frankreich, zu träumen. Nur zu wohl fühlte er, daß das Bündnis mit Rußland nicht von Bestand sein konnte, weil Österreich und Rußland sich, ob sie wollten oder nicht, eines Tages zusammenfinden mußten, um sich in die türkische Beute zu teilen. Der Tod

Maria Theresias (1780) beschleunigte dieses Ereignis. Joseph II. und Katharina eröffneten alsbald die Unterhandlungen. Inzwischen war Friedrich aus Gefälligkeit gegen Rußland und, um Frankreich ein deutliches Zeichen seines guten Willens zu geben, dem System der bewaffneten Seeneutralität beigetreten, das von der Zarin während des amerikanischen Krieges geschaffen worden war, um die Flotte der Britischen Majestät zur Respektierung des neutralen Handels zu zwingen. Da aber die österreichisch-russische Annäherung immer inniger wurde, machte er bald in London, bald in Paris Angebote, fand überall achtungsvolles Gehör, aber auch eine achtungsvolle Ablehnung. Im Jahre 1784 reiste Prinz Heinrich nach Paris. Der gute Ruf, der ihm vorausging, seine Liebenswürdigkeit und Intelligenz, seine zur Schau getragene Vorliebe für die französische Nation, die Dankbarkeit für die großmütige Behandlung, die kriegsgefangene Offiziere von ihm erfahren hatten, dieses alles verschaffte ihm einen begeisterten Empfang. Bei der Abreise sagte er: »Mein halbes Leben lang habe ich mir gewünscht, Frankreich zu sehen, ich werde die zweite Lebenshälfte damit verbringen, mich danach zurückzusehnen.« Aber den erhofften Vertrag brachte er aus Paris nicht mit. Friedrich blieb nichts übrig, als sich Bundesgenossen innerhalb des Reiches zu suchen und wie in Teschen die Rolle des Verteidigers der kleinen Staaten gegen den »österreichischen Despotismus« zu spielen.

So macht er also, mit Unterstützung des geheimnisvollen Rußland, gegen den Kaiser Front zugunsten der Unabhängigkeit der Reichsfürsten, zugunsten des Partikularismus, kurz aller zerspaltenden Kräfte, die die Einigung Deutschlands verzögern und dessen Ohnmacht zu verewigen drohen. Er gründet den Deutschen Fürstenbund, dessen Mitglieder sich gegenseitig verpflichten, einander gegen den ›Caesar‹ in Wien zur Wahrung der Unverletzlichkeit ihrer Lande und ihrer Gerechtsame Hilfe zu leisten. Diesen Bund schloß Preußen mit den Kurfürstentümern Hannover und Sachsen (Berlin, 23. Juli 1785). Ihm traten Pfalz-Zweibrücken, Hessen-Kassel, Braunschweig, Sachsen-Gotha, Sachsen-Weimar, Anhalt, Baden, Ansbach, Mecklenburg, Osnabrück und vor allem der Erzkanzler des Reiches, Kurfürst-Erzbischof von Mainz, Friedrich Karl Joseph von Erthal, bei. Aber das war nur ein Notbehelf, und Friedrich blickte düster in die Zukunft. Die große Koalition Bourbon-Habsburg-Rußland, die ihn an den Rand des Abgrunds gebracht hatte, schien wiederaufzuleben. Selbst ein förmliches Bündnis mit England, das in Amerika von Frankreich geschlagen worden war, wäre nicht imstande gewesen, das Gleichgewicht wiederherzustellen. Der Fürstenbund hatte für den König wenigstens den Vorteil, seine Popularität in den deutschen Kleinstaaten ungeheuer zu vermehren. Die Legende von Friedrich dem Großen wäre nicht vollkommen, wenn er nicht einige Monate lang der Abgott der deutschen Anarchie gewesen wäre. In Wahrheit war der Fürstenbund für ihn nur ein durch die prekäre Lage seines Staates notwendig gewordenes Auskunftsmittel. Als Politiker war er nie etwas anderes und wollte er nie etwas anderes sein als König von Preußen.

Sommer für Sommer begab sich Friedrich nach Landeck zur Kur und war mit ihrem Erfolge einige Jahre recht zufrieden. Aber im Winter 1775/76 plagten ihn zahlreiche Gichtanfälle, die ihn an den Füßen, an den Knien, an den Händen, an den Ellenbogen befielen und sehr schwächten und entstellten. Er konnte kaum mehr einige Stufen steigen und legte Rot auf, um die Blässe seines Gesichts zu verbergen. In den folgenden Jahren verlief seine Gicht etwas glimpflicher, aber er litt an der Rose, an eiternden Hämorrhoiden, an Koliken, Abszessen am Ohr und am Knie, mit starkem, hartnäckigem Fieber. Seinen Gebrechen und seinen Schmerzen zum Trotz stand er täglich um fünf Uhr auf und war, wie gewöhnlich, der König. Während des Bayerischen Erbfolgekrieges kam es vor, daß er zehn Stunden ununterbrochen zu Pferde saß und am folgenden Tage Ähnliches leisten mußte. »Es ist nicht nötig, daß ich lebe, sondern daß ich tätig bin«, sagte er. In seinen Briefen spricht er von seiner »alten Karkasse«, seinen »verwesten Gliedern«, seinem »eisgrauen Kopf«, seinem »erstarrenden Blut«. Er beklagt sich darüber, daß er sein Gedächtnis und seine Sehkraft verliere, daß er kaum mehr arbeiten könne, daß er seine Sorgen habe »wie jeder andere«, aber, fügt er hinzu, »diese Litanei von Gebresten hindert mich nicht daran, fröhlich zu sein, und ich werde, wenn man mich begräbt, ein lachendes Gesicht bewahren«.

Er erwartete den Tod, ohne an seinem Leben etwas zu ändern. Er besuchte seine Bildergalerie, las in seinen alten Heften, in denen er seit einem halben Jahrhundert Notizen über seine Lektüre machte, nahm auch wieder die Bücher vor, die er besonders liebte. Zuweilen saß er stundenlang über Gedichten, die er immer wieder umgearbeitet hatte; aber er machte sich über sein »begrenztes« Talent keine Illusionen mehr. Er hatte auch noch die Freude, im Theater Aufführungen von ›Adélaide du Guesclin‹ (Voltaire), ›Mithridates‹ (Racine) sowie ›Oedipe‹, ›Mahomet‹ und ›Zaire‹ (Voltaire) mit den französischen Tragöden Jean Rival Aufresne und Henri Louis Le Kain zu sehen (1774/75). Ihm war, als hörte er Voltaire deklamieren, er weinte. »Man freut sich, seiner alten Liebe wieder zu begegnen«, sagte er. Im Jahre 1784 erhielt er den Besuch eines Freundes aus der Jugendzeit, des siebzigjährigen Chasot, der – inzwischen selbst zum Vater von Offizieren geworden – sein Leben als Melonen züchtender und Küchenrezepte erfindender Stadtkommandant von Lübeck beschloß. War dieser gemütliche alte Haudegen, der nur vom Essen sprach, wirklich der heißblütige kleine Franzose, der für Friedrich die Briefe an Voltaire kopierte und die Flöte spielte? Wie ansteckend war damals sein Lachen! Im Jahre 1785 kam er wieder. Und der König konnte noch einmal mit lauter Stimme das geliebte Wort Rheinsberg aussprechen, in dem für ihn aller Zauber des Glückes und der Freundschaft beschlossen lag. Wie ferne waren doch alle diese Erinnerungen!

»Wenn man alles gesehen und von allem in der Welt gekostet hat, kann man sich darauf vorbereiten, sie ohne Bedauern zu verlassen. Man verliert dabei wahrlich nur recht wenig. Die Jugend mag sich an das Leben klammern, weil alles ihr entgegenlacht, weil die Unerfahrenheit ihr alles schön malt und weil sie hofft, auf den Schwingen Fortunas zum Gipfel ihrer Wünsche emporgetragen zu werden.« Aber die Wahrheit enthüllt gar bald »das Nichts aller menschlichen Eitelkeit. Dann stellen sich die Betrachtungen ein.«

Die Gedanken waren bei ihm in Ordnung. Zwei Jahre lang hatte er in seinem regen Briefwechsel mit d'Alembert die Systeme der Metaphysik durchgenommen. Er erwartete von Gott weder Lohn noch Strafe, denn die Gottheit ist nichts als der Lauf der Dinge, der Leitgedanke des Universums, das Prinzip des Lebens und der Bewegung. Sie kann aber weder die Weltgesetze ändern, noch über die Geschöpfe, die durch die Notwendigkeiten ihrer Sphäre zur Unvollkommenheit verdammt sind, zu Gericht sitzen. Arme Menschen! Verächtliches Geschlecht! Blinde, dumme und böse Herde. Sie verdienen es nicht einmal, unterrichtet zu werden; es ist verlorene Mühe, ihnen eine Wahrheit zu predigen, deren sie unwürdig sind. Man hält sie mit Illusionen hin und leitet sie mit Lügen. Trotzdem halten sie sich für frei, aber die Freiheit ist das Vorrecht der Starken, der Menschen, die die Macht haben, etwas zu tun oder nicht zu tun.

Er hat die Macht besessen und in seiner Hand den Krieg und den Frieden gehalten, er hat über Leben und Tod entschieden und das Jahrhundert mit seinem Namen erfüllt, er hat Preußen vergrößert und es fürchterlich gemacht. Die Staatskassen sind voll, seine Völker sind zu Gehorsam gedrillt, die Thronfolge ist gesichert. Doch hat er von allen seinen Neffen, Großneffen und anderen Verwandten nur einen geliebt, nämlich Heinrich, den zweiten Sohn seines Bruders August Wilhelm, einen Jüngling, dem er, als er im Alter von 19 Jahren starb

(1767), wie seinem eigenen Kinde nachtrauerte. Der andere, der Thronfolger, ist nicht viel wert. Er hat daran gedacht, ihm den Prinzen Heinrich zum Berater und Vormund zu bestellen. Aber was vermag der Wille eines Königs, der tot ist? Gewiß geschieht seit langer Zeit in dem Königreich alles nur durch den Willen und die Arbeit des Herrschers: Er hat alles für sich beschlagnahmt. Wird der Nachfolger ein so unmenschliches Dasein auf seine Schultern laden können? Um so schlimmer, wenn er es nicht kann! Jedem seine Aufgabe! »Wenn mein Herr Neffe sich von der Schlappheit einlullen läßt«, wenn er in »Pflichtvergessenheit« lebt, wenn er »verschwenderisch, wie er ist, die Staatsgelder vergeudet und nicht alle seine Seelenkräfte zusammennimmt, dann sehe ich voraus, daß Monsieur Joseph ihn über den Löffel barbieren wird und daß in etwa 30 Jahren weder von Preußen noch vom Hause Brandenburg mehr die Rede sein wird.« Möge das Schicksal dem Königreich dieses Unglück ersparen!

Im Spätsommer 1785 reiste Friedrich seiner Gewohnheit gemäß nach Schlesien. Er erschien vor seinen Truppen zum Gerippe abgemagert wie ein Gespenst aus alten Kriegen. Am 24. August exerzierte er mit einem Regiment mehrere Stunden lang bei strömendem Regen und wurde, weil er seinen Pelz nicht anziehen wollte, bis auf die Haut naß. Am folgenden Tage fieberte er, schenkte aber diesem Umstand keine Beachtung. In Breslau hatte er eine Diskussion mit Professor Christian Garve. Die Masse der Menschen sei Kanaille, sagte er zu ihm.

Garve erwiderte: »Als Ew. Majestät gestern in die Stadt kamen und alles Volk zusammenlief, um seinen großen König zu sehen, das war nicht Kanaille!«

»Setze Er einen alten Affen aufs Pferd«, antwortete der König, »und lasse Er ihn durch die Straßen reiten, so wird das Volk ebenso zusammenlaufen.«

Bei seiner Ankunft in Potsdam mußte er sich zu Bett legen. Doch ging er später wieder seinen Geschäften nach. Am 18. September erlitt er einen Schlaganfall. Als er wieder zu sich kam, sagte er im Befehlston: »Sprechen Sie nicht davon!« An den Herbstmanövern konnte er aber nicht mehr teilnehmen. Er verbrachte den Winter im Potsdamer Stadtschloß, sein Fieber hatte nachgelassen, doch hustete er noch viel. Zu Neujahr erhielt er den Besuch Heinrichs, an die Königin in Berlin dachte er nicht. Am 17. April 1786 ließ er sich auf einem Umweg nach Sanssouci fahren, wo er Mirabeau in Audienz empfing, der ihm mißfiel. Des Königs Beine waren geschwollen und eiterten. Er hatte Christian Gottlieb Selle, den berühmten Berliner Arzt, rufen lassen. Aber der Alte Fritz war ein schlechter Patient, weil er behauptete, sich selbst auf die Medizin zu verstehen und die Heilmittel in seiner Art anwendete.

Der Husten quälte ihn ununterbrochen. Er schlief höchstens drei bis vier Stunden. Nach dem Mittagessen ließ er sich auf den ›Condé‹, seinen Schimmel, heben. Aber nach einigen Schritten brach er im Sattel zusammen, und man mußte ihn auf eine Bank setzen. Meist schleppte er sich ruhelos von einem Lehnsessel zum anderen, er litt auch an Atemnot. Die Wächter zeigten ihn den Fremden gegen Geld, wenn er auf der Terasse Luft schöpfte. Dort sah ihn, in einem Boskett versteckt, der Marquis Hippolyte de Toulongeon, wie er zwischen zwei Leibhusaren, die ihn stützten, mühsam einherschritt. Er war in einen Schlafrock aus dunkelrotem Samt gehüllt und hatte einen alten Federhut auf dem Kopf. Das eine Bein stak in einem Stiefel, das andere war in einen nassen Umschlag gewickelt. Er setzte sich, »niedergeschlagen, von der Krankheit entkräftet, mit bleichem, durch das Leiden entstelltem Gesicht«. Er hatte furchtbare Hustenanfälle, »deren Erschütterung«, so berichtet der Erzähler, »ich in meiner eigenen Brust zu spüren glaubte.« Er blieb nur einige Minuten an der Sonne, dann ließ er sich, vielleicht weil er ein Geräusch gehört hatte, wieder ins Schloß zurückführen.

Er begann jetzt schon um vier Uhr früh zu arbeiten, diktierte bis sieben Uhr Briefe, empfing den Stadtkommandanten von Potsdam, Generalleutnant Wilhelm von Rohdich, und seine Adjutanten, erteilte Anordnungen für die Armee, ließ Lucchesini, den Grafen Ignaz von Pinto und Hertzberg rufen, sprach mit ihnen oder ließ sich von ihnen etwas erzählen. Am Abend las man ihm aus dem ›Précis du siècle de Louis XV.‹ von Voltaire vor. Im Juni ließ er den hannoverschen Leibarzt, den Schweizer Doktor Johann Georg Zimmermann kommen, den er schon vor Jahren kennengelernt und an dessen Unterhaltung er Geschmack gefunden hatte.

Zimmermann kam am 23. Juni an und wurde am folgenden Tag um neun Uhr morgens zum König geführt. Friedrich hatte nur seine Kammerhusaren und einige Diener bei sich. Er war mit einem sehr schmutzigen Kassekin aus blauem Atlas bekleidet und trug hohe Stiefel. Das geschwollene Bein war auf einem Taburett hochgelagert. An seiner linken Hand hatte er zwei Ringe mit sehr großen Brillanten und an der rechten einen Ring mit einem grünen Chrysopras aus Schlesien.

»Sie sehen mich sehr krank«, sagte er zu dem Arzte.

»Den Blick Ew. Majestät finde ich seit 15 Jahren, da ich die Ehre hatte, Sie hier zu sehen, nicht verändert. In den Augen Ew. Majestät sehe ich keine Veränderung ihres Feuers und ihrer Kraft.«

»Oh! Ich bin sehr gealtert und bin sehr krank.«

»Deutschland und Europa werden nicht gewahr, daß Ew. Majestät alt und krank sind.«

»Meine Geschäfte gehen ihren gewöhnlichen Weg.«

»Ew. Majestät stehen des morgens um vier Uhr auf und verlängern und verdoppeln dadurch Ihr Leben.«

»Ich stehe nie auf, denn ich gehe nie zu Bette. In dem Lehnstuhl, wo Sie mich sehen, werden meine Nächte hingebracht.«

»Ew. Majestät schrieben mir: das Atemholen werde Ihnen seit vielen Monaten sehr beschwerlich.«

»Engbrüstig bin ich, aber die Wassersucht habe ich nicht. Sie sehen indessen, wie meine Beine geschwollen sind.«

Zimmermann untersuchte den Kranken. Seine Gesichtsfarbe war wächsern, seine Hände ebenfalls sehr bleich und wie ausgedörrt, die Beine waren bis an die Oberschenkel geschwollen und voller Wasser, der Unterleib hart. Er hatte hohes Fieber und mehrmals am Tage blutigen Auswurf.

»Man kann mich nicht heilen. Nicht wahr?«

»Erleichtern, Sire.«

Zimmermann verordnete Beruhigungsmittel, die Wunder taten. Bei seinem Besuche am folgenden Morgen ließ der König ihn kaum mehr einen ärztlichen Ratschlag vorbringen, sondern sprach ihm von Locke, Newton und Hume und fragte ihn über Edward Gibbon, den Verfasser einer Geschichte des Römischen Reiches aus, die er noch nicht gelesen hatte. Am 4. Juli fühlte er sich so frisch, daß er einen Spazierritt im Park unternahm. Aber je mehr sich sein Zustand besserte, um so stärker wurde sein Appetit. Eines Tages ließ er sich zu Mittag eine mit Muskatblüte und Ingwer gewürzte Suppe, ein ›Boeuf a la Russe‹ – das ist in Branntwein gedämpftes Rindfleisch –, eine Polenta mit sehr viel Knoblauch und einen großen Teller Aalpastete servieren, »die so hitzig und so würzhaft war, daß es schien, sie sei in der Hölle gebacken«. »Ich koste nur von den Gerichten«, sagte er, »ich esse nur, um mich zu kräftigen.«

Aber er wurde von Krämpfen befallen und mußte sich mehrmals erbrechen. Einige Tage später verdarb er sich mit Sahnenbaisers und dann mit grünen Heringen den Magen. Als Zimmermann in ihn drang, Maß zu halten, begann er vom Fürstenbund zu sprechen. »Deutschland«, sagte er, »ist eine Art von Republik. Es war in Gefahr, seine republikanische Form zu verlieren. Mich hat es erfreuet, dieselbe wieder hergestellet zu sehen.« Am 10. Juli 1786 verabschiedete sich Zimmermann. Friedrich entschuldigte sich, daß er ihn so lange von seinen Kranken ferngehalten habe und dankte ihm für seine ärztlichen Bemühungen. Dann zog er seinen Hut und sagte: »Adieu, mein Guter, mein lieber Herr Zimmermann. Vergessen Sie den guten alten Mann nicht, den Sie hier gesehen haben.«

In den folgenden Tagen ließ er sich in einem kleinen Wagen herumfahren. Am 4. August begann das linke Bein sehr reichlich zu eitern. Das brachte dem König Erleichterung, und er konnte wieder Schlaf finden. Er schlummerte friedlich, ohne Schmerzen zu haben, in seinem Lehnstuhl, den Kopf auf die rechte Seite gewendet. Dann diktierte er den Manöverplan für Schlesien und stellte mit einem Kabinettsbeamten das Programm für die im Jahre 1787 auszuführenden Meliorations-

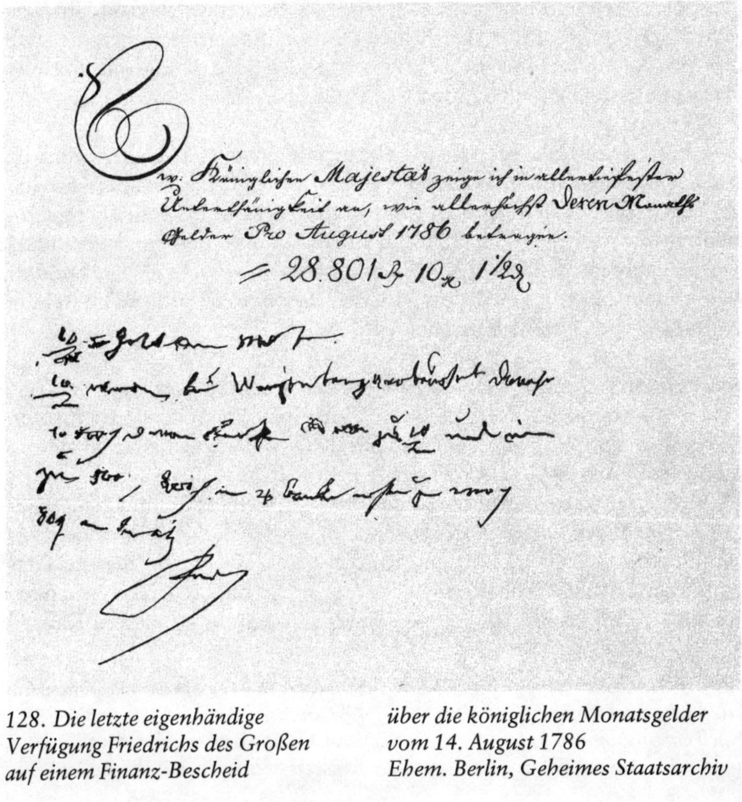
Ew: Königlichen Majestät zeige ich in allerunterthänigster Unterthänigkeit an, wie allerhöchst Deren Monaths Gelder Pro August 1786 betragen.

= 28.801 Rt 10 gr 1/2 d

128. *Die letzte eigenhändige Verfügung Friedrichs des Großen auf einem Finanz-Bescheid über die königlichen Monatsgelder vom 14. August 1786*
Ehem. Berlin, Geheimes Staatsarchiv

arbeiten auf. Er erkundigte sich nach dem Stand der Oderüberschwemmung. Er fragte auch mehrmals, ob die 300 Schafe, die er in Spanien gekauft hatte, schon angekommen seien. Am 15. August arbeitete er wie gewöhnlich, aber seine Unterschrift war beinahe unleserlich. Am 16. verfiel er in eine Art Betäubung. In einem lichten Augenblick ließ er den General Rohdich rufen und wollte ihm die Parole geben, doch konnte er nicht sprechen. Am Abend vermochte er, von seinen Husaren gestützt, noch einige Schritte zu machen, dann schlief er ein. Seine Glieder begannen zu erkalten. Er befahl noch, das fröstelnde Windspiel neben seinem Stuhl zuzudecken und fragte, wieviel Uhr es sei. Bald darauf fing er an zu röcheln. Zwei Diener hielten abwechselnd den Oberkörper des Zusammensinkenden aufrecht, um ihm das Atmen zu erleichtern. Nach einem Hustenanfall flüsterte er: »Wir sind über den Berg, es wird uns besser gehen ...« Im Nebenzimmer weilten Hertzberg, Selle und zwei Adjutanten. 20 Minuten nach zwei Uhr verschied der König sanft in den Armen seiner Husaren. Hertzberg drückte ihm die Augen zu. Der neue König traf alsbald ein, und die Berliner Garnison leistete ihm den Eid.

»Alles ist düster«, schrieb Mirabeau, »niemand ist traurig, alles ist beschäftigt, niemand ist bekümmert. Kein Gesicht, das nicht ein Gefühl der Erleichterung und der Hoffnung ausdrückte, nicht ein Bedauern, nicht ein Seufzer, nicht ein Lob. Dahin also führen die vielen gewonnenen Schlachten, der hohe Ruhm, eine beinahe ein halbes Jahrhundert währende Regierung, voll kriegerischer Großtaten? Alle Welt sehnte ihr Ende herbei, alle Welt beglückwünscht sich dazu.«

Friedrich hatte den Wunsch ausgesprochen, in der Gruft auf der Terrasse von Sanssouci bei seinen Hunden begraben zu werden. Sein Leichnam wurde in die Garnisonkirche zu Potsdam überführt, wo schon sein Vater die letzte Ruhestätte gefunden hatte.

Die Kirche war ein großer rechteckiger, in Weiß und Grau gehaltener Raum mit zwei übereinanderliegenden Emporen, die Brüstungen aus vergoldetem Holzwerk hatten. Kronleuchter aus geschliffenem Glas und von Adlern gehaltene Fahnenbündel bildeten den einzigen Schmuck. Der Eingang zur Gruft öffnete sich unter Altar und Kanzel,

129. Totenmaske Friedrichs des Großen Nach einem Abguß des am 17. August 1786 von Johann Eckstein abgenommenen Originals Berlin, Gipsformerei der Staatlichen Museen Preußischer Kulturbesitz

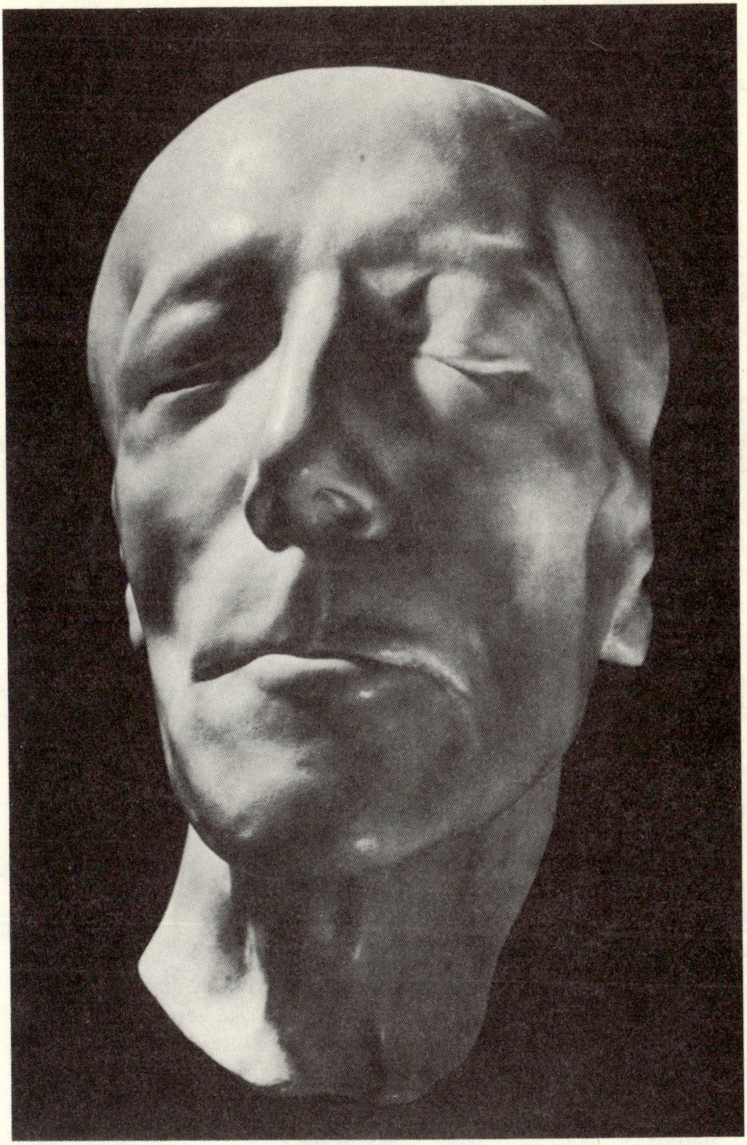

130. Flugblatt mit der Nachricht vom Tod Friedrichs des Großen

über denen ein von Strahlen umgebenes Dreieck schwebte. Die Gruft war eng und kalt.

Im Frühjahr 1945 wurden die Särge von Friedrich Wilhelm I. und Friedrich II., dem Großen, aus der Gruft entfernt und nach einer Irrfahrt in die Elisabeth-Kirche zu Marburg an der Lahn überführt. Im September 1952 wurden die Särge auf die Burg Hohenzollern bei Hechingen am Rande der Schwäbischen Alb gebracht und in einer Kapelle beigesetzt. Sie ist die Zufluchtsstätte der Geächteten, die auf eine Rückkehr warten.

ANHANG

TRANSKRIPTION ODER ÜBERSETZUNG DER SCHRIFTDOKUMENTE

Die Zahlen verweisen auf die Nummern der Abbildungen. In den hinter den Zahlen stehenden runden Klammern ist vermerkt, ob es sich um die Transkription (T.) oder um eine Übersetzung (Ü.) des Dokuments handelt. Es ist zusätzlich darauf hingewiesen, wenn nur die Marginalien Friedrichs des Großen transkribiert beziehungsweise übersetzt sind. In eckigen Klammern steht jener Text, der nicht abgebildet ist, aber zum vollständigen Dokument gehört.

19 und 20 (T.)

Durchlauchtigst Großmächtiger König freundlich vielgelibter bruder und freund. Euer Liebden werdten ohne diß hoffendlich dergestalten von meiner Deroselben und Dero gesambten Königlichen Churhauß zu tragenden wahren neygung undt freundtschafft sicher überzaigt sein, daß Sie gandzlich persuadirt sein werdten, wie großen antheil anallem was Sie betreffen kann und sondern an derienigen Verdrüßerung, welchen Euer Liebden Dero Chron Printzens aufführung bis anhero verursacht hat undt stehe ich zwahr gahr keinweg an, daß sehr triftige Ursachen vorhandten seyn müßen, welche Euer Liebden bewogen haben, mit solcher Strenge gegen ihren Chron Printzen zu verfahren. Allein kann ich doch in einer Euer Liebden so nahe billich zu Hertzen gehenden Sach vermog der zwischen unß beidten fürseyendten so wahr festen und nüdzlichen freundtschafft nicht umhin mein Vorwohrt bey Euer Liebden dahin einzulegen damit Euer Liebden in diser gnadt vor recht ergehen lassen mogen. Ich suche hierundter nichts als was mir vorkombt zu Deroselben mir eintzig angelegenen selbsteigenen Beruhigung zu gereichen, undt verhoffe sicher daß durch dergleich rühmlich undt großmütiger Gnadenserzaigung des Chron Printzens Hertz dergstalt werdte berührt und verändert werdten daß er in Zukunft keine andere absicht hegen werdte als welche mit Euer Liebden wunsch undt Verlangen übereinkommen. Undt obwohlen der Chron Printz villeicht von meiner

auch ihm undt seinem gandzen Königlichen Churhauß zutragender naigung undt liebe bis nun annoch nicht überzeigt sein maag; so steht doch zu hoffen daß er durch diese auß aufrichtig undt liebereichster naigung gegen Euer Liebden undt Dero gesambten Königlichen Churhauß ergehendten Vorschrift erkennen werdte wie wahr undt ernstlich wohl ich es auch mit ihm maine maßen ich die Wohlfahrt beidter Häußer von einer bestandig ewigen Vertrauligkeit undt langer freundtschafft meines Ertzhaußes mit dem Königlichen Churhauß Brandenburg abzuhangen glaube, mich anbey auf Euer Liebden freundtschafft undt patriotisch gemüth gandzlich vertraue undt entgegen mit aufrichtig teutschem Hertzen undt wahrer freundtschafft lieb und naigung vor allzeit aufrichtig gandz beygethan verbleibe
Euer Liebden Gutwilliger freundt oheimb und bruder Carl
Wien, den 11. october 1730

21 (T. siehe S. 84 dieses Bandes)

26 (T.)

Durchlauchtigster Großmächtigster und Unüberwindtlichster Kaiser freundtl. viell geliebster Vetter und Bruder

Euer Kaiserl. Majestät danke ich auf das verbindtlichste, das sie so viell anteill nehmen an meinem misvergnügen, welches mein Kron-Printz durch seine bisherige aufführung mir verursachet hat. ich kan nit in abrede sein, das mir solches ümb so viell empfindl. zu hertzen gehet, da ich an vatterl. vermanungen und sorgfeltiger Erziehung es niemahls habe ermangellen lassen und dennoch bishero alles fruchtlohs gewehsen welches mich denn auch billich hat bewegen müssen [mit gehörigem ernst wider ihn zu verfahrn, ich hette auch fehl uhrsache ihn solches noch gerner empfinden zu lassen. Euer Kaiserlichn Majestät aber hat er es lediglich zu danken, das sie Dehro vorwohrdt ihm haben angedeihen lassen wollen; maasen ich blohs dadurch bin bewogen worden, ihn zu pardonniern. Und ich will wünschen und hoffen, das dieses eine solchen eindruck in sein Hertz machen möge, das derselbe dadurch gantz geändert werde und er recht erkennen lerne, wie sehr Euer Kaiserlich Majestät er vor Dehro bezeigte aufrichtige liebe und neigung verbunden verbleibe, wo ich dan auch selbst niemahls die besondere kendtzeichen von Dehro aufrichtigen und vesten freundschaft und vertraulichkeit vergessen sondern viell mehr mit eussersten kreften der zeit mich bestreben werde, Euer Kaiserliche Majestät hinwiderumb sichere proben von meiner hochachtung und ergebenheit abzulegen und zu zeigen, das mir nichts liebers als mit Euer Kaiserlichen Majestät und Dehro ertzhaus in einer bestendigen vertraulichkeit und in einer wehrenden freundschaft verbrüdert zu sein und das solche immer mehr befestigt werde, das ich gleichfahls mit aufrichtigen teutschen hertzen und dabey mit aller ergebenheit in der zeit verbleibe bis in das grab freundtwilligster Vetter und getreuer Bruder Fr(iedrich)Wilhelm r(ex).

Wusterhausen, den 20. novemb(er) 1730.]

46 (Ü.)

[Cirey, am 20. Dezember 1737

Gnädiger Herr,

am 12. dieses Monats empfing ich den Brief Ew. Königlichen Hoheit vom 19. November. Sie geruhen, mich durch jenes Schreiben zu benachrichtigen, daß Sie ein Paket mit Denkwürdigkeiten über die Regierung des Zaren Peter I. gütigst an mich sandten, und gleichzeitig belehren Sie mich mit Ihrer gewohnten Klugheit über den zurückhaltenden Gebrauch, den ich davon machen soll. Der einzige Gebrauch, den ich mir gestatten werde, gnädiger Herr, wird sein, Ew. Königlichen Hoheit das Ihren Absichten gemäß verfaßte Werk zu schicken, und es soll nicht eher erscheinen, als bis Sie das Siegel Ihrer Genehmigung darauf gedrückt haben. In gleicher Weise will ich es mit allem halten, was von mir kommen kann, und in dieser Absicht nehme ich mir die Freiheit, Ihnen heute auf dem Wege über Paris unter der Adresse des Herrn Borcke ein soeben vollendetes Trauerspiel zu übersenden, das ich Ihrer Prüfung unterwerfe. Ich wünsche, daß mein Paket schneller in Ihre Hände gelangen möge, als das Ihrige hier eintreffen wird.

Ew. Königliche Hoheit teilen mir mit, daß die Sendung mit der Abhandlung über den Zaren und mit dem anderen, für mich bei weitem kostbareren Inhalt am 10. November abgegangen sei. Bereits mehr als sechs Wochen sind nun verflossen, und ich habe noch keine Nachrichten erhalten. Fügen Sie, gnädiger Herr, zu den Beweisen Ihres Wohlwollens gütigst noch die Freundlichkeit, mir den Weg, den Sie wählten, anzugeben und das Paket der Fürsorge derer, denen Sie es anvertrauten, zu empfehlen. Wenn Ew. Königliche Hoheit mich in

Zukunft durch Ihre Briefe, Ihre Aufträge auszeichnen und zu mir mit jener vertrauensvollen, herzgewinnenden Güte sprechen wollen, so glaube ich, daß Sie die Briefe am besten an Herrn Pidol, den Postmeister zu Trier, schicken; die einzige Vorsichtsmaßregel besteht darin, sie bis Trier zu frankieren, und unter dem Briefumschlag an diesen Pidol würde sich die Adresse an d'Artigni in Bar-le-Duc empfehlen. Was die Pakete betrifft, die Ew. Königliche Hoheit mir zustellen lassen möchten, wäre vielleicht der Weg über Paris sowie die Adresse und Vermittlung des Herrn Thieriot bequemer.

Ermüden Sie ja nicht, gnädiger Herr, Cirey mit Ihren Geschenken zu bereichern. Die Ohren der Frau du Châtelet sind für alle Länder geschaffen, gleichwie der Geist Ew. Königlichen Hoheit und der ihrige. Sie versteht sich gut auf italienische Musik; im allgemeinen schwärmt sie nicht für fürstliche Kompositionen. Der verstorbene Herzog von Orleans schrieb eine abscheuliche Oper mit dem Titel »Panthea«. Aber Sie, gnädiger Herr, sind für uns weder Fürst noch König, Sie sind ein großer Mann.

Man behauptet, Ew. Königliche Hoheit hätten reizende Verse an Frau de La Popelinière geschickt. Wissen Sie auch, gnädiger Herr, daß Sie in Frankreich angebetet werden? Man betrachtet Sie dort als den jungen Salomo des Nordens. Noch einmal, es ist ein schwerer Schade für uns, daß Sie geboren sind, anderwärts zu regieren. Mindestens eine Million Rente, ein hübsches Schloß in gemäßigtem Klima, Freunde an Stelle von Untertanen, inmitten der Künste und Vergnügungen leben und die Ehrfurcht und Bewunderung der Menschen nur sich selber danken – das dürfte vielleicht soviel wert sein wie ein Königreich; doch Ihre Aufgabe ist es, die Preußen dereinst glücklich zu machen. Ach, wie sind diese zu beneiden!

Sie befehlen mir, gnädiger Herr, Ihnen einige Regeln darzulegen, mittels deren man in der französischen Sprache die Worte, welche der Prosa angehören, von den der Poesie geweihten unterscheiden könne. Es wäre zu wünschen, daß hierüber Regeln beständen, aber für unsere Sprache haben wir kaum solche. Sprachen, dünkt mich, entwickeln sich wie Gesetze. Neue Bedürfnisse, die man erst nach und nach wahrnahm, wurden zur Quelle zahlreicher Vorschriften, die einander auszuschließen scheinen. Es sieht so aus, als hätten die Menschen Widersprüche und unüberlegte Reden geradezu beabsichtigt. Um indessen einige Ordnung in diesen Gegenstand zu bringen, will ich poetische Gedanken, Wendungen und Worte voneinander trennen.

Ein poetischer Gedanke ist, wie Ew. Königliche Hoheit wissen, ein glanzreiches Bild, das man für den schlicht-natürlichen Begriff der

Sache, von der man sprechen will, eingesetzt hat; zum Beispiel werde ich in Prosa sagen: »Es lebt in der Welt ein tugendhafter und talentvoller junger Prinz, der den Neid und den Fanatismus verabscheut.« In Versen werde ich mich ausdrücken:

Minerva und Asträa wachten,
Daß seines jungen Herzens Trachten
Der Kunst und Tugend sich geweiht.
Er hat des Neides gift'ge Zungen,
Des Fanatismus Wut bezwungen
Und strahlt als Held für alle Zeit.

Eine poetische Wendung ist eine Wortumstellung, die der Prosa keineswegs gestattet ist. Ich werde in Prosa nicht sprechen: »Des schwachen Oberhaupts politische Verführer«, sondern »politische Verführer des schwachen Fürsten«. Auch werde ich nicht sagen:

Gleichwie, nur wen'ger stolz, einst an Epirus' Strande
Im mut'gen Kampfe um die Herrschaft aller Lande,
Als auf dem Meere er mit siegsgewissem Blick
Dem Nordwind anvertraut der Welt und Roms Geschick,
Kühn dem Pompejus, kühn zum Trotz dem Gott der Wellen,
Cäsar entgegen wagt' dem Sturm sein Glück zu stellen.

Daß Cäsar erst in der sechsten Zeile steht, ist eine rein poetische Wendung; in Prosa würde ich mit Cäsar beginnen.]

Die einzig und allein der Poesie, ich meine: der vornehmen Poesie, vorbehaltenen Worte sind nur gering an Zahl; bespielsweise sagt man in Prosa nicht »Renner« für Pferde, »Diadem« für Krone, »Herrschaft Frankreichs« für Königreich Frankreich, »Karosse« für Kutsche, »Frevel« für Verbrechen, »Heldenwerke« für Taten, »das Empyreum« für den Himmel, »die Lüfte« für die Luft, »Fasten« für Register, »jüngst« für seit kurzem, usw.

Hinsichtlich des Stils im vertrauten Umgang bedient man sich ungefähr derselben Ausdrücke für Prosa wie für Verse. Aber ich muß es doch auszusprechen wagen, daß mir die oft angewandte Willkür keineswegs gefällt, in einem Werke, das gleichförmig sein soll, in einer Epistel, in einer Satire, nicht nur die verschiedenen Schreibarten, sondern auch die verschiedenen Sprechweisen durcheinander zu mischen, zum Beispiel die Sprache des Marot und die unserer Tage. Diese Buntscheckigkeit sagt mir ebensowenig zu wie etwa ein Gemälde, in welchem man Callotsche Figuren und die derben Typen des Teniers mit Raffaelschen Gestalten zusammenstellen wollte. Eine solche Vermengung verdirbt nach meinem Dafürhalten die Sprache und ist nur geeignet, alle Ausländer irrezuführen.

Im übrigen, gnädiger Herr, haben Ew. Königliche Hoheit durch den Sprachgebrauch und die Lektüre der guten Schriftsteller viel mehr gelernt, als meine Betrachtungen Ihnen hierüber sagen können.
Was die ›Metaphysik‹ des Herrn Wolff anbetrifft, so scheint er mir fast in allem mit den Grundsätzen von Leibniz übereinzustimmen. Ich betrachte beide als sehr große Philosophen, doch sie waren Menschen und folglich der Täuschung unterworfen. Wer ihre Fehler bemerkt, ist noch weit davon entfernt, ihnen gleichzustehen, denn ein Soldat kann recht wohl seinen General bekritteln, ohne deshalb fähig zu sein, ein Bataillon zu kommandieren.
Sie entzücken mich, gnädiger Herr, durch das Mißtrauen, das Sie in sich selber setzen, ebensosehr wie durch Ihre hervorragenden Talente. Frau Marquise du Châtelet, die von Bewunderung für Ihre Person durchdrungen ist, verbindet die Versicherungen ihrer Ehrfurcht mit den meinigen. Mit diesen Gefühlen und denen der ehrerbietigsten und innigsten Dankbarkeit bin ich für mein ganzes Leben usw. Ve

47 (Ü.)

Remusberg, am 6. November 1739

Mein lieber Freund, Ihr schwacher Gesundheitszustand hat mich ebenso schmerzlich berührt, wie mich Ihre Zufriedenheit mit meiner ›Vorrede‹ erfreute. Den Stil dieser Schrift überlasse ich zur Kritik der gesamten Zoïlus-Schar der Welt, doch rechne ich gleichzeitig bestimmt darauf, daß meine Arbeit sich dauernd erhalten werde, denn es stehen nur Wahrheiten darin, und jeder denkende Mensch wird dies zugeben müssen.
Die Widerlegung Machiavells, für die Sie sich interessieren, ist vollendet. Ich fange jetzt an, sie beim ersten Kapitel wieder vorzunehmen, um das Werk zu korrigieren und ihm womöglich die Beachtung der Nachwelt zu verschaffen. Um Sie nicht warten zu lassen, schicke ich Ihnen einige noch nicht polierte Stücke dieses rohen Marmors. Vor acht Tagen sandte ich das ›Vorwort‹ an die Marquise. Sie werden alle Kapitel verbessert und nach ihrer Reihenfolge erhalten, sobald sie fertig sind. Obwohl ich meinen Namen nicht auf dieses Werk setzen will, möchte ich doch, daß mir kein Nachteil daraus erwachsen könnte, wenn das Publikum den Verfasser ahnte. Ich bitte Sie aus dieser Erwägung, mir freundschaftlichst mit Offenherzigkeit zu sagen, was darin einer Korrektur bedarf. Sie sehen ein, daß in diesem Falle Ihre Nachsicht schädlich und unheilvoll für mich sein würde.

Ich hatte jemandem meine Absicht, Machiavell zu widerlegen, eröffnet; dieser Jemand versicherte mir, das wäre verlorene Mühe, da man in den ›Politischen Bemerkungen‹ von Amelot de la Houssaye über Tacitus eine vollständige Widerlegung des politischen ›Fürsten‹ fände. Ich habe deshalb Amelot und seine ›Bemerkungen‹ gelesen, aber nicht gefunden, was man mir gesagt hatte; es sind da wohl einige Maximen jenes gefährlichen und abscheulichen Staatsmannes widerlegt, doch keineswegs das Werk im ganzen.

Wo der Gegenstand es mir erlaubte, habe ich dem Ernst den Humor beigemengt und einige kleine Abschweifungen bei den Kapiteln gemacht, die dem Leser nichts hervorragend Interessantes boten. Auf diese Art sind die Gedankenentwicklungen, die durch ihre Trockenheit sicherlich langweilig geworden wären, zur Aufmunterung für die Achtsamkeit des Lesenden von einigen historischen Zügen oder hin und wieder von kritisch gehaltenen Bemerkungen begleitet. Ich habe über alle Punkte geschwiegen, über welche die Klugheit mir den Mund verschloß, und meiner Feder nicht gestattet, zur Verräterin an meiner Ruhe zu werden.

Ich kenne über die Höfe Europas eine Unzahl von Anekdoten, die mit Bestimmtheit meine Leser belustigt hätten, aber dann hätte ich eine Satire geschrieben, die um so tiefer beleidigt hätte, als sie wahr gewesen wäre, und das werde ich niemals tun. Es ist nicht mein Naturell, die Fürsten zu kränken, ich möchte sie lieber weise und glücklich machen. Sie finden also in dem heutigen Paket fünf Kapitel vom ›Machiavell‹, den Plan von Remusberg, den ich Ihnen schon lange schuldig bin, und einige Pulver, die ausgezeichnet gegen Ihre Koliken sind. Ich bediene mich ihrer, und sie tun mir unendlich wohl. Man muß sie des Abends vor dem Schlafengehen mit Wasser nehmen.

Leben Sie wohl, lieber, stets kranker und stets verfolgter Freund; ich verabschiede mich von Ihnen, um mein Werk wieder vorzunehmen und den niederträchtigen, ruchlosen Charakter des Sachwalters für das Verbrechen mit der nämlichen Feder anzuschwärzen, die das Lob des unvergleichlichen Verfassers der ›Henriade‹ schrieb; doch wird sie mit leichterer Mühe den Verderber des Menschengeschlechts vernichten, als sie den Lehrer der Menschheit zu preisen imstande war. Es ist recht ärgerlich für die Beredsamkeit, daß sie immer, wenn sie große Dinge zu sagen hat, hinter ihrem Gegenstand zurückbleibt.

Meine Grüße an die Marquise, meine Empfehlungen an Ihre Freunde, die auch die meinigen sein sollen, weil sie wert sind, die Ihrigen zu heißen. Ich bin mit aller möglichen Freundschaft und Herzlichkeit, mein lieber Voltaire, usw. Friedrich

49 (T.)

[Von Schreiberhand:] Charlottenburg d. 6t. Junii 1740.
An Consist.Rath Reinbeck. Würdiger besonders lieber getreuer. Ihr habet nochmahls an den RegierungsRath Wolff zu schreiben, ob Er Sich nunmehro nicht entschließen könne, in Meine Dienste zu gehen, und würde Ich Ihm alle raisonnable conditiones accordiren. Ich bin Eurer wohlaffectionirter König
[Von Hand des Königs:] ich bitte ihnen sich und des Wolfen mühe zu geben ein mensch der die Warheit sucht und sie liebet und unter aller menschlicher geselschaft weehrt gehalten werden, und glaube ich das er eine Conquete im lande der Warheit gemacht hat wohr er den Wolf hier her persuadiret Friedrich

50 (Ü.)

Machiavellis ›Fürst‹ bedeutet hinsichtlich der Moral dasselbe wie Benedikt Spinozas Werk auf dem Gebiet des Glaubens. Spinoza untergrub die Fundamente des Glaubens und erstrebte nichts Geringeres, als die ganze Religion zu vernichten; Machiavell verdarb den Charakter der Politik und unternahm es, die Lehren der gesunden Moral zu untergraben. Die Irrtümer des einen waren lediglich Irrtümer der Spekulation, die des anderen aber betrafen die Praxis. Es ergab sich jedoch, daß die Theologen gegen Spinoza Sturm läuteten und zu den Waffen riefen und daß man sein Buch förmlich widerlegte und das Dasein Gottes gegenüber den Angriffen dieses frevelhaften Menschen feststellte, während Machiavell nur von einigen Moralisten wenig angegriffen wurde; und trotz ihrer Angriffe und trotz seiner verderblichen Moral erhielt er sich bis auf unsere Tage auf dem Thron der Politik.
Ich wage es, die Humanität gegen ein Scheusal zu verteidigen, das sie zerstören will; ich habe meine Betrachtungen nach den einzelnen Kapiteln geordnet, damit neben dem Gift sich gleich das Gegengift finde.
Ich habe Machiavells ›Fürsten‹ stets als eins der gefährlichsten Bücher betrachtet, die in der Welt verbreitet worden sind. Dieses Buch gelangt natürlich in die Hand der Fürsten und derjenigen, die Geschmack an der Politik finden; es ist nur allzu natürlich, daß ein ehrgeiziger junger Mann, dessen Herz und Urteil noch nicht genügend gebildet sind, das Gute von dem Schlechten sicher zu unterscheiden, durch Grundsätze verdorben wird, die seinen stürmischen Leidenschaften

schmeicheln. Man muß jedes Buch, das hierzu beitragen kann, als absolut verderblich und dem Wohle der Menschheit nachteilig betrachten.

Aber wenn es unrecht ist, die Unschuld eines Privatmannes zu verführen, der auf die Angelegenheiten der Welt nur geringen Einfluß hat, dann ist es noch schlimmer, wenn man Fürsten verdirbt, die Völker regieren, Gerechtigkeit üben und ihren Untertanen darin ein Vorbild sein sollen, die ferner durch ihre Güte, ihre Hochherzigkeit und ihre Barmherzigkeit das lebendige Ebenbild der Gottheit sein sollen, und die ihr Königtum weniger durch ihre hohe Stellung und ihre Macht als durch ihre persönlichen Eigenschaften und Tugenden ausdrücken sollen. Die Überschwemmungen, die eine Gegend verwüsten, der Blitz, der Städte in Asche legt, das tödliche und ansteckende Pestgift, das ganze Provinzen entvölkert, sind für die Welt nicht so verhängnisvoll wie die schlechte Moral und die zügellosen Leidenschaften der Könige. Denn wie sie, falls sie willens sind Gutes zu tun, die Macht dazu haben, so hängt es andererseits nur von ihnen ab, das Böse auszuführen, wenn sie es wollen. Wie beklagenswert ist da das Schicksal der Völker, wenn sie von dem Mißbrauch der Herrschergewalt alles zu fürchten haben, wenn ihr Vermögen der Habgier des Fürsten, ihre Freiheit seinen Launen, ihre Ruhe seinem Ehrgeiz, ihre Sicherheit seiner Treulosigkeit und ihr Leben seiner Grausamkeit zum Opfer fällt! Das ist das tragische Bild eines Reiches, in dem das politische Scheusal, wie Machiavell es bilden will, herrschen würde.

Aber selbst wenn das Gift des Autors nicht bis an den Thron gelangen würde, so behaupte ich, daß ein einziger Schüler Machiavells und Caesar Borgias genügen würde, um vor einem so verdammenswürdigen Buch Abscheu zu erregen.

Es hat Leute gegeben, die da meinten, Machiavell schriebe mehr, was die Fürsten tun, als was sie tun sollen. Dieser Gedanke hat Anklang gefunden, weil er einen Schein von Wahrheit besitzt; man hat sich mit einer schillernden Falschheit begnügt und man hat sie bedauert, weil man sie einmal angenommen hatte.

Man gestatte mir, die Sache der Fürsten gegen diejenigen zu verteidigen, die sie verleumden wollen, und von der schlimmsten Anklage diejenigen zu befreien, deren einzige Aufgabe es ist, für das Wohl der Menschen zu arbeiten.

Diejenigen, die dieses Urteil über die Fürsten ausgesprochen haben, sind zweifellos durch das Beispiel einiger schlechter Fürsten dazu verleitet worden, die Machiavell zitiert, durch die Geschichte kleiner italienischer Fürsten, die seine Zeitgenossen waren, und durch das

Leben einiger Tyrannen, die diese gefährlichen politischen Lehren praktisch durchgeführt haben. Ich antworte darauf, daß es in jedem Land anständige und unanständige Menschen gibt, wie man in allen Familien wohlgestaltete und bucklige Personen, blinde oder hinkende findet; so gab es und wird es immer Scheusale unter den Fürsten geben, die unwürdig sind, diesen Namen zu tragen. Ich könnte noch hinzufügen, daß die Verführung, der sich ein Herrscher ausgesetzt sieht, sehr mächtig ist und daß daher mehr als gewöhnliche Tugend erforderlich ist, um ihr Widerstand zu leisten. Deshalb ist es auch durchaus nicht erstaunlich, wenn man so wenig gute Fürsten findet, diejenigen aber, die so leicht urteilen, sollten daran denken, daß unter den Caligula, Tiberius auch ein Titus, Trajan und die Antonine waren. Es ist daher eine schreiende Ungerechtigkeit von ihrer Seite, einem ganzen Stand zuzuschreiben, was nur auf einige von seinen Mitgliedern paßt.

Man sollte in der Geschichte nur die Namen der guten Fürsten aufbewahren und die andern mit ihrem Stumpfsinn und ihren Ungerechtigkeiten der Vergessenheit anheimfallen lassen. Die Geschichtsbücher würden allerdings viel an Umfang verlieren, aber die Humanität würde dabei gewinnen, und die Ehre, im Andenken der Menschen weiterzuleben, würde nur eine Belohnung der Tugend sein, Machiavells Buch würde die Schulen der Politik nicht mehr schädigen, man würde lernen, den jämmerlichen Widerspruch zu verachten, in den er sich immer mit sich selbst setzt, und man würde sehen, daß die echte Politik der Könige, die sich lediglich auf Gerechtigkeit und Güte stützt, von dem planlosen und mit Schrecken und Verrat verknüpften System unterschieden ist, das Machiavell dem Publikum vorzulegen die Unverschämtheit gehabt hat.

52 (Ü.)

Mein lieber Marschall
Als ich die im Haag überreichte Denkschrift las, glaubte ich die freche Sprache zu hören, die der römische Gesandte Papirius vor Antiochus, König von Syrien, hielt, als dieser Fürst an der Spitze von 80000 Mann einen Einfall in Ägypten zu machen versuchte. Der Stolz, der Hochmut und die Anmaßung sind darin bis aufs äußerste getrieben. Es scheint, daß Frankreich an Macht und Ansehen nicht Gott dem Vater nachstehen will; sich Versailles widersetzen heißt sich dem göttlichen Willen widersetzen. Welche Unverschämtheit! Man sollte nicht glauben, daß arme

Sterbliche solches Hochmuts fähig wären. Ich würde Ihnen antworten, daß der König von Preußen ist gleich

dem edlen Palmenbaum
Je tiefer ihr ihn beugt, desto höher schnellt er seinen stolzen Wipfel.

Verzeihen Sie mir diese italienischen Verse. Sie geziemen sich für den König, seine Kraft und die würdige Art, mit der er seine gerechten Ansprüche behauptet. Ihre Betrachtungen über die Denkschrift sind sehr richtig; aber man sollte sie nicht nur im Schatten des Kabinetts anbringen. Glauben Sie mir, es ist Zeit zu schreiben, um die Geister vorzubereiten und zu gewinnen. Es gilt jetzt die Presse in Bewegung zu setzen, und ich habe mehr als je Lust, meine Arbeit zu veröffentlichen, wenn Sie es für zeitgemäß halten. Ich werde sie nach England schicken, wo sie zuerst englisch erscheinen soll. Dann wird meine Urschrift in Holland als Übersetzung verbreitet werden. Das ist meine Idee. Sie können sogar diese Bemerkungen auf die Denkschrift drucken lassen in Gestalt eines Briefes eines Freundes an einen Holländer oder an einen Engländer. Ich glaube, das würde einen wundervollen Eindruck auf die öffentliche Meinung machen, um so mehr, als sie faul ist und, sobald sich ein zurechtgemachtes Raisonnement vorfindet, sich dessen bemächtigt, um sich die Mühe zu sparen, aus Eigenem ein Raisonnement zu machen.

Ihr Sohn wird vielleicht, wenn er hierher kommt, das Schicksal haben, das Sie ihm vorausgesagt haben. Es ist nicht schwer, dieses Horoskop zu stellen. Das Papier spielt mir einen Streich. Es zwingt mich wider meinen Willen zu schließen. Das soll jedoch nicht geschehen, ohne Sie der vollkommenen Hochachtung zu versichern, mit der ich bin, mein lieber Marschall, Ihr sehr wohlgeneigter Freund Friedrich.

58 (T.)

Sr. Königl. Mayestät haben mir nach auffgehobener Taffel allergnädigst befohlen des Königl. Etats undt Krieges Ministri H. von Thulemeier Excellenz in höchst Deroselben Nahmen zu eröffnen, daß dem hiesigen Berlinschen Zeitungs Schreiber eine unumbschränckte Freyheit gelaßen werden soll in dem articul von Berlin von demjenigen was anizo hieselbst vorgehet zu schreiben was er will, ohne daß solches censiret werden soll, weil, wie höchst Deroselben Worthe waren, ein solches Dieselbe divertiren, dagegen aber auch so denn frembde Ministri sich nicht würden beschweren können, wenn in den hiesigen Zeitungen hin

undt wieder Paßagen anzutreffen, so Ihnen misfallen könnten. Ich nahm mir zwar die Freyheit darauff zu regeriren, daß der Rußische Hoff über dieses Sujet sehr pointilleuz wäre, Sr. Königl. Mayestät erwiederten aber daß Gazetten wenn sie interreßant seyn sollten nicht geniret werden müsten; welches Sr. Königl. Mayestät allergnädigsten Befehl zu folge hiedurch gehorsahmst melden sollen. H. v. Podewils
d. 5. Junii 1740.
[Randbemerkung des Ministers Thulemeier:] wegen des Articuls von Berlin ist dieses indistincte zu observiren wegen auswärtiger Puißancen aber cum grano Salis und mit guter Behuetsamkeit.

59 (T. der Randbemerkung des Königs)

die Religionen Müsen alle Tolleriret werden und Mus der fiscal nuhr das auge darauf haben das keine der andern abruch Tuhe, den hier mus ein jeder nach Seiner Faßon Selich werden. Fr.

75 (Ü. ohne die späteren Eintragungen von fremder Hand)

Den 30ten. Prausnitz. Wir haben soeben die Österreicher total geschlagen. Sie haben eine schreckliche Menge Menschen verloren nebst vielen Gefangenen. Lassen Sie Tedeum anstimmen. etc. Friedrich

91 (T. der Randbemerkung des Königs)

nein Sie Sollen bei den Regimentern bestrafet werden welche Sie nach dem Stog in arest bringen laßen, dar verhören und nach Soldaten Manier bestrafen Sollen. Die Herren Ministres bleiben beim Tintfas und laßen die Naße aus alle Militaria warum ich Sie allerseits ersuche Fch.

92 (T.)

[Von Schreiberhand mit Friedrichs Namenschiffre:]
Potsdam d. 7t. Aug. 1744.
An den Etats Ministre v. Broich.
Mein lieber würcklicher Geheimter Etats Ministre v. Broich. Ich

remittire Euch beykommende ordre unvollzogen. Ihr hättet von Selbsten leicht einsehen können, wie es Sich ganz nicht schicke, mir rubriquen so mit so viel juristischem latein bespickt sind, vorzulegen, da solche zwar denen Juristen facultaeten Schöppenstühlen und criminal Gerichten bekand genug seyn mögen, vor mir aber lauter arabisch sind. Ihr hättet solches auch in dieser piece so viel mehr verhüthen sollen, da es auff Menschen Leben ankommt, und Ich keineswegs dergleichen mit so vielen mir unbekandten Worten angefüllete confirmationes unterschreiben kan, ohne den wahren Inhalt zu wißen. Ihr sollet also mit dergleichen Lateinischen rubriquen spahrsamer seyn, und wenn Ihr was berichtet, oder zur unterschrifft schicket, hübsch teutsch schreiben, solches auch denen Secretarien der Canzeley bekand machen. Ich bin Euer wohl affectionirter König F.

[Von der Hand des Ministers v. Broich:]

des Herren Geh. Raths von Stosch Wohlgeboren wollen dieses belieben anzusehen, das einliegende darnach ändern und demnegst denen übrigen Geheimen Secretariis communiciren. Broich

Den 9. Aug. 1744.

96 (Ü.)

Dies Jahr, das ich gewonnen zu haben glaube, ist für mich so viel wie fünf vorhergehende wert, und wenn ich in der Folge den kriegführenden Mächten Mittlerdienste leisten kann, werde ich Preußen zur größten Rolle verholfen haben, die es in Friedenszeiten spielen kann. Oder gilt euch das Vergnügen nichts, der Königin von Ungarn den Hemmschuh anzulegen, Sachsen zu demütigen oder besser zur politischen Null zu machen und Bestushew zur Verzweiflung zu bringen? Das sind die Früchte eines einzigen kleinen Federstrichs.

Ich umarme Sie, mein lieber Bruder, und versichere Sie meiner Zuneigung, mit der ich verbleibe, mein lieber Bruder, Ihr ergebener Bruder und Diener Friedrich

97 (T.)

1. Neüer artiquel

Dahr ich bedacht bin das landt in allen Stüken zu Soulagiren und auf zu helfen, So weis ich das eins der Dinge So hart seint die grausamen Dienste so Sie thun Müsen, wohrbei nichts als ihr verderb heraus kömt, also Sol in jede provintz und jeden Creis So Wohl ambts, Stäte als adliche Dörfer dahin gesehen werden, ob man es nicht So einrichten Könte, das der Bauer die Woche 3 tage högstens 4 dinte. Dießes wirdt was geschrei geben alleine vohr den gemeinen Man ist es fast nicht aus zu Stehn, wan er 6 tage oder 5 die Woche Dinen Sol. und in Meine Ämter befehle ich das Sich die Kammer Sollen angelegen Seindt laßen, die Wüsten huwen zu besetzen theils mit das die Neuen bauren ihre Dienste denen alten mit zum besten kommen, und Sol denen alten so vohrt durch eine Erliche repartition was nach gelaßen werden.

111 (T.)

Ein tag fatigue in dießen umbständen Mein lieber Ziten bringet uns in der Folge 100 Ruhtage nuhr immer den feindt in die heßen gesеßen. F.

114 (Ü.)

Ich habe heute morgen um 11 Uhr den Feind angegriffen. Wir haben sie bis zum Judenkirchhof bei Frankfurt getrieben. Alle meine Truppen sind ins Gefecht gekommen und haben Wunderdinge verrichtet. Aber dieser Kirchhof hat uns eine Unmenge von unseren Leuten gekostet. Sie sind in Verwirrung geraten. Ich habe sie dreimal gesammelt. Zum Schluß dachte ich selbst gefangen zu werden und war das Schlachtfeld zu räumen gezwungen. Mein Rock ist total durchlöchert, zwei Pferde sind mir getötet worden, mein Unglück ist es noch zu leben. Unser Verlust ist sehr bedeutend. Von einem Heer von 48000 Mann habe ich nicht mehr 3000. In dem Augenblick, da ich dies sage, flieht alles und ich bin nicht mehr Herr meiner Leute. Man wird in Berlin gut tun, an seine Sicherheit zu denken. Das ist ein grausamer Umschlag. Ich werde ihn nicht überleben. Die Folgen der Schlacht werden schlimmer sein, als die Schlacht selbst war. Ich habe keine Hilfsquelle mehr und, um nicht zu lügen, ich glaube alles verloren. Ich werde den Untergang meines Vaterlandes nicht überleben. Adieu für immer! Friedrich

128 (T. der letzten Verfügung des Königs)

10.000 Taler Gold vor Mihr [Mich?]
10.000 Taler werden bei Warttenberg vertauschet, davohr
10.500 Taler davor Banknoten, die eine zu 10.000 Taler und eine zu 500, 8.000 Taler in 4 Banknohten zu 2.000 Taler, 801 Taler an Swatz.

Frdch.

BIBLIOGRAPHISCHE HINWEISE

Da die ebenso vielfältigen wie umfangreichen Quellenpublikationen und Darstellungen zur Geschichte Friedrichs des Großen und seines Zeitalters bisher in keiner Spezialbibliographie erfaßt sind, soll die vorliegende Arbeit durch ein kurzgefaßtes Literaturverzeichnis ergänzt werden.

Zunächst sei auf einige bibliographische Hilfsmittel allgemeiner Art verwiesen. Bis zum Jahr 1930 verzeichnet *F. Chr. Dahlmann und G. Waitz, Quellenkunde der deutschen Geschichte, 9. Auflage, nebst Registerband, herausgegeben von H. Haering, Leipzig 1931/32,* alle wichtigen Veröffentlichungen. Diese Auflage wird von dem im Erscheinen begriffenen *Dahlmann-Waitz, Quellenkunde der deutschen Geschichte, Bibliographie der Quellen und der Literatur zur deutschen Geschichte, 10. Auflage, herausgegeben von H. Heimpel und H. Geuss,* [bisher] *2 Bände, Stuttgart 1969–1971* [in Lieferungen seit 1965, zuletzt Lieferung 21, 1972] abgelöst.

Im Berichtszeitraum schließen sich seit 1930 an: *Jahresberichte für deutsche Geschichte, Leipzig 7, 1931 (1934) bis 15/16* [Teil 1, nur Bibliographie], *1939/40 (1942), Neue Folge, Berlin 1, 1949 (1952) bis 21, 1969 (1972)* [wird fortgesetzt]. Die Lücke der Kriegsjahre schließt *W. Holtzmann und G. Ritter, Die deutsche Geschichtswissenschaft im Zweiten Weltkrieg, Bibliographie des historischen Schrifttums deutscher Autoren 1939–1945, 2 Bände, Marburg 1951.*

Wesentliche Literaturangaben mit kritischen Anmerkungen zu speziellen Ereignissen und Problemen enthalten die beiden Standardwerke: *Handbuch der deutschen Geschichte, begründet von O. Brand und A. O. Meyer, neu herausgegeben von L. Just, Band 2 (Deutsche Geschichte vom Zeitalter der Reformation bis zum Tode Friedrichs des Großen), Konstanz 1956,* sowie *B. Gebhardt, Handbuch der deutschen Geschichte, 9. Auflage, herausgegeben von H. Grundmann, Band 2 (Von der Reformation bis zum Ende des Absolutismus), Stuttgart 1970.*

Die wichtigsten Werke ausländischer Wissenschaftler zu Friedrich dem Großen und dem deutschen 18. Jahrhundert verzeichnet *M. Immich, Geschichte des europäischen Staatensystems von 1660 bis*

1789, (Handbuch der mittleren und neueren Geschichte 2,1), München 1905, und das *Handbuch der europäischen Geschichte, herausgegeben von Theodor Schieder, Band 4 (Europa im Zeitalter des Absolutismus und der Aufklärung), Stuttgart 1968*. Ferner sind folgende ausländische grundlegende Handbücher heranzuziehen: *J. O. Lindsay, The old regime (1713–1763), (The new Cambridge modern history, 7), Cambridge 1957*, und *A. Goodwin, The American and the French revolutions, (The new Cambridge modern history, 8), Cambridge 1965*, sowie *P. Muret und Ph. Sagnac, La prépondérance anglaise 1715–1763, (Peuples et civilisations, Histoire générale, 11), 3. Auflage, Paris 1952*, und *Ph. Sagnac, La fin de l'ancien régime et la révolution américaine 1763–1789, (Peuples et civilisations, Histoire générale, 12), 3. Auflage, Paris 1952*.

Werke Friedrichs des Großen

Die Werke des Königs sind nach wie vor als die wichtigste Quelle für sein Leben, sein Denken und Handeln anzusehen. Eine Bibliographie sämtlicher Ausgaben und Übersetzungen einschließlich der nachgelassenen Schriften, die bis zum Jahre 1878 erschienen sind, enthalten die *Miscellaneen zur Geschichte König Friedrichs des Großen, herausgegeben von der königlich preußischen Archiv-Verwaltung, Berlin 1878* [mit Arbeiten von A. von Taysen, M. Posner und R. Koser]. Ein vollständiges Verzeichnis aller zu Lebzeiten Friedrichs des Großen erschienenen Ausgaben seiner literarischen und politischen Schriften hat *B. Krieger, Friedrich der Große und seine Bücher, Leipzig 1914*, erstellt. Wertvolle Hinweise zu einer Literaturgeschichte seiner Schriften enthalten zwei Berichte von *H. Droysen, Beiträge zur Bibliographie der prosaischen Schriften Friedrichs des Großen, (Wissenschaftliche Beilage zum Jahresbericht des Königstädtischen Gymnasiums zu Berlin, 1904 und 1905)*, sowie *H. Droysen, Friedrichs des Großen literarischer Nachlaß, in: Jahresbericht des Königstädtischen Gymnasiums zu Berlin, 1911*.

Die wichtigste Sammlung der Schriften Friedrichs des Großen sind die *Œuvres de Frédéric le Grand, herausgegeben von J. D. E. Preuß, 30 Bände [in 32], nebst einem Ergänzungsband, Berlin 1846–1857*. Diese Edition entspricht jedoch nur zum Teil dem von ihm beabsichtigten Konzept, zu dem er sich selbst geäußert hat: *J. D. E. Preuß, Friedrich der Große als Schriftsteller, Vorarbeiten zu einer echten und vollständigen Ausgabe seiner Werke, Berlin 1837*. So fehlt die gesamte politische und militärische Korrespondenz des Königs, zahlreiche Kürzungen wurden vorgenommen und die Texte nicht mit der erforderlichen kritischen Sorgfalt geprüft. Darum muß die Ausgabe durch eine ganze Reihe anderer Publikationen ergänzt werden, die aber hier unberücksichtigt bleiben müssen. Unter ihnen nimmt die *Politische Korrespondenz Friedrichs des Großen, herausgegeben von der preußischen Akademie der Wissenschaften, bearbeitet von R. Koser, A. Naudé, K. Treusch von Buttlar, O. Hermann und G. B. Volz, 46 Bände, Berlin 1879–1939*, eine hervorragende Stellung ein. Als Ergänzungsband zu dieser Reihe erschien 1920: *Die Politischen Testamente Friedrichs des Großen, herausgegeben von G. B. Volz, Berlin 1920*, die vor 1918 nur in Auszügen bekannt waren; letztere erschienen auch in deutscher Fassung: *Die politischen Testamente Friedrich des Großen, übersetzt von F. von Oppeln-Bronikowski, mit einer Einführung von G. B. Volz, Berlin 1922.*

Mehrere seiner Werke sind gesondert auch in deutscher Sprache ediert worden. Hier sei nur die prachtvolle Teilsammlung genannt: *Die Werke Friedrichs des Großen in deutscher Übersetzung, mit Illustrationen von A. von Menzel, herausgegeben von G. B. Volz, 10 Bände, Berlin 1913/14.*

Eine weitere aufschlußreiche Quelle zum Leben des Königs bildet der Briefwechsel Friedrichs mit seinen Zeitgenossen, so der mit seiner Schwester: *Friedrich der Große und Wilhelmine von Baireut, ihr Briefwechsel [in deutscher Übersetzung] herausgegeben von G. B. Volz, 2 Bände, Leipzig 1924 und 1926*, und der *Briefwechsel Friedrichs des Großen mit seinem Bruder Prinz August Wilhelm, herausgegeben von G. B. Volz, Leipzig 1927.*

Unter der Korrespondenz Friedrichs des Großen wäre ferner der mit den befreundeten Brüdern Borcke zu erwähnen: *Briefe Friedrichs des Großen und seiner erlauchten Brüder Prinz August Wilhelm und Prinz Heinrich von Preußen aus der Zeit von 1727 bis 1762 an die Gebrüder Friedrich Wilhelm und Friedrich Ludwig Felix von Borcke, Potsdam 1881*, der mit Fürst und Prinz von Anhalt-Dessau: *Die Briefe des Kronprinzen Friedrich von Preußen an den Fürsten Leopold und an den Prinzen von Anhalt-Dessau, herausgegeben von O. Kranske, in: Forschungen zur brandenburgischen und preußischen Geschichte, 7, 1894*, der mit Friedrich Wilhelm von Grumbkow und Pierre Louis Moreau de Maupertuis: *Briefwechsel Friedrichs des Großen mit Grumbkow und Maupertuis, (1731–1759), herausgegeben von R. Koser (Publikationen aus den Königlich-Preußischen Staatsarchiven, 72),*

Leipzig 1898, sowie die *Correspondance inédite de Stanislas Leszczynski avec les rois de Prusse Frédéric Guillaume Ier et Frédéric II, herausgegeben von P. Boyé, Paris 1906*. Besonders aufschlußreich für das philosophische und literarische Denken Friedrichs ist sein Briefwechsel mit Voltaire: *Briefwechsel Friedrichs des Großen mit Voltaire, herausgegeben von R. Koser und H. Droysen, 3 Bände, (Publikationen aus den Königlich-Preußischen Staatsarchiven, 81, 82 und 86), Leipzig 1908, 1909 und 1911*; zu diesen Bänden erschien über die Auseinandersetzung zwischen Voltaire und Maupertuis eine Ergänzung: *Nachtrag zu dem Briefwechsel Friedrichs des Großen mit Maupertuis und Voltaire, nebst verwandten Stücken, herausgegeben von H. Droysen, F. Caussy und G. B. Volz, (Publikationen aus den Königlich-Preußischen Staatsarchiven, 90), Leipzig 1917.*

Aus Korrespondenzen des Königs mit Menschen seiner nächsten Umgebung sei noch aufgeführt: *Die Briefe Friedrichs des Großen an seinen vormaligen Kammerdiener Fredersdorff, herausgegeben von J. Richter, Berlin 1926, Friedrichs des Großen Korrespondenz mit Ärzten, herausgegeben von B. L. Mamlock, Stuttgart 1907*, und *Briefwechsel Friedrichs des Großen mit Gräfin Camas und dem Baron de la Motte Fouqué, übersetzt und herausgegeben von H. Droysen, (Veröffentlichungen aus den Archiven Preußischer Kulturbesitz, 1), Berlin 1967.*

Memoiren und Erinnerungen der Zeitgenossen

Die ungewöhnliche Persönlichkeit Friedrichs II. beherrschte seine Zeit, faszinierte seine Zeitgenossen. Die meisten Menschen, die zum engeren Kreis seines Hofes gehörten, empfanden das Bedürfnis, über den König und sein Leben zu schreiben oder sich mit seiner Politik auseinanderzusetzen. Die Memoiren seiner Brüder und Schwestern, Schwägerin und Nichte sowie seines Neffen haben die Herausgeber vor mancherlei schwierige Probleme gestellt; sie sind noch nicht in ihrem vollen Umfang erschlossen. Die älteste Schwester Friedrichs schrieb teilweise recht unglaubwürdige Erinnerungen: *Mémoires de Frédérique Sophie Wilhelmine Margrave de Baireith depuis l'année 1706 jusqu'à 1742, Braunschweig 1810 [2. Auflage, 2 Bände 1845]*, von den zahlreichen deutschen Ausgaben [erstmals Tübingen 1810/11] sei genannt: *Memoiren der königlich-preußischen Prinzessin Friederike Sophie Wilhelmine, Markgräfin von Bayreuth, vom Jahr 1709 bis 1742, fortgesetzt bis 1758 aufgrund ihres Briefwechsels, herausgegeben von A. von der Linden, 11. Auflage, Berlin 1908*; die Denkwürdigkeiten der Königin

Luise Ulrike von Schweden wurden nach dem im Nachlaß der Königin vorgefundenen französischen Original von St. A. Piper ins Schwedische übersetzt und teilweise abgedruckt in: *Fr. A. von Fersen, Historiska Skrifter, herausgegeben von Klinckowström, 2. und 3. Band, Stockholm 1868 und 1869*; zu dieser Ausgabe ist heranzuziehen: *F. Arnheim, Die Memoiren der Königin von Schweden Ulrica Luise, Halle 1888*, und die Biographie der Königin, die zahlreiche Zitate aus dem französischen Original der Memoiren enthält: *O. G. von Heidenstamm, Une sœur du grand Frédéric, Paris 1897*, sowie ihr Briefwechsel: *Luise Ulrike, die schwedische Schwester Friedrichs des Großen, ungedruckte Briefe an Mitglieder des Königshauses 1729–1758, herausgegeben von F. Arnheim, 2 Bände, Gotha 1909/10*; das in französischer Sprache geschriebene Tagebuch der Prinzessin Wilhelmine von Hessen-Kassel, Gemahlin des Prinzen Heinrich, gibt nur über einen verhältnismäßig kurzen Zeitraum Auskunft: *Aus der Zeit des Siebenjährigen Krieges, Tagebuchblätter und Briefe der Prinzessin Heinrich und des königlichen Hauses, herausgegeben von E. Berner und G. B. Volz, (Quellen und Untersuchungen zur Geschichte des Hauses Hohenzollern, 9), Berlin 1908*; der Band enthält auch Briefe des Prinzen August Wilhelm an seine Schwägerin und der Königin Elisabeth an ihren Bruder, den Herzog Karl von Braunschweig; nach dem 1812 entstandenen französischen Original wurden publiziert: *Die Erinnerungen der Prinzessin Wilhelmine von Oranien an den Hof Friedrichs des Großen 1751–1767, herausgegeben von G. B. Volz, (Quellen und Untersuchungen zur Geschichte des Hauses Hohenzollern, 7), Berlin 1903*; über die Tagebücher mit Auszügen aus dem Original des Herzogs Ferdinand von Braunschweig schrieb *H. Bornowski, Die Tagebücher des Herzogs Ferdinand von Braunschweig 1756–1766, in: Forschungen zur brandenburgischen und preußischen Geschichte 12, 1899;* ferner sei auf den Aufsatz über Memoirenfragmente aus dem Siebenjährigen Krieg von *A. Naudé, Aus ungedruckten Memoiren der Brüder Friedrichs des Großen, in: Forschungen zur brandenburgischen und preußischen Geschichte 1, 1888*, verwiesen.

Unter den Dienern und Würdenträgern des preußischen Hofes zur Zeit Friedrichs des Großen führte der zweite Kammerherr der Königin in französischer Sprache ein Tagebuch, das in gekürzter Fassung erschien: *Dreißig Jahre am Hofe Friedrichs des Großen (1750–1775), aus den Tagebüchern des Reichsgrafen E. A. H. Lehndorff, Kammerherrn der Königin Elisabeth Christine von Preußen, herausgegeben und übersetzt von K. E. Schmidt-Lötzen, Gotha 1907*, die fehlenden Teile wurden als *Nachträge, 2 Bände, Gotha 1910 und 1912*, veröffentlicht und umfassen die Zeit bis zum Jahre 1787. Der Vorleser Friedrichs, Heinrich de Catt, zeichnete seine Gespräche mit dem König während des Siebenjährigen Krieges auf: *Unterhaltungen mit Friedrich dem Großen, Memoiren und Tagebücher von Heinrich de Catt, herausgegeben von R. Koser, (Publikationen aus den Königlich-Preußischen Staatsarchiven, 22), Leipzig 1884.* Über die Jahre 1784 bis 1786 berichtete der letzte Vorleser des Königs: *Ch. Dantal, Les délassements littéraires ou heures de lecture de Frédéric II, Elbing 1791.* Interessante Einzelheiten berichtete der Arzt: *J. G. Zimmermann, Über Friedrich den Großen und meine Unterredungen mit ihm kurz vor seinem Tode, Leipzig 1788.*

Unter den Literaten und Wissenschaftlern des Berliner Freundeskreises muß an erster Stelle Voltaire genannt werden, der sich nicht allein in: *Idée de la personne, de la manière de vivre et de la cour du roi de Prusse, 1. Auflage 1753, 2. Auflage 1774*, und in: *Commentaire historique, Basel, London und Neuchâtel 1776, Genf und Berlin 1777*, sowie in: *La vie privée du roi de Prusse – Mémoires pour servir à la vie de M. de Voltaire, Amsterdam 1784*, mit einer ebenso schmeichelhaften wie spitzen Feder über Friedrich den Großen geäußert hat, sondern auch, vom Zufall der Tage bestimmt, in seiner gesamten Korrespondenz; Schriften und Korrespondenz sind heute in der Gesamtausgabe: *The complete works of Voltaire – Les œuvres complètes, herausgegeben von Th. Bestermann, Genf [seit] 1953*, zu benutzen.

Ferner sei auf die Erinnerungen einiger anderer Zeitgenossen verwiesen: *J. F. von Bielfeld, Lettres familières et autres, 2 Bände, Den Haag, 1763*; *S. Formey, Souvenirs d'un citoyen, 2 Bände, Berlin 1789*; *D. Thiébault, Mes Souvenirs de vingt ans de séjour à Berlin ou Frédéric le Grand, sa famille, sa cour, son gouvernement, son académie, ses écoles et ses amis littérateurs et philosophes, 5 Bände, Paris 1804*, mit mehr oder weniger zweifelhaften Zusätzen verschiedentlich neu aufgelegt; *Abbé C. Denina, Essai sur la vie et le règne de Frédéric II, 3 Bände, Berlin 1790;* auch Lucchesini, von dem Mirabeau sagt, daß er nicht der Freund, sondern der ›Horcher‹ des Königs war, schrieb seine Erinnerungen: *G. Lucchesini, Das Tagebuch des Marchese Lucchesini (1780–1782), Gespräche mit Friedrich dem Großen, herausgegeben von F. von Oppeln-Bronikowski und G. B. Volz (Romanische Bücherei, 5), München 1926.*

Von den Erinnerungen und Schriften der Staatsmänner und Beamten im Dienst Preußens sind zu nennen: *E. F. von Hertzberg, Mémoire historique sur la dernière année de la vie privée du roi de Prusse, Berlin und Neuchâtel 1787*; *C. W. von Dohm, Denkwürdigkeiten meiner Zeit, oder Beiträge zur Geschichte von 1778 bis 1806, 5 Bände, Lemgo und Hannover 1814–1819*; letzteres Werk ist eine allgemeine Darstellung, die persönliche Erinnerungen einbezieht.

Wichtige Schriften der seinerzeit in Berlin akkreditierten Botschafter sind die Aufzeichnungen von Männern wie: *V. L. H. de Valory, Mémoires des négociations du marquis de Valori ambassadeur de France à la cour de Berlin, accompagnées d'une recueil de lettres de Frédéric le Grand, des princes ses frères . . . herausgegeben von H. de Valori, 2 Bände, Paris 1820,* und *A. Mitchell, Memoirs and Papers of Sir Andrew Mitchell, envoy extraordinary and ministre plenipotentia from the court of Great Britain to the court of Prussia from 1756 to 1771, herausgegeben von A. Bisset, 2 Bände, London 1850.*

Unter den Gästen, die sich nach dem Siebenjährigen Krieg am Hofe Friedrichs aufhielten, haben wichtige Aufzeichnungen hinterlassen: *J. Le Rond d'Alembert, Frédéric le Grand d'après des lettres inédites de d'Alembert à mademoiselle de Lespinasse, in: Revue Hostorique 26, 1884,* sowie seine Sammlung von Briefen: *Trois mois à la cour de Frédéric, lettres inédites de d'Alembert, herausgegeben von G. Maugras, Paris 1886; J. A. H. Guibert, Journal d'un voyage en Allemagne en 1773, 2 Bände, Paris 1803,* und *ders., Eloge du roi de Prusse, Berlin 1787; Fürst K. J. von Ligne, Mémoires sur le roi de Prusse, Frédéric le Grand Berlin 1789; L. Ph. de Ségur, Mémoires ou souvenirs et anecdotes, 3 Bände, Paris 1827; F. C. A. de Bouillé, Mémoires sur la révolution française, Paris 1821; H. J. R, d'Emskerque Toulongeon, Une mission militaire en Prusse en 1786, herausgegeben von J. Finot und R. Galmiche-Bouvier, Paris 1881.*

Über Friedrich II., den Großen, existieren zahllose Anekdoten. Eine erste Übersicht gibt R. Koser, der sowohl zeitgenössische Zeugnisse als auch die der ersten Geschichtsschreiber jener Jahre zusammengestellt hat, in: *R. Koser, Geschichte Friedrichs des Großen, Band 4, S. 123–125.* Die glaubhaftesten Anekdoten stammen aus der Feder des Geographen *A. F. Büsching, Charakter Friedrichs des Zweiten, 2. Auflage, Halle 1788,* und *A. F. Büsching, Zuverlässige Beiträge zu der Regierungsgeschichte König Friedrichs II., vornehmlich in Ansehung der Volksmenge des Handels, der Finanzen und des Kriegsheers, nebst einem historischen Anhang, Hamburg 1790,* sowie von *F. Nicolai, Anekdoten von König Friedrich II. nebst Berichtigungen einiger schon gedruckter Anekdoten, 6 Hefte, Berlin 1789.* Auszüge aus den wichtigsten Darstellungen und Beurteilungen aus der Umgebung Friedrichs des Großen sind veröffentlicht in: *Gespräche Friedrichs des Großen, herausgegeben von F. von Oppeln-Bornikowski und*

G. B. Volz, Berlin 1919, und *Friedrich der Große im Spiegel seiner Zeit, herausgegeben von G. B. Volz, 3 Bände, 2. erweiterte Auflage, Berlin 1932.*

Biographische Gesamtdarstellungen

Seit dem Tod des Königs hat man nicht aufgehört, über sein Leben und seine Regierung zu schreiben. Aber die wissenschaftliche Forschung fand nur zögernd Zugang zu der Persönlichkeit des großen Königs. Denn eine ernsthafte Auseinandersetzung mit Friedrich und seiner Zeit konnte erst mit der Herausgabe seiner Werke und der Öffnung der Archive beginnen. Darum mag es nicht verwundern, daß die erste, noch zeitgenössische, kritische Auseinandersetzung mit Friedrich und dem Preußischen Staat aus der Feder eines Franzosen stammt: *H. G. V. Riquetti de Mirabeau, De la monarchie prussienne sous Frédéric le Grand, 7 Bände, London 1788, (deutsche Ausgabe: Von der preußischen Monarchie unter Friedrich dem Großen, 4 Bände, Leipzig 1793 bis 1795).* Es ist das Werk eines Physiokraten, der bei aller Bewunderung für den preußischen König dessen Wirtschaftspolitik scharf kritisierte. Zu allen Zeiten hat man die Persönlichkeit Friedrichs des Großen auf höchst unterschiedliche Weise interpretiert. Die Wechselseitigkeit seines Ruhms hat spätere Generationen immer wieder verführt, zu der Geschichte der Hohenzollern, Preußens und schließlich ganz Deutschlands höchst anfechtbare Parallelen zu ziehen. Mit diesem Aspekt der Forschung beschäftigen sich die Untersuchungen von *V. Valentin, Some interpretations of Frederick the Great, in: History, new serie 19, 1934, W. Bussmann, Friedrich der Große im Wandel des europäischen Urteils, in: Deutschland und Europa, Festschrift für Hans Rothfels, Düsseldorf 1951*, und *St. Skalweit, Das Problem von Recht und Macht und das historiographische Bild Friedrichs des Großen, in: Geschichte in Wissenschaft und Unterricht 2, 1951.*

Die erste groß angelegte Biographie schrieb *J. D. E. Preuß, Friedrich der Große, eine Lebensgeschichte, 6 Bände, nebst 6 Urkundenbüchern, Berlin 1832–1834.* Sie ist wegen der umfangreichen Aktenpublikationen noch immer ein benutzbares Werk. Die volkstümliche, aber solide Lebensbeschreibung von *F. Kugler, Geschichte Friedrichs des Großen, Leipzig 1840* [zahlreiche Auflagen], erlangte vor allem durch die Illustrationen von A. von Menzel Berühmtheit. Diese Biographie hat ebenso wie die von *Th. Carlyle, History of Frederick II. of Prussia called Frederick the Great, 6 Bände, London 1858–1865, (deutsche Ausgabe: Geschichte Friedrichs II. von Preußen, genannt Friedrich der Große, 6 Bände, Berlin 1858–1869)*, den friderizianischen Mythos in die Nähe des Heroenkultes gerückt. Demgegenüber äußert sich sehr kritisch über Friedrich den Großen und verficht den großdeutschen Standpunkt: *O. Klopp, König Friedrich II. und seine Politik, 2. Auflage, Schaffhausen 1867.*

Das heute noch unentbehrliche biographische Standardwerk verfaßte *R. Koser, Geschichte Friedrichs des Großen, 4 Bände, 6./7. Auflage, Berlin 1921–1926.* Es sprengt den Rahmen einer Biographie und ist vielmehr eine Geschichte Preußens unter Friedrich dem Großen. Ein zuverlässiges und genaues Gerüst zur Lebensgeschichte Friedrichs liefert *H. Droysen, Tageskalender Friedrichs des Großen vom 26. Februar 1732 bis 31. Mai 1740, in: Forschungen zur brandenburgischen und preußischen Geschichte 25, 1913*, und *dass. vom 1. Juni 1740 bis 31. März 1763, ebd. 29, 1916.* Zwei bedeutende, für eine erste Orientierung wichtige Handbuchartikel verfaßten *L. von Ranke, Friedrich II., der Große, in: Allgemeine deutsche Biographie, Band 7, Leipzig 1878*, und O. *Graf von Stolberg-Wernigerode, Friedrich II., der Große, in: Neue deutsche Biographie, Band 5, Berlin 1961.*

Das Buch von A. *Bernay, Friedrich der Große, Entwicklungsgeschichte eines Staatsmannes, Tübingen 1934*, beschreibt sein Leben bis zum Ausbruch des Siebenjährigen Krieges 1756; die feinsinnige Studie berücksichtigt besonders die geistige Entwicklung des Königs. Anläßlich des 150. Todestages des Königs veröffentlichte G. *Ritter, Friedrich der Große, ein historisches Profil, Leipzig 1936, (3. Auflage, Heidelberg 1954)*, eine Vorlesungsreihe, die er an der Universität Freiburg gehalten hatte, sowie W. *Elze: Friedrich der Große, geistige Welt, Schicksal, Taten, Berlin 1936*, ein Werk, das sich vor allem mit der preußischen Heeresgeschichte beschäftigt. Von den populärwissenschaftlichen Werken seien genannt: *W. Hegemann, Friedericus oder das Königsopfer, 2. Auflage, Leipzig 1926*, sowie *H. von Petersdorff, Friedrich der Große, ein Bild seines Lebens und seiner Zeit, Berlin 1902*, und vom selben Verfasser: *Fridericus rex, ein Heldenleben, Nordhausen 1925*, letztere Bücher sind wegen ihrer reichen Ausstattung mit Bilddokumenten hervorzuheben.

Unter den ausländischen Publikationen sei auf einige neuere Veröffentlichungen verwiesen: *L. Gershoy, From despotism to revolution 1763–1789, London 1944*, und auf: *G. P. Gooch, Friedrich der Große, Herrscher, Schriftsteller, Mensch, (englische Original-*

ausgabe: London 1947), Göttingen 1951, sowie auf: *P. Gaxotte, Ludwig XV. und sein Jahrhundert, (französische Originalausgabe: Paris 1946), München 1954.*

Biographische Einzeldarstellungen

Die Briefe der Königinmutter Sophie Dorothea publizierte *H. Droysen, Aus den Briefen der Königin Sophie Dorothea, in: Hohenzollern-Jahrbuch 17, 1913;* Briefe des Vaters, die auch Aufschlüsse über das Verhältnis zu seinem Sohn geben, veröffentlichte *O. Krauske: Die Briefe König Friedrich Wilhelms I. an den Fürsten Leopold von Anhalt-Dessau 1704–1740, (Acta Borussica, Ergänzungsband), Berlin 1905*. Das einschneidendste Ereignis im Leben des Kronprinzen, sein Fluchtversuch und sein Gefangenendasein in Küstrin, ist durch Aktenpublikationen von *C. Hinrichs, Der Kronprinzenprozeß, Friedrich und Katte, Hamburg 1936*, sowie *G. Zimmermann und H. Branig, Fürsprache, Monarchenbriefe zum Kronprinzenprozeß Küstrin 1730, Berlin 1965*, erschlossen. Interessante Charakteristiken des Hofes und der Politik Friedrich Wilhelms I. berichten der österreichische Gesandte in Berlin, *Graf F. H. von Seckendorff, Le journal secret, Tübingen 1811*, das als Anhang zu den Memoiren der Markgräfin Wilhelmine erschien, und der Oberkammerherr des Königs, *Freiherr K. L. von Poellnitz, Mémoires pour servir à l'histoire des quatre derniers souverains de la maison de Brandenbourg, 2 Bände, Berlin 1791*; Seckendorff berichtet aus der Zeit von 1726–1734, Poellnitz' Erinnerungen reichen bis zum Jahr 1753. Ferner sei auf die Erinnerungen der beiden Hallenser Theologen J. A. Freylinghausen und G. A. Francke hingewiesen: *Sieben Tage am Hofe Friedrich Wilhelms I., Tagebuch des Professors J. A. Freylinghausen, herausgegeben von B. Krieger, Berlin 1900*. Da es eine neuere wissenschaftliche Biographie Friedrich Wilhelms I. nicht gibt (die von C. Hinrichs blieb unvollendet und reicht nur bis zum Regierungsantritt), gilt die von *F. Foerster, Friedrich Wilhelm I. König von Preußen, 3 Bände, nebst 2 Urkundenbüchern, Potsdam 1834–1835*, wegen ihrer Materialfülle als unentbehrlich.

Der Jugend Friedrichs sind folgende Darstellungen gewidmet: E. Lavisse, Die Jugend Friedrichs des Großen, (französische Originalausgabe: Paris 1891), Berlin 1919; das Werk hat grundlegenden Charakter, darum kann auf die Angabe älterer Literatur verzichtet werden; *O. Krauske, Vom Hofe Friedrich Wilhelms I., in: Hohenzollern-Jahrbuch 5, 1901; R. Koser, Aus den letzten Tagen König Friedrich Wil-*

helms I., in: Hohenzollern-Jahrbuch 8, 1904; G. B. Volz, Die Krisis in der Jugend Friedrichs des Großen, in: Historische Zeitschrift 118, 1917; H. Droysen, Graf Seckendorff und Kronprinz Friedrich, in: Forschungen zur brandenburgischen und preußischen Geschichte 28, 1915; F. Meinecke, Des Kronprinzen Friedrichs Considérations sur l'état présent du corps politique de l'Europe, in: Historische Zeitschrift 117, 1917; F. Arnheim, Der Hof Friedrichs des Großen, Band 1: Der Hof des Kronprinzen, Berlin 1912 [mehr nicht erschienen].

Den Katalog der ersten Bibliothek Friedrichs, wie sie im Jahr 1730 bestand, verzeichnet *E. Bratuschek, Die Erziehung Friedrichs des Großen, Berlin 1885.* Ein Gesamtverzeichnis der Bücher in den Bibliotheken Friedrichs des Großen in Potsdam (Stadtschloß, Sanssouci, Neues Palais) und in den königlichen Schlössern zu Berlin, Charlottenburg sowie Breslau hat B. Krieger in seinem oben zitierten Buch erstellt (siehe oben, Abschnitt ›Werke Friedrichs des Großen‹); er widmet auch ein Kapitel den Vorlesern und literarischen Agenten Friedrichs.

Zum Verständnis des religiösen und philosophischen Milieus, das Friedrich prägte, ist folgende Arbeit besonders aufschlußreich: *A. G. Pariset, L'Etat et les églises en Prusse sous Frédéric-Guillaume I., Berlin 1896,* die auch einen Überblick über den politischen und administrativen Aufbau des preußischen Staates zu Beginn der Regierung Friedrichs vermittelt; ferner der kleine Band von *L. Lévy-Bruhl, Allemagne depuis Leibniz, 2. Auflage, Paris 1907,* der auch heute noch von Bedeutung ist.

Die wichtigsten Studien zu diesem Themenbereich schrieb W. *Dilthey, Friedrich der Große und die deutsche Aufklärung,* und *Das achtzehnte Jahrhundert und die geschichtliche Welt, beide in: Gesammelte Schriften, Band 3 (Studien zur Geschichte des deutschen Geistes), 2. Auflage, Leipzig/Berlin 1942,* die das alte Buch von *E. Zeller, Friedrich der Große als Philosoph, Berlin 1886,* ergänzen; hierzu sind auch folgende Aufsätze zu nennen: *H. Droysen, Friedrich Wilhelm I., Friedrich der Große und der Philosoph Ch. Wolff, in: Forschungen zur brandenburgischen und preußischen Geschichte 23, 1910,* und W. *von Sommerfeldt, Die philosophische Entwicklung des Kronprinzen Friedrich, in: Forschungen zur brandenburgischen und preußischen Geschichte 31, 1919.* Zur geistigen Welt- und Staatsanschauung Friedrichs wie überhaupt zum aufgeklärten Absolutismus äußern sich *R. Koser, Die Epochen der absoluten Monarchie in der neueren Geschichte, in: Historische Zeitschrift 61, 1889, F. Meinecke, Die Idee der Staatsraison in der neueren Geschichte, 3. Auflage (Werke, 1), Stuttgart 1957, A. Bernay, Über das geschichtliche Denken Friedrichs des Großen, in: Historische*

Zeitschrift 150, 1934, die Schrift von *W. Langer, Friedrich der Große und die geistige Welt Frankreichs, (Hamburger Studien zu Volkstum und Kultur der Romanen, 11), Hamburg 1932, F. Hartung, Die geschichtliche Bedeutung des aufgeklärten Despotismus in Preußen und in den deutschen Kleinstaaten, in: Bulletin of the international Commission of historical sciences 9, 1937*, E. *Spranger, Der Philosoph von Sanssouci, (Abhandlungen der preußischen Akademie der Wissenschaften Berlin, Phil. hist. Kl. 1942, Nr. 5), (2. Auflage, Heidelberg 1962)*, und *E. Benz, Der Philosoph von Sanssouci im Urteil der Theologie und Philosophie seiner Zeit (Oettinger, Tersteegen, Mendelssohn), (Akademie der Wissenschaften und der Literatur Berlin, Geistes- und sozialwissenschaftliche Klasse 1971, Nr. 10)*; ausgezeichnete neuere Übersichten über die Probleme bieten *F. Hartung, Der aufgeklärte Absolutismus, in: Historische Zeitschrift 180, 1955, W. Mommsen, Zur Beurteilung des Absolutismus, in: Historische Zeitschrift 158, 1938*, und *E. Walder, Zwei Studien über den aufgeklärten Absolutismus, in: Schweizer Beiträge zur allgemeinen Geschichte 15, 1957.*

Die Beziehungen Friedrichs des Großen zu Voltaire werden natürlich in allen Voltaire-Biographien ausführlich behandelt, insbesondere von *A. Bellesort, Essai sur Voltaire, 3. Auflage, Paris 1927* und von *Th. Bestermann, Voltaire, London 1969*, aber auch gesondert untersucht von *R. Koser, Voltaire als Kritiker der Werke des Philosophen von Sanssouci, in: Hohenzollern-Jahrbuch 10, 1906, E. Henriot, Voltaire et Frédéric II, Paris 1927, F. Baldensperger, Les prémices d'une douteuse amitié, Voltaire et Frédéric de 1740 à 1742, in: Revue de littérature comparée 1930, W. Mönch, Voltaire und Friedrich der Große, das Drama einer denkwürdigen Freundschaft, Stuttgart/Berlin 1943*, und *H. Bellugou, Voltaire et Frédéric II au temps de la marquise du Châtelet, Paris 1962.*

Mit der äußeren Erscheinung Friedrichs des Großen und seinen Porträts beschäftigen sich zwei Aufsätze von *R. Koser, Die äußere Erscheinung Friedrichs des Großen*, und *P. Seidel, Die Bildnisse Friedrichs des Großen, beide in: Hohenzollern-Jahrbuch 1, 1897*, ferner [ohne Verfasser] *Das Bildnis Friedrichs des Großen, Berlin 1942*, sowie *E. von Campe, Die graphischen Porträts Friedrichs des Großen und ihre Vorbilder, München 1958.*

Die Schlösser und Gärten Friedrichs des Großen, die mit ihren reichhaltigen Sammlungen beredte Zeugnisse für sein Verhältnis zur Kunst ablegen, haben zahlreiche Umbauten und Veränderungen erfahren. Viele Gemächer wurden von den Nachfolgern entfremdet und ihren eigenen Bedürfnissen angepaßt. Manches konnte nach 1918 nach alten

Plänen restauriert werden. Während des Zweiten Weltkrieges versank Unersetzbares in Schutt und Asche. Ein vorbildlicher und in der Restaurierungstechnik epochemachender Aufbau wurde in Charlottenburg geleistet. Zu den besten Beschreibungen der königlichen Schlösser aus der Zeit Friedrichs des Großen gehören die von *F. Nicolai, Beschreibung der königlichen Residenzstädte Berlin und Potsdam, 3. Auflage Berlin 1786* und die Arbeiten von *M. Oesterreich, Beschreibung von allen Gemälden . . . im Neuen Schloß bei Sans-Souci, Berlin 1772* und *Beschreibung von denen . . . Zimmern . . . in dem gewesenen Orangen-Hause in Sans-Souci, Potsdam 1775; H. L. Manger, Baugeschichte von Potsdam, Berlin 1789/90.*

Teile der Sammlungen Friedrichs wurden im Jahr 1900 auf der Pariser Weltausstellung gezeigt sowie auf Ausstellungen nach dem Zweiten Weltkrieg im Petit Palais in Paris 1951, im Schloß Charlottenburg in Berlin 1962 und im Palais du Louvre in Paris 1963; zu allen diesen Ausstellungen gibt es Kataloge.

P. Seidel hat seine Arbeit vornehmlich dem Studium der friderizianischen Kunstsammlungen gewidmet. Zahlreiche Aufsätze mit vorzüglichen Illustrationen erschienen im Hohenzollern-Jahrbuch, dessen Redaktion er leitete; er faßte seine Arbeit in *P. Seidel, Friedrich der Große und die Bildende Kunst, 2. Auflage, Leipzig 1924*, zusammen.

Das grundlegende Werk über A. Pesne mit einem Verzeichnis seiner Werke gaben *E. Berckenhagen, P. du Colombier, M. Kühn und G. Poensgen, Antoine Pesne, Berlin 1958*, heraus. Auf die Zitierung weiterer neuerer Literatur über die friderizianische Kunst und ihre Vertreter muß hier verzichtet werden; sie ist den entsprechenden Abschnitten folgender Werke zu entnehmen: *H. Zopf und G. Heinrich, Berlin-Bibliographie, Berlin 1965* und *S. Badstüber-Groeger, Bibliographie zur Kunstgeschichte von Berlin und Potsdam, Berlin 1968.*

Mit den musikalischen Neigungen Friedrichs des Großen beschäftigen sich *G. Thouret, Friedrich der Große als Musikfreund und Musiker, Leipzig 1968* und der ausgezeichnete Aufsatz von *H. Becker, Friedrich II., in: Die Musik in Geschichte und Gegenwart, Band 4, Kassel 1955.*

Zum Freundes- und Verwandtenkreis Friedrichs des Großen seien außer den bereits genannten Memoiren und Korrespondenzen noch einige Studien genannt. Das alte, noch immer sehr aufschlußreiche Buch von *J. D. E. Preuß, Friedrich der Große mit seinen Verwandten und Freunden, Berlin 1838*, ist das einzige, das das gesamte Leben des Königs umfaßt; alle Personen aus dem Freundeskreis Friedrichs werden in knappen Studien behandelt. Eine Aufsatzfolge schrieb: *G. B.*

Volz, Friedrich der Große und seine Leute, in: Hohenzollern-Jahrbuch 11, 1907, 12, 1908, 14, 1910 und 15, 1911; unter anderen werden H. K. von Winterfeldt, Luise E. von Wreech, Ch. E. Jordan, die Grafen K. Ch. und F. A. von Schwerin und G. W. von Knobelsdorff behandelt. Über Barbara Campanini (gen. Barberina) veröffentlichten *J. J. Olivier und W. Norbert, La Barberina Campanini 1721–1799, Berlin 1909*, und *G. B. Volz, Die Barberina-Legende, in: Aus der Welt Friedrichs des Großen, Dresden 1922*, zuverlässige Studien.

Mit der Königin beschäftigen sich die Aufsätze von *E. Seillière, Le Ménage du grand Frédéric, in: Revue hebdomadaire 17, 1909*, der auf deutsche Quellen zurückgeht, und *G. B. Volz, Friedrichs Ehedrama, in: Friedrich der Große, Bilder aus seiner Zeit, Berlin 1927*; über den Bruder Friedrichs gibt die vorzügliche Biographie von *Ch. V. Easum, Prinz Heinrich von Preußen, (amerikanische Originalausgabe 1942 und 1972), Göttingen 1958*, Auskunft.

Von allen namhaften Zeitgenossen um Friedrich den Großen gibt es mehr oder weniger qualitätvolle Biographien beziehungsweise Studien zu ihrem Leben. Es hieße den einzelnen Personen nicht gerecht zu werden, wollte man sich hier auf eine Auswahl weniger Titel beschränken. Darum sei lediglich auf die bereits eingangs zitierten bibliographischen Nachschlagewerke und auf die biographischen Standardwerke *Allgemeine deutsche Biographie* sowie die im Erscheinen begriffene *Neue deutsche Biographie* hingewiesen.

Friedrich der Große und der preußische Staat

Angesichts der Bedeutung, die Friedrich der Große in der wissenschaftlichen Forschung einnimmt, und um der Historiographie gerecht zu werden, müßte hier eine Bibliographie des 18. Jahrhunderts schlechthin erscheinen. Darum können sich die nachfolgenden Hinweise nur auf summarische Angaben beschränken und auf die wichtigsten Titel verweisen, die der Autor für seine Arbeit benutzt hat. Die klassischen Werke der preußischen und deutschen Geschichtsschreibung von H. Delbrück, J. G. Droysen, O. Hintze, K. Lamprecht, L. von Ranke. G. Schmoller, H. von Sybel und H. von Treitschke bis zu den großen Handbüchern der Geschichtswissenschaft, wie die Allgemeine Staatengeschichte (H. Oncken und H. Duncker), die Propyläen Weltgeschichte und die Histoire générale des civilisations (M. Crouzet, R. Mousnier, E. Labrousse und M. Bouloiseau) können hier nur gestreift werden.

Die wichtigsten Urkunden und Akten enthalten die verschiedenen Reihen der *Acta Borussica, Denkmäler der preußischen Staatsverwaltung im 18. Jahrhundert* und die Schriftenreihe *Publikationen aus den Königlich-Preußischen Staatsarchiven.* Die Acta Borussica gliedern sich in: *Acta Borussica, Behördenorganisation und allgemeine Staatsverwaltung Preußens im 18. Jahrhundert von 1701 bis 1772, Bände 1 bis 16,1, Berlin 1894–1970*, und weitere Reihen, die einzelnen Wirtschaftszweigen gewidmet sind: *Acta Borussica, die Getreidehandelspolitik, 3 Bände, Berlin 1896–1910, Acta Borussica, die Handels-, Zoll- und Akzisepolitik, 3 Bände, Berlin 1911–1928, Acta Borussica, das Münzwesen, 2 Bände, [erschienen sind der 2. Band und der 3. Band in 4 Heften] Berlin 1902–1925, Acta Borussica, die Seidenindustrie, 3 Bände, Berlin 1892, Acta Borussica, die Wollindustrie, Berlin 1933.* Die Aktenpublikationen werden von fundierten Einleitungen der Herausgeber begleitet, zwei Darstellungen seien hervorgehoben: O. *Hintze, Einleitende Darstellung der Behördenorganisation und allgemeine Verwaltung in Preußen beim Regierungsantritt Friedrichs II. (Acta Borussica, Behördenorganisation, 6, 1), Berlin 1901*, und C. *Hinrichs, Die Wollindustrie (Acta Borussica, die Wollindustrie), Berlin 1933.*

In der Reihe der Publikationen aus den Königlich-Preußischen Staatsarchiven sei außer auf die bereits zitierten Werke auf M. *Lehmann* und *H. Granier, Preußen und die katholische Kirche seit 1640, Band 2–5 (von 1740 bis 1786), (Publikationen . . . 10, 13, 18 und 24), Leipzig 1881–1885*, sowie auf R. *Stadelmann, Preußens Könige in ihrer Tätigkeit für die Landeskultur, Band 3 (Friedrich der Große), (Publikationen . . . 25), Leipzig 1885*, und auf M. *Baer, Westpreußen unter Friedrich dem Großen, (Publikationen . . . 83 und 84), Leipzig 1909/10*, verwiesen. Diese Bände enthalten sowohl Originaldokumente in vollem Wortlaut als auch Zusammenfassungen und zum Teil sehr ausführliche Anmerkungen.

Zu erwähnen sind auch der Aufsatz von *Ch. Morazé, Finance et despotisme, Essai sur les despotes éclairés, in: Annales, économies – sociétés – civilisations 1948*, und die mehr oder weniger summarischen Referate, die 1963 anläßlich der von P. Francastel organisierten historischen Kolloquien gehalten und kurz darauf unter dem Titel *Utopie et institutions au dixhuitième siècle, Paris 1963* veröffentlicht wurden, unter anderem mit Beiträgen von *R. Derathe, Les philosophes et le despotisme, A. Jobert, Les Lumières et le problème du servage, G. Livet, Introduction à une sociologie des Lumières.* Wichtig ist auch der neuere Beitrag von *P. Bluche, Le despotisme éclairé, Paris 1968.*

Für den politischen und administrativen Aufbau des preußischen Beamtentums vermitteln die folgenden Arbeiten eine Übersicht: *L. Dorn, The prussian bureaucraty in the eighteenth century, in: Political Science Quarterly 46, 1931 und 47, 1932* untersucht weniger die einzelnen Institutionen des preußischen Staates als den Mechanismus seines Verwaltungsapparates, das Werk ist zu ergänzen durch folgende Studien: *M. Lehmann, Der Ursprung des preußischen Kabinetts, in: Historische Zeitschrift 63, 1889; H. Hüffer, Die Beamten der älteren preußischen Kabinette von 1713–1808, in: Forschungen zur brandenburgischen und preußischen Geschichte 5, 1892; M. Haß, Friedrich der Große und seine Kammerpräsidenten, in: Beiträge zur brandenburgisch preußischen Geschichte, Festschrift zu G. Schmollers 70. Geburtstag, Leipzig 1908; E. Pfeiffer, Die Revuereisen Friedrichs des Großen, besonders die schlesischen nach 1763 und der Zustand Schlesiens von 1763–1786 (Historische Studien, 44), Berlin 1904* und *C. Hinrichs, Der allgegenwärtige König, Friedrich der Große im Kabinett und auf Inspektionsreisen, Berlin 1940.*

Einen ausgezeichneten Abriß der preußischen Wirtschaftspolitik unter Friedrich dem Großen hat der Jurist *A. Zottmann, Die Wirtschaftspolitik Friedrichs des Großen, (Gesellschaftswissenschaftliche Abhandlungen, 8), Leipzig 1937,* geschrieben. Detaillierte Angaben enthalten folgende Werke: Mit der Provinz Schlesien befassen sich *C. Grünhagen, Schlesien unter Friedrich dem Großen, 2 Bände, Breslau, 1890–1892,* und das außerordentlich umfangreiche Werk von *H. Fechner, Wirtschaftsgeschichte der preußischen Provinz Schlesien in der Zeit ihrer provinziellen Selbständigkeit 1741–1806, Breslau 1907;* der Autor vertritt im Gegensatz zu G. Schmoller und seiner Schule die Ansicht, daß die merkantilistische Politik Friedrichs Schlesien mehr geschadet als genützt hat.

Das preußische Finanzsystem der Regie behandeln *W. Schultze, Geschichte der preußischen Regieverwaltung von 1766–1786, Teil 1 (Die Organisation der Regie von 1766–1786 und die Reform der Akzise von 1766–1770), (Staats- und Sozialwissenschaftliche Forschungen, 30), Leipzig 1884 [mehr nicht erschienen], G. Schmoller, Die Einführung der französischen Regie durch Friedrich den Großen, (Sitzungsberichte der Königlich Preußischen Akademie der Wissenschaften zu Berlin, Phil.-hist. Kl. 1888, Nr. 4),* und in: *Deutsche Rundschau, April 1888,* sowie *E. P. Reimann: Das Tabaksmonopol Friedrichs des Großen, München 1913.*

Mit der Finanzpolitik Friedrichs des Großen befassen sich die Schriften von *G. Schmoller, Die Epochen der preußischen Finanzpolitik, in: Jahrbuch für Gesetzgebung, Verwaltung und Volkswirtschaft 1, 1877, ders., Preußische Verfassungs-, Verwaltungs- und Finanzgeschichte, Berlin 1921,* sowie zwei Aufsätze von *R. Koser, Die preußischen Finanzen im Siebenjährigen Krieg, in: Forschungen zur brandenburgischen und preußischen Geschichte 13, 1900,* und *ders., Die preußischen Finanzen von 1763 bis 1786, in: ebd. 16, 1903.*

Über die Justizreform schreibt *O. Hintze, Preußens Entwicklung zum Rechtsstaat, in: Forschungen zur brandenburgischen und preußischen Geschichte 32, 1920,* ferner *M. Springer, Die Coccejische Justizreform, München 1914,* und *R. Koser, Die Abschaffung der Tortur durch Friedrich den Großen, in: Forschungen zur brandenburgischen und preußischen Geschichte 6, 1892;* interessante Aspekte eröffnen die Studien von *E. von Meier, Französische Einflüsse auf die Staats- und Rechtsentwicklung Preußens im 19. Jahrhundert, Band 2, 1 (Der preußische Staat des 18. Jahrhunderts), Leipzig 1908; E. Heymann, Über die Bedeutung der Philosophie Friedrichs des Großen für seine Rechtspolitik, in: Sitzungsberichte der Preußischen Akademie der Wissenschaften zu Berlin, Berlin 1934;* mit den Prozessen des Müllers Arnold befassen sich *K. Dickel, Friedrich der Große und die Prozesse des Müllers Arnold, Marburg 1891,* sowie *F. Holtze, Neues zum Müller Arnoldschen Prozeß, in: Forschungen zur brandenburgischen und preußischen Geschichte 17, 1904,* und *F. Graner, Aus den hinterlassenen Papieren des im Müller Arnoldschen Prozeß zur Festungsstrafe verurteilten neumärkischen Regierungsrats Bandel, in: ebd. 38, 1926.*

Die europäische Agrarpolitik im 18. und 19. Jahrhundert ist das Thema der Untersuchung von *H. See, Esquisse du régime agraire en Europe aux dixhuitième et dix-neuvième siècles, Paris, 1921; G. Cavaignac, L'état social en Prusse jusqu'à l'avènement de Frédéric Guillaume III. Les populations rurales et le servage, in: Revue historique 42, 1890; O. Hintze, Zur Agrarpolitik Friedrichs des Großen, in: Forschungen zur brandenburgischen und preußischen Geschichte 10, 1898; A. Skalweit, Die Agrarpolitik Friedrichs des Großen, ebd. 21, 1908;* mit den Einwohnerzahlen des Königreiches befaßt sich *R. Koser, Zur Bevölkerungsstatistik des preußischen Staates von 1740–1756, in: ebd. 7, 1894, und ders. . . . von 1756–1786, in: ebd. 16, 1903.*

Das Werk von *M. Philippson, Die Geschichte des preußischen Staatswesens vom Tode Friedrichs des Großen bis zu den Freiheitskriegen, 2 Bände, Leipzig 1880–1882 [reicht nur bis 1797],* schildert eingehend die Situation des preußischen Staates beim Tode Friedrichs, die sehr negativ interpretiert wird; der Verfasser löste eine heftige

Diskussion aus. Mit demselben Problem befaßt sich auch das neuere Buch von *H. Brunschwig, La crise de l'Etat prussien à la fin du XVIIIe siècle et la genèse de la mentalité romantique, Paris 1947.*

Zur Außenpolitik seien außer den bereits erwähnten Quellenwerken und Korrespondenzen auf die Sammlung der öffentlichen Bekanntmachungen, Manifeste und Regierungserklärungen des preußischen Kabinetts hingewiesen: *R. Koser und O. Krauske, Preußische Staatsschriften aus der Regierungszeit König Friedrichs II., 3 Bände, Berlin 1877–1892,* ferner auf die Publikation des Grafen *E. F. von Hertzberg, Recueil des déductions, manifestes, déclarations, traités et autres actes et écrits publics . . . depuis l'année 1756 jusqu'à l'année 1790, 3 Bände, Berlin 1789–1795.*

Die außenpolitischen Beziehungen zu Frankreich behandelt folgende Publikation: *Recueil des Instructions données aux ambassadeurs et ministres de France 1648 à 1789, herausgegeben von A. Waddington, Band 16 (Preußen), Paris 1901;* englische diplomatische Akten des 18. Jahrhunderts wurden veröffentlicht in: *British diplomatic Instructions 1689–1789, herausgegeben von J. F. Chance und L. G. W. Legg, 7 Bände, London 1922–1934 [diese Reihe berücksichtigt nur die Beziehungen zu Schweden, Dänemark und Frankreich].* Für eine erste Orientierung zur Außenpolitik sei das klassische Handbuch empfohlen: *E. Bourgeois, Manuel historique de politique étrangère, letzte Auflage, Paris 1926,* und die Studie von *M. Braubach, Versailles und Wien von Ludwig XIV. bis Kaunitz, die Vorstadien der diplomatischen Revolution im 18. Jahrhundert, (Bonner historische Forschungen, 2), Bonn 1952.* Vor einem halben Jahrhundert hat *J. G. Droysen, Geschichte der preußischen Politik, Teil 5 in 4 Bänden (Friedrich der Große), Berlin 1874–1886,* die Theorie von der deutschen Mission Preußens unter politischem Aspekt interpretiert; trotz seiner anfechtbaren und nach heutiger Auffassung zu einseitigen Betrachtungsweise darf dieses Werk, das einen hohen wissenschaftlichen Wert besitzt, keinesfalls außer acht gelassen werden. Die Werke von R. Lodge behandeln die Geschichte jenes Jahrhunderts aus einer umfassenderen Perspektive: *R. Lodge, Great Britain and Prussia in the 18th century, London 1923, ders., Studies in the 18th century diplomacy 1740–1748, London 1930, und ders., Continental policy of Great Britain 1740–1750, in: History 16, 1931/32.*

Allzuoft ist die Geschichte des 18. Jahrhunderts unter dem Aspekt der Rivalität zwischen Friedrich dem Großen und der Königin-Kaiserin Maria Theresia behandelt worden, einer Rivalität, die in ihrer Wechselhaftigkeit andere Probleme überdeckte. Besonders im vorigen Jahrhundert standen die nationalpolitischen Tendenzen im Vordergrund.

Männer wie J. G. Droysen und H. von Treitschke, die Friedrich den Großen als Vorkämpfer des kleindeutschen Reiches verherrlichten, erfahren eine scharfe Verurteilung durch die Großdeutschen, zu denen O. Klopp gehörte. Hierzu nimmt der kritische Aufsatz von *P. Muret, in: Revue historique moderne 1932,* Stellung. Da aber Preußens Geschichte in unmittelbarem Zusammenhang mit der Österreichs gesehen werden muß, seien drei Werke zur österreichischen Geschichte genannt: *A. von Armeth, Geschichte Maria Theresias, 10 Bände, Wien 1863–1879, G. P. Gooch, Maria Theresia and other studies, London 1951,* und *F. Walter, Männer um Maria Theresia, Wien 1951.*

Wollte man an dieser Stelle der umfangreichen Literatur über die beiden Schlesischen Kriege und den Siebenjährigen Krieg nur einigermaßen gerecht werden, müßte man Seiten füllen. Um dem militärischen Aspekt aber kein Übergewicht zu verleihen, sollen im folgenden nur einige exemplarische Quellen und Studien aufgezählt werden, die gleichzeitig für die Zeit zwischen den Kriegen Bedeutung haben: *Das Tagebuch Kaiser Karls VII. aus der Zeit des österreichischen Erbfolgekrieges, herausgegeben von Th. Heigel, München 1883; Correspondance de Louis XV et du maréchal de Noailles, herausgegeben von C. Rousset, 2 Bände, Paris 1865; H. Tuttle, History of Prussia, 1740–1756, 2 Bände, Boston/New York 1888; C. Grünhagen, Geschichte des Ersten Schlesischen Krieges, 2 Bände, Gotha 1881; A. Duc de Broglie, Frédéric II et Marie Thérèse 1740–1742, 2 Bände, 2. Auflage, Paris 1884; M. Sautai, Les préliminaires de la guerre de succession d'Autriche, Paris 1907, und ders.: Frédéric II et Louis XV, 1742–1744, 2 Bände, Paris 1885; G. B. Volz, Das Rheinsberger Protokoll, in: Forschungen zur brandenburgischen und preußischen Geschichte 29, 1916,* sowie *A. Berney und G. B. Volz, Die Politik Friedrichs des Großen vor und nach seiner Thronbesteigung, in: Historische Zeitschrift 151, 1935; R. Koser, Der Zerfall der Koalition von 1741 gegen Maria Theresia, in: Forschungen zur brandenburgischen und preußischen Geschichte 27, 1914; A. Unzer, Die Konvention von Kleinschellendorf 9. Oktober 1741, Frankfurt am Main 1889; G. Masur, Deutsches Reich und deutsche Nation im 18. Jahrhundert, in: Preußische Jahrbücher 229, 1932;* dem Verständnis der Politik Rußlands dient *W. Mediger, Moskaus Weg nach Europa, der Aufstieg Rußlands zum europäischen Machtstaat im Zeitalter Friedrichs des Großen, Braunschweig 1952.* Wichtig für die Zeit zwischen den Schlesischen Kriegen ist: *Friedrich der Große und Maria Theresia, diplomatische Berichte von Otto Christoph Graf von Podewils, herausgegeben von C. Hinrichs, Berlin, 1937,* eine Aktenpublikation mit ausführlichen Erläuterungen zu den Berichten, die Podewils zwischen Mai 1746 und Januar 1751 verfaßt hat. Zur Frage des preußischen und österreichischen Staatsaufbaues seien zitiert: *F. Walter, Preußen und die österreichische Erneuerung von 1749, in: Mitteilungen des Österreichischen Instituts für Geschichte 51, 1937,* und *H. O. Meisner, Das Regierungs- und Behördensystem Maria Theresias und der preußische Staat, in: Forschungen zur brandenburgischen und preußischen Geschichte 53, 1941.* Über die militärischen *Operationen gibt die umfangreiche Publikation des preußischen Generalstabs Auskunft: Die Kriege Friedrichs des Großen, herausgegeben vom Großen Generalstab, kriegsgeschichtliche Abteilung, Band 1 in 3 Teilen (Der Erste Schlesische Krieg 1740–1742), Band 2 in 3 Teilen (Der Zweite Schlesische Krieg 1744–1745), Band 3 in 6 Teilen (Der Siebenjährige Krieg 1756–1763), Berlin 1890–1904;* das sehr detaillierte Werk: *Z. [d. i. Graf M. Weil], La guerrre de la succession d'Autriche 1740–1748, 6 Bände, Paris 1897–1914,* das weitgehend nach den Publikationen des österreichischen Generalstabs geschrieben wurde, endet mit dem Jahr 1745; mit den militärischen Operationen Frankreichs befaßt sich *Ch. P. Pajol, Les guerres sous Louis XV, 7 Bände, Paris 1881–1891.*

Von den zahlreichen Schriften zur Strategie und den militärischen Prinzipien Friedrichs II. in Praxis und Theorie seien hier nur einige erwähnt: *A. H. de Jomini, Traité des grandes opérations militaires, 3 Bände und 1 Atlas, 4. Auflage, Paris 1851; C. von Clausewitz, Friedrich der Große, in: Hinterlassene Werke, 10 (Strategische Betrachtungen mehrerer Feldzüge von Sobiesky, Münich, Friedrich dem Großen und dem Herzog Carl Wilhelm Ferdinand von Braunschweig und andere Materialien zur Strategie), 2. Auflage, Berlin 1863; Th. von Bernhardi, Friedrich der Große als Feldherr, 2 Bände, Berlin 1881.* Ferner seien dem Leser die Schriften Friedrichs des Großen über Kriegskunst und die militärischen Instruktionen empfohlen, die in deutscher Übersetzung in: *Die Werke Friedrichs des Großen, Band 5 (Grundlagen der Kriegskunst, Einzelschriften und militärische Denkschriften), herausgegeben von G. B. Volz, Berlin 1914,* enthalten sind.

Von den Veröffentlichungen zur Entstehungsgeschichte des preußischen Heeres ist die grundlegende Arbeit von *G. Schmoller, Die Entstehung des preußischen Heeres, 1640–1740, in: Umrisse und Untersuchungen zur Verfassungs-, Verwaltungs- und Wirtschaftsgeschichte besonders des preußischen Staates im 18. und 19. Jahrhundert [Aufsatzsammlung], Leipzig 1898,* heranzuziehen; ferner seien noch genannt: *K. Jany, Geschichte der Königlich Preußischen Armee von den Anfängen bis zum Jahre 1807, Band 2 und 3, Berlin 1928/29,* und

G. Gieraths, Die Kampfhandlungen der brandenburg-preußischen Armee 1626–1807, ein Quellenhandbuch, (Veröffentlichungen der Historischen Kommission zu Berlin, 8), Berlin 1964.

Die Diskussion über die Ursachen des Siebenjährigen Krieges hat unter den Historikern M. Lehmann, H. Delbrück, J. R. Danielson und P. Wagner einerseits und A. Naudé, W. Wiegand, P. Bailleu, K. Treusch von Buttlar und R. Koser andererseits eine Polemik ausgelöst, die sich über einen Zeitraum von mehreren Jahren hinzog. Während Lehmann und Delbrück die Ansicht vertraten, daß Friedrich der Große diesen Krieg geplant und bereits vor Österreich militärische Maßnahmen getroffen habe, bestritten ihre Gegner die preußische Mobilisierung zu einem so frühen Zeitpunkt und behaupteten, daß die Rüstungen nur getroffen worden seien, um Preußens kühnsten Gegenspieler einzuschüchtern: Die Schriften dieser älteren Diskussion nennt Dahlmann-Waitz (noch 9. Auflage), Nr. 11966 bis Nr. 11968; die wissenschaftliche Auseinandersetzung veranlaßte die Publizierung der wichtigsten Akten: *Preußische und österreichische Akten zur Vorgeschichte des Siebenjährigen Krieges, herausgegeben von G. B. Volz und G. Küntzel, (Publikationen aus den Königlich-Preußischen Staatsarchiven, 74), Leipzig 1899.*

Unter den Quellen zur französischen Diplomatie sei auf die *Correspondance secrète inédite de Louis XV, herausgegeben von E. Boutaric, 2 Bände, Paris 1866,* verwiesen sowie auf die *Mémoires et Lettres du Cardinal de Bernis, herausgegeben von F. Masson, 2 Bände, Paris 1878;* die Depeschen der Französischen Gesandtschaft in Berlin (aus dem Pariser Archiv) publizierte *R. Koser, Aus der Korrespondenz der französischen Gesandtschaft zu Berlin 1746–1756, in: Forschungen zur brandenburgischen und preußischen Geschichte 6, 1893 und 7, 1894.* Die Akten über den Auftrag des Fürsten von Kaunitz in Paris enthält *La correspondance secrète entre le comte A. W. Kaunitz et le baron Ignaz de Koch, herausgegeben von H. Schlitter, Paris 1899.*

Die Geschichte der Umgruppierung der Bündnisse wurde in einer gegensätzlichen Darstellung sowohl von *A. Duc de Broglie, L'Alliance autrichienne, Paris, 1895,* als auch von *R. Waddington, Louis XV et le renversement des alliances, Paris 1896,* behandelt. Über den Herzog von Nivernais informieren die Publikationen von *L. Perez, Un petit neveu de Mazarin, le duc de Nivernais, Paris 1890, G. Küntzel, Die Entsendung des Herzogs von Nivernais an den preußischen Hof im Jahr 1755, in: Forschungen zur brandenburgischen und preußischen Geschichte 12, 1899,* und in zwei Beiträgen wieder *G. Küntzel, Zur Geschichte Friedrichs des Großen, in: ebd., 15, 1902;* über die auf Vermittlung Voltaires eingeleiteten Verhandlungen hat *P. Calmettes, Choiseul et Voltaire, d'après les lettres inédites de Choiseul à Voltaire, Paris 1912*, geschrieben.

Die preußische Offensive und die letzten Verhandlungen mit Österreich behandelt *G. B. Volz, Politik und Kriegsführung Friedrichs des Großen in dem ersten Jahre des Siebenjährigen Krieges, Berlin 1896.*

Unter den Büchern, die sich mit der Geschichte des Siebenjährigen Krieges beschäftigen, ist das Werk von *R. Waddington, La Guerre de Sept ans, 5 Bände [bis zum Jahr 1762], Paris 1899–1914*, das wichtigste; ferner sei auf *A. Schäfer, Geschichte des Siebenjährigen Krieges, 2 Bände, Berlin 1867–1874*, sowie auf *A. Rambaud, Russes et Prussiens, Paris 1895*, verwiesen.

Mit der Wiederaufnahme der diplomatischen Beziehungen zu Frankreich befassen sich die beiden Arbeiten von *H. Hammond, Le rétablissement des relations diplomatiques entre la France et la Prusse, Revue historique 25, 1884*, und *ders. La Mission du comte de Guines, ebd. 37, 1888*, sowie *G. B. Volz, Die Wiederherstellung der preußisch-französischen Beziehungen, in: Forschungen zur brandenburgischen und preußischen Geschichte 17, 1904.*

Die Zeit nach dem Siebenjährigen Krieg ist der inneren Konsolidierung des Staates gewidmet: *G. Arndt, Grundsätze der Siedlungspolitik und Siedlungsmethode Friedrichs des Großen, (Dissertation), Leipzig 1934; St. Skalweit, Die Berliner Wirtschaftskrise von 1763 und ihr Hintergrund, (Vierteljahresschrift für Sozial- und Wirtschaftsgeschichte, Beiheft 34), Stuttgart 1937; H. Rachel, J. Papritz und P. Wallich, Berliner Großkaufleute und Kapitalisten, Band 2 (Die Zeit des Merkantilismus 1648–1806), (Veröffentlichungen des Vereins für Geschichte der Mark Brandenburg, 33), Neuauflage Berlin 1967; U. Froese, Das Kolonisationswerk Friedrichs des Großen, Heidelberg 1938; M. Bär, Westpreußen unter Friedrich dem Großen, (Publikationen aus den Königlich-Preußischen Staatsarchiven, 83, 84), Leipzig 1909; W. Mertineit, Die friderizianische Verwaltung in Ostpreußen, Heidelberg 1958.*

Die Teilung Polens behandeln: *D. Ozanan und M. Antoine, Correspondance secrète du comte de Broglie avec Louis XV, 2 Bände, Paris 1956–1961; A. Sorel, La question d'Orient au 18ième siècle, 2. Auflage, Paris 1889; A. Beer, Die erste Teilung Polens, 3 Bände, Wien 1873;* sowie drei Aufsätze von *G. B. Volz, Prinz Heinrich von Preußen und die preußische Politik vor der ersten Teilung Polens, in: Forschungen zur brandenburgischen und preußischen Geschichte 18, 1905, ders., Friedrich der Große und die erste Teilung Polens, ebd. 23, 1910*, und *ders., Prinz Heinrich und die Vorgeschichte der ersten*

Teilung Polens, ebd. 35, 1923, und *J. P. Garnier, La tragédie de Danzig, Paris 1935.*

Zum Thema des Bayerischen Erbfolgekrieges seien folgende Werke genannt: *P. Oursel, La diplomatie de la France sous Louis XVI, Paris 1921; G. B. Volz, Friedrich der Große und der Bayerische Erbfolgekrieg, in: Forschungen zur brandenburgischen und preußischen Geschichte 44, 1932,* und *W. Hühne, Friedrich der Große, die europäischen Mächte und das Reich am Vorabend des Bayerischen Erbfolgekrieges, (Dissertation, Göttingen), Velzen 1935.*

Über die preußisch-türkischen Beziehungen hat *G. B. Volz, Friedrich der Große und die Osmanen, in: Hohenzollern-Jahrbuch 19, 1915,* eine Studie verfaßt.

Die preußisch-französischen Beziehungen vor dem Fürstenbund behandelt *F. Braun, Preußisch-französische Bündnispläne in den Jahren 1778–1784, Emsdetten 1936;* in diesen Zusammenhang gehört auch die Studie von *St. Skalweit, Frankreich und Friedrich der Große, der Aufstieg Preußens in der öffentlichen Meinung des »ancien régime«, (Bonner historische Forschungen, 1), Bonn 1952.*

Zum Schluß sei noch auf zwei für das Verhältnis des preußischen Staates und seine geistige Entwicklung wichtige Werke verwiesen: *C. Hinrichs, Preußentum und Pietismus, der Pietismus in Brandenburg-Preußen als religiös-soziale Reformbewegung, Göttingen 1971,* und *K. Epstein, Die Ursprünge des Konservativismus in Deutschland, der Ausgangspunkt: Die Herausforderung durch die Französische Revolution 1770–1806, (englische Originalausgabe 1966), Berlin 1973.*

Pierre Gaxotte

PERSONENREGISTER

(Kursive Ziffern verweisen auf eine Abbildung.)

QUELLENNACHWEIS DER ABBILDUNGEN

Die für die Wiedergabe der Bilder und Dokumente verwendeten Vorlagen stammen von:

Archiv Dr. Bleckwenn/Biblio Verlag 16, 23, 24, 25, 65, 93, 110 · Archiv für Kunst und Geschichte, Berlin 22, 33, 48, 60, 68, 71, 72, 78, 97, 117, 124 · Archiv Gerstenberg, Frankfurt am Main 51 · Hans-Joachim Bartsch, Berlin, mit Erlaubnis des Berlin-Museums 54 · Bayerische Verwaltung der Staatlichen Schlösser, Gärten und Seen, München 41 · Bibliothèque Nationale, Paris 101 · Bildarchiv der Österreichischen Nationalbibliothek, Wien 63, 73 · British Crown copyright with permission of the Controller of Her Britannic Majesty's Stationary Office 12, 105 · Hermann Claasen, Köln 84 · Dr. Hellmuth Günther Dahms, Bebenhausen 99 · Foto Pfauder, Dresden 115 · Giraudon, Paris 61 · Graphische Sammlung Albertina, Wien 69 · Haus-, Hof- und Staatsarchiv, Wien 104 · Kunsthistorisches Museum, Wien 64 · Lichtbildwerkstätte Alpenland, Wien 106 · Karl-Heinrich Paulmann, Berlin 80, 89, 90; mit Erlaubnis der Kunstbibliothek Preußischer Kulturbesitz, Berlin 2, 6, 8, 15, 53, 66, 98; mit Erlaubnis des Landesarchivs Berlin 7 · Photothek der Staatlichen Schlösser und Gärten, Berlin, Schloß Charlottenburg 4, 5, 9, 10, 29, 34, 37, 38, 39, 40, 45, 76, 77, 81, 83, 102, 120, 121 · Sammlung Horst Behrend, Berlin 113 · Staatliche Museen zu Berlin, Kupferstichkabinett 118 · Staatsbibliothek Preußischer Kulturbesitz, Berlin, Bildarchiv 13, 14, 19, 20, 21, 30, 47, 86, 94, 95, 100 · Stadtbibliothek Berlin 31, 32 · Walter Steinkopf, Berlin 18, 27, 28, 55, 82, 107; mit Erlaubnis des Kupferstichkabinetts der Staatlichen Museen Preußischer Kulturbesitz, Berlin 35, 85, 87, 103, 112 · Verlagsarchiv 3, 11, 26, 49, 50, 52, 58, 59, 67, 70, 74, 75, 79, 91, 92, 96, 108, 109, 111, 114, 116, 119, 122, 125, 126, 128, 129, 130.

Die Vorlagen aller übrigen Bild- und Schriftdokumente entstammen den in den Unterschriften genannten Archiven, Bibliotheken, Museen und Sammlungen.

Redaktion Ferdinand Schwenkner

Bilddokumentation Wolfram Mitte

Register Gabriele Beck

Ein Gelbes Ullstein Buch
Titel der unbebilderten französischen Originalausgabe: Frédéric II

Propyläen Verlag
Erweiterte und bearbeitete Fassung der
Übersetzung von Hans Dühring (†)
Printed in Germany 1981
Gesamtherstellung: May & Co, Darmstadt
ISBN 3-550-06093-9

CIP-Kurztitelaufnahme der Deutschen Bibliothek

Gaxotte, Pierre:
Friedrich der Grosse / Pierre Gaxotte. – Erw. u. bearb. Fassung d. Übers. von Hans Dühring. – Frankfurt am Main ; Berlin ; Wien : Ullstein, 1981.
(Das gelbe Buch)
Einheitssacht.: Frédéric deux ⟨dt.⟩
ISBN 3-550-06093-9